VERÖFFENTLICHUNGEN DER
HISTORISCHEN KOMMISSION FÜR HESSEN
91

Veröffentlichungen der
Historische Kommission für Hessen
91

IG Farben zwischen Schuld und Profit

Abwicklung eines Weltkonzerns

MARBURG 2022

IG Farben zwischen Schuld und Profit
Abwicklung eines Weltkonzerns

herausgegeben von
*Alexander Jehn, Albrecht Kirschner und
Nicola Wurthmann*

im Auftrag des
Hessischen Landesarchivs
und der
Hessischen Landeszentrale für politische Bildung

Marburg 2022

Gedruckt mit der Unterstützung
des Hessischen Ministeriums für Wissenschaft und Kunst
und der Sparkassen-Kulturstiftung Hessen-Thüringen

Bibliografische Information der Deutschen Bibliothek:
Die Deutsche Nationalbibliothek verzeichnet diese Publikation
in der Deutschen Nationalbibliographie; detaillierte bibliographische
Daten sind im Internet unter http://dnb.dnb.de abrufbar

IG Farben zwischen Schuld und Profit. Abwicklung eines Weltkonzerns
Herausgegeben von Alexander Jehn, Albrecht Kirschner und Nicola Wurthmann
im Auftrag des Hessischen Landesarchivs und der Hessischen Landeszentrale
für politische Bildung
Die geplante Tagung sollte gefördert werden durch die Fritz Thyssen Stiftung für
Wissenschaftsförderung und die Gesellschaft für Unternehmensgeschichte.

Das Werk ist in allen seinen Teilen urheberrechtlich geschützt.
Jede Verwertung ist ohne Zustimmung des Verlages unzulässig.
Das gilt insbesondere für Vervielfältigungen, Übersetzungen,
Mikroverfilmungen und die Einspeicherung in und Verarbeitung
durch elektronische Systeme.

Gestaltung, Satz: Tom Engel, Ebsdorfergrund-Roßberg
Gesamtherstellung: BELTZ, Bad Langensalza

Printed in Germany
© 2022 by Historische Kommission für Hessen
35037 Marburg

ISBN: 978-3-942225-51-9

Inhalt

Einleitung V
Erschließung der Unterlagen der Stiftung I.G. Farbenindustrie
Andreas Hedwig, Nicola Wurthmann

Grußworte
Alexander Jehn,
Hessische Landeszentrale für politische Bildung 1

Jacob Gutmark,
Landesverband der Jüdischen Gemeinden in Hessen 5

Adam Strauß,
Verband Deutscher Sinti und Roma – Landesverband Hessen 7

Volker Pollehn, Staatssekretär a.D., früherer Liquidator 10

Entwicklung und Struktur der IG Farbenindustrie AG (i.A.) 13
Albrecht Kirschner

The Development and Significance of IG Farben i.A.
for the Post-War West German Economy 47
Raymond G. Stokes

Die Ausstellung »Die IG Farben und das Konzentrationslager
Buna-Monowitz. Wirtschaft und Politik im Nationalsozialismus« 60
Sara Berger

Abwicklung eines Weltkonzerns 69
Übernahme, Erschließung und Inhalte des Bestands
»Stiftung I.G. Farbenindustrie« am Hessischen
Hauptstaatsarchiv Wiesbaden
Carl Christian Wahrmann

Der Bestand IG-Farbenindustrie AG im Bundesarchiv 85
Karola Wagner

Überlieferung von Unterlagen der IG Farbenindustrie im
Landesarchiv Sachsen-Anhalt 95
Jana Lehmann

Die Überlieferung von Unterlagen der I.G. Farbenindustrie AG
im Unternehmensarchiv der Bayer AG in Leverkusen 109
Rüdiger Borstel

Überlieferung von Unterlagen der IG Farbenindustrie im
Hessischen Wirtschaftsarchiv 123
Ingo Köhler

Die IG Farben und ihre Nachfolgegesellschaften 137
Neubeginn und Kontinuität am Beispiel der Farbwerke
Hoechst AG und ihrer Auslandstätigkeit
Christian Marx

Die Entflechtung der I.G. Farbenindustrie AG am Beispiel
der Behringwerke 163
Staatliche Einflussnahme zum Wohle der Allgemeinheit?
Christoph Franke

Die Auseinandersetzung mit dem Erbe der
I.G. Farbenindustrie AG in der DDR 189
Rainer Karlsch

Fair trial at all costs – The United States vs. Carl Krauch et al. 207
I.G.-Farben-Prozess vom 14. August 1947 bis zum 30. Juli 1948
Axel Fischer, Rebecca Weiß

Kein gerechter Lohn, aber Schmerzensgeld 227
Zwangsarbeiterentschädigung als Zivilrechtsproblem am
Beispiel »Wollheim gegen IG Farben i.L.«
Thomas Pierson

»Ostvermögen« und Häftlingsproteste: Die Hauptversammlungen
der IG Farben in Liquidation seit den 1990er Jahren 263
Florian Schmaltz

Offene und verdeckte Konflikte... 307
Auschwitz-Monowitz und die Entschädigung der Zwangsarbeiter
in den Augen ehemaliger Häftlinge
Katharina Stengel

Die Liquidatoren und die Aufsichtsratsvorsitzenden der
I.G. Farbenindustrie AG i.A.. 327
Skizzen und Hinweise
Albrecht Kirschner

Hans Deichmann – Italien-Experte der IG Farben und ihrer
Nachfolgegesellschaften 351
Karl Heinz Roth

Getrennter Wege?... 373
Krupp, IG Farben und die Vergangenheit
Eva-Maria Roelevink

Abstracts.. 391
Verzeichnis der Autorinnen und Autoren 402
Nachweise der Abbildungen 406

Einleitung
Erschließung der Unterlagen der Stiftung I.G. Farbenindustrie

MIT DER 1925 gegründeten »I.G. Farbenindustrie Aktiengesellschaft« verbindet sich bis heute die Erfolgsgeschichte der Weltmarktführung der deutschen pharmazeutischen Industrie. Für die Zeit ab 1933 steht die IG Farben jedoch zugleich für die Verstrickungen und die Tätergemeinschaft der deutschen Wirtschaft mit der NS-Diktatur, die nicht zuletzt der 1947/48 geführte sechste Nürnberger Nachfolgeprozess gegen leitende IG Farben-Angestellte zutage förderte.

Der Konzern wurde Ende 1945 zerschlagen, war damit aber nicht Geschichte. Das Erbe trat 1952 die »IG Farbenindustrie AG in Liquidation« an. Sie verwaltete das Vermögen, das sich nicht auf die aus dem Konzern herausgelösten Firmen aufteilen ließ, sollte noch bestehende Ansprüche gegenüber der früheren IG Farben regeln, z. B. Rückerstattungssachen, Ansprüche ehemaliger Zwangsarbeiter und Angestellter, und sie sollte selbst Ansprüche auf Vermögenswerte aufrechterhalten, die u. a. in der DDR und Polen verblieben waren. 2003 wurde das Insolvenzverfahren der IG Farben i.L. eingeleitet und 2012 abgeschlossen.

Zuvor, 2001, floss ein kleiner Teil der noch vorhandenen Vermögenswerte in eine »Stiftung I.G. Farbenindustrie«. Die Erträge der Stiftung sollten Hilfsorganisationen zugutekommen, die sich um Überlebende des Holocausts kümmerten. Darüber hinaus sollte die Stiftung dafür sorgen, die verbliebenen Unterlagen der »IG Farben in Liquidation« für die historische Forschung zu erhalten.

Am 2. Januar 2016 berichtete die Frankfurter Allgemeine Zeitung, das Regierungspräsidium Darmstadt habe als Stiftungsaufsicht die in Frankfurt beheimatete Stiftung IG Farbenindustrie aufgelöst, weil die Erträge nicht mehr ausreichen, den Stiftungszweck zu erfüllen. »Damit«, so wurde hervorgehoben, »endet nun auch das letzte Kapitel des einstmals größten Chemiekonzerns der Welt, der tief in die Verbrechen des Nationalsozialismus verstrickt war.«[1] Nun, so strikt darf man das inzwischen nicht mehr formulieren.

---

1 Das letzte Kapitel. IG-Farben-Stiftung vom Regierungspräsidium aufgelöst. In: Frankfurter Allgemeine Zeitung vom 2.1.2016.

Denn unmittelbar vor der Auflösung der Stiftung waren bereits verschiedene Stellen tätig geworden, so dass das letzte Kapitel des Konzerns keineswegs als abgeschlossen betrachtet werden konnte. Dabei ging es insbesondere um die Frage, was mit den ehemaligen Geschäftsunterlagen der IG Farbenindustrie i.L. im Umfang von immerhin 900 Regalmetern, so die damaligen Schätzungen, geschehen sollte. Dieser Aktenbestand dokumentiert wie in einem Brennglas in einzigartiger Weise, wie die Aufarbeitung der NS-Diktatur für die IG Farben nach 1945 verlief. Naheliegender Weise wurde zunächst daran gedacht, die Unterlagen Forschungseinrichtungen zu überlassen, da die Stiftungsverfassung u. a. ausdrücklich vorsah, für »die Aufarbeitung der Geschichte der IG Farbenindustrie AG«[2] zu sorgen.

Doch führten die historische Relevanz der Unterlagen wie auch die Frage, wo die Forschung einen sicheren und komfortablen Zugang erhalten könnte, bald zu der Entscheidung, die Unterlagen dem Hessischen Landesarchiv zu übergeben. Das Landesarchiv führte kurzfristig eine fachliche Autopsie der Unterlagen durch, die zum größten Teil bei einer Spedition in Norddeutschland zwischengelagert worden waren. Dies ermöglichte eine Abschätzung der erforderlichen Aufwände für die fachgerechte Übernahme und Erschließung der Unterlagen.

Selbstverständlich wurden auch Überlegungen angestellt, die Unterlagen dem Bundesarchiv anzubieten, doch sprachen starke Argumente dafür, diese im Hauptstaatsarchiv Wiesbaden zu archivieren: So sah die Stiftungsverfassung vor, dass bei ihrer Auflösung das verbliebene Vermögen dem Land Hessen zufallen sollte. Hier wiederum war das Hauptstaatsarchiv für Frankfurt am Main, den früheren Sitz der IG Farben, zuständig. Darüber hinaus hat das Hauptstaatsarchiv Wiesbaden in den vergangenen Jahrzehnten einen zeitgeschichtlichen archivischen Überlieferungsschwerpunkt ausgebildet. Schließlich erleichterte der Anfall des Stiftungsvermögens an das Land rasches Handeln, das nötig war, weil die Unterlagen unter bedenklichen Bedingungen untergebracht waren.

Der Zweckbestimmung entsprechend, finanzierten die verbliebenen Mittel der Stiftung im Hauptstaatsarchiv Wiesbaden ein Bestandserhaltungs- und Erschließungsprojekt. Den Abschluss dieses Projekts sollte eine wissenschaftliche Tagung zur Geschichte der IG Farben bilden, um die Forschung auf die nun gute Zugänglichkeit der Unterlagen aufmerksam zu machen und die wissenschaftliche Forschung anzuregen.

Die ursprünglich für den Herbst 2020 geplante Tagung musste jedoch wegen der Corona-Pandemie zweimal verschoben werden. Im September 2021 wurde sie schließlich ganz abgesagt. Um die bereits erfolgten Tagungsvorbereitungen zu nut-

---

[2] Vgl. § 2 Nr. b der Verfassung der Stiftung I.G. Farbenindustrie.

zen und die im Zuge der Vorbereitungen erarbeiteten Forschungsergebnisse zu dokumentieren, hat sich das Hauptstaatsarchiv Wiesbaden entschlossen, den ohnehin geplanten Tagungsband als Aufsatzband auf den Weg zu bringen.

Der Band versammelt alle sechzehn geplanten Vorträge der Tagung mit Ausnahme des Abendvortrags von Herrn Professor Dr. Stephan Lindner (Universität der Bundeswehr, München). Die Reihenfolge der Beiträge folgt dem Tagungsprogramm. Dieses sah nach den Grußworten zunächst einen allgemeinen Überblick über die IG Farben und eine Kurzeinführung in die vom Fritz Bauer Institut konzipierte Ausstellung »Die IG Farben und das Konzentrationslager Buna-Monowitz. Wirtschaft und Politik im Nationalsozialismus« vor, die während der Ausstellung gezeigt werden sollte. Es sollten dann Überblicke zur Überlieferungslage sowie vier thematische Blöcke zur Auflösung zur I.G. Farben nach 1945, zur gerichtlichen Auseinandersetzung, auch mit der Zwangsarbeit, sowie zur Abwicklungsgeschichte folgen. Eine Wiedergabe des geplanten Schlusspodiums war nach dem Tagungsverzicht leider nicht möglich.

Der inhaltliche Fokus der geplanten Tagung sollte den Stärken des Wiesbadener Archivbestandes folgen, der insbesondere für die Geschichte der IG Farben nach 1945 wichtig ist. Während der Konkretisierung des Programms gewann daneben auch die Zeit vor 1945 mit einzelnen Beiträgen an Gewicht, um bestimmte historische Linien verdeutlichen zu können. Die Veröffentlichung spiegelt diese Schwerpunktsetzung. Sie versammelt dabei Beiträge von unterschiedlichem Charakter: Es gibt historische, archivische und juristische Arbeiten, die wissenschaftliche Forschungsarbeit steht neben dem essayistischen Kurztext.

Dass die Publikation trotz der widrigen Umstände nun vorgelegt werden kann, freut uns sehr. Wir danken an dieser Stelle zunächst den Kolleginnen und Kollegen des Hauptstaatsarchivs Wiesbaden für die erfolgreiche Durchführung des Erschließungsprojekts und für die Redaktion des Bandes. Stellvertretend für alle, die an dem Projekt teilhatten, geht hiermit der Dank an den früheren Leiter des Hauptstaatsarchivs, Dr. Volker Eichler, an Dr. Carl Christian Wahrmann, Dr. Johann Zilien, Dr. Jochen Lehnhardt und Dr. Anke Stößer, die das Projekt in unterschiedlichen Phasen begleiteten, sowie an Dr. Albrecht Kirschner als wissenschaftlichen Bearbeiter.

Zu danken ist ferner unseren Kooperationspartnern: der Hessischen Landeszentrale für politische Bildung und der Gesellschaft für Unternehmensgeschichte für die gemeinsame Vorbereitung der Tagung sowie dem Fritz Bauer Institut für die Bereitschaft zur Ausleihe der flankierenden Ausstellung. Unser Dank geht zudem an die Fritz Thyssen Stiftung für Wissenschaftsförderung für die Bereitstellung von Fördermitteln für die Tagung, die Sparkassen-Kulturstiftung Hessen-Thüringen für den namhaften Druckkostenzuschuss und die Historische Kommission für Hessen, die diese Publikation verlagsseitig möglich gemacht hat. Das Hessische Ministerium für Wissenschaft und Kunst hat die Durchführung des Projekts stets aktiv und aufmerksam begleitet; hierfür sind wir dankbar.

Schließlich danken wir herzlich allen Beiträgerinnen und Beiträgern dieses Bandes – verbunden mit der Hoffnung, dass sich bald eine Gelegenheit ergibt, neue Forschungserträge zur Geschichte der IG Farben im Rahmen einer Tagung in Wiesbaden zu diskutieren.

Marburg und Wiesbaden im Februar 2022
Andreas Hedwig, Nicola Wurthmann

Grußwort

Dr. Alexander Jehn
Direktor der Hessischen Landeszentrale für politische Bildung

Kann ein Gebäude Charisma besitzen? Wenn diese Frage sich bejahen lässt, stellt sich die Anschlussfrage: Um welches Charisma handelt es sich? Ist es ein positives, strahlendes oder ein beflecktes, warnendes und mahnendes Charisma?

Sie werden sich über diesen Einstieg wundern. Sollte es nicht in diesem Sammelband um die Geschichte der Abwicklung des einstigen Weltkonzerns IG Farben gehen, einer Aktiengesellschaft, die aus Profitgier nicht nur in die unmenschliche Rüstungs- und Kriegspolitik der Nationalsozialisten verstrickt, sondern über Auschwitz und die Verbrechen dort mit Blut befleckt war? Was soll dann die Frage nach dem Charisma eines Gebäudes?

Es geht nicht um irgendein Gebäude. Vielmehr dreht es sich um die sichtbarste Hinterlassenschaft der IG Farben, ihren riesigen, gleichsam optisch faszinierenden Verwaltungssitz in Frankfurt am Main. Das von Hans Poelzig erbaute, moderne Bürogebäude wurde Ende März 1945 von US-Truppen besetzt und aufgrund des unbeschädigten Zustands umgehend umgewidmet. Aus einem Täterort wurde quasi über Nacht, den Zwischenschritt des reinen Besatzer-Hauptquartiers schnell hinter sich lassend, Hessens wichtigster Demokratieort, lässt man die Paulskirche beiseite. Denn das Gebäude fungierte bis Juli 1945 unter General Dwight D. Eisenhower, dem späteren US-Präsidenten, als Hauptquartier der alliierten Expeditionstruppen (SHAEF) und in der Folge als US-Hauptquartier (USFET) für Europa. Im noch vorhandenen Büro Eisenhowers wurden wichtige Wegmarken im Prozess der Demokratisierung der Westzonen gelegt: Mit Eisenhowers Unterschrift 1945 unter der »Proklamation Nr. 2« der US-Militärregierung, mit der unter anderem die preußische Provinz Hessen-Nassau mit dem rechtsrheinischen Hauptteil des früheren Volksstaates Hessen unter dem provisorischen Namen Groß-Hessen vereinigt wurde, wurde der Grundstein für das heutige Hessen gelegt. Auch kam es im IG Farben-Bau zum Startschuss für die Erarbeitung des Grundgesetzes, denn am 1. Juli 1948 erhielten hier die elf Ministerpräsidenten der Westzonen-Länder im Beisein der drei alliierten Militärgouverneure mit den Frankfurter Dokumenten den Auftrag, das Grundgesetz zu formulieren. Nur wenig davor, am 20. Juni 1948, war im Poelzig-Bau die neue (west-)deutsche Währung, die Deutsche Mark, verkündet worden. Vorbereitet wurde diese Währungsreform in einem ehemaligen

Fliegerhorst der Wehrmacht in der Nähe des nordhessischen Fuldatal bei Kassel. Im heutigen »Haus Posen« fand im Frühjahr 1948 das sogenannte »Konklave von Rothwesten« statt. An diesem abgeschiedenen Ort hatten die Amerikaner vom 21. April bis zum 8. Juni 1948 elf deutsche Finanzexperten aus den Ländern der westlichen Besatzungszonen zusammengezogen, um entsprechende Gesetze und Verordnungen auszuarbeiten, die das Gelingen der Währungsreform ermöglichen sollten. Ferner nahm im I.G. Farben-Haus die Verwaltung des Wirtschaftsrats der Bizone ihren Sitz.

Obwohl den Spitzenmanagern der IG Farben in Nürnberg der Prozess gemacht wurde und die damals größte deutsche Firma, die IG Farbenindustrie AG, längst zerschlagen war, wurde das Gebäude, in dem auch das Hauptquartier der CIA in Deutschland ihren Platz nahm, von den neuen Hausherren bis immerhin 1975 als »Farben-Building« bezeichnet.

Erst 30 Jahre nach Beendigung des Zweiten Weltkrieges wurde der Poelzig-Bau verblüffender Weise nach dem vorletzten Oberbefehlshaber im Vietnamkrieg, der gerade erst beendet war, offiziell umbenannt in »General Creighton W. Abrams Building«. Analog zur Geschichte des Gebäudes könnte man sagen, dass ja auch die Geschichte der IG Farbenindustrie AG i.A., also in Abwicklung, keineswegs eine kurze, unspannende war. Darum wird es im Schwerpunkt in diesem Sammelband gehen.

IG Farben war vor 1945 und auch noch danach ein Rampenlicht-Unternehmen. Über die drei A's, Aufrüstung, Ausbeutung, Auschwitz, liegen mit der Monografie von Stephan H. Lindner, die sich mit der Geschichte des IG Farben-Prozesses beschäftigt, oder mit der Monografie von Karin Orth »Das System der nationalsozialistischen Konzentrationslager. Eine politische Organisationsgeschichte« profunde Werke vor. Auch einer der Verteidiger der angeklagten IG Farben-Manager, Wolfgang Heintzeler, brachte nach dem Erscheinen des vierteiligen ARD-Fernsehfilms »Väter und Söhne – Eine deutsche Tragödie«, die die Entstehungs- und Entwicklungsgeschichte der IG Farben Industrie AG ab 1925 beleuchtet, 1987 ein Büchlein »Was war mit IG Farben?« heraus. Heintzelers Erklärungsversuch für den Rampenlicht-Charakter der AG regt zum Nachdenken an. Nach seiner Ansicht war die deutsche Wirtschaft zwischen den beiden Weltkriegen massiv *konzernmäßig verflochten und kartellmäßig gebunden*. Dieses kartellmäßige Netzwerk, auch mit ausländischen Firmen, sei *unzweifelhaft bei der IG-Farben-Industrie besonders stark entwickelt. Dies gilt auch für die Beziehungen zwischen der IG und amerikanischen Großfirmen, insbesondere der Standard Oil (Esso).* Das habe insbesondere den Beamten der US-amerikanischen Antitrust-Behörde, angeblich mit deutschen Emigranten bestückt, missfallen. Das aktive, gewinnorientierte Einlassen auf die menschenverachtende Rüstungs- und Kriegswirtschaftspolitik der Nationalsozialisten, mehr noch: die Einrichtung eines firmeneigenen Konzentrationslagers (zuerst als KZ Auschwitz III, später als KZ Monowitz) mit mindestens 25.000 Toten, das direkt neben dem Buna-Werk lag, wirkt wie ein Kainsmal auf der Stirn der IG-Spitzenmanager.

Gleichwohl ist es eine Tatsache, dass nach einer Firmenliquidation materielle Werte übrigbleiben. Es entsteht quasi erzwungenermaßen ein Vermächtnis, auf das Erben mehr oder weniger berechtigt spekulieren. Kapital ist niemals weg, es besitzt im Zweifel nur jemand anderes, was man bei einer Änderung der politischen Großwetterlage möglicherweise juristisch anfechten könnte. IG Farben i.A. wird damit integraler Bestandteil deutsch-deutscher Nachkriegs- und Aufarbeitungs-, mitunter auch Verdrängungsgeschichte. Schließlich war die Aktiengesellschaft eine Firma mit langem Vorlauf, kurzer Existenz und langem Nachlauf mit versteckten Hoffnungen.

Am 15. Mai 1928, drei Jahre nach Gründung der IG Farben, brachte der Völkische Beobachter, »Kampfblatt der national-sozialistischen Bewegung«, ein Quasi-Wahlplakat als Titelseite. Die Herausgeber hetzten hier gegen *das Kriechen vor den Börsenpiraten der Wallstreet, Korruption, Schieberschutz*. Man solle die NSDAP auf der Liste 10 wählen, weil die Partei *gegen die Herrschaft des internationalen Finanzkapitals und seiner marxistisch-demokratischen Kräfte, gegen Warenhauswucher, [...] gegen die Folgen von Inflationsbetrug, Börsenschiebungen und Wucherfreiheit* kämpft. Die Partei »kämpft« natürlich auch für etwas, so u. a. *für die Verstaatlichung der Notenbanken und Börsen* [...]. Die Spitzenmanager der IG Farben Aktiengesellschaft mögen in Sorge um mögliche Gewinne ihrer Aktionäre diese abstrusen politischen Forderungen sicher nicht als wirtschafts- und unternehmerfreundlich interpretiert haben.

Im Kriegsausbruchsjahr 1939, also 11 Jahre nach Erscheinen der hier zitierten Ausgabe des »Völkischen Beobachters«, erscheint Band 6 der achten Auflage des neu bearbeiteten Meyers Lexikon. Zwei Dinge fallen ins Auge: Zum einen fällt der Eintrag für IG Farben als *größter dt. Chemiekonzern, einer der bedeutendsten Konzerne der Welt* kleiner aus als der Beitrag für Ignatius von Loyola, dem Stifter des Jesuitenordens, auf der nächsten Seite des Lexikons. Bekanntlich standen die Jesuiten nicht in der Sonne des Wohlwollens der Nationalsozialisten. Zum zweiten fällt auf, dass die Bedeutung der IG Farben für die Kriegs- und Rüstungsindustrie wenn überhaupt nur zwischen den Zeilen ablesbar ist: *Die I.G. erzeugt Teerfarbstoffe und Färbereihilfsprodukte, Stickstoffdüngemittel u. a. Stickstofferzeugnisse, Chemikalien, Lösungs- und Weichmachungsmittel, Kunstharze, synthetischen Kautschuk, Konservierungsmittel, Chromgerbstoffe u. synthet. Gerbstoffe, Erdfarben, Leicht- u. Schwer-*

metalle u. deren Legierungen, komprimierte Gase, Edelgase, autogene Schweiß- und Schneideapparate, synthet. Edelsteine, I.-G.-Wachs, synthet. Riechstoffe, pharmazeut. und bakteriolog. Produkte, Schädlingsbekämpfungsmittel, Filme und photogr. Artikel, Kunstseide, Zellwolle, Viskose-Schwämme, Kunststoffe, synthet. Betriebsstoffe und betreibt Stein- und Braunkohlegruben. Das erweckt für den unvoreingenommenen Leser nicht den Eindruck eines bedeutenden Rüstungs- und Kriegswirtschaftsunternehmens. Von internationalen Netzwerken erfährt man fast nichts mit der Ausnahme, dass »Interessengemeinschaftsverträge« bestehen mit der *Dynamit Aktien-Gesellschaft vorm. Alfred Nobel & Co, Troisdorf, der A. Riebeck'schen Montanwerke A.G., Halle a.d. Saale, der Internationalen Gesellschaft für Chemische Unternehmungen, A.G., Basel.* Laut Mayers besitzt die IG Farben 1938 193.000 »Gefolgschaftsmitglieder« und ein Stammkapital von 820 Millionen Reichsmark. Führende Köpfe der IG Farben werden überraschenderweise nicht erwähnt.

Sechs Jahre nach diesem Lexikoneintrag ist die IG Farben bereits Geschichte und die spannende Nach-Geschichte der IG Farben beginnt. Just um diese spannende Nach-Geschichte, die eine Neuanfangsgeschichte hätte werden können, rankt sich dieser Sammelband, der im Bereich der Aufarbeitung des Nationalsozialismus endlich einen der letzten »weißen Flecken« der Forschung, aus verschiedenen Perspektiven betrachtet, ausleuchtet.

Grußwort

Dr. Jacob Gutmark
Vorsitzender des Landesverbandes der Jüdischen Gemeinden in Hessen

Abraham Joshua Heschel, jüdischer Gelehrter, schreibt in seinem Buch »Wer ist Mensch?« (1965): »In jeder freien Gesellschaft, in der schreckliches Unrecht besteht, sind einige schuldig – **alle** sind dafür verantwortlich.«

Wir bereiten uns jetzt schon wieder auf das weltweit gedachte und gewürdigte Ende des 2. Weltkrieges vor 76 Jahren vor.

Mit der dabei bisher angewandten Rhetorik, mit den hier oft angewandten Begriffen: Unfassbarkeit, Leid, Befreiung und Heldentum, wird die Ambivalenz zwischen der Intensität dieser in den Reden manchmal miteinander konkurrierenden Begriffen deutlich.

Als die Rote Armee das Konzentrationslager Auschwitz am 27. Januar 1945 auf ihrem Vormarsch nach Schlesien erreichte, entdeckte sie den größten Friedhof aller Zeiten.

Der italienisch-sephardische Schriftsteller Primo Levi, der im KZ Monowitz (Auschwitz III) gefangen gehalten und als Chemiker im Buna-Werk der I.G. Farbenindustrie zur Arbeit gezwungen wurde, berichtet in seinem Buch »Ist das ein Mensch?« unter anderem über die berittenen jungen sowjetischen Soldaten, die mit Schreck die ihnen dargestellte grauenvolle Szenerie überblicken und zu ihrem Chef zum Bericht zurück flohen. Levi war einer der Geretteten.

Die hinter dem Stacheldraht noch vorgefundenen, hinkenden, zum Skelett abgemagerten noch überlebenden 7.650 Menschen, mit 600 Kindern, darunter ein Cousin meines Vaters, hatten weder ein Lächeln für ihre Befreier noch eine Träne übrig, um ihr Leid zum Ausdruck zu bringen.

Die Geschichte von Auschwitz ist ein Teil von uns allen, deren Dramatik ist, auch von Fleiß geleiteten Historikern, nur mühevoll zu erzählen und nur in Ansätzen menschlich vorstellbar.

Sie steht heute insgesamt für den willkürlichen Mord und durch nichts zu erklärendes Leid an Millionen unschuldiger Menschen. Auch in anderen Orten Europas. Von Leningrad im Norden Russlands, Weißrussland über die Ukraine bis nach Griechenland, und bis in den Westen, an die französische Küste. Überall dort wüteten und wüsteten die Deutschen und deren Helfer mit ihren schwer bewaffneten Armeen, motiviert im Auftrag ihrer nazistischen Obrigkeit.

Werden sie sich erinnern können, die Besucher der Vernichtungsstätten, dass die Versuche mit dem berüchtigten Zyklon B in Auschwitz an 10.000 russischen Soldaten der Roten Armee bereits 1942 begannen?

Von diesem »mit Erfolg« durchgeführten Experiment blieben gerade wenige hundert Menschen am Leben. In der Folge wurden in Auschwitz etwa 1.500.000 Mio. Menschen, davon 90 % Juden, maschinell, schnell und gründlich organisiert vernichtet.

Dieser Krieg hat das europäische Judentum fast vernichtet, ein Drittel unseres Volkes. Wir haben uns seit damals noch nicht erholt. Weder zahlenmäßig noch spirituell.

Werden sich die heutigen interessierten Besucher bei einem Besuch des sauber gefegten, äußerlich beinah idyllischen Ortes Auschwitz, vergegenwärtigen können, dass sie mit den Füßen auf dem größten Friedhof aller Zeiten gehen und immer noch auf Menschenasche treten und davontragen? Und werden sie sich dann auch an die anderen Opfer des Krieges und an dessen Ausgang erinnern?

Die Erinnerung an Auschwitz, stellvertretend für die Schoah insgesamt, darf niemals der Beliebigkeit zum Opfer fallen. Sie ist weder für Vergleiche geeignet noch die Arbeit daran als Tugendnachweis tauglich.

Die Erinnerungsarbeit darf nicht der Willkür bzw. der Agitation von Narzissten überlassen werden. Die Erinnerung, heute auch bzw. vorwiegend von Fachinstanzen geleistet, muss den politischen Alltag überdauern, und darf nicht als Druckmittel dienen. Die Erinnerungsarbeit setzt weniger die Bereitschaft voraus, zu belehren, als jene, dazu zu lernen. Forderungen nach Gratifikationen und baldiger Anerkennung für das Geleistete sind deutlich zurückzustecken.

Nochmals, Abraham Joshua Heschel: »Gleichgültigkeit gegenüber dem Bösen ist heimtückischer als das Böse selbst. Es ist eine stille Rechtfertigung, die das Böse in der Gesellschaft akzeptiert.«

Grußwort

Adam Strauß
Vorsitzender des Verbands Deutscher Sinti und Roma – Landesverband Hessen

Sehr geehrte Damen und Herren,
vielen Dank dafür, dass sich so viele Historikerinnen und Historiker mit der Geschichte der IG Farben befassen. Mit der Geschichte eines Konzerns, dessen Name unmittelbar mit den nationalsozialistischen Menschheitsverbrechen verbunden ist, eines Konzerns, der mit der systematischen Ermordung von Menschen Profite machte, indem er Zyklon B in das Vernichtungslager Auschwitz-Birkenau und in andere Lager lieferte und sich am Programm der Vernichtung durch Arbeit beteiligte. Wer nicht direkt ermordet wurde, musste zur Zwangsarbeit – auch für die IG Farben. Im polnischen Kattowitz wurde die IG Auschwitz gegründet. Das Werk erhielt kurz darauf mit Buna/Monowitz ein firmeneigenes KZ. Die durchschnittliche Überlebensdauer der Häftlinge dort betrug drei bis vier Monate. 25.000 bis 30.000 der hier zur Zwangsarbeit herangezogenen Menschen starben, viele schon auf der Baustelle, in Monowitz oder wurden nach einer der vielen Selektionen in den Gaskammern von Auschwitz-Birkenau ermordet. Unter ihnen auch viele Angehörige unserer Minderheit.

Einer von ihnen war der Sinto Reinhard Florian, der im April 1943 nach Monowitz kam. Er erinnert sich in seiner Autobiografie* an die Ankunft und schildert Folgendes:

Unmittelbar nach der Ankunft musste ich mich zum Fotografieren »hübsch« machen. Mit Halstuch, Mütze und einem neuen, sauberen Anzug in der passenden Größe. Nichts von den Sachen, die ich für das Foto der Häftlingskartei anziehen musste, durfte ich behalten. Nach der Aufnahmeprozedur bekamen wir Anzüge, die eigentlich nun noch Lumpen waren, unzählige Male geflickt und fast immer zu groß oder zu klein. Zynischerweise wollte man für die Unterlagen offenbar den Eindruck von Bewerbungsfotos erwecken – jedenfalls kann ich mir das nur so erklären. Damit hatte die Zwangsarbeit für die IG Farben wahrlich nichts zu tun. Die nächste Erinnerung, die Reinhard Florian schildert, ist die an die sogenannten Arztvisiten. Nackt entblößt mussten die Häftlinge an einem Arzt vorbeigehen, der

---

* Reinhard FLORIAN: Ich wollte nach Hause, nach Ostpreußen! Das Überleben eines deutschen Sinto, hrsg. von Jana MECHELHOFF-HEREZI und Uwe NEUMÄRKER, Stiftung Denkmal für die Ermordeten Juden Europas, Berlin 2012.

darüber entschied, ob sie es wert waren, weiterzuleben. Wer nicht mehr als arbeitsfähig galt, wurde ins Gas geschickt.

Aber auch wer, wie Reinhard Florian, überlebte, den ließen diese Erfahrungen nie wieder los. Was in der Bundesrepublik folgte, verschlimmerte das Leid der Überlebenden oft noch, denn von Schuldeingeständnissen keine Spur. Den Opfern wurde nicht geglaubt und noch schlimmer: stattdessen wurden in vielen Fällen diejenigen als Sachverständige hinzugezogen, die sich zuvor aktiv an der Verfolgung der Sinti und Roma beteiligt hatten. Angehörige der Minderheit erhielten dadurch lange keine Entschädigung, die Verfolgung aus »rassischen Gründen« wurde in vielerlei Hinsicht nicht anerkannt und die NS-Verbrechen wurden stattdessen nachträglich noch legitimiert. So galten Praktiken der Verfolgung gegen Sinti und Roma etwa als »sicherheitspolizeiliche Maßnahmen«, eine antiziganistische Einschätzung, die sogar der Bundesgerichtshof in einem Urteil von 1956 bestätigte, in dem er die Auffassung vertrat, dass von rassischer Verfolgung erst ab 1943 ausgegangen werden könne. Im Urteil hieß es:

Die Zigeuner neigen zur Kriminalität, besonders zu Diebstählen und zu Betrügereien. Es fehlen ihnen vielfach die sittlichen Antriebe zur Achtung vor fremdem Eigentum, weil ihnen wie primitiven Urmenschen ein ungehemmter Okkupationstrieb eigen ist.

Ein Urteil, das erst 1963 insoweit revidiert wurde, als dass die rassische Verfolgung nun zumindest ab dem Jahr 1938 anerkannt wurde. Bis die nationalsozialistische Verfolgung und der Völkermord aus rassistischen Gründen offiziell anerkannt wurden, bedurfte es fast 40 Jahre. Erst nachdem sich die Bürgerrechtsbewegung gegründet und für die Rechte der Minderheit eingesetzt hatte, erkannte der damalige Bundeskanzler Helmut Schmidt den Völkermord endlich an. Anschließend konnten zumindest all die Anträge auf Entschädigung, die bis 1965 gestellt und zumeist abgelehnt worden waren, neu überprüft werden. Für all die NS-Verfolgten, die bis zu diesem Zeitpunkt noch keinen Antrag gestellt hatten, wurde auf Initiative des Hessischen Landesverbandes Deutscher Sinti und Roma im Dezember 1991 schließlich ein Härtefonds vom Land Hessen eingerichtet, über den regelmäßige Beihilfen beantragt werden konnten. Es folgten entsprechende Härtefonds in anderen Bundesländern.

Aber was die Entschädigung für die Sklavenarbeit insbesondere für die deutsche Industrie betraf, setzte sich das Unrecht noch weiter fort. Seit 1986 forderte der Zentralrat Deutscher Sinti und Roma von einzelnen deutschen Unternehmen Entschädigungszahlungen ein – weitgehend erfolglos.

Wir wissen, dass die Gründung der Stiftung EVZ im Jahr 2000 für die meisten Überlebenden viel zu spät kam. Und auch bei der Abwicklung der Verfahren zur

Auszahlung der Entschädigung schien man auf Zeit zu setzen, denn viele Antragstellende verstarben, ehe sie eine Auszahlung erhalten konnten.

Der Zentralrat Deutscher Sinti und Roma, der für viele deutsche Sinti und Roma Entschädigungsanträge eingereicht hatte, wurde erst 2016 überhaupt am Kuratorium der Stiftung beteiligt – der frühere Richter des Bundesverfassungsgerichts Prof. Dr. Mahrenholz hatte diesen jahrelangen Ausschluss des Zentralrats zuvor als rechtswidrig bezeichnet.

Ich hoffe sehr, dass Ihr Interesse an der Auseinandersetzung mit der Geschichte der IG Farben auch von einem Interesse an der weiteren Aufarbeitung des unermesslichen Leids, das dieser Konzern über so viele Menschen gebracht hat, geleitet ist. Eine Wiedergutmachung des geschehenen Unrechts ist nicht möglich, aber die Auseinandersetzung und die Aufklärung der Verbrechen ist für die Opfer und ihre Angehörigen umso wichtiger und das sage ich Ihnen als Sohn von Eltern, die beide Auschwitzüberlebende waren.

Grußwort

*Volker Pollehn, Staatssekretär a.D. /
früherer Liquidator*

Die im Jahre 1925 gegründete I.G. Farbenindustrie Aktiengesellschaft, die IG, war seinerzeit nicht nur Deutschlands größtes Unternehmen. Sie war, wie der Titel dieser Tagung es zutreffend darstellt, ein Weltkonzern, der in seiner weltweiten Verflechtung einzigartig war. Über 200 Gesellschaften standen allein in Deutschland unter seiner Kontrolle. Sein Auslandsvermögen hatte ein Volumen, das bis heute nicht völlig aufgeklärt werden konnte. Wie jedes andere Industrieunternehmen im Dritten Reich war auch die IG Teil der Kriegswirtschaft des Dritten Reiches. Dies allerdings – im Hinblick auf Auschwitz – an besonders widerwärtiger Stelle. Inwieweit die Überschrift dieser Tagung »Zwischen Schuld und Profit« auf die Abwicklung der IG, um die es hier geht, zutrifft, bedarf allerdings einer differenzierten Betrachtung. Diese Abwicklung ist durch ganz verschiedene Phasen – hier in grober Betrachtung wiedergegeben – gekennzeichnet. Am Anfang stand die Beschlagnahme des gesamten Vermögens der IG und die ausschließliche Verwaltung der IG durch die Alliierten mit dem Ziel u. a. von Reparationen und der Zerstörung kriegswichtiger Teile der IG. Die Machthaber in der sowjetischen Besatzungszone gingen dabei schon früh ihre eigenen Wege. In den Westzonen kamen die Alliierten bald zur Auffassung, die Auflösung der IG am besten durch Aufspaltung bzw. Entflechtung durchzuführen. Auf Empfehlung des nach Art. 9 Ziff. 3 des Gesetzes Nr. 35 eingerichteten IG-Farben-Liquidationsausschusses kam es beim Amtsgericht Frankfurt Anfang 1952 zur Eintragung der Auflösung der IG, zur Bestellung von Liquidatoren und zur Durchführung der Liquidation auch nach deutschem Recht. Im Rahmen der nachfolgenden Entflechtung wurden die Nachfolgegesellschaften BASF, Bayer, Hoechst und Cassella errichtet. Ihnen wurden alle wichtigen Werke in Westdeutschland übertragen. Bei der IG verblieb das Restvermögen zur weiteren Abwicklung. 1955 trat das von den Westalliierten erlassene IG-Liquidationsschlussgesetz in Kraft. Danach war die Liquidation der IG, also des Restvermögens, grundsätzlich nach deutschem Recht durchzuführen. Auch bei der nachfolgenden Abwicklung des Restvermögens gab es deutliche Unterschiede.

War die Abwicklung zunächst geprägt von ordentlicher Verwaltungstätigkeit, entwickelte sich später geradezu ein von Finanzjongleuren geprägtes Profitstreben. Als wir, der frühere Bundestagsabgeordnete und Finanzfachmann Otto Bernhardt und ich, im Oktober 1998 vom Frankfurter Amtsgericht zu Liquidatoren bestellt wurden, schrieb das Restvermögen im operativen Bereich rote Zahlen und befand sich kurz vor der völligen Zahlungsunfähigkeit. Dennoch gelang es uns zunächst nach nur wenigen Monaten das Unternehmen wieder in geordnetes Fahrwasser zu steuern. Dabei blieben wir allerdings dauerhaft von den Ansprüchen der IG auf Liquiditätshilfen gegen die WCM-AG, einer früheren Tochter der IG Farbenindustrie, abhängig. Wegen eigener finanzieller Probleme konnte die WCM ihre Zahlungsverpflichtungen schließlich aber nicht mehr einhalten. Die IG-Farbenindustrie in Abwicklung musste deshalb im Jahre 2003 Insolvenz anmelden. Auch unser Ziel, die zuvor mühevoll errichtete Stiftung IG Farbenindustrie zum Zwecke der Entschädigung von früheren Zwangsarbeitern mit ausreichendem Kapital auszustatten, konnten wir nicht mehr erreichen. Auch die Stiftung musste wieder aufgelöst werden. Es ist mir eine ganz besondere Freude, dass es uns nach all den Wirrungen und auch hässlichen Seiten der Abwicklung gelungen ist, wenigstens das bei der Stiftung vorhandene Restarchivgut in die Hände des Hessischen Landesarchivs zu geben und es der wissenschaftlichen Forschung zugänglich zu machen. Das bleibt auch notwendig, denn es gibt im Zusammenhang mit der Abwicklung der IG noch viele Ungereimtheiten, die der Aufklärung bedürfen. Diese Tagung macht deutlich, dass der »Fall IG Farbenindustrie« zuallerletzt doch noch in die richtigen Hände gekommen ist. Ich wünsche dieser internationalen Tagung viel Erfolg.

Entwicklung und Struktur der IG Farbenindustrie AG (i.A.)

Albrecht Kirschner

1. Der Weg zur IG Farbenindustrie AG

ES WAR WOHL noch keine Krise der chemischen Industrie, aber doch eine sich abzeichnende Verknappung der Rohstoffversorgung und steigende Einkaufspreise, die im Deutschen Kaiserreich des ausgehenden 19. Jahrhunderts in der Chemiebranche Überlegungen virulent machten, Gegenmaßnahmen durch entsprechende Absprache zu ergreifen.[1] Nach einer Reise in die USA ging der Vorstandsvorsitzende der »Farbenfabrik vorm. Friedr. Bayer & Co. AG« (Bayer), Carl Duisberg, im Oktober 1903 in die Offensive. Vor dem Hintergrund seiner Kenntnisse der Verhältnisse der chemischen Industrie in den USA, besonders der Standard Oil Company, schlug er auf der Tagung des Chemieverbandes die Gründung einer großen Aktiengesellschaft in der Farbstoffindustrie vor. Diese in der Folge von ihm zur

---

[1] Soweit nicht anders angegeben, beziehen sich die Angaben für die Zeit bis 1945 auf Raymond G. STOKES: Von der I.G. Farbenindustrie AG bis zur Neugründung der BASF (1925–1952). In: Die BASF. Eine Unternehmensgeschichte, hrsg. von Werner ABELSHAUSER, München 2002, S. 221–358; Gottfried PLUMPE: Die IG-Farbenindustrie-AG. Wirtschaft, Technik und Politik 1904–1945, Berlin 1990; Fritz TER MEER: Die I.G. Farbenindustrie Aktiengesellschaft. Ihre Entstehung, Entwicklung und Bedeutung, Düsseldorf 1953; Office of Military Government for Germay, United States Finance Division – Financial Investigation Section (OMGUS): Ermittlungen gegen die I.G. Farben, übersetzt und bearbeitet von der Dokumentationsstelle zur NS-Sozialpolitik Hamburg, Karl Heinz Roth, Nördlingen 1986 und die Ausarbeitung Karl Heinz Roths zur Geschichte der IG Farben bis 1945 auf der Website des Wollheim Memorials: Karl Heinz ROTH: Die Geschichte der I.G. Farbenindustrie AG von der Gründung bis zum Ende der Weimarer Republik, Frankfurt am Main 2009, http://www.wollheim-memorial.de/files/999/original/pdf_Karl_Heinz_Roth_Die_Geschichte_der_IG_Farbenindustrie_AG_von_der_Gruendung_bis_zum_Ende_der_Weimarer_Republik.pdf (zuletzt aufgerufen am 14.09.2021), Karl Heinz ROTH: Die IG Farbenindustrie AG von 1933 bis 1939, Frankfurt am Main 2009, http://www.wollheim-memorial.de/files/1001/original/pdf_Karl_Heinz_Roth_Die_IG_Farbenindustrie_AG_von_1933_bis_1939.pdf (zuletzt aufgerufen am 20.10.2021) und Karl Heinz ROTH: Die I.G. Farbenindustrie AG im Zweiten Weltkrieg, Frankfurt am Main 2009, http://www.wollheim-memorial.de/files/1000/original/pdf_Karl_Heinz_Roth_Die_IG_Farben_Industrie_AG_im_Zweiten_Weltkrieg.pdf (zuletzt aufgerufen am 20.10.2021).

»Denkschrift über die Vereinigung der deutschen Farbenfabriken« ausgearbeiteten Vorschläge stießen auch bei der deutschen Konkurrenz auf Interesse. Trotzdem ist es keine Überraschung, dass die beteiligten Firmen sich nicht umgehend auf eine Fusion zu einer einzigen Aktiengesellschaft der Farbenindustrie insgesamt (oder großer Teile davon) verständigen konnten.

Erste Schritte in diese Richtung wurden jedoch 1904 gegangen: Bayer und die Badische Anilin- & Sodafabrik (BASF) schlossen einen Vertrag über eine »Interessengemeinschaft der deutschen Teerfarbenindustrie« (daher das Kürzel »I.G.«), der kurz darauf die »Actien-Gesellschaft für Anilin-Fabrication« (Agfa) beitrat. Neben diesem »Dreierbund« war ebenfalls 1904 der so genannte »Zweibund« der »Farbenfabriken, vorm. Meister Lucius & Brüning AG« (Hoechst) mit der »Cassella Farbwerke Mainkur AG« (Cassella) zustande gekommen, dem sich 1906 die »Kalle & Co. AG« anschloss (dann »Dreierverband«). Diese Firmenverbünde stellten Kartelle dar, in denen Erfahrungen ausgetauscht, Patente den Ex-Konkurrenten frei gegeben, ein gemeinsamer Vertrieb, aber auch gemeinsame Investitionsvorhaben verwirklicht wurden. Auch wurden Gewinnausgleiche gemäß dem Umsatzanteil vereinbart. Die Firmen allerdings blieben rechtlich weiterhin selbständig. Wirtschaftlich blieb die deutsche Farbstoffindustrie bis zum Ersten Weltkrieg – mit einem kleinen Einbruch im Jahr 1908 – durchaus erfolgreich.[2] Gut 90 Prozent der weltweiten Exporte industriell produzierter Farbstoffe kamen 1913 aus Deutschland, und rund 82 Prozent der Kundenumsätze deutscher Firmen im Farbstoffgeschäft entfielen auf den Export.[3] Es wundert nicht, dass der Wegfall der Auslandsmärkte im Ersten Weltkrieg bedeutende Auswirkungen auf die beteiligten Firmen hatte: Machten 1914 Farbstoffe noch 64 Prozent, Sprengstoffe und andere Kriegsmaterialien 0,4 Prozent der Umsätze der IG Gruppe aus, so drehte sich dieses Verhältnis schnell und lag 1917 bei nur 9 Prozent der Umsätze im Bereich der Farbstoffe und 57 Prozent für Salpeter und andere Kriegsmaterialien, z. B. auch Giftgas.

Im Herbst 1917 kamen dabei 77 Prozent der in Deutschland monatlich produzierten Sprengstoffe und anderer Kampfstoffe inklusive der Vorprodukte aus Fir-

---

2 Agfa, BASF, Bayer und Hoechst konnten zwischen 1906 und 1913 ihren Umsatz von insgesamt 237,5 auf 380 Millionen Mark steigern (immerhin ein Umsatzplus von annähernd 60 Prozent), während das Aktienkapital der IG-Gruppe, bestehend aus der Agfa, BASF, Bayer, Hoechst, der Chemischen Fabriken vormals Weiler-ter Meer (Weiler-terMeer) und Chemische Fabrik Griesheim Elektron AG (Griesheim Elektron) von gesamt 69 Millionen Mark im Jahr 1906 auf 144 Millionen Mark im Jahr 1913 anwuchs. Damit lag die IG-Gruppe noch über den Werten der gesamten Chemischen Industrie, aber auch der Montan- und der Elektroindustrie, sowie weit über der Aktienkapitalzuwachsrate der gesamten deutschen Industrie. Vgl. PLUMPE: IG Farbenindustrie, S. 41 und S. 49.
3 Vgl. PLUMPE: IG Farbenindustrie, S. 50 ff.

men der zukünftigen IG.[4] Als erzwungen kann diese Entwicklung vor dem Hintergrund des Ende 1914 zwischen Carl Bosch, Vorstandsmitglied der BASF, und der Obersten Heeresleitung abgeschlossenen Vertrags zur Lieferung und Abnahme von synthetischen Nitriermitteln zur Sprengstoffproduktion sicherlich nicht bezeichnet werden. Der Vertrag ließ eine Umrüstung des BASF-Werkes in Oppau bei Ludwigshafen als rentabel erscheinen und ermöglichte die Errichtung großer Syntheseanlagen in Leuna (unter dem organisatorischen Dach der BASF-Tochtergesellschaft Ammoniakwerk Merseburg GmbH), um die ausbleibenden Salpeterlieferungen aus Chile zu ersetzen. Die Zusammenarbeit zwischen dem Deutschen Reich und der BASF, die sich wiederum eng mit Bayer abstimmte, enthielt nicht nur Abnahmegarantien für BASF, sondern auch erhebliche organisatorische und finanzielle staatliche Unterstützung beim Aufbau und Betrieb des Werkes in Leuna.

Ähnliche Projekte betrieb das Deutsche Reich zur Kautschuksynthese mit Bayer und zur elektrochemischem Herstellung von Leichtmetallen und Legierungen mit Griesheim-Elektron. Unpolitisch war diese Zusammenarbeit zwischen der chemischen Industrie und dem Staat gerade durch die damit massiv unterstützende Autarkiepolitik des Reichs sicherlich nicht. Inwieweit aber derart enge Kooperationen dazu beitrugen, dass sich 1916 der Dreibund, der Dreierverband und Weiler-ter Meer zusammenschlossen und zur dann »großen IG« 1917 auch Griesheim Elektron stieß, muss hier unerörtert bleiben. Sicher jedenfalls ist, dass sich die Realwertumsätze der IG-Gruppe – nach einem Umsatzeinbruch im Jahr 1914 – im Laufe des Krieges, verglichen mit 1913, fast verdoppelten, um im Jahr 1919 um fast 88 Prozent einzubrechen.[5]

An die recht dominante Stellung der Interessensgemeinschaft bzw. der beteiligten Firmen auf dem Weltmarkt bis 1913 konnte die »große IG« nach dem Krieg nicht mehr anschließen. Nicht nur, dass die ausländischen Märkte fast gänzlich weggebrochen waren. Zusätzlich waren ausländische Tochterfirmen und Patente von den Kriegsgegnern beschlagnahmt worden, und man hatte dort den Auf- und Ausbau der chemischen Industrie begonnen oder vorangetrieben. Zumindest aus Sicht von Carl Bosch, der 1919 zum Vorstandsvorsitzenden der BASF aufstieg, war die missliche Lage auch in der mangelnden Absprache und Koordination über das Auslandsgeschäft innerhalb des Kartells begründet. Gemeinsam mit dem Vorstandsvorsitzenden von Bayer forcierte Bosch nun die Bildung der I.G. Farbenindustrie Aktiengesellschaft. Die Fusionsverhandlungen waren 1925 abgeschlossen und wurden im Dezember 1925 umgesetzt.

---

4 Vgl. PLUMPE: IG Farbenindustrie, S. 82 ff.
5 Vgl. PLUMPE: IG Farbenindustrie, S. 94.

Abb. 1: Logo der I.G. Farbenindustrie AG seit 1925 und der Abwicklungsgesellschaft bis 1988

2. Die IG Farbenindustrie AG von 1925 bis 1933

Im Dezember 1925 schlossen sich die BASF, Bayer, Hoechst, Agfa, Griesheim-Elektron, Weiler-Ter Meer, Casella und Kalle mit einer ganzen Reihe von Tochtergesellschaften der genannten Firmen zur I.G. Farbenindustrie AG zusammen.[6] Diese Firmen brachten Stammaktien in Höhe von gut 640 Million Reichsmark und Vorzugsaktien in Höhe von 4,4 Millionen Reichsmark in den neuen Konzern ein, aber schon 1926 wurde das Aktienkapital auf 1,1 Milliarden Reichsmark erhöht.[7] Erster Vorstandsvorsitzender wurde der Geheime Kommerzienrat Prof. Dr. Carl Bosch (von der BASF kommend), erster Aufsichts- und Verwaltungsratsvorsitzender der Geheime Regierungsrat Prof. Dr. Carl Duisberg (von Bayer kommend). Als Gegenstand des Unternehmens wird die *Erzeugung und der Verkauf von Farben, pharmazeutischen und photographischen Artikeln, Stickstoffverbindungen und chemischen Produkten aller Art, sowie sonstige gewerbliche Betriebsunternehmungen*[8] angegeben. Vor allem im Raum Halle/Saale-Leipzig besaß die IG Farben mehrere Braunkohlegruben, die zur Energiegewinnung und zur Verflüssigung für syntheti-

---

[6] Die Strukturangaben zum Jahr 1928 stammen aus der im Spezial-Archiv der deutschen Wirtschaft 1928 in zweiter Auflage erschienenen Broschüre »Der Farben-Konzern 1928. Die I.G. Farbenindustrie A.-G. Ihr Aufbau und ihre Entwicklung, Werke, Arbeitsgebiete, Finanzen, Konzerngesellschaft.« In: HHStAW Bestand 2092, Nr. 6204.

[7] Zum Vergleich: Die Friedr. Krupp AG hatte Ende 1926 ein Grundkapital von 160 Millionen Mark und die Siemens & Halske AG hatte zu diesem Zeitpunkt Stamm- und Vorzugsaktien in Höhe von 91,5 Millionen Mark ausgegeben. Vgl. Friedr. Krupp AG: Jahresbericht und Bilanz für das Geschäftsjahr vom 1. Oktober 1925 bis 30. September 1926, Essen 1926, S. 11, und Siemens & Halske AG: 31. Geschäftsbericht, 1. Oktober 1925 bis 30. September 1926, Berlin 1927 [ohne Seitenangabe].

[8] Der Farben-Konzern 1928, S. 16.

sche Kraft- und Schmierstoffe genutzt wurden und eine Fläche von gut 404 Hektar umfassten. Weiterer Landbesitz der IG Farben belief sich 1926 auf 776 Hektar Land, wovon rund 212 Hektar bebaut waren.

Organisiert war die IG Farben in den Betriebsgemeinschaften Oberrhein, Mittelrhein, Niederrhein, Mitteldeutschland (Maingau), Mitteldeutschland (Wolfen-Bitterfeld) und in der Bergwerksverwaltung Halle. Verkaufsgemeinschaften waren für Farbstoffe und Färberei-Hilfsprodukte, anorganische Produkte und organische Zwischenprodukte, pharmazeutische und Veterinärprodukte sowie Schädlingsbekämpfungsmittel und schließlich für photographische Produkte, Kunstseide und Riechstoffe gebildet worden. Produziert, besser wohl gewirtschaftet wurde 1928 mit 84 Konzerngesellschaften, darunter befand sich mit der Deutschen Länderbank AG auch die Konzernbank.[9] Ausgesprochen komplex sind auch 1928 schon die direkten und indirekten Beteiligungen im In- und Ausland, die die IG Farben als international stark verflochten und vernetzt erscheinen lässt.[10] Mit rund

Abb. 2: *Aktien der IG Farbenindustrie AG vom Dezember 1925*

---

9 1909 als Deutsche Kolonialbank gegründet und 1922 zur Deutschen Länderbank umfirmiert, wurde die Bank 1923/24 von der BASF übernommen und fungierte fortan als Konzernbank, ab 1925 auch der IG Farben.

10 Vom Aufwand zur Recherche für genauere Zahlen wurde abgesehen, weil dieses Beteiligungsgeflecht ständigen Änderungen unterlag.

250.000 Arbeitern, Angestellten und »Beamten« (inkl. der Gruben) wurde im Geschäftsjahr 1927 bei einer Bilanzsumme von gut 1,8 Milliarden Reichsmark ein Reingewinn von gut 103 Millionen Reichsmark erwirtschaftet. Die Bilanzsumme stieg bis zum Geschäftsjahr 1944 auf gut 1,9 Milliarden Reichsmark, wobei der Rohüberschuss laut Gewinn- und Verlustrechnung bei über 1 Milliarde Reichsmark lag.[11]

Die IG Farben war sowohl auf dem deutschen wie auch – zumindest bis zum Zweiten Weltkrieg – auf dem Weltmarkt einer der meist bedeutenden Chemieproduzenten. Alleine in Deutschland waren in den 1920er Jahren gut 3.000 Gesellschaften in der Chemiebranche aktiv, wobei auf die IG Farben bzw. deren Vorgängerfirmen 30,5 Prozent des Umsatzes und 28,1 Prozent der Beschäftigten (1929), aber gut 57 Prozent des Exportes entfiel.[12] *Die I.G. produzierte fast alle in Deutschland hergestellten Farbstoffe, von 1924 bis 1930 67,8 % des industriell gewonnenen Düngestickstoffs, war das größte Unternehmen der Photochemie, einer der größten Pharmaproduzenten und nach wie vor führend bei der Herstellung von organischen Chemikalien aller Art. Der Konzern produzierte zwischen 65 und 70 % aller deutschen Sprengstoffe. Eine Monopolstellung besaß die I.G. aber lediglich bei Magnesium und einer Reihe von Chemikalien, vor allem organischen Produkten [...].*[13] Auch international befand sich die IG Farbenindustrie AG 1929 neben den US-amerikanischen Konzernen E. I. du Pont de Nemours and Company (DuPont) und der Allied Chemical and Dye Corporation (ACD) sowie der britischen Imperial Chemical Industries Ltd. (ICI) unter den vier größten Chemiekonzernen der Welt. Sie war jedoch weder bezüglich des Gesamtkapitals, noch des Anlagevermögens oder des Bilanzgewinns an erster Stelle.[14]

Schon Plumpes Formulierung »Monopolstellung ... lediglich ...« verrät, dass die heutige Alltagswahrnehmung durchaus umfangreichere Monopolbildungen schon in der damaligen Zeit erwartet. Tatsächlich scheint weder die mit eventuellen Superlativen zu beschreibende Größe des Konzerns, noch die beachtliche chemisch-technische Innovationsfähigkeit[15] oder das paternal-soziale Sicherungssystem für zumindest Teile der Belegschaft[16] die besondere Qualität der IG Farben

---

11 Vgl. die am 20.08.1953 fertig gestellte Bilanz und die Gewinn- und Verlustrechnung für das Geschäftsjahr 1944, in: HHStAW Bestand 2092 Nr. 3874. Genaueres zur wirtschaftlichen Entwicklung der IG Farben zwischen 1929 und 1944 vgl. PLUMPE: IG Farbenindustrie, S. 669–688.
12 Vgl. PLUMPE: IG Farbenindustrie, S. 176f.
13 PLUMPE: IG Farbenindustrie, S. 177.
14 Vgl. PLUMPE: IG Farbenindustrie, S. 184.
15 Vgl. PLUMPE: IG Farbenindustrie, S. 200ff.; Fritz TER MEER: Die IG Farbenindustrie Aktiengesellschaft. Ihre Entstehung, Entwicklung und Bedeutung, Düsseldorf 1953.
16 Dazu gehören nicht nur teils üppige Pensionsverträge mit leitenden Angestellten, sondern auch Programme zur Förderung des Wohnungsbaus sowie die Schaffung von Einkaufs- und Freizeitmöglichkeiten.

auszumachen. Vielmehr scheint erst die Kombination von Konzerngröße, und damit auch wirtschaftlichen Bedeutung für das Deutsche Reich, und Verflechtungen in die Politik, die schon weit vor der NSDAP-geführten Regierung »der nationalen Erhebung« im Januar 1933 erhebliche Ausmaße angenommen hatte, die besondere Qualität des Konzerns auszumachen.[17]

Mit der Weltwirtschaftskrise ab 1929 waren auch die Ertragszahlen der IG Farben in Teilen, besonders bei Stickstoffen für die Düngerproduktion und bei der Hydrierung, massiv eingebrochen, während die Erträge u. a. in den Pharma-, Pflanzenschutz und Photographika-Bereichen zumindest stabil blieben, wenn nicht gar wuchsen. Das führte zum einen zu internen Organisationsänderungen, wie der Einführung der Sparten,[18] der Verkleinerung des Vorstands und dem Ausbau des Berliner Teils der Zentrale als eine weitere Zentralisierung der Konzernorganisation. Zum anderen kam es aber auch zu vertiefter und verstärkter Lobbyarbeit[19] bis hin zur direkter politischer Einflussnahme. So wurde Paul Moldenhauer (Mitglied der Deutsche Volkspartei (DVP), des Aufsichtsrats der IG und des »Kalle Kreises«) erst als Wirtschafts-, dann als Finanzminister in das Kabinett des Reichskanzlers Herrmann Müllers (SPD) und in das erste Kabinett Heinrich Brünings »entsendet«, und Hermann Warmbold (Mitglied des Vorstands der BASF, dann der IG Farben) folgte als Wirtschaftsminister im zweiten Kabinett Brünings und in den Kabinetten von Papen und von Schleicher. Beide versuchten über eine wirtschaftsfreundliche Politik, die mit sozialen Deregulierungsvorstellungen einherging, die Wirtschaftskrise und damit zumindest indirekt auch die Umsatz- und Gewinnflaute der IG Farben zu meistern.

Angesichts der wachsenden Bedeutung der Partei bestanden daneben auch Kontakte zur NSDAP. Schon 1931 konnten einzelne IG Farben-Funktionäre, allen voran Heinrich Bütefisch, die Bedeutung der synthetischen Benzinherstellung in Leuna regionalen NSDAP-Führern vermitteln, so dass Hitler schon 1932 eine Unterstützung der Treibstoffhydrierung zusagte. Die Lobbyarbeit der IG Farben hatte auch auf das staatsinterventenistische Wirtschaftsprogramm vom Sommer 1932 erheblichen Einfluss. Bis 1932/33 hatte sich die politische Konzernstrategie der IG Farben erheblich verändert: *Ihre vernunftrepublikanische Anpassung an die Revisionspolitik*

Statistische Angaben dazu bei TER MEER: Die IG Farbenindustrie, S. 111, und Grafik auf S. 121.

17 Zum Folgenden vgl. besonders ROTH: Geschichte der I.G. Farbenindustrie AG von der Gründung bis zum Ende der Weimarer Republik, S. 16–24.

18 Sparte I (Hydrieranlagen, Bergwerksverwaltung und Anlagenbau) unter der Leitung Carl Krauchs, Sparte II (Farbstoffe, Arzneimittel, Lösungsmittel, Chemikalien und Synthesekautschuk) unter der Leitung Fritz ter Meers und Sparte III (Photographika und Kunstfasern) unter der Leitung Fritz Gajewskis.

19 Die schon seit der Gründung der IG Farben durch einige Mitglieder des Aufsichtsrats, die sich informell im Kalle Kreis zusammenschlossen, bestand.

der Stresemann-Ära und ihre Weltmarktorientierung waren hinweggefegt. Ihre Konzernleitung hatte sich durch den Rücktritt Moldenhauers als Wirtschaftsminister am Sturz des letzten gewählten Reichskanzlers beteiligt. Zwei Jahre später hatte sie durch den Rücktritt von Wirtschaftsminister Warmbold den Startschuss zur Beendigung der Brüning-Ära abgegeben und sich an den Zumutungen der Präsidialkabinette Papens und Schleichers beteiligt. Da ihre Leitungsgremien diesen Prozess der Zerstörung in allen Etappen aus der bürgerlich-konservativen Mitte vorantrieben, war ihr Vorgehen besonders folgenreich. Diese Mitverantwortung für den Untergang der Weimarer Republik wird durch die Tatsache, dass sich die I.G. Farben vom letzten Akt, der Etablierung der Koalition der ,nationalen Erhebung‹, fernhielt [...] keineswegs abgeschwächt.[20]

3. Die IG Farbenindustrie AG von 1933 bis zum Zweiten Weltkrieg

Derart auf den nationalen Markt orientiert und eingebunden in das autoritäre deutsche Staatswesen, verwundert es nicht, dass sich die Zusammenarbeit zwischen der IG Farben und dem Deutschen Reich nach 1933 für beide Seiten ertragreich entwickelte. Für den Wahlkampf für die Wahl am 5. März 1933 überwies der Konzern auf Anforderung RM 400.000 an die NSDAP und RM 100.000 an von Papen; 1933/34 folgten mehrfach Spenden an die Sturmabteilung der NSDAP (SA). Zur »Adolf Hitler-Spende der deutschen Wirtschaft« trug die IG Farben bis 1945 rund 13 Millionen RM bei, an das »Winterhilfswerk« bis 1945 ca. 16 Millionen RM. Die zentral erfassten »Loyalitäts- und Bestechungszahlungen«[21] beliefen sich bis Kriegsende auf 39,6 Millionen RM. Bis Ende 1936 traten außerdem rund ein Drittel, bis Ende 1938 fast alle Mitglieder des Vorstands und des Zentralausschusses der NSDAP bei.

Soweit nicht aus politischer und persönlicher Überzeugung geschehen, waren das aber nicht die einzigen Zugeständnisse an das NS-Regime – und selbstverständlich profitierten nicht alle Beschäftigten der IG Farben von dieser politischen Entwicklung: Jüdische Beschäftigte wurden nunmehr aus dem Konzern verdrängt, darunter auch die ehemaligen Teilhaber der Cassella Farbwerke Mainkur und Verwaltungs- und Aufsichtsratsmitglieder der IG Farben, Arthur und Carl von Weinberg, oder der Agfa-Teilhaber, Großaktionär und Aufsichtsratsmitglied der IG Far-

---

20 ROTH: Geschichte der I.G. Farbenindustrie AG von der Gründung bis zum Ende der Weimarer Republik, S. 24.
21 ROTH: IG Farbenindustrie AG von 1933 bis 1939, S. 2.

ben Otto von Mendelssohn Bartholdy. Während über die Schicksale führender IG Farben-Funktionäre einiges bekannt ist, ist der Umgang mit mittleren und vor allem einfachen jüdischen Beschäftigten bislang nur bruchstückhaft erforscht. Dasselbe gilt auch für politisch links stehende Mitarbeiterinnen und Mitarbeiter, z. B. Gewerkschafterinnen und Gewerkschafter.

Durchaus bekannt aber ist, dass das Management der IG Farben bei einer radikalen und schnellen »Entjudung« des Konzerns zögerte. Zu groß waren ihr die Gefahren eines unkontrollierten Wissenstransfers zur Konkurrenz im Ausland und eine negative Wirkung auf das Auslandsgeschäft. Hochqualifizierte jüdische Mitarbeiter wie der technische Direktor der Filmfabrik Wolfen Richard May, der 1938 ins Exil gezwungen wurde,[22] waren überdies nicht leicht zu ersetzen. Keine Probleme hatten die IG Farben allerdings mit der Übernahme von Firmen, Immobilien und anderen Werten, die aufgrund der Maßnahmen des NS-Regimes gegen Juden (»Arisierungen«) und andere Personengruppen zu haben waren.[23] Im Zentral-Ausschuss der IG Farben wurde jedenfalls erst im April 1938 beschlossen, alle jüdischen Mitarbeiterinnen und Mitarbeiter entlassen zu wollen. Trotzdem veranlasste man auch dann noch und bis weit in den Zweiten Weltkrieg über das schweizerische Bankhaus Greutert verdeckte Zahlungen an ehemalige jüdische Mitarbeiter und »ungekündigte jüdische Auslandsangestellte«.[24]

Auch vor diesem Hintergrund entwickelte sich die wirtschaftliche Lage der IG Farben in den zwölf Jahren des NS-Regimes durchaus positiv, während der NS-Staat, inklusive der Wehrmacht, ebenfalls seinen Nutzen von dieser Kooperation hatte. Schon am 14. Dezember 1933 schlossen das Reichswirtschaftsministerium und die IG Farben das »Feder-Bosch-Abkommen«, das den Auf- und Ausbau der Hydrierkapazitäten von Treibstoffen in Leuna und Liefergarantien zum Ziel hatte, während es der IG Farben Amortisationsgarantien zusicherte. Mit diesem Startpunkt der Konsolidierung der Hydrieranlagen war nicht nur das defizitäre Werk in Leuna »gerettet«, sondern auch eine Entwicklung gestartet, die bis 1936 zu einem annähernden Monopol der IG Farben bei der Hydrierung von Flugzeugkraftstoffen für die Luftwaffe führte.

Nach der Verordnung über die Errichtung wirtschaftlicher Pflichtgemeinschaf-

---

22 Ausführlich hierzu Peter LÖHNERT: Richard May, Theodor Mariam, Oskar Falek. Schicksale jüdischer Chemiker in der Farbenfabrik Wolfen nach 1933. In: Mitteilungen der Gesellschaft Deutscher Chemiker / Fachgruppe Geschichte der Chemie 20 (2009), S. 139–159.
23 Vgl. z. B. die Übernahme des Berliner Grundstücks und Gebäudes Kurfürstendamm 178, direkt neben dem »Bayerhaus« gelegen, im Jahr 1938, das der Inhaber der Almax Bau- und Boden GmbH, Carl Mangold, wegen seiner politischen Verfolgung nicht halten konnte. Vgl. HHStAW Bestand 2092, Nr. 14085.
24 Vgl. u. a. HHStAW Bestand 2092, Nr. 12924.

ten in der Braunkohlewirtschaft vom 28. September 1934[25] kam es im Herbst 1934 zur Gründung der Braunkohle-Benzin AG (BRABAG), an der die IG Farben, wie die neun weiteren beteiligten Firmen, mit 10 Prozent beteiligt war. Im unter staatlicher Aufsicht (durch das Reichswirtschaftsministerium) stehenden Unternehmen saßen sowohl Manager der Privatwirtschaft, wie Carl Krauch von der IG Farben, als auch Staatsbeamte oder Parteifunktionäre wie der damals in der Wirtschaftsabteilung der NSDAP leitend tätige Fritz Kranefuß.[26] Ab 1938 zeichneten innerhalb der BRABAG Heinrich Bütefisch und Ernst Hochschwender von der IG Farben für die Produktion verantwortlich. Der Einfluss der IG Farben auf die BRABAG war offensichtlich nicht gering, und die Lizenzgebühren für einen Teil der Produktionsverfahren, die in die Kassen der IG flossen, dürften die Sachen wirtschaftlich lohnend gemacht haben.

Ähnlich wie die Benzinhydrierung aus Braunkohle diente die Herstellung von synthetischem Kautschuk aus Braunkohle (Buna) der Substituierung von (teuren) Rohstoffen aus dem Ausland und gewann vor allem im Laufe des Zweiten Weltkrieges erhebliche, kriegswichtige Bedeutung. Nachdem die industrielle Massenproduktion mit dem Baubeginn des Buna-Werkes in Schkopau im Herbst 1935 eingeläutet worden war, setzte auch hier mit dem »Buna-Vertrag« von 1937 erhebliche Unterstützung durch den NS-Staat ein. Ein zweites Werk sollte unter dem Dach der Chemischen Werke Hüls (74 Prozent im Eigentum der IG Farben, 26 Prozent bei der Bergwerksgesellschaft Hibernia) in Hüls bei Marl entstehen. Ein drittes Werk zur Produktion von Buna entstand ab 1940 bei Ludwigshafen, ein viertes Werk, auf das später noch eingegangen werden muss, ab 1941 in Monowitz bei Auschwitz.

Die staatliche Förderung der IG Farbenindustrie beschränkt sich keineswegs nur auf die Hydrierung von Benzin und die Synthese von Kautschuk aus Braunkohle. Vielmehr wurde auch der Ausbau der Leichtmetallproduktion staatlicherseits unterstützt. So wurde z. B. durch einen Vertrag zwischen der Aluminiumwerk GmbH Bitterfeld, einem Kooperationsunternahmen der IG Farben mit der Metallgesellschaft, und der Reichswehr vom Juni 1934 eine neue Leichtmetallfabrik in Aken auf den Weg gebracht. Auch die Magnesiumproduktion in Bitterfeld konnte erheblich hochgefahren werden. Während die Investitionen zwischen 1936 und 1939 infolge der staatlichen Absicherungen von rund 442 auf 744 Millionen RM anstiegen, wuchs der Gewinn in demselben Zeitraum, ebenfalls dank staatlicher

---

25 Reichsgesetzblatt, Teil I, Nr. 110 vom 29.09.1934, S. 834 f.
26 Zu Fritz Kranefuß vgl. die Ausführungen in meinem Artikel zu den Liquidatoren, Abschnitt zu Franz Reuter, in diesem Band.

Subventionen und Garantien, von rund 132 auf 239 Millionen RM.[27] Wirtschaftlich konnte die IG Farbenindustrie AG mit dieser Entwicklung sehr zufrieden sein, in Sachen Autarkiebestrebungen der NS-Staat auch.

4. IG Farben im Zweiten Weltkrieg

Nachdem schon die Annexionen Österreichs und des Sudetengebiets (beide 1938) sowie des »Protektorats Böhmen und Mähren« (1939) von den IG Farben gewinnbringend genutzt wurden, um sich die dortige Konkurrenz einzuverleiben, mit erheblichen Beteiligungen abhängig zu machen oder ganz auszuschalten, wurde diese Dominanzstrategie auch nach dem deutschen Überfall auf Polen und dem Beginn des Zweiten Weltkriegs fortgesetzt: Kurz nach der Eroberung durch die Wehrmacht schickte die IG Farben eigene Experten in die entsprechenden Länder, um den Markt und Möglichkeiten zur Übernahme der chemischen Industrie zu prüfen (und unterstützte so erneut die Wehrmacht bei der Evaluierung des Wertes der Beute). In Polen z. B. wurde die gesamte Teerfarbenindustrie, bestehend aus den Firmen Boruta, Winnica und Wola, mit Genehmigung des Reichswirtschaftsministeriums übernommen. Dafür wurden die Aktionäre, selbstverständlich auch die jüdischen Aktionäre, enteignet. Für das eroberte Westeuropa nahm sich die IG Farben zum Ziel, die dortige chemische Industrie, soweit sie nicht übernommen werden konnte, auf den jeweils heimischen Markt zu beschränken – ebenfalls mit Unterstützung des Reichswirtschaftsministeriums. Für Frankreich beschreibt dies Karl Heinz Roth folgendermaßen: *Die I.G. erhielt im November 1940 eine Beteiligung von 51 Prozent an der französischen Farbstoffindustrie zugestanden, nachdem sie den französischen Unternehmern eine knapp einprozentige Beteiligung an ihrem eigenen Aktienkapital konzediert hatte. Auf dieser Basis wurde anschließend das Gemeinschaftsunternehmen Francolor S.A. mit einem Startkapital in Höhe von 800 Millionen Francs gegründet. Zusätzlich übten die I.G.-Vertreter massiven Druck aus, um die Liquidierung der nicht übernommenen Gesellschaften durchzusetzen, während sich der Pharma-Konzern Rhône-Poulenc zur Gründung gemeinsamer Verkaufsgesellschaften bereit erklärte. Auf diese Weise gelang es der I.G. Farben, die französische Chemieindustrie in die deutsche Kriegswirtschaft zu integrieren, nachdem sie ihr Demontageprogramm zugunsten der »wehrwirtschaftlichen« Prioritäten zurückgestellt hatte.*[28]

Diese Wirtschaftspolitik des Deutschen Reichs und der IG Farben führte zu einer wachsenden Dominanz der IG Farben im Chemiesektor des von Deutsch-

---

[27] Vgl. Roth: IG Farbenindustrie AG von 1933 bis 1939, S. 27.
[28] Roth: I.G. Farbenindustrie AG im Zweiten Weltkrieg, S. 6.

land eroberten Europas. Selbstverständlich aber wurde der IG der Zugang zu den von den Kriegsgegnern kontrollierten Gebieten abgeschnitten. Das betraf zuerst vor allem neben Großbritannien selbst auch dessen Kolonialreich, jedoch vorläufig nicht die sich noch neutral haltende USA. Vielmehr wurden Kooperationen, z. B. die gegenseitig lizensierte Nutzung von Patenten mit der Standard Oil of New Jersey, bis 1941 fortgesetzt.[29] Nach dem Kriegseintritt der USA wurde 1941/42 die über die schweizerische Internationale Gesellschaft für Chemische Unternehmungen AG (IG Chemie) gehaltene General Anilin & Film Corporation (GAF) beschlagnahmt, so dass der durch die USA kontrollierte (mittel- und süd-)amerikanische Markt für die IG Farben ebenfalls weitestgehend verloren ging.

Exkurs: IG Chemie und Interhandel

Die IG Chemie war eine schweizerische Aktiengesellschaft,[30] mit der die IG Farbenindustrie AG ab 1929 einerseits große Mengen an Kapital im Ausland »parkte«, andererseits verdeckte Auslandsgeschäfte betrieb.[31] Die verdeckten Geschäfte betrafen insbesondere die American IG Chemical Corporation (kurz: American IG) in den USA, die 1940 in General Anilin and Film Corporation (GAF) umbenannt wurde, sowie die norwegische Norsk Hydro-Elektrisk Kvaelstofaktieselskab. Mit der IG Chemie zu tun hatten auch die Standard Oil Company (bzw. deren Nachfolger), die belgische Solvay & Co. SA und die Nordisk Lettmetall A/S (Norwegen) sowie weitere Firmen in Norwegen, Schweden, Großbritannien, Kanada, Australien, Belgien, Italien, Rumänien, Frankreich, in der Tschechoslowakischen Republik, in Polen, Indien und den Niederlanden.[32]

Die Verflechtungs- und Verdunkelungsstrategie band an zentraler Stelle das 1920 in Basel gegründete Bankhaus Eduard Greutert & Cie., 1940 umbenannt in Struzenegger & Cie, ein.[33] Mit dieser Bank gründete die IG Farben 1929 die IG Chemie und schloss gleichzeitig einen Interessensgemeinschaftsvertrag. Als diese Geschäfte wegen des Zweiten Weltkrieges zu gefährlich wurden und eine Beschlag-

---

29 Vgl. hierzu auch HHStAW Bestand 2092, Nr. 14944, Nr. 16516 und Nr. 16995.
30 Auch wenn König der Zugang zu den Akten des IG Farben-Archivs nicht möglich war, gilt sein Werk als Standardwerk zum Thema: Mario KÖNIG: Interhandel. Die schweizerische Holding der IG Farben und ihre Metamorphosen. Eine Affäre um Eigentum und Interessen (1910–1999), Zürich 2001. Vgl. auch Volker KOOP: Das schmutzige Vermögen. Das Dritte Reich, die I.G. Farben und die Schweiz, München 2005.
31 Vgl. die 1958 entstandene IG Farben-interne Ausarbeitung von Jürgen Barz 1958: »Überblick über die Bildung des schwarzen IG Farben-Vermögens in der Schweiz«, in: HHStAW Bestand 2092, Nr. 13868; vgl. auch Nr. 13885.
32 Vgl. HHStAW Bestand 2092, Nr. 13924, Nr. 13925 und Nr. 13926.
33 Vgl. Gesellschaftsvertrag des Bankhauses Ed. Greutert & Cie vom 16.02.1920, in: HHStAW Bestand 2092, Nr. 13909.

nahme der Beteiligungen als feindliches Auslandsvermögen durch die Alliierten drohte, wurden die formalen Verflechtungen zwischen IG Chemie und IG Farben 1939/40 aufgehoben. Das bedeutete insbesondere, dass das Bankhaus Greutert / Sturzenegger die »verschweizerte« IG Chemie formal dominierte. Die Alliierten aber blieben skeptisch. Die britische Regierung setzte die IG Chemie auf die Liste feindlicher Firmen, und die US-Regierung fror ab 1942/43 insbesondere die schweizerische (deutsche) Beteiligung an der GAF,[34] aber auch z. B. die Lizenz- und Patentvereinbarungen der Bayer AG an der Sterling Drug Incorporation, per »vesting order« als feindliches Auslandsvermögen ein.

Am 19. Dezember 1945 wurde die IG Chemie in »Internationale Gesellschaft für Industrie- und Handelsbeteiligungen AG« (Interhandel) umbenannt. Die »Schweizerische Revisionsstelle« untersuchte 1945/46 die »Verschweizerung« der IG Chemie bzw. der Interhandel. Das Ergebnis war nicht eindeutig: Obwohl Interhandel formalrechtlich seit Juni 1940 eine rein schweizerische Gesellschaft sei, bestünden Zweifel, ob die IG Farben tatsächlich keinen Einfluss auf die Geschäftsführung mehr gehabt habe. Es gebe, so der Revisionsbericht, deutliche Hinweise, dass die IG Farbenindustrie weiterhin erheblichen Einfluss auf die Geschäftstätigkeit der IG Chemie ausübte.[35]

1948 klagte Interhandel vor dem Gericht des Districts of Columbia (Washington D.C., USA) gegen den General Attorney der USA, der die Freigabe des GAF-Vermögens abgelehnt hatte. Dieser Prozess, in den sich die IG Farben 1958 als »plaintiff intervenor« (vergleichbar dem deutschen Nebenkläger) einmischte, wurde im Dezember 1963 mit einem durch den US-amerikanischen Justizminister Robert F. Kennedy vorgeschlagenen Vergleich beendet. Demnach sollte die GAF aufgelöst und abgewickelt werden. Die eine Hälfte des Erlöses, nämlich 515 Millionen Schweizer Franken, wurde 1965 an die Schweizerische Bankgesellschaft (SBG) ausgezahlt, die andere Hälfte verblieb in den USA.[36] Die IG Farben i.A. ging also leer aus. Als die Dr. Renatus Rüger-Gruppe 1979 die Mehrheit der Liquidationsanteilsscheine der IG Farben i.A. übernommen hatte, kam das Thema »Interhan-

---

34 Die beschlagnahmten Aktien der General Anilin & Film Corp. im Wert von über US-$ 50 Mio. waren wertmäßig die umfangreichste Beschlagnahmung deutscher Vermögenswerte in den USA im Zweiten Weltkrieg. Vgl. OMGUS: Ermittlungen gegen die I.G. Farbenindustrie AG, S. 4 und S. 35 f.
35 Vgl. Schweizerische Verrechnungsstelle: Revisions-Bericht. Internationale Gesellschaft für Chemische Unternehmungen A.G. (I.G. Chemie), Basel, (bzw. seit 19.12.45 Internationale Industrie- und Handelsbeteiligungen A.G., Basel) Bankhaus E. Sturzenegger & Cie., Basel (ehemals Ed. Greuter & Cie., Basel) [»Rees-Bericht«] vom 08.03.1946, S. 169–173, in: Diplomatische Dokumente der Schweiz (DoDiS), Nr. 9266, dodis.ch/9266 (zuletzt aufgerufen am 24.05.2018).
36 Vgl. HHStAW Bestand 2092, Nr. 16520 sowie Mario KÖNIG: Geheimakten Interhandel? Versteckspiele um eine Finanzaffäre und die Reste eines Firmenarchivs. In: Unternehmensarchive – ein Kulturgut? Beiträge zur Arbeitstagung Unternehmensarchive und Unternehmensgeschichte, Baden 2006, S. 24 f.

del« erneut auf. Eine Klage gegen die Schweizerische Bankgesellschaft (SBG),[37] die Ende der 1950er Jahre Interhandel übernommen und Ende der 1960er Jahre liquidiert hatte, blieb erfolglos,[38] ebenso Ende der 1990er Jahre ein erneuter Versuch, an die entgangenen Millionen zu gelangen.[39]

IG Farben im Zweiten Weltkrieg (Fortsetzung)

Der Weltmarkt war für die IG Farben damit nur sehr eingeschränkt zugänglich und konzentrierte sich vor allem auf die vom Deutschen Reich eroberten Gebiete in Europa, auf die Verbündeten – nicht zuletzt Japan – und deren Einflussgebiet sowie auf sich neutral haltende Staaten wie Schweden und die Schweiz. Auch wenn die wirtschaftlichen Aktivitäten seit 1933 sich zentral auf den deutschen Markt und dessen Autarkiebestrebungen fokussierten, so bezogen die Planungen spätestens während des Zweiten Weltkriegs wieder den Weltmarkt ein. Man ging von entsprechenden Möglichkeiten nach dem Sieg der Wehrmacht aus.

In Sachen Umsatz, Subventionen und Gewinne musste sich die IG Farben auch während des Zweiten Weltkriegs keine ernsthaften Sorgen machen. Alleine die Sprengstoffproduktion explodierte mit Kriegsbeginn. Die Dynamit AG und Westfälisch-Anhaltische Sprengstoff-Actien-Gesellschaft (WASAG), beide mit erheblichen Beteiligungen der IG Farben, stellten bis Kriegsende ca. 90 Prozent des im Deutschen Reich hergestellten Sprengstoffs her. Nicht nur die Abnahme des Produkts war beim Staat, der Wehrmacht, zu verorten, auch die ab Mitte der 1930er Jahre neu errichteten Fabriken, in Hessen z. B. die damals größte Sprengstofffabrik Europas in Allendorf (heute Stadtallendorf) und in Hessisch Lichtenau, wurden zumindest teilweise und verdeckt durch die Wehrmacht bzw. das Oberkommando des Heeres (OKH) finanziert. Während die IG Farben bei ihren Versuchen, sich an der Entwicklung einer Atombombe zu beteiligen, weitgehend erfolglos blieb, war dies in Sachen Chemiewaffen anders: Besonders Tabun und Sarin wurden in den Werken in Gendorf, Hüls, Ludwigshafen und Dyhernfurth (heute Brzeg Dolny in der polnischen Woiwodschaft Niederschlesien)[40] der eigens hierfür genutzten Tochtergesellschaft Anorgana AG in größerem Umfang hergestellt. Auch die Kunstfaserproduktion (u. a. in Jülich, Premnitz und Rottweil) – z. B. Perlonseide für Fallschirme der Luftwaffe – und die in u. a. Aken, Bitterfeld, im österreichischen Moos-

---

37 Kurz vor der Fusion mit dem Schweizerischen Bankverein (SBV) 1998 wurde die SBG umbenannt in UBS.
38 Vgl. u. a. HHStAW Bestand 2092, Nr. 12291–12294.
39 Vgl. Protokoll der Hauptversammlung für das Geschäftsjahr 1996, in: HHStAW Bestand 2092, Nr. 148 und Nr. 160. Dazu vgl. auch den Beitrag von Florian Schmaltz in diesem Band.
40 Später kam noch Produktionsstätten in Wolfen, Hoechst, Mainkur (Frankfurt am Main) und Uerdingen hinzu.

bierbaum oder norwegischen Herøya/Porsgrunn lokalisierte Produktion von Leichtmetallen (besonders Aluminium und Magnesium) bzw. Nichteisenmetallen boomten nicht nur wegen der Abnahme, sondern auch wegen der Subventionen durch den Staat im Zweiten Weltkrieg.

Weit bedeutender waren jedoch die Hydrierung von Treibstoffen aus Braunkohle und die Herstellung des synthetischen Kautschuks »Buna«. Der in Leuna, Hüls, Oppau, Heydebreck/O.S. (Kędzierzyn), Moosbierbaum, Brüx, Blechhammer, Pölitz u. a. m. aus Braunkohle hydrierte Treibstoff machte schon 1941/42 die IG Farben zu einem der Hauptlieferanten von Treibstoffen und Mineralölen an die Wehrmacht.[41] Die Buna-Produktion der IG-Werke Schkopau, Hüls und Ludwigshafen am Rhein[42] deckte 1944 rund 90 Prozent des Verbrauchs an Kautschuk im Deutschen Reich ab. Neben Darlehen hatte das Deutsche Reich der IG Farben einen Garantiepreis in Höhe von RM 2.500 pro Tonne Buna aus den Werken Schkopau und Hüls zugesagt, dem schließlich Kosten von RM 800 gegenüberstanden.[43] Der Gewinn war für den Chemiekonzern offenbar riesig, dafür war die Wehrmacht aber mit Kautschuk versorgt.

Dieser massive Ausbau des Rüstungsgeschäfts der IG Farben bei gleichzeitigem Wachstum auch der mehr oder weniger zivilen Geschäftsbereiche wie Pharmazeutika, Pflanzenschutzmittel, Textilersatzstoffe und Waschmittel ließen den Umsatz von rund 2 Milliarden im Jahr 1939 auf 3,2 Milliarden Reichsmark im Jahr 1943 wachsen. Die Gewinne stiegen von 1929 rund 275 Millionen auf 400 Millionen im Jahr 1940 und sanken – bei allerdings deutlich erhöhten Abschreibungsraten der neuen Anlagen während des Krieges – bis 1943 wieder auf knapp 323 Millionen Reichsmark. Gleichzeitig stieg das Eigenkaptal von 1 Milliarde 1939 auf 1,8 Milliarden Reichsmark im Jahr 1943.[44]

Der Aufbau der zusätzlichen Produktionskapazitäten bedurfte selbstverständlich des Baus der entsprechenden Fabriken. Vor dem Hintergrund, dass in der Chemiebranche – jedenfalls verglichen mit der Schwerindustrie – relativ schlecht bezahlt wurde, war die Fluktuation bei den Chemiefacharbeitern relativ hoch. Verschärft wurde das Problem ab Kriegsbeginn noch durch die Einziehungen der Männer in den wehrpflichtigen Jahrgängen zur Wehrmacht. Zwar steuerte der NS-Staat

---

41 Vgl. PLUMPE: IG Farbenindustrie, S. 28 ff., und die Aufstellung der Werke mit monatlichen Produktionszahlen in: Hydrierwerk Pölitz Aktiengesellschaft [Festschrift zum 25. Gründungsjubiläum], o.O., o.J. [1963], S. 14 f., in: HHStAW Bestand 2092, Nr. 10108. Treibstoffsynthese war auch im Werk Auschwitz geplant, wo jedoch die Produktion nicht mehr aufgenommen werden konnte.
42 In Auschwitz, dem vierten Buna-Werk, konnte auch die Buna-Produktion nie aufgenommen werden.
43 Vgl. ROTH: I.G. Farbenindustrie AG im Zweiten Weltkrieg, S. 20.
44 Vgl. ROTH: I.G. Farbenindustrie AG im Zweiten Weltkrieg, S. 23.

bei diesem Problem durch Einschränkungen der freien Wahl des Arbeitsplatzes etwas nach, und auch bei der Beantragung von »unabkömmlich«-Stellungen war die IG Farben relativ erfolgreich. Jedoch löste dies das Problem fehlender Arbeitskräfte, insbesondere im Bau, nicht. Dieses »Problem« konnte aber mithilfe hochrangiger Verflechtungen zwischen den IG Farben und dem NS-Staat »gelöst« werden: An zentraler Stelle ist hierbei Carl Krauch zu nennen.

Krauch, seit 1912 bei der BASF u. a. in Oppau und Leuna tätig, 1926 zum stellvertretenden, 1934 zum Mitglied des Vorstands der IG Farben ernannt, leitete seit 1929 die Sparte I (Stickstoffe, Öle, Gruben). Die von ihm ebenfalls geleitete »Vermittlungsstelle W«[45] der IG sollte ein Vernetzungsknoten zwischen dem Konzern und dem NS-Regime besonders in Rüstungsfragen sein. 1936 zusätzlich von Göring zum Leiter der Abteilung Forschung und Entwicklung im Amt für Deutsche Roh- und Werkstoffe ernannt, übernahm er nach der Umorganisation des Amtes in eine Reichsstelle im Jahr 1938 und in das »Reichsamt für Wirtschaftsausbau« im Jahr 1942 dessen kommissarische Leitung. Dieses Reichsamt für Wirtschaftsausbau war u. a. zuständig für den Aufbau der Fabriken zur Produktion von synthetischem Treibstoff und Gummi. Da Krauch von Göring 1938 zudem zum »Generalbevollmächtigten für Sonderfragen der Chemischen Erzeugung beim Beauftragten des Führers für den Vierjahresplan« (GBChem) ernannt worden war und seine Ämter in der IG Farben, ab Mai 1940 als Vorsitzender des Aufsichtsrats, beibehielt, gilt er als Schlüsselfigur der Verflechtungen zwischen der IG Farben und dem NS-Staat.[46] *Über die Vollmachten zur Durchsetzung der Dringlichkeitsstufen für die Zuweisung der immer knapper werdenden Arbeitskräfte und Baukontingente verfügte Krauch in seiner Eigenschaft als Generalbevollmächtigter für Sonderfragen der chemischen Erzeugung (GBChem), und die dafür erforderlichen Rahmendaten ließ er durch [...] [das] Reichsamt [...] für Wirtschaftsausbau erarbeiten.*[47] Da Krauch auch gute Beziehungen zu Heinrich Himmler hatte – nicht zuletzt über Heinrich Bütefisch, Vorstandsmitglied der IG Farben und Mitglied des mehr oder weniger informellen, aber einflussreichen »Freundeskreises Reichsführer SS« –, konnte auch das Problem der mangelnden Arbeitskräfte für den Bau des Buna-Werkes in Monowitz für die IG Farben gelöst werden.

---

45 »W« für Wehrmacht.
46 Krauch war im I.G.-Farben-Prozess 1948 wegen »Versklavung der Zivilbevölkerung in von Deutschland besetzten oder kontrollierten Gebieten...« (Anklagepunkt III) zu sechs Jahren Haft verurteilt, aber schon 1950 aus der Haft entlassen worden (vgl. hierzu auch den Beitrag von Axel Fischer und Rebecca Weiß in diesem Band). Als Zeuge im ersten Frankfurter Auschwitz-Prozess gab er 1965 an, von den Vorgängen in Monowitz nicht gewusst zu haben. Vgl. Stefanie PLAPPERT: Carl Krauch (1887–1968), http://www.wollheim-memorial.de/de/carl_krauch_18871968 (zuletzt aufgerufen am 24.07.2019.)
47 ROTH: I.G. Farbenindustrie AG im Zweiten Weltkrieg, S. 10.

Als die Entscheidung gefallen war, dass in Monowitz bei Auschwitz das vierte Buna-Werk der IG Farben gebaut werden sollte, wurde im Frühjahr 1941 auf Initiative Carl Krauchs eine von Himmler geplante Aussiedlungsaktion der lokalen Bevölkerung gestoppt, um für die IG-Baustelle Bauarbeiter vorzuhalten.[48] Zudem hatte Himmler veranlasst, dass die IG Farben für ihr Bauvorhaben *durch die Gefangenen aus dem Konzentrationslager in jedem nur möglichen Umfang zu unterstützen*[49] sei. Erste KZ-Gefangene aus Auschwitz mussten im April 1941 auf der IG-Baustelle arbeiten und dafür vom Stammlager ca. 6 Kilometer zur Baustelle laufen. Das beeinträchtigte die Arbeitseffektivität der Häftlinge zeit- und kräftemäßig. Da zudem die Unterkunftskapazitäten im Stammlager knapp waren, wurde beschlossen, dass die IG vor Ort ein eigenes Lager aufbaue.

Im Oktober 1942 wurde das werkseigene Konzentrationslager eröffnet.[50] Im ersten privat finanzierten und aufgebauten Konzentrationslager, das allerdings von der SS betrieben wurde, waren maximal 11.000 vorwiegend jüdische Häftlinge (im Juli 1944) untergebracht, die aufgrund der extrem schlechten Bedingungen, der Härte der zu verrichtenden Bauarbeiten und der Selektionspraxis – nicht mehr arbeitsfähige Menschen wurden ›aussortiert‹ und in Auschwitz-Birkenau ermordet – nur geringe Überlebenschancen hatten. Es wird geschätzt, dass 20.000 bis 25.000 Menschen diese Verhältnisse nicht überlebten (unter den Überlebenden waren Norbert Wollheim, Primo Levi, Elie Wiesel, Hans Frankenthal, Jean Améry und Reinhard Florian, um nur einige zu nennen).[51]

Auch wenn das Konzentrationslager Monowitz und der Einsatz der KZ-Häftlinge auf der IG-Baustelle eine ausgesprochen herausgehobene Rolle im Rahmen des Einsatzes von Zwangsarbeit bei der IG Farben einnahm, es war damit beileibe nicht der einzige Ort, an dem KZ-Häftlinge und andere Zwangsarbeiterinnen und Zwangsarbeiter für die IG Farben arbeiten mussten. KZ-Häftlinge waren auch in

---

48 Vgl. auch zum Folgenden Florian SCHMALTZ: Die IG Farbenindustrie und der Ausbau des Konzentrationslagers Auschwitz 1941–1942. In: Sozial.Geschichte (2006), Heft 1, S. 33–67, hier: S. 37 ff.
49 Zitiert nach SCHMALTZ: Ausbau des Konzentrationslagers Auschwitz, S. 41.
50 Anfänglich wurde das Lager »Lager Buna« genannt, bevor es im November 1943 auf Befehl Himmlers in »Auschwitz III (Monowitz)«, kurz darauf, im Dezember 1943, in »Arbeitslager Monowitz«, im November 1944 schließlich in »Konzentrationslager Monowitz« umbenannt wurde. In internen Unterlagen nannte die IG Farben das Konzentrationslager auch »Lager IV«. Vgl. Florian SCHMALTZ: Benennung des KZ Buna/Monowitz, http://www.wollheim-memorial.de/de/benennung_des_kz_bunamonowitz (zuletzt aufgerufen am 08.11.2021). Das Werk wurde auf dem entvölkerten und abgerissenen Dorf Monowice gebaut, das Konzentrationslager auf dem Werksgelände. Auf einem nicht datierten Plan wurde das Lager als »Lager IV – Dorfrand« eingetragen und zynischer Weise als »sozialer Betrieb« gelb eingefärbt. Vgl. HHStAW Bestand 2092, Nr. 12541.
51 Zu Monowitz vgl. auch Sybille STEINBACHER: Auschwitz. Geschichte und Nachgeschichte, 4. Aufl. München 2017, S. 42–49, sowie den Beitrag von Sara Berger in diesem Band.

den Werken
- Blechhammer (heute Blachownia Śląska in Polen, bei Kędzierzyn, zeitgenössisch Heydebreck O/S; Häftlinge aus dem KZ Auschwitz)
- Dyhernfurth (heute Brzeg Dolny in Polen; Häftlinge aus dem KZ Groß-Rosen),
- Falkenhagen (heute im brandenburgischen Landkreis Märkisch-Odertal; Häftlinge aus dem KZ Sachsenhausen),
- Gendorf (heute im Landkreis Altötting; Häftlinge aus dem KZ Dachau),
- Agfa Kamerawerk München (Häftlinge aus dem KZ Dachau),
- Waldenburg / Schlesien (heute Wałbrzych in Polen; Häftlinge aus dem KZ Groß-Rosen)
- Wolfen (Häftlinge zuerst aus dem KZ Ravensbrück, später aus dem KZ Buchenwald),

sowie in den DAG- und WASAG-Werken in
- Allendorf (heute Stadtallendorf im hessischen Landkreis Marburg-Biedenkopf; Häftlinge aus dem KZ Buchenwald)
- Bromberg-Brahnau (heute Łęgnowo, Stadtteil von Bydgoszcz in Polen; Häftlinge aus dem KZ Stutthof),
- Christianstadt /Bober (heute der Stadtteil Krzystkowice der polnischen Stadt Nowogród Bobrzański; Häftlinge aus dem KZ Auschwitz),
- Elsnig (in Sachsen; Häftlinge aus dem KZ Sachsenhausen),
- Fürstengrube (heute Mysłowice in Polen; Häftlinge aus dem KZ Auschwitz),
- Glöwen (heute Ortsteil der Gemeinde Plattenburg in Brandenburg; Häftlinge aus dem KZ Sachsenhausen),
- Günthergrube (heute in Lędziny in Polen; Häftlinge aus dem KZ Auschwitz)
- Hertine (heute Rtyně nad Bílinou in Tschechien; Häftlinge aus dem KZ Flossenbürg),
- Hessisch-Lichtenau (heute im hessischen Werra-Meißner-Kreis; Häftlinge aus dem KZ Buchenwald),
- Janinagrube (heute in Libiąż in Polen; Häftlinge aus dem KZ Auschwitz)
- Landsberg am Lech (heute im bayerischen Landkreis Landsberg am Lech; Häftlinge aus dem KZ Dachau),
- Ludwigsdorf (heute Ludwikowice Kłodzkie in Polen; Häftlinge aus dem KZ Groß-Rosen),
- Malchow (heute im Landkreis Mecklenburgische Seenplatte in Mecklenburg-Vorpommern; Häftlinge aus dem KZ Ravensbrück),
- Riederloh (heute in der Gemeinde Mauerstetten im bayerischen Landkreis Ostallgäu; Häftlinge aus dem KZ Dachau).

In also mindestens 21 Orten und Werken setzte die IG Farben KZ-Häftlinge ein.[52] Hinzu kamen Gestapo-Gefangene aus den Arbeitserziehungslagern (AEL) z. B. in Leuna, Polizei- und Justiz-Gefangene, Wehrmachtstrafgefangene, zivile Zwangsarbeiterinnen und Zwangsarbeiter (nicht zuletzt auch in Monowitz) und Kriegsgefangene in nicht zu geringem Umfang. Um die entsprechenden Werke war im Laufe des Zweiten Weltkriegs quasi ein Ring von Lagern und Siedlungen entstanden, die allerdings neben Zwangsarbeiterinnen und Zwangsarbeitern auch Dienstverpflichtete und Arbeiter und Angestellte der (deutschen) Stammbelegschaft aufnahmen. Karl Heinz Roth errechnete für den 1. Oktober 1944 eine Belegschaft der IG Farben von rund 226.000 Menschen, darunter mit gut 113.300 nur 50,1 Prozent deutsche Stammbelegschaft und mit knapp 23.800 KZ- und Gestapo-Gefangenen und knapp 88.800 sonstige Zwangsarbeiterinnen und Zwangsarbeitern annähernd die Hälfte unfreiwillig bei den IG Farben Beschäftigte.[53]

Die Menschenverachtung des NS-Regimes, an dem die IG Farben kräftig partizipierte, hat in dem in den frühen 1920er-Jahren als Insektizid bzw. Biozid entwickelten Zyklon B ein mächtiges Symbol. Zyklon B wurde in den Gaskammern des Konzentrationslagers Auschwitz II (Birkenau) zwischen 1942 und 1944 in großem Stil für den Massenmord insbesondere an deportierten Jüdinnen und Juden verwendet,[54] darunter auch die in Monowitz selektierten, nicht mehr arbeitsfähigen Häftlinge. Entwickelt und vertrieben wurde Zyklon B von der Deutschen Gesellschaft für Schädlingsbekämpfung (Degesch), bei deren Gründung 1919 mehrere Firmen, die später Teil der IG Farben wurden, beteiligt waren. 1930 hielt die IG Farben 30 Prozent Anteile der Degesch, 1936, wie die Deutsche Gold- und Silber-Scheideanstalt (Degussa), jeweils 42,5 Prozent, die Th. Goldschmidt AG 15 Prozent. Im Auftrag und auf Rechnung der Degesch wurde Zyklon B ab 1924 von der Dessauer Zuckerraffinerie hergestellt, später auch von einer Tochtergesellschaft der Degesch in Frankreich und in der Tschechoslowakei bzw. im »Protektorat Böhmen und Mähren«. Zyklon B wurde offenbar nicht nur, aber eben auch in Konzentrationslagern des NS-Regimes als Entwesungsmittel für von Ungeziefer befallene Kleidung verwendet. Die meisten Beteiligten bestritten im Nachhinein, von einer Verwendung

---

52 Hinweise auf weitere Orte und Werke, z. B. in »Piontki«, konnten nicht bestätigt werden. Vgl. ROTH: I.G. Farbenindustrie AG im Zweiten Weltkrieg, S. 41 f. Außerdem fällt auf, dass diese Auflistung keinen Hinweis auf entsprechende Einsätze in Ludwigshafen, Frankfurt am Main, Leverkusen, Hüls bzw. Marl und Umgebungen enthält, obwohl dort ebenfalls teils hochprioritäre Werke der IG Farben standen (z. B. das Buna-Werk II in Hüls und das Buna-Werk III in Oppau).
53 Vgl. ROTH: I.G. Farbenindustrie AG im Zweiten Weltkrieg, S. 48.
54 In weit geringerem Umfang wurden wohl auch in den Konzentrationslagern Majdanek, Ravensbrück, Stutthof, Neuengamme und Gusen I, einem Nebenlager des KZ Mauthausen, Menschen mit Zyklon B ermordet.

des Mittels zur Vernichtung von Menschenleben gewusst zu haben.[55] Profitabel dürfte der Verkauf von Zyklon B an die SS auch für die IG Farben gewesen sein.

Erfahrungsgemäß sind die Wissenslücken der Beteiligten nicht wirklich à priori glaubhaft. Sie tauchen in diesen Zusammenhängen bekanntlich immer dann auf, wenn es peinlich oder strafrechtlich relevant sein könnte, sich zu erinnern. Dieses Phänomen ist auch bezüglich der Menschenversuche zu erkennen, die von oder im Auftrag von Einheiten der IG Farben durchgeführt wurden. Auch wenn die wirtschaftliche Bedeutung des Pharmabereichs im Laufe der NS-Zeit erheblich zurückging, galt die pharmazeutische Produktion von Arzneimitteln und Impfstoffen auch für den Erhalt der Kampfkraft der Wehrmacht als kriegswichtig[56] und förderte das Image der IG Farben nachhaltig. Besonders das gefürchtete Fleckfieber, das durch Läusebisse übertragen wird und gegen das es auch heute noch keinen Impfstoff gibt, war Gegenstand einiger hektischer Forschungsaktivitäten auch der IG Farben, Abt. Behringwerke Marburg.[57] Man versuchte, möglichst schnell einen wirksamen Impfstoff gegen Fleckfieber zu finden.

Einige Seren wurden in Versuchsreihen schon im Januar 1940 im Warschauer Ghetto mit Menschenversuchen getestet – erfolglos. Als 1941 im Generalgouvernement und in einigen Konzentrationslagern, darunter auch in Auschwitz, Fleckfieberepidemien ausbrachen, wurde mit besonderer Eile nach einem Impfstoff geforscht. Ab 1942 fanden im Konzentrationslager Buchenwald Menschenversuchsreihen mit Präparaten u. a. von den Behringwerken statt. Im Laufe der Zeit wurden über 537 nicht erkrankte KZ-Gefangene aktiv infiziert und auch mit Präparaten der Behringwerke »behandelt«. 127 Personen starben bei den Versuchen, ebenso weitere bis zu 120 als »menschliche Passagen« benutzte Menschen.[58] Die menschen-

---

55 Vgl. z. B. die drei Angeklagten des »Zyklon B-Prozesses« in Hamburg 1946: Law Reports of Trials of War Criminals, hrsg. von der United Nations War Crimes Commission, Volume I, London 1947, S. 93 ff.
56 Das gilt selbstverständlich nicht nur für die Wehrmacht, sondern für alle Armeen.
57 Vgl. hierzu und zum Folgenden insbesondere Thomas WERTHER: Fleckfieberforschung im Deutschen Reich 1914–1945. Untersuchungen zur Beziehung zwischen Wissenschaft, Industrie und Politik unter besonderer Berücksichtigung der IG Farben, Marburg 2004, http://archiv.ub.uni-marburg.de/diss/z2008/0157/pdf/dtw.pdf (zuletzt aufgerufen am 25.08.2018). Vgl. auch den Beitrag von Christoph Franke in diesem Band. Unberücksichtigt bleiben müssen leider die beiden einschlägigen Beiträge im jüngst erschienen Sammelband: Seuchenbekämpfung, Wissenschaft und Unternehmensstrategie. Die Behringwerke und die Philipps-Universität Marburg im 20. Jahrhundert, hrsg. von Christian KLEINSCHMIDT, Marburg 2021: Christoph FRANKE: Medizinische Experimente zur Erprobung von Seren und Impfstoffen. Die Rolle der Behringwerke bei Menschenversuchen im Konzentrationslager Buchenwald, S. 93–109, und Heidi HEIN-KIRCHER: Expansion im Dienste der nationalsozialistischen Lebensraum- und Vernichtungspolitik. Das Lemberger Behring-Institut für Fleckfieberforschung als »medizinisches Bollwerk zum Schutz der Deutschen« (1942–1944), S. 143–192.
58 Für die Zahlen vgl. WERTHER: Fleckfieberforschung, S. 118. »Als ›Passage‹ begreift der Mediziner die Übertragung eines Mikroorganismus auf einen neuen Nährboden, um ihn am Leben zu erhalten.« WERTHER: Fleckfieberforschung, S. 118, Anm. 432. In diesem Fall wurden die Läuse, mit denen die für das

verachtende Einstellung der beteiligten Zeitgenossen kannte keinerlei Skrupel, wissentlich Menschenleben in Versuchsreihen zu opfern. Dazu gehörte z. B. auch der Direktor der Abteilung Behringwerke der IG Farben, Albert Demnitz, mit seinen guten Kontakten zum Hygiene-Institut der Waffen-SS und zu staatlichen Stellen wie dem Staatlichen Hygiene-Instituts in Warschau. Letzterem stellte die IG Farben, Abt. Behringwerke, im Dezember 1942 in Lemberg (Lwiw) mit dem Emil-von-Behring-Institut ein eigenes Forschungsinstitut zur Seite.

Möchte man ein Zwischenfazit für die Zeit bis 1945 ziehen, so wurde die IG Farbenindustrie AG Ende 1925 zunächst aus Rentabilitätsüberlegungen, hier der Rohstoffbeschaffung, gegründet. Nach anfänglich wirtschaftlichen Erfolgen brachen Ende der 1920er Jahre die Umsätze massiv ein und lagen 1932 mit 883 Millionen Reichsmark bei 61 Prozent der Umsätze des Jahres 1929. Erst 1937 erreichte das Umsatzniveau wieder den Stand von 1929, lag 1939 mit gut 2 Milliarden Reichsmark bei 141 Prozent des Standes von 1929, um 1943 mit 3,2 Milliarden Reichsmark seinen Höhepunkt zu erreichen.[59] Während 1928 der Exportumsatz noch 57 Prozent aller IG-Umsätze ausmachte, sank dieser Anteil infolge der wirtschaftlichen Orientierung auf das Deutsche Reich und der Einbindung in die Autarkiepolitik bzw. Umsetzung von entsprechenden Vorstellungen des IG-Managements auf 32 Prozent im Jahr 1937.[60] Nur 20,6 Millionen Reichsmark investierte der Chemiekonzern 1932 in Anlagen, was nur 8,4 Prozent der entsprechenden Investitionen des Jahres 1928 ausmachte. Diese geringen Investitionen waren 1938 Vergangenheit: Mit knapp 406 Millionen Reichsmark lag man, verglichen mit 1928, bei 165 Prozent, 1943 mit gut 773 Millionen Reichsmark bei 314 Prozent.[61] Parallel dazu stiegen staatliche Subventionen, hauptsächlich in Form von Krediten, von 25,8 Millionen im Zeitraum 1933 bis 1936 über 260 Millionen von 1937 bis 1940 auf knapp 505 Millionen Reichsmark zwischen 1941 und 1944.[62] Dass sich der Nettogewinn zwischen 1933 und 1943 verfünffachte,[63] verwundert dabei nicht.

Serum benötigten Fleckfieber-Bakterien gezüchtet wurden, in kleinen Käfigen auf die Haut von Menschen gesetzt, um sich dort vom menschlichen Blut zu ernähren. Das geschah spätestens ab Spätsommer 1944 auch im Stammwerk der Behringwerke in Marburg.

59 1944 sank der Umsatz wieder auf 2,5 Milliarden Reichsmark. Alle Angaben vgl. PLUMPE: IG Farbenindustrie, S. 547.

60 Vgl. PLUMPE: IG Farbenindustrie, S. 561. Zahlen für den Zweiten Weltkrieg waren nicht zu finden; entsprechende Berechnungen sind infolge der Besetzungen und Okkupationen großer Teile Europas durch die Wehrmacht auch schwierig.

61 1944 sanken die Investitionen wieder auf 562,6 Millionen Reichsmark. Alle Angaben vgl. PLUMPE: IG Farbenindustrie, S. 596.

62 Vgl. PLUMPE: IG Farbenindustrie, S. 599.

63 Vgl. Peter HAYES: Industrie und Ideologie. In: Zeitschrift für Unternehmensgeschichte (1987), Heft 2, S. 124.

Möglich wurde dieser wirtschaftliche Erfolg nur über eine tiefe Einbindung der IG Farben in das NS-System, an zentraler Stelle symbolisiert durch die Doppelfunktionen Carl Krauchs. Nach einigen Ambivalenzen innerhalb der Führungsebene der IG Farbenindustrie AG zu Beginn des NS-Regimes[64] entstand schnell eine Situation und Sachlage, die teilweise offenlässt, ob der NS-Staat den Vorstellungen der Manager der IG Farben folgte oder ob sich die IG Farben an die Vorstellungen des NS-Regimes anpasste.

Die IG Farben jedenfalls profitierte massiv von staatlichen Subventionen in Form von Krediten und garantierten Abnahmepreisen, der NS-Staat profitierte durch eine verstärkte wirtschaftliche Unabhängigkeit von einigen Importprodukten, vor allem bei Treibstoffen und Gummi.

Während des Zweiten Weltkriegs wiederum zog die IG Farben in den besetzten Gebieten ihren Gewinn aus der neuen Machtsituation, die sie (fast) überall mit Aus- bzw. Gleichschaltung der Konkurrenz massiv ausnutzte. Für die Rüstungsproduktion und die Produktion von kriegswichtigen Gütern (Pharmazeutika beispielsweise) bestanden auf Seiten der IG Farben keine Skrupel, auf die rassistischen Strukturen des NS-Regimes zurückzugreifen, besonders wenn es um die Beschaffung von Arbeitskräften, die unmenschliche Behandlung von Menschen osteuropäischer Herkunft oder um, vorhersehbar teils tödlich endende, Menschenversuche zur Erprobung der Wirksamkeit von Seren gegen Fleckfieber ging. Ja mehr noch: Die IG Farben profitierte wissentlich von der Politik der »Vernichtung durch Arbeit« und war in Monowitz sogar die erste Betreiberin eines privaten Konzentrationslagers. Tausende tote Menschen nahm man dafür in Kauf. Auch hunderttausendfacher Mord konnten das IG Farben-Management nicht dazu bewegen, die Lieferung von Zyklon B, das unter ihrer Beteiligung hergestellt und wissentlich zur Durchführung des industriell organisierten Massenmords an Juden und Jüdinnen, Sinti und Roma und anderen Menschengruppen verwendet wurde, in das KZ Auschwitz II (Birkenau) zu unterbinden.

Vor diesen Hintergründen erscheint die Beschlagnahme von Vermögen der IG Farben im Zweiten Weltkrieg besonders in Großbritannien und in den USA als recht unbedeutend. Und es verwundert auch nicht, dass nach der Niederlage Deutschlands im Zweiten Weltkrieg dieser Chemiekonzern zerschlagen werden sollte.

---

64 Solche Ambivalenzen sind aus den oben dargelegten Gründen vor allem bezüglich jüdischer Beschäftigter zu erkennen. Zu einer gewissen Vereindeutigung, die in diesem Fall wohl auf die rassistischen Vorgaben des NS-Regimes zurückzuführen sind, kam es im Jahr 1938, die Ambivalenzen sind vereinzelt aber bis in den Zweiten Weltkrieg hinein zu finden.

5. IG Farbenindustrie AG i.A. ab 1945

Die gesamten in Deutschland gelegenen industriellen Anlagen, Vermögen und Vermögensbestandteile jeglicher Art, die am 8. Mai 1945 oder nach diesem Zeitpunkt im Eigentum oder unter der Kontrolle der I.G. Farbenindustrie AG standen, sind hiermit beschlagnahmt, und alle diesbezüglichen Rechte gehen auf den Kontrollrat über.[65]

Dieser Artikel I des Kontrollratsgesetzes Nr. 9 fasste am 30. November 1945 die de facto in den Besatzungszonen durchgeführten Beschlagnahmen von Vermögen der IG Farben für das gesamte besetzte Deutschland in Gesetzesform. Mit Artikel III dieses Gesetzes wird auch die Entflechtung des Konzerns gesetzlich festgelegt. Dort heißt es, dass der einzurichtende Kontrollratsausschuss folgende Aufgaben umzusetzen habe:

a. Bereitstellung von industriellen Anlagen und Vermögensbestandteilen für Reparationen;
b. Zerstörung derjenigen industriellen Anlagen, die ausschließlich für Zwecke der Kriegsführung benutzt wurden;
c. Aufspaltung der Eigentumsrechte an den verbleibenden industriellen Anlagen und Vermögensbestandteilen;
d. Liquidierung aller Kartellbeziehungen;
e. Kontrolle aller Forschungsarbeiten;
f. Kontrolle der Produktionstätigkeit.[66]

Alle bisherigen Handlungen und Maßnahmen, die [...] von den Zonenbefehlshabern und ihren Kontrollbeamten im Zusammenhang mit der Beschlagnahme, Verwaltung, Leitung und Kontrolle der I. G. Farbenindustrie AG in ihren Zonen durchgeführt wurden, sind hiermit genehmigt, gebilligt und bestätigt.[67]

Bestätigt wurden damit also auch die mit dem Vorrücken der alliierten Truppen oder kurz darauf angeordneten Beschlagnahmen im Rahmen der Besatzung, z. B. der Zentrale der I.G. Farbenindustrie AG in Frankfurt am Main am 5. Juli 1945, einige Zeit nach der Befreiung der Stadt. Dieses Datum, der 5. Juli 1945, wurde auch insofern zu einem Schnitt, als eine außerordentliche Bilanz anzufertigen war, die den wirtschaftlichen Stand der Dinge dokumentierte und zum Ausgangspunkt für die weiteren Maßnahmen wurde.[68]

---

[65] Artikel I des Kontrollratsgesetzes Nr. 9 vom 30.11.1945.
[66] Artikel III des Kontrollratsgesetzes Nr. 9 vom 30.11.1945.
[67] Artikel IV des Kontrollratsgesetzes Nr. 9 vom 30.11.1945.
[68] Vgl. HHStAW Bestand 2092, Nr. 16262 bis 16267.

Konkret bedeuteten die Regelungen des Kontrollratsgesetzes Nr. 9 weiterhin, dass die Produktion der IG Farben-Einheiten nur dort dauerhaft einzustellen war, wo ausschließlich für Kriegszwecke produziert wurde. Alle anderen Einheiten wurden in der US-Zone als »independent units« unter Leitung eines Treuhänders gestellt,[69] der der Militärregierung bzw. dem Kontrollrat, ab 1947 für die britische und amerikanische Zone dem »Bipartite IG Farben Control Office« (BIFCO), nach Hinzustoßen der französischen Zone der »Tripartite IG Farben Control Group« (TRIFCOG) gegenüber verantwortlich war. Zuvor schon, nämlich mit Kontrollratsgesetz Nr. 5 vom 30. Oktober 1945, war das Auslandsvermögen nicht nur, aber auch der IG Farben beschlagnahmt und der Verfügung des Kontrollrats unterstellt worden. All diese Maßnahmen und Strukturen sind als Teil der beginnenden Auflösung der IG Farben zu verstehen. Die IG Farben und die entsprechenden Einheiten erhielten den Zusatz »in dissolution« bzw. »in Auflösung« (i.A.).

Bei der Besetzung Deutschlands im Frühjahr 1945 hatten die Alliierten, auch die Verantwortlichen der US-Regierung, die I.G. Farbenindustrie AG als für die deutsche Seite kriegswichtiges Chemiekonglomerat im Blick. Ja mehr noch: Sie betrachteten sie als einen Konzern, der den Zweiten Weltkrieg und insbesondere die Dauer und Art und Weise, wie er geführt wurde, erst ermöglichte. Es war keine Frage, ob, sondern nur wie man diesen Konzern zerschlagen wollte. Allerdings war nicht von Vornherein klar, wie die Auflösung genau umgesetzt werden sollte, zumal die genauen Strukturen und internen Verhältnisse im Detail noch geklärt werden mussten. Schon Mitte September 1945 wurde dem stellvertretenden Militärgouverneur für Deutschland, Lucius D. Clay, von der Finanzabteilung der US-Militärregierung ein umfangreicher Bericht über die Struktur und Aktivitäten der IG Farben vorgelegt.[70] Dass in der Sowjetischen Besatzungszone (SBZ) mit Demontagen in größerem Stil, Überführungen in Sowjetische Aktiengesellschaften (SAG) und später in Volkseigene Betriebe (VEB) ein anderer Weg gegangen wurde[71] als in den westlichen Zonen, in denen eine privatwirtschaftlich orientierte Entflechtung dominierte,[72] überrascht aus der historischen Rückschau nicht.

Mit der Befreiung durch Besatzung waren aber nicht nur die Verflechtungen

---

69 Vgl. beispielsweise die Independent Unit Paraffin- und Mineralölwerk Messel, US Administration, in Messel bei Darmstadt, HHStAW Bestand 2092, Nr. 5317, die Independent Unit Cassella Farbwerke Mainkur, Frankfurt-Fechenheim, HHStAW Bestand 2092, Nr. 5260, die Independent Unit Wacker Chemie in München, HHStAW Bestand 2092, Nr. 10174 u. a. m. Listen der Independent Units finden sich in HHStAW Bestand 2092 Nr. 11204 und Nr. 13464.

70 Der Bericht zielte zwar auf das Auslandsvermögen der IG Farben, berücksichtigte dafür aber auch den »Gesamtaufbau dieser Gesellschaft«. OMGUS: Ermittlungen gegen die I.G. Farben, S. 2.

71 Vgl. u. a. die Beiträge von Jana Lehmann und Rainer Karlsch in diesem Band.

72 Vgl. u. a. die Beiträge von Christoph Franke und Christian Marx in diesem Band.

des Chemiekonzerns im Fokus der Alliierten, sondern zumindest in gewissem Maße auch persönliche Verantwortungen für die während des NS-Regimes durch Mitarbeiter der IG Farben begangene Verbrechen.[73] Erste Verhaftungen erfolgten jedenfalls unmittelbar nach der Besetzung auch in Frankfurt am Main. Verhöre und Ermittlungen zur Vorbereitung eines Prozesses gegen die durch Mitarbeiter des Konzerns begangenen oder mitgetragenen Verbrechen[74] sollten die vorher schon zusammengetragenen Informationen ergänzen. Der Prozess fand als Fall 6 der Nürnberger Nachfolgeprozesse (»The United States vs. Carl Krauch et al.«, auch »I.G.-Farben-Prozess«) zwischen dem 14. August 1947 und dem 30. Juli 1948 statt und endete mit der Verurteilung von 13 der 23 Angeklagten.[75] Selbstverständlich war dieser Prozess nicht die einzige Aktivität in Sachen Strafverfolgung, die gegen die IG Farben und deren näheres Umfeld in Deutschland anhängig war. Genannt sei ebenfalls der »Zyklon B-Fall« Anfang März 1946 vor dem Britischen Militärgericht in Hamburg[76] sowie später, 1956, das schließlich eingestellte Ermittlungsverfahren gegen den ehemaligen Bauleiter in Monowitz, Oberingenieur Max Faust.[77]

Das Ermittlungsverfahren gegen Faust und besonders der I.G.-Farben-Prozess wurden von Seiten der IG Farben i.A. interessiert beobachtet, zugleich war sie daran durch die Vorbereitung von Zeugenaussagen zumindest indirekt auch beteiligt.[78] Wohl weit mehr Aufwand war für die Mitarbeiterinnen und Mitarbeiter des aufzulösenden Konzerns jedoch für die Vorbereitung der Entflechtung, die Feststellung der noch nicht beglichenen Verpflichtungen und wohl auch die laufenden Aufgaben bezüglich der Pensionsverpflichtungen aufzubringen.

---

[73] Dass die United Nations War Crimes Commission (UNWCC), die nach der Deklaration von Moskau vom November 1943 eingerichtet wurde und Kriegsverbrechen sowie Kriegsverbrecher für spätere Prozesse dokumentierte, auch Manager und andere Mitarbeiter der IG Farben im Focus hatte, ist ziemlich wahrscheinlich, aber hier letztlich nicht nachgewiesen. Vgl. u. a. History of the United Nations War Crimes Commission and the Development of the Laws of War, hrsg. von der United Nations War Crimes Commission, London 1948, S. 515 ff. (Appendix V) und öfters.

[74] Vgl. u. a. HHStAW Bestand 20921, Nr. 10032 und Nr. 13942.

[75] Genaueres zu diesem Prozess: siehe den Beitrag von Axel Fischer und Rebecca Weiß in diesem Band. Selbstverständlich wurden für den Prozess auch Akten aus dem Firmenarchiv der IG Farben für diesen Prozess ausgewertet, die sich heute im Bestand 2092 finden, erkennbar an den entsprechenden Markierungen auf den einschlägigen Dokumenten. Vgl. auch HHStAW Bestand 2092, Nr. 12050, Nr. 12076 und Nr. 15277.

[76] Vgl. Law Reports of Trials of War Criminals, hrsg. von der United Nations War Crimes Commission, Volume I, London 1947, S. 93 ff.

[77] Vgl. IG Farben-internes Schreiben Rechtsanwalt Müllers u. a. an die Liquidatoren Brinckmann und Schmidt vom 18.06.1956, in: HHStAW Bestand 2092, Nr. 12557. Wahrscheinlich sind auch entsprechende Strafverfahren in den ehemals deutsch besetzten Staaten, zu denen aber ein Überblick fehlt.

[78] Vgl. u. a. HHStAW Bestand 2092, Nr. 10026, Nr. 10032, Nr. 10042 und Nr. 12567.

Am 1. August 1950 wurde ein Gläubigeraufruf veröffentlicht, mit dem Firmen und Privatpersonen aufgerufen wurden, ihre Forderungen gegenüber der IG Farben anzumelden. Die Rückläufe dokumentieren sich in 54 Aktenbänden[79] und reichen von nicht bezahlten Rechnungen über ausgebliebene Lohn-, Gehalts- und Rentenzahlungen und Forderungen bezüglich unrechtmäßig angeeigneter Firmen bzw. Firmenanteile bis hin zu Entschädigungen oder Lohnzahlungen für ehemalige Zwangsarbeiterinnen und Zwangsarbeiter. Die Befriedigung bzw. Klärung dieser Forderungen war Voraussetzung für die Abwicklung der IG Farben. Da die in der IG Farben vereinigten Chemiebetriebe aber nicht gänzlich aufgelöst, sondern entflochten werden sollte, bereitete die TRIFCOG, seit 1948 beraten durch das mit deutschen Wirtschaftsvertretern besetzte »Bizonal I.G. Farben Dispersal Panel« (FARDIP), entsprechende Schritte vor.

Nach Gründung der Bundesrepublik Deutschland im Mai 1949 wurde mit dem Gesetz der Alliierten Hohen Kommission Nr. 35 (Aufspaltung des Vermögens der I.G. Farbenindustrie AG) vom 17. August 1950[80] die Ausgründung wirtschaftlich überlebensfähiger Einheiten aus der IG Farben gesetzlich verfügt, wobei im Anhang 169 Firmen mit Sitz in Westdeutschland und Westberlin und 45 Firmen mit Sitz in der DDR und Ostberlin aufgelistet wurden.[81] Gleichzeitig wurde in Artikel 9 des Gesetzes Nr. 35 festgelegt, dass die TRIFCOG, bestehend aus den britischem, französischen und amerikanischen Kontrolloffizieren (und dem entsprechenden Verwaltungsapparat) dieses Gesetz umsetzen sollte (Abs. 2). Nach Rücksprache mit der Bundesregierung sollte von den Alliierten das mit deutschen Personen besetzte I.G. Farben Liquidation Committee (IGLC; deutsch: IG Farben-Liquidationsausschuss) ernannt werden. Am 12. Januar 1951 ernannte TRIFCOG Franz Reuter, Walter Schmidt und Fritz Brinckmann als Mitglieder des IGLC.

Die Haupttätigkeit des I.G.L.C. wird darin bestehen, entsprechend den Weisungen von TRIFCOG Aufgaben zu übernehmen und durchzuführen in Bezug auf:
I. Die Liquidation der Muttergesellschaft I.G. Farbenindustrie A.G.
II. Die Schaffung unabhängiger Gesellschaften zur Führung und Inbesitznahme von Betriebsstätten und Unternehmen aus dem Besitz oder der Kontrolle der I.G. Farben.
III. Die Liquidation gewisser Tochtergesellschaften der I.G. Farbenindustrie A.G.
IV. Die Liquidation und Entflechtung einzelner Besitztümer und Vermögenswerte einschließlich Minderheitsbeteiligungen an anderen Gesellschaften.[82]

---

79 Vgl. HHStAW Bestand 2092, Nr. 3023 bis Nr. 3076.
80 Amtsblatt der Alliierten Hohen Kommission vom 26. August 1950, S. 534 ff.
81 Vgl. Amtsblatt der Alliierten Hohen Kommission vom 26. August 1950, S. 541 bis S. 545.
82 TRIFCOG: Ernennung Walter Schmidts, Fritz Brinckmanns und Franz Reuters zu Mitgliedern des

Punkt II wurde zwischen Ende 1951 und 1953 umgesetzt und folgende 12 Firmen als »Farbennachfolger« ausgegründet:
- Agfa AG für Photofabrikation, Leverkusen
- Badische Anilin- & Soda-Fabrik AG (BASF), Ludwigshafen
- Bayer AG, Leverkusen
- Cassella Farbwerke Mainkur AG, Frankfurt am Main
- Chemische Werke Hüls AG, Marl
- Duisburger Kupferhütte AG, Duisburg
- Dynamit AG (DAG), Troisdorf
- Farbwerke Hoechst AG, vorm. Meister, Lucius & Brüning, Frankfurt am Main
- Kalle & Co. AG, Wiesbaden
- Titangesellschaft mbH, Leverkusen
- Wacker Chemie AG, München
- Wasag-Chemie AG, Essen/Berlin

Die drei mit Abstand meist bedeutenden Ausgründungen waren, entsprechend den Vorschlägen von FARDIP vom Juni 1950, die BASF, Bayer und Hoechst. Ihnen wurde eine ganz Reihe von weiteren IG-Einheiten zugeordnet, wie z. B. die Behringwerke AG Marburg der Hoechst AG.[83] Für die in der Bundesrepublik Deutschland gelegenen Teile der ehemaligen IG-Einheiten in der DDR wurden »Westvermögensverwaltungen« gegründet, insbesondere für die Ammoniakwerk Merseburg GmbH und die A. Riebecksche Montanwerk AG. Auch die teils noch vor 1945 gegründeten Abwicklungsstellen zum Beispiel zur IG Auschwitz[84] oder zum IG Farben-Werk in Heydebreck[85] wurden bis zum Abschluss der Abwicklung fortgeführt.

Mit dem Abschluss der Ausgründungen war die IG Farben i.A. zur nicht-produzierenden Abwicklungsgesellschaft geworden. Zum 1. Januar 1952 wurde sie teils unter deutsches Recht gestellt und der Zusatz zum Firmennamen änderte sich von »in Auflösung« zu »in Liquidation« (i.L.). Deutlich wurde dieser Funktions-

---

IGLC vom 12.01.1951, in: HHStAW Bestand 2092, Nr. 12658 (wortgleich in allen drei Personalakten).

83 Vgl. u. a. Hans-Dieter KREIKAMP: Die Entflechtung der I.G. Farbenindustrie A.G. und die Gründung der Nachfolgegesellschaften. In: Vierteljahreshefte für Zeitgeschichte (1977), Heft 2, S. 220–251. Vgl. auch die Beiträge von Christian Marx und Christoph Franke in diesem Band. Die erneuten Verflechtungen mit Stand 1955 gehen zumindest ansatzweise aus dem Anhang B zum Gesetz der Alliierten Hohen Kommission Nr. 84 (Beendigung der Entflechtung und Liquidation der I.G. Farbenindustrie A.G. i.L. aufgrund des Gesetzes Nr. 35) vom 21.01.1955 hervor. Vgl. Amtsblatt der Alliierten Hohen Kommission vom 31. Januar 1955, S. 3169 ff.

84 Vgl. HHStAW Bestand 2092, Nr. 13675 bis Nr. 13687 u. a. m.
85 Vgl. HHStAW Bestand 2092, Nr. 13448 und Nr. 13449 u. a. m.

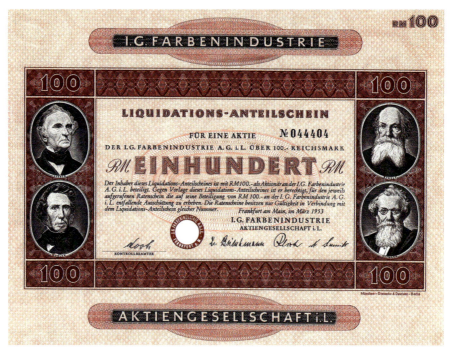

Abb. 3: Liquidationsanteilsschein der IG Farbenindustrie AG i.L. von 1953

wandel auch durch den Umtausch der Aktien der IG Farbenindustrie AG in Liquidations-Anteilsscheine, sogenannte Liquis, ab März 1953, deren zugehörige Ratenscheine aber ebenfalls zum Bezug von Ausschüttungen aus der Liquidationsmasse berechtigte.[86] Unterzeichnet wurden diese Liquis von den Herren Schmidt, Reuter und Brinckmann, die inzwischen zu den ersten drei Liquidatoren der IG Farben i.L. ernannt worden waren.

Mit Artikel 2 des Gesetzes Nr. 35 der Alliierten Hohen Kommission hatten sich die Alliierten allerdings alle Leitungsfunktionen der IG Farben i.A. – jene des Vorstands, des Aufsichtsrats und der Hauptversammlung – bis auf Weiteres selbst vorbehalten,[87] so dass einstweilen keine entsprechenden Gremien ernannt, gewählt bzw. einberufen wurden. Die Verantwortung für alle Maßnahmen blieb bei der Alliierten Hohen Kommission, während die TRIFCOG die Errichtung der Nachfolgegesellschaften anzuordnen hatte und die Funktion der Hauptversammlung und des Aufsichtsrats übernahm. Auch übte sie die direkte Kontrolle über die in

---

86 Listen der Besitzer von Liquidationsanteilsscheinen mit Stand 1954 finden sich in HHStAW Bestand 292, Nr. 14154 und Nr. 14155.
87 Vgl. Amtsblatt der Alliierten Hohen Kommission vom 26. August 1950, S. 535. Das galt auch für die Nachfolgegesellschaften.

die Nachfolgegesellschaften übergehenden Unternehmen aus. Die Liquidatoren waren demnach nur mehr oder weniger ausführende Organe,[88] gegenüber der TRIFCOG – als »Ersatzaufsichtsrat« – bestand Berichtspflicht.[89]

Insofern blieb die Bindung der IG Farben i.L. an die alliierten Behörden vorläufig recht eng[90] – bis zur ersten Hauptversammlung der IG Farben i.L. am 27. Mai 1955, drei Wochen nach der Auflösung der Alliierten Hohen Kommission am 5. Mai 1955 infolge des Inkrafttretens des Deutschlandvertrags. Auf dieser Hauptversammlung, die Hermann Josef Abs leitete, wurde ein Aufsichtsrat gewählt, der die Liquidatoren, die die Abwicklung der IG Farben i.L. nunmehr vollständig nach deutschem Recht zu bewerkstelligen hatten, kontrollierte.[91]

Die Kontakte zu den Nachfolgegesellschaften blieben nach der Ausgründung und auch nach dem Wegfall der alliierten Kontrolle eng und gestalteten sich in diversen Bereichen arbeitsteilig, auch nachdem die IG Farben i.A. Unterlagen aus dem IG-Zentralarchiv in Frankfurt-Griesheim zur Übernahme angeboten und abgegeben hatte.[92] Die Pensionsabteilung der Hoechst AG z. B. übernahm über einen längeren Zeitraum die Datenverarbeitung der Pensionszahlungen für die IG Farben i.A., die die Zusatzrenten aus den Pensionskassen abgewickelter Einheiten organisierte.[93] Eine Pensionsverrechnungsstelle organisierte die Begleichung von Pensionszahlungen, deren Ansprüche sich auch an eine oder mehrere Nachfolgegesellschaften richteten; ein Zentraler Notfonds sollte Härten bei der Altersversorgung ehemaliger Mitarbeiterinnen und Mitarbeiter zumindest mindern, wobei der Begriff »zentral« auf die Verbundenheit der Firmen hinweist.[94] Auch bei der Öffentlichkeitsarbeit sprach man sich zwischen IG Farben i.A. und Nachfolgegesellschaften durchaus ab,[95] unterstütze sich mit Rat und Tat bei der Durchset-

---

88 Vgl. Anlage A zum Schreiben TRIFCOG an die Mitglieder des IGLC vom 21.12.1951, in: HHStAW Bestand 2092, Nr. 11647.
89 Vgl. HHStAW Bestand 2092, Nr. 10878 bis Nr. 10882.
90 Inwieweit die Bundesregierung, insbesondere das Bundeswirtschaftsministerium und das Bundesfinanzministerium, in die Vorgänge eingegriffen hat, war nicht zu eruieren, da seit Beginn der Corona-Pandemie im Bundesarchiv in Koblenz kein Arbeitsplatz zur Auswertung der entsprechenden Unterlagen zu haben war. Dass dem so war, geht aus vielerlei Unterlagen des HHStAW Bestand 2092 hervor; dasselbe gilt leider auch für die Entwicklung nach 1955. Dass es auch Vernetzungen gab, mag daran erkennbar sein, dass der 1950 zum Ministerialdirektor im Bundesfinanzministerium ernannte Dr. Ferdinand Kremer nach seinem dortigen Ausscheiden 1957 bis 1961 nebenamtlicher Liquidator der IG Farben i.A. war. Vgl. meinen Beitrag zu den Liquidatoren in diesem Band.
91 Zur Hautversammlung 1955 vgl. HHStAW Bestand 2092, Nr. 1 und 3.
92 Vgl. auch HHStAW Bestand 2092, Nr. 4059, Nr. 12050 und Nr. 15337.
93 Vgl. die umfangreichen Unterlagen, verzeichnet unter HHStAW Bestand 2092, Punkt 2.12 (Pensionsabteilung und sonstige Einheiten zur Alterssicherung).
94 Vgl. HHStAW Bestand 2092, Punkt 2.12.2 (Pensionsverrechnungsstelle und Zentraler Notfonds).
95 Vgl. den Beitrag von Eva-Maria Roelevink in diesem Band.

zung von (vermeintlichen) Ansprüchen, wie der umstrittenen Verwendung von Markenzeichen und Patenten der Bayer AG durch die Sterling Drug Inc. (USA) in Südamerika[96] oder auch der Rückerstattung von beschlagnahmten Werten in den USA.[97] Die IG Farben i.A. übernahm die Rolle des Ansprechpartners für ehemalige Zwangsarbeiterinnen und Zwangsarbeiter wegen einer Entschädigung oder Lohnnachzahlungen auch dann, wenn die Forderungen sich auch gegen ein von einer Nachfolgegesellschaft betriebenes Werk richteten.

Die IG Farben i.A. war also nicht der mehr oder weniger randständige Paria in der Chemieindustrie der Bundesrepublik, sondern übernahm für einen Teil der Chemiebranche durchaus Funktionen, die den betroffenen Nachfolgefirmen Unannehmlichkeiten ersparte und den Rücken frei hielt. Dabei gehörten zu den eigentlichen Aufgaben der Abwicklungsgesellschaft, deren Vorstand die Liquidatoren waren, insbesondere:
– die Auszahlungen der Zusatzpensionen an ehemalige Mitarbeiter
– die Entflechtung der Beteiligungen und Abwicklungen von Einheiten, die nicht fortgeführt werden sollten (siehe unten), und
– die Regelungen von Ansprüchen und Schulden von Firmen, ehemaligen Mitarbeiterinnen und Mitarbeitern der Stammbelegschaft und von ehemaligen Zwangsarbeiterinnen und Zwangsarbeitern (siehe ebenfalls unten).

Da die benannten Bereiche durchaus konfliktträchtig waren, sind die Unterlagen zu überlieferten Prozessen aller Art zahlreich.[98] Sicherlich von besonderem Interesse ist dabei neben ihrer Rolle im I.G.-Farben-Prozess die Aktivitäten der IG Farben i.A. im ersten Auschwitz-Prozess in Frankfurt am Main. Zu diesem Prozess fertigte sie interne Berichte an und wertete die Krankenbücher des KZ Monowitz aus,[99] zudem war sie bei der Vernehmung Walter Dürrfelds durch einen Amtsrichter, durch Oberstaatsanwalt Großmann und Rechtsanwalt Friedrich Karl Kaul, der als Nebenkläger für die in der DDR lebenden Opfer am Prozess beteiligt war, anwesend.[100]

Die in der Liquidationseröffnungsbilanz zum 1. Januar 1952 ausgewiesenen

---

96 Vgl. HHStAW Bestand 2092, Nr. 11858 bis Nr. 11875, Nr. 11887 und Nr. 11889 bis Nr. 11896.
97 Im Interhandelsprozess trat die IG Farben i.A. als Nebenkläger stellvertretend auch für Nachfolgegesellschaften auf.
98 Vgl. HHStAW Bestand 2092, Punkte 2.9.2 bis 2.9.6.
99 Und sie im Übrigen auch der Anklagebehörde zu Ermittlungszwecken zur Verfügungen stellte, vgl. Schreiben des Staatsanwalts Wiese an die IG Farben i.A. vom 23.06.1965, in: HHStAW Bestand 2092, Nr. 12559.
100 Vgl. HHStAW Bestand 2092, Nr. 10031, Nr. 10035, Nr. 12559 und Nr. 12564. Rechtsanwalt Dr. Walter Bachem von der Bayer AG nahm im Übrigen ebenfalls beobachtend am Prozess teil, vgl. HHStAW Bestand 2092, Nr. 10041.

Forderungen der IG Farben i.A. beliefen sich auf rund 260 Millionen DM. Nur 2,3 Millionen DM oder knapp 1 Prozent der Forderungen bezogen sich auf nicht bezahlte Rechnungen u. ä. aufgrund von Warenlieferungen und Leistungen. Demgegenüber wiesen die Bücher 22,7 Millionen DM oder 6,8 Prozent aller Verbindlichkeiten auf Warenlieferungen und Leistungen zurückgehend auf. Die gesamte Bilanzsumme belief sich auf knapp 497 Millionen DM. Damit wird klar, dass die IG Farben i.A. in sehr viel höherem Maße gegenüber Unternehmen außerhalb des Konzerns verschuldet war, als sie von solchen Unternehmen an Einnahmen noch erwarten konnte.

Zwischen den Konzernunternehmen und den Nachfolgegesellschaften war das Verhältnis mit gut 190 Millionen DM Forderungen und nur gut 27 Millionen DM Verbindlichkeiten demgegenüber umgekehrt. Das Sachanlagevermögen, bestehend aus Immobilien auch der abzuwickelnden Gesellschaften, belief sich auf rund 52 Mio. DM, die Beteiligungen auf knapp 144 Mio. DM.[101] An diesen Zahlen wird deutlich, dass sich die Geschäftstätigkeit der jungen Abwicklungsgesellschaft in der Hauptsache im Bereich des (ehemaligen) Konzerns der IG Farbenindustrie bewegte, also die Entflechtung des Konzerns einschließlich der Nachfolgegesellschaften auch wirtschaftlich-finanziell die Hauptaufgabe darstellte. 1960 hatte sich die Bilanzsumme auf knapp 200 Millionen DM reduziert, bei den Aktiva war besonders stark das Sachanlagevermögen auf 33.500 DM gesunken. 1965 wird eine gesonderter Punkt für Sachanlagevermögen nicht mehr aufgeführt, die Bilanzsumme belief sich nun auf gut 60 Millionen DM, 1970 auf knapp 51 Millionen DM, 1980 auf 52 Millionen.[102] Innerhalb von gut 15 Jahren war also, gemessen an der Bilanzsumme, nicht mehr allzu viel in Sachen Entflechtung und Liquidation passiert.

Insgesamt war bis in die 1970er Jahre hinein gleichwohl ein Fortschritt bei der Liquidation des ehemaligen Chemiekonzerns zu erkennen, auch wenn der endgültige Abschluss nicht wirklich ins Auge gefasst wurde. Der Liquidator Dr. Ferdinand Kremer fasste das im Spätsommer 1959 folgendermaßen zusammen: *Ich schätze, daß wir in zwei bis drei Jahren die wesentlichen Aufgaben gelöst haben. Aber ganz Schluß machen kann man nicht.*[103] Die Einschränkung zielte eindeutig, auch nach zeitgenössischer Wahrnehmung, auf die nicht zugänglichen ehemaligen IG-Immobilien in der DDR. Mit der politischen Wende in der DDR und der Wiedervereinigung im Jahr 1990 sahen die Liquidatoren 30 Jahre später eine Chance zur Wiedererlangung der Immobilien auf diesem Gebiet. Umfangreiche Bemühungen, die in mehr

---

101 Vgl. Liquidationseröffnungsbilanz zum 01.01.1952, in: HHStAW Bestand 2092, Nr. 10155.
102 Alle Zahlen aus den Geschäftsberichten der IG Farben i.A., die bis 1970 in HHStAW Bestand 2092, Nr. 3874, liegen, der Geschäftsbericht für 1980 in HHStAW Bestand 2092, Nr. 5207.
103 Zitiert nach: Der Spiegel vom 02.09.1959, S. 46.

als 110 Akten überliefert sind,[104] waren jedoch erfolglos, und auch die Anrufung des Bundesverfassungsgerichts führte nicht zum gewünschten Erfolg.[105]

Enorme Steigerungen bei den »Sonstigen Vermögensgegenständen« (von 560.000 im Jahr 1980 auf 155 Mio. im Jahr 1990) und bei den Beteiligungen (von 12,8 Mio. im Jahr 1980 auf 53 Mio. im Jahr 1990) bei einer Gesamtbilanzsumme von gut 208 Millionen DM fallen in der Bilanz von 1990 auf.[106] Nachdem Ende 1979 die von Dr. Renatus Rüger kontrollierte Intergrund Grundstücks-Gesellschaft mbH & Co. KG aus Köln die Aktienmehrheit der IG Farben i.A. übernommen hatte, trat die Liquidation der IG Farben i.A. in den Hintergrund. Man war als Abwicklungsgesellschaft nun an Immobilien vor allem im Raum Köln beteiligt und mit deren Verwaltung und Verwertung beschäftigt. Diese Geschäftstätigkeit war wohl durch einen Passus zum Gegenstand des Unternehmens in der Satzung gedeckt, der auch den »Betrieb sonstiger gewerblicher Unternehmungen«[107] beinhaltete. Für diese Geschäfte wurde noch 1987 die AWM Beteiligungsgesellschaft mbH gegründet, deren alleiniger Geschäftsführer Günter Vollmann war, gleichzeitig Liquidator der IG Farben i.L.[108] In diese Zeit fällt auch die Einführung eines neuen Logos, das als Markenzeichen am 22. Dezember 1986 beim Patentamt beantragt und am 22. März 1988 eingetragen wurde.[109] Für diese Phase, die im Kern die 1980er Jahre umfasst, drängt sich förmlich der Eindruck auf, dass es nicht mehr um die Liquidation der Abwicklungsgesellschaft ging, sondern um die Verwendung der Gesellschaft zu Zwecken von Immobiliengeschäften, mit denen die IG Farben bis dahin nichts zu tun hatte.[110]

Im Jahr 2003 lag die Bilanzsumme bei 38 Millionen DM. Ohne dass die noch ausstehenden Bilanz für 2002 veröffentlicht wurde oder werden konnten, meldeten die Liquidatoren am 10. November 2003 Insolvenz an.[111] Das Insolvenzverfahren

---

104 Vgl. HHStAW Bestand 2092, Punkt 2.14.1 (Immobilienverwaltung / Altbestände bis 1945), besonders die Serie »Ansprüche auf Immobilien und Grundstücke in der ehemaligen DDR«.
105 Vgl. HHStAW Bestand 2092, Nr. 12479 bis Nr. 12482 und Nr. 12495 bis Nr. 12498 u.a.m.
106 Vgl. Geschäftsbericht für 1990 in: HHStAW Bestand 2092, Nr. 118.
107 § 3 der Satzung der IG Farben i.A. hier in der Fassung von 1959, in: HHStAW Bestand 2092, Nr. 5161. Diese Zusatzdefinition des Gegenstands des Unternehmens ist in der Satzung mit Stand 1992 identisch enthalten – vgl. HHStAW Bestand 2092, Nr. 124, Bl. 108 – und scheint bis zur Insolvenz nicht entscheidend geändert worden zu sein. Vgl. dazu auch den Beitrag von Florian Schmaltz in diesem Band.
108 1991 war die Ammoniakwerk Merseburg GmbH (mit Sitz in Hamburg!) alleinige Gesellschafterin der AWM Beteiligungsgesellschaft mbH (mit Sitz in Frankfurt am Main), vgl. HHStAW Bestand 2092, Nr. 13846.
109 Vgl. HHStAW Bestand 2092, Nr. 13743.
110 Die Aktenlage im HHStAW Bestand 2092 ist etwas verwirrend; zur Klärung würden sicherlich vertiefte Recherchen beitragen können, die hier nicht geleistet werden konnten.
111 Vgl. den Abschnitt 7 »Auf dem Weg zur Insolvenz: Die letzte Hauptversammlung der IG Farben i.L. im Dezember 2002« im Beitrag von Florian Schmaltz in diesem Band.

Abb. 4: Logo der
I.G. Farbenindustrie AG
ab 1988

wurde am 4. Juni 2012 beendet. Das Amtsgericht Frankfurt am Main gab am 5. November 2012 bekannt: *I.G. Farbenindustrie Aktiengesellschaft i. L., Frankfurt am Main (Silberbornstr. 14, 60320 Frankfurt am Main). Die Gesellschaft ist gemäß § 394 Absatz 1 FamFG wegen Vermögenslosigkeit von Amts wegen gelöscht.*[112] Die IG Farbenindustrie AG gehörte nunmehr der Vergangenheit an.

Ein Thema, das die Abwicklungsgesellschaft von Anfang an und bis in die 2000er-Jahre begleitete, war die Entschädigung ehemaliger Zwangsarbeiterinnen und Zwangsarbeiter. Die IG Farben i.A. sah sich in kaum einem Fall dazu veranlasst, Ansprüchen auf Lohnnachzahlungen bzw. Entschädigungen von ehemaligen Zwangsarbeitern ohne vorhergehenden Rechtsstreit nachzukommen. Mit Sicherheit der bekannteste und wirkmächtigste Prozess in diesem Zusammenhang ist die Klage des ehemaligen KZ-Häftlings und Zwangsarbeiters in Monowitz, Norbert Wollheim. Nachdem Wollheim seine Ansprüche vergeblich gestellt hatte, kam es zum Prozess, der Rechtsgeschichte schrieb.

Die Vertreter der IG Farben näherten sich dieser Materie wohl mit den allgemeinen Rechtfertigungsstrategien: Man habe nichts gewusst. Und habe man doch etwas gewusst, habe man nichts dagegen machen können. Hätte man aber etwas dagegen machen können, so wäre das durch das NS-Regime mit schwersten Sanktionen bedroht gewesen, so dass man um Leib und Leben hätte fürchten müssen. Vor diesem Hintergrund bestritten die Verteidiger der IG Farben i.A. in der Berufungsverhandlung vor dem Oberlandesgericht Frankfurt jegliche Verantwortung und sahen alle Schuld beim Staat. Daher müsse auch dieser zahlen. Als Vertreter Norbert Wollheims stellte dagegen Rechtsanwalt Henry Ormond klar: *Für alles, was dort* [in Monowitz, d. Verf.] *geschah, was im Interesse der I.G. geschah und was von ihr verschuldet wurde, hat die Beklagte und niemand anders und nicht der Bund und bestimmt nicht der deutsche Steuerzahler einzustehen.*[113]

---

112 Bekanntmachung des Amtsgerichts Frankfurt am Main vom 05.11.2012, Aktenzeichen: HRB 400; zu finden unter: https://www.handelsregisterbekanntmachungen.de/skripte/hrb.php?rb_id=304511&land_abk=he (zuletzt aufgerufen am 22.03.2017). Die Löschung erfolgte zum 31.10.2012, vgl. ebenda.
113 Henry Ormond am 01.03.1955 vor dem 5. Zivilsenat des Oberlandesgerichts Frankfurt, zitiert nach Hermann L. BRILL: Dr. Faust und Konsorten. Der Prozess N. Wollheim gegen I.G.-Farbenindustrie. In:

Bevor es in der Berufungsverhandlung zu einer gerichtlichen Entscheidung kam, kam es mit dem sog. Wollheim-Abkommen vom 6. Februar 1957 zu einem Vergleich, der nicht nur Wollheim, sondern darüber hinaus einer größeren Zahl von Monowitz-Häftlingen eine Entschädigung zusprach. Über die Berechtigung hatte im Zweifelsfall ein Schiedsgericht zu entscheiden.[114] Im Rahmen des Wollheim-Abkommens zahlte die IG Farben an gut 6.300 in Monowitz eingesetzte ehemalige Zwangsarbeiter,[115] deren Einsatz sie für nachgewiesen hielt, jeweils 5.000 DM (bzw. 2.500 DM, wenn der Einsatz weniger als sechs Monate dauerte). Auch beispielsweise im Prozesskomplex um den ehemaligen Zwangsarbeiter Leon Stachur wurden an zumindest einige der 2.295 antragstellenden polnischen ehemaligen Zwangsarbeiter zwischen 1958 und 1962 Entschädigungen gezahlt.[116] Die meisten bei der IG Farbenindustrie AG eingesetzten Zwangsarbeiter aber gingen leer aus.

Spätestens in den 1990er Jahren kam es wegen dieses Ergebnisses immer wieder zu Protesten.[117] Letztlich erkannten die beiden letzten Liquidatoren, Volker Pollehn und Otto Bernhardt, dieses Faktum an.

2001 wurde in Frankfurt am Main die Stiftung I.G. Farbenindustrie, mit dem Ziel gegründet, ehemalige Zwangsarbeiter zu unterstützen bzw. zu entschädigen sowie das Archiv der IG Farbenindustrie (i.A.) der Öffentlichkeit zugänglich zu machen. Wegen nicht ausreichender Erträge zur Erfüllung des Stiftungszwecks wurde die Stiftung im Dezember 2015 vom Regierungspräsidium Darmstadt aufgelöst.[118]

Auch die Geschichte der Stiftung I.G. Farbenindustrie war damit beendet, ohne dass die Zwangsarbeiterinnen und Zwangsarbeiter überhaupt oder adäquat entschädigt worden wären.

Geist und Tat (1955), Heft 5, S. 146.

114 Vgl. hierzu die Beiträge von Katharina Stengel und Thomas Pierson in diesem Band.

115 Nach einer entsprechenden eidesstattlichen Versicherung, ausgerechnet vom ehemaligen Bauleiter in Monowitz, Max Faust, vom 31.05.1954 (vgl. HHStAW Bestand 2092, Nr. 10938), lehnte die IG Farben i.A. jede Entschädigung an antragstellende Frauen ungeprüft ab. Das vorgefertigte Formular findet sich in HHStAW Bestand 2092, Nr. 12570, vgl. Abb. 2 auf S. 247 im Beitrag von Thomas Pierson in diesem Band. Es ist müßig anzumerken, dass eine pauschale Ablehnung auch dann nicht gerechtfertigt wäre, wenn nur wenige Frauen zur Zwangsarbeit in Monowitz eingesetzt worden wären.

116 Vgl. HHStAW Bestand 2092, u.a. Nr. 10993.

117 Vgl. den Beitrag von Florian Schmaltz in diesem Band.

118 Bestandbeschreibung HHStAW Bestand 2092, Abschnitt zur Geschichte des Bestandbildners, https://arcinsys.hessen.de/arcinsys/detailAction.action?detailid=b8650 (zuletzt abgerufen am 01.12.2021). Vgl. auch Pressemitteilung des Regierungspräsidiums Darmstadt vom 21.12.2015, https://rp-darmstadt.hessen.de/ (auf der Startseite; zuletzt aufgerufen am 22.03.2017).

The Development and Significance of IG Farben i.A. for the Post-War West German Economy

Raymond G. Stokes

Introduction

As ALLIED TROOPS moved to secure victory over Germany in the final fighting in spring 1945, chaos reigned supreme. But there were some certainties. The Third Reich would have to surrender unconditionally. Germany would be divided into zones of occupation, at least initially. And something extreme would be done by the occupying powers to curb the power (and future fighting potential) of German industry, science, and technology. The race to seize German engineers and scientists and to harness the country's scientific and technological strengths in the service of the Allied war effort against Japan and, not incidentally, to strengthen Allied commercial potential in the post-war period was already well underway before the official German surrender in May 1945.[1] And so was planning to disrupt large concentrations of economic power in the occupied country. The company that stood most prominently and firmly in the sights of the occupiers in this regard was the chemical colossus IG Farbenindustrie AG, in part because of its highly significant role in preparing Germany for the World War and enabling the country to prosecute it, but also because of its intimate involvement in aspects of the Holocaust, especially by virtue of its factory in near the Auschwitz death camp.

However, the devil in all of this, as in all things, would lie in the details, which only became evident in the evolving context of the immediate post-war period, with the emerging Cold War especially significant in this regard. The general contours of these developments have been explored extensively by diplomatic and

---

[1] The literature, both scholarly and popular, on the post-war Allied »intellectual reparations« effort is very large. The most comprehensive and best overview is Douglas O'REAGAN: Taking Nazi Technology: Allied Exploitation of German Science after the Second World War, Baltimore 2019.

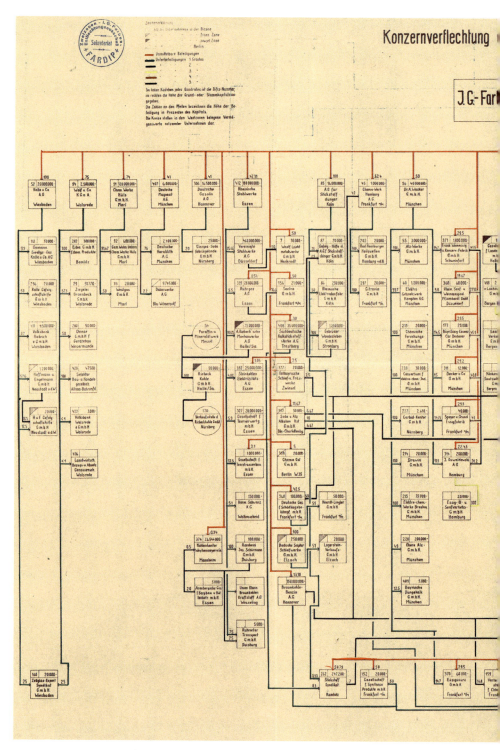

Figure 1: Organisational Chart of IG Farben Holdings, 1949

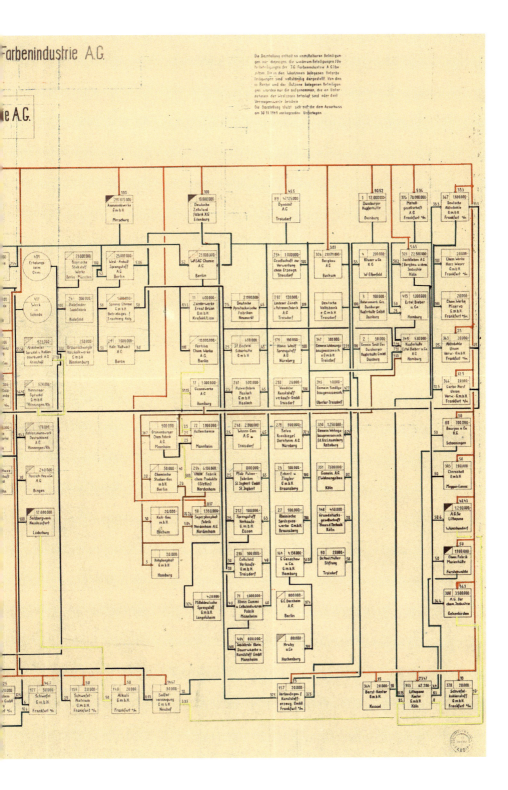

political historians.² What I want to concentrate on here is some of the devil in some of the other details of the enactment of post-war Allied policy in Germany, especially in regard to the post-war treatment of what Nuremberg prosecutor Josiah DuBois called *The Devil's Chemists* – that is the top managers of IG Farben – and their firm.³ Specifically, I want to explore how the process of breaking up the IG Farben led not only to the creation of successors that continued and expanded on the previous activities of the larger firm in the international chemical industry, but also to the establishment of another successor, IG Farben in Abwicklung, whose main purpose was essentially mopping up the loose and messy ends of the break-up process. That will be the subject of the next section of this article. I then turn to the activities of IG Farben i.A. in the post-war period and the ways in which they had an impact on the development of the West German economy. Finally, I deal with the activities of IG Farben i.A. in the years after German unification, culminating in the successor firm's declaration of bankruptcy in 2003 and its final wrapping up in 2011, before providing a brief conclusion.

Breaking up IG Farben and the Creation of IG Farben i.A.

In 1949, two German successor states were created, the West German Federal Republic (FRG), and the East German Democratic Republic (GDR). By 1952, the break-up of IG Farben was completed with the establishment of a number of successor firms, including IG Farben i.A. Neither process was straightforward, and neither outcome was pre-ordained.

The latter point is not a trivial one. The outcome is a story of *becoming* in both cases. Indeed, it is almost certainly true that no knowledgeable observer in the second half of 1945 would have forecast the creation of the FRG and GDR by summer 1949. After all, the Potsdam Protocols that were agreed in summer 1945 bound the occupying powers to the treatment of Germany as a single economic unit, which most would have expected to result ultimately in a single political unit. Moreover, although there was considerable tension among the occupiers over policy and practice, the main problems in summer 1945 resulted from French behaviour, not the still emerging Cold War.⁴

---

2 See, for instance, the extremely well researched (although primarily from a US perspective) book by Carolyn EISENBERG: Drawing the line: The American decision to divide Germany, 1944–1949, Cambridge (u.a.) 1996.
3 Josiah E. DuBois, Jr.: The Devil's Chemists: 24 Conspirators of the International Farben Cartel Who Manufacture Wars, Boston 1952. The British version of the book, with typical understatement, bore the title (and much tamer subtitle): Generals in Grey Suits: The Directors of the International »I.G. Farben« Cartel, their Conspiracy and Trial at Nuremberg, Bodley Head 1953.

Similarly, in summer 1945, although there was some consensus among the occupying powers that IG Farben needed to be broken up some way or another, there was no agreement on the way in which that should be done. American officials tended to be quite radical in this regard, at least initially, undertaking preliminary steps to break up the large firm profoundly, indeed into very small units consisting of parts of plants within factories. French officials were primarily concerned with milking »their« part of the IG Farben, essentially BASF. British occupiers were mainly concerned with getting the factories in their zone up and running again so that the immediate needs of the occupation could be addressed, while the Soviets were pursuing their own interests, in part through undertaking steps that would eventually lead to nationalisation of the factories in their zone.

The ultimate outcome of the interplay among these different policies and practices as they evolved over time was intimately bound up with the process by which Germany was divided in two in the context of the Cold War. The main West German successors by 1952 were large chemical firms in their own right – indeed, BASF, Hoechst, and Bayer had long and distinguished histories that preceded the creation of IG Farben in 1925 – and soon began operating successfully in world markets.[5] The East German successors were mostly factories that had operated within divisions of the IG Farben prior to 1945, and which had been overseen by the headquarters of those divisions in what became West Germany. They tended to have little independent research and development capability. They were nationalised, first by the Soviets, and then by the GDR government, and operated within the context of a Soviet-style planned economy.[6]

There is no space in this article to go into detail about the process through which this ultimate outcome emerged, not least because the focus is on a particular aspect of this emergence, i. e. the creation of IG Farben i.A. and its broader significance. This is an aspect of the IG Farben »disentanglement« that has been largely neglected by scholars of the post-war fate of the firm and its successors, including myself. But, as will become clear below, the rump legal successor to the IG Farben, although it produced nothing concrete, played an important role in the post-war

---

[4] This was argued convincingly by John GIMBEL in: The American Occupation of Germany. Politics and the Military, 1945–1949, Stanford (CA) 1968.

[5] Raymond G. STOKES: Divide and Prosper: The Heirs of I.G. Farben under Allied Authority, 1945–1951, Berkeley, 1988; 2nd edition, Huddersfield 2009; Hans-Dieter KREIKAMP: Die Entflechtung der I.G Farbenindustrie A.G. und die Gründung der Nachfolgegesellschaften, Vierteljahrshefte für Zeitgeschichte 25, Heft 2 (1977): pp. 220–251; Raymond G. STOKES: Opting for Oil: The Political Economy of Technological Change in the West German Chemical Industry, 1945–1961, Cambridge (u. a.), 1994.

[6] Rainer KARLSCH, Raymond G. STOKES: Die Chemie muss stimmen. Bilanz des Wandels 1990–2000, Leipzig 2000, passim, esp. chapter 1.

development of the West German economy, especially in relation to the chemical industry.

In any event, with regard to the disentanglement of IG Farben as a whole after 1945, suffice it to say here that, following an initial push by some key American officials for a radical break-up, even at the potential cost of efficiency and competitiveness, two factors intervened to push things in a different direction. First of all, the costs and duration of the occupation became a factor militating towards larger units that had the potential to compete in world markets, something that resulted in (and also from) the ascendancy of more pro-business American occupation authorities and the demise of the radical trustbusters. The costs were particularly acute for the British, who found it increasingly difficult to afford the occupation of their zone, which in turn pushed them into heavy reliance on the Americans and therefore toeing the line on American policy. Eventually, the French, for a variety of reasons, joined the Americans and British in a Trizone, and the three undertook a currency reform in the western zones of occupation in June 1948, which effectively divided Germany into two.

This division of Germany into two, primarily as a result of the heating up of the Cold War, was the second factor pushing things in a different direction. It meant that there would of necessity be two very different solutions to the problem of what to do with IG Farben in the aftermath of the war and German defeat. The west, prompted by the western occupiers and bolstered increasingly by the efforts of industrial and bureaucratic elites in West Germany, opted in the end for a model that had as its centrepiece a small number of large successors, while the east soon opted for nationalisation and planning.

These significant alterations to the German chemical industry and its structure, however, solved only part of the problem. There was the far from insignificant issue of the firm's and its leadership's culpability in the crimes of the Nazi regime. There was, however, little appetite for taking this up directly from three of the four occupiers, especially with the passage of time, as the pressures of the costs of the occupation and the dangers of the Cold War became more prominent. The US occupiers remained adamant, however, that criminal charges must be brought against top IG Farben managers, and they duly conducted a trial of 24 of them in Nuremberg in 1947–48. In the end, 13 of the 24 were found guilty of war crimes and crimes against humanity for charges relating to either plunder of occupied territories or slave labour, or both. Those found guilty were sentenced to up to eight years in prison, an astonishing outcome in a criminal trial of white-collar workers.[7]

---

[7] Kim Christian PRIEMEL: The Betrayal: The Nuremberg Trials and German Divergence, Oxford (u. a.)

Other questions about the future of the successors, however, loomed large as the IG Farben break-up proceeded in the west, even though these issues were considered irrelevant at the same time in the east because of the expropriation of former IG Farben property there. The IG Farben successors in newly formed West Germany would, in contrast, need to prepare to re-join the capitalist world, which meant addressing a range of issues:
- How would the former chemical giant's shareholders be compensated fully and fairly in the course of the break-up?
- Who would be responsible for paying out pensions to those former IG Farben employees entitled to them (primarily senior managers who were already retired from the firm because those who had worked for it previously and who continued employment beyond 1952 within the successor firms would be taken care of by those successors)?
- Who would shoulder any additional – especially civil – liability for the misdeeds of the predecessor firm?
- And who would work on recovering the seized assets of the predecessor firm, not only in East Germany and other areas to the east, especially in Poland, but also in Switzerland and, very importantly, in the United States?

The first question was answered in part by giving IG Farben shareholders a stake in each of the successor firms. Most of the capital of IG Farben was divided up among the major successors, with about a third going to BASF, just under a third to Hoechst, and just over a third to Bayer.[8] Shareholders in IG Farben received shares in these successor firms on a proportionate basis. Still, though, answering the other questions meant that this could be only part of the solution. Thus, addressing questions two through four required an additional shareholding, this in a firm set up in 1952 specifically and exclusively to address them: IG Farbenindustrie AG in Liquidation (IG Farben i.L.), which three years later became IG Farben in Abwicklung. Not incidentally, of course, and to aid in carrying out these objectives, the new company took charge of a huge cache of archival records from the IG itself, the reason for the conference for which this and other papers in this volume have been prepared.

Essentially, then, IG Farben i.A. quickly took on three primary functions. The first was to administer and pay out pensions to retired former employees of the pre-

---

2016. A detailed summary of trial testimony and selected documents is available in: Trials of the War Criminals before the Nuremberg Military Tribunals, Vol. VII–VIII: The IG Farben Case: United States vs. Carl Krauch et al. (Washington, n.d. [ca. 1949]). Stephan H. LINDNER: Aufrüstung - Ausbeutung - Auschwitz. Eine Geschichte des I.G.-Farben-Prozesses, Göttingen 2020.

8 Handbuch der Grossunternehmen: BRD und Westberlin, 4. Auflage, Darmstadt 1953.

decessor firm. Second, to use vocabulary that is somewhat anachronistic but nevertheless apt, it served as a sort of bad bank for toxic assets, ones that might be targeted potentially by those who had suffered at the hands of the predecessor firm in the Nazi period. Or, to use another metaphor, IG Farben i.A. served as a lightning rod to protect the assets of the successor firms that were taking part directly in the chemical industry. And third, it was meant to pursue restitution for property seized in the west (especially in Switzerland and the United States), and also to wait in the wings for the day when Germany was reunited so as to enable recovery of assets seized there. In carrying out these functions, to use yet another metaphor, IG Farben i.A. acted as a vital lubricant to enable the frictionless functioning of the other IG successors in the west, especially in their quest to re-join and reconquer international markets. Again, in the east, there was no need for any of these functions. For this reason, we will not return to consideration of the successors in the GDR until the third major section of this paper. Instead, in the next section, let us turn to the ways in which IG Farben i.A. carried out its designated functions during the period between 1952/55 and German unification, and, importantly, to the firm's impact on the development of West German business and the economy.

IG Farben i.A. in Action, 1952/55–1989/90

With the official end of the Allied occupation in the Federal Republic of Germany in 1955, IG Farben in Liquidation, founded in 1952, was renamed IG Farben in Abwicklung. From the outset, the firm was listed on the stock exchange. By the time IG Farben i.A. started its work, of course, the prospect of recovering any of its predecessor's property seized in the GDR and elsewhere in the Soviet bloc was receding well into the distance, although there were claims to be pursued in a number of other countries, including Switzerland, where the chemical giant had tried to camouflage assets in anticipation of the war (and subsequently of a potential German defeat), and in particular in the United States, where pre-war holdings were substantial, especially in the form of General Aniline and Film (GAF).[9] However, these lawsuits formed only a small part of the new firm's activities. Instead, the primary functions that were actually pursued with vigour were, first of all, paying pensions to former IG employees, especially to top managers; and, secondly, fielding claims for compensation, mainly by surviving forced and slave labourers who worked at IG Farben factories through 1945.

---

9 Robert J. BAPTISTA, Anthony S. TRAVIS: I.G. Farben in America: The Technologies of General Aniline & Film. In: History and Technology 22, Nr. 2 (2006), pp. 187–224.

Legal challenges were not long in coming. In fact, already in 1953, the firm still known as IG Farben i.L. was named as respondent in a civil lawsuit brought by a former concentration camp inmate who had worked at the IG factory in Auschwitz as a forced labourer, Norbert Wollheim.[10] In spite of marshalling top-drawer legal representation, IG Farben i.L. was found liable for damages because of the predecessor firm's violation of Wollheim's rights in utilising him as a forced worker and ordered to pay DM 10,000 compensation. The legal successor to the IG, of course, set about immediately to appeal the verdict, but, from its perspective, a terrible precedent had been set. Even if the appeal were successful – and this was from the firm's perspective far from certain – there was every likelihood that Wollheim would soon be joined by thousands and thousands of others who had been subject to the same inhumane and exploitative working conditions during the Nazi period. And even if all of these civil suits proved to be unsuccessful in the end, they would cost the rump firm many millions in legal fees.

What was IG Farben i.A. (as it had in the meantime become) to do? One pathway was to try to minimise the damage by means of a settlement. But, a more permanent solution was needed for this problem, and, here, this relatively obscure firm with apparently limited sources of economic power – in terms of production capacity (zero) and assets (minimal) – proved able to mobilise extremely powerful players politically to protect its interests. It would be useful to have a detailed scholarly inquiry into the question of how precisely what happened next came about, which was the passage in the German Federal Parliament of the IG Farben Notice to Creditors Act, ratified on 19 April 1957, with effect from 27 May of the same year. Until that inquiry happens, we cannot be sure, but it would appear that the passage of this Act can only be explained by a coalition of its shareholders, sympathetic government officials and politicians, and the by now extremely powerful main successors to the IG uniting behind its legal successor. In any event, the purpose of the IG Farben Notice to Creditors Act was to place a temporal and monetary limit on claims against the IG, most of which of course involved former forced and slave labourers. Under the statute, any claims against the firm had to be lodged before 1 January 1958, after which they would no longer valid. Those who registered by 31 December 1957 would then be eligible for compensation – providing they also met a range of criteria.

But the compensation would not come directly from IG Farben i.A., which, while at the same time admitting no guilt or formal responsibility for the misdeeds

---

10 »The Wollheim Suit«, available at: http://www.wollheim-memorial.de/en/norbert_wollheims_prozess _gegen_ig_farben (accessed 28 June 2021).

of its predecessor firm, chose instead to deposit a limited amount of funding with the Conference on Material Jewish Claims against Germany (known simply as the Claims Conference), which had been established in 1951 to deal with claims for compensation by the Jewish survivors of National Socialist persecution. The contribution of IG Farben i.A. to the Claims Conference amounted to DM 30 million, of which about 90 percent was designated for Jewish survivors, and 10 percent for other ethnic groups. As a direct result of this »settlement«, under the terms of the legislative Act, IG Farben i.A. would be immune from any liability and therefore from any future civil suits.

It goes without saying that the amounts concerned were entirely inadequate »compensation« for the harrowing treatment of the survivors of forced and slave labour at IG Farben facilities, and that non-Jewish claimants were particularly disadvantaged in terms of access to funds. But, it did the trick from the perspective of the formal successor to IG Farben for most of the post-war period. Indeed, it was only after German reunification and in the context of international claims (and lawsuits) by survivors, particularly in the United States, that this particular issue ever again posed any kind of threat whatsoever for IG Farben i.A. Moreover, the Act appears to have served as a model for another, later initiative to limit liability and compensation for survivors of the misdeeds of a German firm, the much smaller Chemie Grünenthal, the producer of the drug thalidomide, known in Germany as Contergan.[11] Finally, it is worth stressing once again that the outcome to the IG Farben Notice to Creditors Act of the late 1950s proved especially auspicious for the large successors of the IG active in the chemical industry: again, until the 1990s and beyond, they essentially saw themselves as absolved of any responsibility for the misdeeds of their predecessor firm, with that responsibility shouldered entirely by IG Farben i.A., which in turn had (albeit notionally and inadequately) »paid its debt« in entirety, at least in legal terms. We will return to post-unification developments in the following section.

In the meantime, however, we have to address developments during the quite significant gap in time between the deadline for filing claims under the IG Farben Notice to Creditors Act on 31 December 1957 and German reunification in October 1990. What did IG Farben i.A. do during those decades? The answer is, not a whole lot, although it is noteworthy that the firm continued to be listed and traded on the stock exchange, and, as some of the files of the IG Farben i.A. deposited recently in the Hessisches Hauptstaatsarchiv indicate, that it also dabbled with limited success

---

11 See Martin JOHNSON, Raymond G. STOKES, Tobias ARNDT: The Thalidomide Catastrophe, Exeter, 2018, pp. 158–159.

in the real estate market through its Ammonikwerk Merseburg subsidiary from the early 1980s to the mid-1990s.¹² Gradually, pension liabilities disappeared with the death of former top employees of the predecessor firm (most of whom were, by virtue of their positions, already advanced in age when the old IG was wound up in 1952). Lawsuits seeking return of assets seized in the United States and/or Switzerland continued apace, but they were invariably unsuccessful, and, over time, hopes that this would ever change receded into the distance. The same was even more true for any hopes for recovery of assets in the GDR or in the eastern bloc. Given, too, that there was no real danger of having to combat lawsuits from survivors of the IG Farben's actions during the Nazi period, it seemed that the hopes and fears that had formed the rationale for IG Farben i.A.'s existence had evaporated by the mid-1980s, and it is therefore no wonder that thoughts inside the firm turned to winding it up entirely, closing the final chapter of the IG Farben story that had started in 1925. But the managers of IG Farben i.A. could not foresee that there would soon be a major twist to the plot when, quite suddenly, the events of November 1989 in Berlin changed things utterly, leading to revived hopes, especially after unification of Germany in October 1990. What the managers also did not anticipate was that these hopes would rapidly be followed by even greater grounds for renewed fears.

A New Lease on Life? IG Farben i.A. after German Unification

Even before the official unification of East and West Germany in October 1990, work had begun on the privatisation of much of East German industry through the creation of the Treuhandanstalt.¹³ Thoughts in the offices of IG Farben i.A. turned towards realising the desideratum of maximising returns to their shareholders – many of whom were shareholders of the original IG or the descendants of those shareholders – by finally gaining restitution for the assets expropriated without compensation in what became the GDR. This particular goal seemed at long last capable of being realised. Other investors were similarly convinced, and IG Farben i.A.'s share price rose accordingly with increased demand.

Unfortunately for the firm and its leadership, the proceeds from the long-awaited and much anticipated restitution of assets and property in the east proved far more modest than had been hoped, to put it mildly.¹⁴ Moreover, even as oppor-

---

12 The files are in HHStAW Bestand 2092. I have not had the opportunity to look at these files myself. My thanks to Dr. Albrecht Kirschner for making me aware of them.
13 Wolfram FISCHER, Herbert HAX, Hans Karl SCHNEIDER (Hg.): Treuhandanstalt: The Impossible Challenge, Weinheim, 1995.
14 Dr. Albrecht Kirschner informs me that, based on his examination of the files in HHStAW Bestand

tunities for additional infusions of income evaporated, the threats of a disastrous rise in potential outgoings were on the rise. Survivor groups abroad were organising in class-action suits, especially in the United States, where, not coincidentally, the major successors to the IG were seeking huge opportunities for growth. Some of the threat here was taken away through the establishment in 1999 of a cross-industry foundation, the Foundation »Remembrance, Responsibility, and Future«,[15] in which IG successor BASF in particular played a prominent role, both financially and in terms of public profile. But the writing was on the wall for the formal successor to IG Farben. By 2003, the debts of IG Farben i.A. overshadowed its assets by several times, with little hope for improvement of the situation, and the firm duly declared bankruptcy. The IG, itself long since in liquidation, had to call in the liquidators, who paid off a small fraction of the debts with what was left in the kitty and, with nothing left to sell or trade, removed the firm from the stock exchange in 2011. Survivors received nothing beyond the initial payment made in the late 1950s. Stockholders got nothing.[16]

Conclusions

IG Farben in Liquidation, which soon became IG Farben in Abwicklung, was established in 1951 to carry out three main tasks: to pay pensions to retired top managers of the predecessor firm, IG Farbenindustrie AG; to maximise recovery of expropriated assets of the former chemical giant in order to disperse them ultimately to shareholders; and to address the claims for compensation by survivors of severe and inhumane treatment while working for the giant chemical firm during the Nazi period. Arguably, it succeeded fully only in the first of these. It failed miserably in attempts to achieve the second. And it can be deemed successful in carrying out the third task only from the perspective of the interests of the successor firms, not from that of its victims. IG Farben i.A. engineered a *limited* pay-out of compensation to some survivors *under duress, this with the strong support of elites* in politics, business, and the economy, and *under the protection of a law* specifically designed for this purpose. In doing so, it minimised financial outlays, and, at the same time,

---

2092, there was in fact not a single success for IG Farben i.A. in seeking to recovery property after 1989, although a more detailed investigation of the files may turn up limited exceptions to this.
15 See https://www.stiftung-evz.de/start.html (accessed 5 August 2021).
16 »Nach 50 Jahren ein unrühmliches Ende«. https://www.ingenieur.de/technik/fachbereiche/chemie/nach-50-jahren-unruehmliches-ende/ (accessed 29 June 2021; »Stock of former Nazi chemicals giant to be delisted«. https://www.dw.com/en/stock-of-former-nazi-chemicals-giant-to-be-delisted/ a-15327052 (accessed 29 June 2021).

shielded the major successors of the IG from financial harm through civil claims, at least until those successors were in a position in the very late 20th century as highly profitable industrial concerns to take on some of this burden themselves.

In particular through this third function, IG Farben i.A. arguably played a key role in the post-war West German economy by serving as a lubricant to minimise a major potential source of friction in the successful return of the major IG successor firms to global capitalist competition. It had, however, completed that role for the most part by the late 1950s. IG Farben i.A. nevertheless remained in existence until 2011, in other words about twice as long as IG Farben itself. By the 1980s, it had already become what we would now call a zombie firm. It had soldiered on thereafter, for the most part aimlessly and certainly unsuccessfully, for some decades until German unification in 1990 provided a short, sharp shock to bring it back to apparent life, albeit only temporarily. There is no question that the existence of IG Farben i.A. was as unproductive as it was inglorious. In the end, though, we can celebrate one – and probably only one – thing about it. The records it inherited and preserved are now becoming available for researchers to investigate in greater detail not only the chequered history of the IG itself, but also that of its saddest successor.

Nr. 16 · Frühjahr 1999 · 8. Jahrgang

newsletter

Informationen des Fritz Bauer Instituts

Fritz Bauer Institut
Studien- und Dokumentationszentrum
zur Geschichte und Wirkung des Holocaust

Treffen der Überlebenden von IG Auschwitz

Veranstaltungen · Pädagogik · Forschung · Nachrichten · Berichte · Ausstellungen · Publikationen · Rezensionen · Kalender · Infothek

ISSN 1437-6288

Die Ausstellung »Die IG Farben und das Konzentrationslager Buna-Monowitz. Wirtschaft und Politik im Nationalsozialismus«

Sara Berger

IM OKTOBER 1998 trafen sich 90 Überlebende von Buna-Monowitz auf Einladung des Fritz Bauer Instituts im Casino des IG Farben-Hauses in Frankfurt am Main (vgl. Abb. 1). Hier hatte das Chemieunternehmen in den 1930er Jahren und während des Zweiten Weltkriegs seine Konzernzentrale. Seit 2001 ist das IG Farben-Haus das Hauptgebäude des Campus Westend der Goethe-Universität, wo unter anderem geisteswissenschaftliche Fächer angesiedelt sind. Seitdem hat auch das Fritz Bauer Institut dort seinen Sitz.

Viele der angereisten Überlebenden waren zum ersten Mal zu Besuch in der Bundesrepublik Deutschland. Das Fritz Bauer Institut bereitete für dieses Zusammentreffen, das von wissenschaftlichen Vorträgen und Begegnungen mit Schülern begleitet war, eine Ausstellung zur »IG Auschwitz« vor. Die Konzeption und Recherche hierfür übernahmen Gottfried Kößler und Werner Renz, Werner Lott hatte die Gestaltung inne. Die Ausstellung stieß sowohl bei den Überlebenden als auch beim allgemeinen Publikum auf großes Interesse, so dass die Idee entstand, sie wandern zu lassen.[1] Im Jahr 2000 wurde sie in der Goethe-Universität Frankfurt erneut gezeigt und bis Ende 2015 zum Verleih angeboten. Sie bestand aus 57 quadratischen Rahmen sowie Plänen des Lagers Buna und der Stadt Oświęcim und dokumentierte die komplexe Geschichte der Kooperation zwischen Wirtschaft und Politik im Nationalsozialismus bis hinein in die Vernichtungslager, ihre Widersprüche, ihre Entwicklung und ihre Wirkung auf die Nachkriegszeit aus unterschied-

< *Abb. 1: Newsletter des Fritz Bauer Instituts zum Treffen der Überlebenden von IG Auschwitz, Frühjahr 1999*

---

1 Vgl. Werner RENZ: Treffen der Überlebenden von IG Auschwitz. 20.–22. Oktober 1998 in Frankfurt am Main, in: Newsletter. Informationen des Fritz Bauer Instituts, Nr. 16, Frühjahr 1999, 8. Jahrgang, S. 14–15.

Abb. 2: Die Ausstellung »Die IG Farben und das Konzentrationslager Buna-Monowitz« im Hauptstaatsarchiv Wiesbaden, Oktober 2020

lichen Perspektiven. Zitate von Überlebenden standen dabei im Kontrast zu den Fotografien, die Buna aus Tätersicht erzählen, ausdrücklich eine »Montage im filmischen Sinn«.[2]

Im Anschluss wurde die Ausstellung durch Nassrin Sadeghi neu kuratiert, mit weiterem Bildmaterial versehen und durch »Funkelbach. Büro für Architektur und Grafikdesign« aus Leipzig neu gestaltet. Im Jahr 2018 wurde sie in der erneuerten Form erstmalig in der Goethe-Universität gezeigt, dann machte sie Station beim Erinnerungsort Topf & Söhne in Erfurt, im Museum für Kunst und Kulturgeschichte in Dortmund, im Informationszentrum des Chemieparks Marl, in der Empore Buchholz und der Stadtbücherei Buchholz in der Nordheide, im NS-Dokumentationszentrum Köln, im Hessischen Landesarchiv, Abteilung Hauptstaatsarchiv Wiesbaden, im BASF Besucherzentrum, Ludwigshafen/Rhein sowie in der Gedenkstätte KZ Osthofen.

In Marl am Standort der unter Beteiligung der IG Farben zur Produktion von synthetischem Kautschuk (Buna) gegründeten Chemischen Werke Hüls GmbH (heute Evonik) sowie in Ludwigshafen bei der BASF, einer der Gründungsfirmen

---

[2] Neue Wanderausstellung. Die IG Farben und das Konzentrationslager Buna/Monowitz, in: Newsletter. Informationen des Fritz Bauer Instituts 9 (2000), Nr. 19, S. 27.

der IG Farben, konnte die Verbindung zwischen »Wirtschaft und Politik im Nationalsozialismus« bei den Nachfolge-Unternehmen der IG Farben gezeigt werden.

Die Ausstellung besteht aus drei Teilen: Der erste Teil auf einer doppelseitigen Großgraphik beschäftigt sich mit den historischen Entwicklungen, die zur Errichtung des Konzentrationslagers Buna-Monowitz geführt haben, und gibt einen kurzen Einblick in die Geschichte der IG Farben, die Gründung der IG Auschwitz im Zweiten Weltkrieg, in das Konzentrations- und Vernichtungslager Auschwitz, die Verwendung von Zwangsarbeitern und Häftlingen bei der IG Auschwitz und die Lebens- und Arbeitsbedingungen der IG Farben-Mitarbeiter vor Ort. In dieser Einführung werden auch Kurzbiographien der Verantwortlichen der SS, des Lagerkommandanten Heinrich Schwarz, des Kommando- und Rapportführers Bernhard Rakers, des Sanitätsdienstgrads Gerhard Neubert und des Lagerarztes Horst Fischer, vorgestellt.

Der zweite längere Teil beschäftigt sich ausführlich mit den Häftlingen im Konzentrationslager Buna-Monowitz. Er unterscheidet sich gestalterisch von den beiden anderen Abschnitten: Verschiedene thematische Aspekte werden auf 16 Metallgestellen auf Stoffbahnen und Acrylglasscheiben präsentiert.

In diesem zweiten Teil kommen auch die Überlebenden von Buna-Monowitz zu Wort, deren Textstellen aus publizierten Erinnerungen oder Aussagen in Ermittlungsverfahren es eindringlich vermögen, die katastrophalen Lebensbedingungen und die Dimension ihres Leids zu veranschaulichen. Zitiert werden zum einen sehr bekannte Überlebende wie Primo Levi,[3] Jean Améry[4] und Elie Wiesel.[5] Doch die Ausstellungsbesucher lesen auch aus den veröffentlichten Berichten und Erinnerungen von Imo Moszkowicz,[6] Willy Berler,[7] Joseph Schupack,[8] Leonardo De Benedetti,[9] Fritz Kleinmann,[10] Henry Wermuth[11] und Paul Steinberg[12] und bekom-

---

3 Primo LEVI: Ist das ein Mensch?, München 1988; DERS.: Die Atempause, München 1988.
4 Jean AMÉRY: Jenseits von Schuld und Sühne. Bewältigungsversuche eines Überwältigten, München 1988.
5 Elie WIESEL: Die Nacht zu begraben, Elischa, München 2005.
6 Imo MOSZKOWICZ: Der grauende Morgen. Erinnerungen, Paderborn 2008.
7 Willy BERLER: Durch die Hölle, Monowitz, Auschwitz, Groß-Rosen, Buchenwald, Augsburg 2003.
8 Joseph SCHUPACK: Tote Jahre. Eine jüdische Leidensgeschichte, Tübingen 1984.
9 Leonardo DE BENEDETTI, Primo LEVI: »Bericht über die hygienisch-medizinische Organisation des Konzentrationslagers für Juden in Monowitz (Auschwitz – Oberschlesien) 1945-1946«, in: Primo LEVI, So war Auschwitz. Zeugnisse 1945-1986, München 2017.
10 Fritz KLEINMANN: Überleben im KZ, in: Reinhold GÄRTNER, Fritz KLEINMANN (Hg.): Doch der Hund will nicht krepieren – Tagebuchnotizen aus Auschwitz, Thaur 1995, S. 34-114.
11 Henry WERMUTH: Atme, mein Sohn, atme tief. Die Überlebensgeschichte, Frankfurt am Main 1996.
12 Paul STEINBERG: Chronik aus einer dunklen Welt, München 1998.

Abb. 3: Die Ausstellung »Die IG Farben und das Konzentrationslager Buna-Monowitz« in der Gedenkstätte KZ Osthofen, Januar 2022

men einen Einblick in die Aussagen der Buna-Überlebenden Heinrich Schuster,[13] Paul Herzberg,[14] Curt Posener[15] und Robert Elie Waitz,[16] die diese im Zuge der Ermittlungsverfahren gemacht haben. Im Jahr 2021 wurde dieser Teil der Ausstellung noch um Fotografien der zu Wort kommenden Überlebenden und einen isometrischen Plan von Buna-Monowitz des Kölner Architekten Peter Siebers, der den Lagerkomplex Auschwitz-Birkenau in jahrzehntelanger sorgfältiger Detailarbeit kartographiert hat,[17] erweitert.

Der Teil zu den Häftlingen beginnt mit der Beschreibung der Deportation nach Auschwitz und der Ankunft im Lager Buna und thematisiert dann die Zwangs-

---

[13] Heinrich Schuster, Eidesstattliche Erklärung vom 13. Oktober 1947, NI-11862, Kopie in: Hessisches Hauptstaatsarchiv Wiesbaden, Best. 461, Nr. 37638/19: 1. Auschwitz-Prozess, Hauptakten, Band 18. Bl. 2846–2857.

[14] Paul Herzberg, Aussage vom 27. November 1952 im Wollheim-Prozess, in: Hessisches Hauptstaatsarchiv Wiesbaden, Best. 460, Nr. 1424: Wollheim gegen IG Farben, Bd. 1, Bl. 142–146.

[15] Eidesstattliche Erklärung von Curt Posener vom 3. Juni 1947, National Archives and Records Administration, Washington, RG 238, M 891 (Records of the United States Nuernberg War Crimes Trials United States of America v. Carl Krauch et al.), NI-9808, sowie Aussage vom 20. November 1952 im Wollheim-Prozess, Hessisches Hauptstaatsarchiv Wiesbaden Best. 460 Nr. 1424: Wollheim gegen IG Farben, Bd. 1, Bl. 127–132.

[16] Robert Elie Waitz, Richterliche Vernehmung vom 26. Juni 1962 im 1. Frankfurter Auschwitz-Prozess, Hessisches Hauptstaatsarchiv Wiesbaden, Best. 461, Nr. 37638/69, S. 12791–12795.

[17] Vgl. Gideon GREIF, Peter SIEBERS: Todesfabrik Auschwitz. Topografie und Alltag in einem Konzentrations- und Vernichtungslager, hrsg. vom NS-Dokumentationszentrum der Stadt Köln in Kooperation mit dem Staatlichen Museum Auschwitz-Birkenau, Köln 2016.

arbeit in Buna-Monowitz, die besonderen Bedingungen von Fachleuten und die Häftlingshierarchien.

Anhand einer im Archiv des Staatlichen Museums Auschwitz-Birkenau überlieferten Aufstellung vom 13. Januar 1945 wird anschaulich die Zusammensetzung der Häftlinge dokumentiert, indem die Häftlingsgründe beziehungsweise die von der SS zugeschriebenen Kategorien der 9.806 noch in Buna-Monowitz befindlichen Häftlinge aufgelistet werden: Die zahlenstärkste Gruppe waren die 9.054 polnischen, ungarischen, französischen, deutschen, griechischen, niederländischen, belgischen, italienischen, tschechischen, slowakischen, norwegischen und kroatischen Juden, die in der Hierarchie des Lagers an unterer Stelle rangierten. Funktionshäftlinge gab es zumeist unter den 289 politischen Häftlingen, definiert als »Schutzhäftlinge«, die unterschiedlicher Nationalität waren, unter den 32 deutschen und polnischen Häftlingen, die von den Nationalsozialisten als »asozial« definiert worden waren, oder den 25 sogenannten deutschen »Berufsverbrechern«. Außerdem befanden sich im Januar 1945 noch 226 »Erziehungshäftlinge«, 179 deutsche und polnische Häftlinge, die in »polizeilicher Sicherungsverwahrung« waren, zwei Homosexuelle (§ 175) sowie ein »Bibelforscher« (Zeuge Jehovas) im Konzentrationslager Buna-Monowitz.

Die Statistik spiegelt deutlich die quantitative Dominanz der jüdischen Häftlinge seit dem Sommer 1942 wider: Etwa 90 bis 95 Prozent der Häftlinge in Buna-Monowitz waren jüdischer Herkunft. Unter den nichtjüdischen Häftlingen stellten »Reichsdeutsche« und Polen die Mehrheit. Sinti und Roma, welche in der Statistik als »Zigeuner« unter den »Schutzhäftlingen« aufgelistet wurden, waren zu etwa 1–2 Prozent unter den Häftlingen des Lagers vertreten. Im Lager Buna-Monowitz waren zudem einzelne Frauen inhaftiert: Es handelte sich um 10 bis 20 Zwangsprostituierte, die im Lagerbordell arbeiten mussten.[18]

Die Ausstellung behandelt anschließend die von der Lager-SS und den Mitarbeitern der IG Farben geschaffenen katastrophalen Lebensbedingungen, die von Willkür und Misshandlungen, einer unzureichenden Ernährung, der fehlenden Möglichkeit, ein Mindestmaß an Hygiene aufrechtzuerhalten, Krankheiten und Selektionen geprägt waren.

Der Ausstellungsbesucher kann sich an einem Diagramm zur Lagerstärke des Häftlingskrankenbaus und anhand der Zitate der Überlebenden einen Eindruck von der Dimension der Selektionen, der »Auswahl zum Tode«, machen. Der

---

18 Florian SCHMALTZ: Das Konzentrationslager Buna-Monowitz, S. 19–20. http://www.wollheim-memorial.de/files/988/original/pdf_Florian_Schmaltz_Das_Konzentrationslager_BunaMonowitz.pdf (zuletzt aufgerufen am 09.09.2021).

Überlebende Curt Posener beziffert hier mit klaren Worten die Mitschuld der IG Farben: *Man verlangte seitens der Werksleitung, dass die arbeitsunfähig erkrankten Häftlinge gegen gesunde ausgetauscht wurden. Dieser Austausch bedeutete, dass die arbeitsunfähig erkrankten Häftlinge in die Vergasung nach Birkenau gingen und dass neue Häftlinge aus Auschwitz angefordert wurden.*[19]

Weitere thematische Aspekte, die in diesem Teil der Ausstellung vorgestellt werden, sind Widerstandsaktivitäten unter den Häftlingen, die Bombenangriffe, die »Todesmärsche« und die Befreiung, bevor die – von der Forschung nach wie vor nicht ausreichend geklärte – Zahl der Toten des Lagerkomplexes Auschwitz-Birkenau anhand der im Staatlichen Museum Auschwitz-Birkenau rekonstruierten Opferzahlen aufgeschlüsselt wird. Von den Häftlingen von Buna-Monowitz kamen etwa 25.000 bis 30.000 gewaltsam ums Leben.

Der dritte und letzte Teil der Ausstellung, der erneut auf einer doppelseitigen Großgraphik präsentiert wird, behandelt Aspekte zur IG Farben nach 1945 und zur juristischen Aufarbeitung der Verbrechen. Angesprochen wird die Entstehung der IG Farbenindustrie in Liquidation (i.L.) als Rechtsnachfolger der IG Farben sowie der Nürnberger Prozess gegen die IG Farben 1947/48. Anhand von Fotografien und Kurzbiographien von fünf Angehörigen der IG Farben, die angeklagt waren, *am Sklavenarbeitsprogramm und an der Genozidpolitik des NS-Regimes* teilgenommen zu haben, wird verdeutlicht, dass alle – der Betriebsführer der IG Auschwitz Walther Dürrfeld sowie die Vorstandsmitglieder Otto Ambros, Carl Krauch, Fritz Ter Meer und Heinrich Bütefisch – vorzeitig aus der Haft entlassen wurden und in der Regel nach kurzer Zeit bereits neue Positionen als Aufsichtsräte bekleideten.

Es folgt eine Einführung in den Zivilprozess, den Norbert Wollheim 1951 gegen die IG Farben i.L. führte und der zur Entschädigung ehemaliger Zwangsarbeiter von Buna-Monowitz führte. Aussagen von Mitarbeitern der IG Farben aus dem Wollheim-Prozess zur *Buna-Suppe* als *wesentliche Hilfe für die Häftlinge* werden durch die Worte der Überlebenden ad absurdum geführt. Die Ausstellung schließt mit einem Blick in die Frankfurter Auschwitz-Prozesse und in das Ende der IG Farben i.L.

Die Ausstellung präsentiert Dokumente, Skizzen und Fotografien unter anderem aus den Archiven des Fritz Bauer Instituts und des Staatlichen Museums Auschwitz-Birkenau, aus dem Institut des Nationalen Gedenkens in Warschau, aus dem United States Holocaust Memorial Museum in Washington, aus den National

---

19 Eidesstattliche Erklärung von Curt Posener vom 3. Juni 1947, National Archives and Records Administration, Washington, RG 238, M 891 (Records of the United States Nuernberg War Crimes Trials United States of America v. Carl Krauch et al.), NI-9808.

Archives and Records Administration in Washington und in College Park, Maryland, sowie aus Yad Vashem.

Ein online zugänglicher Begleitband[20] dient der Vor- und Nachbereitung der Ausstellung, kann aber auch unabhängig davon – etwa im Rahmen von Studienfahrten nach Buna-Monowitz – genutzt werden. Hierin findet sich auch Raum für ausführliche Biographien der Überlebenden sowie eine Einordnung ihrer Erinnerungsberichte, die zur Lektüre der Überlebendenliteratur einlädt.

Eng mit der Ausstellung zur IG Farben ist auch das Norbert Wollheim Memorial verbunden, das zum einen durch einen Pavillon und Fototafeln im Park des IG Farben-Hauses, zum anderen virtuell ein Ort des Gedenkens an die Opfer von Buna-Monowitz ist und das zugleich Informationen über die Beteiligung der IG Farben an den NS-Verbrechen, zu den Prozessen und zur Entschädigung bereitstellt.[21] Die Überlebenden von Buna-Monowitz kommen hier in 24 Videos zu Wort:[22] 22 dieser Interviews entstanden im Zuge der Vorbereitungen des Wollheim Memorials und befinden sich im Archiv des Fritz Bauer Instituts. Das Fritz Bauer Institut bietet am Wollheim Memorial Führungen für Erwachsene und Schüler an, um am einstigen Sitz der IG Farben über die Geschichte des Konzerns und die Zwangsarbeiter im Konzentrationslager Buna-Monowitz zu informieren und der Opfer zu gedenken.

---

[20] https://www.fritz-bauer-institut.de/ausstellungen/die-ig-farben-und-das-konzentrationslager-buna-monowitz (zuletzt aufgerufen am 09.09.2021).
[21] www.wollheim-memorial.de (zuletzt aufgerufen am 09.09.2021).
[22] http://www.wollheim-memorial.de/de/ueberlebendeninterviews (zuletzt aufgerufen am 09.09.2021).

Abwicklung eines Weltkonzerns
Übernahme, Erschließung und Inhalte des Bestands »Stiftung I. G. Farbenindustrie« am Hessischen Hauptstaatsarchiv Wiesbaden

Carl Christian Wahrmann

Einleitung

WER SICH MIT der Wirtschaftsgeschichte des 20. Jahrhunderts befasst, kommt an der I.G. Farbenindustrie AG nicht vorbei. Das mächtige Industriekartell dominierte in den 1920er bis 1940er Jahren den globalen Markt und steht wie kein anderes Unternehmen für die enge Verflechtung zwischen Industrie und Politik in dieser Zeit. Für das nationalsozialistische Deutschland war die IG Farben hinsichtlich Aufrüstung und Kriegswirtschaft von zentraler Bedeutung, und im Gegenzug profitierte sie durch Arisierungen und den massenhaften Einsatz von KZ-Häftlingen und Zwangsarbeitern wesentlich vom NS-Regime. Auf der anderen Seite kümmerte sich der Konzern gegenüber Teilen seiner Stammbelegschaft um eine erweiterte soziale Absicherung und war auf technischem Gebiet ohne Zweifel sehr innovativ. Die Geschichte der IG Farben ist daher äußerst ambivalent. Sie bedarf kritischer Aufarbeitung, und so ist es nur natürlich, dass in den vergangenen Jahrzehnten zahlreiche Publikationen zu verschiedenen Aspekten des ehemals weltgrößten Chemiekonzerns erschienen und die Auseinandersetzungen in Forschung und Öffentlichkeit oft kontrovers waren.[1]

---

[1] Aus der Vielzahl der Veröffentlichungen seien die Folgenden exemplarisch genannt. Für diese Zusammenstellung und die weiter unten aufgeführten Hinweise auf herausragende Bestandsinhalte danke ich Albrecht Kirschner: Hans DEICHMANN: Gegenstände, München 1996; Joseph BORKIN: Die unheilige Allianz der I.G. Farben. Eine Interessengemeinschaft im Dritten Reich, Frankfurt am Main 1979; Peter HAYES: Industry and Ideology. IG Farben in the Nazi era, Cambridge 1987; Mario KÖNIG: Interhandel. Die schweizerische Holding der IG Farben und ihre Metamorphosen. Eine Affäre um Eigentum und Interessen (1910–1990), mit einem juristischen Nachwort von Frank Vischer, hrsg. von der Unabhängigen Expertenkommission Schweiz – Zweiter Weltkrieg, Zürich 2001; Volker KOOP: Das schmutzige Vermögen. Das Dritte Reich, die I.G. Farben und die Schweiz, München 2005; Primo LEVI: Ist das ein Mensch?, Frankfurt am Main 1961; Gottfried PLUMPE: Die I.G. Farbenindustrie AG. Wirtschaft, Technik und Politik 1904–1945, Berlin 1990; Joachim Robert RUMPF: Der Fall Wollheim gegen die I.G. Farbenindustrie

Wer sich speziell mit der Geschichte der IG Farben befasst, kommt ab sofort am Hessischen Hauptstaatsarchiv Wiesbaden nicht vorbei. Mit der Erschließung der in Wiesbaden lagernden Firmenunterlagen kann die Öffentlichkeit erstmals umfassend auf hunderte Meter an Informationen von oft weltgeschichtlicher Bedeutung zugreifen.[2] Es ist zu hoffen, dass die Forschung die neuen Impulse aufgreifen und in den kommenden Jahren unser Wissen über die IG Farben und die mit ihr verbundenen Themenbereiche erweitern wird. Der folgende Beitrag thematisiert die Hintergründe und die Umsetzung des mehrjährigen Erschließungsprojekts und gibt einen Überblick über qualitativ und quantitativ bedeutsame Inhalte des Bestands.

Übernahme

In der Endphase ihres Bestehens gründete die IG Farben im Jahr 2001 eine Stiftung mit Sitz in Frankfurt am Main.[3] Diese neugeschaffene Stiftung sollte unter anderem eine kritische Aufarbeitung der Firmengeschichte ermöglichen. Zu diesem Zweck wurde die Stiftung mit einem Kapital in Höhe von 500.000 DM ausgestattet und ihr wenig später das umfangreiche Konzernarchiv übertragen. Bereits 2015 wurde die Stiftung wieder aufgehoben, da sie ihrem Auftrag mittlerweile aufgrund ihrer finanziellen Situation nicht mehr nachkommen konnte. In der Satzung der Stiftung war festgelegt worden, dass bei einer Auflösung das Stiftungsvermögen an das Land Hessen fallen sollte. Hiervon waren auch die Unterlagen betroffen, die 2015 ebenfalls in das Eigentum des Landes Hessen übergingen.

Als im Herbst 2015 die Aufhebung der Stiftung absehbar und lediglich eine Frage der Zeit war, fiel die Entscheidung, dass die Unterlagen in die Zuständigkeit des Hessischen Landesarchivs fallen sollten.[4] Innerhalb des Landesarchivs kam die

---

AG in Liquidation. Die erste Musterklage eines ehemaligen Zwangsarbeiters in der Bundesrepublik Deutschland. Prozess, Politik und Presse, Frankfurt am Main 2010; Florian SCHMALTZ: Das historische Gutachten Jürgen Kuczynskis zur Rolle der I.G. Farben und des KZ Monowitz im ersten Frankfurter Auschwitz-Prozess. In: »Gerichtstag halten über uns selbst...«. Geschichte und Wirkung des ersten Frankfurter Auschwitz-Prozesses, hrsg. im Auftrag des Fritz Bauer Instituts von Irmtraud WOJAK, Frankfurt am Main 2001, S. 117–140; Raymond G. STOKES: Von der I.G. Farbenindustrie AG bis zur Neugründung der BASF (1925–1952). In: Die BASF. Eine Unternehmensgeschichte, hrsg. von Werner ABELSHAUSER, München 2002, S. 221–358.
2 Das Hessische Hauptstaatsarchiv Wiesbaden (HHStAW) führt die Unterlagen als Bestand 2092 »Stiftung I.G. Farbenindustrie«. Dieser ist über das Archivinformationssystem Arcinsys (https://arcinsys.hessen.de/) online recherchierbar, die Unterlagen selbst können vor Ort im Lesesaal eingesehen werden. Die bis dahin bestehende und noch vor kurzem durch die Forschung zu Recht beklagte Unzugänglichkeit des Materials (RUMPF: Fall Wollheim, S. 20) ist damit behoben.
3 HHStAW Bestand 2092, Nr. 10007 und 10008.
4 Vgl. hierzu die Einleitung von Andreas Hedwig und Nicola Wurthmann in diesem Band.

Aufgabe dem Hauptstaatsarchiv Wiesbaden zu. Zu diesem Zeitpunkt gab es noch keine ausreichenden Informationen über Umfang, Inhalt und den konservatorischen Zustand der Unterlagen. Folglich wurde der Verfasser im Oktober 2015 beauftragt, ein Gutachten über den Erhaltungszustand, die Archivwürdigkeit und den möglichen Erschließungsaufwand der Unterlagen zu erstellen.

In der kurzen Zeit ihres Bestehens hatte sich die Stiftung I.G. Farbenindustrie bereits verschiedentlich bemüht, die Unterlagen abzugeben.[5] Der Hintergrund war die Überlegung, dass die Stiftung nicht über die geeigneten Räumlichkeiten zur dauerhaften Aufbewahrung des Materials verfügte und eine Auswertung durch Fachleute zweckmäßigerweise am Sitz einer Wissenschaftsinstitution erfolgen könnte. Mehrere Institutionen waren seinerzeit im Gespräch gewesen und das Präsidium der Goethe-Universität Frankfurt hatte sogar ein diesbezügliches Gutachten in Auftrag gegeben, auf das sich die ersten Arbeiten wesentlich stützen konnten.[6] Die beiden Autoren hatten unter erschwerten Umständen eine Stichprobensichtung der Akten vorgenommen und eine Empfehlung zur Archivwürdigkeit abgegeben. Sie sprachen sich auch für eine Übernahme in ein professionell geführtes Archiv aus. Dem Gutachten waren zwei durch die Stiftung bereitgestellte Listen des vorhandenen Schriftguts beigegeben. Diese Listen waren ein wichtiger Anhaltspunkt, um einen Überblick zu erhalten, doch eigneten sie sich aufgrund der teils rudimentären Daten nicht für eine umfassende Bewertung. So finden sich neben ausführlichen Inhaltsbeschreibungen einzelner Positionen zahlreiche kryptische, nur aus Zahlen oder nichtssagenden Ausdrücken (»Allgemeines«) bestehende Angaben oder etwa der Hinweis auf mehr als 200 Umzugskartons mit ungeordneten Unterlagen. Es war völlig klar, dass eine Vor-Ort-Sichtung des Materials unumgänglich war.

Zunächst wurden dazu die wenigen in Frankfurt lagernden Unterlagen gesichtet. Es war Eile geboten, denn das von der Goethe-Universität im Rahmen eines anderen Forschungsprojekts nur zeitweise genutzte Gebäude sollte bis Jahresende 2015 geräumt werden. Es handelte sich um etwa 500 Akten und Karteien, die vom Fritz Bauer Institut, einem An-Institut der Goethe-Universität zu Erforschung nationalsozialistischer Verbrechen, einige Jahre zuvor von der Stiftung zu Forschungszwecken ausgeliehen worden waren. An einem Tag wurde der Erhaltungszustand der in Umzugskartons gelagerten Unterlagen geprüft. Zudem wurden erste Planungen hinsichtlich der Bewertung, möglichen restauratorischen Maßnahmen

---

5 HHStAW Bestand 2092, Nr. 10001–10004.
6 Ralf BANKEN, Florian SCHMALTZ: Gutachten für das Präsidium der Goethe-Universität Frankfurt am Main über den Aktenbestand der ehem. IG Farbenindustrie in Liquidation. In: Projektunterlagen des HHStAW (Az. 5.2.1).

und dem Anforderungsniveau für die Erschließung angestellt.[7] Dieser ersten Prüfung kam zugute, dass die Stiftung allen Unterlagen feste Signaturen zugewiesen und die Ordner und Karteikästen eindeutig mit Aufklebern gekennzeichnet hatte, so dass das Vorhandene mit den Listen abgeglichen werden konnte.

Die Bewertung ergab, dass die vorliegenden Unterlagen vollständig archivwürdig waren. Bedenkt man, dass üblicherweise nur ein sehr geringer Prozentsatz angebotener Unterlagen als archivwürdig übernommen wird, mag diese Einschätzung zunächst erstaunen, doch nicht umsonst waren genau diese Unterlagen für ein Forschungsprojekt ausgewählt worden.[8] Es handelte sich vor allem um Forderungen früherer Angestellter und Zwangsarbeiter aus Auschwitz, um Lohnnach- und Entschädigungszahlungen sowie um die IG-Farben-internen Unterlagen zum Wollheimprozess, in dem der ehemalige Zwangsarbeiter Norbert Wollheim die IG Farben insofern erfolgreich auf Schadenersatz verklagen konnte, als dass mit einem gerichtlich angeregten Vergleich eine Reihe ehemaliger Zwangsarbeiter entschädigt wurde.[9]

Es stellte sich jedoch auch heraus, dass nicht alle erwarteten Akten vorhanden waren, wofür möglicherweise die mehrfache Verlagerung an andere Standorte innerhalb Frankfurts verantwortlich war. Dank tatkräftiger Unterstützung des Fritz Bauer Instituts konnten jedoch im Januar 2018 einige der vermissten Unterlagen wiederbeschafft werden. Die Sichtung ergab ferner, dass der Gesamtumfang aller Unterlagen weiterhin unklar blieb, da sich die im Wesentlichen einheitlich erscheinenden Listenpositionen als große oder kleine Aktenordner, Karteikästen oder auch nur dünne Dossiers erwiesen und eine verlässliche Planung des späteren Platzbedarfs sowie des Erschließungsaufwands noch nicht möglich war. Die Übernahme des Frankfurter Teilbestands nach Wiesbaden wurde kurz darauf im Dezember 2015 vollzogen.

Einen Monat später erfolgte an drei Tagen die Sichtung der übrigen Unterlagen. Diese befanden sich seit einigen Jahren in Schwerin, wo einer der beiden Stiftungsvorsitzenden und frühere Liquidator, Volker Pollehn, eine Anwaltskanzlei unterhält. Im Vorfeld wurden anhand der Listen einige thematische Komplexe wie die

---

[7] Folgende Kategorien wurden gebildet: Erschließungsaufwand (FAMI/geh. Dienst), Umfang (in cm), Formierung (zum Beispiel Ordner, lose, Mappen, Karteikarten), Material (zum Beispiel Papier, Pappe, Fotopositive, Nasskopierpapier), Serienakten (ja/nein), Metallteile (ja/nein), feucht (ja/nein), Vergilbung (ja/nein), Verschmutzung (leicht/mittel/schwer), Risse (ja/nein), Schadensart (Freitext), Schadensklassen (von 1 [sehr schlecht] bis 4 [gut/sehr gut]).

[8] Vgl. Christian MÜLLER: Bewertung in Archiven der Wirtschaft. Praktische Erfahrungen und Kriterien zur Wertbestimmung. In: Archivalische Zeitschrift 95 (2017), S. 155–173.

[9] Vgl. RUMPF: Fall Wollheim. Vgl. auch die Beiträge von Katharina Stengel und Thomas Pierson in diesem Band.

Überlieferung der Hauptversammlungen, Grundstücksgeschäfte oder Personalakten identifiziert, deren Inhalt und Zustand im Original geprüft werden sollten. Nur wenige Akten erschienen anhand der Listen damals als kassabel, zum Beispiel die an anderer Stelle vorhandenen Berichte des Oberkommandos der Wehrmacht, Gesetzesblätter, Börsenzeitungen und Zeitschriften oder Bewerbungsunterlagen der Personalabteilung. Doch hatten die Erfahrungen aus Frankfurt gezeigt, dass Titel und Inhalt nicht immer deckungsgleich waren, weswegen eine Autopsie des Materials aus fachlicher Sicht geplant war.

Ebenso wie das Frankfurter Material befanden sich die Schweriner Unterlagen in Umzugskartons. Diese wiederum waren in zwei aufgebockten Wechselkoffern in der Lagerhalle einer örtlichen Spedition untergebracht. Die Bewertungsbedingungen erwiesen sich als ungünstig. Die Temperaturen lagen um den Gefrierpunkt und das Innere der Wechselkoffer war nur über eine Öffnung erreichbar, die sich

Abb. 1: Bewertung unter erschwerten Umständen – Blick in die Container in Schwerin

direkt über einer Arbeitsgrube in 1,50 Metern Höhe befand. Es war daher nur eine stark eingeschränkte Sichtung anstatt einer systematischen Bewertung möglich. Weiterhin stand für ein Umlagern und Auspacken der Archivkartons, die in bis zu sieben mal sechs mal zwölf Lagen gestapelt waren, kaum Platz zur Verfügung. Gleichwohl konnte in Schwerin eine zumindest grobe Bewertung erfolgen, die wie die Erstbewertung in Frankfurt grundsätzlich positiv ausfiel. Auch konnten der Erhaltungszustand und der Bedarf an Magazinraum nunmehr grob festgestellt werden. Da eine detaillierte Bewertung vor Ort nicht möglich war, sollten alle Unterlagen zunächst nach Wiesbaden gebracht und die Sichtung zu einem späteren Zeitpunkt nachgeholt werden.

Die Akten aus Schwerin wurden im Oktober 2016 durch die Spedition im Hessischen Hauptstaatsarchiv Wiesbaden angeliefert. Die Bearbeitung stellte in diesem Fall eine besondere Herausforderung dar. Es mussten bei der Anlieferung zunächst die ungeordneten Kartons in die richtige Reihenfolge gebracht werden, wobei es nicht möglich war, alle schätzungsweise 950 Kartons im Anlieferungsbereich gleichzeitig aufzustellen. Weiterhin mussten die in den Kartons enthaltenen Aktenordner und Karteikästen entnommen, mit den Listen abgeglichen und in die vorgesehenen Regale im Magazin des Archivs eingelagert werden. Seit dem Besuch in Schwerin stand immerhin der benötigte Platz fest, und so wurden im Vorfeld ein Kontingent von 23 Regalen (ca. 920 lfd. m.) im Magazin reserviert und die Regalböden so eingestellt, dass die Aktenordner stehend aufbewahrt werden konnten. Es wurde bewusst mehr Platz als tatsächlich erforderlich reserviert, um ausreichend Möglichkeiten zu haben, fertig bearbeitete Stücke unterzubringen und als kassabel bewertete Unterlagen am Bestandsende zu konzentrieren.

Die Regale wurden darüber hinaus mit Schildern gekennzeichnet, auf denen die erwarteten Nummernkreise abgebildet waren.[10] Dabei wurde mit einem Durchschnittswert von zehn Ordnern je Meter geplant. Auf diese Weise konnten die Unterlagen sofort an die korrekte Stelle gebracht werden. Bei der Anlieferung wurden 50 Europaletten auf der Laderampe platziert und mit Zetteln markiert. Auf den Zetteln waren Blöcke mit festen Nummernkreisen in Hunderterschritten vermerkt. Die ungeordneten, aber beschrifteten Kartons wurden noch auf der Rampe auf die Europaletten sortiert und in der grob richtigen Reihenfolge in den Zugangsraum gefahren. Dort wurden die Akten aus den Kartons genommen, entsprechend ihrer Signatur auf Wagen in das Magazin gefahren und in die gekennzeichneten Regale

---

10 In der Verzeichnungsrichtlinie des Hessischen Landesarchivs (Version vom 18.11.2020, S. 24) werden für einen Hessenmeter neun bzw. 13 Leitzordner zugrunde gelegt, je nachdem, ob es sich um 8-cm- oder 5-cm-Rücken handelt.

einsortiert. Einige auf den ersten Blick als durch Schimmelbefall stark geschädigt erkennbare Akten wurden in Quarantäne gebracht. Es spricht für die gute Zusammenarbeit innerhalb des Hauptstaatsarchivs, dass für diese umfangreichen Aufgaben nicht mehr als zwei Tage benötigt wurden.

Erschließung

Auf der Grundlage des nach den Besuchen in Frankfurt und Schwerin erstellten Sachstandsberichts wurde nach der Übernahme ein Projekt für die Erschließung des Bestands definiert und als zeitweiliger Teil der Organisationsstruktur des Hauptstaatsarchivs festgeschrieben. Die ersten Überlegungen gingen dahin, die Projektleitung einem höheren Dienst zu übertragen, die Verzeichnungsarbeiten nach inhaltlicher Komplexität zu staffeln und auf einen gehobenen Dienst sowie einen Fachangestellten (FAMI) aufzuteilen. Die technische Bearbeitung (Entmetallisierung, partielle Reinigung, Umpackung) sollte von der Verzeichnung gelöst und von einer dritten Kraft ausgeführt werden. Die Projektdauer wurde auf dreieinhalb Jahre festgelegt, d. h. bis Ende 2020.

Insgesamt befanden sich die Unterlagen bei der Übernahme in einem akzeptablen Zustand, wenngleich mehrere Umzüge, unsachgemäße Lagerungen und teilweise wohl auch Kriegsschäden oft erhebliche Verschmutzungen und mechanische Schäden hinterlassen hatten. Bei der Anlieferung in Wiesbaden wurde darüber hinaus festgestellt, dass etwa 12 lfd. m. zu einem früheren Zeitpunkt durch Wasser und Schimmel in Mitleidenschaft gezogen worden waren. Diese Kartons wurden zunächst in einen separaten Raum in Quarantäne gebracht und mit Folie umwickelt, um eine Übertragung der sich über die Luft verbreitenden Sporen auf anderes Schriftgut zu verhindern. Die betroffenen Akten sowie einige später identifizierte Stücke wurden von April bis Oktober 2018 von einem Dienstleister bearbeitet. Hier konnte erfolgreich ein Mehrbedarfsantrag für die Dekontamination, technische Bearbeitung und anschließende Digitalisierung gestellt werden. Mit der Digitalisierung sollte sichergestellt werden, dass die auch nach der Bearbeitung empfindlichen Materialien geschont werden und eine mit der Nutzung einhergehende Gefahr weiterer Schädigung vermieden wird. Auf der anderen Seite erleichtert die Digitalisierung den Nutzern eine Auswertung des Materials und stellt damit eine erhebliche Verbesserung des Nutzungskomforts dar.[11]

Angesichts der Materialfülle – der Bestand umfasste zunächst etwa 800 lfd. m.

---

11 Vgl. hierzu allgemein Sabine FEES: Archivalien auf dem Silbertablett. Digitalisierung im Hessischen Landesarchiv. In: Archivnachrichten aus Hessen (2020), H. 2, S. 73–76.

– war den Verantwortlichen klar, dass eine zeitnahe Erschließung nicht durch das Stammpersonal des Hauptstaatsarchivs gewährleistet werden konnte. Hier war es von großem Vorteil, dass die Stiftung nicht nur die Akten hinterließ, sondern das noch vorhandene Stiftungskapital für die Erschließung eingesetzt werden konnte.

Anfang 2017 wurde ein konkreter Projektplan ausgearbeitet, der die Grundlage für die weitere Bearbeitung des Bestands bildete. Hierfür wurden die Unterlagen der Stiftung einer vollständigen Sichtung unterzogen und das Ergebnis mit den bislang vorliegenden Inventaren und Aktenlisten verglichen. Es bestätigte sich die Annahme, dass der quantitative Schwerpunkt des Bestands die Unterlagen des Konzerns in Abwicklung seit seiner Entlassung aus alliierter Kontrolle in den frühen 1950er Jahren beinhaltet. Dokumentiert sind vor allem die jahrzehntelange Abwicklung des Industriekonzerns sowie der Umgang mit den Ansprüchen ehemaliger Zwangsarbeiter. Mit den jedoch auch zahlreichen früheren Unterlagen, zum Beispiel die Grundstückskäufe im Raum Bitterfeld oder die Unterlagen der Buchhaltungs- sowie Steuerabteilungen aus der Kaiser- und Zwischenkriegszeit, wird insgesamt ein Zeitraum von rund 160 Jahren (1858–2017) abgedeckt.

Es zeigte sich zudem, dass zahlreiche Akten bislang in keiner Liste aufgeführt waren, womit sich der Bestand inhaltsreicher als ursprünglich angenommen erwies. Andererseits konnten verschiedene Unterlagen nicht identifiziert werden, so dass zum Teil nicht nachvollziehbare Lücken im Bestand festgestellt werden mussten. Zum Beispiel fehlen rund 1.500 Positionen der 6000er und 7000er Signaturen sowohl in den Listen als auch im Original. Um welche Inhalte es sich handelte und ob diese Signaturen überhaupt jemals belegt waren, konnte trotz intensiver Recherche nicht geklärt werden.

Im Zuge dieser Arbeiten wurden die Akten in mehrere Erschließungsniveaus eingeteilt. Dabei mussten die zuvor anhand der Frankfurter Unterlagen angestellten Überlegungen zum Teil deutlich korrigiert werden, da diese, wie sich herausgestellt hatte, nicht repräsentativ waren. So enthielt der Frankfurter Teilbestand etwa mehr einfach zu erschließende Serienakten als der restliche Bestand aus Schwerin. Das Anforderungsniveau für die Verzeichnung erwies sich nach dieser genaueren Sichtung als komplexer.

Für die Verzeichnung der meisten Sachakten inklusive der umfangreichen Serien wurde für anderthalb Jahre eine Fachangestellte für Medien- und Informationsdienste eingestellt. Mit der geschichtswissenschaftlichen Einordnung und Verzeichnung der differenzierten Sachakten sowie der Klassifikation des Bestands wurde ein fachlich ausgewiesener Historiker beauftragt.[12] Bei der Planung der

---

12 Beide Bearbeiter nahmen die Verzeichnung und Online-Stellung unabhängig voneinander vor, legten

Verzeichnungsarbeiten waren Durchschnittswerte von 12 Minuten für serielles Schriftgut und 35 Minuten für differenzierte Sachakten zu Grunde gelegt worden.[13] Später wurde diese Einteilung nach Aufwand (einfach/seriell, gering, mittel, groß) sowie Unterlagenart (große/kleine Ordner, lose Blätter, Kartei, Druckwerk u.a.) mit je eigenen Arbeitsminuten (10–60) differenziert. Diese detaillierte Kategorisierung hat sich aus meiner Sicht nur bedingt bewährt. Am Ende der Projektlaufzeit wurden mehrere Monate für Überprüfungsarbeiten vorgesehen.[14]

Wichtig war, möglichst schnell viele Verzeichnungseinheiten online über Arcinsys bereitstellen zu können, damit der Projektfortschritt sofort und für jedermann nachvollziehbar war. Letztlich konnte sich mangels Vergleichsmöglichkeiten mit ähnlichen Projekten erst in der Praxis erweisen, ob die Planungen realistisch waren. Die ursprünglich zugrunde gelegten Durchschnittswerte für die Verzeichnung haben sich aber als grundsätzlich tragfähig erwiesen. Sowohl bei der Bearbeitung der komplexen als auch der einfacheren Unterlagen lag das Projekt im Plan und besaß einen ausreichenden Zeitpuffer.

Im Anschluss an die Verzeichnung erfolgte die technische Bearbeitung. Hierfür wurden zunächst ein Mitarbeiter, ab Sommer 2020 eine weitere Mitarbeiterin im Rahmen einer Fördermaßnahme in Vollzeit befristet angestellt.[15] Durch die tech-

---

selbstständig Serien und Klassifikationspunkte an und stimmten sich bei Bedarf miteinander ab. Fragen und Zweifelsfälle, vor allem hinsichtlich der Klassifikation und bei Titelbildungen, wurden bei Bedarf geklärt. Die bearbeiteten Stücke wurden am Original mit der neuen Signatur und Farbmarkierungen gekennzeichnet und in einer Liste eingetragen, aus welcher der Gesamtfortschritt hervorging.

13 Die Planungen stützten sich neben eigenen Testdurchläufen am Bestand insbesondere auf Peter MÜLLER: Organisation und Durchführung von Erschließungsprojekten. In: Archivische Erschließung. Methodische Aspekte einer Fachkompetenz. Beiträge des 3. Archivwissenschaftlichen Kolloquiums der Archivschule Marburg, hrsg. von Angelika MENNE-HARITZ, Marburg 1999, S. 139–158; Bettina TÖGEL: Erhebung und Verwendung von Kennzahlen für die Erschliessung [sic] am Beispiel des Staatsarchivs Zürich. In: Informationswissenschaft. Theorie, Methode und Praxis. Arbeiten aus dem Master of Advanced Studies in Archival and Information Science 2006–2008, hrsg. von Gilbert COUTAZ, Baden 2010, S. 213–235, auf die in einem Papier der Bundeskonferenz der Kommunalarchive beim Deutschen Städtetag aufgeführten durchschnittlichen Minutenwerte (http://www.bundeskonferenz-kommunalarchive.de/empfehlungen/Arbeitshilfe_Grundlagen_kommunalarchivischer_Arbeit_2014-06-14.pdf, zuletzt aufgerufen am 26.03.2021) sowie auf die auf Dr. Frank M. Bischoff zurückgehenden Unterrichtsmaterialien der Archivschulzeit des Verfassers. Im zitierfähigen Bereich gibt es bedauerlicher Weise nur sehr wenige Angaben, und es scheint, dass sich die Fachwelt mit einer Veröffentlichung solcher Daten bedeckt hält. Ein verstärkter Austausch über die Details entsprechender Projekte und die zeitliche Planung von Erschließungsvorhaben wäre jedoch ebenso wünschenswert wie ein unbefangener Umgang mit den diesbezüglichen Erfolgen und Misserfolgen.

14 Neben gleichförmigen Angaben bei wiederkehrenden Aktengruppen (zum Beispiel Prüfberichte) waren etwa Schreibweisen zu vereinheitlichen (zum Beispiel »Frankfurt«, »Frankfurt/Main«, »Frankfurt a.M.« oder »Frankfurt am Main«?) und grundsätzliche Entscheidungen zu treffen, etwa wie mit fremdsprachlichen Ausdrücken (zum Beispiel »Preßburg« oder »Bratislava«?) und den oft sehr umfangreichen und häufig wechselnden Firmennamen umgegangen werden sollte. Auch mussten Serien neu gebildet oder zusammengefasst und Titel korrigiert werden.

15 Mit beiden Mitarbeitern fanden individuelle wöchentliche Termine statt, um über den Arbeitsfort-

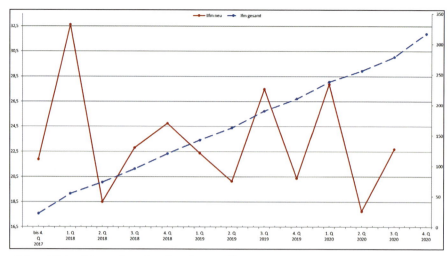

Abb. 2: *Verlauf der technischen Bearbeitung*[16]

nische Bearbeitung nahm der Platzbedarf der Akten deutlich ab, so dass statt der anfänglich rund 800 lfd. m. Magazinraum am Ende weniger als 500 lfd. m. benötigt werden dürften. Im Gegensatz zur Planung für die Verzeichnung erwies sich die Kalkulation für die technische Bearbeitung als viel zu optimistisch. Es waren 20 Minuten pro Aktenordner zugrunde gelegt worden. Beim Voranschreiten des Projekts zeigte sich, dass aufgrund der vielen Metallklammern bei zahlreichen porösen Durchschlagpapieren sowie nicht selten verformten und übervollen Aktenordnern in der Regel mehr als das Doppelte dieser Zeit erforderlich wurde. Ein Abschluss der Arbeiten war daher erst nach der Projektlaufzeit zu erreichen.

2020 konnte für abschließende Korrekturarbeiten eine weitere Kraft in befristeter Teilzeit gewonnen werden. Es hatte sich nämlich gezeigt, dass die Verzeichnung der umfangreichen Bilanzunterlagen, vor allem die Unterscheidung zwischen internen und externen Prüfungsberichten, Bilanzen und Geschäftsberichten und deren Anlagen nicht immer präzise genug erfolgt und eine umfassende Überprüfung sinnvoll war, um den Archivnutzern die Orientierung im Bestand zu erleichtern. Letztlich waren also sechs Personen mit der Projektdurchführung (Leitung, Verzeichnung, technische Bearbeitung) betraut.

Wie allgemein üblich, wurde bei den IG-Farben-Unterlagen keine Komplettübernahme durchgeführt, sondern eine Vernichtung von nicht archivwürdigem

---

schritt und mögliche Schwierigkeiten zu sprechen, jeweils zum Monatsanfang wurde das Ergebnis des Vormonats detaillierter besprochen.

16 Angegeben sind, exemplarisch für den Beginn des Projektzeitraums, die monatlichen Werte sowie der Gesamtfortschritt in Metern.

Material geplant. Die Auswahl erfolgte nach einer Abstimmung mit dem Westfälischen und dem Hessischen Wirtschaftsarchiv, dem Unternehmensarchiv der Bayer AG sowie dem Bundesarchiv, weil in allen diesen Archiven eine hohe Kompetenz im Umgang mit Unterlagen der Wirtschaft vorhanden ist, speziell mit Unterlagen der IG Farben, ihrer Vorgänger- und Nachfolgefirmen. Kassiert wurden die in Bibliotheken vorhandenen Publikationen, Dubletten von Bilanzen, Prüfberichten und Festschriften, Gesetzesblätter, aber auch Pressesammlungen, Buchungsbelege und Kontoauszüge ab 1945 sowie die mittlerweile in den National Archives in Washington liegenden IG-Farben-Unterlagen, die im Hauptstaatsarchiv Wiesbaden lediglich in Druck- und Filmkopien vorhanden sind. Insgesamt waren dies rund 1.700 Stück. Diese Stücke wurden zunächst ans Ende des Bestands gelegt, um sie nach Ende der Verzeichnungsarbeiten noch einmal zu prüfen, was sich gerade bei den Bilanzen und Prüfberichten als richtige Entscheidung herausstellte. Insgesamt wurden etwa 13 % der Gesamtmenge zur Kassation vorgesehen.

Da die Verzeichnung direkt in der Verzeichnungsdatenbank Arcinsys erfolgte, konnten die Verzeichnungseinheiten sofort durch Nutzer recherchiert und in den Lesesaal bestellt werden, sofern die Stücke nicht aufgrund der Schutzfristen noch gesperrt oder verborgen sind. Durch den laufenden Prozess ergaben sich immer wieder Umbenennungen, Umstrukturierungen bei der Zuordnung der Akten zu Serien sowie der Klassifikation. Gerade zum Projektende hin wurden umfangreiche Änderungen vorgenommen, um mit einer durchweg einheitlichen Struktur die Nutzung zu erleichtern.

Es wurde eine Dreiteilung der Klassifikation nach chronologischem Aspekt vorgenommen: 1.) Überlieferung der IG Farbenindustrie AG bis 1945, 2.) Überlieferung der IG Farbenindustrie AG ab 1945 und 3.) Überlieferung der Stiftung I.G. Farbenindustrie. Innerhalb dieser drei Bereiche ist die organisatorische Gliederung des Konzerns maßgeblich, wobei die Gliederung von 1.) und 2.) möglichst einheitlich sein sollte. Die Erschließung von insgesamt 17.431 Verzeichnungseinheiten wurde planmäßig im November 2020 abgeschlossen.

Die Signaturen sind nicht durchgängig fortlaufend und zum Teil lückenhaft. Dies beruht zum einen auf den beiden Nummernkreisen, die für die Bearbeiter vergeben wurden (1–9999, ab 10000), wobei der erste Nummernkreis am Ende nur bis Nr. 6882 benötigt wurde. Zum anderen resultieren die Springnummern aus einigen fälschlicherweise mehrfach verzeichneten Druckschriften, deren Signaturen nachträglich bis auf jeweils ein Exemplar gelöscht wurden.

Getreu dem Motto »Tue Gutes und rede darüber« wurde mehrfach öffentlich über das Projekt und die Unterlagen berichtet. Dies geschah im Rahmen von Beiträgen in Publikationen des Landesarchivs,[17] durch verschiedene Berichte über den Projektverlauf,[18] durch thematische Führungen an den Unterlagen[19] sowie durch die internationale Tagung mit dem hiermit vorliegenden Sammelband.[20]

Inhalte (Auswahl)

Obwohl bis vor kurzem niemand eine genauere Kenntnis der in den Akten verborgenen Inhalte hatte, war allen Beteiligten seit Beginn der Übernahmeverhandlungen klar, welches Potential der über Jahrzehnte gewachsene Bestand enthalten konnte. Bei den Verzeichnungsarbeiten bestätigte und konkretisierte sich diese Annahme.

Eine sehr umfang- und zugleich inhaltsreiche Überlieferung findet sich bei den Geschäfts- und Prüfberichten und damit zusammenhängenden Unterlagen, bei den von der Öffentlichkeit oft kontrovers begleiteten Hauptversammlungen,[21] bei den Akten zur Verwaltung der ausgedehnten Immobilienkomplexe im In- und Ausland[22] sowie bei der Personalverwaltung.[23] Anhand dieses Materials ist es möglich, die wirtschaftliche und organisatorische Entwicklung des vielschichtigen Konzerns, seiner verschiedenen Einheiten, Tochterfirmen und Beteiligungen vor und nach dem Zweiten Weltkrieg detailliert nachzuvollziehen.

Besonders nach 1945 war die IG Farben in zum Teil langwierige Gerichtsprozesse involviert, sei es als Kläger oder Beklagter. Dokumentiert sind diese Fälle bei der Rechtsabteilung, deren Bedeutung vor allem in der inhaltlichen Brisanz be-

---

17 Carl Christian WAHRMANN: Unterlagen der Stiftung I. G. Farbenindustrie übernommen. In: Newsletter HessenArchiv aktuell 11 (2016), S. 4; Carl Christian WAHRMANN, Albrecht KIRSCHNER: Geschichte einer Liquidation. Beginn des Projekts »Erschließung der Unterlagen der Stiftung I. G. Farbenindustrie«. In: Archivnachrichten aus Hessen (2017), H. 2, S. 42–45; Carl Christian WAHRMANN: Neu erschlossene Unterlagen der Stiftung I.G. Farbenindustrie ab sofort nutzbar. In: Newsletter HessenArchiv aktuell 5 (2018), S. 9; Carl Christian WAHRMANN, Albrecht KIRSCHNER: Voll im Plan! Alle Unterlagen der Stiftung I. G. Farbenindustrie verzeichnet. In: Newsletter HessenArchiv aktuell 11 (2020), S. 11.
18 Carl Christian WAHRMANN: Abwicklung eines Weltkonzerns. Übernahme und Erschließung des Bestands »Stiftung I. G. Farbenindustrie« am Hessischen Hauptstaatsarchiv. Vortrag gehalten auf dem Hessischen Archivtag in Fritzlar am 07.06.2018 und auf dem Deutschen Archivtag in Rostock am 27.09.2018 sowie vor dem Rotary-Club Wiesbaden-Rheingau am 08.10.2018. Angesichts der Corona-Pandemie musste die Tagung »IG Farben zwischen Schuld und Profit: Abwicklung eines Weltkonzerns« in Wiesbaden am 10. und 11.09.2021, auf der ein aktualisierter Vortrag gehalten werden sollte, abgesagt werden.
19 Anlässlich des Tags der Archive am 08.03.2020 und des Tags der offenen Tür am 06.05.2018.
20 Neben diesem Text handelt sich dabei um die Beiträge von Albrecht Kirschner zur Entwicklung und Struktur der IG Farben sowie zu den Liquidatoren, beide in diesem Band.
21 HHStAW Bestand 2092, u. a. die Klassifikationspunkte 1.2, 1.3, 1.4., 1.5 und 1.14 für die Zeit bis 1945 und ab 1945 unter 2.2, 2.3, 2.4, 2.5 und 2.16. Siehe auch den Beitrag von Florian Schmaltz in diesem Band.
22 HHStAW Bestand 2092, Klassifikationspunkte 1.9.2.1, in Teilen auch 1.2, sowie 2.14.
23 HHStAW Bestand 2092, Klassifikationspunkte 1.10, 1.11 sowie 2.10 und 2.12.

gründet liegt. Beispielsweise sind dies Materialien zum I.G.-Farben-Prozess (Fall VI der Nürnberger Nachfolgeprozesse),[24] zu den Frankfurter Auschwitzprozessen,[25] zu dem besonders für die Geschichte internationaler Wirtschaftsbeziehungen relevanten Interhandelsprozess[26] oder die aussagekräftige Überlieferung zum Wollheim-Komplex, also zum Prozess des ehemaligen Monowitz-Zwangsarbeiters Norbert Wollheim gegen die IG Farben, zu dem geschlossenen Vergleich und dem Schiedsgericht für strittige Entschädigungsfälle.[27] Im Rahmen des Wollheim-Vergleichs entstand darüber hinaus bei der IG-Abwicklungsstelle für Lohn- und Gehaltsansprüche (ALGA) eine erhebliche Menge an Einzelfallakten über Forderungen ehemaliger Zwangsarbeiterinnen und Zwangsarbeiter.[28]

Zu den bei der Verzeichnung entdeckten kuriosen und gleichzeitig tragischen Fundstücken zählen bereits unterschriebene und vorausgefüllte Formulare zur Ablehnung von Entschädigungsforderungen weiblicher Häftlinge des KZ Monowitz – ihnen teilte der Konzern standardisiert mit, ihr Antrag sei abzulehnen, da es ausschließlich männliche KZ-Häftlinge gegeben habe.[29] Ebenso mag es befremden, wenn ein anonymer polnischer Briefschreiber mehrere Landsleute denunzierte und angab, sie hätten niemals in Monowitz gearbeitet, oder wenn von einem Antragsteller nachweislich gefälschte Unterlagen vorgelegt wurden, um den eigenen Einsatz in Monowitz zu belegen.[30] Daneben sind verschiedene weitere Forderungen ehemaliger Zwangsarbeiter, aber auch regulärer Beschäftigter vorhanden.[31]

Der Wert dieser quantitativ stattlichen Überlieferung für die Erforschung der

---

24 HHStAW Bestand 2092, Klassifikationspunkt 2.9.2.
25 HHStAW Bestand 2092, Klassifikationspunkt 2.9.5. Die entsprechende, ebenfalls im Hessischen Hauptstaatsarchiv Wiesbaden aufbewahrte Überlieferung der Staatsanwaltschaft beim Landgericht Frankfurt am Main (HHStAW Bestand 461) wurde kürzlich in das Weltdokumentenerbe der Unesco aufgenommen. Vgl. https://landesarchiv.hessen.de/mow_auschwitzprozess_5 (zuletzt aufgerufen am 11.05.2021).
26 HHStAW Bestand 2092, Klassifikationspunkt 2.9.3. In diesem Prozess ging es insbesondere um die möglichst umfangreiche Rückgewinnung beziehungsweise Verteilung der Verkaufserlöse der im Zweiten Weltkrieg in den USA beschlagnahmten IG-Werte, die über die schweizerische Tarnfirma »Internationale Gesellschaft für Chemische Unternehmungen AG« (I.G. Chemie), Ende 1945 umfirmiert in »Internationale Gesellschaft für Industrie- und Handelsbeteiligungen AG« (Interhandel), in den USA angelegt worden waren.
27 HHStAW Bestand 2092, Klassifikationspunkt 2.9.4.
28 HHStAW Bestand 2092, Klassifikationspunkt 2.19.2. Die Ordnung der Unterlagen des Bestands 2092 erfolgte grundsätzlich gemäß dem in Archiven üblichen Provenienzprinzip, d.h. Unterlagen werden nach Registraturbildnern abgelegt (hier: Rechtsabteilung und ALGA) und nicht neu nach Sachzusammenhängen geordnet. Vgl. dazu die Stichworte »Provenienzprinzip« (erstellt von N.N.) und »Pertinenzprinzip« (erstellt von Markus Seemann). In: Terminologie der Archivwissenschaft. Online-Lexikon der Archivschule Marburg – Hochschule für Archivwissenschaft (http://www.archivschule.de/uploads/Forschung/ArchivwissenschaftlicheTerminologie/Terminologie.html, zuletzt aufgerufen am 11.05.2021).
29 U.a. in HHStAW Bestand 2092, Nr. 12570.
30 Beide in HHStAW Bestand 2092, Nr. 10954.
31 Beispielsweise HHStAW Bestand 2092, Klassifikationspunkte 2.9.6, 2.19.2 und 2.19.3.

Entschädigungspraxis der deutschen Industrie nach dem Zweiten Weltkrieg ist äußerst hoch. In diesem Zusammenhang sei darauf hingewiesen, dass die Unterlagen nicht selten personenbezogene Angaben der Betroffenen enthalten, deren zum Teil tragisches Schicksal detailliert beschrieben wird und die daher als geeignet erscheinen, bestimmte historische Zusammenhänge besonders eindringlich zu erfassen. Hierunter fallen in erster Linie die Opfer des Holocaust und der Zwangsarbeit und ihre Nachfahren, die im Rahmen von Prozessen oder Entschädigungsforderungen aussagten, aber auch die mit ›normalen‹ Abwicklungen zusammenhängenden Schicksale, nicht zuletzt einige zumindest fragwürdig erscheinende Vorgehensweisen im Rahmen von Immobilienangelegenheiten nach der Wiedervereinigung.[32]

Naturgemäß umfangreich sind auch die Unterlagen der Abteilung Auslandsvermögen im Bestand vorhanden, die insbesondere die Recherchen des Konzerns nach eigenen Ansprüchen rekonstruierbar erscheinen lassen.[33] Diesen Ansprüchen standen Forderungen gegenüber, zum Beispiel von der IG Farben unbezahlt gebliebene Rechnungen wegen des Baus des Buna-Werkes in Auschwitz (IG Auschwitz).[34] Bekanntlich waren die Forderungen der IG Farben von Anfang an in der Öffentlichkeit ebenso grundsätzlich umstritten wie die Art der Abwicklung und Liquidation des gesamten Konzerns. Es lässt sich gut nachvollziehen, dass die IG Farben diese öffentliche Kritik wahrnahm und intensiv verfolgte. Mit Gegendarstellungen, teils sogar mit der Unterstützung von Publikationen, die sich positiv auf die Vergangenheit und Gegenwart des Konzerns beziehen, wurde versucht, auf die öffentliche Meinung Einfluss zu nehmen.[35]

Auch die quantitativ weniger umfangreichen Unterlagen aus der Zeit bis 1945 versprechen interessante neue Einblicke und könnten einige vermeintlich sichere

---

32 Für letztere v.a. HHStAW Bestand 2092, Klassifikationspunkt 2.14.2.
33 HHStAW Bestand 2092, Klassifikationspunkt 2.17. Vgl. zu den Potentialen dieser Unterlagen den Beitrag von Christian Marx in diesem Band.
34 Hierzu besonders die Unterlagen der Abteilung »Forderungseinzug und Schuldenabwicklung« (FESA) in HHStAW Bestand 2092, Klassifikationspunkt 2.18. Zu den Buna-Werk-Forderungen siehe die Unterlagen der Abwicklungsstelle Auschwitz im Klassifikationspunkt 2.16.19 und der Gläubigermeldestelle/Gläubigerbefriedigung in 2.18.3.
35 Vgl. beispielsweise zur Kritik Hermann Brills in HHStAW Bestand 2092, Nr. 12557. In HHStAW Bestand 2092, Nr. 12292, findet sich, wenn auch leider unkommentiert, das von Otto Köhler verfasste Konkret-Extra Heft »IG Farben. Die Geschichte einer bürgerlichen Vereinigung«, das der Ausgabe 9 (1982) der Zeitschrift Konkret beigelegt war. Zur Öffentlichkeitsarbeit der IG Farben i.A. in ihrem Sinne vgl. zum Beispiel die offensive Unterstützung des Buchs von Werner Otto REICHELT: Das Erbe der IG-Farben, Düsseldorf 1956, zu dem der zum Zeitpunkt der Veröffentlichung schon ausgeschiedene Liquidator Franz Reuter ein wohlwollendes Geleitwort beisteuerte. Ein entsprechender Schriftwechsel zur Unterstützung dieser Publikation findet sich in HHStAW Bestand 2092, Nr. 15308. Siehe auch den Beitrag von Eva-Maria Roelevink in diesem Band.

Einschätzungen korrigieren. Dies betrifft beispielsweise die Nachweise, dass der spätere Bundespräsident Gustav Heinemann um 1935 als Rechtsanwalt für das Werk Leverkusen der IG Farben tätig war oder dass der Konzern noch während des Zweiten Weltkriegs über das schweizerische Bankhaus Greutert jüdischen ehemaligen Mitarbeitern und »ungekündigten jüdischen Auslandsangestellten« verdeckte Zahlungen zukommen ließ.[36]

Ausblick

Die Übernahme der Unterlagen der Stiftung I.G. Farbenindustrie stellte das Hessische Hauptstaatsarchiv Wiesbaden vor große Herausforderungen. Denn neben der konservatorischen Behandlung dieses besonders umfangreichen Bestands gab es seit Bekanntwerden der Übernahmeverhandlungen eine verhältnismäßig hohe Zahl von Anfragen durch Historiker, anderer Wissenschaftler, aber auch Familienangehörige ehemaliger Zwangsarbeiter oder Konzernmitarbeiter.

Die Entscheidung der damaligen Hausleitung, die Erschließung dieser einzigartigen Unterlagen zu priorisieren und ein eigenes, zeitlich befristetes Projekt einzurichten, hat sich ausgezahlt, denn nach nur wenigen Jahren können alle Unterlagen öffentlich eingesehen werden, teilweise sogar in digitalisierter Form. Damit trägt das Hessische Hauptstaatsarchiv Wiesbaden den Wünschen seiner Nutzerinnen und Nutzer Rechnung und erfüllt auf diese Weise archivische Kernaufgaben. Es ist zu wünschen, dass die Unterlagen weiterhin intensiv eingesehen und ausgewertet werden, um so unser Wissen um die IG Farben zu erweitern, zu präzisieren und gegebenenfalls zu korrigieren.

---

36 Vgl. HHStAW Bestand 2092, Nr. 15487 und Nr. 12924.

Der Bestand IG-Farbenindustrie AG im Bundesarchiv

Karola Wagner

DER HEUTE IM BUNDESARCHIV verwahrte Bestand R 8128 IG-Farbenindustrie AG hat einen Umfang von 536 lfm. und umfasst ca. 19.500 Akteneinheiten. Die Unterlagen gelangten im Rahmen umfangreicher Aktenübernahmen v. a. aus der Sowjetunion zwischen 1956 und 1960 in das damalige Deutsche Zentralarchiv in Potsdam.[1] Dabei handelte es sich um Akten verschiedener Zentralstellen des Konzerns und überbetrieblicher Vereinigungen innerhalb der IG Farben sowie um Akten von Vorgängerbetrieben, einzelnen Produktionsstätten (Zweigbetrieben), Tochtergesellschaften und Beteiligungsfirmen mit Schwerpunkt Mittel- und Ostdeutschland. Obwohl Akten der Spitzengremien des Konzerns, wie Vorstand, Aufsichtsrat, Verwaltungsrat sowie Akten der nicht in Berlin beheimateten Zentralverwaltungsstellen fehlten, wurde die vorhandene Überlieferung des Konzerns als wichtige Quelle für die wissenschaftliche Forschung eingestuft. Verschiedene interessierte Stellen drängten schon unmittelbar nach der Übernahme der Akten auf eine möglichst schnelle Benutzbarmachung. Bereits Ende 1959 wurde daher mit der vorläufigen Verzeichnung begonnen, d. h. die vorgefundenen Aktenbetreffe und Laufzeiten wurden erfasst und nach einigen großen Strukturteilen gruppiert. Ausgesondert wurden Patent- und Konstruktionsunterlagen der IG-Farbenindustrie und, entsprechend einer Weisung vorgesetzter Stellen, 1960 an die dafür in Frage kommenden DDR-Betriebe nach Produktionsgebieten abgegeben.[2]

Erstellt im Wesentlichen anhand der Berichte der ehemaligen Bearbeiter Dr. Schmid, Dr. H. Schreyer und K. Metschies in den Dienstakten im Bundesarchiv-Bestand DO 6 Zentrales Staatsarchiv der DDR, zum Teil auch veröffentlicht als »Bestandsinformation für den Wirtschaftshistoriker aus dem Deutschen Zentralarchiv Potsdam«, in: Jahrbuch für Wirtschaftsgeschichte 1969/IV, S. 213-225.

1 Vgl. hierzu u. a. Helmut LÖTZKE: Bericht über die von der UdSSR an die DDR seit 1957 übergebenen Archivbestände, in: Archivmitteilungen, Heft 1/60, S. 12–15.
2 BArch Bestand DO 6, Nr. 1268.

Die Archiv-Verordnung der DDR legte für nichtstaatliches Archivgut nur einen allgemeinen Zuständigkeitsrahmen fest. Nachdem Ende 1962 die erste vorläufige Bearbeitung der IG-Farbenüberlieferung im Wesentlichen abgeschlossen werden konnte, stand deshalb in den Folgejahren nun sowohl die grundsätzliche Klärung der Zuständigkeit für Wirtschaftsunternehmen und Konzerne generell in Abgrenzung zu Betriebsarchiven als auch Fragen der Bestandsbildung und -abgrenzung beim Bestand IG-Farbenindustrie AG speziell im Mittelpunkt. Die grundsätzliche Zuständigkeit für große Teile der vorhandenen IG-Farben-Akten wurde schließlich abgeleitet von der Verordnung über das staatliche Archivwesen der DDR vom 17. Juni 1965[3] und der ersten Durchführungsbestimmung hierzu vom 25. Juli 1965,[4] die in § 5 die Zuständigkeit des Deutschen Zentralarchivs für das Archivgut der zentralen Organe und Einrichtungen der Wirtschaft vor 1945 und in § 10 die Zuständigkeit der Betriebsarchive der volkseigenen Nachfolgebetriebe bzw. der entsprechenden Staatsarchive für das Archivgut der einzelnen Wirtschaftsbetriebe festschrieb. In die Zuständigkeit des Deutschen Zentralarchivs fielen demnach:
– die Unterlagen der zentralen Organe mit dem Sitz in Frankfurt/M. und Berlin und der anderen, Konzernzwecken dienenden, überbetrieblichen Vereinigungen
– die Unterlagen sonstiger zentraler Einrichtungen, die in Form von Tochtergesellschaften oder Beteiligungsfirmen organisiert waren sowie
– die Unterlagen von Zweigbetrieben, Betriebsstätten, Tochtergesellschaften und Beteiligungsfirmen, die auf dem Gebiet der Bundesrepublik, in Westberlin oder den ehemaligen besetzten Gebieten lagen.

Bei der konkreten Bestandsbildung wurde dann unterschieden zwischen den zentralen Organen der Konzernverwaltung und überbetrieblichen Vereinigungen einerseits und den in unterschiedlicher Rechtsform zugeordneten Betrieben andererseits. Erstere wurden zu einem Einheitsbestand IG Farbenindustrie AG zusammengefasst, für die Unterlagen der einzelnen Vorgängerbetriebe sowie der Einkaufs- und Verkaufsorganisationen und Holdinggesellschaften, die als rechtlich selbständige Tochtergesellschaften oder Beteiligungsfirmen organisiert waren, wurden jeweils gesonderte Bestände gebildet. Die Tektoniknummern folgten dabei der im Deutschen Zentralarchiv üblichen Systematik für nichtstaatliches Archivgut, nach der Firmenschriftgut dem Sachgebiet 80 Wirtschaftsunternehmen zugeordnet und die Bezeichnung der einzelnen Bestände aus Kennbuchstaben (erste beide

---

[3] Gesetzblatt der DDR 1965 II, Nr. 75, S. 567.
[4] Gesetzblatt der DDR 1965 II, Nr. 75, S. 570.

Buchstaben der Firmenbezeichnung) plus laufender Nummer zusammengesetzt wurde. Neben dem Hauptbestand R 80 IG 1 IG-Farbenindustrie AG wurden für die nach 1933 neu gegründeten Werke die folgenden Bestände gebildet:
    80 IG 2 Igerussko-Handelsgesellschaft mbH
    80 IG 3 IG-Farbenindustrie AG, Werk Auschwitz
    80 IG 4 IG-Farbenindustrie AG, Werk Landsberg
    80 IG 5 IG-Farbenindustrie AG, Stickstoffwerke Waldenburg
Als Bestände für Unterlagen der Vorgängerbetriebe wären z. B. zu nennen:
    80 Ba 5 Badische Anilin und Sodafabrik AG, Ludwigshafen
    80 Ca 1 Leopold Casella & Co., Frankfurt/M.
    80 Er 1 Erdöl- und Kohleverwertungs-AG (Evag)
    80 Fa 1 Farbwerke vorm. Meister Lucius & Brüning, Hoechst/M.
    80 Fa 2 Farbenfabriken vorm. Friedrich Bayer & Co., Leverkusen
    80 Gr 1 Chemische Fabrik Griesheim-Elektron, Frankfurt/M.
Die Unterlagen der Betriebe, die sich auf dem Gebiet der DDR befanden, wurden Ende der 60er Jahre an die jeweiligen Betriebsarchive oder, sofern diese nicht bestanden, an die entsprechenden Staatsarchive abgegeben. Über diese allgemeine Information hinaus enthalten die heute noch zur Verfügung stehenden Dienstakten keine weiteren Detailinformationen.

Nach Umsetzung der Festlegungen zur Bestandsbildung und -abgrenzung verfügte das Deutsche Zentralarchiv Mitte der 1960er Jahre schlussendlich über Unterlagen der folgenden Strukturteile des Konzerns im Gesamtumfang von ca. 560 lfm.:
– Zentrale Organe der Konzernverwaltung in Frankfurt (Main) und Berlin NW
– Direktionsabteilung
– Büro des Kaufmännischen Ausschusses
– Zentralfinanzverwaltung
– Volkswirtschaftliche Abteilung
– Pressestelle Berlin
– Personalabteilung Berlin
– Büro Abel
– Hausverwaltung Berlin
– Sekretariat Gajewski
– Vermittlungsstelle W
– Verkaufsabteilung Öle
– Regionale Verkaufsgemeinschaften Farben für Deutschland, Frankreich, Großbritannien, Spanien, Orient, Britisch-Indien, Niederländisch-Indien, Hinterindien, Australien, China, Japan, Kanada, Lateinamerika und Nordamerika

– Verkaufsgemeinschaft Chemikalien
– Verkaufsgemeinschaft AGFA Berlin SO 36
– Stickstoffkalkulation
– IG-Farben AG in Liquidation

Der Bestand 80 IG 1 hatte im Deutschen Zentralarchiv immer einen hohen Stellenwert, seine Akten wurden als besonders wichtig sowohl für die wirtschaftsgeschichtliche als auch für die allgemeine historische Forschung eingestuft. Begründet wurde seine Bedeutung v. a. mit dem enthaltenen *reichhaltigen Material zur Geschichte der deutschen chemischen und Elektro-Industrie, insbesondere Quellen zum Verhältnis von Wirtschaft und Staat [...], zur Expansion des deutschen Finanzkapitals [...] und seiner aktiven Mitwirkung bei der Kriegsvorbereitung.*[5] Auch in den Folgejahren war daher die Verbesserung der Erschließung immer zentraler Bestandteil der Arbeitsplanungen der für die nichtstaatliche Überlieferung zuständigen Referate des Deutschen Zentralarchivs. Laut Perspektivplan für 1964 bis 1970 sollten dabei die Ordnung des Bestandes einschließlich der Überprüfung der vorläufigen Erschließung und die Erfassung von in den Zuständigkeitsbereich des Deutschen Zentralarchivs fallenden IG-Farben-Unterlagen in anderen Archiven und Institutionen im Mittelpunkt stehen. Ziel der Ordnung des Bestandes war, *das gesamte Schriftgut nach den einzelnen Konzernstellen voneinander abzugrenzen, diese Komplexe nach dem Konzernaufbau zu gliedern und innerhalb dieser Komplexe ein übersichtliches Ordnungsschema zu schaffen.*[6] Gleichzeitig sollten die vorläufigen Erschließungsinformationen überprüft und ggf. intensiviert werden. Im Zuge dieser Arbeiten wurden auch Anpassungen in der Signierung der Akten vorgenommen. Im Ergebnis zerfiel der Gesamtbestand in zwei gesondert durchnummerierte Teile A und B. Den Zusatz »A« erhielten dabei Akten der zentralen Organe und der Verkaufsgemeinschaft AGFA, den Zusatz »B« die Akten der überbetrieblichen Vereinigungen (Verkaufsgemeinschaften und Verkaufsabteilungen).

Bei den Nachforschungen zu Akten außerhalb des Deutschen Zentralarchivs wurde festgestellt, dass sich nennenswerte Unterlagen von Strukturteilen, die sich anteilig bereits im Deutschen Zentralarchiv befanden, auch im Betriebsarchiv der VEB Filmfabrik Wolfen, im Wirtschaftsfacharchiv beim Magistrat von Groß-Berlin und beim Deutschen Wirtschaftsinstitut Berlin befanden. Dabei handelte es sich um Unterlagen der Verkaufsgemeinschaft AGFA, Berlin SO 36 in Wolfen und im Wirtschaftsfacharchiv Berlin, der Volkswirtschaftlichen Abteilung beim Deut-

---

[5] Vgl. BArch Bestand DO 6, Nr. 436: Hauptreferat B: Beitrag zum Perspektivplan 1964–1970, S. 157 ff.
[6] Vgl. BArch Bestand DO 6, Nr. 436, S. 157 ff.

schen Wirtschaftsinstitut und der IG-Farben in Liquidation im Wirtschaftsfacharchiv Berlin. Die Unterlagen aus den Berliner Einrichtungen wurden komplett vom Deutschen Zentralarchiv übernommen, während mit dem Betriebsarchiv in Wolfen ein Archivalienaustausch vereinbart wurde. Das Deutsche Zentralarchiv übernahm von Wolfen die Unterlagen der Verkaufsgemeinschaft AGFA. Im Betriebsarchiv Wolfen wurden die Teilregistraturen des Sekretariats Gajewski und der Vermittlungsstelle W konzentriert. Die Akten der Verkaufsgemeinschaft AGFA aus dem Betriebsarchiv Wolfen wurden in das im Deutschen Zentralarchiv bereits vorhandene Klassifikationsschema eingefügt und erhielten zur Unterscheidung den Zusatz »AW« zur Aktensignatur.

Laut Dienstakten waren etwa 1970 die Erschließungsarbeiten am eigentlichen IG-Farben-Bestand und auch an den gebildeten separaten Beständen so weit abgeschlossen, dass alle Akten über Findbücher oder Findkarteien zugänglich waren.

Im Rahmen der Bewertung und Erschließung des Bestandes 80 IG 1 IG-Farbenindustrie AG wurden insgesamt 150 lfm. Schriftgut ermittelt, die zur Kassation bestimmt wurden. Grundlage dieser Bewertungsentscheidungen waren dabei neben den für alle Archive der DDR geltenden »Grundsätzen der Wertermittlung« von 1965 ergänzend verschiedene Hinweise von Wirtschaftshistorikern der DDR, die im Rahmen einer 1968 durchgeführten wissenschaftlichen Beratung zu Inhalt und Quellenwert des Bestandes zusammengetragen wurden. Dabei handelte es sich neben Doppelüberlieferungen v. a. um Massenschriftgut aus der administrativen Tätigkeit der Konzernverwaltung und ihrer Strukturteile v. a. aus den Bereichen allgemeine Verwaltung, Personalwesen, Absatz, Lagerhaltung, Rechnungswesen und Buchhaltung sowie Öffentlichkeitsarbeit. Informationen, inwieweit die Kassationsentscheidungen umgesetzt wurden, liegen nicht vor. Der Kassationsvermerk auf einem Teil der heute als unbewertet eingestuften Akten lässt vermuten, dass die Kassation nicht vollständig durchgeführt wurde.

Der damit erreichte Ordnungs- und Erschließungszustand ist bis heute weitgehend unverändert. Dienstakten aus der Zeit nach 1970 existieren zwar nicht mehr, nennenswerte Bearbeitungen am Bestand haben aber offensichtlich im Deutschen Zentralarchiv bzw. Zentralen Staatsarchiv der DDR nicht mehr stattgefunden.

Veränderungen in der Gesamtüberlieferung ergaben sich zwar durch die im Zuge der Wiedervereinigung erfolgte Eingliederung des Zentralen Staatsarchivs der DDR in das Bundesarchiv 1990 und dem damit veränderten rechtlichen Rahmen der Aufgabenwahrnehmung, betrafen aber nicht den Erschließungszustand. Das Bundesarchivgesetz, das seitdem auch für die Unterlagen des Zentralen Staatsarchivs der DDR gilt, sieht eine Zuständigkeit für die Überlieferung der Privatwirtschaft in der Regel nicht vor. Für die verschiedenen Firmen- und Bankbestände des Zentralen Staatsarchivs mussten daher Regelungen getroffen werden. Bereits Anfang der 1990er Jahre wurden Kontakte mit Nachfolgeeinrichtungen aufgenommen und für eine Reihe der betroffenen Bestände spezielle Vereinbarungen getroffen. So wurden Bestände komplett zurückgeführt, auf Verlangen des Eigentümers vollständig kassiert oder auch Verträge über die weitere Aufbewahrung und Nutzung im Bundesarchiv geschlossen.

Für den Gesamtkomplex der IG Farben-Überlieferung ergaben sich unterschiedliche Wege. Auch in den drei westlichen Besatzungszonen war 1945 die Auflösung des Konzerns beschlossen und große Teile zunächst unter treuhänderische Verwaltung gestellt worden, bevor 1952 mit der Ausgründung der großen Werke wie BASF, Hoechst, Cassella u. a. der Konzern de facto zerschlagen wurde. Die Konzernüberlieferung im engeren Sinn sollte daher weiterhin im Bundesarchiv verbleiben und erhielt im Zuge der Anpassung der Tektonik von Bundesarchiv und Zentralem Staatsarchiv die neue Tektoniknummer R 8128. Für die Bestände der Vorgängerbetriebe dagegen sollten die Nachfolgeeinrichtungen, die als Eigentümer gelten mussten, ermittelt werden. Mit den Firmen bzw. Firmenarchiven wurde in der Folgezeit Kontakt aufgenommen, um das weitere Vorgehen hinsichtlich der Überlieferung zu klären. Im Ergebnis gab das Bundesarchiv 2003/2004 Unterlagen zurück an die BASF Aktiengesellschaft, Ludwigshafen, die AllessaChemie GmbH, Frankfurt/M., die Bayer AG, Leverkusen und die HistoCom GmbH, Frankfurt/M., um nur einige zu nennen.

Dem im Bundesarchiv verbleibenden Bestand R 8128 (alt 80 IG 1 – 80 IG 5) wurden zusätzlich die im Rahmen der Bestandsbildung vor 1970 gebildeten Kleinstbestände 80 Bu 1 Budanil AG, 80 Be 3 Belcolor GmbH, 80 Et 1 Ethyl GmbH und 80 Pr Propan GmbH im Gesamtumfang von 26 Akten hinzugefügt, für die keine Nachfolgeunternehmen ermittelt werden konnten.

Eine weitere Veränderung betrifft die Signierung des Bestandes. In den 1990er Jahren führte das Bundesarchiv schrittweise eine speziell für die Bedürfnisse des Bundesarchivs entwickelte, datenbankgestützte Erschließung ein. Zielsetzung dabei war und ist der Nachweis aller Bestände im Archivverwaltungssystem Basys und die Recherchierbarkeit von v. a. schriftlichem Archivgut über die Rechercheplattform invenio. Aufgrund der datenbanktechnischen Vorgaben war das im Bestand R 8128 vorhandene Signatursystem mit A-, B- und AW-Signaturen aber nicht darstellbar, so dass die Entscheidung getroffen wurde, die Gesamtüberlieferung mit R 8128/1 beginnend komplett neu zu signieren. Diese umfangreichen Umsignierungsarbeiten für die mehr als 19.000 Akten konnten aus verschiedenen Gründen erst 2009 abgeschlossen werden. Im gleichen Jahr wurde dann mit der elektronischen Umsetzung der Findkarteien und Findbücher der IG Farben-Überlieferung begonnen. Oberste Priorität in der Erfassung der Erschließungsinformationen hatten aber entsprechend des Auftrags des Bundesarchivs die Überlieferungen der staatlichen Behörden und Einrichtungen einschließlich der NS-Einrichtungen. Für den Bestand R 8128 bedeutete dies, dass nur wenige Personalkapazitäten zur Verfügung standen und beginnend beim umfangmäßig größten Strukturteil Verkaufsgemeinschaft AGFA Berlin SO 36 sukzessive in erster Linie nur die grundlegenden Erschließungsinformationen (Titel, Laufzeit und ggf. Enthält-Vermerke) auf Aktenebene erfasst wurden. Eine weitere Bearbeitung der erfassten Daten zur besseren Strukturierung der Überlieferung etwa durch Bildung von Bandfolgen, Entfernung von Redundanzen und Herstellung einer inneren Ordnung durch Klassifikationen konnte aufgrund fehlender Personalkapazitäten nicht bei allen Strukturteilen vorgenommen werden.

Seit 2017 befindet sich das Bundesarchiv in einem Prozess der Neuorientierung und Konzentration auf seine zentralen Kernaufgaben. Zusammengefasst als »Das Bundesarchiv im digitalen Wandel«[7] wurden neue Strategien für alle Arbeitsbereiche des Bundesarchivs entwickelt. Angesichts enormer Rückstände bei der Erschließung, nicht nur bei den jüngeren Akten, sondern in erheblichem Umfang auch bei den Akten des Deutschen Reichs, und begrenzten Personalressourcen führte das zu einem Paradigmenwechsel: Als Ziel steht nun nicht mehr für alle Überlieferungen eine intensive Erschließung, sondern kurz gesagt die »Zugänglichkeit« im Fokus. Insbesondere die Erschließung der Überlieferungen aus der Zeit des Deutschen Reichs (1867/71 bis 1945) wird grundsätzlich als abgeschlossen angesehen. *Nur dort, wo noch keine als angemessen zu bewertenden Findmittel vorliegen, wird in den nächsten Jahren noch im Rahmen gezielter Erschließungsprojekte nachzuarbeiten sein; Mitte der 2020er Jahre soll diese Rückstandsbearbeitung allerdings abgeschlossen sein.*[8]

Für die IG-Farbenüberlieferung ist der Status der Zugänglichkeit nach heutigem Stand erreicht, so dass weitere Bearbeitungen vermutlich nicht mehr vorgenommen werden.

Mit der 2020 erfolgten Retrokonversion der Findkarteien zu den Verkaufsgemeinschaften Farben und der Verkaufsgemeinschaft Chemikalien einerseits und der Übernahme der Erschließungsdaten zu fast 1.300 Personal- bzw. personenbezogenen Akten aus dem ehemaligen Berlin Document Center und dem NS-Archiv

---

7 Vgl. Forum. Das Fachmagazin des Bundesarchivs, Ausgabe 2018: Das Bundesarchiv im digitalen Wandel.
8 Forum. Das Fachmagazin des Bundesarchivs, Ausgabe 2018: Das Bundesarchiv im digitalen Wandel, S. 19.

des Ministeriums für Staatssicherheit der DDR andererseits ist aktuell der Gesamtkomplex der IG-Farbenüberlieferung zu fast 100 % online über die Rechercheplattform invenio des Bundesarchivs recherchierbar.[9] Zwar sind gegenwärtig noch etwa 500 Akten als unbewertet ausgewiesen, Stichproben haben aber ergeben, dass es sich dabei überwiegend um Einzelfallakten der verschiedenen Verkaufsgemeinschaften Farben handelt mit Unterlagen zur operativen Tätigkeit der Farbenvertreter vor Ort (Lieferscheine, Versandanzeigen, Rabatt- und Spesenabrechnungen etc.). Zum Teil tragen die Akten bereits einen Kassationsvermerk. Offensichtlich ist hier lediglich die physische Umsetzung der Kassation noch nicht erfolgt.

Über die Rechercheplattform invenio des Bundesarchivs ist es jederzeit möglich, sich einen Gesamtüberblick über die IG-Farbenüberlieferung im Bundesarchiv zu verschaffen. Vorhanden sind Akten folgender Strukturteile:

Zentrale Organe der Konzernverwaltung Frankfurt/M. (349 Akten):
    dabei: Büro des Technischen Ausschusses (39), Konventionsbüro (1), Zentralbuchhaltung (21), Preisbüro/Preisabteilung, v. a. Vertreterrundschreiben (284), IG-Literaturabteilung (2), DAF-Betriebsgemeinschaft Hochhaus (1), Technische Abteilung/Nekal (1)
Zentrale Organe der Konzernverwaltung Berlin (ca. 3.600 Akten)
    dabei: Direktionsabteilung (280), Büro des Kaufmännischen Ausschusses (11), Zentralfinanzverwaltung (850), Volkswirtschaftliche Abteilung (2.320), Presse- und Nachrichtenstelle (30), Personalabteilung Berlin NW 7 (80), Hausverwaltung IG Berlin NW 7 (10), Rechtsabteilung (30)
Verkaufsabteilungen
    Verkaufsabteilung Öle (317)
    Stickstoffkalkulation (687)
    Verkaufsgemeinschaft AGFA Berlin SO 36 (4.530)
    Verkaufsgemeinschaften Farben:
        dabei: Direktionsabteilung (3), Abt. Deutschland (3), Abt. Frankreich (1), Abt. Großbritannien (2.277), Abt. Spanien/Portugal (1), Abt. Österreich (ca. 200), Abt. Orient (ca. 1.200), Abt. Britisch-Indien (577), Abt. Niederländisch-Indien (ca. 200), Abt. Australien (1.013), Abt. Kanada (220), Abt. China (35), Abt. Japan (70), Abt. Nordamerika (180), Abt. Lateinamerika (900), Technische Exportabteilung (8), Codeabteilung (33), Coloristische Abteilung (3)

---

[9] https://invenio.bundesarchiv.de/invenio/direktlink/f29d976a-a367-4daf-867c-3258468cc5a2/ (zuletzt aufgerufen am 09.09.2021).

Verkaufsgemeinschaft Chemikalien (316)
IG-Farben AG in Liquidation (262)
IG-Farben AG Bergwerksverwaltung (1.330)

Vorstehende Aufstellung macht deutlich, dass ca. 75 % der Akten im Bundesarchiv aus dem Bereich der unterschiedlichen Verkaufsabteilungen sowie der Volkswirtschaftlichen Abteilung stammen. Die dabei mengenmäßig herausragenden Strukturteile haben dabei folgende Überlieferungsschwerpunkte:

1. Volkswirtschaftliche Abteilung (ca. 2.300 Akten)

Enthält v. a. wirtschaftliche Ausarbeitungen und Materialzusammenstellungen zur politischen und wirtschaftlichen Lage im In- und Ausland, dabei Wirtschaftsnachrichten, Firmennachrichten und Auskünfte über Firmen und Banken, Rohstofflage, Industrie und Landwirtschaft, Finanzen.

2. Verkaufsgemeinschaft Foto bzw. Agfa Berlin SO 36 (4.500 Akten)

Enthält v. a. Unterlagen zu Grundbesitz, Tochtergesellschaften im In- und Ausland, Konventionen, Patent- und Lizenzfragen zur Film-, Foto- und Kameraproduktion, zur Kunstseide, einschließlich Acetat- und Vistrafabrikation und zur Riechstoff-Fabrikation, Schriftwechsel mit Vertretern für Photo, Kunstseide, Riechstoffe und Viskoseschwämme, juristische und allgemeine Vertragsangelegenheiten (Markenschutz, unberechtigte Reklame, Preisunterbietung) und Darlehen an Angestellte, Arbeiter und Gemeinden.

3. Verkaufsgemeinschaften Farben (ca. 5.700 Akten)

Enthält v. a. Unterlagen aus den Abteilungen Britisch-Indien, Niederländisch-Indien, Großbritannien, Orient, Australien/Neuseeland, Lateinamerika und Kanada zur Organisation und Tätigkeit der Vertretungen in den einzelnen Ländern, zu den allgemeinen Verkaufsbedingungen (wirtschaftliche und politische Lage, Kartellvereinbarungen, Konkurrenz) sowie zu Produkten und Verkauf im Einzelnen (Umsatz und Erlös).

4. Bergwerksverwaltung (ca. 1.300 Akten)

Enthält v. a. Unterlagen der 1926 übernommenen Riebeck'schen Montanwerke Halle und des Mitteldeutschen Braunkohlensyndikats Leipzig, die 1972 von der Vereinigung Volkseigener Betriebe (VVB) Braunkohle Halle an das Zentrale Staatsarchiv der DDR übergeben wurden.

Abschließend soll noch auf die wenigen überlieferten Akten zum Werk Auschwitz eingegangen werden. Inhaltlich dokumentieren die 33 Akten v. a. die Planung und Bauausführung des Werkes insgesamt und einzelner Produktionsanlagen. Informationen zur Produktion selbst enthalten die Akten nicht und auch die Verbindung zum Konzentrationslager Auschwitz ist lediglich durch wenige Unterlagen über eine Besprechung mit dem Lagerkommandanten am 27. März 1941 über den Einsatz von Häftlingen beim Bau des Werkes belegt.[10]

---

[10] BArch Bestand R 8128, Nr. 1775 und 1778.

Überlieferung von Unterlagen der IG Farbenindustrie im Landesarchiv Sachsen-Anhalt

Jana Lehmann

DAS HEUTE ZU Sachsen-Anhalt gehörende Territorium hat in der ersten Hälfte des 20. Jahrhunderts eine beeindruckende, aber durchaus auch zwiespältige industrielle Entwicklung durchlaufen. Besonders auf dem Gebiet der Großchemie kam es zu einer Konzentration von Industrieansiedlungen und einer dynamischen Entwicklung von Forschung und Produktion, die hier nur in den Grundzügen skizziert werden kann.

Den fehlenden Ausdehnungsmöglichkeiten traditioneller Ansiedlungen der chemischen Industrie um Frankfurt am Main, Ludwigshafen/Oppau und im Berliner Raum und zunehmenden Umweltauflagen standen hier ausreichend Bauland zu niedrigen Bodenpreisen und ein Arbeitskräftereservoir mit vergleichsweise niedrigem Lohnniveau gegenüber. Standortvorteile der Bitterfelder Region gerade für die energieintensiven neuen chemischen Verfahren waren die reichen Braunkohlevorkommen, die Nähe von umfassenden Kalisalzlagerstätten, Lehm- und Tonvorkommen, die Wasserreserven der Mulde sowie der Anschluss an das Eisenbahnnetz. Bereits um die Jahrhundertwende hatte sich daher eine Konzentration von Betrieben der chemischen Industrie in der Region herausgebildet.[1] 1893 entschieden sich unabhängig voneinander die Berliner Allgemeine Elektrizitätsgesellschaft (AEG) zur Gründung der Elektrochemische Werke GmbH und die Chemische Fabrik Grießheim, Frankfurt am Main, zur Ansiedlung der Chemischen Fabrik Elektron auf den Gemarkungen Bitterfeld und Greppin zur großtechnischen Betreibung der Chloralkalisynthese. Beide vereinigten sich 1898 zur Chemischen Fabrik Gries-

---

[1] Vgl. Dirk HACKENHOLZ, Rainer KARLSCH: Großchemie in Sachsen-Anhalt – eine über hundertjährige Tradition, in: Franz-Josef BRÜGGEMEIER, Gottfried KORFF, Jürg STEINER (Hg.): Unter Strom: Energie, Chemie und Alltag in Sachsen-Anhalt 1890–1990, Dessau 1998, S. 97–124; Dirk HACKENHOLZ: Die elektrochemischen Werke in Bitterfeld 1914–1945, Münster 2004, S. 46–58 zur Entwicklung der chemischen Industrie auf dem Gebiet des heutigen Sachsen-Anhalt bis 1945.

heim-Elektron.² Nur zwei Jahre später, 1895, errichtete die Actien-Gesellschaft für Anilin-Fabrikation zu Berlin (AGFA) im wenig entfernten Wolfen eine Farbenfabrik, welche die Produkte der elektrochemischen Fabriken als Ausgangsstoffe nutzen konnte. 1910 errichtete die AGFA in Wolfen als zweites Werk die Filmfabrik, für welche die Farbenfabrik ein wichtiger Zulieferbetrieb wurde und welches sich zum bedeutendsten Standort der Filmherstellung in Europa entwickeln sollte.³ Zur Sicherung der Energiebasis erwarben die Chemiefabriken Kohlegruben und der Braunkohlenbergbau entwickelte sich zum zweitwichtigsten Industriezweig der Region. In den Folgejahren wurden die Anlagen der Werke ständig erweitert, die Produktionstechnologien verbessert und neue Produktionslinien aufgenommen.⁴ Die entscheidendsten Impulse erhielten die mitteldeutschen Industriebetriebe jedoch im Zusammenhang mit den beiden Weltkriegen. Der Wegfall wichtiger Rohstoffimporte durch die Wirtschaftsblockade und der Bedarf der Rüstungsindustrie an kriegswichtiger Sprengstofferzeugung und anderem Kriegsbedarf im Ersten Weltkrieg beförderten umfangreiche Investitionen in den weit von der Westgrenze des Reiches entfernten, vor Luftangriffen noch sicheren chemischen Werken und die Ansiedlung weiterer Unternehmungen. 1916 errichtete die Badische Anilin- und Soda-Fabrik (BASF) mit der Ammoniakwerk Merseburg GmbH (Leunawerke) nach Oppau ein zweites Werk für die großtechnische Ammonikasynthese nach Haber und Bosch als Ausgangsstoff für die Salpetersäureherstellung.⁵ Im Streben nach Ersetzung weiterer Rohstoffe mittels Hochdrucksynthese entstand 1924 in Leuna die erste große Methanolanlage, nur drei Jahre später konnte hier in einer Versuchsanlage Benzin aus Kohle gewonnen werden. Mitte der zwanziger Jahre hatte sich das Werk auf der Grundlage der drei Großsynthesen zum größten Chemiewerk Deutschlands entwickelt.⁶

Mit der Bildung der IG Farben 1925 als Abschluss des bereits seit über zwanzig

---

2 Zur Geschichte des Bitterfelder Standortes bis zur IG Farben-Gründung siehe Dieter WAGNER: Innovation und Standort. Geschichte und Unternehmensstrategien der Chemischen Fabrik Griesheim 1856–1925, Darmstadt 1999, v. a. S. 313–318.

3 Zur Geschichte siehe Rainer KARLSCH, Paul Werner WAGNER: Die AGFA-ORWO-Story. Geschichte der Filmfabrik Wolfen und ihrer Nachfolger, Berlin 2010; Rainer KARLSCH, Helmut MAIER (Hg.): Studien zur Geschichte der Filmfabrik Wolfen und der IG Farbenindustrie, Essen 2014, sowie zu Einzelaspekten die Schriftenreihe des Industrie- und Filmmuseums Wolfen (www.ifm-wolfen.de/de/literatur.html, zuletzt aufgerufen am 09.09.2021).

4 Siehe hierzu auch Brigitte TRAGSDORF (Hg.): Bitterfelder Chronik. 100 Jahre Chemiestandort Bitterfeld-Wolfen, Bitterfeld-Wolfen 1993.

5 Zur Geschichte des Ammoniakwerkes Merseburg vgl. u. a. Karl-Heinz STRELLER (Hg.): Geschichte des VEB Leuna-Werke »Walter Ulbricht« 1916–1945, (herausgegeben im Auftrag der Kreisleitung der SED des VEB Leuna-Werke »Walter Ulbricht«), Leipzig 1986; Rainer KARLSCH: Leuna. 100 Jahre Chemie, Halle 2016.

6 Siehe HACKENHOLZ, KARLSCH: Großchemie, S. 105.

Jahren laufenden Konzentrationsprozesses in der deutschen Großchemie gehörte auch die Mehrzahl der chemischen Fabriken sowie Kohlegruben des mitteldeutschen Reviers zu diesem Konzern.[7] An der Spitze der IG Farben stand der Vorstand mit dem Zentralausschuss für allgemeine Fragen, darüber der Aufsichtsrat. Jeweils für die gesamte IG erfolgte die Bearbeitung aller chemisch-technischen Fragen durch den Technischen Ausschuss (TEA), die Bearbeitung aller kaufmännischen Fragen durch den Kaufmännischen Ausschuss (KA) und für ingenieurtechnische Fragen war übergreifend die Technische Kommission (Teko) zuständig. Zentralisiert wurde auch der Verkauf über fünf nach Produktsparten aufgeteilte Verkaufsgemeinschaften. Für die Bearbeitung spezieller Fragen war eine Anzahl von Fachkommissionen eingesetzt, z. B. die Patentkommission, Verkehrskommission und Fabrikationskommissionen mit Unterkommissionen für die einzelnen Produktionsgebiete. So gehörten die Chloralkalielektrolysen zur Chlorunterkommission, die Chromatbetriebe zur Chromunterkommission, die Leicht- und Schwermetallbetriebe zur Metallunterkommission.

Die IG Farben gliederte sich in zunächst 4, später 5 Betriebsgemeinschaften, die regional benachbarte Werke zusammenfassen sollten und jeweils unter der Führung der großen Stammwerke standen. Wegen teilweise historisch gewachsener Zusammenhänge wurde dieser Ansatz jedoch nicht konsequent umgesetzt: Das Leuna-Werk (Ammoniakwerk Merseburg GmbH) mit dem Gipswerk Niedersachswerfen wurde aufgrund der Bindung an die BASF in Ludwigshafen Teil der Betriebsgemeinschaft Oberrhein. Zur Betriebsgemeinschaft Mitteldeutschland/Zentrale Wolfen-Bitterfeld gehörten Griesheim-Elektron Bitterfeld als Stammwerk, Farbenfabrik und Filmfabrik Wolfen sowie die Werke Teutschenthal, Berlin-Treptow, Döberitz und Werder.[8] In der Folge kamen noch die Werke Aken, Staßfurt, Scharzfeld, Rheinfelden, die Phosphorbetriebe Piesteritz und die Schwefelkohlenstofffabrik Premnitz dazu.[9]

In der Region, nämlich in Halle, hatte auch die Betriebsgemeinschaft Zentrale Bergwerksverwaltung ihren Sitz, welche die mitteldeutschen Braunkohlenbetriebe einschließlich der A. Riebeck'schen Montanwerke AG umfasste.

---

7 Hermann SCHREYER: Der IG-Farben-Konzern, seine Vorgänger und Nachfolger. Ein Beitrag zur Organisationsgeschichte der deutschen Chemieindustrie, in: Archivmitteilungen 16 (1966), S. 101–107, 148–158.

8 Landesarchiv Sachsen-Anhalt (LASA), Bestand I 532, Nr. 868, Der Farbenkonzern 1927. Die I.G. Farbenindustrie A.-G., ihre Tochtergesellschaften und Beteiligungen. Aufbau, Statistik, Finanzen, Berlin 1927 (Druckschrift).

9 Siehe LASA, Bestand I 532, Nr. 3066, Organisation und Entwicklung IG Farbenfabrik Wolfen und der IG Chemische Betriebe Bitterfeld.

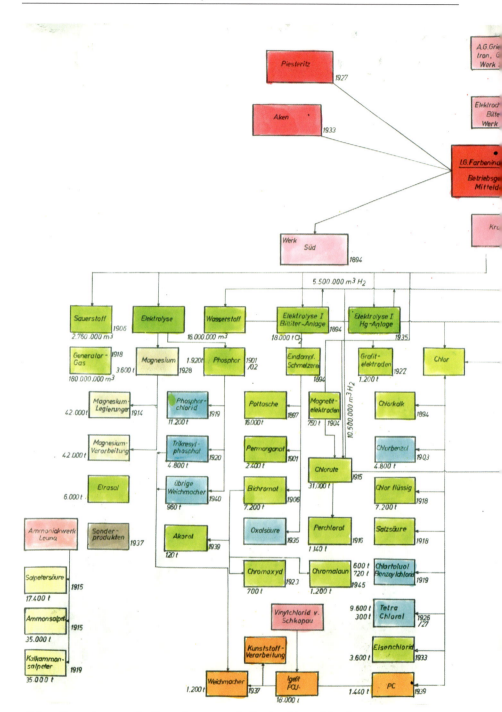

Abb. 1: Organigramm der Betriebsgemeinschaft Mitteldeutschland

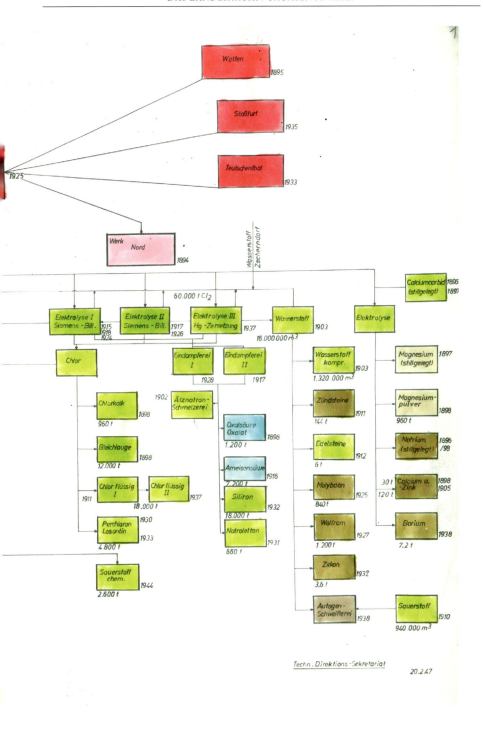

Abb. 2: Gemälde von Otto Bollhagen mit einer Gesamtansicht des Leuna-Werkes

Die Werke waren hinsichtlich der Betriebsführung und der Gestaltung der örtlichen Verhältnisse weitgehend selbständig, bei wichtigen Fragen, wie Erweiterung der Fabrikationen und Errichtung neuer Betriebe und Fabrikationsanlagen, musste eine Genehmigung des IG-Vorstandes über den Technischen Ausschuss herbeigeführt werden. Aufgabe der Betriebsgemeinschaften war vorrangig die optimale Nutzung der vorhandenen Produktionseinrichtungen und Abstimmung der Produktionsprozesse der regional benachbarten Fabriken. Außerdem erfolgte die Zusammenlegung oder gemeinsame Nutzung bestehender Paralleleinrichtungen der Werke, wie Einkauf, Magazinverwaltung und Patentbüros. So betrieben Farbenfabrik Wolfen und Bitterfelder Werke die Personalabteilung für Angestellte und den Einkauf von technischen Materialien gemeinsam. Betriebliche Sozialeinrichtungen, wie Kranken- und Pensionskasse, die Krankenanstalten sowie das Kaufhaus wurden gemeinschaftlich von Bitterfeld, Farbenfabrik und Filmfabrik Wolfen genutzt.[10] Die Verwaltung der Betriebsgemeinschaft Mitteldeutschland war aufs engste und oft in Personalunion mit der Verwaltung der Bitterfelder Betriebe verbunden, so dass die Funktionen für die einzelnen Ressorts der Betriebsgemeinschaft und die Belange der Bitterfelder Werke kaum voneinander getrennt werden können.

Zusätzlich zu den Betriebsgemeinschaften gab es ab 1929 die produktionstechnische Unterteilung in drei Sparten: Sparte I Stickstoff und Benzin, Sparte II Chemikalien, Farben, Pharmazeutika, Kunststoffe, Metalle etc. sowie Sparte III Kunstseide, Zellwolle, Fotografika etc. Die Betriebe der Betriebsgemeinschaft Mittel-

---

10 LASA, Bestand I 532, Nr. 880 Betriebsgemeinschaft Mitteldeutschland, 1925–1929. Z. B. wurden alle größeren Projekte der Betriebsgemeinschaft vom Bitterfelder Konstruktionsbüro bearbeitet. (LASA, Bestand I 532, Nr. 3066).

deutschland gehörten überwiegend in Sparte II. Ammoniakwerk Merseburg und Bergwerksverwaltung Halle waren Sparte I zugeordnet, während die Filmfabrik Wolfen als Leitwerk der Sparte III fungierte.[11]

Auch jenseits ihrer organisatorischen Zuordnung arbeiteten die IG-Werke eng zusammen – sie belieferten sich mit Chemikalien, waren an ein gemeinsames konzerneigenes Stromnetz (»IG-Schiene«) angeschlossen oder verfolgten eine einheitliche Sozialpolitik.

Mit der Machtübernahme der Nationalsozialisten erhielt die IG Farben eine zentrale Rolle bei der Umsetzung der Autarkiepläne im Rahmen der Kriegsvorbereitung Deutschlands. Der Bedarf an Ersatzrohstoffen, wie synthetischen Treibstoffen und synthetischem Kautschuk, Kunststoffen und Leichtmetalllegierungen gab der chemischen Industrie einen weiteren intensiven Entwicklungsimpuls. Die IG verlegte die energieintensiven Produktionsprozesse verstärkt in das mitteldeutsche Braunkohlerevier. Auf der Grundlage des 1933 zwischen dem Deutschen Reich und der IG Farben abgeschlossenen Benzinvertrages wurde die Kohlehydrierung in Leuna stark ausgebaut und die Herstellung von Flugbenzin aufgenommen. Ausgebaut wurden auch die Kunststofferzeugung und Herstellung von Leichtmetallen, ein Leichtmetallwerk und ein Aluminiumwerk in Aken kamen hinzu. Ab 1934 war die IG Farben als Gründungsmitglied und in der Folgezeit führendes Unternehmen an der Braunkohle-Benzin AG (BRABAG) beteiligt, es entstanden Hydrierwerke u. a. in Magdeburg und Zeitz. Auf nachdrückliche Forderungen der Wehrmacht hin entschloss sich die IG zum Bau einer Großversuchsanlage für Synthesekautschuk im nahe Leuna-Merseburg gelegenen Schkopau.[12] Die Buna-Werke nahmen 1937 die erste Großproduktion von synthetischem Kautschuk auf, parallel zur ständigen Erhöhung der Produktionskapazitäten aller mitteldeutschen Chemiestandorte im Rahmen der Rüstungs- und Kriegswirtschaft. *Seit Mitte der dreißiger Jahre floß fast die Hälfte der Investitionen der IG Farben in den mitteldeutschen Raum.*[13] Leuna und die Buna-Werke wurden zum Zentrum des Unternehmens. Zur Steuerung der Autarkie- und Aufrüstungsmaßnahmen des NS-Regimes wurde innerhalb der IG Farben im Herbst 1935 die »Vermittlungsstelle W« (Wehrmacht) eingerichtet, welche das Recht hatte, in alle wehrwirtschaftlich relevanten Vorgänge der als kriegs- und lebenswichtigen Betriebe eingestuften Werke Einsicht zu nehmen und die Ausarbeitung konkreter Mobilmachungspläne vorantrieb. Mit Kriegsbeginn konzen-

---

11 SCHREYER: IG-Farben-Konzern, S. 151.
12 Zur Betriebsgeschichte siehe Heinz REHMANN: Zur Geschichte des ersten deutschen BUNA-Synthesekautschukwerkes in Schkopau, in: Merseburger Beiträge zur Geschichte der chemischen Industrie Mitteldeutschlands, Nr. 1 (1996), S. 4–29.
13 HACKENHOLZ, KARLSCH: Großchemie, S. 108.

trierte sich die Produktion der Werke immer mehr auf die Rüstungsproduktion, in der zunehmend Kriegsgefangene, Fremd- und Zwangsarbeiter eingesetzt wurden.

Trotz ihrer zentralen Bedeutung für die Kriegswirtschaft erlitten die mitteldeutschen IG-Betriebe im Rahmen der alliierten Bombenangriffe des Zweiten Weltkriegs überwiegend nur geringere Zerstörungen. Allein die Leuna-Werke wurden in zahlreichen Luftangriffen zu 80 % zerstört. Ab Mitte April besetzten zunächst amerikanischen Truppen die Region, ehe die Provinz Sachsen Anfang Juli gemäß den Festlegungen der Konferenz von Jalta Teil der sowjetischen Besatzungszone wurde. Die Werke wurden umfassend zu Reparationsleistungen herangezogen, ab Sommer 1946 zeitweilig in Sowjetische Aktiengesellschaften (SAG-Betriebe) überführt, später als Volkseigene Betriebe in der DDR weiterbetrieben.

Die heute im Landesarchiv Sachsen-Anhalt verwahrte schriftliche Überlieferung der IG Farben-Betriebe ist besonders durch das Schicksal der Werke in der Kriegs- und unmittelbaren Nachkriegszeit geprägt. Die Luftangriffe führten auch bei dem in den Fachdirektionen und Struktureinheiten verwahrten Schriftgut zu Verlusten, wegen ihrer Relevanz vorsorglich ausgelagerte Unterlagen konnten nur zum Teil unbeschadet wieder zurückgeführt werden. Forschungsunterlagen, Konstruktionszeichnungen und Patente, wurden durch eigenes Personal entwendet – so verließ am 22. Juni 1945 die gesamte Leitung der IG Farben Bitterfeld mit umfangreichem Gepäck das Werk Richtung Frankfurt am Main. Die Alliierten verlangten geistige Reparationen in Form von Informationen über technische und naturwissenschaftliche Entwicklungen.

Vor dem Rückzug der US-Army Ende Juni schafften sie alle erreichbaren technischen Unterlagen, Verfahrensbeschreibungen, Dokumentationen und Patente zum Thema Synthesekautschuk [...] aus dem BUNA-Werk Schkopau als Kriegsbeute in die USA.[14] Für Bitterfeld ist der Verlust von 192 wichtigen Aktenbänden mit Unterlagen über Produktionsverfahren, u. a. zu Leichtmetalllegierungen, bekannt.[15] Dass die verbliebene schriftliche Hinterlassenschaft dieser Betriebe heute überwiegend im u. a. für die Überlieferung von Behörden und Einrichtungen der preußische Regierungsbezirke Magdeburg und Merseburg zuständigen Landesarchiv Sachsen-Anhalt verwahrt wird, ist direkte Konsequenz der Verstaatlichung der Wirtschaft in der DDR sowie des daraus abgeleiteten Verständnisses vom staatlichen Eigentum auch am Schriftgut der Einrichtungen.[16] Die ab 1950 für alle Volkseigenen Betriebe

---

14 REHMANN: BUNA, S 27.
15 TRAGSDORF (Hg.): Bitterfelder Chronik, S. 56.
16 Vgl. Heike SCHROLL: Das Archivwesen der Volkswirtschaft der DDR, in: Friedrich BECK, Wolfgang HEMPEL, Eckart HENNING (Hg.): Archivistica docet. Beiträge zur Archivwissenschaft und ihres inter-

(VEB) rechtlich vorgegebene Errichtung von Betriebsarchiven beinhaltete auch die Zusammenführung und Bearbeitung der Unterlagen der Vorgängerbetriebe.[17] Im Zusammenhang mit der Aufarbeitung der Kriegsverbrechen Deutschlands im Zweiten Weltkrieg lag der Fokus auf der Erfassung und Auswertung der IG-Unterlagen. Die Betriebsarchive wurden in der Folgezeit als Teil des staatlichen Archivfonds deklariert, eine Zuständigkeit der staatlichen Endarchive für als der Wertkategorie I zugehörige Betriebe festgeschrieben. Entsprechend der 1976 erlassenen Verordnung über das staatliche Archivwesen[18] wurden die Staatsarchive auch für die umfangreiche Überlieferung der volkseigenen Kombinate und Betriebe der DDR-Wirtschaft jeweils entsprechend ihrer territorialen Zuständigkeit verantwortlich, welche auch Archivgut *der Verbände, Einrichtungen und Betriebe der kapitalistischen Wirtschaft [...], die in Volkseigentum übergeführt oder aufgelöst wurden* umfasste.[19] Bestände der Konzernleitungen sollten – soweit in der DDR überliefert – im Zentralen Staatsarchiv Potsdam verwahrt werden.[20] Auf dieser Grundlage begann das Staatsarchiv Magdeburg mit der Bewertung und systematischen Übernahme des Archivgutes der strukturbestimmenden Industriebetriebe der Region bis 1945.[21] Die im Betriebsarchiv des VEB Farbenfabrik Wolfen gemeinsam verwahrten Unterlagen der IG Farben-Betriebe Bitterfeld und Farbenfabrik Wolfen umfassten eine umfangreiche technische Dokumentation und kaufmännischen Schriftwechsel, Schriftgut des Leitungs- und Organisationsbereiches war dagegen nur sehr ungenügend überliefert.[22] Die zwei Drittel des Gesamtbestandes ausmachende Überlieferung von Strukturteilen der Produktion wurde unter Hinzuziehung von Wissenschaftlern des Werkes bewertet. Anhaltspunkte für die Archivwürdigkeit waren die Einmaligkeit von Produktionsverfahren oder das Wirken von für die Werksentwicklung bedeutenden Personen. Die Übergabe des Schriftgutes der IG Farben Wolfen an das Staatsarchiv Magdeburg konnte 1984 abgeschlossen werden, der Bitterfelder Bestand folgte im Juni 1986. Rechtlich relevante Unterla-

---

disziplinären Umfelds, Potsdam 1999, S. 299–320.

17 Anweisung zur Errichtung von Betriebsarchiven vom 27. April 1950, in: Archivmitteilungen 1 (1951), S. 8.
18 Verordnung über das staatliche Archivwesen der DDR vom 11. März 1976 und ihre Ersten Durchführungsbestimmung vom 19. März 1976 (GBl. DDR, Teil I, Nr. 10, S. 165 ff.)
19 Ebd., § 7, Absatz 1.
20 Reinhard KLUGE: Quellen zur Betriebsgeschichte bis 1945 im Bundesarchiv, Abt. Potsdam und in den Staatsarchiven der neuen Bundesländer, in: Archivmitteilungen 41 (1991), S. 70–75.
21 Rudolf BÖNING, Margot GEHRMANN: Erfassung, Übernahme und Bewertung von Beständen kapitalistischer Industriebetriebe. Erfahrungsbericht des Staatsarchivs Magdeburg, in: Archivmitteilungen 30 (1980), S. 91–93.
22 Nach der Bildung des VEB Chemiekombinates Bitterfeld durch Vereinigung der VEB-Betriebe Elektrochemisches Kombinat Bitterfeld (EKB) und Farbenfabrik Wolfen (beide 1952–1969) vereinigte man auch deren Betriebsarchive.

gen sowie Schriftgut mit praktischem Wert wie Patente, Baukonzessionen, Liegenschafts- und Katasterunterlagen sowie wissenschaftliche Berichte verblieben im Betrieb und gelangten erst im Oktober 1992 durch den Nachfolgebetrieb Chemie AG Bitterfeld an das Landesarchiv.

Ungeachtet der Bemühungen der Betriebe um den Verbleib des historischen Schriftgutes konnten bis Ende der 1980er Jahre u. a. 16 Bestände der chemischen Industrie und der Metallurgie ins Staatsarchiv Magdeburg übernommen werden.[23] Hierzu gehörten auch die historischen Unterlagen der Buna-Werke GmbH, des Aluminiumwerks Bitterfeld und Unterlagen der Deutsche Grube AG. Das Archivgut der wichtigen IG-Betriebe Ammoniakwerk Merseburg sowie Filmfabrik Wolfen verblieb dagegen noch vor Ort.

Grundlage für die Bewertung und Erschließung der Wirtschaftsunterlagen und die Strukturierung der Bestände bildeten das *Bewertungsmodell für den Registraturbildnertyp Kapitalistischer Industriebetrieb* und das darauf aufbauende Ordnungsmodell, die im Rahmen der von der Staatlichen Archivverwaltung der DDR verfolgten Standardisierung in verschiedenen archivischen Aufgabenbereichen erarbeitet wurden.[24] Abweichend von der Bestandsbildung und -gliederung nach der Registraturordnung gibt das Modell ein einheitliches Ordnungsschema vor, welches auf der *Grundstruktur und Aufgabenstellung eines kapitalistischen Industriebetriebes basiert.*[25] Es enthält die Hauptgruppen Leitung und Organisation, Lage und Kampf der Arbeiter (Personal- und Sozialangelegenheiten), Finanzen und Vermögen, Forschung und Entwicklung, Produktion, Materialwirtschaft, Absatz und Werbung, die jeweils in Abhängigkeit von der Überlieferungslage weiter untergliedert werden können. Die reale Vielfalt der Organisationsstrukturen der Unternehmen wird damit zwar in ein einheitliches Schema gezwängt und gegebenenfalls vereinfacht. Gleichzeitig abstrahiert es vom nicht nur für Industriebetriebe vor 1945 charakteristischen, oft kurzfristigen Wechsel von betrieblichen Aufgaben und Strukturen und ist damit ein hilfreiches Arbeitsinstrument der Bewertung wie der Erschließung. Zudem erleichtert es dem sich über die Bestandsgliederung und -struktur der Überlieferung annähernden Benutzer den Zugang und den – auch zwischen Beständen vergleichenden – Überblick über die Überlieferungslage.

---

23 Christel GRUNERT: Die kapitalistischen Bestände im Staatsarchiv Magdeburg, in: Archivmitteilungen 39 (1989), S. 42–45.
24 Staatliche Archivverwaltung der DDR (Hg.): Bewertungsmodell für den Registraturbildnertyp Kapitalistischer Industriebetrieb. Ordnungsmodell für Bestände kapitalistischer Industriebetriebe, erarbeitet vom Staatsarchiv Magdeburg, Potsdam 1979. Hierzu ausführlich: Detlev HEIDEN: Erschließung von Wirtschaftsschriftgut, in: Norbert REIMANN (Hg.): Erschließung von Archivgut, Möglichkeiten und Grenzen kommunaler Archivpflege durch Kreisarchive, Münster 2001, S. 56–70.
25 Staatliche Archivverwaltung der DDR (Hg.): Ordnungsmodell, S. 53.

Mit der politischen Wende in der DDR veränderte sich die Ausgangssituation für die Übernahme betrieblichen Schriftgutes grundlegend. Wegfall der rechtlichen Grundlage, Betriebsschließungen und Ansprüche von Rechtsnachfolgern der VEB auch auf das überlieferte Schriftgut prägten das Bild. Es wuchs die Gefahr des Archivgutverlustes, so dass unter Zeitdruck auch ungenügend oder nicht bewertete Unterlagen in das Staatsarchiv übernommen werden mussten. Die Übernahme der historischen Überlieferung der Leuna-Werke als dem für den Zuständigkeitsbereich wichtigsten IG-Betrieb gelang erst 1996 auf der Grundlage eines Einbringungsvertrages mit der Leuna-Werke GmbH. Das gesamte Betriebsarchiv einschließlich der in der Bildstelle verwahrten umfangreichen Fotosammlung wurde durch das 1993 gegründete und für die Überlieferung des südlichen Sachsen-Anhalt zuständige Landesarchiv Merseburg übernommen.[26] 2020 konnte der Bestand durch die weitgehend vollständige Personalkartei ergänzt werden. Die Übernahme der Unterlagen der ehemaligen Filmfabrik Wolfen gelang dagegen nicht. Das Firmenarchiv ist heute dem Industrie- und Filmmuseum Wolfen angegliedert, einer Einrichtung des Landkreises Anhalt-Bitterfeld. Zu den in der Wende- und Nachwendezeit im Zuständigkeitsbereich eingetretenen Komplettverlusten zählt das Schriftgut des zu den Leuna-Werken gehörigen Gipswerkes Niedersachswerfen.

Die im Landesarchiv Sachsen-Anhalt verwahrten Wirtschaftsunterlagen stehen heute entsprechend den archivrechtlichen Vorgaben der öffentlichen Benutzung frei zur Verfügung, die Basisinformationen für alle Bestände sind über die Archivwebsite abrufbar. Kern der IG-Überlieferung bilden die Bestände I 506 IG Farben, Chemische Werke Bitterfeld und I 532 IG Farben, Farbenfabrik Wolfen, I 525 Leuna-Werke und I 528 Buna-Werke GmbH Schkopau mit über 8.300 Akteneinheiten und einem Gesamtumfang von ca. 200 lfm, die eine außerordentlich dichte Überlieferung für die IG-Zeit bieten. Die Verzeichnungsangaben der Akten zu I 506 und I 528 sind über die Website des Landesarchivs bzw. über das Archivportal D und die Deutsche Digitale Bibliothek bereits für die standortunabhängige Recherche zugänglich, mit dem nächsten regulären Datenexport aus der Archivdatenbank erfolgt die Ergänzung für den Wolfener Farbenbetrieb.[27] Von IG Farben AG, Werk Aken (I 50) und vom IG Farben-Werk in Frose (I 431) sind noch Überlieferungsreste vorhanden.[28] In den IG-Kontext gehören auch die Bestände der Deut-

---

26 Seit 2001 ist das Landesarchiv Merseburg eine Abteilung des Landesarchivs Sachsen-Anhalt.
  Im Bestand I 525 Leuna-Werke fehlt die in der DDR-Archivwissenschaft übliche Bestandsbildung mit Epochenteilung 1945, die Unterlagen liegen als zusammengefasster Bestand vor. Etwa 1.000 Akteneinheiten sind aus der Zeit bis 1945 überliefert.
27 Siehe: www.recherche.landesarchiv.sachsen-anhalt.de; www.deutsche-digitale-bibliothek.de; www.archivportal-de.de (alle zuletzt aufgerufen am 09.09.2021).

sche Grube AG mit der Hauptverwaltung Halle, der Grubenverwaltung Bitterfeld und einigen dazugehörigen Gruben, während die Überlieferung der 1926 aufgrund eines Interessenvertrages vollständig in die IG Farben integrierten Riebeck'sche Montanwerke überwiegend im Bundesarchiv verwahrt wird.

Die Aktenbestände vor allem der IG-Hauptwerke in Mitteldeutschland enthalten umfangreiches Material für betriebsgeschichtliche Forschungen zu den einzelnen Werken, eine wissenschaftliche Aufarbeitung erfolgte bislang nur teilweise.[29] Durch die intensive produktionsbedingte und organisatorische Verquickung der Werke finden sich in den Beständen umfangreiche Unterlagen zu jeweils anderen Standorten. Enge Bezüge gibt es zwischen der schriftlichen Überlieferung des Leuna- und Bunawerkes, da letzteres bis zur Umwandlung in eine GmbH zu Leuna gehörte und von dort betrieben wurde. Überliefert sind aber auch Unterlagen zu anderen IG-Werken in ganz Deutschland und zahlreichen Firmen, mit denen die IG in verschiedensten Formen der Beteiligung und wissenschaftlichen Zusammenarbeit aber auch rechtlicher Abgrenzung verbunden war. Leuna- und Buna-Akten enthalten Unterlagen über das ab 1941 in der Nähe des KZ Auschwitz errichtete IG-Werk Auschwitz-Monowitz zur Produktion des kriegswichtigen synthetischen Kautschuk Buna.

Die archivalischen Quellen der Leitungsorgane des ehemaligen IG-Farben-Konzerns sind über verschiedene Bestände verstreut.[30] Im Interesse einer möglichst kompakten, aussagekräftigen Überlieferung wurde das Leitungsschriftgut der IG-Zentrale bei der archivischen Bearbeitung im Wolfener Bestand konzentriert und aus der Bitterfelder Überlieferung vervollständigt. Hier finden sich Unterlagen der 1.–104. Sitzung des Arbeitsausschusses der IG vom 14. Oktober 1925 bis zum 16. September 1937. Im Wolfener Bestand wurden auch die vorliegenden Sitzungsniederschriften und Korrespondenzen der IG-Ausschüsse konzentriert, von denen nur der Technische Ausschuss mit 34 Akten etwas umfangreicher überliefert ist. Unterlagen der IG-Kommissionen – von A wie Anorganisch-wissenschaftliche Kommission bis Z wie Zwischenproduktekommission – liegen in insgesamt 299 Akten vor. Hervorzuheben im Leitungsschriftgut sind die persönlichen Korrespondenzen der Büros

---

28 I 50 IG Farben AG, Werk Aken, enthält 4 Akten zu Baumaßnahmen am Gießereigebäude und Produktion. I 431 IG Farbenindustrie AG, Werk Frose, umfasst nur Buchhaltung, Lohn- und Gehaltsabrechnungen.

29 Vgl. HACKENHOLZ: Die elektrochemischen Werke.

30 Die Zersplitterung der Quellen war auch der Grund, dass durch Betriebsarchivare der großen Chemiebetriebe ein Spezialinventar »Archivalische Quellennachweise zur Geschichte der chemischen Industrie« zu IG-Unterlagen erarbeitet und ab 1968 veröffentlicht wurde. Hierzu gehörte z. B. der von der Filmfabrik Wolfen, der Farbenfabrik Wolfen und dem Elektrochemischen Kombinat erarbeitete Bd. 6: Protokolle von Ausschüssen und Kommissionen der I.G. Farbenindustrie Aktiengesellschaft, Leipzig 1968 einschließlich des Nachtrages von 1971.

Dr. Arnold Erlenbach, ab 1921 Werksleiter in Wolfen und mit Gründung der I.G. Farbenindustrie AG Vorstandsmitglied sowie die Überlieferung zu seinem Nachfolger, Dr. Richard May.[31] Leitungsschriftgut der Werke wie z. B. Direktorenbesprechungsprotokolle, Organisationsanweisungen und des Berichtswesens der einzelnen Leitungsebenen sind umfassend in den Betriebsbeständen von Wolfen und Bitterfeld überliefert. Der Umfang des Leitungsschriftgutes im Buna-Bestand ist überschaubar, das der Leuna-Werke weitgehend verloren gegangen. Von Interesse sind Unterlagen über die Rechtsgeschäfte und Verwaltungsabläufe bei Ansiedlung der Werke oder die Akten der Vermittlungsstelle Wehrmacht über die Kriegsproduktion. Umfassend überliefert sind Unterlagen zu Personal- und Sozialangelegenheiten, die in ihrem Quellenwert über betriebliche soziale Belange, wie Arbeitsbedingungen, Unfallgeschehen, Daten zur Personalentwicklung und Entlohnungsfragen hinausgehen. Mit Quellen zu den werkseigenen Siedlungen, medizinischen, Kultur- und Sporteinrichtungen geben sie auch Einblicke in eine Region, deren Lebenswelt und Selbstverständnis sie als größte Arbeitgeber nachhaltig prägen.

Zum dunklen Kapitel des Einsatzes ausländischer Arbeitskräfte[32] ermöglichen umfassende Fremd- und Zwangsarbeiterkarteien, Versicherungskarteien und Arbeitsbücher einen personenbezogenen Forschungszugang. Eine umfangreiche Sachaktenüberlieferung belegt verschiedenste Aspekte des Arbeitseinsatzes der KZ-Häftlinge, Kriegsgefangenen, ausländischen Arbeitskräfte und Zwangsarbeiter sowie die organisatorische Abwicklung einschließlich der Arbeitslager.[33] Die über rein historisches Interesse hinausreichende aktuelle Relevanz der Akten zeigte sich erst kürzlich anhand der Aufarbeitung der Rolle des Merseburger Wissenschaftlers Günther Adolphi beim Aufbau und Betrieb einer Produktionsanlage in Auschwitz-Monowitz von 1941 bis 1945 im Zusammenhang mit der Diskussion um die Umbenennung der Adolphi-Straße.[34]

---

31 Peter LÖHNERT: Richard May, Theodor Mariam, Oskar Falek: Schicksale jüdischer Chemiker in der Farbenfabrik Wolfen nach 1933, in: Mitteilungen der Gesellschaft Deutscher Chemiker/Fachgruppe Geschichte der Chemie, Bd. 20 (2009) S. 137–172, (www.gdch.de/fileadmin/downloads/Netzwerk_und_Strukturen/Fachgruppen/Geschichte_der_Chemie/Mitteilungen_Band_20/2009-20-10.pdf, zuletzt aufgerufen am 09.09.2021).

32 Ihr Anteil an der Belegschaft betrug zum Kriegsende in Bitterfeld 38 %, im Buna-Werk waren 1945 sogar 58 % der Beschäftigten Ausländer. Vgl. REHMANN: BUNA, S. 38.

33 Entsprechende Karteien sind in den Beständen F 507 Deutsche Grube AG, Grubenverwaltung Bitterfeld, Grube Auguste b. Bitterfeld, F 523 Deutsche Grube AG Halle, Grubenverwaltung Geiseltal, Grube Elise II, bei Mücheln, I 506 IG Farben Chemische Werke Bitterfeld, I 525 Leuna-Werke, Leuna b. Merseburg sowie I 532 IG Farbenindustrie AG, Farbenfabrik Wolfen überliefert.

34 Günter Adolphi war ab 1935 Betriebsleiter im Ammoniakwerk Merseburg (Leuna-Werke) und von 1943 bis 1945 in leitender Funktion in einer Produktionsanlage der IG Farben in Auschwitz-Monowitz tätig, in dem KZ-Häftlinge des KZ Auschwitz III Monowitz als Zwangsarbeiter beschäftigt waren. Auf der Basis des Gutachtens von Stefan Hördler entschied sich der Stadtrat Merseburg für die Umbenennung der Straße.

Umfangreiche Unterlagen liegen trotz der angesprochenen Verluste zu Produktions- und Technikentwicklungen vor.³⁵ Eine Besonderheit der Werke der mitteldeutschen Region war der Schwerpunkt auf der Produktion von Grundchemikalien. Zu der für den Laien kaum überschaubaren Produktvielfalt gehörten aber nicht nur Erzeugnisse für die Großchemie, sondern auch Alltagsprodukte, wie Waschmittel und Haarfarbe. Eine Besonderheit sind umfangreiche Quellen zur 1911 in Bitterfeld aufgenommenen Herstellung synthetischer Edelsteine vor allem für technische Zwecke, aber auch für die Schmuckindustrie.³⁶

Der Wirtschaftshistoriker Rainer Karlsch kommt zu der Einschätzung, dass die mitteldeutsche Konzerngeschichte der IG Farben noch nicht ausreichend erforscht ist.³⁷ In der IG-Forschung haben die hier vorgestellten Unterlagen keine angemessene Berücksichtigung erfahren, für das Grundlagenwerk von Plumpe wurde die Betriebsüberlieferung dieser Werke nicht genutzt.³⁸ Die Archivierung des größten Teils der historischen Überlieferung der für die IG Farben-Geschichte der 1930er und -40er Jahre zentralen Betriebe im Landesarchiv Sachsen-Anhalt bietet hierfür komfortable Bedingungen. Auf Grund der unterschiedlichen Überlieferungsschwerpunkte bieten die Unterlagen gerade in der Zusammenschau und im Kontext mit weiteren Wirtschaftsbeständen sowie der flankierenden behördlichen Überlieferung eine umfassende Quellenbasis für entsprechende Untersuchungen.

Um den Zugang zu den Unterlagen zu erleichtern, wurde die Aktenüberlieferung der Chemischen Werke Bitterfeld (Bestand I 506) mit Förderung der Deutschen Forschungsgemeinschaft in den letzten Monaten komplett digitalisiert. Die Erschließungsinformationen zu den Archivalien waren bereits länger über die Rechercheplattform des Landesarchivs, das Online-Informationssystem Archivportal-D sowie die Deutsche Digitale Bibliothek (DDB) recherchierbar. Nach Abschluss des Projektes werden die Akten selbst und damit zentrale Dokumente zur Geschichte der chemischen Industrie in Mitteldeutschland und zur Geschichte der IG Farben orts- und zeitunabhängig für die Bearbeitung vielfältiger Forschungsfragen online zur Verfügung stehen.

---

35 Die kürzlich erschienene Publikation von Günter MATTER: Elektron. Geschichte und Renaissance eines außergewöhnlichen Metalls, Essen 2019, widmet sich dem technischen Werkstoff Elektron, einer Magnesiumlegierung. Die weltweit bedeutendsten Anlagen für die Erzeugung von Magnesium befanden sich bis 1945 in Bitterfeld, Aken und Staßfurt.
36 Elisabeth VAUPEL: Produktion und Nutzung synthetischer Rubine und Saphire im Deutschen Reich (1906-1925) in: Technikgeschichte, Bd. 82 (2015), Heft 4, S. 273-303.
37 KARLSCH, MAIER (Hg.): Studien, S. 10.
38 Gottfried PLUMPE: Die I.G. Farbenindustrie AG. Wirtschaft, Technik, Politik 1904-1945, Berlin 1990. Zu den benutzten Quellen siehe S. 31 f.

Die Überlieferung von Unterlagen der I.G. Farbenindustrie AG im Unternehmensarchiv der Bayer AG in Leverkusen

Rüdiger Borstel

Das Bayer Archiv – eine Bestandsaufnahme

DAS BAYER ARCHIV gehört zu den ältesten Wirtschaftsarchiven in Deutschland. Seit seiner Gründung im Jahre 1907 sind in Leverkusen rund 6.500 laufende Regalmeter an Akten, Fotos, Filmen und Sammlungsgut zusammengetragen worden. Aufgrund seiner außergewöhnlichen und umfangreichen Bestände wurde das Leverkusener Bayer Archiv 1980 in das »Gesamtverzeichnis national wertvollen Kulturguts und national wertvoller Archive« des Bundesinnenministeriums aufgenommen. Als zentrales Unternehmensarchiv der Bayer AG dokumentiert es die Geschichte des gesamten Konzerns.[1] Gesammelt werden Schriftdokumente, Fotografien, Filme, Werbemittel, Publikationen und andere Zeugnisse der Unternehmensentwicklung, die ausgewertet und auf Dauer aufbewahrt werden. Älteste Archivalie ist ein Geschäftsbrief aus der Korrespondenz des Firmengründers Friedrich Bayer vom 6. Februar 1834.

2006 wurde die ehemalige Schering AG in die Bayer AG integriert. Dies hatte zur Folge, dass das 1979 gegründete Berliner Schering Archiv mit seinen rund zwei Regalkilometern Aktenbeständen organisatorisch dem Bayer Archiv in Leverkusen als Außenstelle zugeordnet wurde.[2] Im Februar 2017 wurde das Schering Archiv durch die Berliner Senatsverwaltung für Kultur und Europa in das »Verzeichnis national wertvollen Kulturgutes« eingetragen. Auch wenn die Schering AG kein Bestandteil der I.G. Farbenindustrie AG war, gibt es dennoch einige wenige Unter-

---

[1] Siehe auch Hans-Hermann POGARELL: Hundert Jahre historisches Unternehmensarchiv der Bayer AG – ein Beitrag zur Unternehmenskultur, in: Archiv und Wirtschaft 40 (2007), Heft 3, S. 121–130.
[2] Zur Geschichte des Schering Archivs siehe auch: Thore GRIMM, Michael POHLENZ: LANXESS-Schering-Bayer. Unternehmenswandel als Herausforderung für ein Unternehmensarchiv, in: Archiv und Wirtschaft 46 (2013), Heft 1, S. 14–17.

lagen mit IG-Bezug, die in ihrer Mehrheit Kartellabsprachen betreffen. Die nachfolgenden Ausführungen werden sich allerdings ausschließlich auf die Überlieferung von Unterlagen der IG Farben im Leverkusener Bayer Archiv beziehen.

Historische und organisatorische Entwicklung des Bayer Archivs

Das Bayer Archiv wurde 1907 auf Initiative des damaligen Vorstandsmitglieds Dr. Carl Duisberg anlässlich des 25-jährigen Dienstjubiläums des Aufsichtsratsvorsitzenden Henry Theodor von Böttinger gegründet. Eben jener Carl Duisberg wurde im Januar 1912 Generaldirektor der »Farbenfabriken vorm. Friedr. Bayer & Co.« – ein Glücksfall für die weitere Entwicklung des Bayer Archivs. Duisbergs herausragende Position hatte für das junge Unternehmensarchiv weitreichende Folgen: Er legte großen Wert auf Aktenübergaben an das Archiv und überstellte selbst auch zahlreiche Geschäftsunterlagen und nahezu seine gesamte Korrespondenz an das Unternehmensarchiv. Die Archivbestände in Leverkusen überstanden die Kriegs- und Besatzungszeiten nach den beiden Weltkriegen nahezu unversehrt. Nach der Entflechtung der IG Farben und der Neugründung der »Farbenfabriken Bayer Aktiengesellschaft« im Dezember 1951 wurde das Unternehmensarchiv der neu geschaffenen Direktionsabteilung in Leverkusen organisatorisch zugeordnet und dem Werksleiter unterstellt. Das bis dahin selbständig agierende Uerdinger Werksarchiv wurde in den 1990er Jahren in das Leverkusener Hauptarchiv integriert. Heute gehört das Unternehmensarchiv organisatorisch zur Abteilung Corporate Positioning bei Bayer AG Communications und wird unter dem Namen Heritage Communications geführt. Unabhängig von der organisatorischen Zuordnung war das Bayer Archiv stets hauptamtlich besetzt. Seit Mitte der 1980er Jahre wird seine Arbeit durch verbindliche Direktionsrundschreiben und seit 2008 durch konzernweite Richtlinien, sogenannte Procedures, unterstützt, um eine fortlaufende Aktenüberstellung an das Unternehmensarchiv zu gewährleisten und seinen Auftrag im Unternehmen verbindlich zu definieren. Heute versteht sich das Unternehmensarchiv als weltweit agierendes Konzernarchiv und »Gedächtnis des Unternehmens«. Es soll die vielfältige und spannende Geschichte des gesamten Bayer-Konzerns dokumentieren, indem es Unterlagen, aber auch Fotos, Filme, Sammlungsgut und andere Archivalien, die nicht mehr für den laufenden Geschäftsvorgang benötigt werden, übernimmt, auf ihren unternehmenshistorischen Wert hin prüft und mit Hilfe der Datenbank FAUST verwaltet – und damit verfügbar und recherchierbar macht. Im Bayer Archiv gilt seit den 1990er Jahren das Provenienzprinzip, die Sortierung folgt also der Herkunft der Unterlagen. Zuvor erfolgte die Bestandsbildung ausschließlich nach dem Pertinenzprinzip und folgte mehr oder weniger logischen Sachthemen.

Die heutige Kombination von Pertinenz- und Provenienzprinzip hat zur Folge, dass sich die Unterlagen zur IG in zahlreichen Beständen wiederfinden.[3]

Das Bayer Archiv und seine Öffnung für die wissenschaftliche Forschung

Das Bayer Archiv ist seit seinen Anfängen primär auf interne Unternehmenszwecke ausgerichtet. Es gab allerdings schon früh Ausnahmen. So war der erste externe Nutzer des Bayer Archivs zu Beginn der 1950er Jahre der Kölner Historiker Prof. Dr. Peter Rassow. 1969 folgte dann in Abstimmung mit der Rechtsabteilung ein wichtiger Schritt zur Öffnung des Archivs für externe Nutzer. So sollte *Historikern oder vergleichbaren Personen, die nach ihren bisherigen Arbeiten eine seriöse Auswertung erwarten lassen,* der Zugang zum Archiv offenstehen.[4] Von diesem Strategiewechsel hin zu einem transparenten Umgang mit der Firmengeschichte profitierte das Unternehmensarchiv nicht zuletzt dadurch, dass Wissenschaftler aus dem In- und Ausland, aber auch Lokalforscher und Privatpersonen mit Hilfe der Archivbestände in zahlreichen Publikationen Aspekte der Firmengeschichte umfassend bearbeiten konnten. Schwerpunkte sind hier Arbeiten zur Wirtschafts- und Sozialgeschichte, zur Technikgeschichte, Medizingeschichte, aber auch zur Sport-, Kunst- und Architekturgeschichte und zur betrieblichen Mitbestimmung bei Bayer sowie zu einzelnen herausragenden Persönlichkeiten der Firmengeschichte. Eine ganze Reihe der mit Hilfe der Archivbestände erstellten Arbeiten behandeln dabei auch Forschungsthemen zur Geschichte der IG Farben.

Bestandsgeschichte und Quellenlage zur I.G. Farbenindustrie AG und zu ihren Vorläufer

Das Bayer Archiv besitzt eine große Anzahl von Unterlagen aus der Zeit der IG Farben. Das erklärt sich auch dadurch, dass nur ein relativ kleiner Teil von in Leverkusen erstellten Akten den Weg ins Zentralarchiv der I.G. Farbenindustrie AG in Frankfurt-Griesheim fand und das Leverkusener Archiv weitgehend autark fungierte. Die historisch entstandenen Archivbestände führen dazu, dass sich in einer Vielzahl unterschiedlicher Bestände Unterlagen von und zu den IG Farben befin-

---

3 Die Benennung der hier verwendeten Bestände ist über einen längeren Zeitraum durch verschiedene Bearbeiter erfolgt und entspricht in Einzelfällen nicht mehr heutiger Verzeichnungspraxis. Sie ist aus Praktikabilitätsgründen beibehalten worden, zumal sie in zahlreichen Publikationen so Verwendung fand. Die häufig überlangen Laufzeitnennungen sind ebenfalls »historisch« zu erklären. Einzelne Bestände wurden immer wieder komplettiert, was zu einer Verlängerung der Laufzeiten führte und deren Aussagefähigkeit reduzieren kann.

4 Siehe auch: POGARELL: Hundert Jahre historisches Unternehmensarchiv, wie Anm. 1, S. 122.

den, worunter nur wenige Pertinenzbestände mit direktem Bezug zur IG Farben sind, deren Entstehungshistorie zudem oft nicht eindeutig nachvollziehbar ist. Letzteres gilt vor allem für Unterlagen, Akten und Bestände, die nach der Befreiung des IG-Werks Leverkusen und im Rahmen der Prozessvorbereitung für den Fall VI der Nürnberger Nachfolgeprozesse, dem I.G.-Farben-Prozess, von alliierten Stellen entnommen und neu zusammengestellt wurden. Diese Aktenbestände wurden bis Mitte der 1950er Jahre im Original, als Mikrofilm oder als Kopien, zum Teil auch unvollständig, an das Bayer Archiv in Leverkusen überstellt. Parallel dazu wurden bis 1957 rund 1.300 Akten, die im Zentralarchiv der IG Farben in Frankfurt-Griesheim archiviert worden waren, im Rahmen der IG-Entflechtung als »Bayer zugehörig« identifiziert und an das Bayer Archiv in Leverkusen (BAL) übergeben. Zusätzlich verfügt das Unternehmensarchiv über die Geschäftsberichte der IG Farben von 1925–1940 und über nahezu alle Ausgaben der Mitarbeiterzeitschrift »Von Werk zu Werk« des IG-Werks Leverkusen (1935–1944). Im Folgenden werden exemplarisch aussagefähige Bestände aus dem Bayer Archiv mit IG-Bezug vorgestellt. Dabei sollen die historischen Vorläufer der IG Farben sowie ihre unmittelbare Entstehungsgeschichte nicht unerwähnt bleiben.

Bestände zu den Vorläufern der I.G. Farbenindustrie AG (Auswahl)			
Signatur	Bestand	Laufzeit	lfd. m
004-A	Interessengemeinschaft der deutschen Teerfarbenfabriken I	1899–1917	0,7
004-B	Interessengemeinschaft der deutschen Teerfarbenfabriken II	1884–1962	4
300	Carl Duisberg Nachlass	1828–1996	17,5

Mit der Initiative von Carl Duisberg zur Fusion der großen Aktiengesellschaften der Farbstoffindustrie im Herbst 1903 und seiner »Denkschrift über die Vereinigung der deutschen Farbenfabriken« von der Jahreswende 1903/1904 begann im weitesten Sinn die Vorgeschichte der I.G. Farbenindustrie AG. Dies führte zum Interessengemeinschaftsvertrag zwischen den Farbenfabriken, der BASF und der Agfa von Januar 1905 (»Dreibund«). Der Verhandlungs- und Fusionsprozess zur »kleinen IG« zwischen dem »Dreibund« und dem aus Hoechst, Cassella und der Kalle AG etwa zeitgleich gegründeten »Dreiverband« während des Ersten Weltkriegs ist in den Beständen BAL 300 und BAL 004-A gut dokumentiert. Ebenso aussagefähig sind die Dokumente rund um die Gründung der Interessengemeinschaft der deutschen Teerfarbenfabriken im August 1916 (Bestand BAL 004-B). Duisbergs Motive für die jeweiligen Konzentrationsprozesse lassen sich in Denkschriften und Korrespondenzen sehr gut nachvollziehen.

Bestände zur Gründung der I.G. Farbenindustrie AG (Auswahl)

Signatur	Bestand	Laufzeit	lfd. m
300	Carl Duisberg Nachlass	1828–1996	17,5
004-C	I.G. Farbenindustrie AG	1899–2001	17,5

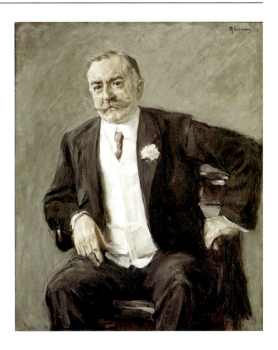

Abb. 1: Max Liebermann, Bildnis Carl Duisberg, 1909

Bestand BAL 300 (Carl Duisberg Nachlass)
Wichtig zum Verständnis der unmittelbaren Vorgeschichte der IG Farben ist der umfangreiche Nachlass des ehemaligen Generaldirektors der Farbenfabriken Carl Duisberg (1861–1935). Duisberg war über Jahrzehnte die wichtigste Führungspersönlichkeit bei Bayer und ab 1925 zudem Vorsitzender des Reichsverbandes der Deutschen Industrie (RDI). Seit seiner Ernennung zum Generaldirektor der Farbenfabriken 1912 war er einer der maßgeblichen Industriellen im Kaiserreich und in der Weimarer Republik.[5] Der Bestand BAL 300 umfasst den gesamten Nachlass

---

[5] Zur Person Carl Duisbergs siehe auch: Werner PLUMPE: »Carl Duisberg«. 1861–1935. Anatomie eines Industriellen, München 2016. Dieses Standardwerk wurde unter anderem mit zahlreichen Quellen aus dem Bayer Archiv Leverkusen (BAL) sowie den über 20.000 überlieferten Briefen seiner Autographensammlung (Bestand BAL 300) erstellt; Duisberg und seine Autographensammlung standen auch im Fokus eines Forschungsprojekts von Kordula Kühlem. Ihre Edition mit ausführlicher Kommentierung von 259 Briefen zwischen 1882–1935 gibt Einblick in das wirtschaftliche und politische Verständnis von Carl Duisberg. Dazu: Kordula KÜHLEM (Bearb.): »Carl Duisberg (1861–1935)«. Briefe eines Industriellen, München 2012 (Deutsche Geschichtsquellen des 19. und 20. Jahrhunderts. Herausgegeben von der Historischen Kommission bei der Bayerischen Akademie der Wissenschaften durch Hans-Christof Kraus).

von Carl Duisberg. Insbesondere seine umfangreiche geschäftliche Korrespondenz, die Abhandlungen, Reden und Denkschriften sind ein wahrer Fundus, auch und gerade für die Entstehungsgeschichte der IG Farben. Duisberg korrespondierte mit zahlreichen Persönlichkeiten. In seiner Autographensammlung befinden sich rund 20.000 nach Adressaten geordnete Briefe mit der wirtschaftlichen, politischen und gesellschaftlichen Elite seiner Zeit. Neben den zur Entstehung der IG Farben führenden Netzwerken mit Duisberg und Carl Bosch von der BASF als maßgebliche Protagonisten werden hier auch die Motive der Konzentrationsbestrebungen deutlich. Die Autographensammlung als ergänzender Bestandteil des Duisberg Nachlasses wird ebenfalls unter der Signatur BAL-300 geführt.

Bestand BAL 004-C (I.G. Farbenindustrie AG)
Weitere Denkschriften und Entwürfe zur Entstehungsgeschichte der IG Farben unter anderem von Carl Duisberg, Carl Bosch und Franz Oppenheim befinden sich im Bestand BAL 004-C, der auch umfangreiche Unterlagen zur IG-Geschichte bis hin zur Entflechtung enthält, unter anderem die wichtigsten Kennzahlen der IG Farben für die Jahre 1926–1944 (Belegschaftszahlen, Umsatz, Sozialaufwendungen, Dividenden). Detailliert sind auch die Diskussionen rund um den Entflechtungsprozess zwischen deutschen und alliierten Stellen überliefert.

Bestände zur I.G. Farbenindustrie AG seit 1925 (Auswahl)

Signatur	Bestand	Laufzeit	lfd. m
006	Beteiligungen der I.G. Farbenindustrie AG	1898–1990	9
011	Aufsichtsrat	1881–1991	1,6
012	Vorstand, Direktion	1881–2018	10
013	Ausschüsse und Kommissionen	1902–1999	7,5
272	Personalakten A-Z der Zentrale der I.G. Farbenindustrie AG in Frankfurt a. M.	k. A.	61
329	Direktionsabteilung	1913–1977	77

Bestand BAL 006 (Beteiligungen der I.G. Farbenindustrie AG)
Dieser Pertinenzbestand umfasst Unterlagen zu Beteiligungen, Tochtergesellschaften, Verkaufsvertretungen, Agenturen und Werken im In- und Ausland. Auch findet man hier Informationen zu einzelnen Gesellschaften aus der Zeit vor der Gründung der IG Farben bis in die Zeit ihrer Entflechtung. Ein Teil der Unterlagen wurde nach dem Ende des Zweiten Weltkriegs von alliierten Fachabteilungen zusammengestellt, um die Entflechtung vorzubereiten und durchzuführen. Die Unterlagen beinhalten Belegschaftszahlen, Bilanzprüfungsberichte, Geschäfts-

berichte, Jahresberichte, Rundschreiben, Verträge, Handelsregistereintragungen, Gesellschaftsverträge, Preislisten, Produktverzeichnisse, Broschüren aller Art sowie Werkspläne.

Bestand BAL 011 (Aufsichtsrat)
Dieser überschaubare, aber wichtige Pertinenzbestand umfasst zu rund 50 Prozent Unterlagen zum Aufsichtsrat und zum Verwaltungsrat der I.G. Farbenindustrie AG. Die Protokolle des Verwaltungsrats der IG Farben sind für die Jahre 1932–1933 überliefert und werden durch einen Schriftwechsel allgemeiner Art komplettiert. Ferner finden sich hier Mitgliederlisten des Aufsichtsrats, verschiedener IG-Gremien und Listen von Mitgliedschaften in Aufsichtsräten anderer Unternehmen (1928 bis Ende der dreißiger Jahre). Die Protokolle des IG-Aufsichtsrats liegen auf Mikrofiche vor und umfassen die Jahre 1929–1944.

Bestand BAL 012 (Vorstand / Direktion)
In diesem Pertinenzbestand befinden sich rund 20 Akten mit dem Schwerpunkt Vorstand/Direktion des IG-Werks Leverkusen und der Betriebsgemeinschaft Niederrhein. Der Bestand enthält aber auch allgemeine Vorstandsunterlagen, Protokolle sowie Unterlagen zum Direktorium, zu Prokuristen und deren Stellvertretern aus der IG-Zentrale in Frankfurt. Im Bestand findet sich ebenfalls eine Zusammenstellung der ausgeschiedenen Mitglieder des IG-Vorstands, des Zentral-Ausschusses und des Arbeits-Ausschusses von 1938. Aussagefähige Protokolle und Punktationen inklusive eines Index für die Sitzungen der Direktoriumskonferenzen der Betriebsgemeinschaft Niederrhein der Jahre 1925–1934 und die seiner technischen Direktionskonferenzen ab 1940 komplettieren den Bestand.

Bestand BAL 013 (Ausschüsse und Kommissionen)
In diesem Bestand sind unter anderem Unterlagen zu verschiedenen Ausschüssen und Kommissionen der I.G. Farbenindustrie AG konzentriert. Es handelt sich um Schriftwechsel, Protokolle, Satzungen, Geschäftsordnungen, Tagesordnungen zu Sitzungen, Mitgliederverzeichnisse und Übersichten über vorhandene Ausschüsse und Kommissionen. Darüber hinaus finden sich in diesem Pertinenzbestand die nahezu kompletten Sitzungsprotokolle des Technischen Ausschusses (TEA) der IG von 1926–1944, die Protokolle der Sitzungen des Arbeits-Ausschusses, des Kaufmännischen Ausschusses sowie Protokolle und Schriftwechsel zu den Sitzungen des Zentral-Ausschusses. Erwähnenswert sind zudem die Protokolle der Technischen Delegation (1924–1925), deren Aufgaben Mitte 1925 vom TEA übernommen wurden. Hochinteressant ist hier der umfangreiche Teilbestand BAL 013-017 mit allein

rund 2.500 Einheiten. Bei diesem handelt es sich ausschließlich um die Unterlagen des Technischen Ausschusses, hier unter dem Begriff TEA-Büro geführt. Der Teilbestand TEA-Büro dokumentiert zudem die organisatorische Struktur der IG mit ihren zahlreichen Kommissionen und Ausschüssen, ihren jeweiligen Mitgliedern sowie die Geschichte von Produkten und Herstellungsverfahren der IG sowie die ihrer Werke. Dargestellt werden insbesondere Aspekte wie Finanzen, Patent- und Lizenzregelungen, Kooperationen mit ausländischen Unternehmen und Beteiligungen, konkurrierende Unternehmen, Personalstatistiken der verschiedenen IG-Werke, Rohstofffragen, Vierjahresplan (Kredite), Großprojekte der IG Farben inklusive des IG-Werks Auschwitz/Monowitz, Buna-Kautschuk-Fabrikation, Fabrikationsverlagerungen, Arbeitseinsatz von Zwangsarbeiterinnen und Zwangsarbeitern, Unterbringungsfragen und Fliegerschäden. Die Protokolle der Direktionssitzungen verschiedener IG-Werke inklusive die der Direktionskonferenz des IG-Werks Leverkusen (1928–1945) komplettieren den Bestand.

Bestand BAL 272 (Personalakten A-Z der Zentrale der I.G. Farbenindustrie AG)

Dieser Pertinenzbestand umfasst rund 60 m Personalakten der Personal-Abteilung der IG Farben in Frankfurt mit einer Hauptlaufzeit von 1930 bis 1950. Die Überstellungshistorie der Akten ist nicht belegt. Der Bestand 272 stellt keine vollständige Dokumentation aller IG-Mitarbeiter dar, sondern umfasst eine alphabetisch geordnete Anzahl an Personalakten unterschiedlicher Provenienz. Der Bestand ist eine wichtige Quelle für Recherchen zu IG-Mitarbeitern und -Mitarbeiterinnen aller Hierarchieebenen.

Bestand BAL 329 (Direktionsabteilung)

Der Bestand hat einen Umfang von ca. 2.400 Akten. Hauptlaufzeit sind die Jahre 1930–1945. Der Bestand umfasst schwerpunktmäßig Unterlagen der Direktionsabteilung des IG-Werks Leverkusen. Die Direktionsabteilung unterstand als Stabsabteilung direkt dem Leverkusener Werksleiter. Hier liefen alle mit der Leitung eines großen IG-Werks verknüpften Abläufe und Entscheidungsprozesse zusammen. Dementsprechend weit gefächert und unterschiedlich sind die Themen, die sich in den Unterlagen widerspiegeln. Hier finden sich Abteilungsberichte, Jahresberichte, Protokolle der Werkskonferenzen und anderer relevanter Gremien sowie die umfangreiche Korrespondenz mit einer Vielzahl von IG-Werken, insbesondere mit den benachbarten Werken der Betriebsgemeinschaft Niederrhein. Auch ist der Schriftverkehr mit unterschiedlichen IG-Ausschüssen sowie Tochtergesellschaften und Fremdunternehmen im In- und Ausland überliefert. Einige Themen, die in den Direktionsakten des IG-Werks Leverkusen angesprochen werden, sollen an dieser Stelle schlagwortartig genannt sein: Produktionserhebungen, Personalstatistiken, Auflistungen Im- und Exporte, Rohstofffragen, Vierjahresplanangelegenheiten, aber auch Unterlagen zur Kriegsproduktion, zum Luft- und Gasschutz, zur Produktion von unter anderem Tarnstoffen, Synthesekautschuk/Buna und sonstiger kriegswichtiger Chemikalien. Daneben werden Fabrikationsverlagerungen, Abstellungen von Chemikern sowie technischen und kaufmännischen Angestellten an das IG-Werk Auschwitz/Monowitz, Fremdarbeiter- und Zwangsarbeiterangelegenheiten, italienische Militärinternierte und die Befreiung des Werkes Leverkusen durch die Alliierten angesprochen.

Bestände zum I.G.-Farben-Prozess 1947/48 (Auswahl)

Signatur	Bestand	Laufzeit	lfd. m
207	Prozess gegen die I.G. Farbenindustrie AG	1926–1970	25
330	Vorbereitung I.G.-Prozess (Akten aus verschiedenen Werken der I.G. sowie aus Zentralabteilungen in Frankfurt a. M. und Berlin)	1878–1971	73

Bestand BAL 207 (Prozess gegen die I.G. Farbenindustrie AG)

Der rund 25 laufende Aktenmeter umfassende Kernbestand zum I.G.-Farben-Prozess im Bayer Archiv enthält Akten und mikroverfilmte Unterlagen in deutscher und englischer Sprache. Er ist essenziell für jede Beschäftigung mit dem I.G.-Farben-Prozess. Von Seiten der amerikanischen Anklagebehörde finden sich neben den vorbereitenden Schriftsätzen nahezu vollständig die Dokumente der Anklage, Sitzungsprotokolle, Beweismaterial wie Statistiken, Exhibit-Listen sowie die Schluss-Schriftsätze und die fast komplett erhaltenen Schlussplädoyers der Anklageseite. Einzigartig machen diesen Bestand aber die zahlreichen Dokumente der Verteidigung, die in ihrer Gesamtheit die Verteidigungsstrategie detailliert aufzeigen und Einzelmotive der Angeklagten verdeutlichen. Die umfangreichen Akten der Verteidigung umfassen Aktennotizen der Angeklagten, Korrespondenz, Schriftsätze, Dokumentenbücher, Anträge der Verteidigung (insbesondere zu den Angeklagten Wilhelm Rudolf Mann, Heinrich Hörlein, Hans Kühne und Fritz ter Meer) sowie die Schlussplädoyers der Verteidigung. Dazu kommen von der Verteidigerseite zusammengetragene eidesstattliche Erklärungen sowie Korrespondenz der Verteidigung und einzelner Rechtsanwälte mit den Angeklagten, auch zur Abstimmung der generellen Verteidigungsstrategie. Komplettiert werden die Unterlagen zum I.G.-Farben-Prozess durch die umfassende Urteilsbegründung des berichterstattenden Richters Paul MacArius Hebert. Neben den umfangreichen Sitzungsprotokollen des I.G.-Farben-Prozesses geben die zahlreichen für und im

Verlauf des Prozesses entstandenen Dokumente Einblicke in prozessrelevante Themen wie medizinische Versuche in Konzentrationslagern, den Einsatz von Zwangsarbeitern, Fremdarbeitern und Kriegsgefangenen in IG-Werken und in die Lebens- und Arbeitsbedingungen von KZ-Häftlingen im IG-Werk Auschwitz/Monowitz. Auch wird die Produktion kriegswichtiger Materialien und Produkte (Buna-Kautschuk, Sprengstoffproduktion) angesprochen. Unter den zahlreichen Dokumenten sollte das sogenannte Krankenbuch Auschwitz und mehrere Spendenlisten der I.G. Farbenindustrie AG an die NSDAP seit 1930 nicht unerwähnt bleiben. Dem Bestand BAL 207 sind in den 1960er Jahren Dokumente zum Wollheim-Prozess und zu den Auschwitz-Prozessen beigefügt worden.

Bestand BAL 330 (Vorbereitung I.G.-Prozess)
Der Pertinenzbestand mit ca. 1.450 Akten setzt sich aus einer Vielzahl von Unterlagen verschiedener IG-Standorte sowie der Zentralabteilungen in Frankfurt a.M. und Berlin zusammen. Die Unterlagen wurden zur Vorbereitung des Prozesses gegen die I.G. Farbenindustrie AG zusammengetragen und zusammengestellt. Vielfach ist die Provenienz einzelner Akten nicht mehr rekonstruierbar. Schwerpunktmäßig behandeln die Akten Themen wie Im- und Exportfragen, Produktionslisten, Angaben zu Auslandskontakten, unter anderem mit Japan und China, generelle Vermögensfragen und Patentangelegenheiten sowie organisationsspezifische Informationen zur IG und ihrer Betriebsgemeinschaften inklusive Auflistungen von Beteiligungen. Den sehr heterogen zusammengesetzten Bestand machen aber gerade auch Informationen zu spezifischen Einzelthemen sehr interessant. Zu nennen sind hier insbesondere Aspekte des Luftschutzes (IG-Werke Leverkusen, Uerdingen, Bitterfeld), Kriegsschäden (Werk Leverkusen), Kampfstoffentwicklung, Kriegsproduktion sowie Forschungsergebnisse zu Tarnmaßnahmen (Vernebelungsaktionen) und zu Explosivstoffen. Auch finden sich im Bestand BAL 330 Unterlagen zum Einsatz von Fremdarbeitern, Zwangsarbeitern, Listen ehemaliger jüdischer Mitarbeiter bzw. Mitarbeiter mit jüdischem Hintergrund in IG-Auslandsvertretungen, Auflistungen zu Gehältern, Pensionen, Ruhegehältern und sonstigen Bezügen ausgeschiedener jüdischer Beschäftigter oder Beschäftigter mit jüdischem Hintergrund sowie Unterlagen zu medizinischen Experimenten.

Sonderfall Unterlagen zu Zwangs- und Fremdarbeitern (Auswahl)

Signatur	Bestand	Laufzeit	lfd. m
211	Personal- und Sozialwesen (Fremd- und Zwangsarbeiter)	1904–1992	2,5
271	Personalia	k. A.	74

Bestand BAL 211 (Personal- und Sozialwesen (Fremd- und Zwangsarbeiter))
Der heterogene Bestand BAL 211 enthält Unterlagen der Abteilung Personal- und Sozialwesen des IG-Werks Leverkusen sowie Personalvorgänge der IG-Werke Leverkusen, Dormagen und Elberfeld. Dem Bestand sind Unterlagen beigefügt, die für den I.G.-Farben-Prozess zusammengestellt wurden. Ca. 75 Prozent des Bestandes enthalten Unterlagen zu Zwangs- und Fremdarbeitern im IG-Werk Leverkusen. Der Bestand enthält statistisches Material allgemeiner Art zu Zwangs- und Fremdarbeitern (Anzahl, Herkunft, Dauer der Beschäftigung) sowie zur Verpflegungssituation und Unterbringung. Wichtig sind Personalkarteien der IG-Werke Leverkusen und Dormagen sowie arbeitsrechtliche Unterlagen und Korrespondenz mit den zuständigen Arbeitsämtern inklusive Anforderungsgesuche von Arbeitskräften während des Zweiten Weltkriegs.

Bestände BAL 271 (Personalia)
Der umfangreiche Bestand BAL 271 enthält auf rund 75 laufenden Aktenmetern eine Auswahl an Personalakten unterschiedlicher Provenienz seit der Unternehmensgründung im Jahr 1863. Im Unterbestand BAL 271-002 befinden sich unter anderem Akten zu Fritz ter Meer und dem ehemaligen Werksleiter des IG-Werks Leverkusen, Hans Kühne. Wichtiger für unsere Fragestellungen sind die Unterbestände BAL 271-001 bis BAL 271-006. In diesen befinden sich aussagefähige und umfangreiche Unterlagen zu nahezu 16.000 Zwangs- und Fremdarbeitern der IG-Werke Leverkusen, Uerdingen, Dormagen und Elberfeld. Aus den erhaltenen Transportlisten, Lohnabrechnungen, Beschäftigungsnachweisen, Endabrechnungen, Abrechnungsbüchern, Austrittsbüchern, Eintrittsbüchern, Personalkarten, Ambulanzbüchern, Mitglieds- und Leistungskarten der damaligen Betriebskrankenkassen und den allgemeinen Personallisten lassen sich die Schicksale der Fremdarbeiter und Zwangsarbeiter in ihrer Tragik gut rekonstruieren.

Bestände zur Entflechtung und Abwicklung der I.G. Farbenindustrie AG (Auswahl)

Signatur	Bestand	Laufzeit	lfd. m
004-C	I.G. Farbenindustrie AG (Literatur, Entflechtung)	1899–2001	17,5
365	Reports der Alliierten über die deutsche Industrie	nach 1945	12
205	Besatzungszeit (Demontage, Reparationen)	1932–1987	4
206	Besatzungszeit (Besatzungspolitik, Wiederaufnahme der Produktion, Entflechtung)	1938–1969	3

Bestand BAL 004-C (I.G. Farbenindustrie AG (Literatur, Entflechtung) sowie Hinweise auf die Bestände BAL 365, BAL 205 und BAL 206)

Der rund 18 m umfassende Pertinenzbestand BAL 004-C umfasst Akten von der Gründung der I.G. Farbenindustrie bis zu ihrer Auflösung und Entflechtung. Er ist mit rund 275 Akten der wichtigste Bestand des Archivs für die letzte Phase der IG Farben. Er beinhaltet auch Geschäftsberichte der IG Farben in Abwicklung. Von großer Bedeutung sind zahlreiche Unterlagen verschiedener alliierter Behörden und Kommissionen, die am Entflechtungsprozess maßgeblich beteiligt waren und versuchten, ihre jeweiligen Vorstellungen durchzusetzen (Control Commission for Germany, Bipartite-Farben-Control Office (Bifco), Tripartite-Farben-Control-Group (Trifcog), Alliierte Hohe Kommission). Demgegenüber steht der deutsche Beraterausschuss, der Farben Dispersal Panel (Fardip), dessen Ziel es war, die Bildung möglichst leistungsfähiger IG-Nachfolgeunternehmen zu fördern. Die Auseinandersetzungen rund um die Auflösung der IG Farben sind in diesem Bestand gut nachzuvollziehen.

Zur Abrundung dieses Themenkomplexes sind noch die Bestände BAL 365, BAL 205 und BAL 206 zu nennen. Bestand BAL 365 enthält Reports der Alliierten (Combined Intelligence Objectives Sub-Committee (C.I.O.S), British Intelligence Objectives Sub-Committee (B.I.O.S.), Field Information Agency, Technical, United States (F.I.A.T.) über die deutsche Industrie ab 1945 sowie Unterlagen zu Übernahme-, Demontage- und Reparationsfragen, die auch die IG-Werke der ehemaligen Betriebsgemeinschaft Niederrhein betreffen. Demontage- und reparationsspezifische Detailfragen werden auch im Bestand BAL 205 geschildert. Die Akten des Bestands BAL 206 behandeln Aspekte wie die Befreiung des IG-Werks Leverkusen, die Wiederaufnahme der Produktion ab 1945, den Entnazifizierungsprozess sowie die Situation der Zwangs- und Fremdarbeiter nach der Befreiung, Schriftwechsel zwischen der Direktion des Werks Leverkusen mit alliierten Stellen sowie Fragen der Entflechtung bis hin zur ersten konstituierenden Sitzung des Aufsichtsrats der 1951 gegründeten Farbenfabriken Bayer Aktiengesellschaft.

Abb. 2: Neugründung der Farbenfabriken Bayer AG, 19.12.1951

Fazit

Die Quellenlage zur I.G. Farbenindustrie AG und ihrer Vorgänger im Bayer Archiv ist in ihrer Gesamtheit als außerordentlich gut zu bezeichnen. Die hier vorgestellten Bestände geben einen Eindruck davon, wie umfangreich, aber auch wie aussagefähig die zahlreichen Dokumente sind, in denen die Geschichte der IG Farben von der Gründung im Jahr 1925 bis zu ihrer Auflösung und der Neugründung von Bayer im Dezember 1951 dokumentiert ist. Die Überlieferung zur Geschichte der IG Farben geht weit über die hier vorgestellten Bestände hinaus. Weitere zu nennende Bestände wären hier insbesondere die Bestände der Werksverwaltungen, der Direktionsabteilungen, der Personalstellen, der Forschungsabteilungen und die der Produktionsbetriebe der Niederrheinwerke, in denen neben zahlreichen sonstigen Aspekten auch IG-Belange angesprochen werden. Leider wurde bis in die 1980er Jahre die Provenienz zahlreicher Akten nicht ausreichend dokumentiert, so dass die Bestands- und Überlieferungsgeschichte zahlreicher Dokumente gerade zum I.G.-Farben-Prozess und zur IG-Entflechtung oft nicht eindeutig belegbar ist und sich zum Teil nur schwer rekonstruieren lässt. Für jede Beschäftigung mit der Geschichte des I.G.-Farben-Prozesses sind die Bestände des Unternehmensarchivs ein wahrer Fundus, gerade was die Seite der Verteidigung der im Fall VI angeklagten IG-Manager betrifft. In der Vergangenheit haben eine Reihe von Wissenschaftlern die Bestände des Bayer Archivs in Leverkusen gesichtet und ihre Erkenntnisse sind in zahlreiche Publikationen zur IG-Farbengeschichte und einzelner Teilaspekte eingeflossen. Es wäre ein positiver Nebeneffekt dieses Beitrags und dieser Tagung, wenn weiteres wissenschaftliches Interesse zur Beschäftigung mit Aspekten der Geschichte der I.G. Farbenindustrie AG, aber auch sonstiger Themen zur Bayergeschichte seit 1863 anhand von Archivalien aus dem Bayer Archiv in Leverkusen und seiner Außenstelle in Berlin geweckt würde.

Überlieferung von Unterlagen der IG Farbenindustrie im Hessischen Wirtschaftsarchiv

Ingo Köhler

DAS HESSISCHE WIRTSCHAFTSARCHIV (HWA) beherbergt einschlägige Quellen, anhand derer sich die Geschichte der IG Farben dokumentieren lässt. Den Kern der Überlieferung bieten die beiden Firmenbestände der Leopold Cassella & Co. (Frankfurt am Main) und der Naphtol-Chemie (Offenbach). Beide Unternehmen waren frühzeitig am Anfang des 20. Jahrhunderts in den Konzentrationsprozess der Chemiebranche involviert, der in mehreren Schritten in die Gründung der I.G. Farbenindustrie AG von 1925 mündete. Nach der Rückabwicklung der IG Farben 1951 suchten sie den schwierigen Weg zurück in die Selbständigkeit.[1] Der Beitrag stellt die Struktur und Inhalte der historischen Überlieferungen der beiden Chemiefirmen entlang der hier zwangsläufig nur kursorisch zu erzählenden Unternehmensgeschichten dar. Einige exemplarische Hinweise auf besonders interessante Dokumente sollen zur Recherche in den wissenschaftlich bislang nur partiell ausgewerteten Unterlagen anregen.

Leopold Cassella & Co.: Per Pacht in die IG Farben

Die Cassella-Farbwerke gehen in ihren Ursprüngen auf ein 1798 von Leopold Cassella gegründetes Handelshaus für Gemischtwaren zurück. Seit den 1820er Jahren, insbesondere nachdem Ludwig Aaron Gans dem kinderlosen Gründer als Teilhaber zur Seite trat, konzentrierte sich das Unternehmen mehr und mehr auf den einträglichen Vertrieb von natürlichen Färbemitteln. Die nachfolgende Generation wagte 1870 den Schritt in die Produktion von Teerfarben und stieg damit auf den

---

[1] Vgl. Andreas DIETZ: Die Naphtol-Chemie in Offenbach a.M. Chance eines ehemaligen IG Farbenwerks auf Selbständigkeit, Darmstadt 2020; Cassella AG (Hg.): Im Wandel. 125 Jahre Cassella, Frankfurt am Main 1994, S. 22 ff.

Zukunftsmarkt der künstlichen Färbemittel ein.[2] Das Unternehmen wurde nun von Friedrich und Leo Gans sowie von Carl und Arthur Weinberg geführt. Letztere stammten aus einem verschwägerten Familienzweig und traten 1877 bzw. 1883 in die Firma ein. Unter der Leitung der beiden Brüderpaare, die als forschende Unternehmer eine ideale Verteilung von kaufmännischen und chemisch-technischen Kompetenzen auszeichnete, gelangen in den Folgejahren wegweisende Innovationen bei der Herstellung von Azo- und Schwefelfarben. Das seit 1894 als Leopold Cassella & Co. firmierende Unternehmen mit Werksanlagen in Fechenheim an der Mainkur beschäftigte um die Jahrhundertwende bereits rund 2.000 Mitarbeitende und galt als Weltmarktführer in zentralen Feldern der Farbherstellung.[3] Die Gründungsphase und ersten Schritte der Unternehmensgeschichte sind im HWA u. a. durch Gesellschafterverträge, Gestattungsurkunden zum Werksbau, Denkschriften und personenbezogene Unterlagen gut dokumentiert.[4] Eine noch intensivere Dichte weist der Bestand allerdings in den Überlieferungen seit Beginn des 20. Jahrhunderts auf und lässt damit den langwierigen Gründungs- und Ausgestaltungsprozess der IG Farben sichtbar werden.

Der Gesamtumfang des Bestandes 214 »Cassella AG« im HWA beläuft sich auf rund 10.000 Akten, Dokumentverfilmungen sowie zahlreiche Fotos. Nach derzeitigem Arbeitsstand sind hieraus 6.715 Verzeichnungseinheiten gebildet worden, was rund 140 laufenden Regalmetern entspricht. Der Bestand ist somit bislang zu rund 70 Prozent erschlossen und steht zur Einsicht bereit. Zur Klassifizierung wird eine systematisch-chronologische Ordnung nach Sachthemen und dem historischen Verlaufshorizont der Firmengeschichte gewählt. Geschäftsberichte, partiell nebst Gewinnrechnungen, sind für den Überlieferungszeitraum von 1885 bis 1997 als Rahmengerüst des Bestandes vorhanden. Aufsichtsrats- oder Vorstandsprotokolle aus der Zeit, als Cassella als GmbH, später auch als AG firmierte, fehlen leider.

Die Verknüpfung der Firmengeschichte von Cassella mit der IG Farben beginnt mit der Vorstufe des kartellartigen Zusammenschlusses der deutschen Chemieunternehmen im Jahr 1904: der Bildung des Zwei- bzw. Dreibundes sowie des Zweiverbands als zunächst noch weitgehend separierte Firmenblöcke. Angestoßen wurde die Vereinigung der deutschen Farbenfabriken bekanntermaßen durch die gleichnamige Denkschrift des Bayer-Vorstandsvorsitzenden Carl Duis-

---

2 Vgl. Leopold Casella & Co., 1870–1920. Werk Mainkur der Firma Leopold Cassella & Co. GmbH, Frankfurt am Main 1920.
3 Cassella AG (Hg.): Im Wandel, S. 13 ff.; Alexander ENGEL: Farben der Globalisierung. Die Entstehung moderner Märkte für Farbstoffe 1500–1900, Frankfurt am Main u. a. 2009, S. III und 272 f.
4 U. a. HWA Abteilung 214, Nr. 1783, 2016, 2021 (Sammelmappen), 213, 1046–1051, 1069–1071 und 2021.

berg, die im HWA ebenso überliefert ist wie sein persönliches Begleitschreiben an den Cassella-Seniorchef Leo Gans vom Februar 1904.⁵ Motiviert war die Initiative durch einen erhöhten Preis- und Rationalisierungsdruck innerhalb der Branche, dem man selbst durch Absprachen nicht mehr Herr zu werden drohte. Duisberg plädierte dafür, die deutschen Firmen nach amerikanischem Vorbild in einen eng geschnürten Trust einzubinden, um so im internationalen Wettbewerb besser bestehen und zugleich den brancheninternen Konkurrenzkampf um Grundstoffe, Vorprodukte, Lizenzen und Preise eindämmen zu können. Die Cassella-Teilhaber reagierten durchaus interessiert, aber eher zurückhaltend auf die Verbundidee. Sie sahen die ökonomischen Vorteile, aber auch die Risiken, ihre Selbstständigkeit und damit ihren besonderen persönlichen Stil zur Pflege der Geschäfts- und Kundenbeziehungen zu verlieren.⁶ Zudem gab es rechtliche Bedenken, wie die Familiengesellschaft Cassella in einen Verbund von Publikumsgesellschaften eingebunden werden könne. Um einer zu starken Fremdbestimmung zu entgehen, verhandelte die Inhabergruppe Gans-Weinberg zunächst mit einem potentiellen Partner weiter. Bereits 1902 hatte jene selbst den Kontakt zu den Farbwerken vorm. Meister Lucius & Brüning in Höchst am Main (kurz: Farbwerke Hoechst) gesucht. Das Ziel lautete, die Versorgung der Cassella-Werke mit Grundchemikalien durch den Abschluss von möglichst langfristigen Lieferverträgen sicherzustellen. 1904 kam es somit – noch bevor sich Bayer, BASF und Agfa im sog. Dreibund zusammenschlossen – zur Bildung des Zweiverbands von Cassella und Hoechst. Das HWA hält hierzu sämtliche Verträge und Vereinbarungen vor, die der Kooperation zugrunde lagen. Als Gegenleistung für die prioritäre Belieferung übernahmen die Farbwerke Hoechst per Übertragung von Stammeinlagen eine Beteiligung an der Firma Leopold Cassella & Co. Letztere wiederum wechselte per neuem Gesellschaftsvertrag in die Rechtsform einer GmbH. Der entsprechende Vertrag »über die Errichtung einer Interessengemeinschaft« sah eine weitreichende und unbefristete Kooperation bei der Beschaffung und Versorgung sowie in Patent- und Forschungsangelegenheiten vor. Auf diesem Weg wollte man die Wettbewerbsfähigkeit und Prosperität beider Vertragspartner stärken.⁷ Zwei Jahre später trat mit der Kalle & Co. in Biebrich eine weitere Chemiefabrik dem nun »Dreiverband« genannten Bündnis bei.

Die Zusammenführung der beiden Firmenblöcke in der Interessengemeinschaft der deutschen Teerfarbenfabriken von 1916 findet sich ebenso deutlich im

---

5 HWA Abteilung 214, Nr. 2294.
6 Hansjörg W. VOLLMANN: Eigenständigkeit und Konzernintegration. Die Cassella, ihre Eigentümer und ihr Führungspersonal, Darmstadt 2011, S. 167.
7 HWA Abteilung 214, Nr. 1026; 1124–1129.

Bestand Cassella dokumentiert. Es entstand die sog. »kleine IG Farben«. Zwar hatten sich die beiden Verbünde bis 1914 parallel durchaus gut entwickelt. Nach Ausbruch des ersten Weltkriegs sorgten die verringerten Absatzchancen auf den Weltmärkten, der zunehmende Mangel an Rohstoffen, Vorprodukten und Arbeitskräften für deutliche Geschäftsprobleme. Die Chemieindustrie war zudem eines der ersten Wirtschaftsfelder, in der Kriegsrohstoffgesellschaften als Ausdruck einer neuen Form von militärbehördlich regulierter Selbstverwaltung der Unternehmen installiert wurden. Dieses Organisationsmodell der deutschen Kriegswirtschaft belebte auch die Idee des gänzlichen Zusammenschlusses aller Chemiefabriken. 1916 wurde ein Interessengemeinschaftsvertrag zwischen den Mitgliederfirmen der beiden Verbünde sowie der Chemischen Fabriken Weiler-ter-Meer und der Chemischen Fabrik Griesheim Elektron als neu dazustoßende Partnerunternehmen geschlossen. Der Cassella-Bestand umfasst u. a. dieses Abkommen sowie zahlreiche Sondervereinbarungen, durch welche Geschäftsanteile der Cassella GmbH nun auch an weitere Partnerfirmen der IG übergingen.[8] Höchst interessant sind in diesem Zusammenhang die Protokolle der Sitzungen des Gesellschaftsrats der Leopold Cassella & Co. GmbH. Sie liegen für den Zeitraum von 1904 bis 1932 nahezu geschlossen vor. Es lässt sich u. a. belegen, dass es innerhalb der Familien Gans und Weinberg zu heftigen Auseinandersetzungen kam, ob und wie sich Cassella an der »kleinen« IG Farben beteiligen sollte.[9]

Leider sind es aber nur recht wenige Akten, die auch für die 1920er und 1930er Jahre einen so klaren Blick auf Aushandlungen und Entscheidungsprozesse der Cassella erlauben. Stattdessen dominieren den Bestand ab 1917 dichte Serien von Protokollen und Berichten aus der IG Farben-Organisation. Der Umstand, dass die Cassella-Interna in den Hintergrund treten, ist sicherlich der spezifischen Überlieferungssituation geschuldet, möglicherweise aber auch Ausdruck der Verlagerung des Managements in den Verbund. Obwohl die Vertragspartner formal eigenständig blieben, führten die Regulierung und Kartellierung zu vollständig veränderten Verwaltungsabläufen. In der Abt. 214 sind die Gründungsbilanzen der Mitglieder der Interessengemeinschaft von 1916 und 1917, die Protokolle aller Bilanzprüfungen und IG Farben-interne Abrechnungen zwischen den Vertragspartnern von 1916 bis 1924 vorhanden.[10] Daneben existieren Übersichten zu Produktionsdaten, Lohnentwicklungen und Investitionsprojekten einzelner Vertragspartner. Vollständig überliefert sind hier auch die Protokolle der meist monatli-

---

8 HWA Abteilung 214, Nr. 1214.
9 HWA Abteilung 214, Nr. 1212.
10 HWA Abteilung 214, Nr. 220; 1799; 2045 und 2068.

chen IG Sitzungen. Dies betrifft sowohl die Vollversammlungen als auch die Sitzungen der Kommissionen Steuern, Finanzen, Statistik, Bilanzen, Versicherung, Recht und Technik.[11]

Den Höhepunkt der Konzentrationsbewegung bildete die Verschmelzung der führenden deutschen Chemiefabriken zur I.G. Farbenindustrie AG im Dezember 1925. Die Ziele dieses Schrittes waren altbekannte: den Anschluss an den umkämpften internationalen Märkten zu halten, die Farbstoffproduktion zu rationalisieren und Finanzmittel für Innovationen bereitzustellen. Im Gemeinschaftsrat der »kleinen IG« waren die Bedingungen der Fusion über mehrere Monate hart verhandelt worden. Arthur und Carl von Weinberg – sie wurden 1908 nobilitiert – waren als Mitglieder des Gemeinschaftsrates zentral an dem Gestaltungsprozess beteiligt. Dies zeigen auch die Einträge im überlieferten Gästebuch von Carl von Weinberg. Beide rückten 1925 dann auch in den Verwaltungsrat der I.G. Farbenindustrie AG ein, der sich rasch als neues Machtzentrum des Großkonzerns etablierte. Gemeinsam mit dem Cassella-Seniorchef Leo Gans waren sie zudem in den Aufsichtsrat kooptiert. Während die Cassella-Akteure direkt in das Management der IG Farben integriert waren, wurde ihr Unternehmen formal nur indirekt, dennoch aber vollständig in die Fusion einbezogen. Der Grund war, dass sich die Cassella-Geschäftsanteile bereits zu fast 80 Prozent in Händen der IG Farben-Partner befanden.[12] Die Leopold Cassella & Co GmbH blieb zwar als Mantelgesellschaft für bestehende Patente, Lizenzen und Warenzeichen bestehen, verpachtete ihre Produktionsstätte in Fechenheim jedoch als »Werk Cassella der I.G. Farbenindustrie AG« an den neuen Großkonzern. Alle Beschaffungs-, Produktions-, Vertriebs- und Planungsprozesse wurden nun in den Gremien der IG entschieden.[13]

Neben Besprechungsnotizen und Berichten über die Fusionsgespräche finden sich im HWA die letztlich abgeschlossenen Verträge sowie detaillierte Erläuterungen über die Verpachtung der Liegenschaften und Fabrikeinrichtungen. Die Struktur des Bestandes wird für die Zeit ab 1925 dominiert durch Unterlagen zur Reorganisation der Farbstoffproduktion innerhalb der I.G. Farbenindustrie AG. Auch finden sich wieder einige serielle Quellen, wie u.a. die Sitzungsprotokolle der Coloristischen Kommission, in denen für die Jahre 1927 bis 1939 u.a. über den Eingang und die Verteilung der Produktionsaufträge, Sortimente, Preise und Neuentwicklungen im Farbsektor berichtet wird.[14] Überliefert sind auch die Farben-

---

11 HWA Abteilung 214, Nr. 1052.
12 HWA Abteilung 214, Nr. 1500, Übersicht über die Verteilung der Cassella-Geschäftsanteile, 1904–1936.
13 Vgl. Cassella AG (Hg.): Im Wandel, S. 19 f.; VOLLMANN: Eigenständigkeit und Konzernintegration, S. 201.
14 HWA Abteilung 214, Nr. 54–65. Ähnliche Serien liegen auch für das Cassella-Werk Mainkur für die

register der IG Farben u. a. für 1936 und 1939, in denen technische Spezifikationen und die organisatorische Neugliederung in 18 interne Produktionsgruppen und Abteilungen dargelegt wird.

Flankiert werden die Unterlagen durch einen breiten Dokumentationsbereich, in dem zum einen Informationen zu den neuen Organisationsstrukturen, wie z. B. dem Aufbau der Kommissionen und ihrer personellen Besetzung festgehalten werden. Zum anderen finden sich hier die gedruckten Geschäftsberichte der I.G. Farbenindustrie AG von 1926 bis 1941, Preislisten für Grundchemikalien, Farbstoffe und Hilfsprodukte[15] sowie in großer Dichte technische und werbliche Broschüren zu einzelnen Präparaten und Produkten, nebst Musterkarten und Stoffproben. Exemplarisch sei auf das Heft »I.G.-Erzeugnisse für den täglichen Bedarf« von 1937 verwiesen, in dem die Werkswerbung alle Anwendungsgebiete und Bezugsquellen der eigenen Erzeugnisse für die politische und gesellschaftliche Kommunikation zusammenstellte.[16] Ebenso vielfältig sind etwa Branchenberichte über die weltweite Entwicklung der Baumwoll-, Kunstseiden- und Seidenindustrie, die zur Marktbeobachtung angefertigt wurden und für die Zeit seit 1930 vorliegen.

Auch die Entwicklung des Cassella Werkes Mainkur unter der Ägide der I.G. Farbenindustrie AG ist im Bestand hervorragend dokumentiert. Dies gilt vor allem für die massive Umstellung des Produktionsprogramms seit 1924. Aus Gründen der Rationalisierung wurden neben der Pharmasparte die gesamten Bereiche der Azo-, Triphenylmethan- und Schwefelfarbstoffe an Hoechst abgegeben, während das Cassella-Werk einen neuen Schwerpunkt in der Indanthren-Herstellung fand. Im Bestand finden sich minutiöse Aufstellungen über die Produktionsleistung und -struktur des Werkes sowie die Diskussion um mögliche Verlagerungsschritte in der Färbemittelherstellung. Statistisch erfasst sind zudem die Farbstoffproduktion, der Energie- und Rohstoffverbrauch sowie die Belegschaftsentwicklung, wodurch sich gerade auch die Auswirkungen der Weltwirtschaftskrise gut nachvollziehen lassen.[17]

Bislang von der Forschung weitgehend unbeachtet sind die Unterlagen, die weniger auf die ökonomische Performance des Werkes abheben, als vielmehr punktuelle Einblicke in die betriebliche Alltagskultur im Unternehmen Cassella vor der nationalsozialistischen Machterlangung erlauben. Der Bestand hält hierzu u. a. einige Ausgaben der offiziellen Betriebszeitung sowie der von der KPD-Arbeiter-

---

Jahre 1902 bis 1927 vor, so dass die Entwicklung der Farb- und Produktionsprogramme über mehrere Jahre verfolgt werden kann. Siehe HWA Abteilung 214, Nr. 2003–2007, Coloristische Erledigungen.
15 HWA Abteilung 214, Nr. 113 und 119–120.
16 HWA Abteilung 214, u. a. Nr. 100–106 und 126–133.
17 Siehe HWA Abteilung 214, Nr. 137, 214, 262–264 und 272.

gruppe verfassten »Cassella Gift-Röhre« bereit. Aufschlussreich sind zudem zahlreiche Unterlagen, die anlässlich diverser Jubiläen von führenden Angestellten und insbesondere Mitgliedern der Teilhaberfamilie entstanden sind. Es existieren u. a. Sammelmappen mit Redemanuskripten, persönlichen Glückwünschen und Presseausschnitten zum 50-jährigen Arbeitsjubiläum von Carl von Weinberg 1927 oder zum 70. Geburtstag von Arthur von Weinberg 1930. Ebenso sind Würdigungen der Inhaberfamilie zu Geburtstagen und Arbeitsjubiläen in der Belegschaft sowie Kondolenzschreiben zum Tod von Leo Gans 1935 überliefert. Zu Feierlichkeiten innerhalb des Unternehmens bzw. im privaten Kreis der Inhaberfamilien liegen zudem einige Fotoalben und Programmhefte vor.[18] Anhand dieser Materialien kann insbesondere eindrucksvoll gezeigt werden, dass Leo Gans und die Brüder Carl und Arthur von Weinberg hohe fachliche und gesellschaftliche Anerkennung genossen und hervorragend in Politik, Wissenschaft und Wirtschaftsbürgertum Deutschlands vernetzt waren.

Umso bedauerlicher ist, dass zu den Verfolgungserfahrungen, die die jüdischen Unternehmer und ihre Familien nach 1933 machen mussten, kaum etwas im HWA-Bestand überliefert ist. Einen Hinweis liefert lediglich der Antrag, den Arthur und Carl von Weinberg im Januar 1936 vergeblich stellten, um von den erniedrigenden Vorschriften des Reichsbürgergesetzes befreit zu werden. Hierin verwiesen die beiden Brüder auf ihre christliche Erziehung, ihre nicht-jüdischen Ehepartnerinnen, ihre zahlreichen Ehrentitel, ihr hohes soziales Engagement sowie ihre viel gerühmte Tätigkeit in der Führungsspitze von Cassella und der I.G. Farbenindustrie AG.[19] Bis dato hatten beide Unternehmer unter dem Druck der NS-Diffamierungen bereits eine Vielzahl ihrer Ämter in der Wirtschaft, in wohltätigen Stiftungen und der chemischen Wissenschaft aufgeben müssen. 1936 folgte schließlich die Demission aus dem Verwaltungsrat der I.G. Farbenindustrie AG. Nach dem Novemberpogrom 1938 wurden sie unter massiven Gewaltandrohungen dazu gezwungen, ihre Privathäuser in Frankfurt am Main unter Wert zu veräußern. Carl von Weinberg gelang die Flucht nach Italien, während Arthur von Weinberg 1942 nach Theresienstadt deportiert wurde und dort ums Leben kam.[20] Die Leopold Cassella & Co. GmbH wurde 1937 nun auch formal aufgelöst. Per Beschluss der Gesellschafterversammlung übernahm die I.G. Farbenindustrie AG als Hauptgesellschafterin sämtliche Vermögenswerte und gliederte die zuvor gepachtete Fertigungsstätte in

---

18 HWA Abteilung 214, Nr. 49, 50, 112, 188, 297, 896, 1235, 2727, 3022.
19 HWA Abteilung 214, Nr. 144: Antrag von Arthur und Carl von Weinberg auf Befreiung von den Vorschriften des Reichsbürgergesetzes.
20 Vgl. Michael STOLLEIS: Arthur von Weinberg. Wissenschaftler, Unternehmer, Mäzen, NS-Opfer, in: Chemie in unserer Zeit 42, 2008, S. 212–215.

Fechenheim nun als »Werk Mainkur« gänzlich in die Konzernstruktur ein.[21] Die Weinberg-Brüder hielten zu diesem Zeitpunkt noch rund neun Prozent des Gesellschaftskapital von 60,9 Mio. RM. Die näheren Umstände dieser »Arisierung« des gewerblichen Vermögens sind aus den im HWA überlieferten Akten leider nicht zu rekonstruieren. Eine vage Hoffnung existiert jedoch, dass der Bestand noch weitere Unterlagen zur Geschichte der Familie und des Unternehmens in den 1930er Jahren vorhält: es existieren mehrere Fotofilmrollen, auf denen Ende der

Abb. 1: Das Firmenlogo der Cassella AG auf dem Dach des Verwaltungsgebäudes, Herbst 1951

---

21 Vgl. VOLLMANN: Eigenständigkeit und Konzernintegration, S. 221 ff. sowie die Unterlagen HWA Abteilung 214, Nr. 1028, 1678.

1930er Jahre Dokumente abgelichtet wurden. Diese Filme befinden sich in einem derart schlechten Erhaltungszustand, dass sie zunächst kosten- und zeitaufwendig archivalisch aufbereitet werden müssen, bevor sie der wissenschaftlichen Öffentlichkeit zur Verfügung gestellt werden können. So lange bleibt unklar, ob es sich um Zweitschriften oder tatsächlich noch ungesehenes Aktenmaterial handelt.

Relativ dünn, aber partiell hochwertig sind die Überlieferungen zum Werk Mainkur für die Zeit des Zweiten Weltkrieges. Meist handelt es sich um Berichte über die Produktionslage und Rohstoffzuteilungen in den Jahren 1939 bis 1953. Besonders interessant aber erscheinen einige wenige Einheiten, die sich mit der Herstellung von kriegswichtigen Produkten in Fechenheim und schließlich mit den Auswirkungen der zerstörerischen Luftangriffe vom 20. Dezember 1943 auf das Werk und seine Belegschaft auseinandersetzen.[22]

Von hoher Qualität und Dichte sind die Materialien zur Entflechtung der IG Farben und zur Neugründung der Cassella Farbwerke Mainkur AG in Frankfurt am Main am 6. Mai 1952.[23] Ab diesem Zeitpunkt weist der Bestand Cassella alle Merkmale einer kompletten Unternehmensüberlieferung auf, da neben Vorstands-, Aufsichtsrats- und Präsidialsitzungsprotokollen und Geschäftsberichten umfangreiche Materialien aus den einzelnen Betriebsabteilungen von der Forschung und Produktentwicklung über die Produktion bis hin zu Vertrieb und Werbung vorliegen. Der Prozess der Loslösung aus dem IG Farben-Konzern dokumentiert sich darüber hinaus in zahlreichen Denkschriften, Gutachten, Organisationsentwürfen, Stellungnahmen von Banken oder auch Gewerkschaften. Ebenso sind weite Teile der Regelungsvorgaben der US-Administration in Bezug auf das Cassella Werk, Berichte über die Beseitigung der Kriegsschäden und zum frühen Start eines dezidierten Investitionsprogramms in den Jahren 1949 bis 1952 überliefert.[24] Es waren zunächst Hoechst, Bayer und die BASF, die jeweils 25,1 Prozent der Anteile an der Cassella übernahmen und damit eine zumindest ähnliche Beteiligungssituation rekonstruierten wie vor 1933. Neben den Großaktionären traten die Nachfahren der Familie Weinberg wieder in ihr Eigentum ein. Ihr wichtigster Vertreter in den Firmengremien wurde der Schwiegersohn Carl von Weinbergs, Richard von Szilvinyi,[25] der auch als einflussreicher neuer Aufsichtsratsvorsitzender der AG fungierte. Anzumerken bleibt, dass die etwaigen Restitutionsverfahren im Bestand

---

22 HWA Abteilung 214, Nr. 3042–3044.
23 IG Farbenindustrie AG i.L.: Bericht über die Entflechtung und Liquidation 1955, Frankfurt am Main 1955, S. 23 ff.
24 HWA Abteilung 214, Nr. 1512, 1519.
25 Siehe wesentlich HWA Abteilung 214, Nr. 1702: Handakte von Richard von Szilvinyi betr. die Dekartellisierung der I.G. Farbenindustrie AG und die Eigenständigkeit der Cassella Farbwerke Mainkur.

selbst nicht dokumentiert, aber in den entsprechenden Behördenüberlieferungen einzusehen sind. Interessant ist allerdings der umfangreich überlieferte Schriftwechsel zwischen von Szilvinyi und u. a. den Direktoren von Bayer, Weiler-ter-Meer sowie Hoechst, in dem das geschäftliche und persönliche Verhältnis zwischen den ehemaligen IG Farben-Partnern neu ausgehandelt wurde. Als wieder selbständiges Unternehmen konnte Cassella in den 1950er-Jahren an seinen internationalen Ruf als kleine, aber hoch innovative Chemiefabrik anknüpfen und schnell – auch in Richtung Kosmetik und Pharmachemie – expandieren.[26]

Naphtol-Chemie: Als Tochterunternehmen in die IG Farben

Der zweite HWA-Bestand mit einschlägigem Material zu den IG Farben beschäftigt sich mit der Naphtol-Chemie in Offenbach am Main. Er wird als Abteilung 207 geführt. Die Wurzeln des Unternehmens lagen in der 1842 von den beiden Chemikern Dr. Ernst Sell und Dr. Conrad Zimmer in Frankfurt-Sachsenhausen gegründete »Chemische Produkten-Fabrik Zimmer & Sell«, die sich mit der Teerdestillation beschäftigte und u. a. Desinfektionsmittel, Mottenpulver sowie Vorprodukte für die Lack- und Druckfarbenherstellung produzierte. Bereits 1850 wechselte die Firma in den Besitz von Karl Oehler, der den Fabrikationsschwerpunkt auf Teerfarbstoffe verlagerte. Mit bis zu zwölf Markenprodukten reüssierte die »K. Oehler Anilin- und Anilinfarbenfabrik« bis zur Wende zum 20. Jahrhundert sehr erfolgreich auf den Färbemittelmarkt. Ähnlich wie auch Cassella erwies sich allerdings die Beschaffung der Grundchemikalien für die Farbenherstellung schon vor dem Ersten Weltkrieg als zunehmend schwierig. Als die Pläne, eine eigene Säurefabrik in Offenbach zu eröffnen, scheiterten, entschloss sich Karl Oehler für einen Verkauf an die Chemische Fabrik Griesheim Elektron.[27] Unter der Leitung der Griesheim Elektron erwies sich das Oehler-Werk weiterhin forschungsstark. Die Forscher Leopold Laska und Arthur Zitscher leisteten einen großen Beitrag zur Entwicklung der Azo-Pigmente, die als Färbemittelgruppe »Naphtol AS« später namensgebend für das Unternehmen werden sollten.[28]

Die Einbindung in die I.G. Farbenindustrie AG erfolgte im Dezember 1925, als das Werk über die Muttergesellschaft Griesheim Elektron in den IG Farben-Konzern integriert wurde. Der Standort erlebte in den Folgejahren einen erheblichen Bedeutungsverlust. Abzulesen ist dies anhand der Produktionsstatistiken und

---

26 Cassella AG (Hg.): Im Wandel, S. 22.
27 HWA: Vorwort zum Findbuch der Abteilung 207 »Naphtol Chemie«.
28 Dietz: Die Naphtol-Chemie, S. 13.

Abb. 2: Oehler-Werk der Chemischen Fabrik Griesheim Elektron in Offenbach, Blick in die Farbenproduktion um 1922

Zusammenstellungen der Kiloproduktion, die im Bestand 207 nicht nur für den Offenbacher Standort, sondern in einer dichten Serienüberlieferung für nahezu jedes einzelne Werk der »kleinen und großen« IG Farben für die Jahre 1924 bis 1926 ausgewiesen ist.[29] Einen ähnlichen Reihencharakter besitzen die »Kundeninformationen der I.G. Farbenindustrie AG«. Sie wurden in der Vertriebskommunikation eingesetzt, um potenzielle Abnehmer über Färbeverfahren und die Eigenschaften der Farbstoffe zu informieren. Ebenso wie die ebenfalls überlieferten Anwendungsvorschriften der IG Farben sind dies Materialien, die zentral für alle Partnerwerke für die Jahre 1928 bis 1944 erstellt wurden und heute sicherlich in mehrfacher Ausfertigung in den diversen Unternehmensarchiven vorliegen. Einen detaillierteren Einblick in die Kundenbeziehungen liefern hier lediglich vertrauliche Rundschreiben über die Nachfragestruktur, die für die 1930er und 1940er Jahre eingesehen werden können.[30]

---

29 HWA Abteilung 207, Nr. 23–44 und 142–143.
30 HWA Abteilung 207, Nr. 653–665 und 1343.

Für die heutige historische Forschung hält der Bestand kaum Hinweise auf strategische Entscheidungen und das Managementverhalten innerhalb der IG Farben-Organisation bereit; schlicht, weil diese Entscheidungen in einzelnen Produktionsstätten nicht mehr gefällt wurden. Die Überlieferung hat dagegen andere Stärken, die insbesondere in der Schnittstelle zwischen der Unternehmens- und Wissenschaftsgeschichte liegen. So entwickelte sich das Werk zum Zentrum der Naphtol-AS-Forschung innerhalb des Konzerns. Dieses Alleinstellungsmerkmal schützte den Betrieb zumindest bis in die 1930er Jahre vor weiteren Beschneidungen des Fabrikationsprogramms. Spannend sind vor diesem Hintergrund insbesondere die Berichte aus der Napthol-Forschungsabteilung von 1925 bis 1929 sowie die Protokolle der regelmäßigen Besprechungen der Naphtol-AS-Kommission der I.G. Farbenindustrie AG der Jahre 1930 bis 1940. In engen Zusammenhang hierzu stehen auch umfangreiche Patentunterlagen, die im nationalen und internationalen Rahmen Einblick in die Praktiken der Anmeldung und Sicherung von Patent- und Warenzeichenlizenzen in der gesamten Zwischenkriegszeit liefern. Gerade der Umgang der IG Farben mit Patentfragen wäre ein lohnendes Forschungsfeld, welches auf Basis dieser Unterlagen bearbeitet werden könnte.[31]

Während des Zweiten Weltkrieges, als sich die nationale und internationale Nachfrage nach Farbstoffen marginalisierte, lagen große Teile der Produktionsanlagen im Offenbacher Werk der I.G. Farbenindustrie AG brach, nur partiell wurden Rüstungsaufträge ausgeführt, stattdessen Kunstharze, Konservierungsstoffe und Schädlingsbekämpfungsmittel erzeugt. Im Oktober 1943 und Dezember 1944 wurden große Teile des Werkgeländes zerstört. Der Bestand enthält zur Geschichte im Krieg nur wenige Unterlagen. Gleiches gilt für die unmittelbaren Nachkriegsjahre. Für sie liegen lediglich wenige einschlägige Memoranden zur Entflechtung aus der I.G. Farbenindustrie AG sowie retrospektive Beschreibungen der Kriegs- und Nachkriegsgeschehnisse vor.[32] Der weitere Weg der Naphtol-Chemie in der Bundesrepublik ist dagegen gut beschrieben.[33] Unter die Verwaltung der US-Administration gestellt, suchte das Offenbacher Werk zunächst den Weg in die Selbstständigkeit, wobei man auf die wieder erfolgreichen Naphthol AS-Produkte setzte. Letztlich wurde jedoch – wie schon 1905 – ein starker Partner benötigt, um

---

31 HWA Abteilung 207, Nr. 72–79, 345–351 und 1142. Zu internationalen Patentstreitigkeiten mit der Imperial Chemical Industries Ltd. siehe auch Nr. 147–177.

32 HWA Abteilung 207, Nr. 449 und 1169 sowie HWA Abteilung 207, Nr. 456: Bericht Direktor Richard Fabian für die Werkschronik über den Zeitraum von der 100jährigen Gründungsfeier 1942 bis zur Währungsreform 1948; Manuskript von Günther W. Heyland zur »Geschichte der Naphtol-Chemie Offenbach 1945–1948« und Manuskript von Dr. Alfred Hagenböcker über »Die Bedeutung des Werks Offenbach in der Friedenswirtschaft«.

33 Siehe bereits DIETZ: Die Naphtol-Chemie, S. 19–35.

die Versorgung mit Vorprodukten und Grundchemikalien sicherzustellen. Am 27. März 1953 erfolgte die Eingliederung in die Farbwerke Hoechst AG, welches sich als äußerst erfolgreiche Partnerschaft erwies. Wie sich das Werk mit neuen Arbeits- und Forschungsschwerpunkten in der Polyester- und DMT-Herstellung sowie in der Herstellung von Farbstoffen für die Lederfabrikation am Markt behaupten konnte, dokumentiert eine dichte Überlieferung von Unternehmensmaterialien aus den 1950er bis 1980er Jahren.

Bausteine eines Mosaiks: Ein Fazit

Die Beschreibung der beiden Kernbestände zeigt eine für die Rekonstruktion der Geschichte der IG Farben typische Überlieferungssituation. Das HWA hält wichtige Puzzleteile bereit, aus denen die Gründungs- und Entwicklungsgeschichte des Chemie-Riesen abgeleitet werden kann. Das historische Material zur Firma Leopold Cassella & Co. und der Napthol Chemie zeigt einige Versatzstücke gerade in den Bereichen der Forschungsarbeit, Produktions- und Organisationsgeschichte in hellem Licht. Insbesondere die zahlreichen Kommissionsprotokolle erlauben einen Einblick in interne Aushandlungsprozesse zur Restrukturierung und Rationalisierung der Betriebsabläufe, zu Forschungs- und Innovationsschwerpunkten sowie der Produktions- und Rohstoffverteilung. Etwas mehr im Dunkeln bleiben in der Forschung bislang Untersuchungsperspektiven, die gezielt das Akteursverhalten auf unterschiedlichen Betriebs- und Werksebenen in den Blick nehmen. Der Bestand Cassella zeigt zumindest bis zum Beginn der 1930er-Jahre, inwieweit die IG Farben durch Persönlichkeiten geprägt wurde, die das Leitbild des Forschers und Unternehmers ideal verbanden – und er zeigt zudem, dass es nicht eine, sondern viele Unternehmensgeschichten der IG Farben zu erzählen gilt. Gleichwohl bleiben zentrale Fragen, wie zum Beispiel nach der »Arisierung« des jüdischen gewerblichen Besitzes innerhalb der IG Farben, bislang noch eher undeutlich dokumentiert. Solche Lücken, von denen es sicherlich noch einige gibt, lassen sich nur schließen, indem Archivarinnen und Archivare sowie Forscherinnen und Forscher ihre Puzzleteile zusammenlegen. Dies ist der einzig sinnvolle Weg, um das Bild der IG Farben durch Kooperation und vernetztes Wissen zu vervollständigen – ein Anspruch, den gerade auch dieses gemeinsame Tagungs- und Veröffentlichungsprojekt zum Ausdruck bringt.

Die IG Farben und ihre Nachfolgegesellschaften
Neubeginn und Kontinuität am Beispiel der Farbwerke Hoechst AG und ihrer Auslandstätigkeit

Christian Marx

1. Einleitung

DER MILITÄRISCHE und politische Zusammenbruch 1945 bedeutete das Ende der IG Farben. Zwar zogen sich die Auseinandersetzungen über ihre Entflechtung noch bis Anfang der 1950er Jahre hin und ihre Abwicklung über den Rechtsnachfolger, die I.G. Farbenindustrie AG in Liquidation (IG Farben i.L.), dauerte noch weitaus länger, doch war sie als einheitlicher Produktionskomplex auseinandergebrochen. An ihre Stelle traten die früheren Gründungsunternehmen, allen voran die drei großen Nachfolgegesellschaften BASF, Bayer und Hoechst. Die von den Alliierten beschlossene Auflösung des deutschen Chemiegiganten war Teil der US-dominierten Nachkriegspolitik, die auf eine Dezentralisierung und Dekartellierung der deutschen Wirtschaft abzielte. Die Entflechtung großer Konzerne sollte sowohl vor einer übermäßigen wirtschaftlichen Machtzusammenballung und dem Wiedererstarken einer gewaltigen Rüstungswirtschaft als auch vor einer missliebigen Konkurrenz schützen. Neben den montanindustriellen Großkonzernen im Ruhrgebiet war hiervon vor allem die IG Farben mit ihren zahlreichen in- und ausländischen Beteiligungen betroffen.

Angesichts der Versorgungsprobleme in den westlichen Zonen sahen sich die westlichen Alliierten schon bald genötigt, die begrenzte Aufnahme einer chemischen Produktion wieder zuzulassen. Denn die chemisch-pharmazeutischen Unternehmen stellten nicht nur rüstungsrelevante Güter her, vielmehr waren große Teile des Ernährungs-, Gesundheits- und Bekleidungssektors und damit die Grundversorgung der Bevölkerung auf ihre Produkte angewiesen. Die Ziele des Wiederaufbaus konnten ohne den Einsatz der chemischen Industrie kaum erreicht werden. Viele produktionsbedingten Lieferbeziehungen zwischen den früheren IG-Firmen blieben daher zunächst erhalten. Bereits 1949 war die westdeutsche Chemieindustrie in Teilen wieder exportfähig, und der Export sollte in den Jahrzehnten des Wirtschaftswunders zum Motor der Expansion werden. Mit dem Koreaboom steigerte sie ihren Anteil am westdeutschen Export auf das Vorkriegsniveau von etwa 15 Prozent. Damit erwirtschafteten die IG-Nachfolger rund ein Drittel ihrer Umsätze im Außenhandel. Trotz der materiellen und immateriellen Reparationen und des Verlusts ihres Auslandsvermögens lag der Umsatz der drei großen westdeutschen Nachfolger 1953 über 90 Prozent des gesamten IG-Umsatzes aus dem Jahr 1943.[1]

In Anbetracht der Zerschlagung der IG Farben, des Verlusts von Auslandsvermögen, Warenzeichen und Patentrechten sowie der von den Alliierten eingeleiteten Entnazifizierung verwundert dieser Erfolg. Am Beispiel der Farbwerke Hoechst wird daher im Folgenden untersucht, inwiefern personelle Kontinuitäten die Nachkriegsentwicklung bestimmten und welche Maßnahmen das Unternehmen ergriff, um wieder auf die verlorengegangenen Auslandsmärkte vorzustoßen. Im Unterschied zu weiten Teilen der Wirtschaftselite gehörten die Manager der IG Farben zu den wenigen Unternehmern, die im Rahmen der Nürnberger Nachfolgeprozesse angeklagt wurden und damit besonders im Licht der Öffentlichkeit standen. Eine Rückkehr in ihre frühere Leitungsposition schien daher zumindest fragwürdig – nicht zuletzt mit Blick auf Reaktionen im Ausland und die angestrebte Wiederankurbelung des Auslandsgeschäfts. Der Umfang und der Status vieler ausländischer Beteiligungen blieben aufgrund von Beschlagnahmungen, Verkäufen sequestrierter Vermögenswerte oder der fortbestehenden Treuhänderschaft sowie mangelnder Informationen oftmals undurchsichtig. Im dritten Teil werden hierzu einige grundlegende Probleme und die zentralen Entwicklungslinien der Farbwerke Hoechst bei der Rückkehr auf den Weltmarkt dargestellt.

2. Entflechtung und Neugründung der Farbwerke Hoechst: Personelle Einschnitte und fortlaufende Karrieren

Nachdem US-amerikanische Truppen am 23. März 1945 das Werk Ludwigshafen und am 29. März 1945 das Werk Hoechst besetzt hatten, endete am 14. April 1945 mit der Besetzung durch die 59. US-Infanteriedivision auch der Krieg für das Werk Leverkusen am Niederrhein. Damit waren die durch Kriegseinwirkungen bereits teilweise unterbrochenen Verbindungen zwischen den IG Farben-Werken zunächst

---

[1] Werner ABELSHAUSER: Deutsche Wirtschaftsgeschichte. Von 1945 bis zur Gegenwart, Bonn 2011, S. 424–429; Walter TELTSCHIK: Geschichte der deutschen Großchemie. Entwicklung und Einfluß in Staat und Gesellschaft, Weinheim 1992, S. 199–210.

gekappt.² Wenig später ordnete die US-Militärregierung für ihre Besatzungszone die sogenannte Entnazifizierung an. Gleichwohl ging damit bei Hoechst zunächst kein personeller Neubeginn einher, denn kein geringerer als Carl Ludwig Lautenschläger nahm sich dort der Entnazifizierung an. Lautenschläger war ein glühender Antisemit, NSDAP-Mitglied und während des Nationalsozialismus IG-Vorstandsmitglied und Werksleiter von Hoechst. Gleichwohl ließen ihn die Alliierten vorläufig gewähren. Lautenschläger übernahm daraufhin die Direktiven der Frankfurter Stadtverwaltung, auf deren Grundlage politisch hervorgetretene Parteimitglieder entlassen wurden. Auf diese Weise wurden bis Ende Juni 101 Personen suspendiert.³

Die anfängliche Zurückhaltung der Alliierten gegenüber dem ökonomischen Führungspersonal endete im Sommer 1945. Wenige Tage nach der Beschlagnahmung des IG-Vermögens im amerikanischen Sektor durch die Allgemeine Anordnung Nr. 2 zum Militärgesetz Nr. 52 wurde eine ganze Reihe führender Persönlichkeiten aus der IG-Zeit suspendiert. Neben Lautenschläger mussten auch Friedrich Jähne, IG-Vorstandsmitglied und stellvertretender Werksleiter von Hoechst, sowie Hoechst-Direktor Karl Winnacker ihre Positionen räumen. Mit der Entlassung der drei führenden Hoechst-Manager im Juli 1945 gab es hier eine wesentlich größere personelle Diskontinuität als bei Bayer oder der BASF. Stattdessen übernahmen bei Hoechst daraufhin Manager die Leitung, die kein Mitglied der NSDAP waren und keine führende Position bei der IG Farben eingenommen hatten. Während des gesamten Jahres 1945 folgten weitere Suspendierungen aufgrund von NS-Belastungen, bis Anfang 1946 eine letzte große Entlassungswelle stattfand.⁴

Gleichzeitig traten weitere organisatorisch-rechtliche Änderungen in Kraft. Mit dem alliierten Kontrollratsgesetz Nr. 9 vom 30. November 1945 wurde eine planvolle Aufspaltung der IG Farben beschlossen, auch wenn die Entflechtung in jener frühen Nachkriegsphase ansonsten recht dilatorisch behandelt wurde und sich zumeist auf die Einsetzung von »Controller« und die selbstständige Bewirtschaftung der Werke beschränkte. Neben divergierenden Neuordnungsvorstellun-

---

2 Raymond G. STOKES: Von der I.G. Farben bis zur Neugründung (1925–1952), in: Werner ABELSHAUSER (Hg.): Die BASF. Eine Unternehmensgeschichte. 3. Auflage, München 2007, S. 221–358, hier S. 335–336; Erik VERG, Gottfried PLUMPE, Heinz SCHULTHEIS: Meilensteine. 125 Jahre Bayer. 1863–1988, Leverkusen 1988, S. 300. Vgl. zur Besetzung und Neugründung der BASF: STOKES: I.G. Farben, S. 334–358.
3 Stephan H. LINDNER: Hoechst. Ein I.G. Farben Werk im Dritten Reich, München 2005, S. 349–353; Stephan H. LINDNER: Schatten der Vergangenheit oder personeller Neubeginn? Die Farbwerke Hoechst nach dem Zweiten Weltkrieg, in: Jörg OSTERLOH, Harald WIXFORTH (Hg.): Unternehmer und NS-Verbrechen. Wirtschaftseliten im »Dritten Reich« und in der Bundesrepublik Deutschland, Frankfurt am Main 2014, S. 155–181, hier S. 160.
4 LINDNER: Schatten , S. 161–162; Raymond G. STOKES: Divide and Prosper. The Heirs of I.G. Farben Under Allied Authority, 1945–1951, Berkeley (u.a.) 1988, S. 53–54 und 83–85.

gen war hierfür das Problem verantwortlich, eine organisch gewachsene Unternehmensstruktur nicht ohne Rücksicht auf produktions- und betriebstechnische Gegebenheiten umgestalten zu können.⁵ Während US-amerikanische Offiziere ab Sommer 1945 die Leitung des Hoechst-Werks innehatten, übernahm diese Funktion am 5. Februar 1946 Michael Erlenbach, der zum »Property Custodian«, d. h. zum Verwalter des ehemaligen IG-Werks, ernannt wurde. Erlenbach war während des Nationalsozialismus als »Halbjude« diskriminiert worden und übernahm nach einer Zwischenphase schließlich auch selbst die Werksleitung, nachdem der frühere Werksleiter im Konflikt mit ihm entlassen worden war. Im April 1947 ernannten die US-Militärbehörden Erlenbach zum Treuhänder (Trustee) des Hoechst-Werks.⁶

Die alliierte Nachkriegspolitik beschränkte sich allerdings nicht auf die Entlassung oder Rückgruppierung politisch Belasteter, vielmehr wurden führende Repräsentanten des Deutschen Reichs aufgrund ihrer Funktion zur Zeit des Nationalsozialismus auch gerichtlich belangt. Neben den vor dem Internationalen Militärgerichtshof angeklagten Hauptkriegsverbrechern mussten sich Industrielle und Manager im Rahmen der Nachfolgeprozesse für ihre Taten verantworten. Hierzu zählten auch 24 führende IG-Manager, denen u. a. die Vorbereitung und Durchführung eines Angriffskrieges sowie Kriegsverbrechen und Verbrechen gegen die Menschlichkeit zur Last gelegt wurden. Zu den Beschuldigten zählten der gesamte 19-köpfige Vorstand, vier Direktoren sowie der Aufsichtsratsvorsitzende Carl Krauch.⁷

Nachdem das Verfahren gegen das schwer erkrankte Vorstandsmitglied Max Brüggemann faktisch eingestellt worden war, erging Ende Juli 1948 das Urteil. Das Gericht sprach alle von der Anklage zur Vorbereitung eines Angriffskrieges frei, und auch die Mitgliedschaft einzelner Manager in der SS blieb ohne Folgen. Letztlich erhielten zehn Unternehmer in allen Punkten einen Freispruch, während 13 Manager vom Militärtribunal zu Freiheitsstrafen zwischen 18 Monaten und acht Jahren verurteilt wurden, wobei das höchste Strafmaß an die mit dem Bau des IG-Werks in Auschwitz betrauten Manager ging. Otto Ambros und Walter Dürrfeld wurden entsprechend zu acht Jahren verurteilt, Fritz ter Meer zu sieben Jahren,

---

5 Hans-Dieter KREIKAMP: Die Entflechtung der I.G. Farbenindustrie AG und die Gründung der Nachfolgegesellschaften, in: Vierteljahrshefte für Zeitgeschichte, 25 (1977), S. 220–251, hier S. 222–223.
6 LINDNER: Hoechst, S. 354–355; LINDNER: Schatten, S. 162–164.
7 Vgl. für eine Liste der Angeklagten: Kim C. PRIEMEL, Alexa STILLER (Hg.): NMT. Die Nürnberger Militärtribunale zwischen Geschichte, Gerechtigkeit und Rechtschöpfung, Hamburg 2013, S. 773–776. Jens Ulrich HEINE: Verstand und Schicksal. Die Männer der I.G. Farbenindustrie A.G. in 161 Kurzbiographien, Weinheim 1990; Stefan HÖRNER: »Die in Auschwitz sterben mussten, haben andere auf dem Gewissen…« Projektion, Rezeption und Realität der I.G. Farbenindustrie AG im Nürnberger Prozeß. Inauguraldissertation, Berlin 2010, S. 82.

Carl Krauch und Heinrich Bütefisch zu sechs Jahren, und Georg von Schnitzler zu fünf Jahren. Die Anklagebehörde war über das milde Urteil und speziell über die Freisprüche enttäuscht, doch umgekehrt war es ihr gelungen, 13 IG-Manager wegen Raub, Plünderung und der Beteiligung an Sklavenarbeit als Verbrecher des NS-Regimes verurteilen zu lassen. Dies war durchaus bemerkenswert.[8]

Nach Abschluss des Prozesses und der Gründung der Bundesrepublik gewann die Frage der Entflechtung der IG Farben an Relevanz. Im Juni 1950 legte der deutsche Expertenausschuss FARDIP (Bizonal IG Farben Dispersal Panel) einen abgeänderten Vorschlag mit 22 (statt bis dahin 50 vorgesehenen) selbstständigen Werken und drei Kerngesellschaften (BASF, Bayer, Hoechst) vor, der mit produktionstechnischen Sachzwängen und der internationalen Konkurrenzfähigkeit der Einheiten argumentierte. Zwar stand die Bildung von Kerngesellschaften der Auffassung der Alliierten entgegen, doch letztlich stimmten sie jener Konzeption unter der Bedingung umfangreicher Abtrennungen zu. Daraufhin wurden am 7. Dezember 1951 die Farbwerke Hoechst AG, am 19. Dezember 1951 die Farbenfabriken Bayer AG und am 30. Januar 1952 die Badische Anilin- & Soda-Fabrik AG gegründet. Damit hatte die deutsche Chemieindustrie in weiten Teilen wieder zu ihrer Struktur vor der Gründung der IG Farben 1925 zurückgefunden.[9]

Vor dem Hintergrund des sich wandelnden weltpolitischen Klimas und der zunehmenden Blockkonfrontation wurden bis 1951 alle in Nürnberg verurteilten IG-Manager vorzeitig aus ihrer Haft entlassen. Zwar hielt das Bundeskabinett in einer Sondersitzung im Mai 1952 fest, dass die verurteilten IG-Vorstände nicht an der unmittelbaren Leitung der IG-Nachfolgegesellschaften teilnehmen dürften, gleichwohl sollte auf ihre Mitarbeit nicht verzichtet werden. Mit Ausnahme von Georg von Schnitzler hatten die Alliierten keine Einwände gegen eine Betätigung jenes Personenkreises, solange sie keine offiziellen Vorstandsposten bekleideten. Viele von ihnen hatten schon bald wieder zahlreiche Aufsichtsratsmandate inne, Dürrfeld, dem wegen seiner zu erwartenden Rolle im beginnenden Wollheim-Prozess[10] eine Position bei Hoechst versagt blieb, wurde Vorstandsmitglied der Scholven-Chemie AG, Gajewski Vorstandsvorsitzender von Dynamit Nobel, und Krauch

---

8 Stephan H. LINDNER: Das Urteil im I.G.-Farben-Prozess, in: Kim C. PRIEMEL, Alexa STILLER (Hg.): NMT. Die Nürnberger Militärtribunale zwischen Geschichte, Gerechtigkeit und Rechtschöpfung, Hamburg 2013, S. 405–433; Stephan H. LINDNER: Aufrüstung – Ausbeutung – Auschwitz: Eine Geschichte des I.G.-Farben-Prozesses, Göttingen 2020; PRIEMEL, STILLER (Hg.): NMT, S. 773–776. Zum IG-Farben-Prozess siehe auch den Beitrag von Axel Fischer und Rebecca Weiß in diesem Band.
9 KREIKAMP: Entflechtung. Vgl. hierzu auch die abgedruckten Dokumente in: Klaus TROUET: Der Hoechst-Konzern entsteht. Die Verhandlungen über die Auflösung von IG-Farben und die Gründung der Farbwerke Hoechst AG 1945–1953. 2 Teile, Frankfurt am Main 1978.
10 Siehe auch die Beiträge von Katharina Stengel und Thomas Pierson in diesem Band.

Aufsichtsratsmitglied der Bunawerke Hüls. Hörlein und ter Meer fungierten nacheinander als Aufsichtsratsvorsitzende der neu gegründeten Farbenfabriken Bayer AG in Leverkusen, Jähne übernahm 1955 den Vorsitz im Aufsichtsrat der Farbwerke Hoechst AG, und Wurster wurde als Vorstandsvorsitzender zur treibenden Kraft der neu formierten BASF AG in Ludwigshafen.[11]

Im Fall von Hoechst übernahm Karl Winnacker den Vorstandsvorsitz, der bereits während des Nationalsozialismus von der IG-Führung zum »Kronprinzen« für die »Betriebsgemeinschaft Mittelrhein/Maingau« aufgebaut worden war. Nach seiner Entlassung im Sommer 1945 betätigte sich Winnacker eigenen Angaben zufolge knapp zwei Jahre als Gärtner. Schließlich fand er als Chemiker wieder eine Anstellung bei der Duisburger Hütte, bevor er in den Vorstand des Werks Knapsack bei Köln wechselte – in beiden Fällen handelte es sich um ehemalige IG-Betriebe. Obschon Winnacker somit die Rückkehr in die Berufswelt gelang, standen seinem Weg an die Vorstandsspitze noch einige Hindernisse im Weg. Während sich die Alliierten auch Mitte 1951 noch nicht eindeutig positionieren

Abb. 1: Karl Winnacker: Porträt aus den 1950er Jahren

---

11 LINDNER: Hoechst, S. 358–375; Lindner: Schatten; »Biografien von führenden I.G.-Angestellten« auf der Homepage des Wollheim Memorial (online: http://www.wollheim-memorial.de/de/biografien_von_fuehrenden_igangestellten, zuletzt aufgerufen am 09.09.2021); STOKES: Divide, S. 183–184.

und die Entscheidung dem Aufsichtsrat überlassen wollten, war Winnacker nicht bereit, sich mit der ihm vorgeschlagenen Position eines technischen Leiters abzufinden. Er beanspruchte den Vorsitz im Vorstand. Andere Kräfte favorisierten hingegen Erlenbach, doch letztlich wurde Winnacker am 7. Dezember 1951 bei der Neugründung der Farbwerke Hoechst zum technischen Leiter im Vorstand und ein Jahr später zum Vorstandsvorsitzenden berufen. Sein früherer Vorgesetzter Lautenschläger wurde nach seinem Freispruch in Nürnberg im Spruchkammerverfahren zwar als Entlasteter eingestuft – gewiss ein Fehlurteil –, allerdings wollte er mit Hoechst nichts mehr zu tun haben. Nicht alle Personen aus der Zeit vor 1945 kehrten somit in das Management der IG-Nachfolger zurück.[12]

Der Wechsel früherer IG-Vorstände in die Aufsichtsräte einiger Nachfolgegesellschaften war teils durch ihre politische Belastung, teils durch ihr Alter begründet. In einigen Fällen wurden mit den in Nürnberg verurteilten IG-Vorstandsmitgliedern zudem Beraterverträge abgeschlossen, um kein öffentliches Aufsehen zu erregen. Damit zeichnete sich in Verbindung mit der Umstrukturierung der deutschen Chemieindustrie infolge der alliierten Entflechtungspolitik ein Wandel in der Führungsstruktur der neu gegründeten Unternehmen ab. Doch ein tiefgreifender personeller Bruch fand nicht statt. Die Solidarität innerhalb der alten IG-Clique sorgte dafür, dass eine ganze Reihe ehemaliger IG-Persönlichkeiten wieder zu Amt und Würden kam.[13] Noch 1958 fand ein Treffen der Vorstandsmitglieder der ehemaligen IG Farben statt, an dem neben den Vorstandsvorsitzenden Wurster (BASF), Haberland (Bayer) und Winnacker (Hoechst) auch Krauch, ter Meer, Gajewski, Ambros, Ilgner, Schneider, Bütefisch, Mann, Kühne und Jähne teilnahmen. Es dauerte somit noch eine ganze Weile, bis sich die Manager der deutschen Chemieindustrie von ihrer IG-Tradition lösten und vollends mit ihren neu gegründeten Unternehmen identifizierten.[14]

3. Der Verlust des Auslandsbesitzes und die Rückkehr auf den Weltmarkt

Trotz der alliierten Beschränkungen in der Ein- und Ausfuhr chemischer Erzeugnisse und des Verlusts des Auslandsvermögens drängten die Nachfolgegesellschaften der IG Farben schon bald wieder auf die Auslandsmärkte vor. Besonders die

---

12 LINDNER: Schatten, S. 166–169.
13 Stephan H. LINDNER: Wissenschaftler und Manager im »Dritten Reich«. Carl Ludwig Lautenschläger, Vorstandsmitglied der I.G. Farben, in: Theresia BAUER (Hg.): Gesichter der Zeitgeschichte. Deutsche Lebensläufe im 20. Jahrhundert, München 2009, S. 53–68; LINDNER: Schatten.
14 STOKES: I.G. Farben, S. 358.

	Werksanlagen	Beteiligungen	Vorräte
Albanien		3.017	
Belgien	2.727	45.160	2.193.498
Bulgarien		322.011	1.254.289
Dänemark	1.354	27.144	665.488
Finnland		235.915	906.663
Frankreich	1.390.918	22.849.533	2.636.526
Griechenland		39.663	201.509
Großbritannien		475.098	
Irland			27.694
Island			
Italien	16.185	14.273.674	5.496.665
Jugoslawien	462	340.195	5.217.602
Liechtenstein			
Luxemburg	27.022		20.854
Malta			6.915
Niederlande	24.435	395.777	1.695.181
Norwegen		8.625.810	504.664
Österreich	72.260.835	37.297.727	7.104.211
Polen	452.335.634	21.933.607	44.348.471
Portugal		603.398	892.907
Rumänien	376	940.006	15.492.912
Schweden	2.691	47.706	3.765.515
Schweiz	1.413	1.987.158	1.593.724
Spanien	163.421	3.688.616	5.686.549
Tschechoslowakei	1.591.508	15.556.547	13.752.777
Türkei	2.874		251.197
Ungarn	444	539.631	6.251.424
UdSSR		42.500	68.149
	527.822.299	130.269.893	120.035.384

Tabelle 1: Auslandsvermögen der IG Farben i.L. in Europa in RM (15.04.1947)

Forderungen	Bankguthaben	Summe
		3.017,00
2.345.673,43	14.796,18	4.601.854,61
1.909.795,78		3.486.095,78
2.056.024,10	628,96	2.750.639,06
12.213.081,94	420,44	13.356.080,38
7.087.951,13	51.458,66	34.016.386,79
1.832.163,16		2.073.335,16
4.970.765,28	257.613,50	5.703.476,78
21.574,69		49.268,69
4.170,68		4.170,68
9.547.019,88	506,44	29.334.050,32
13.469.743,79	226,50	19.028.229,29
5.274,75		5.274,75
19.592,85	1,00	67.469,85
		6.915,00
7.790.627,33	247.940,13	10.153.960,46
55.613.689,53	1.862,37	64.746.025,90
28.027.484,88	1.173.741,02	145.863.998,90
12.754.885,27	9.948.274,36	541.320.871,63
762.902,14		2.259.207,14
19.689.957,65	398.148,27	36.521.399,92
4.168.868,02	1.596.107,98	9.580.888,00
2.567.512,35	2.204.027,48	8.353.834,83
6.882.638,36	555.728,31	16.976.952,67
9.012.601,98	2.853.830,18	42.767.264,16
1.212.492,98		1.466.563,98
2.728.719,82	637.411,96	10.157.630,78
1.750.116,84	14.946,72	1.875.712,56
208.445.328,61	19.957.670,46	1.006.530.575,07

Farbenfabriken Bayer und die Farbwerke Hoechst suchten nach Möglichkeiten, ihre Repräsentanz im Ausland zu verstärken. Hierbei knüpften sie an frühere Erfahrungen an und bauten zunächst wieder Handels- und Verkaufsvertretungen auf, für die nur geringe Auslandsinvestitionen notwendig waren. Angesichts gemeinsamer Verkaufsorganisationen und anderer kollektiver Auslandsbeteiligungen aus der IG-Zeit gingen die Nachfolgegesellschaften dabei anfangs oftmals im Verbund vor.[15]

In vielen Fällen wurden nach dem Krieg wieder Handelsbeziehungen mit ausländischen Chemiehändlern – aus den Niederlanden, Belgien, Frankreich, Großbritannien oder der Schweiz – geknüpft, die in einer zweiten Phase in Agenturbeziehungen mündeten und später – in einem dritten Schritt – zu Auslandsvertretungen ausgebaut wurden. In einem Rückblick auf seine Tätigkeit bei Hoechst betonte Kurt Lanz, langjähriges für das Auslandsgeschäft zuständiges Vorstandsmitglied, dass es in der unmittelbaren Nachkriegszeit keinen auslandsstrategischen Masterplan gegeben habe, vielmehr habe man die Chancen genutzt, welche sich aus dem Ausland heraus ergeben hätten.[16] Während Lanz unter Winnacker zum »Außenminister« avancierte, wuchs Rolf Sammet – ab 1966 Werksleiter von Hoechst – in die Rolle des »Innenministers« hinein.[17]

Neben dem deutschen Heimatmarkt gehörten die europäischen Nachbarstaaten, die USA sowie die lateinamerikanischen Märkte zu den wichtigsten Absatzmärkten der IG Farben und sie blieben es auch für die großen Nachfolgegesellschaften nach 1945. Während die großen IG-Werke in der SBZ bzw. der DDR (in Leuna, Schkopau, Eilenburg, Bitterfeld und Wolfen) dauerhaft verloren waren und auch die Beziehungen nach Osteuropa abbrachen, gewannen die Märkte in Lateinamerika, Westeuropa und den USA schon bald wieder an Gewicht und werden daher im Folgenden näher betrachtet. Eine Übersicht über das von der IG Farben i.L. in Europa beanspruchte Auslandsvermögen zeigt, dass sich ein erheblicher

---

[15] Ernst BÄUMLER: Farben, Formeln, Forscher. Hoechst und die Geschichte der industriellen Chemie in Deutschland, München 1989, S. 131–162. Bayer beauftragte u. a. den Juristen und ehemaligen Präsidenten der Reichspostdirektion in Berlin Prof. Dr. Dr. Kurt Timm mit einer umfangreichen Ausarbeitung über die Abwicklung des Auslandsvermögens der IG Farben. Vgl. BArch Bestand B102, Nr. 443, Friedrich Silcher (Bayer) an Heinrich Rospatt (28.03.1952), Kurt Timm: Die Abwicklung des Auslandsvermögens der I.G. Farbenindustrie AG (1951). Heinrich Rospatt hatte als Anwalt einige IG Farben-Manager in Nürnberg verteidigt und war jahrelang neben Felix Prentzel im Bundeswirtschaftsministerium für die Koordinierung der Entflechtung der deutschen Chemieindustrie zuständig. Vgl. zu Timm und Rospatt: Bernhard LÖFFLER: Soziale Marktwirtschaft und administrative Praxis. Das Bundeswirtschaftsministerium unter Ludwig Erhard, Stuttgart 2003, S. 169–170; Kilian Peter SCHULTES: Die Staats- und Wirtschaftswissenschaftliche Fakultät der Universität Heidelberg 1934–1946, Heidelberg 2010, S. 179.

[16] Kurt LANZ: Weltreisender in Chemie, Düsseldorf (u. a.) 1978, S. 45–47.

[17] Hoechst-Archiv (Friedrichsdorf) Bestand Hoe 42 C/2/1/d, Bericht des Vorstands (Geschäftsbericht Hoechst 1952); LANZ: Weltreisender, S. 52–54.

Teil hiervon jenseits des Eisernen Vorhangs – insbesondere in Polen – befand und damit jeglichen Rückforderungen oder Rückkäufen entzogen war (Tabelle 1).[18]

3.1. Lateinamerika

Nach dem Ende der alliierten Restriktionen und der Neugründung der Farbwerke Hoechst stiegen die Auslandsaktivitäten erstmals wieder spürbar an. Schon 1949 hatte Hoechst einen Vertretervertrag mit der Firma Pontosan S.A. in Brasilien abgeschlossen, an der sich der Frankfurter Konzern 1952 mit 55 Prozent beteiligte. Bis 1957 wurde das Unternehmen sukzessive von Hoechst übernommen und anschließend in Hoechst do Brasil umbenannt. Entsprechend zog sich Hoechst aus dem gemeinsamen mit Bayer betriebenen Handelsunternehmen A Chimica Bayer zurück. Der brasilianische Markt gehörte zu den angestammten Liefergebieten, in die Hoechst schon vor dem Ersten Weltkrieg »Außenbeamte« entsandt hatte. Bei der Wiederankurbelung der Geschäfte nach 1945 griff Lanz insbesondere auf das Wissen der beiden Geschäftsleute Willy Kurtz und Melchior Müller aus dem Kreis der alten IG Farben zurück, die beide seit den frühen 1920er Jahren in Brasilien lebten.[19]

Trotz dieser Kontakte konnte sich Lanz nach einer Brasilien-Exkursion 1952 nicht dazu entschließen, dem Hoechst-Vorstand dort den Bau einer eigenen Auslandstochter auf der grünen Wiese zu empfehlen. Stattdessen beteiligte sich Hoechst 1955 zu 50 Prozent an der im Aufbau befindlichen Firma Fongra in Suzano bei São Paulo, deren übrige Anteile beim US-Chemieunternehmen W.R. Grace lagen. Das Aufgabengebiet der Fongra lag in der Herstellung von DDT sowie Lösungs- und Textilhilfsmitteln und wurde später auf Arzneimittel und andere Produkte ausgedehnt. Obwohl die Fabrik erst 1958 eingeweiht wurde, verkaufte Grace seine Anteile 1959 an Hoechst. Solche Gemeinschaftsbeteiligungen, die Hoechst zu einem späteren Zeitpunkt vollständig übernahm, waren typisch für die Wiederankurbelung des Auslandsgeschäfts in den 1950er Jahren.[20]

---

[18] Eine globale Übersicht zum Auslandsvermögen der IG Farben i.L. gibt aufgrund höherer Forderungen für Europa einen Betrag von 1,04 Mrd. RM an; Asien: 83,4 Mio. RM; Amerika: 75,6 Mio. RM; Australien: 2,3 Mio. RM und Afrika: ca. 1 Mio. RM. Demnach betrug das Auslandsvermögen insgesamt 1,204 Mrd. RM. Vgl. HHStAW Bestand 2092, Nr. 15511, Vermögen der I.G. Farbenindustrie AG i.L. laut »Report on External Property« zu Buchwert in RM (15.04.1947).

[19] HHStAW Bestand 2092, Nr. 12156, Niederschrift betr. Vermögenswerte in Brasilien, Chile, Mexiko, Uruguay (28.03.1956); Hoechst-Archiv, Bestand Hoe. Ausl. 138 / Geschichte verschiedener Hoechst Gesellschaften Ausland / Länderblätter A-L: Brasilien (o.D.); LANZ: Weltreisender, S. 466–470. Vgl. zur Bedeutung des brasilianischen Marktes für deutsche Unternehmen: Frank J. NELLISSEN: Das Mannesmann-Engagement in Brasilien von 1892 bis 1995. Evolutionspfade internationaler Unternehmenstätigkeit aus wirtschaftshistorischer Sicht, München 1997.

[20] Hoechst-Archiv Bestand Hoe. Ausl. 138 / Geschichte verschiedener Hoechst Gesellschaften Ausland / Länderblätter A-L: Brasilien (o.D.); LANZ: Weltreisender, S. 466–470.

Abb. 2: Hoechst do Brasil: Luftaufnahme von Werk Suzano der Hoechst do Brasil

Besonders die Wiederaufnahme des Arzneimittelvertriebs gestaltete sich in Brasilien aufgrund der im Zweiten Weltkrieg erfolgten Beschlagnahmung der Warenzeichen als schwierig. Dies hing aber auch damit zusammen, dass Bayer während der IG-Zeit weitgehend den Vertrieb von Pharmaprodukten übernommen hatte.[21]

Ende der 1970er Jahre deckte das Angebot der Hoechst do Brasil weite Teile des Produktspektrums des westdeutschen Mutterunternehmens ab – mit Schwerpunkten bei Chemiefasern, Pflanzenschutzmitteln, Arzneimitteln sowie Farbstoffen, diversen Hilfsmitteln und Mowilith-Dispersionen. Wie in anderen Ländern zielte das Hoechst-Management in Brasilien nicht alleine auf den Export aus deutscher Produktion, sondern gründete – vielfach gemeinsam mit heimischen Unternehmen – Produktionsgesellschaften, um den brasilianischen Markt zu bedienen.[22]

Im südlichen Nachbarland Argentinien kooperierte Hoechst nach dem Zweiten Weltkrieg mit dem argentinischen Mischkonzern Bunge & Born, der sich 1957 zu 50 Prozent an der neu gegründeten Quimica Hoechst beteiligte. Gemeinsam

---

21 LANZ: Weltreisender, S. 472.
22 Peter EVANS: Dependent Development. The Alliance of Multinational, State, and Local Capital in Brazil, Princeton 1979, S. 142; Geschäftsbericht Hoechst 1971, S. 56; Geschäftsbericht Hoechst 1979, S. 44.

mit der Bunge & Born-Tochtergesellschaft Compania Quimica bauten Hoechst und Bayer in den 1960er Jahren u. a. eine Farbenfabrik in Argentinien auf. Auch in Argentinien gestaltete sich besonders der Rückerwerb der Warenzeichen im Pharmabereich als kompliziert. Die Quimica-Bayer hatte während der IG-Zeit auch die Hoechst-Produkte in Argentinien vertrieben und war infolge des Zweiten Weltkriegs unter staatliche Kontrolle geraten. Die Auseinandersetzungen zogen sich lange hin. Erst 1958 konnte ein Kompromiss zur Aufteilung des ehemaligen Bayer-Besitzes erreicht werden, bei dem Hoechst das Instituto Behring in San Isidro zurückerwarb. Jener Rückkauf bildete die Basis für das Pharma-Geschäft von Hoechst in Argentinien, das anschließend in die Quimica Hoechst integriert wurde.[23]

Um auf den chilenischen Markt zurückzukehren, knüpfte Hoechst zu dem aus Hamburg stammenden Handelshaus Vorwerk y Cia Kontakte, das schon seit dem 19. Jahrhundert in Chile tätig war.[24] Der dort mit dem Hoechst-Geschäft betraute Georg Mosel war gleichfalls ein ehemaliger IG-Mitarbeiter und vor dem Zweiten Weltkrieg ins Land gekommen. Schließlich wurde 1955 die Auslandstochter Quimica Hoechst Chile gegründet, bei der 1957 die erste Pharmafertigung von Hoechst in Südamerika entstand. Chile entwickelte sich damit in den 1950er Jahren für Hoechst zu einem bedeutenden Absatzmarkt und Produktionsstandort in Lateinamerika.[25]

Beim Rückerwerb von Warenzeichen und Vermögen kooperierte Hoechst mit anderen deutschen Unternehmen. So wurde seitens der deutschen Chemie- und Elektroindustrie in den 1950er Jahre eigens eine Kommission für Chile gegründet, der neben Hoechst und Bayer auch Siemens angehörte und die zugleich in Kontakt zu Graf Emil von Wedel und C. von Petersdorff in der Abteilung Auslandsvermögen bei der IG Farben i.L. stand. Dabei hielt sich Hoechst mit Ansprüchen in Chile tendenziell zurück, um das rechtliche Vorgehen der Farbwerke Bayer gegen Sterling nicht zu gefährden. Im August 1937 war die Firma Laboratorios Hegemann & Cia. Ltda. in Santiago gegründet worden, an der die IG Farben mit 75 Prozent und Sterling mit 25 Prozent beteiligt werden sollten. Grundlage hierfür war eine 1920 getroffene Vereinbarung zwischen Bayer und dem US-Unternehmen Sterling, das nach dem Ersten Weltkrieg in den Besitz der Bayer-Marken in Südamerika gekommen war. Die Absprache sah vor, das Aspirin-Geschäft in Südamerika gemeinsam zu betreiben und die Gewinne im Verhältnis 75 (Bayer) zu 25 (Sterling) aufzu-

---

23 LANZ: Weltreisender, S. 476–481.
24 Renate HAUSCHILD-THIESSEN: Zwischen Hamburg und Chile. Hochgreve & Vorwerk, Hamburg – Vorwerk & Co., Chile – Vorwerk Gebr. & Co., Hamburg – Vorwerk y Cía. S.A., Chile, Hamburg 1995.
25 LANZ: Weltreisender, S. 481–486.

teilen. Allerdings wurde das Gesellschaftskapital der Laboratorios Hegemann zunächst vollständig von Sterling durch einen Kredit zur Verfügung gestellt, der aus den Gewinnen des neuen Unternehmens und dem Aspirin-Geschäft in Chile getilgt werden sollte. Während des Zweiten Weltkrieges hatte die IG Farben auch in Chile ihren Auslandsbesitz verloren; infolgedessen war das Joint Venture an die Firma Laboratorios Aliviol Ltda. übertragen worden. Den Verkaufswert in Höhe von 3,6 Millionen chilenischen Pesos hatte ein im Auftrag von Sterling tätiger Treuhänder vereinnahmt. Die Bayer-Patent-Abteilung wies die IG Farben i.L. in diesem Zusammenhang im Oktober 1957 explizit darauf hin, von vorschnellen Einigungen abzusehen, um mögliche Beteiligungsansprüche in Chile nicht unter Wert abzugelten. Die IG Farben i.L. hatte die gegen Sterling aus dem Südamerika-Geschäft bestehenden Ansprüche zuvor formell an Leverkusen abgetreten. Die Ansprüche richteten sich einzig auf den Verkaufserlös der Beteiligung, wohingegen die Beteiligung selbst wie auch die Marke Aliviol als verloren angesehen wurden.[26]

Dabei ergaben sich zwischen der IG Farben i.L. und den Nachfolgegesellschaften (insbesondere zu Bayer und Hoechst) Differenzen bzgl. der Bewertung von Vermögenswerten – insbesondere in Lateinamerika – und der Frage der Abgrenzung.[27] Bei der Neugründung der Nachfolgegesellschaften waren diejenigen Teile des IG Farben i.L.-Vermögens, die bisher unter der jeweiligen Firma geführt worden waren, mittels eines Einbringungsvertrags auf die jeweilige Nachfolgegesellschaft übertragen worden. Bei einigen, insbesondere ausländischen Vermögenstiteln und Patentrechten blieb der rechtliche Status jedoch umstritten.[28] Die gesamten Vermögenswerte der IG Farben in Chile wurden Mitte der 1950er Jahre auf etwa acht Millionen DM beziffert. Der Liquidationserlös des beschlagnahmten IG-Vermögens in Chile war durch die chilenische Regierung in ENDESA-Aktien – einem chilenischen Energieversorgungsunternehmen (Empresa Nacional de Electricidad S.A.) – angelegt worden, die Hoechst und Bayer beim gemeinsamen Rück-

---

[26] HHStAW Bestand 2092, Nr. 1176, Aktennotiz Aliviol (12.12.1953), Aktennotiz (04.07.1955), Aktennotiz über eine Besprechung (02.09.1957), Memorandum (04.09.1957), Graf von Wedel an Fritz von Behring (09.09.1957), R.W. Müller an Petersdorff (01.10.1957), Petersdorff (IG Farben i.L.) an Bayer (07.10.1957), Bayer-Patent-Abteilung an IG Farben i.L. (17.10.1957), C.A. Langensiepen an Enrique Homann (01.11.1957).

[27] HHStAW Bestand 2092, Nr. 1177, Bayer an IG Farben i.L. (16.07.1956), Petersdorff (IG Farben i.L.) an Alexander Menne (Hoechst), Helmuth Borgwardt (Bayer) und Overhoff/Heintzeler (BASF) (21.02.1958), Schmidt an Petersdorff (06.07.1959). Die IG Farben i.L. drängte seit Mitte der 1950er Jahre auf einen Rahmenvertrag mit den Nachfolgegesellschaften bzgl. des Auslandsvermögens der I.G. Farben. Vgl. HHStAW Bestand 2092, Nr. 12156, Göring, Müller und Wedel an Brinckmann (29.05.1956), Niederschrift über die Sitzung der Kommission für die Behandlung der Fragen des Auslandsvermögens der I.G. (07.01.1957).

[28] HHStAW Bestand 2092, Nr. 15422, IG Farben i.L. an Bayer (12.11.1957), Entwurf einer Denkschrift bzgl. des Rahmenvertrages (03.05.1956). Vgl. zum Einbringungsvertrag zwischen der IG Farben i.L. und Hoechst: HHStAW Bestand 2092, Nr. 10077, IG Farben i.A.: Ausgründung der Hoechst AG: Band 1 (1951–1953).

kauf der Quimica Bayer 1955 in Zahlung gaben. Aufgrund des Kursverfalls des Pesos gegenüber der DM in den Jahren 1954/55 hatte das Aktienpaket, das sich im Besitz der staatlichen Gesellschaft CORFO (Corporación de Fomento de la Producción) befand, aus Sicht der Nachfolgegesellschaft beim Rückerwerb gegenüber dem ursprünglichen Vertrag deutlich an Wert verloren, wohingegen die IG Farben i.L. den höheren Wert des Vorjahres zugrunde legte. Darüber hinaus machten Hoechst und Bayer geltend, dass ihnen durch den Rückkauf der Quimica Bayer ohnehin ein Verlust von ca. 600.000 DM entstanden sei (Tabelle 2).[29]

	Rückerwerbskosten	Zeitwert des übernommenen Vermögens	Überzahlung
Chile	1.368.905,73	809.129,71	559.776,02
Brasilien	3.074.972,02	2.169.320,61	905.651,41
Mexiko	5.821.295,33	5.449.604,66	371.690,67
	10.265.173,08	8.428.054,98	1.837.118,10

Tabelle 2: Aufwendungen von Hoechst und Bayer für Rückerwerbungen von ehemaligem IG-Vermögen in Chile, Brasilien und Mexiko in DM (1957)

Rechtsstreitigkeiten über frühere Vermögenswerte und Bewertungsfragen von Beteiligungen kennzeichneten damit die ersten Nachkriegsjahrzehnte von Hoechst in Chile. Parallel dehnte der Frankfurter Konzern seine chilenischen Produktionsanlagen auf neue Produktgruppen aus, so dass die dortige Auslandsproduktion ab Mitte der 1960er Jahre ein beachtliches Ausmaß erreichte – nicht zuletzt aufgrund einer 1968 in Betrieb genommenen Anlage zur Herstellung von Chemiefasern, deren Einfuhr durch hohe Zölle behindert wurde.[30]

In Mexiko griff Hoechst ab 1950 auf die von Kurt Schneevogt geführten Firma Farcol S.A. als Handelsvertretung zurück. Während Schneevogt vor dem Krieg als AEG-Repräsentant in Mexiko tätig gewesen war, war der Farcol-Mitarbeiter Georg Sandor ein früherer IG-Farbentechniker. Im Jahr 1957 wurde die Farcol in Quimica Hoechst de Mexico umbenannt. Bereits vier Jahre zuvor war es Hoechst nach schwierigen Verhandlungen gelungen, die Pharma-Warenzeichen für Mexiko zurückzugewinnen. Hoechst konnte das von einer staatlichen Gesellschaft weitergeführte Geschäft übernehmen und außerdem die Anlagen des ehemaligen Insti-

---

29 HHStAW Bestand 2092, Nr. 1178, Niederschrift über die Sitzung der Kommission für die Behandlung der Fragen des Auslandsvermögens der IG (24.05.1954), Niederschrift über eine Aussprache (28.03.1956), Aktennotiz betr. Chile (13.04.1956).
30 LANZ: Weltreisender, S. 481–486.

tuto Behring zur Pharmafertigung erwerben, welche anschließend modernisiert und erweitert wurden. In den folgenden Jahren wurde die Auslandsproduktion von Hoechst in Mexiko – nicht zuletzt aufgrund umfangreicher mexikanischer Importrestriktionen – erheblich vergrößert und u.a. um Mowilith-Dispersionen, organische Pigmente und Textilfarbstoffe ergänzt.[31]

Zusammengenommen gehörten die lateinamerikanischen Länder in den 1960er Jahren zweifellos zu den ausländischen Investitionsschwerpunkten von Hoechst. Trotz der Schwierigkeiten beim Rückerwerb früherer Vermögenswerte und Warenzeichen bot Lateinamerika aufgrund seiner wachsenden Bevölkerung und seiner steigenden Industrieproduktion zu dieser Zeit ein attraktives Geschäftsumfeld. Dabei förderten Importrestriktionen den Aufbau einer lokalen Produktion, so dass Hoechst Ende 1969 über 35 Produktionsbetriebe in Lateinamerika verfügte.[32]

3.2. Westeuropa

In Frankreich, Großbritannien und Italien zeigt sich das oben skizzierte Verlaufsmuster der Internationalisierung nach 1945 in ähnlicher Form.[33] In Großbritannien lief der Vertrieb von Hoechst-Produkten in den ersten Nachkriegsjahren zunächst über die 1947 von Leopold Laufer gegründete Lawfer Chemical Company. Hieran beteiligte sich Hoechst bis 1954 mit 48 Prozent; ein Jahr später wurde die Vertriebsgesellschaft in Hoechst Chemicals Ltd. umbenannt. Nahezu zeitgleich gründete der Chemiekonzern mit der Firma Horlicks Ltd. in Großbritannien die Hoechst Pharmaceuticals (1956) sowie mit Bayer, Cassella und Union Oxide im Farbstoffbereich die Firma Industrial Dyestuffs Ltd. (1954), die 1963 mehrheitlich von Hoechst und Cassella übernommen und in Hoechst Cassella Dyestuffs Ltd. umbenannt wurde. Im Jahr 1965 wurde Hoechst Chemicals schließlich in Hoechst U.K. Ltd. umbenannt, welche fortan als Holding für die anderen Hoechst-Beteiligungen in Großbritannien fungierte.[34] Während die Bemühungen der Bundes-

---

31 HHStAW Bestand 2092, Nr. 1178, Niederschrift über die Sitzung der Kommission für die Behandlung der Fragen des Auslandsvermögens der IG (24.05.1954); LANZ: Weltreisender, S. 451–458.
32 Geschäftsbericht Hoechst 1969, S. 38.
33 Ähnlich verlief die Entwicklung in Belgien und Portugal. In Belgien wurde der Vertrieb 1949 zunächst einem belgischen Unternehmen (Société Commerciale et Thérapeutique Belge (Socothéra)) überantwortet, das 1964 mehrheitlich erworben und in Hoechst Belgium S.A. umbenannt wurde. In Portugal erwarb Hoechst 1966 die restlichen Anteile des 1955 gegründeten Joint Ventures »Quimica Hoechst Lda.« und benannte es in »Hoechst Portuguesa Lda.« um. Vgl. Hoechst-Archiv Bestand Hoe. Ausl. 138, Geschichte verschiedener Hoechst Gesellschaften Ausland, Länderblätter A–L: Hoechst Belgium S.A. (01.01.1991); Bestand Hoe. Ausl. 139 / Geschichte verschiedener Hoechst Gesellschaften Ausland / Länderblätter M–Z: Hoechst Portuguesa S.A.R.L. (1991).
34 Hoechst-Archiv Bestand Hoe. Ausl. 138 / Geschichte verschiedener Hoechst Gesellschaften Ausland / Länderblätter A–L: Hoechst U.K. Ltd. (01.01.1989); LANZ: Weltreisender, S. 85–87.

regierung, einen Erfassungs- und Liquidationsstopp für deutsches Vermögen in Großbritannien zu erreichen, bis in die 1960er Jahre erfolglos blieben, gelang es Hoechst bis dahin zumindest wieder einen ansehnlichen Verkaufsapparat aufzubauen. Die Produktionsgesellschaften von Hoechst in Großbritannien blieben zwar von überschaubarer Größe, dennoch hatte der Frankfurter Konzern mit seinen Firmengründungen und Vertriebsstrukturen Mitte der 1960er Jahre wieder einer festen Platz auf dem britischen Markt eingenommen.[35]

Ähnlich wie bei Bayer entwickelte sich Frankreich schon bald nach der schrittweisen Aufhebung alliierter Kontrollen wieder zu einem zentralen Absatzmarkt. Hoechst erschloss den französischen Markt in einer ersten Phase über eine Handelsvertretung, aus der 1950 die Société Peralta entstand. Paul Neumann fungierte hier als Mittelsmann zu französischen Kreisen, die zunächst das Kapital der Gesellschaft bereitstellten; er hatte vor dem Zweiten Weltkrieg die Schering-Niederlassung in Frankreich geleitet. François Edouard Donnay, bereits seit 1950 im Management der Peralta, übernahm 1962 die Leitung der Handelsgesellschaft – zunächst als Président-directeur général (1962–78), später als Président du directoire (1978–83). Im Jahr 1964 wurde die Firma Peralta in Hoechst Peralta, 1969 dann in Hoechst France und 1978 schließlich in Société Française Hoechst umbenannt. Sie spiegelt damit das typische Internationalisierungsmuster von einer unternehmensfremden Handelsgesellschaft zu einem eigenen Tochterunternehmen mit Produktionsbetrieben wider.[36]

Zudem erwarb Hoechst seit 1956 in Frankreich sukzessive Produktionsunternehmen und gründete neue Gesellschaften, deren Produktionsprogramm von Kunstharzen über Polypropylen bis zu Feinchemikalien reichte. Die Neuinvestitionen waren auch darin begründet, dass die französische Gesetzeslage eine Rückübertragung ehemaliger deutscher Vermögenswerte in Frankreich ausschloss. Die Privatunternehmen wie auch die 1948 in Bremen gegründete Studiengesellschaft für privatrechtliche Auslandsinteressen e.V. setzten sich in den Nachkriegsjahren vehement für Rückerwerbungen ein. Darüber hinaus stellte die IG Farben i.L. in Frankreich in den 1950er Jahren über den französischen Rechtsanwalt Jean Féblot, der dort be-

---

35 HHStAW Bestand 2092, Nr. 1365, Botschaft der BRD (London) an IG Farben i.L. (22.03.1963); HHStAW Bestand 2092, Nr. 1366, Studiengesellschaft an die Mitglieder der Arbeitsgruppe England (29.12.1954). Vgl. für eine Aufstellung der von der IG Farben i.L. beanspruchten Vermögenswerte in Großbritannien: HHStAW Bestand 2092, Nr. 1366, Vermögenswerte der IG Farben i.L. (15.04.1947), IG Farben i.L. an Administration of Enemy Property Department (14.06.1955).
36 Hoechst-Archiv Bestand Hoe. Ausl. 98: Historique de la Société Française Hoechst (05.09.1985); Hoechst-Archiv Bestand Hoe. Ausl. 120 Hoechst im Ausland 1964-65: »Hoechst verstärkt das Frankreich-Geschäft«, in: Frankfurter Allgemeinen Zeitung (17.07.1964), »Der Gemeinsame Markt in der Praxis«, in: Frankfurter Neue Presse (17.07.1964); LANZ: Weltreisender, S. 67–69.

Abb. 3: Peralta (in Frankreich): Einweihung des Peralta-Gebäudes, 1969. Redner: Kurt Lanz, Leiter der Verkaufsabteilung

reits für das Eisen- und Stahlunternehmen Fried. Krupp AG tätig gewesen war, Nachforschungen über ehemalige IG-Vermögenswerte an. Zum einen sollte Féblot Vermögenswerte ausfindig machen, die noch nicht beschlagnahmt worden waren; zum anderen sollte er in politischen Kreisen darauf hinwirken, von weiteren Beschlagnahmungen abzusehen. Die IG Farben i.L. sah die Ermittlungen als notwendig an, da die französische Domänenverwaltung weder gewillt noch verpflichtet war, Auskünfte über beschlagnahmte deutsche Vermögenswerte in Frankreich zu geben. Zudem sollte damit die Grundlage für Schadensersatzansprüche gegen die Bundesrepublik geschaffen werden. Letztlich konnte Féblot trotz intensiver Bemühungen weder für Krupp noch für die IG Farben i.L. nicht sequestrierte Vermögenswerte, also Vermögenswerte, die nicht unter Zwangsverwaltung standen, entdecken.[37]

---

37 HHStAW Bestand 2092, Nr. 1347, Krupp an IG Farben i.L. (02.06.1959), Féblot an IG Farben i.L. (05.05.1959, 15.05.1959, 21.05.1959, 28.05.1959, 17.06.1959, 01.07.1959), Vollmacht der IG Farben i.L. für Féblot (11.05.1959), Studiengesellschaft an die IG Farben i.L. (29.07.1960); HHStAW, 2092, Nr. 1349, Niederschrift über eine Sitzung der Arbeitsgruppe Frankreich in der Studiengesellschaft (14.02.1956), Deutsch-Französische Handelskammer an IG Farben i.L. (31.05.1956), Féblot an IG Farben i.L. (26.11.1958, 12.02.1959, 13.02.1959), IG Farben i.L. an Féblot (18.02.1959), Auswärtiges Amt an IG Farben i.L. (04.02.1959), Notiz von Kuhnert (04.02.1959); HHStAW, 2092, Nr. 1350, Botschaft der BRD (Paris) an IG Farben i.L. (05.09.1955). Vgl. zu den Eigentumsverschiebungen in der Chemie- und Pharmaindustrie

Gleichwohl wollte Hoechst weiter auf den französischen Markt vorstoßen und tätigte daher eine Reihe größerer Investitionen. So errichteten Hoechst und der französische Mischkonzern Nobel Bozel 1957 die S.A. Polysynthese, der 1969 schließlich der gesamte Chemiebereich von Nobel Bozel übertragen wurde. In diesem Zusammenhang wurde ihr Name in Nobel Hoechst Chimie geändert. Anfang der 1970er Jahre nutzte das Hoechst-Management seine Chance und übernahm das Joint Venture (bis 1975) vollständig. Eine ähnliche Entwicklung war auch bei der Société Normandie de Matières Plastiques, einer 1956 gegründeten Tochtergesellschaft von Air Liquide zur Produktion von Polypropylen und Polyethylen, zu beobachten. Nachdem Hoechst 1963 hier mit einem Drittel des Aktienkapitals eingestiegen war, weitete der westdeutsche Konzern seinen Anteil 1971 auf 50 Prozent aus. Parallel versuchte er seit 1954 seine Pharmaaktivitäten in Frankreich auszudehnen, allerdings war dies mit der Auflage verbunden, vor Ort zu produzieren. Folglich gründete Hoechst mit der Société Industrielle pour la Fabrication des Antibiotiques (SIFA) die neue Gesellschaft Union Chimique Continentale (UCC), die 1956 wiederum die Pharmafirma Somédia ins Leben rief, aus der die Laboratoires Hoechst hervorgingen. Neben den Betrieben in Lamotte, Lillebonne, Stains und L'Aigle wurde ab 1965 im neu errichteten, fünften Werk in Dijon eine Kunstharzproduktion für Farben und Lacke aufgenommen, die sich zu einem bedeutenden Lieferanten der französischen Automobilindustrie – vor allem von Renault – entwickelte.[38] Obschon die westeuropäischen Märkte im Zuge der europäischen Integration ab Ende der 1950er Jahre zusammenwuchsen, setzte Hoechst somit auch im benachbarten Ausland nicht alleine auf den Export, sondern etablierte schon während der 1950er und 1960er Jahre mehrere Produktionsbetriebe in Frankreich.

In Italien brachte Hoechst das Farbstoffgeschäft über die von ehemaligen IG Farben-Angestellten gegründete Handelsgesellschaft Colea wieder recht schnell in Gang. Die Wiederaufnahme von Beziehungen zu ehemaligen IG Farben-Firmen und deren Mitarbeitern war typisch für die Internationalisierung von Hoechst. Im Arzneimittelgeschäft gestaltete sich die Situation in Italien schwieriger, da die Warenzeichen als Feindeigentum sequestriert und in eine neue Gesellschaft namens Emelfa eingebracht worden waren. Auch hier fanden frühere IG Farben-Mitar-

---

in Frankreich während des Zweiten Weltkrieges: Pierre CAYEZ: Rhône-Poulenc 1895–1975. Contribution à l'étude d'un groupe industriel, Paris 1988, S. 147–149; Peter HAYES: Industry and Ideology. IG Farben in the Nazi Era. 2. Auflage, Cambridge 2001, S. 278–290; Annie LACROIX-RIZ: Industriels et Banquiers Français sous l'Occupation, Paris 2013, S. 320–403.

38 Hoechst-Archiv Bestand Hoe. Ausl. 98: Nobel Hoechst Chimie (1975), Laboratoires Hoechst (9/75), Historique de la Société Française Hoechst (05.09.1985); Hoechst-Archiv Bestand Hoe. Ausl. 138 / Geschichte verschiedener Hoechst Gesellschaften Ausland / Länderblätter A-L: Société Française Hoechst-Gruppe. Seit 40 Jahren auf dem französischen Markt (o.D.).

beiter wie Georg Wörn eine Anstellung. 1953/54 erwarb Hoechst die Mehrheit der Emelfa Società s.r.l., welche 1964 in Hoechst Emelfa S.p.A. und 1968 – nach Übernahme der restlichen Aktien – in Hoechst Italia S.p.A. umbenannt wurde. Auch in Italien knüpfte Hoechst somit an das Auslandsgeschäft vor 1945 an und gründete mit ausländischen Partnern Gemeinschaftsunternehmen.[39]

Dieser Grundsatz galt gleichermaßen für Spanien. Obschon die spanische Wirtschaft unter dem Franco-Regime nicht wie die übrigen westeuropäischen Staaten prosperierte, schloss Hoechst noch 1951 einen Vertretervertrag für den Vertrieb pharmazeutischer Produkte mit der Firma Masalto, Productos Químico-Farmacéuticos S.A. in Barcelona ab und nahm mit der Electro-Química de Flix S.A., einer ehemaligen IG Farben-Auslandstochter, an der Hoechst in den 1950er Jahren sukzessive wieder eine Minderheitsbeteiligung erwarb, die Fertigung von Arzneimitteln auf. Erst die wirtschaftsliberalen Reformen ab Ende der 1950er Jahre zogen ein spanisches Wirtschaftswunder nach sich. Da eine Konzession als pharmazeutisches Laboratorium in Spanien zu jener Zeit nur schwer zu erlangen war, übernahm Flix die Aktien der Masalto, welche im Besitz einer solchen Genehmigung war und 1953 in Laboratorios Activión S.A. umbenannt wurde. Gleichzeitig gründete ein anderes Flix-Tochterunternehmen die Firma Activion S.A. als neue Vertriebsgesellschaft.[40]

Im Jahr 1960 wurden die Produktions- und die Vertriebsgesellschaft dann zur Hoechst Ibérica S.A. fusioniert, an der Hoechst offiziell lediglich 37,5 Prozent hielt; die übrigen 62,5 Prozent wurden treuhänderisch von der Banco Comercial Transatlantico gehalten. Im Jahr 1964 erhielt Hoechst von der spanischen Regierung schließlich die Genehmigung, das gesamte Aktienkapital zu erwerben. Trotz der schwierigen Ausgangsbedingungen war es Hoechst damit auch in Spanien gelungen, bis Mitte der 1960er Jahre eine eigenständige Tochtergesellschaft aufzubauen. Da Hoechst Ibérica seit 1963 auch den Vertrieb von Farbstoffen, Chemikalien und anderen Zwischenprodukten übernommen hatte – lediglich der Vertrieb von Hoechst-Pflanzschutzmitteln und -Stickstoffdünger oblag der Sociedad Anónima de Abonos Medem in Madrid –, zog sich Hoechst aus der Vertriebsgesellschaft Unicolor S.A. zurück, die nach 1945 das Geschäft der IG Farben-Nachfolgegesellschaften weitergeführt hatte. Hoechst veräußerte seinen Fünf-Prozent-Anteil an

---

39 Hoechst-Archiv Bestand Hoe. Ausl. 138 / Geschichte verschiedener Hoechst Gesellschaften Ausland / Länderblätter A-L: Hoechst Italia S.p.A. (01.01.1991); Lanz: Weltreisender, S. 136–137, 144–145; Anna Elisabeth Schreier / Manuela Wex: Chronik der Hoechst Aktiengesellschaft 1863–1988, Frankfurt am Main 1990, S. 221. Emelfa war abgeleitet von Meister (M), Lucius (L) und Farmaceutici (Fa).
40 Hoechst-Archiv Bestand Hoe. Ausl. 115 / Spanien, Hoechst Ibérica S.A. (01.06.1965), Electro-Química de Flix S.A. (01.06.1965); Lanz: Weltreisender, S. 156–158. Vgl. zu den Beteiligungsverhältnissen beschlagnahmter Vermögenswerte der IG Farben i.L. in Spanien: HHStAW Bestand 2092, Nr. 1472, Niederschrift über eine Besprechung mit Fernando Birk (11.12.1954).

die beiden, ebenfalls mit jeweils zehn Prozent an der Unicolor beteiligten westdeutschen Konkurrenten Bayer und BASF. Damit endete die gemeinsame Nachkriegsgeschichte der IG-Nachfolgegesellschaften in Spanien.[41]

3.3. USA

Neben den westeuropäischen Märkten drang Hoechst insbesondere wieder in die USA vor. Hier gründete der Konzern 1953 zunächst die Intercontinental Chemical Corporation (ICC) als Beratungsgesellschaft mit einem überschaubaren Kapital von 20.000 US-Dollar. Gleichzeitig expandierte man über Beteiligungen an mehreren Vertriebsgesellschaften wie Progressive Color & Chemicals Co. Inc. (1953) oder Carbic Color & Chemical Company, Inc. (1957). Winnacker war bereits 1951 in die USA gereist, um die Möglichkeiten zur Wiederaufnahme des US-Geschäfts zu prüfen. Aufgrund der chemisch-pharmazeutischen Forschungserfolge in den USA seit den 1930er Jahren und der Größe des US-Marktes verfolgte er das Ziel, Hoechst jenen Markt schnellstmöglich wieder zugänglich zu machen. Leiter der ICC wurde anfangs Paul Klee (1903–1971), der vor dem Krieg in der IG Farben-Vertretung in den USA gearbeitet hatte, nach 1945 kurzzeitig für Bayer tätig gewesen war und 1951 zum Vorstandsmitglied der Hoechst-Tochtergesellschaft Knapsack-Griesheim ernannt worden war. Es war vor allem Klee, der die Präsenz von Hoechst auf dem nordamerikanischen Markt vorantrieb. Schon 1958 konnte er nach Deutschland berichten, dass das Nordamerikageschäft gut angelaufen sei: ICC schloss mit kleinem Gewinn ab, Carbic war über die Anfangsschwierigkeiten hinweg, und Progressive steigerte ebenfalls den Umsatz. Auch in den USA standen der Aufbau von Verkaufsorganisationen und der Absatz von Farbstoffen in den frühen 1950er Jahren im Vordergrund.[42] Im Arzneimittelbereich verständigte sich Hoechst hingegen mit der Upjohn Company auf ein Generallizenz-Abkommen, das Upjohn das exklusive Recht zusprach, neue Pharma-Entwicklungen von Hoechst

---

41 Hoechst-Archiv Bestand Hoe. Ausl. 115 / Spanien, Hoechst Ibérica S.A. (01.06.1965), Sociedad Anónima de Abonos Medem (01.06.1965); LANZ: Weltreisender, S. 156–158. Unicolor arbeitete eng mit der Farbstoff-Fabrik »Fabricación Nacional de Colorantes y Explosivos S.A.« (FNCE) zusammen, an der die I.G. Farben seit 1926 hälftig beteiligt war. Im Jahr 1966 waren BASF und Bayer mit jeweils 25 % und Unicolor mit 17 % an der FNCE beteiligt; die übrigen 33 % Prozent waren in der Hand spanischer Aktionäre. Ihr Produktionsschwerpunkt lag in Herstellung von Farbmitteln, Zwischenprodukten und weiteren Hilfsmitteln. Vgl. Geschäftsbericht BASF 1966, S. 50; Núria PUIG: El crecimiento asistido de la industria química en Espana: Fabricación Nacional de Colorantes y Explosivos, 1922–1965, in: Revista de Historia Industrial, 15 (1999), S. 105–136.

42 Hoechst-Archiv Bestand Hoe. Ausl. / Amerika / Ordner 1, Max Edgar Klee an Konrad Weil (10.11.1958), American Hoechst Corporation (30.08.1967); »Max Edgar Klee, an industrialist«, in: New York Times, 05.11.1971; LANZ: Weltreisender, S. 410–412; SCHREIER, WEX: Hoechst, S. 220; Edward VAN VLAANDEREN: Pronounced Success. America and Hoechst 1953–1978, Bridgewater, N.J. 1979, S. 11, 25–32.

auf dem US-Markt zu verwerten. Erst 1960 entschloss sich der Hoechst-Vorstand von der bisherigen Lizenzstrategie im Arzneimittelgeschäft abzuweichen und eigene Produktionsstätten in den USA aufzubauen. Nicht zuletzt hierin lag der Grund für den Erwerb von Lloyd Brothers 1960 für vier Millionen US-Dollar.[43]

Parallel zur Wiederankurbelung des US-Geschäfts fanden zahlreiche Verhandlungen zur schweizerischen Firma IG Chemie bzw. Interhandel, einer international tätigen Beteiligungsgesellschaft der IG Farben, und ihrer US-Tochtergesellschaft General Aniline and Film Corp. (GAF) statt. Es war offensichtlich, dass Interhandel in den 1930er Jahren unter Ägide der IG Farben gehandelt hatte. Die Bindung an den deutschen Konzern war Voraussetzung für den Erfolg des schweizerischen Unternehmens gewesen. Die IG Farben verkaufte ihre ausländischen Beteiligungen an Interhandel, sicherte sich jedoch über einen Options- und Dividendengarantievertrag die Kontrolle. Dennoch stand nach 1945 die Behauptung im Raum, es handele sich um ein schweizerisches Unternehmen, weshalb ihr Auslandsbesitz in den USA freizugeben sei. Klagen von Interhandel beschäftigten verschiedene rechtliche Instanzen in den USA. Als sich Ende der 1950er Jahre ein Vergleich zwischen der Interhandel-Gesellschaft in Basel und dem Office of Alien Property (OAP) abzeichnete, stellten die Liquidatoren der IG Farben i.L. überraschend am 5. November 1958 einen Interventionsantrag beim District Court in Washington, um an den Liquidationserlösen beteiligt zu werden. Die Eingabe wurde nicht mit Ansprüchen der IG Farben i.L. auf Rückgabe der GAF-Aktien begründet, vielmehr wurde argumentiert, dass zum Erwerb und Aufbau der GAF erhebliches Kapital seitens der IG Farben geflossen sei, welches bei Aufkündigung des 1929 geschlossenen Garantievertrags im Jahr 1940 ohne Gegenleistung geblieben sei. Doch lehnte das Gericht den Antrag nur einen Monat später ab. Gleichwohl erhärtete sich damit der Eindruck, die ehemalige IG Farben sei die treibende Kraft hinter den Rückgabeforderungen und ein tief in das NS-Regime verstricktes Unternehmen würde von einer möglichen Vermögensfreigabe profitieren. Erst in den 1960er Jahren verständigten sich die in der Schweiz und den USA beteiligten Akteure auf einen Kompromiss, wonach 40 Prozent des Erlöses der 1965 versteigerten GAF an die Eigentümer der Interhandel, d. h. die Schweizerische Bankgesellschaft, und 60 Prozent an den amerikanischen Staat fielen. Weitere Eingaben der IG Farben i.L., an jenem Erlös beteiligt zu werden, blieben erfolglos.[44]

---

43 LANZ: Weltreisender, S. 412–419.
44 HHStAW Bestand 2092, Nr. 1277, IG Farbenindustrie an Reichswirtschaftsministerium (15.05.1940), Irwin Ross: Die General Aniline geht in private Hände (02.12.1963); Mario KÖNIG: Interhandel. Die schweizerische Holding der IG Farben und ihre Metamorphosen – eine Affäre um Eigentum und Interessen (1910–1999) Zürich 2001; Hans-Dieter KREIKAMP: Deutsches Vermögen in den Vereinigten Staa-

Auch die Studiengesellschaft für privatrechtliche Auslandsinteressen sah die durch das US-Kriegsschädengesetz vom 22. Oktober 1962 getroffene Regelung, wonach die beschlagnahmten deutschen Vermögenswerte zur Befriedigung individueller amerikanischer Kriegsschädensansprüche genutzt werden sollten, als endgültig an. Eine Entschädigung an die früheren deutschen Eigentümer stand nicht zu erwarten.[45] Stattdessen bemühten sich die deutschen Nachfolgegesellschaften mit ihren Produkten und Namen auf den US-Markt zurückzukehren. Im Jahr 1961 wurde ICC in American Hoechst Corporation (AHC) umbenannt, womit der Name »Hoechst« wieder auf dem US-Markt präsent war. Bis zur Reorganisation von AHC 1964 fungierte diese als Holdinggesellschaft für die Vertriebs- und Fabrikationsbeteiligungen in den USA. In jenem Jahr wurden die Hoechst-Tochtergesellschaften Carbic-Hoechst Corporation, Hostachem Corporation (ehemals Progressive) und Hoechst Chemical Corporation, die fortan als AHC-Divisionen organisiert waren, mit AHC verschmolzen. Nachdem das genehmigte AHC-Aktienkapital noch 1953 auf 500.000 US-Dollar erhöht und bis 1959 sukzessive auf fünf Millionen US-Dollar angehoben worden war, wurde 1960 eine weitere Erhöhung auf 15 und 1965 auf 20 Millionen US-Dollar bewilligt. Damit verfügte Hoechst Mitte der 1960er Jahre wieder über eine ansehnliche US-Tochtergesellschaft mit sechs Divisionen und etwa 1.050 Beschäftigten. AHC gliederte sich zu jener Zeit in die »Hoechst Pharmaceutical Company Division« (Cincinnati/Ohio), die »Animal Health Division« (Kansas City/Missouri), die »Chemicals and Plastics Division« (Mountainside/New Jersey), die »Dyes and Pigments Division« (Mountainside/New Jersey), die »Rhode Island Works Division« (Coventry/Rhode Island) sowie die »Research and Technical Division« (New York City/New York). Damit bildete sie weite Teile der Produktpalette des westdeutschen Mutterunternehmens ab.[46]

Darüber hinaus kontrollierte AHC seit 1960 mehrheitlich den Druckplattenhersteller Azoplate Corporation, der gemeinsam mit der deutschen Hoechst-Tochtergesellschaft Kalle AG die Reproduktionstechnik im Konzern stärkte. Ferner gründete AHC 1964 mit der Stauffer Chemical Company das 50-50-Joint Venture Stauffer Hoechst Polymer Corporation, um Polyester-Schlauch- und PVC-Folien herzustellen. Dieses Gemeinschaftsunternehmen wurde 1970 vollständig von

---

ten. Die Auseinandersetzung um seine Rückführung als Aspekt der deutsch-amerikanischen Beziehungen 1952–1962, Stuttgart 1979, S. 180–182, 240.

45 HHStAW Bestand 2092, Nr. 1277, Studiengesellschaft an die Mitglieder der Arbeitsgruppe USA (18.01.1963).
46 Hoechst-Archiv Bestand Hoe. Ausl. / Amerika / Ordner 1, American Hoechst Corporation (30.08.1967); VAN VLAANDEREN: Hoechst, S. 32–35.

Hoechst übernommen und bildete die Basis für die spätere Film Division von AHC.[47] Auffällig am Wiederaufbau in den USA waren die vor allem individuell geprägten Verbindungen zu früheren Mitarbeitern der IG Farben-Gesellschaften. Klee war 1930 in die Finanzabteilung der General Aniline Works eingetreten, die ein Jahr zuvor mit anderen IG Farben-Beteiligungen in den USA unter dem Dach der American IG Chemical Corporation – wenig später in General Aniline & Film (GAF) umbenannt – zusammengefasst worden waren. Auch Harry Wilhelm Grimmel war 25 Jahre bei der GAF und ihren Vorgängerfirmen tätig, bis er 1948 eine eigene Farbenfabrik in Rhode Island (Metro Dyestuff Corporation) eröffnete, welche 1954 von Hoechst übernommen wurde und den Grundstein für die Rhode Island Works legte. Im Fall der Azoplate bestanden ebenso enge Beziehungen nach Deutschland. Der Mitbegründer und Präsident von Azoplate, Wilhelm Friedrich von Meister (1903–1978), war ein Enkel eines Begründers von Meister, Lucius & Co. bzw. der Farbwerke Hoechst. Jene Beziehungen verweisen auf die Bedeutung personaler Netzwerke sowie auf das Wissen einzelner Personen hinsichtlich der Beschaffenheit des US-Marktes, zu denen das Hoechst-Management aufgrund einer gemeinsamen Vergangenheit Vertrauen hatte. Persönliche Beziehungen hatten hier oftmals eine Brückenfunktion. Neben der Möglichkeit über Joint Ventures mit US-Konzernen auf den Markt vorzustoßen, war jenes Kontaktfeld zentral für den Wiederaufbau lokaler Vertriebs- und Produktionsstrukturen.[48]

Im Vergleich zu den auf ihrem Heimatmarkt präsenten US-Chemiekonzernen blieb das Hoechst-Engagement in den USA bis in die 1960er Jahre jedoch bescheiden.[49] Auch Winnacker glaubte in den 1950er Jahren noch nicht an hohe Gewinne in den USA, gleichwohl sah er es als notwendig an, auf diesen großen Markt vor-

---

[47] Hoechst-Archiv Bestand Hoe. Ausl. / Amerika / Ordner 1, Azoplate Corporation (30.08.1967), Stauffer Hoechst Polymer Corporation (30.08.1967), Hoechst Uhde Corporation (30.08.1967); Bestand Hoe. Ausl. 139 / Geschichte verschiedener Hoechst Gesellschaften Ausland / Länderblätter M-Z: USA (1975); VAN VLAANDEREN: Hoechst, S. 47–53, 68–75. Das 1921 gegründete Anlagenbau-Unternehmen Uhde wurde aufgrund seiner Kenntnisse in der Ammoniakherstellung und Hochdrucktechnik 1952 von Hoechst übernommen. Die frühere Uhde-US-Tochtergesellschaft The Uhde Corporation wurde 1959 in Hoechst-Uhde Corporation umbenannt.

[48] LANZ: Weltreisender, S. 410–411; Christian KLEINSCHMIDT: Der produktive Blick. Wahrnehmung amerikanischer und japanischer Management- und Produktionsmethoden durch deutsche Unternehmer 1950–1985, Berlin 2002, S. 310–311; Declan O'REILLY: I.G. Farbenindustrie AG, Interhandel und General Aniline & Film Corporation. A Problem in International Political and Economic Relations between Germany, Switzerland and the United States 1929–1965, Cambridge 1998; VAN VLAANDEREN: Hoechst, S. 25, 28, 47. Die 1953 erworbene Progressive war ebenfalls von einem deutschstämmigen Geschäftsmann, Adolf Kuhl, geleitet worden.

[49] Ulrich WENGENROTH: The German Chemical Industry after World War II, in: Louis GALAMBOS, Takashi HIKINO, Vera ZAMAGNI (Hg.): The Global Chemical Industry in the Age of the Petrochemical Revolution, New York 2007, S. 141–167, S. 152–155.

zustoßen, auch aufgrund der US-Konkurrenz in Westeuropa. *Die Amerikaner machen in umgekehrter Richtung eine Art Kolonialpolitik, die uns in den nächsten Jahren viel zu schaffen machen wird. Wir werden von Deutschland aus eingehen, wenn wir uns nicht aufraffen, und sozusagen in unserer Höhle ausgeräuchert.*[50]

4. Fazit

Der deutschen Chemieindustrie gelang nach dem Zweiten Weltkrieg ein fulminanter Wiederaufstieg. Dies war bemerkenswert, denn der Auslandsbesitz der IG Farben war zu großen Teilen während des Krieges beschlagnahmt worden und nach 1945 hatten die Alliierten den Branchenprimus zerschlagen. Die Macht der deutschen Industriekonzerne sollte durch die alliierte Nachkriegspolitik gebrochen und belastetes Personal durch ein ordentliches Entnazifizierungsverfahren aussortiert werden. Das Beispiel der Farbwerke Hoechst, eine der drei Kerngesellschaften, die aus der Entflechtung der IG Farben hervorging, hat gezeigt, dass diese Ziele nur teilweise erreicht wurden. Zweifellos waren viele chemische Produktionsanlagen infolge von Kriegseinwirkungen beschädigt oder zerstört und die führenden IG-Köpfe wurden im Rahmen der Nürnberger Nachfolgeprozesse durch ein einzigartiges Internationales Militärtribunal verurteilt, doch gelang vielen ehemaligen IG-Leuten nach 1945 der Wiederaufstieg und diverse Werke konnten schon bald wieder die Produktion aufnehmen – nicht zuletzt zur Versorgung der Bevölkerung in den Besatzungszonen. Ein Teil der alten IG-Clique gelangte in der Bundesrepublik wieder in Führungspositionen, und mit Karl Winnacker übernahm der noch von der IG Farben-Führung designierte »Kronprinz« die Leitung von Hoechst.[51]

Mit der Wiederaufnahme der Produktion kamen schon bald auch die Auslandsmärkte wieder in den Aufmerksamkeitshorizont der Unternehmensleitung. Dabei erwies es sich für Hoechst als schwierig, dass Bayer während der IG-Zeit einen Teil des ausländischen Vertriebs mit übernommen hatte, traditionelle Handelsbeziehungen durch den Krieg unterbrochen waren und der Umfang des einstigen Auslandsbesitzes nur schwerlich beziffert werden konnte. Teils war der Liquidationserlös aus beschlagnahmtem IG-Vermögen im Ausland bereits zur Abdeckung von Kriegsschädenansprüchen verwendet worden. Neben den Nachfolgegesellschaften stellte auch die IG Farben i.L. Erkundigungen über das Auslandsvermögen der IG Farben an. Doch im Unterschied zu den Nachfolgegesellschaften bestand bei der IG Farben i.L. als Liquidationsgesellschaft kein Interesse an der Beteiligung selbst oder einem

---

50 Hoechst-Archiv Bestand Hoe. Ausl. / Amerika / Ordner 1, Winnacker an Weil (02.08.1959).
51 LINDNER: Schatten.

Rückerwerb.⁵² Die Hoechst-Leitung bemühte sich hingegen wieder, Kontakte zu früheren Händlern im Ausland herzustellen und verloren gegangenes Auslandsvermögen zurückzukaufen, sofern die Gesetzeslage dies zuließ. In vielen Fällen konnte Hoechst hierbei auf Auslandserfahrungen aus der ersten Hälfte des 20. Jahrhunderts und Beziehungen zu ehemaligen IG-Angehörigen zurückgreifen. In mehreren Fällen übernahm Hoechst unternehmensfremde Agenturen, die zuvor für den westdeutschen Konzern tätig gewesen waren, und gestaltete sie anschließend zu eigenen Handelsgesellschaften um. Zugleich beteiligte sich der Konzern an einer Reihe von Joint Ventures, die zu einem späteren Zeitpunkt vollständig übernommen wurden. Aus jenen beiden Strängen entstanden in den 1960er Jahren die typischen Landesgesellschaften der Farbwerke Hoechst, über die der Konzern den Weltmarkt bediente und die er ab Ende der Dekade zur forcierten Internationalisierung nutzte.

Insgesamt entwickelte sich das Auslandsgeschäft von Hoechst in der Zeit zwischen 1952 und 1965 wesentlich dynamischer als das Inlandsgeschäft – der Auslandsumsatz stieg in dieser Phase mehr als doppelt so stark, allerdings von einem recht niedrigen Niveau ausgehend. Der Export aus inländischen Produktionsstätten betrug 1952 169 Millionen DM, die Auslandsproduktion lediglich eine Million DM. Bis 1965 verzehnfachte sich der Export auf über 1,6 Milliarden DM, noch stärker wuchs die Auslandsproduktion auf 582 Millionen DM, die damit etwa ein Viertel zum Auslandsumsatz beitrug. Hier zeigte sich die graduelle Transformation des Auslandsgeschäfts von Verkaufsorganisationen zu Produktionsstätten. Gleichwohl war 1965 auch noch der Großteil der in ausländischen Gesellschaften tätigen Mitarbeiter – etwa 6.500 von 10.000 – in Vertriebsorganisationen beschäftigt. Dies verweist auf die fortdauernde Exportstrategie, die typisch für die gesamte Branche war. Erst ab Ende der 1960er Jahre stiegen die ausländischen Direktinvestitionen zur Übernahme ausländischer Gesellschaften oder zum Aufbau ausländischer Produktionsstätten spürbar an und transformierten Hoechst langfristig in einen Global Player der Chemieindustrie mit weltweiten Vertriebs- und Produktionsstrukturen.⁵³

---

52 Eine lückenlose Erfassung der ausländischen Vermögenswerte war der IG Farben i.L. aufgrund des Verlusts von Unterlagen vielfach nicht möglich und erforderte erhebliche Rekonstruktionsarbeit. Vgl. exemplarisch: HHStAW Bestand 2092, Nr. 12157, Rückblick über den derzeitigen Bearbeitungsstand des I.G. Vermögens in Südamerika (21.04.1954).

53 Alfred D. CHANDLER: Shaping the Industrial Century. The Remarkable Story of the Evolution of the Modern Chemical and Pharmaceutical Industries, Cambridge 2005, S. 134–138; Geschäftsbericht Hoechst 1965, S. 16–17.

Die Entflechtung der I.G. Farbenindustrie AG am Beispiel der Behringwerke
Staatliche Einflussnahme zum Wohle der Allgemeinheit?

Christoph Franke

Einleitung

AUF GRUNDLAGE DER Allgemeinen Anordnung Nr. 2 zum Gesetz Nr. 52 der US-amerikanischen Militärregierung wurde am 5. Juli 1945 das gesamte Vermögen der I.G. Farbenindustrie AG und damit auch der Behringwerke beschlagnahmt. Die Maßnahme wurde mit der Wiedergutmachung für Schäden infolge der deutschen Besatzung der europäischen Länder im Verlauf des Zweiten Weltkrieges begründet. Darüber hinaus wurde die Geschäftsleitung der IG Farben abgesetzt und durch den Kontrolloffizier Oberst Edwin S. Pillsbury ersetzt. Im Zuge des Einmarsches der US-amerikanischen Truppen in Marburg waren am 28. März 1945 auch die Behringwerke besetzt worden. Die US-amerikanische Militärregierung übernahm am 5. Juli 1945 offiziell die Verwaltung der Behringwerke, am 6. Februar 1946 wurde der Kaufmann C. W. Janssen zum Custodian der Behringwerke eingesetzt. Im Juli 1947 wurde, nachdem Janssen zum Trusty der Behringwerke bestellt worden war, Martin Gude zu ihrem Treuhänder ernannt.[1]

Die Werksanlagen hatten den Zweiten Weltkrieg ohne große Schäden überstanden, so dass die Produktion, wenn auch gedrosselt, fortgeführt werden konnte. Im Juli 1947 waren bei den Behringwerken 392 Arbeitskräfte beschäftigt. Darüber

---

[1] Wolfram DÖPP: Die Behringwerke in Marburg. Entwicklung und internationale Beziehungen. In: Marburg. Entwicklung, Strukturen, Funktionen, Vergleiche, hrsg. von Alfred PLETSCH, Marburg 1990, S. 195–225, hier: S. 200; Klaus TROUET: US-Administration. Die Verwaltung des Werkes Hoechst 1945–1953, Frankfurt am Main 1976, S. 30–33. Zu Hoechst siehe auch Stephan H. LINDNER: Hoechst. Ein I.G. Farben Werk im Dritten Reich, 2. Auflage München 2005, S. 353; Chronik der Behringwerke, S. 40f., in: Universitätsarchiv (UA) Marburg, Best. 313 (Archiv der Behringwerke), Nr. 1360. Im Manuskript »Zur Firmengeschichte der Behringwerke« vom Oktober 1966 von Hans Hubert Weimar (UA Marburg, Best. 313, Nr. 534, S. 5.) heißt es, dass im Jahre 1947 aus den »Custodian« ein »Trusty« wurde. Eine genauere Definition der Aufgaben wird nicht gegeben.

hinaus zählte man zu dieser Zeit etwa 400 Pferde sowie je 200 Rinder und Schafe zur Produktion der Seren. Damit war die Talsohle nach Ende des Zweiten Weltkrieges erreicht. Vor allem der Mangel an Tieren und Rohstoffen führte zu Einschränkungen in der Produktion. Für die Behringwerke war es nun notwendig, ein unabhängiges Unternehmen aufzubauen, denn die früheren Bindungen an das Bayerwerk und die Farbwerke Hoechst waren auf Anordnung der US-amerikanischen Militärverwaltung aufgehoben worden. Vor allem die schnell auftretenden Probleme beim Vertrieb der Produkte und die Frage der Weiterführung der Forschung mussten jetzt gelöst werden. Nicht mehr die kriegstypischen Infektionskrankheiten standen nunmehr im Mittelpunkt des Forschungsinteresses, sondern der Schutz der Zivilbevölkerung vor Infektionskrankheiten rückte in das Zentrum des unternehmerischen Handelns. In Deutschland waren die Seren und Impfstoffe der Behringwerke weitestgehend konkurrenzlos, die Auslandsmärkte und die Vertretungen im Ausland jedoch waren infolge des Zweiten Weltkrieges zunächst verloren gegangen. Um die unternehmerische Position in Deutschland nachhaltig zu sichern, mussten die Behringwerke die Forschung, die Produktion und den Vertrieb auf die Bedürfnisse der Nachkriegszeit neu ausrichten und erweitern.[2]

Die Behringwerke konnten ihr Streben nach Neuaufbau und Neuorientierung von Produktion und Forschung aber nur im engen Rahmen der alliierten Besatzungspolitik durchführen. Die Entflechtung der deutschen Industrie war ein Mittel zur Erreichung der US-amerikanischen wirtschaftlichen Kriegsziele der »open doors« und der Wirtschaftsfreiheit. Im Artikel 12 des Potsdamer Protokolls war die Dekartellisierung großer Konzerne vorgesehen. Neben den metallverarbeitenden Rüstungsbetrieben stand dabei vor allem die chemische Industrie im Fokus. Der politische Wille der Siegermächte, die IG Farben zu entflechten, wurde besonders von den US-amerikanischen Besatzungsbehörden energisch vertreten.[3] Der Prozess der Entscheidungsfindung zur Entflechtung und Neuausrichtung der Behringwerke zwischen 1945 und 1952, an dem verschiedene Akteure teilnahmen, also der Zeitraum der Umorientierung zwischen der Besetzung der Behringwerke und der Entlassung aus der US-amerikanischen Aufsicht, soll hier analysiert werden.

---

2 DÖPP: Behringwerke, S. 201. Michael ERLENBACH: Die Behringwerke AG in den Nachkriegsjahren. In: Marburger Almanach (1981), S. 156–159, hier: S. 156.

3 Zu den Beschlüssen der Potsdamer Konferenz siehe Rudolf MORSEY: Die Bundesrepublik Deutschland bis 1969, 5. durchgesehene Auflage, München 2007, S. 3. Friedrich-Wilhelm HENNING: Das industrialisierte Deutschland 1914 bis 1978, 5. Auflage, Paderborn 1979, S. 186–189; Petra WEBER: Getrennt und doch vereint. Deutsch-deutsche Geschichte 1945–1989/90, 2. Auflage, Berlin 1990, S. 25; Gebhardt. Handbuch der deutschen Geschichte, hrsg. von Wolfgang BENZ, Bd. 22: 20. Jahrhundert (1918–2000). Deutschland unter alliierter Besatzung 1945–1949. Die DDR 1949–1990, 10., völlig neu bearbeitete Auflage Stuttgart 2001, S. 51ff.

Der unternehmerische Richtungswechsel ging einher mit einem wirtschaftspolitischen Wandel der Interessenlagen der verschiedenen Akteure, der hier besondere Berücksichtigung finden soll.

Zunächst sollen die Geschichte der Behringwerke und ihre Einbindung in die IG Farben seit Ende der 1920er Jahre dargestellt werden. Einen größeren Raum nimmt dann die Darstellung der Etappen und der Ziele der verschiedenen Akteure im Zuge der Entflechtung der Behringwerke nach dem Zweiten Weltkrieg ein. Hier sollen vor allem die Entflechtungsmaßnahmen der Alliierten in den Westzonen und der Wandel der Interessenlagen der Akteure analysiert werden. Mit der unternehmerischen Konsolidierung der chemischen Industrie Deutschlands, hier besonders der Bayer AG und der Farbwerke Hoechst, gewannen diese beiden Unternehmen wesentlichen Einfluss auf die Frage der unternehmerischen Neuorientierung der Behringwerke. Mit der Gründung der Bundesrepublik Deutschland erlangte auch die Bundesregierung größere Mitspracherechte bei dieser Frage. Und schließlich versuchten auch die hessische Landesregierung und kommunale Akteure das Schicksal der Behringwerke zu beeinflussen. Auch die Behringwerke selbst verfolgten eigene Interessen im Verlauf der Diskussion. Im Folgenden wird diese recht verwickelte Gemengelage bis zur endgültigen Entscheidungsfindung dargestellt.

Die Forschungen zur Entflechtung der I.G. Farbenindustrie AG bzw. zur unternehmerischen Neuorientierung der Behringwerke nach dem Zweiten Weltkrieg sind bisher noch nicht weit vorangeschritten. Eine Übersicht gab Hans-Dieter Kreikamp in seinem 1977 erschienenen Aufsatz zum Thema »Die Entflechtung der I.G. Farbenindustrie A.G. und die Gründung der Nachfolgegesellschaften«.[4] Ebenso wie Kreikamp arbeitete auch Raymond G. Stokes das Element der Kontinuität bzw. der Rückkehr zu früheren Verhältnissen der IG-Betriebe in Westdeutschland heraus.[5] Die Behringwerke werden von beiden Autoren nur thematisiert, wenn es um die Frage der Einbindung in die jeweiligen Nachfolgeunternehmungen geht. Im Verlauf der Entflechtungsdiskussion wurde die Stellung der Behringwerke, wie noch ausführlicher zu zeigen sein wird, kontrovers diskutiert. Hoechst und Bayer verfolgten ihre eigenen Interessen, die sich aus der historischen Verflechtung beider Chemieunternehmen mit den Behringwerken ergaben. Die Verhandlung wurden durch die divergierenden Interessen der politischen Akteure noch zusätzlich erschwert.[6]

---

4 Hans-Dieter KREIKAMP: Die Entflechtung der I.G. Farbenindustrie A.G. und die Gründung der Nachfolgegesellschaften. In: Vierteljahrshefte für Zeitgeschichte 25 (1977), S. 220–251.
5 Vgl. Raymond George STOKES: Divide and Prosper. The Heirs of IG Farben under Allied Authority 1945–1951, Berkeley 1988.
6 Vgl. KREIKAMP: Entflechtung, S. 231, S. 239–240; STOKES: Divide and Prosper, S. 50–51, S. 191.

Die Frage der Behringwerke im Rahmen der Entflechtungsdiskussion wird auch von Viola Droste in ihrem Aufsatz »Die Behringwerke in der Zeit des Wiederaufbaus: Entflechtung und Eingliederung in die Hoechst AG« thematisiert.[7] Die verschiedenen Standpunkte und deren Wandel zwischen 1945 und dem 1. Januar 1952, der Eingliederung der Behringwerke als hundertprozentige Tochtergesellschaft in die Hoechst AG, lassen sich dagegen mit Hilfe der Auswertung verschiedener Quellenbestände aus dem Bundesarchiv, dem Hauptstaatsarchiv Wiesbaden, dem Staatsarchiv Marburg und dem kürzlich erschlossenen Archiv der Behringwerke anschaulich rekonstruieren.[8] Obwohl das Archiv der Hoechst AG verschiedentlich kontaktiert worden ist, sind eigene Recherchen dort nicht ermöglicht worden, so dass nur auf die Bände 48 bis 50 der Dokumente aus den Hoechst-Archiven zurückgegriffen werden konnte.[9]

Die Geschichte der Behringwerke bis zur Mitte des 20. Jahrhunderts

Die Behringwerke wurden 1904 als offene Handelsgesellschaft vom Medizin-Nobelpreisträger Emil von Behring gegründet. Die Serumtherapie gegen Diphtherie hatte Behring Weltruhm und 1901 den Nobelpreis für Medizin eingebracht, aber ihre Anwendung im breiten Maßstab erforderte finanzielle Investitionen, um die industrielle Verwertung seiner wissenschaftlichen Erfindung zu ermöglichen. Behring fehlte jedoch ein finanzstarker Partner, um den Auf- und Ausbau der Produktion zu finanzieren.[10] 1914 wurden die Behringwerke in eine GmbH umgewandelt, und infolge des Ersten Weltkrieges wurde die Produktion stark erweitert.[11]

Der Tod Emil von Behrings am 31. März 1917 und das Ende des Ersten Weltkrieges hatten weitreichende Folgen, denn damit ging einerseits die wissenschaft-

---

7 Viola DROSTE: Die Behringwerke in der Zeit des Wiederaufbaus. Entflechtung und Eingliederung in die Hoechst AG, In: Seuchenbekämpfung, Wissenschaft und Unternehmensstrategien. Die Behringwerke und die Philipps-Universität im 20. Jahrhundert, hrsg. von Christian KLEINSCHMIDT, Marburg 2021, S. 163–179.

8 Zum Verzeichnungsprojekt des Archivs der Behringwerke siehe Christoph FRANKE: Das Archiv der Behringwerke. Bestands- und Überlieferungsgeschichte. In: Archiv und Wirtschaft 52 (2019), S. 82–88.

9 Zum Archiv der Hoechst AG siehe Wolfgang METTERNICH: Das Archiv der Hoechst AG im Zeitraum von 1993 bis 2003. Dienstleister oder Störfaktor? In: Arbido 3 (2014), vgl. https://arbido.ch/de/ausgaben-artikel/2014/kulturerbe-der-wirtschaft-kollektives-gedächtnis-patrimoine-culturel-économique-mémoire-collective/das-archiv-der-hoechst-ag-im-zeitraum-von-1993-bis-2003-dienstleister-oder-störfaktor (zuletzt aufgerufen am 01.02.2021).

10 Vgl. Vom »Behringwerk« zum Biotech-Standort. 100 Jahre im Dienst der Gesundheit 1904–2004, hrsg. von Chiron Behring, Marburg 2004, S. 7–9.

11 Ulrike ENKE: »Kaufmännischer Sinn« versus »Geist der Medizin«. Zur Gründungsgeschichte der Behringwerke, In: Seuchenbekämpfung, Wissenschaft und Unternehmensstrategien. Die Behringwerke und die Philipps-Universität im 20. Jahrhundert, hrsg. von Christian KLEINSCHMIDT, Marburg 2021, S. 25–60.

liche Triebkraft des Unternehmens verloren. Andererseits verschärfte sich im November 1918 nach der Niederlage im Ersten Weltkrieg die wirtschaftliche Situation der Behringwerke: Das Marbacher Unternehmen büßte seine bisherige Monopolstellung auf dem Gebiet der Seren und Impfstoffe ein, und die ausländischen Absatzmärkte brachen weg. Um die Kapitalbasis der Behringwerke zu stärken, wurde die GmbH, in der zu dieser Zeit 221 Personen beschäftigt waren, im Jahr 1920 in eine Aktiengesellschaft mit einem Grundkapital von 2,5 Millionen Reichsmark umgewandelt.

Die zusätzlichen finanziellen Ressourcen zur Entwicklung neuer Produkte und zum Aufbau eines Auslandsvertriebs waren aber nicht ausreichend, um das Unternehmen dauerhaft am Markt zu behaupten. 1927 verbuchte das Marbacher Unternehmen einen Reingewinn von knapp 12.000 RM, 1928 stieg dieser Reingewinn nur um 3.000 RM auf fast 15.000 RM. 1929 konnte der Gewinn der Behringwerke zwar auf etwas mehr als 36.000 RM gesteigert werden, doch eine Geschäftsbeteiligung erwirtschaftete einen Verlust von fast 130.000 RM,[12] so dass weder an Gewinnauszahlungen noch Investitionen gedacht werden konnte. Die Behringwerke waren in dieser Situation wirtschaftlich nicht konkurrenzfähig. Auf der Generalversammlung am 8. August 1929 wurde der Zusammenschluss mit der I.G. Farbenindustrie AG genehmigt. Über 90 Prozent der Aktien der Behringwerke gingen auf die IG Farben über. Die I.G. Farbenindustrie AG führte die Behringwerke als Beteiligungsgesellschaft fort. Der Name »Behringwerke« wurde schon allein aus Gründen der Bekanntheit und des Vertrauens in die Seren und Impfstoffe beibehalten.

1932 wurde die sero-bakteriologische Abteilung der Farbwerke Hoechst nach Marburg überführt, da die Produktion dort sehr viel günstiger durchzuführen war als in Hoechst. Ab 1934 wurden umfangreiche Investitionen in den Marburger Standort getätigt, vor allem die Produktionsanlagen wurden ausgebaut. Einen weiteren Schub erhielten die Behringwerke durch die Eingliederung des Verkaufs ihrer Produkte in das weltweite Verkaufsnetz der Pharmazeutika der IG Farben mit der Zentrale in Leverkusen. Schon 1927 avancierte das Bayer-Werk in Leverkusen zur zentralen Vertriebsstelle für alle pharmazeutischen Produkte der IG Farben, inklusive der Seren, Impfstoffe und Dentalprodukte. Damit wurde der lang ersehnte Zugang zum Weltmarkt realisiert, und in den 1930er Jahren wurden Niederlassungen im Ausland, so in Brasilien, Argentinien, Kolumbien, Mexiko und Spanien, gegründet.[13]

---

12 Bericht des Vorstandes vom Juni 1928, in: UA Marburg, Best. 313, Nr. 992; Akten-Notiz über die Besprechung in Bremen am 8. Juli 1929 betr. Übernahme und Bilanz der Behringwerke A.G., In: UA Marburg, Best. 313, Nr. 412.
13 Dr. SCHOLZ: Manuskript »Zur Firmengeschichte der Behringwerke«, S. 3, in: UA Marburg, Best. 313,

Im Zuge der Kriegsvorbereitungen des nationalsozialistischen Regimes und der Umstellung der Friedens- auf eine Kriegsproduktion gewannen ab Mitte der 1930er Jahre in den Behringwerken Produkte an Bedeutung, die sich gegen kriegstypische Infektionskrankheiten richteten. An erster Stelle stand das Serum gegen den Gasbrand, das als typische Kriegsinfektion im Ersten Weltkrieg zu enormen Verlusten geführt hatte.[14] Der seit 1928 amtierende Betriebsleiter und spätere Direktor der Behringwerke Albert Demnitz experimentierte frühzeitig mit den Toxinen, die das Gasödem verursachten, und entwickelte schließlich ein entsprechendes Serum, mit dem bereits vor Beginn des Zweiten Weltkriegs die »Legion Condor« bei ihrem Einsatz in Spanien ausgerüstet wurde. Dazu wurden auch Menschenversuche mit Ruhr- und Fleckfieberimpfstoffen u. a. im KZ Buchenwald durchgeführt, die zu einigen Todesfällen führten und auch Gegenstand des Nürnberger Nachfolgeprozesses waren.[15]

Nach dem Beginn des Zweiten Weltkrieges legten die Behringwerke ihren Schwerpunkt in der Forschung und Produktion auf das Gasödem- und das Tetanusserum, bei den Impfstoffen auf die Typhus-, Dysenterie-, Fleckfieber-, Cholera-, Pest- und Pockenimpfstoffe. Militärische Aspekte hatten nicht nur Auswirkungen auf die zu produzierenden Präparate und auf die Produktionszahlen, sondern auch auf die Zahl und die Standorte neuer Produktionsstätten. So wurden Behring-Institute in Königsberg/Ostpreußen und in Berlin gegründet und eine Produktionsstätte für Fleckfieberimpfstoff in Lemberg in der westlichen Ukraine aufgebaut.[16]

Nach Ende des Zweiten Weltkrieges und der Beschlagnahme der Behringwerke durch die US-Militärregierung als Besatzungsbehörde konnte die Produktion zunächst nicht fortgeführt werden. Die Werksanlagen waren zwar intakt, aber die Produktion konnte erst langsam wieder in Gang gebracht werden. Zunächst wurde sichergestellt, dass der grundlegende Ablauf im Unternehmen weitergeführt werden konnte. Das betraf vor allem die Versorgung des noch vorhandenen Tierbestandes.

Nr. 534; Hans Herbert WEIMAR: Manuskript »Emil von Behring und die Behringwerke«, S. 6, in: UA Marburg, Best. 313, Nr. 534; BEHRING (Hg.): Behringwerk, S. 14 f.

14 Gasbrand ist eine lebensbedrohliche Wundinfektion mit toxinbildenden Bakterien. Gefährdet sind vor allem Menschen mit schweren Verletzungen nach Unfällen oder Kriegsverletzungen. Zur Definition der Wundinfektion »Gasbrand« siehe: https://www.pschyrembel.de/Gasbrand/K08G3/doc/ (zuletzt aufgerufen am 11.01.2021).

15 Vgl. Christoph FRANKE: Medizinische Experimente zur Erprobung von Seren und Impfstoffen. Die Rolle der Behringwerke bei Menschenversuchen im Konzentrationslager Buchenwald. In: Seuchenbekämpfung, Wissenschaft und Unternehmensstrategien. Die Behringwerke und die Philipps-Universität im 20. Jahrhundert, hrsg. von Christian KLEINSCHMIDT, Marburg 2021, S. 93–109. Die wesentlichen biographischen Angaben zu Albert Demnitz siehe Art. »Demnitz, Albert«. In: Ernst KLEE: Personenlexikon zum Dritten Reich. Wer war was vor und nach 1945, 2. Auflage Hamburg 2016, S. 104 f.

16 BEHRING (Hg.): Behringwerk, S. 16 ff. Ausführlich zum Behring-Institut in Lemberg siehe Archiv des Instituts für Zeitgeschichte, MA 613, Reichsmarschall des Großdeutschen Reiches, Stabsamt Göring.

Die Behringwerke wurden ab Juni 1946 als »Behringwerke, I.G. Farbenindustrie in Dissolution« fortgeführt. Die früheren Verbindungen zu Bayer und den Farbwerken Hoechst mussten auf Weisung der Besatzungsbehörden aufgegeben werden.

Erst mit der Währungsreform im Sommer 1948 setzte auch wieder eine Belebung der unternehmerischen Tätigkeit der Behringwerke ein. Das Inlandsgeschäft stand zunächst unter der Maßgabe des Schutzes der Bevölkerung vor Infektionskrankheiten. An eine Wiederaufnahme des Exports konnte zu dieser Zeit nicht gedacht werden, da alle Auslandsverbindungen unterbrochen waren. Neben der Wiederaufnahme der Produktion mussten die Behringwerke ihre Anstrengungen auf dem Gebiet der Forschung zur Entwicklung neuer Produkte intensivieren, um die Konkurrenzfähigkeit des Unternehmens wiederherzustellen. Unter der Leitung von Albert Demnitz wurden veterinärmedizinische Produkte zur Eindämmung der Maul- und Klauenseuche auf den Markt gebracht. Auf humanmedizinischem Gebiet gelang es den Behringwerken, kombinierte Impfstoffe gegen Diphterie, Scharlach, Tetanus und Keuchhusten herzustellen. Die Entwicklung von neuen Produkten wurde Anfang der 1950er Jahre durch die Erzeugung von Plasmaderivaten abgerundet. Die weitere Entwicklung des in der bei Marburg gelegenen Gemeinde Marbach ansässigen Unternehmens war zu dieser Zeit aber durch eine große Ungewissheit geprägt, denn über die Selbständigkeit bzw. die Angliederung an die Bayer AG oder die Farbwerke Hoechst im Zuge der Entflechtung der IG Farben war noch nicht entschieden.[17]

Sowohl Bayer als auch Hoechst beriefen sich nach 1945 auf ihre frühere Zusammenarbeit mit Behring, als es um die Frage ging, wem die Behringwerke zugeteilt werden sollten. Für Martin Gude, einem Treuhänder der Behringwerke, bedeutete die unregelmäßige Nachfrage und die Notwendigkeit einer Vorratshaltung bei Seren und Impfstoffen ein verschärftes wirtschaftliches Risiko, so dass bis 1930 eine befriedigende geschäftliche Entwicklung der Behringwerke aufgrund unzureichenden Absatzvolumens, fehlender Mittel für Investitionen und ineffizienter Verkaufsorganisation nicht erreicht werden konnte.[18] Erst die Integration der Behringwerke in die IG Farben hatte die notwendige finanzielle Ausstattung für neue betriebliche Anlagen und, damit verbunden, eine sich rentierende Produktion gebracht. Vor allem der Absatz der Produkte wurde durch den Verkauf über Bayer gesichert.[19]

---

17 Chronik der Behringwerke, in: UA Marburg, Best. 313, Nr. 1360, S. 41–44; DÖPP: Behringwerke, S. 200 f.; ERLENBACH: Behringwerke AG, S. 1.
18 Schreiben von Martin Gude an Dr. Voller (FARDIP) vom 1. August 1950, S. 2, in: UA Marburg, Best. 313, Nr. 1199.
19 Vgl. Schreiben von Martin Gude an Dr. Voller (FARDIP) vom 1. August 1950, S. 3, in: UA Marburg, Best. 313, Nr. 1199.

Die Behringwerke hatten eine besondere Stellung innerhalb der IG Farben, weil der Betrieb zwar wenig zum Gesamtumsatz beitrug, aber in einem kleinen, für die öffentliche Gesundheit wichtigen Segment Marktführer war. Die IG Farben setzte 1938 pharmazeutische Produkte im Wert von 125,7 Mio. RM um, der Anteil der Behring-Werke daran betrug lediglich 16,98 Mio. RM. Kurz vor dem Zweiten Weltkrieg besaßen die Behringwerke Marburg aber einen Anteil von 60–70 % am deutschen Seren- und Impfstoffmarkt.[20] Aufgrund der Zugehörigkeit der Behringwerke zur IG Farben AG ergab sich eine komplizierte Ausgangslage für die Diskussion um die Zukunft des Marbacher Unternehmens, wie der Leiter der Industrie-Abteilung der hessischen Landesregierung, Dr. Ernst Falz,[21] am 26. Juli 1948 festhielt:

Der Fall [Behringwerke Marburg] *liegt ähnlich wie der Fall Kalle. Es besteht eine Behringwerke AG als selbständige Aktiengesellschaft. Die Aktien sind zu etwa 99 % in den Händen der I.G. gewesen. Der alte Mantel könnte also genutzt werden.*
Der Fall ist dadurch schwieriger als der Fall Kalle, da die Neuanlagen der Behring-Werke nicht von der A.G. sondern von der I.G. direkt errichtet wurden. Das Unternehmen zerfällt also kapitalmäßig in 2 Teile,
 a) Die alte A.G. als Eigentümer bestimmter Grundstücke,
 b) Der unmittelbar dem I.G.-Vermögen zuzurechnenden Teil der Neuerwerbung der Anlagen.

Läßt man die A.G. bestehen, so müsste diese auf jeden Fall das nominelle Kapital erheblich vergrößern, um mit diesem zusätzlichen Kapital die unmittelbaren I.G.-Vermögensanteile zu erwerben.
Es wäre wie folgt zu verfahren:
 a) Eröffnungsbilanz des gesamten Objektes mit genauer Feststellung der Teile, welche zur AG und welche zur I.G. gehören;
 b) Feststellung des ausstehenden Kapitals der A.G., Abstemplung desselben und Erhöhung auf einen Betrag, der sich auf Grund der Bilanz als notwendig ergibt.
 Treuhändische Übernahme des Aktienkapitals durch die I.G.-Farben-Kontrolle.

---

20 Vgl. Wilhelm BARTMANN: Zwischen Tradition und Fortschritt. Aus der Geschichte der Pharmabereiche von Bayer, Hoechst und Schering von 1935–1975, Stuttgart 2003, S. 298.
21 Zu Ernst Falz, der später Direktor bei den Farbwerken Hoechst wurde, siehe die Erschließungsangaben zu Kreisarchiv des Hochtaunuskreises, Bestand A 2, Nr. 331 unter https://arcinsys.hessen.de/arcinsys/detailAction.action?detailid=v4688880&icomefrom=search (zuletzt aufgerufen am 11.02.2021). Vgl. auch die Personalakte von Ernst Falz aus seiner Zeit im Hessischen Wirtschaftsministerium in: HHStAW, Best. 507, Nr. 14240.

c) *Berufung der H.V., Bestellung eines Aufsichtsrates, eines Vorsitzenden, Abberufung des Treuhänders usw.*²²

Neben der Frage der Zusammenarbeit zwischen den Behringwerken und den Farbwerken Hoechst bei der Herstellung verschiedener Seren und Impfstoffe sowie beim Verkauf mit der Bayer AG musste auch die Frage der Kapitalverflechtung zwischen der IG Farben und den Behringwerken im Zuge der Entflechtung geklärt werden.

Die Entflechtung der IG Farben als alliiertes bzw. US-amerikanisches Ziel zwischen 1945 und 1947

Für die Alliierten bzw. die USA war die Entflechtung deutscher Unternehmen ein Kriegsziel ersten Ranges: *the I.G. represented an obsession of U.S. occupation policy planners.*²³ Im Zuge der Entflechtungsdiskussion fokussierte die US-amerikanische Militäradministration u. a. auf die IG Farben, da die öffentliche Meinung in den USA davon geprägt war, Monopole und Truststrukturen nicht zu dulden. In den ersten Nachkriegsjahren war die US-amerikanische Politik aus Furcht vor dem Wiederaufleben der deutschen Wirtschaftsmacht daran interessiert, Konkurrenz auszuschalten und Großunternehmen möglichst zu zerschlagen. Ursprünglich hatte der Morgenthau-Plan 1944 sogar eine komplette Deindustrialisierung Deutschlands vorgesehen. Dieser Plan wurde aber schon kurz nach Kriegsende verworfen.²⁴ Die chemische Industrie stand im Fokus einer Deindustrialisierung, weil sie kriegswichtige Stoffe wie Sprengstoffe, synthetischen Kautschuk und synthetisches Öl hergestellt hatte; kurzfristig aber sollte diese Produktion erhalten bleiben, um den Besatzern zu nutzen und zur Erforschung der betreffenden Technologien.²⁵ Zudem waren die Alliierten in den Westzonen gezwungen, zur Behebung der Versorgungsprobleme der deutschen Bevölkerung eine begrenzte Wiederaufnahme der industriellen Produktion zuzulassen.²⁶

Am 5. Juli 1945 ordnete die US-Militärregierung in ihrer deutschen Besatzungszone an, dass das komplette Vermögen der IG Farben beschlagnahmt, die Konzern-

---

22 Notiz zur I.G. Kontrolle von Dr. E. Falz, Abteilung Industrie des Wirtschaftsministeriums, S. 2, in: HHStAW, Best. 507, Nr. 13944. Umwandlung der IG-Unternehmungen in Hessen.
23 STOKES: Divide and Prosper, S. 22.
24 STOKES: Divide and prosper, S. 39.
25 Vgl. STOKES: Divide and prosper, S. 40, S. 42.
26 STOKES: Divide and Prosper, S. 39 f., S. 42 f., S. 46; KREIKAMP: Entflechtung, S. 220–222; Wilfried LOTH: Die Teilung der Welt 1941–1955, 4. Auflage München 1983, S. 24–26, S. 79–86.

führung abgesetzt und entlassen sowie die Rechte der Aktionäre suspendiert werden sollten. Der Alliierte Kontrollrat bestätigte diese Maßnahmen Ende November 1945. Im Gesetz Nr. 9 des Alliierten Kontrollrats vom 20. November 1945 wurde an der Zielvorstellung einer Aufspaltung der IG Farben festgehalten. Von 1945 bis 1947 wurden nicht nur der Vorstand und der Aufsichtsrat der IG Farben entlassen, sondern es wurde auch der organisatorische Zusammenhang des Großunternehmens aufgelöst. Die Einzelbetriebe mussten nun selbständig am Markt agieren. Darüber hinaus wurden die Unternehmen von den Alliierten beschlagnahmt und kontrolliert. Bereits bei diesen Maßnahmen wurden Unterschiede zwischen den Alliierten sichtbar: Die Briten verfolgten die Trennung der Betriebe in ihrer Besatzungszone nicht so strikt wie die US-Amerikaner. Am 12. Februar 1947 wurden in der Bizone das US-amerikanische Law 56 bzw. die britische Ordinance 78 erlassen, welche die *übermäßige Konzentration deutscher Wirtschaftskraft* untersagten.[27]

Innerhalb der US-amerikanischen Militärregierung gab es Meinungsverschiedenheiten zwischen denen, die eine strikte Dekartellisierung verfolgten, um die gesamte deutsche Industrie zu schwächen, und jenen, die hinsichtlich der chemischen Industrie eine gemäßigte Entflechtung anstrebten. Letztere wollten die IG Farben nicht vollständig zerschlagen, sondern nur ihre Monopolstellung in der chemischen Industrie aufheben. Zu drastische Maßnahmen wurden als unamerikanische Sozialisierung und als Angriff auf das Privateigentum abgelehnt. Die Vertreter einer radikalen Entflechtung hatten am Beginn der Besatzung entscheidenden Einfluss. Im Laufe der Besatzung setzte sich dann jedoch, auch im Interesse einer Stärkung der deutschen Wirtschaftskraft, die moderatere Linie durch. Mit Vertretern dieser Linie wurden dann auch die Dekartellisierungskommissionen der US-Militäradministration Anfang 1950 besetzt. Eine einheitliche Position der vier Siegermächte wurde zusätzlich dadurch erschwert, dass die britische und die französische Besatzungsmacht die Dekartellisierung weit weniger engagiert verfolgten als die US-Amerikaner. In der sowjetisch besetzten Zone, in der über die Hälfte des Geschäftsvolumens der IG Farben erwirtschaftet wurde, hatte dagegen frühzeitig eine komplette Verstaatlichung eingesetzt.[28]

Konkrete Überlegungen zur Entflechtung der Behringwerke begannen schon im August 1945. Als erster Interessent für eine Übernahme der Werke trat der Sohn

---

27 Vgl. KREIKAMP: Entflechtung, S. 221 f.; Peer HEINELT: Die Entflechtung und Nachkriegsgeschichte der I.G. Farbenindustrie AG, Frankfurt am Main 2008, www.wollheim-memorial.de/files/994/original/pdf_Peer_Heinelt_Die_Entflechtung_und_Nachkriegsgeschichte_der_IG_Farbenindustrie_AG.pdf, S. 5, S. 11 (zuletzt aufgerufen am 02.02.2021).
28 Vgl. KREIKAMP: Entflechtung, S. 222 f., S. 236, S. 242; vgl. HEINELT: Entflechtung, S. 6; STOKES: Divide and Prosper, S. 177 f.; Artikel »Alles Uebel der Welt«, in: Der Spiegel vom 11. Oktober 1950, S. 7.

des Unternehmensgründers, Hans von Behring, auf. Behring gab in einem Schreiben vom Januar 1946 an, Vorstandsmitglied der Schering AG zu sein. Aufgrund dieser Tätigkeiten fühlte er sich qualifiziert, die Behringwerke zu übernehmen und zu leiten. Der Kontrolloffizier der IG Farben, Captain E. W. Bettley, lehnte diesen Anlauf zur Übernahme der Behringwerke mit dem Hinweis auf die öffentliche Ausschreibung zu diesem Zeitpunkt ab.[29]

Hans von Behring ließ auch nach dem ersten gescheiterten Versuch der Herauslösung der Behringwerke aus dem IG Farbenkomplex nicht locker. Im Juli 1946 schlug er dem Juristen und Mitbegründer der Behringwerke Bremen und Marburg GmbH, Dr. William Söder, vor, die Behringwerke gemeinsam zu übernehmen. Unklar blieb aber die Herkunft des erforderlichen Kapitals, wozu Behring nur vage angab, dass es enge Freunde aufbringen sollten. Söder bat daraufhin Albert Demnitz nähere Informationen zu den Geldgebern zu ermitteln. Der Misserfolg dieses Versuchs führte zu einem Misstrauen insbesondere der US-amerikanischen und auch der britischen Besatzungsbehörden, dass die Behringwerke in andere, ungewollte unternehmerische Besitzverhältnisse übergehen könnten. Die US-amerikanische Militärverwaltung intensivierte daraufhin ihre Bemühungen, das Aktenkapital der Behringwerke breiter zu streuen.[30]

Diese Entwicklung spielte dem Betriebsleiter der Behringwerke, Albert Demnitz, in die Hände, denn er brachte einen Verkauf der Anteile der Behringwerke an Ärzte, Tierärzte und Apotheker ins Spiel. Eine Verstaatlichung unter der US-amerikanischen Besatzung erschien als nicht realisierbar und sei laut Demnitz wegen der möglicherweise schwerfälligen Entscheidungsstrukturen auch nicht wünschenswert. Diese Option entspräche dagegen dem Grundgedanken Emil von Behrings, wonach sich die Behringwerke ausschließlich der Bekämpfung von Infektionskrankheiten für Menschen und Tiere widmen sollten. Damit wäre zudem eine Verbindung zu den für die Gesundheit verantwortlichen Stellen gewährleistet. Da-

---

29 Schreiben Hans von Behrings an die US-Militärregierung vom Januar 1946, in: UA Marburg, Best. 313, Nr. 1416, Aktennotiz von Albert Demnitz zum Stand der Entflechtung, in: UA Marburg, Best. 313, Nr. 1391. Nach Auskunft von Thore Grimm, Archiv der Schering AG, war Hans von Behring Leiter der Abteilung Klinische Forschung innerhalb der medizinisch-wissenschaftlichen Abteilung der Schering AG (siehe Schering-Archiv, B13-1027.0000b). Behring gibt in seinem Schreiben vom Januar 1946 an die US-Administration an, dass er Lehrstuhlinhaber an der Freiburger Universität gewesen sei. Nach einem Vernehmungsprotokoll im Prozess gegen den Gynäkologen und SS-Arzt Carl Clauberg im Jahre 1956 ist Hans von Behring im Jahre 1933 Assistent der Universitäts-Frauenklinik in Freiburg/Br. gewesen. Er ist aufgrund des Gesetzes zur Wiederherstellung des Berufsbeamtentums im Jahre 1933 aus dieser Stellung entlassen worden (siehe Schering-Archiv 0002-072-008).
30 Kopie eines Briefes von Hans von Behring an William Söder vom 20. Juli 1946; Abschrift eines Briefes von William Söder an Albert Demnitz vom 31. Juli 1946; Bericht über die Einsichtnahme Hans von Behrings in Finanzunterlagen der Behringwerke, alle in: UA Marburg, Best. 313, Nr. 1391.

rüber hinaus plädierte Demnitz schon zu diesem Zeitpunkt dafür, den Verkauf der Produkte der Behringwerke über die »Bayer-Organisation«, d. h. über das ehemals zentrale Verkaufsbüro der IG Farben bei der Bayer AG weiterzuführen.

Diese Gedanken wurden im August 1946 durch Vertreter der Ärzte- und Tierärzteschaft in der US-amerikanischen und der britischen Zone aufgegriffen. Man nahm Kontakt mit den Kontrollbehörden auf und signalisierte großes Interesse an einer Übernahme der Behringwerke, um die medizinisch-wissenschaftlichen Forschungen der Behringwerke sicherzustellen. Durch eine Verteilung des Kapitals auf eine große Zahl von Ärzten würde auch der Forderung des alliierten Kontrollrates nach möglichst breiter Streuung der Anteile Rechnung getragen. Einer Kapitalkonzentration wäre somit vorgebeugt.[31] Der Verkauf an Ärzte und Tierärzte würde auch ermöglichen, die Behringwerke *in die Hände privater Besitzer zurückzugeben, die weder Nazis, Kriegsgewinnler noch neureiche Schwarzmarkthändler sind (nahezu die einzigen Leute in Deutschland mit Geld).*[32]

Diese Verhandlungen waren bis Ende 1946 nicht erfolgreich, denn es traten unterschiedliche Auffassungen zwischen der US-amerikanischen Seite und der hessischen Landesregierung zu Tage: Die Landesregierung bevorzugte einen Verkauf der Behringwerke an verschiedene Kommunen, wohingegen die US-amerikanische Seite Ende 1946 weiterhin den Verkauf an interessierte Ärzte und Tierärzte sowie an die Belegschaft der Behringwerke anstrebte.[33] Die US-amerikanischen Pläne einer Aufspaltung der IG Farben in konkurrierende Unternehmen widersprachen offenbar der hessischen Verfassung, die in § 41 eine Verstaatlichung von Schlüsselindustrien, u. a. auch der chemischen Industrie, vorsah.[34]

---

[31] Aktennotiz von Albert Demnitz betr. »Behringwerke Marburg/Lahn« vom 4. September 1946 und Anlage II dazu, in: UA Marburg, Best. 313, Nr. 566. Der Betriebsleiter der Behringwerke, Albert Demnitz, organisierte auch eine Abordnung, die sich für den Verkauf des Werkes an Ärzte und Tierärzte beim Hessischen Innenministerium einsetzte. Siehe Schreiben des Hessischen Innenministeriums an den Regierungspräsidenten in Kassel vom 15. August 1946, in: Hessisches Staatsarchiv Marburg (HStAM), Best. 401, Nr. 16/168 (Herstellung, Vertrieb und Einzug von Impfstoffen und Sera).

[32] Artikel: »Farbwerke sollen in deutsche Hände zurückgehen« (Übersetzung d. A.) aus »New York Herald Tribune« vom 18. November 1946, in: UA Marburg, Best. 313, Nr. 566.

[33] Bericht über den Besuch bei Herrn Mittelmann in Frankfurt/Main am 13. November 1946 von Albert Demnitz, in: UA Marburg, Best. 313, Nr. 566; siehe auch Brief der Bundestagsabgeordneten Anne Marie Heiler an das Bundeswirtschaftsministerium vom 18. Dezember 1950; Vermerk über die Sitzung im Bundesministerium des Innern wegen der Behringwerke am 15. August 1951, S. 2, beide in: Bundesarchiv (BArch), Best. B 102, Nr. 429.

[34] Artikel »Farbwerke sollen in deutsche Hände zurückgehen« (Übersetzung d. A.) aus »New York Herald Tribune« vom 18. November 1946, in: UA Marburg, Best. 313, Nr. 566. Zur Entstehung der hessischen Verfassung siehe: Helmut BERDING: Staatsbildung und Verfassungsgebung in Hessen 1945–1946. Eine Einleitung, in: Die Entstehung der Hessischen Verfassung von 1946. Eine Dokumentation, bearb. mit Karin LANGE und hrsg. von Helmut BERDING, Wiesbaden 1996, S. IX–XXXII, hier: S. XXVI–XXXIII. Siehe auch Otto Ernst KEMPEN: Hessische Sozialstaatspolitik. Soziale Verfassung und politische

Etwa zur gleichen Zeit kam erstmals die Variante auf, dass die Farbwerke Hoechst und die Behringwerke vereinigt bleiben sollten. Diese bestehende Verbindung beider Unternehmen aufrechtzuerhalten, wurde damit begründet, dass die Farbwerke seit den 1930er Jahren eine Weiterentwicklung der Serumproduktion in Marburg ermöglicht hatten. Darüber hinaus hatte Hoechst seine Serumproduktion zur Zeit der I.G. Farbenindustrie AG nach Marburg verlagert und dort die Produktion reorganisiert sowie technisch und wissenschaftlich überwacht. Die enge Zusammenarbeit sprach für eine Beibehaltung der engen Bindung der Behringwerke an die Farbwerke Hoechst. Als problematisch bei diesen Überlegungen wurde die Verkaufsabteilung der Behringwerke angesehen, die sich im Besitz des Leverkusener Bayerwerks befand.[35] Mit Hilfe dieser Abteilung war den Behringwerken die lang ersehnte Erschließung der Auslandsmärkte gelungen, die nicht unerheblich zur Sicherung des unternehmerischen Überlebens des Unternehmens beigetragen hatte. In dieser Frage musste es zu einer Lösung kommen, wenn die Behringwerke an eines der großen Chemieunternehmen angeschlossen werden sollten.[36]

Die Überlegungen zur Verkaufsabteilung, die in Gladenbach bei Marburg angesiedelt sein sollte, bestimmten auch die Diskussionen zu Beginn des Jahres 1947. Dabei wurde über folgende vier Varianten nachgedacht:

1. Das Unternehmen in Gladenbach sollte als selbständige Agentur des Bayerwerks fortgeführt werden, und die Ware in Leverkusen, Hoechst und Marburg kaufen und sodann vertreiben.
2. Das Unternehmen arbeitet unabhängig vom Bayerwerk als selbständige Vertriebsorganisation für alle drei Werke.
3. Das Unternehmen tritt als unabhängige Vertriebsorganisation auf und kauft die Waren von Hoechst und den Behringwerken und vertreibt diese Produkte. Zugleich arbeitet es für das Bayerwerk als Agenturfirma.
4. Das Unternehmen tritt als vollkommen unabhängiger Vertrieb auf und kauft Produkte bei allen Werken.

Alle vier Varianten hätten bedeutet, dass die Verkaufsorganisation zum Teil als Agentur, also als Geschäftsvermittler gegen Provision, aufgetreten wäre. Anderseits eröffneten diese Gedankenspiele aber auch die Möglichkeit, dass das Verkaufs-

---

Verfassungswirklichkeit 1946–1986, in: 40 Jahre Hessische Verfassung. 40 Jahre Politik in Hessen, hrsg. von Michael Th. GREVEN und Hans-Gerd SCHUMANN, Opladen 1989, S. 149–161.
35 UA Marburg, Best. 313, Nr. 566.
36 Denkschrift »Umwandlung der Behringwerke, Gladenbach und deren Aussenbüros in eine wirtschaftliche Einheit« vom 12. April 1947, in: UA Marburg, Best. 313, Nr. 1199.

unternehmen eigenständig am Markt agieren und auf eigene Rechnung Geschäfte tätigen würde.[37]

Wirtschaftspolitische Neuorientierung infolge des weltpolitischen Wandels (1948 bis 1950)

Mit der Währungsreform und der Blockade Berlins durch die sowjetischen Truppen zeichnete sich eine Verschärfung des Ost-West-Konflikts ab, so dass die gemeinsame Verwaltung der IG Farben durch die vier Siegermächte und den Kontrollrat zum Erliegen kam. Am 30. Juli 1948 ging der I.G.-Farben-Prozess zu Ende. Von den 23 angeklagten Leitenden Angestellten wurden dreizehn zu Gefängnisstrafen verurteilt und zehn auf Grund mangelnder Beweise freigesprochen.

Von Seiten der britischen Besatzungsbehörden war zu Beginn des Jahres 1948 vorgesehen, die I.G. Farbenindustrie AG *in so viele einzelne »independent units« aufzulösen, als vom finanziellen Standpunkt aus verantwortet werden kann. Stichwort: decartelization. Zwischen dem US- & Brit. Kontrolloffizier besteht Einigkeit darüber, die Behringwerke zu einem »independent unit« zu machen.* Dem Vorhaben, Ärzte und Tierärzte an den Behringwerken finanziell zu beteiligen, stand die britische Seite skeptisch gegenüber, da man nicht glaubte, dass die Ärzte und Tierärzte den Behringwerken ausreichend finanzielle Unterstützung würden bieten können. Als Folge würden die Behringwerke bald wieder Anschluss an ein größeres Unternehmen suchen müssen. Die britische Besatzungsbehörde schlug daher folgende Lösung vor: Das Land Hessen und die Ärzte sollten jeweils 20 % des Aktienkapitals übernehmen, Leverkusen und Höchst je 15 % sowie Merck und Schering ebenfalls jeweils 15 %.[38] Das hätte bedeutet, dass die Behringwerke auf verschiedene Gruppen und Unternehmen aufgeteilt worden wären. Dementsprechend wäre es auch schwierig gewesen, einvernehmliche Entscheidungen herbeizuführen.

Im Herbst 1948 wurden die Pläne für die Entflechtung der IG Farbenindustrie AG erstmals konkreter, als das für die britische und US-amerikanische Bizone gegründete Bipartite I.G. Farben Control Office (BIFCO) in einem Bericht vorschlug, die IG Farben in ungefähr 50 Einheiten aufzuspalten. Mit der Bildung der Trizone im Jahre 1948 wurde die BIFCO durch die Aufnahme eines Vertreters der französischen Militärregierung zur Tripartite I.G. Farben Control Group (TRIF-

---

[37] Denkschrift »Umwandlung der Behringwerke, Gladenbach und deren Aussenbüros in eine wirtschaftliche Einheit« vom 12. April 1947, in: UA Marburg, Best. 313, Nr. 1199.
[38] Schreiben von Gerhard Zahn vom 16. Februar 1948 an Albert Demnitz, in: UA Marburg, Best. 313, Nr. 1864.

COG) erweitert.³⁹ Es ging also nicht mehr um eine vollständige Auflösung der IG Farben AG, sondern um eine horizontale Entflechtung. Marktwirtschaftliche Grundgedanken gewannen nun größeren Einfluss auf die Diskussion.⁴⁰

Im Verlauf der folgenden Entflechtungsdiskussion wurde zunehmend deutlich, dass sich die Behringwerke in einer schwierigen Situation befanden, denn in Marburg wurden ausschließlich Seren und Impfstoffe hergestellt. Deren unregelmäßiger Absatz war an das Aufkommen von Epidemien und Krankheiten gekoppelt. Ende der 1940er Jahre gab es keine weiteren Produkte, die den stark schwankenden Absatz ausgleichen konnten. Weitere Schwierigkeiten ergaben sich aus dem bereits oben erwähnten Fehlen einer eigenständigen Verkaufsorganisation.⁴¹

Die Gespräche über die Stellung der Verkaufsabteilung der Behringwerke wurden im Jahre 1949 fortgeführt, wobei zwischen den Vertretern der Behringwerke und der Bayer AG ein weitgehendes Einverständnis hergestellt werden konnte. Auf Vorschlag der Behringwerke sollte die Verkaufsorganisation verselbständigt werden. Seitens der Bayer AG wurde als Voraussetzung für diese Abspaltung der zu Bayer AG gehörenden Verkaufsorganisation eine finanzielle Beteiligung von Bayer und Hoechst an den Behringwerken formuliert. Für beide Unternehmen hätte dies auch bedeutet, weiter Einfluss auf die Forschungen der Behringwerke nehmen zu können.⁴² Zu diesem Kompromiss wurden im Verlauf des Jahres 1949 auch verschiedene Vertragsentwürfe formuliert, zu einer Unterzeichnung kam es jedoch nicht.

Parallel zu diesen Verhandlungen setzten bei den Behringwerken eigenständige Überlegungen zur Fortführung und Herauslösung des Marbacher Unternehmens aus der I.G. Farbenindustrie AG ein. Der Medizinhistoriker und Leiter der wissenschaftlichen Verkaufsabteilung der Behringwerke, Alexander von Engelhardt,⁴³ formulierte im November 1949 ein »Gutachten über die Behringwerke Marburg/Lahn vom wissenschaftlichen Gesichtspunkt aus«. Engelhardt kam bei seinen Untersuchungen zu folgendem Ergebnis:

---

39 Vgl. Stephan H. LINDER: Das Urteil im I.G.-Farben-Prozess. In: NMT. Die Nürnberger Militärtribunale zwischen Geschichte, Gerechtigkeit und Rechtschöpfung, hrsg. von Kim C. PRIEMEL und Alexa STILLER, Hamburg 2013, S. 405–433; KREIKAMP: Entflechtung, S. 224.

40 Vgl. Philipp MÜLLER: Zeit der Unterhändler. Koordinierter Kapitalismus in Deutschland und Frankreich zwischen 1920 und 1950, Hamburg 2019, S. 349f.; HEINELT: Entflechtung, S. 12; KREIKAMP: Entflechtung, S. 223.

41 Aktennotiz: Verhandlungen betr. Behring-Werke, Marburg/Lahn, Verkaufs-Organisation vom 8. April 1949, in: BArch, B 102, Nr. 429, fol. 773.

42 Aktennotiz zum Thema »Verkaufsorganisation Behringwerke« vom 11. Februar 1949, in: UA Marburg, Best. 313, Nr. 1199.

43 Zu Alexander von Engelhardt siehe Artikel: Engelhardt, Alexander von (1885–1960), in: Die Marburger Medizinische Fakultät im »Dritten Reich«, hrsg. von Gerhard AUMÜLLER u.a., München 2001, S. 719.

1. *Zur Leistungsfähigkeit der Behringwerke gehört ein einmütiges Zusammengehen von Wissenschaft und Vertrieb.*
2. *Durch eine umfassende, sachliche Werbung und Aufklärung der Ärzteschaft und, z.B. bei Durchführung größerer Schutzimpfungen, auch der Bevölkerung, muss das Vertrauen zu den Erzeugnissen der Behringwerke erhalten werden.*
3. *Unerläßlich sind sowohl eine straffe Vertriebsorganisation als auch eine ausreichende Breite des Sortiments zur Erreichung eines Volumens, welche einem fortschrittlichen Institut für praktische Seuchenbekämpfung auf dem Gebiet der Human- und Veterinär-Medizin die notwendige finanzielle Basis garantiert.*
4. *Wenn in Zukunft dafür gesorgt wird, daß Forschung, Produktion, Werbung und Vertrieb einander tatkräftig ergänzen, müssen die Behringwerke als selbständige Einheit lebensfähig sein, insbesondere aber wenn die Behringwerke den bisherigen Vertrieb des einschlägigen Human-Sortiments und der gesamten veterinär-medizinischen Produkte beibehalten.*[44]

Mit diesen Ausführungen umschrieb Alexander von Engelhardt die Verhandlungsposition der Behringwerke bei der Entflechtungsdiskussion. In Marburg strebte man nun die unternehmerische Unabhängigkeit bei Sicherstellung der Vertriebsorganisation an.

Die unternehmerische Neuorientierung der Behringwerke

Ungeachtet des Gutachtens von Alexander von Engelhardt formulierte der zur Entflechtung der IG Farben eingesetzte Dreimächteuntersuchungsausschuss in einem vertraulichen Bericht zur Erörterung vom 24. April 1950 für die Behringwerke folgenden Passus: *Es wird empfohlen, die Behringwerke (Marburg) und das Behring-Institut (Eystrup) der Maingruppe zuzuteilen und den Verkauf von Impfstoffen, Seren und Veterinär-Produkten dieser Gruppe unabhängig von den entsprechenden Bayerprodukten zu führen.*[45] Als Grund für diesen Meinungsumschwung wurden aufkommende Konkurrenzsituationen zwischen Bayer und Hoechst benannt. Sie würden sich schnell zu Konkurrenten auf dem Markt für Pharmazeutika entwickeln, und es wäre nicht nachzuvollziehen, dass die neu gegründete Verkaufsorganisation beide Produkte vertreiben könnte.[46] Damit waren die Bemühungen der Bayer AG

---

[44] »Gutachten über die Behringwerke Marburg/Lahn vom wissenschaftlichen Gesichtspunkt aus« von Dr. med. Alexander von Engelhardt vom 12. November 1949, in: UA Marburg, Best. 313, Nr. 1213.
[45] Vertraulicher Bericht zur Erörterung von I.G. Farbenentflechtungsfragen vom 24. April 1950, in: UA Marburg, Best. 313, Nr. 1199, S. 14.
[46] Vertraulicher Bericht zur Erörterung von I.G. Farbenentflechtungsfragen vom 24. April 1950, in: UA

und der Behringwerke zur Entflechtung der Behringwerke zunächst gescheitert. Und auch die im Gutachten von Alexander von Engelhardt niedergelegten Vorstellungen zur Entflechtung der Behringwerke waren nicht mehr realisierbar. Mit dieser Empfehlung der Alliierten Hohen Kommission (AHK) kam nun Bewegung in die weitere Diskussion über die Entflechtung und die künftige unternehmerische Stellung der Behringwerke.

Im Sommer des Jahres 1950 legte das Bizonal IG Farben Dispersal Panel (FARDIP) den Alliierten einen Gesamtplan vor und empfahl die Aufspaltung der IG Farben in 22 wirtschaftlich unabhängige Einheiten. Es wurde angestrebt, drei große Unternehmen aufzubauen, die international konkurrenzfähig sein sollten. Damit sollte an die starke Exportorientierung der deutschen Chemieindustrie in den 1920er Jahren angeknüpft werden. Gegenüber den Alliierten versuchte die FARDIP, ihre Vorstellung von großen Unternehmen als notwendigen und unpolitischen Sachzwang wirtschaftlicher Art darzustellen. Die Alliierte Hohe Kommission folgte diesen Ausführungen. Das Gesetz Nr. 35 vom 17. August 1950 sah vor, dass wirtschaftlich gesunde Unternehmen entstehen und der Wettbewerb auf dem deutschen Binnenmarkt gefördert werden sollte. Einen Rückschlag für die deutsche Seite bedeutete es jedoch, dass die AHK die deutschen Akteure im Vorfeld nicht unterrichtet hatte und ihre alleinige Entscheidungsgewalt unterstrich, was zu Protesten in der deutschen Öffentlichkeit führte.[47]

Am 23. November 1950 legte die AHK als Antwort auf die FARDIP ihrerseits einen revidierten Plan vor, den ein von der TRIFCOG eingesetzter Untersuchungsausschuss erstellt hatte und der als ABD-Gutachten bekannt wurde.[48] Das Gutachten nahm die FARDIP-Vorschläge auf und versuchte einen Kompromiss zwischen diesen und den alliierten Vorstellungen herzustellen. Die Westalliierten verzichteten auf die Entflechtung in 50 kleine Einheiten und akzeptierten die deutsche Argumentation, wonach bewährte Strukturen beibehalten und überlebensfähige Unternehmen begründet werden sollten. Im ABD-Gutachten war u. a. die Gründung einer sogenannten Main-Gruppe vorgesehen: Sie sollte die Naphtol Chemie in Offenbach, die Chemische Fabrik Griesheim, die A.G. für Stickstoffdünger in Knapsack, die Behringwerke in Marburg, das Behring-Institut in Eystrup und die Farbwerke Hoechst umfassen. Aus Gründen der Größenordnung und der Verhinderung der Monopolbildung wurde der Anschluss der Behringwerke an

---

Marburg, Best. 313, Nr. 1199; siehe auch BArch, Best. B 102, Nr. 361, fol. 95 f.
47 Vgl. KREIKAMP: Entflechtung, S. 225–228, S. 249; Werner-Otto REICHELT: Das Erbe der IG-Farben, Düsseldorf 1956, S. 74–77.
48 Nach den Anfangsbuchstaben der Nachnamen der drei Mitglieder: Erwin H. Amick (USA), George Brearly (Großbritannien) und Leon C. Denivelle (Frankreich). Vgl. KREIKAMP: Entflechtung, S. 228.

Bayer in den Verhandlungen ausdrücklich verworfen, jedoch blieb die Zusammensetzung der Maingruppe kontrovers.[49]

Aus diesen grundsätzlichen Überlegungen heraus ergibt sich die Frage, wie die verschiedenen Akteure bei der Frage der Entflechtung der Behringwerke bzw. ihrer Zuordnung zu einem anderen Unternehmen argumentierten. Wie wandelten sich die Interessenslagen im weiteren Verlauf der Entflechtungsdiskussion, und welche Argumentation konnte sich schließlich im Fall der Behringwerke durchsetzen?

In den bisherigen Forschungen zur Frage der Entflechtung der IG Farben wird hervorgehoben, dass die deutschen Akteure gemeinsam agierten, um ihre Vorstellungen so weit wie möglich, auch gegen die Maßgaben der Alliierten, durchzusetzen.[50] Zweifellos stellten die Behringwerke eine Ausnahme dar, denn es gab nicht nur einen starken Dissens zwischen den deutschen Stellen und den Alliierten in Fragen der Verkaufsorganisation, sondern auch unter den Deutschen selbst bezüglich einer Selbstständigkeit bzw. Angliederung der Behringwerke an Bayer bzw. Hoechst.

Die Diskussion um die Entflechtung der IG Farben wurde zu Beginn der 1950er Jahre durch den sich verschärfenden Kalten Krieg in Europa beeinflusst. Im Zuge dieser Entwicklung änderten die USA ihre Haltung in Bezug auf die deutsche chemische Industrie. Nun strebten die US-Amerikaner eine leistungsfähige deutsche Chemieindustrie an. Vor diesem Hintergrund sahen die Alliierten im Verlauf des Jahres 1951 von dem früheren Vorschlag einer Zerschlagung der IG Farben durch die BIFCO ab und gingen im Wesentlichen auf die Vorschläge der deutschen Seite mit drei großen Kerngesellschaften ein. Auch die gemeinsame Verkaufsorganisation der Behringwerke, die von Bayer aufgebaut und geleitet worden war, blieb unter dem Namen »Serumvertrieb Marburg GmbH« bestehen. Sie war die einzige Ausnahme einer ansonsten strikt verfolgten US-amerikanischen Politik der Auflösung von Kartellen.[51]

In der Frage, ob Behring selbständig werden oder ob und welchem Unternehmen es zugeschlagen werden sollte, traten die Bayer AG und die Farbwerke Hoechst zunehmend offensiver und direkter auf. Noch im Januar 1948 hatte der britische Kontrolloffizier einem Vertreter von Bayer gesagt, dass zwischen US-Amerikanern und Briten Einigkeit darüber bestehe, Behring zu einer »independent unit« zu machen.[52] Dieses Vorhaben der Alliierten wurde von Bayer und

---

49 Vgl. KREIKAMP: Entflechtung, S. 228-231.
50 Vgl. KREIKAMP: Entflechtung, S. 220, S. 233; STOKES: Divide and Prosper, S. 206.
51 Vgl. KREIKAMP: Entflechtung, S. 223, S. 242; STOKES: Divide and Prosper, S. 45, S. 151-155; Frank WAGNER: Zusammenschluss und Entflechtung der I.G. Farbenindustrie Aktiengesellschaft, Innsbruck 1954, S. 111, S. 166.
52 Vgl. Schreiben von Gerhard Zahn an Albert Demnitz vom 16. Februar 1948, S. 1, in: UA Marburg, Best.

von Hoechst gleichermaßen ignoriert. Stattdessen brachten sie wiederholt Vorschläge ein, wie Behring einzugliedern bzw. aufzuteilen sei. Im Januar 1951 forderte Hoechst den völligen Anschluss der Behringwerke an die Maingruppe und begründete seine Forderungen folgendermaßen: Die Farbwerke Hoechst und die Behringwerke hätten schon vor der Zusammenarbeit im Rahmen des IG Farbenkonzerns über viele Jahre hinweg erfolgreich auf den Feldern Forschung und Produktion von Seren und Impfstoffen zusammengearbeitet. Diese Kooperation habe im Jahre 1929, nach Eingliederung der Behringwerke in den IG Farbenkomplex, dazu geführt, dass Hoechst seine eigene Serumproduktion zugunsten der Behringwerke aufgegeben hatte.[53] Bayer hingegen strebte eine Beteiligung der Farbwerke Hoechst und Bayer zu je gleichen Teilen an den Behringwerken an. Von der Bayer AG wurde darauf hingewiesen, dass die Behringwerke schon seit 20 Jahren mit Bayer durch eine von Leverkusen aufgebaute Verkaufsabteilung verbunden waren und dass Bayer am gemeinsamen Verkauf einen größeren Anteil habe als Hoechst.[54]

Positionen der Bundes- und Landesregierung während der Neuorientierung

In der entscheidenden Phase der Verhandlungen zur Entflechtung der IG Farben und der Neupositionierung der Behringwerke trat die Bundesregierung bzw. das Bundeswirtschaftsministerium als wichtiger Moderator auf, um die deutschen Interessen gegenüber den Alliierten zu bündeln. So setzten sich die Vertreter der Bundesregierung gegenüber den Alliierten immer wieder dafür ein – genauso wie die Vertreter von Bayer und Hoechst – die gemeinsame Verkaufsorganisation zu erhalten, um die Behringwerke auf ein solides wirtschaftliches Fundament zu stellen.[55]

Die Neupositionierung der Behringwerke ist in diesem Kontext ein Exempel für die unternehmerische Einflussnahme auf die politischen Entscheidungsträger. Bonner Regierungsbehörden wurden zum Treffpunkt für Wirtschaftsvertreter, um unter Teilnahme staatlicher Vertreter unterschiedliche Standpunkte zu diskutieren.[56] Für

---

313, Nr. 566.
53 Vgl. Aktennotiz über die Besprechung betreffend Entflechtungsfragen der I.G. Farben am 27. Januar 1951 in Frankfurt a.M., S. 24, in: UA Marburg, Best. 313, Nr. 1198.
54 Schreiben der Farbenfabriken Bayer an das Bundeswirtschaftsministerium vom 21. Juli 1951, S. 1 f., in: BArch, Best. 102, Nr. 429.
55 Vgl. Aktennotiz über die Besprechung betreffend Entflechtungsfragen der I.G. Farben am 27. Januar 1951 in Frankfurt a.M., S. 23, in: UA Marburg, Best. 313, Nr. 1198.
56 Vgl. Niederschrift über die Sitzung in Bonn am 4. September 1951 betr. Behringwerke, in: BArch, Best. 102, Nr. 429.

die alliierte Seite wiederum wurde die Bundesregierung der Ansprechpartner, um ihre Ansichten an die deutsche Wirtschaft weiterzugeben. Im Fall der Entflechtung und Neuorientierung der Behringwerke wird deutlich, dass die Bundesregierung oftmals Positionen vertrat, die von Akteuren der Wirtschaft kritisiert und gestoppt wurden. Nicht der Staat, sondern die verschiedenen Unternehmen der chemischen Industrie erwiesen sich zunehmend als die tonangebenden Akteure in der Entflechtungsdiskussion.[57]

Zeitweise griff die Bundesregierung auch Vorschläge von alliierter Seite auf, um die Behringwerke zu einem öffentlichen Unternehmen unter Beteiligung des Bundes und verschiedener Länder zu machen. Dadurch sollte u. a. die Bereitstellung von staatlichen Geldern zur Seuchenbekämpfung ermöglicht werden. Gegenüber den Alliierten wollte man durch eine 25%ige Beteiligung der öffentlichen Hand an den Behringwerken die Befürchtungen des Wiederaufbaus der IG Farben zerstreuen und zugleich eine Zustimmung zur Beibehaltung der bisherigen Verkaufsgemeinschaft erwirken. Solche Pläne stießen aber auf erbitterten Widerstand in der Wirtschaft. Bayer beispielsweise erklärte, höchstens eine öffentliche Beteiligung von 10 % zu akzeptieren. Hoechst lehnte eine Minderheitsbeteiligung der öffentlichen Hand mit dem Argument ab, dass dadurch die Verhältnisse bei Behring noch unklarer würden.[58]

Ende 1950 und im weiteren Verlauf des Jahres 1951 formulierte die Bundesregierung einen weiteren Vorschlag zur Neuorganisation der Behringwerke. Demnach sollten die Bayer AG und die Farbwerke Hoechst jeweils 50 % der Anteile der Behringwerke erhalten. Es wurde geplant, die Behringwerke als Gemeinschaftsunternehmen von Bayer und Hoechst zu betreiben. Dieser Vorschlag blieb aber ebenso erfolglos wie die Initiative, weitere pharmazeutische Unternehmen wie Merck und Schering mit einzubeziehen. Im Januar 1951 wiederholte die Bundesregierung diese Position in einer Stellungnahme zum ABD-Gutachten. Bei den Farbwerken Hoechst fand der Vorschlag keinen Anklang. So notierte der bei der

---

57 Die Bundesregierung versuchte beispielsweise eine Zeit lang erfolglos, die Behringwerke je zur Hälfte an Bayer und Hoechst zu geben. Vorschläge in dieser Richtung wurden den Alliierten vom Bundeswirtschaftsministerium im Mai und im September 1951 vorgetragen. Die beteiligten Ministerien und Sachverständigen beriefen sich auf Überlegungen der FARDIP und argumentierten darüber hinaus, dass in anderen Ländern solche Unternehmen vom Staat getragen würden, vgl. Abschrift einer Telefonnotiz an Dr. v. Rospatt vom 27. Juni 1951, in: UA Marburg, Best. 313, Nr. 1198.
58 Vgl. Schreiben des Bundesministers für Wirtschaft an die AHK/TRIFCOG vom 11. September 1951; Niederschrift über die Sitzung in Bonn am 4. September 1951 betr. Behring-Werke, S. 3, in: BArch, Best. 102, Nr. 429; Brief der Kanzlei Mueller/Weitzel/Weisner an den Bundeswirtschaftsminister vom 31. Mai 1951, S. 2, in: BArch Best. B 102, Nr. 415; Schreiben von Dr. Störiko an Ministerialdirektor Maier-Bode vom 30. Mai 1951, S. 2, in: UA Marburg, Best. 313, Nr. 1198; Schreiben der Farbenfabriken Bayer an das Bundeswirtschaftsministerium vom 21. Juli 1951, S. 2, in: BArch, Best. 102, Nr. 429.

Hoechst AG einflussreiche Karl Winnacker[59] im November 1951 in einer internen Besprechungsgrundlage, dass durch eine solche Konstruktion für Behring eine Vielzahl von Einflussfaktoren entstünden, die die Geschäftsführung erschweren und kein offenes Vertrauensverhältnis entstehen lassen würden. Auch würden sich Bayer und Hoechst in einem solchen Unternehmen nicht mehr zu Hause fühlen und keine neuen Forschungsergebnisse einfließen lassen.[60]

Die hessische Landesregierung machte sich stets für einen Anschluss der Behringwerke an Hoechst stark, um die Maingruppe weiter zu stärken. Wiederholt wurde der Hessische Ministerpräsident Georg-August Zinn persönlich aktiv. Im Mai 1951 schrieb Zinn dem Bundeswirtschaftsminister Ludwig Erhard, er sehe keine große wirtschaftliche Zukunft für die Behringwerke als Gemeinschaftsunternehmen oder staatliches Unternehmen. Er schlug vor, die Behringwerke, die sich unter maßgeblicher Mitwirkung der Farbwerke Hoechst zum führenden deutschen Hersteller von Seren- und Impfstoffen entwickelt hatten, mit der Maingruppe bzw. Hoechst zu fusionieren. Dafür spräche, dass Hoechst wissenschaftlich mit den Behringwerken zusammenarbeite und dem Marbacher Unternehmen auf diese Weise weiterhin seine große pharmazeutische Erfahrung zukommen lassen werde. Bei einer anderen Lösung sei die Produktion bei Behring gefährdet. Darüber hinaus bestünde bei einer Schwächung der Behringwerke für den Landkreis Marburg und die angrenzenden Gebiete die Gefahr wirtschaftlicher Instabilität mit negativen Auswirkungen auf den regionalen Arbeitsmarkt.[61] Aufgrund der häufigen und nachhaltigen Kontakte Hessens zum Bundeswirtschaftsministerium sah sich das Ministerium im Juni 1951 genötigt, die hessische Staatskanzlei darum zu bitten, nicht mehr in dieser Sache aktiv zu werden, da die Angelegenheit in der von der Landesregierung gewünschten Richtung erledigt sei.[62]

Die Leitung der Behringwerke hat in der frühen Nachkriegszeit die schon dargestellten Ansätze verfolgt, die eine Selbständigkeit des Unternehmens zum Ziel hatten, wobei die gemeinsame Verkaufsorganisation dabei nicht in Frage gestellt

---

59 Winnacker war bis 1945 Manager bei der I.G. Farben. Er wurde im Dezember 1951 technischer Leiter und 1952 Vorstandsvorsitzender der Hoechst AG. Zu Karl Winnacker siehe Deutsche Biographische Enzyklopädie (DBE), hrsg. Von Walther KILLY u. Rudolf VIERHAUS, Bd. 10, S. 530 f.

60 Vgl. Der Hoechst-Konzern entsteht. Die Verhandlungen über die Auflösung von IG-Farben und die Gründung der Farbwerke Hoechst AG 1945–1953, hrsg. von der Hoechst Aktiengesellschaft, Frankfurt am Main 1978, S. 129; Stellungnahme des Bundesministeriums für Wirtschaft vom 23. Januar 1951, S. 5, in: BArch, Best. B 102, Nr. 415; Niederschrift von Karl Winnacker zum Stand der Entflechtung der Behring-Werke vom 5. November 1951, S. 1, in: BArch Best. 102, Nr. 429.

61 Vgl. Brief des Hessischen Ministerpräsidenten an den Bundeswirtschaftsminister vom 23. Mai 1951, S. 3 f., in: BArch Best. 102, Nr. 415.

62 Vgl. Brief der hessischen Staatskanzlei an Dr. Prentzel, Bundesministerium für Wirtschaft, vom 18. Juni 1951, S. 1, in: BArch, Best. 102, Nr. 415; siehe auch KREIKAMP: Entflechtung, S. 238 f.

wurde. Von allen Akteuren wurde sie als Basis für die wirtschaftliche Eigenständigkeit des Unternehmens gesehen. Diese Ansicht wurde auch von den politischen Akteuren auf deutscher Seite weitgehend geteilt. Letztlich akzeptierten sogar die Alliierten diese Konstruktion, gegen die sie sich so lange gewehrt hatten.

Die Behringwerke hatten zwar eine führende Stellung in der Forschung und Produktion von Impfstoffen und Seren, waren aber aufgrund ihrer einseitigen Produktpalette krisenanfällig. Das führte dazu, dass sie trotz aller Anstrengungen der Unternehmensführung[63] von den anderen Verhandlungsparteien eher als Objekt denn als ernstzunehmender Akteur betrachtet wurden.[64] Als die Option der Selbstständigkeit nicht mehr in Frage kam, weil die alliierte Seite große Unternehmensverbünde akzeptierte und die Frage der Verkaufsorganisation immer noch im Raum stand, war für die Führung der Behringwerke der Anschluss an Bayer die erste Wahl. Erst später wurden Szenarien mit einer gleichzeitigen Beteiligung von Bayer und Hoechst ins Spiel gebracht.

Die von den Behringwerken angestrebte Selbständigkeit bzw. der Anschluss an die Bayer AG wurde letztlich von den US-Amerikanern nicht unterstützt. Der -Anschluss an Hoechst, der im Jahre 1951 vollzogen wurde, war nicht durch einen Interessenswandel bei Behring begründet. Vielmehr konnten die Farbwerke Hoechst die hundertprozentige Übernahme der Behringwerke offenbar durch die Unterstützung der Bundesregierung und der hessischen Landesregierung realisieren. Der spätere Vorstandsvorsitzende von Hoechst, Karl Winnacker, spricht in seinen Memoiren zwar von einer argumentativen Überzeugung des Marbacher Betriebsleiters Albert Demnitz. Doch eine plausible Argumentation für das Ergebnis kann letztlich weder in der Autobiographie noch in anderen Quellen gefunden werden.

Am 3. September 1952 konstituierten sich die Behringwerke neu. Sie wurden gemäß dem Gesetz Nr. 35 aus der Kontrolle der Alliierten entlassen und ihr Aktienkapital wurde von 200.000 auf 5 Mio. DM erhöht. Die bisherige Verkaufsorganisation der Behringwerke wurde aufgelöst und zum 1. Juli 1952 eine neue Verkaufsgesellschaft gegründet, welche den Alleinvertrieb der Produkte der Behringwerke übernahm. Darüber hinaus vertrieb diese Verkaufsgesellschaft auch Seren und Impfstoffe der Bayer AG und der Farbwerke Hoechst. Weder Bayer noch Hoechst waren am Kapital dieser neuen Gesellschaft beteiligt.[65]

---

63 Zu diesen Anstrengungen siehe u. a. auch: Schreiben von Albert Demnitz und Martin Gude an Bundespräsident Theodor Heuss vom 18. Juni 1951, in: UA Marburg, Best. 313, Nr. 1198.
64 Aus einem Schreiben vom März 1951 geht beispielsweise hervor, dass das Hessische Wirtschaftsministerium Kontaktversuche der Unternehmensleitung ignoriert hat, vgl. Schreiben der Behringwerke an Dr. von Rospatt (Bundeswirtschaftsministerium) vom 29. März 1951, S. 1, in: BArch, Best. B 102, Nr. 429.
65 Report of the Tripartite Investigation Team. Appointed to consider dispersal problems relating to I.G.

Fazit

Als Gründung des Arztes und späteren Nobelpreisträgers Emil von Behring hatten die Behringwerke seit der Jahrhundertwende großen Anteil an der Entwicklung von sehr erfolgreichen Impfstoffen, aber ökonomisch blieb das 1904 gegründete Unternehmen instabil. Erst durch die Integration in den IG Farben-Konzern und die Zusammenarbeit mit Hoechst wurde es auf eine wirtschaftlich tragfähige Grundlage gestellt. Es konnte seine Produkte über eine Verkaufsorganisation von Bayer vertreiben und wurde in der Forschung von kapitalstarken Großunternehmen unterstützt. Nach dem Zweiten Weltkrieg wurden die Behringwerke unter US-amerikanische Verwaltung gestellt und schließlich aus der IG Farben herausgelöst. Das Marbacher Unternehmen musste selbständig am Markt agieren, wobei die Auslandsmärkte weitgehend verloren waren.

Nach 1945 gehörte es zu den zentralen Zielen der Alliierten und insbesondere der USA, Kartelle aufzulösen. Neben der Entmilitarisierung, der Entnazifizierung und der Demokratisierung wurde im Artikel 12 des Potsdamer Abkommens festgelegt, *das deutsche Wirtschaftsleben zu dezentralisieren mit dem Ziel der Vernichtung der bestehenden übermäßigen Konzentration der Wirtschaftskraft*. Insbesondere im Fall des IG Farbenkonzerns legte der US-amerikanische Präsident Theodore Roosevelt großen Wert darauf, dass *sich an den Sieg über die Naziarmeen die Ausmerzung dieser wirtschaftlichen Kriegswaffen anschließen muss*.[66] In dieser ersten Phase der Entflechtungsdiskussion hatten kommunale Akteure wie die Stadt Marburg vorgeschlagen, die Behringwerke in kommunale bzw. regionale Trägerschaft zu überführen, doch wurde der Plan nicht über eine Anfangsphase hinaus verfolgt.

Die sich allmählich verändernde Einstellung der USA hinsichtlich der Entflechtung der IG Farben war ein Resultat der sich verändernden weltpolitischen Lage und des aufkommenden Kalten Krieges mit der Teilung Europas. Nach der Gründung der BIFCO, die durch deutsche Experten beraten wurde, und anschlie-

---

Farbenindustrie A.G. vom 24. April 1950, in: BArch, Best. B 102, Nr. 364, fol. 13 (Zitat); Karl WINNACKER: Nie den Mut verlieren. Erinnerungen an die Schicksalsjahre der deutschen Chemie, 2. Auflage, Düsseldorf 1974, S. 202 f.; Artikel »Behringwerke in neuem Gewand«. In: Frankfurter Allgemeine Zeitung vom 3. September 1952. Zur Einflussnahme der Bundesregierung und der hessischen Landesregierung siehe: Ansprache des Herrn Dr. ing. K. Winnacker, Vors. des Vorstandes der Farbwerke Hoechst AG am 27. März 1953, in: UA Marburg, Best. 313, Nr. 566.

66 Regina Ursula GRAMER: Von der Entflechtung zur Rekonzentration. Das uneinheitliche Vermächtnis der wirtschaftlichen Umgestaltung. In: Die USA und Deutschland im Zeitalter des Kalten Krieges 1945–1990. Ein Handbuch, hrsg. von Detlef JUNKER in Verbindung mit Philipp GASSERT, Wilfried MAUERSBACH und David B. MORRIS, Bd. 1: 1945–1968, 2. Auflage Stuttgart 2001, S. 448–456, hier: S. 459 f.

ßend der TRIFCOG änderte sich auch die Einstellung der übrigen westlichen Besatzungsmächte in Bezug auf die Entflechtung. Mitte 1950 unterbreitete die FARDIP dann den entscheidenden Vorschlag zur Reorganisation der IG Farben mit dem Rückgriff auf drei Unternehmen:
– die BASF mit den Werken Ludwigshafen und Oppau;
– die Farbenfabrik Bayer mit den Werken Leverkusen, Dormagen, Uerdingen und Wuppertal-Elberfeld;
– die Farbwerke Hoechst mit den Werken Frankfurt-Hoechst, Griesheim, Mainkur und Offenbach.

Der wirtschaftliche Wiederaufstieg von Bayer und Hoechst verstärkte ihr Gewicht in den Verhandlungen hinsichtlich der Behringwerke mit den Alliierten. Die Verhandlungspositionen beider Großunternehmen unterschieden sich erheblich, denn beide Firmen wollten ihre unternehmerischen Zielvorstellungen durchsetzen. Einig waren sich beide Parteien darin, dass eine Aufteilung der Behringwerke auf viele Einzelaktionäre unter Ärzten und Tierärzten, wie sie in der frühen Nachkriegszeit im Raum stand, abgelehnt wurde.

Mit der Gründung der Bundesrepublik trat die Bundesregierung zunehmend als Koordinator mit eigenen Interessen in den Verhandlungen zwischen den Alliierten und den früheren IG-Unternehmen auf. Im Dezember 1950 plädierte die Bundesregierung dafür, die Behringwerke als Gemeinschaftsaufgabe der pharmazeutischen Industrie aus der IG Farben herauszulösen und die Unternehmensanteile auf verschiedene Unternehmen zu verteilen. U. a. sollten auch die Unternehmen Merck und Schering Anteilseigner der Behringwerke werden. Diese Vorstellungen konnte die Bundesregierung aber nicht verwirklichen. Zugleich stieß sie bei den Alliierten mit ihrem Vorschlag einer 50/50-Übertragung von Behring auf Bayer und Hoechst auf Ablehnung.

Die Bundesregierung gelangte im Laufe des Jahres 1951 zu der Überzeugung, dass die Behringwerke aufgrund ihrer herausragenden Bedeutung für die Volksgesundheit und die Abwehr tierischer Seuchen überaus wichtig seien und eine Störung der angelaufenen Produktion vermieden werden müsse. Damit die unternehmerische Position der Behringwerke einigermaßen gesichert werden könne, sollte der Anschluss an ein Großunternehmen realisiert werden. Seitens der Bundesregierung kam nach den bislang gescheiterten Bemühungen nur ein Zusammenschluss mit Hoechst in Frage. Diese Verbindung wurde auch unter dem Gesichtspunkt gemeinsamer Produktentwicklung beim Typhus- und Tuberkuloseimpfstoff für sinnvoll erachtet. Nun wurde erstmalig auch die Beibehaltung der bisherigen Verkaufsorganisation empfohlen.

Dieser Empfehlung stimmte Hoechst zu. Eine gemeinsame Beteiligung von Hoechst und Bayer an den Behringwerken sei jedoch wegen der Konkurrenz von Bayer und Hoechst auf pharmazeutischem Gebiet abzulehnen. Auch der Hessische Ministerpräsident Georg-August Zinn unterstützte schließlich die Übernahme der Behringwerke durch Hoechst. Ende 1951 gab die IG Farben-Auflösungskontrollgruppe grünes Licht für den Zuschlag der Behringwerke zu Hoechst, und im April 1952 stimmte der Vorstandsvorsitzende der Farbwerke Hoechst, Karl Winnacker, schließlich dem Weiterbetrieb der gemeinsamen Verkaufsorganisation zu, über die die Produkte der Behringwerke und von Bayer verkauft werden würden. Der »Serumsvertrieb Marburg« existierte bis Ende März 1958. Die formale Übernahme der Behringwerke durch die Hoechst AG wurde schließlich auf einer Sitzung in Marburg am 3. September 1952 beschlossen. Zur Feier der Beendigung der Beschlagnahme und Kontrolle der Behringwerke wurde für den 20. September 1952 zu einem *frohsinnigen* [und] *festlichen Abend* eingeladen.[67]

Die USA als der mächtigste Verbündete der Westalliierten hatten ihre ursprüngliche Zielvorstellung aufgegeben, die IG Farben in Westdeutschland in über 50 selbstständige Unternehmen zu zerschlagen. Zu Beginn der 1950er Jahre akzeptierten sie die Bildung von drei großen Nachfolgegesellschaften, neben BASF auch Bayer und Hoechst. Diese Aufteilung orientierte sich an den westdeutschen Gründerfirmen der IG Farben und stellte insofern einen Rückgriff auf bewährte Strukturen dar.[68] Im Fall der Behringwerke wurde bei der Neupositionierung des Unternehmens ähnlich verfahren: Die Behringwerke wurden eine hundertprozentige Tochtergesellschaft der Farbwerke Hoechst. Damit knüpfte man an die schon 1894 bestehende Kooperation zwischen Emil von Behring und den Farbwerken Hoechst an.

---

67 Chronik der Behringwerke, S. 44 ff., in: UA Marburg, Best. 313, Nr. 2156; Manuskript »Die langjährige Zweigleisigkeit Bayer/Hoechst der Behringverkaufsorganisation ist eine ›Erbschaft‹ der Entflechtungsgeschichte der IG Farben«, in: UA Marburg, Best. 313, Nr. 1456.
68 Günther SCHULZ: Die Entflechtungsmaßnahmen und ihre wirtschaftliche Bedeutung, in: Kartelle und Kartellgesetzgebung in Praxis und Rechtsprechung vom 19. Jahrhundert bis zur Gegenwart, hrsg. von Hans POHL, Stuttgart 1985, S. 210–228, hier: S. 214.

Die Auseinandersetzung mit dem Erbe der I.G. Farbenindustrie AG in der DDR

Rainer Karlsch

1. Epilog: Streit um einen Straßennamen

IM JAHR 2014 wurde in Merseburg die zur ortsansässigen Hochschule führende Straße in Günther-Adolphi-Straße umbenannt. Die Leitung der Hochschule wollte damit den Chemiker Günther Adolphi (1902–1982) und dessen herausragende Leistungen bei der Entwicklung der chemischen Verfahrenstechnik in der DDR ehren. Adolphi hatte von 1949 bis 1961 die chemische Versuchsabteilung der Leuna-Werke geleitet, 1958 an der Gründung der Hochschule Merseburg mitgewirkt und dort bis 1967 das Instituts für Verfahrenstechnik geleitet.[1]

Die Entscheidung zur Straßenumbenennung rief den Historiker Georg Wagner-Kyora auf den Plan. Er hatte bereits 2006 in einem Aufsatz und 2009 in einer umfangreichen Monografie auf Adolphis Wirken als Unterabteilungsleiter Hydrierung und Montageleiter für die Methanol-Fabrik der IG Farben in Auschwitz von 1943 bis 1945 hingewiesen.[2] Weder der Stadtrat von Merseburg noch die Hochschule hatten seine Forschungen zur Kenntnis genommen oder aber die Befunde ignoriert. Jedenfalls war die Aufregung groß, als die »Mitteldeutsche Zeitung« im März 2015 ein Interview mit Wagner-Kyora über mögliche Verstrickungen Adolphis in die nationalsozialistischen Verbrechen führte.[3] Für viele Leser der »Mitteldeutsche Zeitung« war auch die Tatsache irritierend, dass es enge personelle Verbindungen nicht nur zwischen Ludwigshafen, dem Stammsitz der BASF AG, son-

---

1 Vgl. Klaus KRUG: Adolphi, Günter. In: Helmut MÜLLER-ENGBERGS, Jan WIELGOHS, Dieter HOFF-MANN (Hg.): Wer war wer in der DDR? Ein biographisches Lexikon, Berlin 2000, S. 16.
2 Vgl. Georg WAGNER-KYORA: Der ausgebliebene Identitätswandel. Akademiker-Generationen im Leunawerk. In: Annegret SCHÜLE, Rainer GRIES, Thomas AHBE (Hg.): Die DDR aus generationsgeschichtlicher Perspektive. Eine Inventur. Leipzig 2006, S. 131–167.
3 Vgl. »Chemiker hat Verbrechen mitorganisiert«, in: Mitteldeutsche Zeitung, 18.03.2015.

dern auch zwischen den Werken in Leuna und Schkopau und Auschwitz gegeben hatte. Chemiker und Ingenieure des Leuna-Werks, vornehmlich aus der Abteilung Hydrierung, wurden zum Aufbau des schrecklichsten aller IG-Werke nach Auschwitz geschickt.[4] Die IG Farben unterhielt dort eine riesige Baustelle und in Monowitz ein eigenes Konzentrationslager.[5] Karl-Heinz Küster, seit 1936 im technischen Büro der Hauptabteilung Hydrierung in Leuna tätig, wurde im Sommer 1942 zwangsweise nach Auschwitz versetzt und arbeitete dort im Direktionsbüro in der Bauplanung. Er schilderte 1950 die Schrecken anlässlich einer internen Untersuchung: *Was das berüchtigte KZ-Lager Auschwitz anbetrifft, so kann es keinen Menschen geben, der in Auschwitz und Umgegend gewohnt oder gearbeitet hat und nichts von diesem Vernichtungslager gewusst haben will. Wenn der dort große Kamin des Krematoriums rauchte und der Westwind den Rauch ins IG-Werk trieb, konnte man oft und von allen Belegschaftskreisen die stumpfsinnige und gewissenlose Feststellung hören: »Heute riecht's wieder nach Menschenfleisch.«*[6] Nach außen wurde die Beteiligung von Leuna-Mitarbeitern am Aufbau des IG-Werks Auschwitz kollektiv verschwiegen.

Erst die Namensgebung für die Straße zum Campus führte rund 70 Jahre nach Kriegsende zu einer öffentlichen Debatte. Gegen die Umbenennung regte sich Protest. Das internationale Auschwitz Komitee kritisierte die Stadt und die Hochschule scharf. Der Rektor der Hochschule veranlasste daraufhin das Überkleben des Straßennamens und beauftragte Studenten und externe Wissenschaftler mit der weiteren Klärung der Rolle Adolphis in der Zeit des Nationalsozialismus.

Im Januar 2019 wurde die Ergebnisse der Recherchen von Stefan Hördler, damals Leiter der Gedenkstätte Mittelbau-Dora in Nordhausen, dem Stadtrat vorgestellt. Hördler verwies darauf, dass Adolphi schon 1941/42 in die Monowitz-Planungen und von 1943 bis Januar 1945 in die Leitungsentscheidungen in Monowitz selbst eingebunden war. Er verfügte als Ingenieur über Sondervollmachten und den direkten Zugriff auf Zwangsarbeiter.[7] Obwohl die persönliche Verantwortung Adolphis für das mörderische Zwangsarbeitsregime auf der Baustelle Auschwitz nicht geklärt werden konnte – er selbst hatte selbst bei Befragungen

---

[4] Vgl. Georg WAGNER-KYORA: Vom »nationalen« zum »sozialistischen« Selbst. Zur Erfahrungsgeschichte deutscher Chemiker und Ingenieure im 20. Jahrhundert, Stuttgart 2009, S. 689 ff.

[5] Vgl. vor allem Peter HAYES: Industry and Ideology: I.G. Farben in the Nazi period, Cambridge u. a. 2000; Bernd Christian WAGNER: Zwangsarbeit und Vernichtung von Häftlingen des Lagers Monowitz 1941–1945, München 2000. Vgl. auch den Beitrag von Sara Berger in diesem Band.

[6] Zitiert nach: WAGNER-KYORA: Vom »nationalen« zum »sozialistischen« Selbst, S. 710.

[7] Vgl. Günther Adolphi und der Massenmord in Auschwitz, in: Mitteldeutsche Zeitung, 24.01.2019.

durch die Sozialistische Einheitspartei Deutschlands (SED) und das Ministerium für Staatssicherheit in den 1950/60er Jahren darüber beharrlich geschwiegen – galt seine Verstrickung schon aufgrund seiner Tätigkeit als rechte Hand des Betriebsleiters Walter Dürrfeld, der im I.G.-Farben-Prozess 1948 als Kriegsverbrecher zu acht Jahren Haft verurteilt worden war, als wahrscheinlich. Daraufhin entschied sich der Stadtrat von Merseburg im April 2019 die Adolphi Straße in Friedrich-Zollinger-Straße umzubenennen.[8] Der Namensgeber hatte in Merseburg als Stadtbaurat gewirkt.

Anzumerken ist noch das sich Wolfram Adolphi, Enkel von Günther Adolphi, in einer Romantrilogie kritisch mit der Familiengeschichte auseinandersetzt.[9] In Gestalt der Romanfigur Jakob Hartenstein konfrontiert der Enkel das Leben des Großvaters mit Dokumenten und Häftlingserinnerungen und stellt Fragen zu Haltungen und Motivationen im Spannungsfeld der ost- und westdeutschen Geschichtsbilder.

2. Die Auflösung der IG Farben in der Sowjetischen Besatzungszone

Bei Kriegsende befand sich rund 60 Prozent des Anlagevermögens der IG Farben in der nachmaligen sowjetischen Besatzungszone (SBZ), Polen und Österreich.[10] Alle großen IG Farben-Werke wurden von sowjetischen Truppen besetzt und erhielten Werkskommandanten. Noch vor dem Ende der Potsdamer Konferenz begann die sowjetische Besatzungsmacht mit umfangreichen Demontagen.[11] Auf eine konkrete von Deutschland zu fordernde Reparationssumme konnten sich die Siegermächte nicht einigen. Jede Siegermacht sollte daher ihre Forderungen weitgehend aus ihrer eigenen Besatzungszone bedienen. Auch in der Frage der Dekartellierung der deutschen Wirtschaft gingen die Ansichten weit auseinander. Nur im Hinblick auf die schnellstmögliche Zerschlagung der IG Farben waren sich die amerikanischen und sowjetischen Verhandlungsführer weitgehend einig.[12] Die IG Farben hatte mit ihren Produkten vor allem Treibstoffe, synthetischen Kautschuk und Aluminium dem nationalsozialistischen Regime überhaupt erst die

---

8 Vgl. Presseinformation der Hochschule Merseburg, 01.08.2019.
9 Vgl. Wolfram ADOLPHI: Band 1: »Der Balte vom Werk«, Band 2: »Im Zwielicht der Spuren«, 2018, Band 3: »Hartenstein«, Berlin 2015 bis 2020.
10 Errechnet nach: Amtsblatt der Militärregierung Deutschlands. Britisches Kontrollgebiet, Nr. 5.
11 Vgl. Rainer KARLSCH, Jochen LAUFER (Hg.): Sowjetische Demontagen in Deutschland 1944–1949. Hintergründe, Ziele und Wirkungen, Berlin 2002.
12 Vgl. Joseph BORKIN: Die unheilige Allianz der I.G. Farben: Eine Interessengemeinschaft im Dritten Reich, Frankfurt/Main u. a. 1979.

Kriegsführung ermöglicht und war zum Sinnbild für die Perversion der kapitalistischen Wirtschaftsordnung geworden.[13]

Am 30. November 1945 erließ der Alliierte Kontrollrat das Gesetz Nr. 9 über die »Beschlagnahme und Kontrolle der I.G. Farbenindustrie«. Das Kontrollratsgesetz sanktionierte alle bis dahin von den Besatzungsmächten einzeln ergriffene Maßnahmen gegen die IG Farben und verfügte die Beschlagnahme aller industriellen Anlagen und des Vermögens des Konzerns. Ziel der Beschlagnahmung sollte es sein, Anlagen und Vermögen des Konzerns für Reparationszwecke bereitzustellen, alle Kriegsanlagen zu zerstören und das danach übrig gebliebene Vermögen aufzuspalten, um den Konzernverbund aufzulösen.[14] Die weitere Forschungs- und Produktionstätigkeit sollte von den Siegermächten kontrolliert werden. Alle gegen den Konzern ergriffenen Maßnahmen sollten von einem beim Alliierten Kontrollrat in Berlin gebildeten Kontrollausschuss abgestimmt werden.

Die sowjetische Besatzungsmacht betrachtete die IG Farben-Werke in ihrer Zone in erster Linie als Reparationsquelle. Zu einer Auflösung des zwischen den mitteldeutschen Werken bestehenden Verbundsystems kam es nicht. Nur der sowjetische Werkskommandant der Farbenfabrik Wolfen ordnete die Einstellung des Geschäftsverkehrs mit den umliegenden IG Farben-Werken an. Alle IG-Werke in der SBZ wurden umfangreichen Demontagen und zum Teil auch Produktionsbeschränkungen unterworfen. Am schwersten davon betroffen waren das ohnehin schon stark zerstörte Leuna-Werk sowie die Bitterfelder IG-Werke. Insgesamt wurden mehr als die Hälfte der Produktionskapazitäten der IG-Werke demontiert.

Demontagen und Produktionsbeschränkungen in der SBZ[15]		
Anlagen	Demontagequote	Beschränkungen
Synthetischer Kautschuk	25 %	keine
Hydrierwerke	50 %	keine
Fischer-Tropsch-Anlagen	30 %	keine
Ammoniak	70 %	beschränkt bis 1947
Hüttenaluminium	100 %	beschränkt bis 1950

Der Wandel in der sowjetischen Reparationspolitik führte ab Mitte 1946 zu einer Reduzierung und baldigen Beendigung der Demontagen zugunsten von Entnah-

---

13 Vgl. OMGUS: Ermittlungen gegen die I.G. Farbenindustrie AG. September 1945. Bearbeitet von der Dokumentationsstelle zur NS-Sozialpolitik. Nördlingen 1986.
14 Vgl. Gottfried PLUME: Die IG Farbenindustrie AG. Wirtschaft, Technik und Politik 1904–1945, Berlin 1990, S. 746f.
15 Vgl. Rainer KARLSCH: Die chemische Industrie unter alliierter Kontrolle 1945–1953, in: Klaus KRUG (Hg.): Zeitzeugenberichte – Chemische Industrie, Frankfurt/Main 1996, S. 31.

men aus der laufenden Produktion. Alle ehemalige IG Farben-Werke wurden auf Grundlage des Befehls Nr. 167 der Sowjetische Militäradministration in Deutschland (SMAD) vom 5. Juni 1946 »a Konto Reparationen« in sowjetisches Eigentum in Form von Aktiengesellschaften überführt. Die sowjetischen Aktiengesellschaften (SAG-Betriebe) wurden der »Verwaltung des sowjetischen Eigentums in Deutschland« in Berlin unterstellt, die ihrerseits der »Verwaltung sowjetischer Vermögen im Ausland« in Moskau unterstand. Die SAG-Betriebe produzierten vorrangig für den sowjetischen Bedarf.[16]

Zum sowjetischen Reparationsprogramm gehörte von Anfang an auch ein umfangreicher Technologietransfer. Dieser wurde von der bei der SMAD angesiedelten »Verwaltung zum Studium der Errungenschaften in Wissenschaft und Technik Deutschlands« und bei den SAG-Betrieben sowie Hochschulen gebildeten wissenschaftlich-technischen Büros organisiert.[17] Außerdem wurden rund 100 Chemiker und Techniker aus den IG-Werken für mehrere Jahre zu Arbeiten in der Sowjetunion verpflichtet.[18] Schwerpunkte waren Technologien zur Produktion von Kampfstoffen, schwerem Wasser und zur Kohleverflüssigung.[19] Das große Interesse der Moskauer Ministerien an den Hydriertechnologien hing mit der Dominanz der Kohle in der sowjetischen Energieversorgung zusammen. Erst kurz vor Stalins Tod kam es zu einem energiepolitischen Kurswechsel und einer Erhöhung der Investitionen in den Erdölsektor.[20]

Nur in Ansätzen umgesetzt wurde ein bereits im November 1945 von den Volkskommissaren für Inneres, Berija, und für Bauwesen, Smirtkov, entworfenes Programm zur kompletten Verpflanzung der AGFA Filmfabrik Wolfen samt aller Techniker in die Sowjetunion. Berija wollte damit das technologische Niveau der Farbfilmproduktion in der Sowjetunion heben.[21] Es kam 1946/47 aber nur zu einer Teildemontage und zur Mitnahme einer kleinen Gruppe von deutschen Wis-

---

16 Vgl. Johannes BÄHR, Rainer KARLSCH: Die sowjetischen Aktiengesellschaften (SAG) in der SBZ/DDR. Bildung, Struktur und Probleme ihrer inneren Entwicklung, in: Karl LAUSCHKE, Thomas WELSKOPP (Hg.): Mikropolitik im Unternehmen, Essen 1994, S. 214–255.
17 Vgl. Christiane KÜNZEL: Verwaltung zum Studium der Errungenschaften in Wissenschaft und Technik Deutschlands, in: Horst MÖLLER, Alexandr O. TSCHUBARJAN (Hg.): SMAD-Handbuch. Die Sowjetische Militäradministration in Deutschland, Oldenbourg 2009, S. 317–328; Burghard CIESLA: Wissenschaftlich-technische Büros, Entwicklungs- und Konstruktionsbüros, in: Ebd., S. 328–331.
18 Vgl. Ulrich ALBRECHT, Andreas HEINEMANN-GRÜDER, Arend WELLMANN: Die Spezialisten. Deutsche Naturwissenschaftler und Techniker in der Sowjetunion nach 1945, Berlin 1992, S. 154–160.
19 Vgl. Rainer KARLSCH: Reparationen und Technologietransfer in die Sowjetunion 1945–1954, in Rolf PETRI (Hg.): Technologietransfer aus der deutschen Chemieindustrie (1925–1960), Berlin 2004, S. 177–199.
20 Vgl. Felix REHSCHUH: Aufstieg zur Energiemacht. Der sowjetische Weg ins Erdölzeitalter 1930er bis 1950er Jahre, Weimar 2018.
21 Vgl. Rainer KARLSCH, Paul-Werner WAGNER: Die AGFA-ORWO Story, Berlin 2010.

senschaftlern und Technikern. Während der Aufbau der in Wolfen demontierten Anlagen in der Sowjetunion gelang, blieben die Ergebnisse der Farbfilmproduktion bescheiden. Versuche sowjetische Farbfilme unter dem Warenzeichen »AGFA« international zu verkaufen, scheiterten wegen ihrer schlechten Qualität.

Als die Siegermächte noch mit dem Know-how Transfer aus Deutschland beschäftigt waren, rückte in allen mitteldeutschen Chemiewerken ab Sommer 1945 die zweite Reihe ehemaliger IG Farben-Chemiker an die Spitze der Werkleitungen. Es handelte sich durchweg um hochqualifizierte Wissenschaftler, die von der IG-Kultur geprägt worden waren. Die neuen Leitungen wurden von den sowjetischen Werkskommandanten, bzw. ab Mitte 1946 von den sowjetischen Direktoren der nunmehrigen SAG-Betriebe, in ihren Ämtern bestätigt. In weit größerem Umfang als dies in den volkseigenen Betrieben (VEB) möglich war, wo die Entnazifizierung strenger gehandhabt wurde, blieben in den SAG-Betrieben die alten Eliten auf ihren Posten. Die sowjetischen Direktoren handelten sehr zum Unwillen der Betriebsräte, die in der SBZ noch bis Anfang 1948 zugelassen waren, in Personalfragen ausgesprochen pragmatisch. Sie wurden an der Erfüllung der Produktionspläne gemessen und dafür benötigten sie das Fachwissen der IG-Chemiker. Daher tolerierten sie an der Spitze des Leuna-Werkes und der AGFA-Filmfabrik Chemiker mit NSDAP-Vergangenheit. In Buna-Werk Schkopau gab es sogar mehr ehemalige NSDAP-Mitglieder in der Werkleitung als vor dem Krieg. Allerdings stand seit Ende 1945 mit Johannes Nelles ein unbescholtener junger Chemiker an der Spitze des Buna-Werkes.[22]

Es bleibt an dieser Stelle festzuhalten: Mit den Demontagen und der Bildung der SAG wurde die Zerschlagung der IG Farben in der SBZ deutlich früher abgeschlossen als in den Westzonen.[23] Bereits zuvor waren die meisten IG Farben-Direktoren aus den mitteldeutschen Werken in die Westzonen geflüchtet. Ende Juni 1945 nahmen die Amerikaner aus den von ihnen noch bis Ende Juni 1945 besetzten Teilen der SBZ zahlreiche Direktoren, Wissenschaftler und Techniker mit: aus den Bitterfelder IG-Werken 27, aus dem Leuna-Werk 28, aus dem Buna-Werk Schkopau 25, aus der AGFA Farbenfabrik Wolfen acht und aus der AGFA Filmfabrik 45 Führungskräfte.[24] Die Flucht der Direktoren und der amerikanische *Griff in die russische Zone* (Klaus Dietmar Henke)[25] wurde später von der DDR-Seite

---

22 Rudolf Aust: Zur Situation von Führungskräften in der chemischen Industrie der DDR, in: Klaus Krug (Hg.): Zeitzeugenberichte – Chemische Industrie, Frankfurt/Main 1996, S. 196–198.
23 Vgl. Hans Dieter Kreikamp: Die Entflechtung der I.G. Farbenindustrie AG und die Gründung der Nachfolgegesellschaften, in: Vierteljahreshefte für Zeitgeschichte, Jg. 25, April 1977. S. 220–251.
24 Vgl. Rainer Karlsch: Die chemische Industrie unter alliierter Kontrolle, S. 34.
25 Vgl. Klaus Dietmar Henke: Die amerikanische Besetzung Deutschlands, München 1995, S. 744 ff.

dahingehend gedeutet, dass die Verantwortlichen für die Verbrechen der IG Farben ausschließlich im Westen zu finden seien, wohingegen in der SBZ durch die Verstaatlichung der IG-Werke ein konsequenter Bruch mit der Vergangenheit stattgefunden hätte. Dass es auch personelle Kontinuitäten in den mitteldeutschen Werken gab, nicht in der ersten aber in der zweiten Reihe, wurde verschwiegen. Dies zeigt auch der eingangs erwähnte Fall Adolphi. In der DDR (wie auch in der Bundesrepublik) wollte man mit Beginn der 1950er-Jahre die strafrechtliche Verfolgung von NS-Tätern als erledigt betrachten. Von wenigen Ausnahmen abgesehen kam die Strafverfolgung, zumindest DDR-Bürger betreffend, zum Erliegen.[26]

3. Der »Rat der Götter«

Für die Auseinandersetzung mit der Geschichte der IG Farben in der DDR lange prägend war der Film der »Rat der Götter«, der bereits im Mai 1950 in Ostberlin uraufgeführt wurde. Im Zentrum der Handlung des aufwendigen Prestigefilms der Deutschen Film AG (DEFA) stehen der Vorstandsvorsitzende Geheimrat Mauch – eine Anspielung auf Carl Krauch – und der fiktive Chemiker Scholz. Beide sind hauptverantwortlich für die Rüstungsproduktion und Giftgasherstellung der IG Farben.[27]

Regie führte Kurt Maetzig. Er behauptete später, dass der Film als *dokumentarischer Spielfilm* gedreht wurde. Das Drehbuch hatten der bekannte jüdische Arzt und Schriftsteller Friedrich Wolf, Nationalpreisträger und Botschafter der DDR in Warschau, und der sowjetische Schriftsteller Phillip Gecht kurz nach dem Ende des I.G.-Farben-Prozess im Sommer 1948 verfasst.[28] Sie stützten sich auf Dokumente aus dem Nürnberger Kriegsverbrecherprozess (Fall VI), verließen sich aber hauptsächlich auf das Buch von Richard Sasuly.[29]

Die Aufnahmen wurden in den ehemaligen Filmstudios der Universum Film AG (UFA) in Babelsberg und im Leuna-Werk gedreht. Die aufwühlende Filmmusik schrieb Hans Eisler. Die Dreharbeiten fanden vor dem Hintergrund des eskalierenden Kalten Krieges statt.

Die Botschaft des Films war eine Doppelte: Die IG Farben seien hauptverant-

---

26 Vgl. Henry LEIDE: Auschwitz und Staatssicherheit Strafverfolgung, Propaganda und Geheimhaltung in der DDR, Berlin 2021, S. 11.
27 Vgl. Ingrid POSS, Peter WARNECKE (Hg.): Spur der Filme, Zeitzeugen über die DEFA, Berlin 2006.
28 Vgl. Lernwerkstatt Film und Geschichte: Zur Entstehung des Films »Rat der Götter«; Kurt LASER: Glamour, Kunst und Kinoalltag, in: Berlinische Monatsschrift Heft 3/2001, S. 142–151; Ralf SCHENK (Hg.): Das zweite Leben der Filmstadt Babelsberg. DEFA-Spielfilme 1946–1992, Berlin 1994.
29 Vgl. Richard SASULY: IG Farben, New York 1947.

wortlich für die Verbrechen in der NS-Zeit gewesen; unter amerikanischer Suprematie erfolgte im Westen der Wiederaufbau des Konzerns und die erneute Produktion von Giftgas und Sprengstoffen. Letztgenannter Punkt wurde wahrheitswidrig am schweren Explosionsunglück vom Juli 1948 in Ludwigshafen festgemacht.[30]

Mehr als 5,3 Millionen Kinobesucher sahen den Film.[31] Damit gehörte »Rat der Götter« zu den erfolgreichsten Filmen der DEFA. In der Bundesrepublik Deutschland wurde zwar über den Filmstart berichtet,[32] seine Aufführung aber vom interministeriellen Ausschuss für Ost-West-Filmfragen verboten. »Rat der Götter« kam erst am 16. Dezember 1955 einmalig im Rahmen eines Seminars im Studentischen Filmclub der Universität Bonn zur Aufführung.[33] Auch das wirtschaftsnahe Deutsche Institut der Industrie in Köln zeigte den Film in geschlossenen Vorführungen. Erst 1967 wurde »Rat der Götter« bei einer erneuten Prüfung in der Bundesrepublik für den Filmverleih freigegeben, blieb aber sehr im Unterschied zur DDR ohne Resonanz beim Publikum.

Der Film wirkte lange nach und prägte noch über das Ende der DDR hinaus in Teilen der ostdeutschen Bevölkerung das Bild von der IG Farben.[34]

4. Flucht und Abwerbung

Die Abrechnung mit der IG Farben, so berechtigt sie auch war, konnte nur wenig daran ändern, dass sich eine große Zahl von Chemikern, Technikern und Arbeitern aus den mitteldeutschen Werken für eine Flucht in den Westen entschied. Noch im April 1945 waren im Leuna-Werk 431 Chemiker und Ingenieure tätig gewesen, davon schieden bis Mitte 1950 mehr als 300 aus. Ungefähr die Hälfte von ihnen ging nach Westdeutschland. Dieser Aderlass – das Leuna-Werk verlor in nur fünf Jahren rund dreiviertel seiner Führungskräfte – war nicht zu kompensieren.[35]

Welch dramatischen Folgen die Elitenflucht für die Innovationsfähigkeit des Leuna-Werkes hatte, kann am Beispiel der Caprolactam-Abteilung gezeigt werden.

---

30 Vgl. Raymond G. STOKES: Von der I.G. Farbenindustrie AG bis zur Neugründung der BASF, in: Werner ABELSHAUSER (Hg.): Die BASF. Eine Unternehmensgeschichte, München 2002, S. 348.
31 Vgl. Die erfolgreichsten Filme in der DDR, in: insidekino.de/DJahr/DDRAlltimeDeutsch.htm (zuletzt aufgerufen am 01.09.2021).
32 Vgl. z. B.: »IG-Farben. Die volle Wahrheit«, in: Der Spiegel, 17.05.1950.
33 Vgl. Martin LOIPERDINGER: Filmzensur und Selbstkontrolle. Politische Reifeprüfung, in: Wolfgang JACOBSEN, Anton KAES, Hans Helmut PRINZLER (Hrsg.), Geschichte des deutschen Films, Stuttgart-Weimar 2004, S. 525–544.
34 Vgl. Janis SCHMELZER: IG-Farben. Vom Rat der Götter. Aufstieg und Fall, Berlin 2006.
35 Vgl. Denkschrift über die Lage des Chemiewerks Leuna zu Beginn des Fünfjahrplans, 19.09.1950, BArch Bestand DE 1, Nr. 69.

Bereits 1938 waren in Ludwigshafen und Leuna Versuchsarbeiten für die Produktion von Caprolactam, einem wichtigen Vorprodukt für die Produktion von Kunstfasern, angelaufen.[36] Ende 1939 begann in Leuna die Versuchsproduktion und 1942 die industrielle Herstellung von Caprolactam. Die in Leuna und Ludwigshafen errichteten Anlagen waren die weltweit ersten Großanlagen zur Produktion von Caprolactam (»Luran«).

Die Chemiker und Techniker, die an dieser Entwicklung beteiligt waren, wurden Ende der 1940er/Anfang der 1950er Jahre nahezu alle abgeworben. Im Versuchslaboratorium verblieb von 22 Chemikern 1949 nur einer, von 24 Laboranten nur acht.[37] Eine besondere Rolle spielte dabei der Leunaer Chemiker Johann Giesen. Er war während des Krieges für den Bau der Methanol-Anlagen in Auschwitz verantwortlich. Im I.G.-Farben-Prozess wurde er freigesprochen. Er begann eine neue Karriere als Werkleiter im ehemaligen IG-Werk in Uerdingen, wurde dort aber von der britischen Besatzungsmacht 1949 entlassen, weil er Firmengeheimnisse an die Schweizer Holzverzuckerungs AG (Hovag AG, 1960 umfirmiert in Emser-Werke AG) verraten haben soll.[38] Giesen siedelte in die Schweiz über und übernahm den Posten des Forschungsleiters bei der Hovag. Er nutzte seine alten Kontakte und holte den Leiter der Caprolactamfabrik, Kurt Kahr, und weitere Spezialisten aus Leuna zur Hovag nach Domat/Ems. Sie brachten die kompletten Unterlagen für den Bau einer Caprolactamfabrik mit. Später wurden noch weitere Leuna-Mitarbeiter und Wissenschaftler vom Institut für Textilforschung in Teltow angeworben. In der Folgezeit trug die »Leuna-Fraktion« maßgeblich zum wirtschaftlichen Erfolg der Ems-Chemie bei.

Ähnliche Geschichten von Elitenflucht und Abwerbungen sind auch von den anderen mitteldeutschen Werken belegt. Der gravierende Mangel an Spitzenkräften zwang die Werkleitungen, die verbliebenen Chemiker und Techniker noch stärker zu umwerben. So trennte bspw. der Direktor des Leuna-Werkes, Wolfgang Schirmer, ab 1954 die Akademikerangelegenheiten von den Sozialangelegenheiten der übrigen Berufsgruppen. Die »Intelligenzfürsorge« fiel nunmehr in seinen Zuständigkeitsbereich. Eigens dafür wurde die ehemalige Bürgermeisterin von Leuna, Hilde Schaff, in den persönlichen Stab des Werkleiters aufgenommen. Sie entfaltete

---

36 Vgl. Zur Geschichte der Produktion von Caprolactam in den Leuna-Werken bis 1967: Zahlen und Fakten zur Betriebsgeschichte, Bd. 38, Leuna 1985.
37 Vgl. Adalbert RABICH: Ein Ingenieur in den Leuna-Werken: Arthur Rabich, sein Leben und Wirken im Leunawerk 1927 bis 1964, München 2006.
38 Vgl. Lukas STRAUMANN: Das dunkelste Kapitel in Christoph Blochers Ems Chemie, in: Online-Reports, 26.08.2002; »Ems-Chemie. Wie man einen Konzern aufbaut«, in: Die Wochenzeitung, 14.06.2012; Hansjörg ZUMSTEIN: »Dunkle Helfer nach dem Zweiten Weltkrieg«, Dokumentarfilm, 05.10.2020, Schweizer Fernsehen SRF.

in der Folgezeit außergewöhnliche Aktivitäten und agierte beim Ausbau eines ausgefeilten Systems repräsentativer Wertschätzung sehr einfallsreich. Unter anderem organisierte sie ein anspruchsvolles kulturelles Leben und vermittelte exklusive Reisen, Ferienplätze sowie Luxuskonsumgüter. Letzteres wog in einer Mangelgesellschaft besonders schwer und betonte den herausgehobenen Status der Chemiker. Nicht selten wurden persönliche Wünsche von Akademikern sei es nach Abitur- oder Studienplätzen für die Kinder oder Autos von der Werkleitung direkt an das Büro von Walter Ulbricht herangetragen.[39]

Freilich vermochte auch die von Schirmer gepflegte Politik der Statuswahrung nichts an den durch die Wirtschaftsordnung gesetzten Rahmenbedingungen zu ändern. Das planwirtschaftliche System wies von Anfang an zwei grundlegende Probleme auf: das Informations- und das Anreizsystem. In Marktwirtschaften ist die Preisentwicklung eine unverzichtbare Informationsquelle, in Planwirtschaften nur der Planungsprozess, mit all seinen Unwägbarkeiten selbst. Der Planungsmechanismus war so gestaltet, dass die Betriebe vor allem für die quantitative Erfüllung der Planvorgaben belohnt wurden. Daher blieb das Interesse an Innovationen, die zu »Störungen« im Produktionsprozess bzw. bei den Produkten führen, begrenzt. Da der Konkurrenzdruck fehlte, tendierten die Betriebe dazu, möglichst lange ihre Sortimente beizubehalten, zumal sie ihre Erzeugnisse bei dem herrschenden allgemeinen Warenmangel trotzdem problemlos absetzen konnten.

Auch im Leuna-Werk traten diese Probleme zeitig zutage. Verwiesen sei nur auf die Harnstoffproduktion. Im Herbst 1949 hatte eine provisorische Harnstoffanlage den Dauerbetrieb aufgenommen. Leuna war damals der einzige Produzent von Harnstoff in der DDR. Der Leiter der Harnstofffabrik, Reinhold Frick, sah darin nur einen ersten Schritt. Gemeinsam mit seinen Kollegen arbeitete er an einem Verfahren zur Produktion von Melamin aus Harnstoff. Melamin ein Ausgangsstoff für die Herstellung von Harzen wurde stark nachgefragt. Für das Leuna-Werk bestand die Chance, eine der weltweit ersten Großanlagen für die Melamin-Herstellung zu bauen. Doch die Entscheidung über eine entsprechende Investition lag nicht bei der Werkleitung, sondern bei den übergeordneten wirtschaftsleitenden Stellen. Frick beschwerte sich darüber im November 1954 bei Ulbricht: *Ich betrachte mich im Rennen der Chemie durchaus als guten Jockey. Aber der beste Jockey kann kein Rennen gewinnen mit einem lahmen Gaul. Dazu braucht es ein schnelles und wendiges Pferd. Und das fehlt uns. [...] Ich habe es dutzende Male erlebt, dass ich klar den Weg erkannte, der zu gehen ist. Ich habe die Sache mit meinen Ingenieuren durchgesprochen, skizziert und gezeichnet. Aber ehe es erprobt werden konnte, flatterte*

---

39 Vgl. Schirmer an Hans Vieillard, 23.06.1954 und 15.05.1956, BArch Bestand NY 4182, Nr. 1005.

Abb. 1: Leuna-Werk, 1980

mir eine amerikanische oder westdeutsche Patentanmeldung auf den Schreibtisch, die haarscharf gerade das aussagte, was mir auch klar war, nur noch nicht experimentell erprobt werden konnte.

Es dürfte wohl einleuchtend sein, dass solche Rückschläge nicht dazu dienen, die Arbeitsfreude und den Forscherdrang zu erhöhen. Wenn ein guter Jockey, um im Bild zu bleiben, alles versucht, mit dem anvertrauten Gaul, aber die Mähre läuft eben nicht, dann verliert er eben die Lust. Er kann dann zweierlei machen. Entweder resignierte er und stumpft ab, bis ihm alles gleichgültig ist, oder bei entsprechendem Betätigungsdrang sucht er sich einen anderen Rennstall, der bessere Pferde zur Verfügung stellt.[40] Frick sprach es deutlich an, die Innovationsbarrieren des planwirtschaftlichen Systems hinderten das Leuna-Werk daran, technologisch wieder nach vorn zu kommen.

5. Die Kampagne gegen die »IG-Ideologie«

Im Februar 1956 erschütterte eine Geheimrede des sowjetischen Partei- und Staatschefs Nikita Chruschtschow auf dem XX. Parteitag der KPdSU alle kommunistisch regierten Staaten. Chruschtschow machte einige von Stalins Verbrechen, vor allem die »Säuberungen« der 1930er Jahre, bekannt und verurteile sie. In den Staaten des Ostblocks kam es nach dem Bekanntwerden der Rede zu einem »Tauwetter«.[41]

---

40 Vgl. Dr. Reinhold Frick an Ulbricht, November 1954, BArch Bestand NY 4182, Nr. 1005.
41 Vgl. Inge KIRCHEISEN (Hg.): Tauwetter ohne Frühling. Das Jahr 1956 im Spiegel blockinterner Wand-

Reformen schienen möglich. Als dann aber in Polen im Juni und im Oktober 1956 in Ungarn Volksaufstände gegen die kommunistische Herrschaft ausbrachen und blutig niedergeschlagen wurden, war es mit der erhofften »Entstalinisierung« rasch vorbei.

In der kurzen Zeit des »Tauwetters« übten Wissenschaftler und Wirtschaftsfunktionäre der SED Kritik am Planungssystem. Bei den Führungskräften des Leuna-Werkes rannten sie damit offene Türen ein. Die Chemiker und Ingenieure erlebten tagtäglich die Unzulänglichkeiten der zentralen Planung. Mitte der 1950er Jahre war der Wiederaufbau des Leuna-Werkes noch immer nicht abgeschlossen. In der westdeutschen Chemieindustrie war es deutlich schneller vorangegangen. Die Werkleitung setzte sich daher mit großem Nachdruck gegenüber der Abteilung Grundstoffindustrie beim Zentralkomitee (ZK) der SED und der Staatlichen Plankommission für eine Vereinfachung der Planung der Investitionen ein.[42] Werkleiter Wolfgang Schirmer wollte erreichen, dass mehr Entscheidungsbefugnisse an die Betriebe übertragen werden. Im Grunde genommen forderte er damit unternehmerische Handlungsspielräume ein: *Wir sind uns bewusst, dass diese Vorschläge z. T. einschneidende Veränderungen in unserer bisherigen Wirtschaftsplanung zur Folge haben. Vielleicht könnte sogar der Eindruck entstehen, dass sie eine zentrale Kontrolle nicht mehr zulassen. Dies ist jedoch nur ein scheinbarer Nachteil, da die Lockerung der zentralen Kontrolle durch eine erhöhte Eigenverantwortlichkeit der zuständigen Werkleitungen völlig ausgeglichen werden wird.*[43]

Er rechnete den Planern vor, dass mit den vorhandenen Projektierungskapazitäten und den im zweiten Fünfjahrplan (1956–60) für das Leuna-Werk ausgewiesenen Investitionen die avisierten Wachstumsziele nicht erreicht werden können. Daraufhin entsandte die Staatliche Plankommission eine Kommission nach Leuna, machte kleine Zugeständnisse, ohne dass sich an den grundsätzlichen Problemen etwas änderte. Angesichts dessen sah sich Schirmer genötigt, im November 1956 einen Brandbrief an Industrieminister Fritz Selbmann zu senden. Ungeschminkt stellte er die Lage des Werkes dar. Er sah die Betriebssicherheit wichtiger Anlagen kaum noch als gegeben an. Hauptursache dafür waren verzögerte Generalreparaturen. Heftig kritisierte Schirmer die Investitionspolitik: *Ich möchte bezweifeln, ob es zweckmäßig ist, den Schiffbau in unserem Lande so auszubauen, wie es geschehen ist. Es erhebt sich auch die Frage, ob wir nicht bei dem Ausbau anderer, neuer Industriezweige, von Grund auf, wie der einer eigenen Luftfahrt-Industrie, unsere Investi-*

---

lungen und internationaler Krisen, Berlin 1995.
42 Vgl. Schirmer an Meiser, 04.06.1956, BArch Bestand DE 1, Nr. 15391.
43 Vgl. Besuch der Leuna- und Buna-Werke und sich daraus ergebende Vorschläge, 26.06.1956, BArch Bestand DE 1, Nr. 7558.

tionskraft übersteigt. Durch diese Entwicklung wurde der Ausbau der chemischen Industrie außerordentlich gehemmt, so dass ein Rückstand eingetreten ist, der auch in wenigen Jahren nicht mehr aufgeholt werden kann. Ich schätze den in unseren technischen Ausrüstungen eingetretenen Rückstand auf etwa 15 Jahre.[44]

Der Werkleiter beließ es nicht bei dieser Kritik, sondern unterbreitete eine Reihe von Vorschlägen. Unter anderen forderte er die Bildung eines Gremiums technisch-wissenschaftlicher Fachleute, mehr Rechte für Betriebsleitungen, eine Neuverteilung der Investitionen bis 1960, die Einschränkung der übermäßigen Finanzkontrolle und eine Dezentralisierung des Außenhandels. Diese Vorschläge rüttelten an den Grundpfeilern der Planwirtschaft. Minister Selbmann sandte eine Kopie des Briefs an das Politbüro der SED.[45] Er stimmte der Kritik Schirmers weitgehend zu. Nur ein Jahr später sollte Selbmann jedoch im Machtkampf mit Ulbricht unterliegen.

Mitglieder des Politbüros verdächtigten den Minister für chemische Industrie, Werner Winkler, hinter den Reformideen Schirmers zu stecken. In Winkler, ehemals Mitglied der NSDAP, sahen sie einen Sündenbock. Tatsächlich unterstützte Winkler in fast allen Punkten Schirmer und hatte selbst Ideen zur Flexibilisierung der Planung unterbreitet.[46] Der Chef der Staatlichen Plankommission, Bruno Leuschner, und der Minister für Außenhandel und Innerdeutschen Handel, Heinrich Rau, duldeten aber keine Kritik an den Schwerpunkten der Wirtschaftspolitik der SED.[47] Nur einzelne Punkte aus Schirmers Papier stießen auf eine positive Resonanz. So kam es Ende 1957 zur Bildung des Forschungsrates, eines Gremiums der wissenschaftlich-technischen Intelligenz. Auch gelang es Schirmer, die Unterfinanzierung der chemischen Industrie und des Leuna-Werkes ins Blickfeld der Politik zu rücken.

Noch schärfere Kritik an den Verhältnissen in der DDR-Wirtschaft wurde vom Produktionsdirektor des Leuna-Werkes, Dieter Sundhoff, und vom Technischen Direktor, Gustav Wirth, geäußert. Beide hatten sich einen legendären Ruf in den Jahren des Wiederaufbaus erworben. Sundhoff war 1951 für seine Leistungen mit dem Nationalpreis für Wissenschaft und Technik der DDR ausgezeichnet worden. Er nahm de facto die Rolle eines Sprechers der technischen Intelligenz wahr. Die Forderungen von Wirth und Sundhoff unterschieden sich im Kern kaum von de-

---

[44] Schirmer an Selbmann, betr.: Fragen unserer weiteren wirtschaftlichen Entwicklung vom Standpunkt der Leuna-Werke ausgesehen, 02.11.1956, BArch Bestand DE 1, Nr. 11682.
[45] Vgl. Selbmann an alle Mitglieder und Kandidaten des Politbüros, 09.11.1956, BArch Bestand DE 1, Nr. 11682.
[46] Vgl. Selbmann an Grotewohl, Ulbricht, Ziller und Rau, 30.11.1956, BArch Bestand NY 4090, Nr. 346.
[47] Vgl. Rau an Selbmann, 05.12.1956, BArch Bestand NY 4090, Nr. 346.

nen ihres Werkleiters: Abbremsung der vorrangigen Entwicklung der Schwerindustrie und größere Entscheidungsfreiheiten für die Werkleitung. Während aber Schirmer Reformen nur mit Hilfe des Parteiapparates für möglich hielt, stellte Sundhoff das Machtmonopol der SED in den Betrieben in Frage.[48] Er forderte die Auflösung des Baus 200, Sitz der SED-Kreisleitung und der Massenorganisationen im Werk.[49] Das war ein Tabubruch. Entsprechend hart schlug der Parteiapparat zurück und zettelte eine Kampagne gegen die »IG-Ideologie« an. Werkleiter Schirmer stellte sich hinter seine leitenden Mitarbeiter. Er wies die Schlussfolgerung Ulbrichts zurück, dass sich die chemische Industrie der DDR in Abhängigkeit von Westdeutschland befände und warnte eindringlich davor, einzelne Chemiker zu Sündenböcken zu stempeln.[50] Vergebens.

Ulbricht war über die Ereignisse im Werk bestens informiert. Gegenüber der technischen Intelligenz hatte er einen Kurs der gezielten Privilegierung unterstützt. Das Misstrauen gegenüber der alten IG-Elite war jedoch geblieben, nicht zuletzt aufgrund persönlicher Erfahrungen. Wiederholt hatten Vertreter der Intelligenz ihn bei seinen Auftritten im Leuna-Werk attackiert. Im Frühjahr 1957 hielt Ulbricht die Zeit für gekommen, um ein Exempel zu statuieren. Im Sekretariat des ZK der SED wurde am 6. März 1957 eine Vorlage zur *Verbesserung der ideologisch-politischen Arbeit in den Betrieben der Schwerchemie* diskutiert.[51] Hinter dem eher harmlos klingenden Titel verbarg sich ein Programm zur Ablösung der Werkleitungen in Leuna, Wolfen und Bitterfeld. Auch die SED-Kreisleitung des Leuna-Werkes sollte neu besetzt werden. Selbst Schirmer, der nicht zur alten Elite gehört und seit 1954 Kandidat des ZK der SED war, sollte abberufen werden.[52] Dazu kam es nur deshalb nicht, weil kein geeigneter Nachfolger gefunden werden konnte. Nach Lesart der SED-Führung steuerten *rückständige, konzerngebundene Kräfte* das Werk nach *Direktiven des I.G.-Konzerns.*[53]

Am Rande sei vermerkt, dass es in dieser Zeit auch Sandkastenspiele für den Fall einer Konföderation beider deutschen Staaten gab. So unrealistisch solche Überlegungen auch waren, sie hatten Konsequenzen für die SED-Kreisleitung des Leuna-Werks. An diese erging aus Berlin der geheime Auftrag, ein Personaltableau für eine künftige KPD-Kreisleitung der BASF in Ludwigshafen zu erstellen. Die

---

48 Interview des Autors mit Prof. Dr. Schirmer am 28.04.1993 in Berlin.
49 Vgl. Bericht über Brigadeeinsatz in Leuna (Vorlage für das ZK), 16.07.1957, BArch Bestand DY 30/IV 2/603, Nr. 10.
50 Vgl. Schirmer an Ziller, 16.02.1957, BArch Bestand NY 4090, Nr. 346.
51 Vgl. Vorlage für das Sekretariat des ZK der SED vom 06.03.1957, BArch Bestand DY 30/IV 2/603, Nr. 10.
52 Vgl. Vorlage für das Sekretariat des ZK der SED vom 06.03.1957, BArch Bestand DY 30/IV 2/603, Nr. 10.
53 Vgl. Vorlage für das Sekretariat des ZK der SED vom 06.03.1957, BArch Bestand DY 30/IV 2/603, Nr. 10.

geheime Liste wurde Ulbricht persönlich übergeben.[54] Ein Muster ohne Wert, dass den Geist des Kalten Krieges widerspiegelte. Ludwigshafen blieb für die SED-Führung unerreichbar, doch im Leuna-Werk wurde durchgegriffen.

Von April bis Juni 1957 weilte eine ZK-Brigade in Leuna.[55] Die insgesamt 72 Funktionäre aus dem ZK-Apparat, der Bezirksleitung der SED und der IG Chemie, sollten die »feindlichen Theorien« zerschlagen und personelle Konsequenzen veranlassen. Gegen Sundhoff begann ein Kesseltreiben.[56] Die Betriebsgewerkschaftsleitung forderte in einem Flugblatt, das in fünfzehntausend Exemplaren gedruckt wurde, seine sofortige Entlassung. Da es jedoch keine unmittelbare Handhabe gegen ihn gab – Ulbricht erhielt vom Generalstaatsanwalt im Mai 1957 ein Schreiben, dass kein Strafverfahren möglich sei – wurde er beurlaubt und durfte das Werk nicht mehr betreten. Er reiste daraufhin in die Bundesrepublik aus.[57] Werkleiter Schirmer setzte sich bei Ulbricht persönlich dafür ein, dass Sundhoffs Frau und ihre Kinder nicht, wie von der SED-Bezirksleitung Halle geplant, an der Ausreise gehindert wurden. Im Frühjahr 1958 flüchtete dann auch noch Wirth in die Bundesrepublik.

Nicht nur die wissenschaftlich-technische Intelligenz, sondern auch die Meister sollten diszipliniert werden. Die ZK-Brigade veranlasste die Verhaftung eines Meisters, ein zweiter konnte noch vor seiner Festnahme fliehen.[58] Der Opposition im Werk, wenn man sie denn so bezeichnen kann, war die Spitze gebrochen.

6. Keine Rückkehr der IG Farben i.A.

Nach dem Mauerbau am 13. August 1961, dem *heimlichen Gründungstag der DDR*[59] und dem sukzessiven Ausscheiden der alten Eliten aus den Werkleitungen, verblasste die Erinnerungen an die IG Farben-Kultur in den Chemiebetrieben. In der Wissenschaft, vor allem am Institut für Wirtschaftsgeschichte der Akademie der Wissenschaften in Berlin, fand hingegen eine intensive Auseinandersetzung mit der Geschichte des Konzerns unter den theoretischen Prämissen der marxistischen Sta-

---

54 Vgl. Heinz SCHWARZ: Prägungen aus acht Jahrzehnten: Bitterfelder Weg eines Generaldirektors, Schkeuditz 2004, S. 130 f.
55 Vgl. Bericht über den Brigadeeinsatz in Leuna, 16.07.1957, BArch Bestand DY 30/IV 2/603, Nr. 10.
56 Vgl. Sabina LIETZMANN: »Der Werkleiter von Leuna packt aus: Passiver Widerstand in der Chemischen Industrie der Sowjetzone«, in: Die Zeit, 25.07.1957.
57 Vgl. BArch Bestand NY 4182, Nr. 1005.
58 Vgl. Bericht über den Brigadeeinsatz, 16.07.1957, BArch Bestand DY 30/IV 2/603, Nr. 10.
59 Vgl. Dietrich STARITZ: Geschichte der DDR 1949–1985, Frankfurt/Main 1985, S. 185; Hermann WENTKER: Die Zäsur des Mauerbaus im Kalten Krieg und in der deutsch-deutschen Geschichte, in: Deutschland Archiv, 16.11.2011, https://www.bpb.de/geschichte/zeitgeschichte/deutschlandarchiv/53150/der-ort-des-mauerbaus?p=all (zuletzt aufgerufen am 13.09.2021).

mokap-[60] und Faschismus-Theorien statt. Die Ergebnisse der Forschungen von Berthold Puchert,[61] Hans Radandt[62] und Dietrich Eichholtz[63] sind trotz manch einseitiger Interpretationen auch heute noch lesenswert. Ihre Forschungsergebnisse wurden in der Presse der DDR rezipiert und flossen teilweise auch in die Bildungspläne von Hochschulen und Schulen ein. Wie nachhaltig dies war, das ist eine offene Frage.

Größere öffentliche Aufmerksamkeit erfuhr die Geschichte der IG Farben erst wieder kurz vor der deutschen Einheit. Einige Tage vor dem auf den 3. Oktober 1990 terminierten Beitritt der DDR zur Bundesrepublik gab es merkwürdige Kursbewegungen auf dem Markt für »Pfennigaktien«. Das waren nahezu wertlose Papiere von Gesellschaften, die sich zum Teil seit Jahrzehnten in Abwicklung befanden. Alteigentümer und Zocker hielten diese Papiere in der Hoffnung, dass sich über die Gesellschaften in Abwicklung eines Tages doch noch vermögensrechtliche Ansprüche realisieren ließen. Eine solche unverhoffte Chance schien sich nun aufzutun. Zu diesen »Zombie-Gesellschaften« gehörten die I.G. Farbenindustrie AG in Abwicklung (i.A.) und die Ammoniakwerk Merseburg GmbH. Sie meldeten am 27. September bzw. 8. Oktober 1990 Ansprüche auf den Besitz der Leuna-Werke AG und anderer ehemals zur IG Farben gehörender Unternehmen bei den zuständigen Landesämtern zur Regelung offener Vermögensfragen an. Die Antragspakete enthielten eine Auflistung aller in Ostdeutschland befindlichen Produktionsanlagen, Grundstücke, Wohnungen und Ferienheime, auf die die IG Farben i.A. glaubte Ansprüche zu haben. Insgesamt ging es um ein Grundvermögen von 151 Mio. Quadratmetern.[64] Der Aufsichtsrat der IG i.A. argumentierte gegenüber der Öffentlichkeit, dass nach erfolgter Rückübertragung des Grundvermögens, Investitionen in Ostdeutschland getätigt werden sollen. Eine zweite kleinere Gruppe von Aktionären verfolgte das Ziel, mit dem Vermögen ehemalige Zwangsarbeiter zu entschädigen.[65]

---

60 Die Theorie des Staatsmonopolkapitalismus geht von einer Verschmelzung des Staates mit der Wirtschaft aus: Einige marktbeherrschende, monopolistische Konzerne hätten starken, wenn nicht dominanten Einfluss auf Staat und Politik.

61 Vgl. Berthold PUCHERT: Aus der Praxis der IG Farben in Auschwitz-Monowitz, in: Jahrbuch für Wirtschaftsgeschichte, Heft 4, 1963, S 203–211; Berthold PUCHERT: Fragen der Wirtschaftspolitik des deutschen Faschismus im okkupierten Polen 1939 bis 1945, mit besonderer Berücksichtigung der IG Farbenindustrie AG. Habilitationsschrift, Humboldt-Universität Berlin 1968 (MS).

62 Vgl. Hans RADANDT: Die IG Farbenindustrie AG und Südosteuropa 1938 bis zum Ende des zweiten Weltkrieges. in: Jahrbuch für Wirtschaftsgeschichte (1967), Heft 1, S. 76–146; Hans RADANDT (Hg.): Fall 6. Ausgewählte Dokumente und Urteile des IG-Farben-Prozesses, Berlin 1970.

63 Vgl. Dietrich EICHHOLTZ: Geschichte der deutschen Kriegswirtschaft 1939–1945, Bd. I-III, Berlin 1971, 1985, 1996.

64 Vgl. Frankfurter Allgemeine Zeitung, Nr. 278, 1991.

65 Vgl. dazu auch umfangreiche Unterlagen im Bestand 2092 des HHStAW.

Im Fall der IG Farben i.A. standen die Chancen für Altaktionäre und Zocker von vornherein schlecht. Kein anderer deutscher Industriekonzern war verhasster gewesen als die I.G. Farben. In seltener Übereinstimmung hatten die Siegermächte im November 1945 die Zerschlagung des Konzerns angeordnet. Die meisten Juristen sahen daher kaum Chancen für die IG Farben i.A.

In der regionalen Presse in Sachsen-Anhalt riefen die Ansprüche der IG Farben i.A. Empörung hervor. Die Juristen der für die Privatisierung der ostdeutschen Wirtschaft zuständigen Treuhandanstalt und auch die Juristen der Chemiewerke nahmen die Schriftsätze der IG Farben i.A. nicht sonderlich ernst. Sie wussten, dass an der Rechtsprechung der Alliierten nicht zu rütteln war. Das zuständige Amt für die Regelung offener Vermögensfragen in Sachsen-Anhalt wies dann auch folgerichtig die Ansprüche mit dem Hinweis zurück, dass das Vermögen der IG Farben in der SBZ auf besatzungsrechtlicher Grundlage enteignet wurde.[66] In letzter Instanz wurden die vermögensrechtlichen Ansprüche der IG Farben i.A. im Sommer 1996 vom Bundesverfassungsgericht abgewiesen.

Die Beschäftigten der ostdeutschen Chemieindustrie hatten Anfang der 1990er Jahre ganz andere Sorgen. Alle Werke der Großchemie waren in dieser Zeit der Transformationskrise in ihrer Existenz gefährdet. Die Hoffnung auf eine Rückkehr der großen westdeutschen Chemieunternehmen, der IG Farben-Nachfolger, an die mitteldeutschen Standorte erfüllten sich nicht. Dennoch gab Bundeskanzler Helmut Kohl vor den Belegschaften in Schkopau und Bitterfeld am 10. Mai 1991 de facto Bestandsgarantie für die Unternehmen des Chemiedreiecks ab. Das Kanzlerversprechen ließ sich nur mit einer Hinwendung der Treuhand zur Industriepolitik realisieren. Doch dies ist bereits eine andere Geschichte.

Nach der mühsamen Stabilisierung der ostdeutschen Chemiestandorte setzte dort auch eine Rückbesinnung auf die eigenen Leistungen und Traditionen ein, was sich unter anderem in den Namensgebungen für Straßen und Wissenschaftspreise widerspiegelte. Ein dabei nicht intendiertes, aber wichtiges Ergebnis war, wie eingangs gezeigt, die Auseinandersetzung mit der Geschichte der IG Farben und ihrer mitteldeutschen Standorte, die vor allem von den Studenten der TH Leuna-Merseburg und interessierten Bürgern geführt wurde.

---

66 Vgl. Leuna-Werke GmbH, ZA Recht: Aktenvermerk, 20.09.1994.

Fair trial at all costs – The United States vs. Carl Krauch et al.
I.G.-Farben-Prozess vom 14. August 1947 bis zum 30. Juli 1948

Axel Fischer, Rebecca Weiß

Biggest and most complicated of the industrialist cases was the trial of twenty-four directors and officers of the I.G. Farben-Industrie A.G., commonly known as the »Farben Case« (United States v. Carl Krauch et al., Case No. 6). [...] Farben's role in German rearmament under Hitler was even more important; German deficiencies in oil and natural rubber were made up by Farben processes and factories for the manufacture of the synthetic gasoline and rubber so vital to mechanized and aerial warfare. [...] (a) the leaders of Farben, long before the coming of Hitler, wanted a dictatorship which could »act without concern for the caprices of the masses«; (b) they wished to achieve domination over the chemical industry of all Europe, and beyond Europe if possible; (c) even before Hitler seized power, Farben had concluded arrangements with him for government support for their synthetic-gasoline plant expansion program; (d) Farben assisted Hitler's seizure and consolidation of power by extensive financial contributions and by systematic propaganda; (e) Farben embarked upon the closest collaboration with Hitler and with the German military leaders, and participated eagerly in planning the reestablishment of a gigantic German army and air force; (f) in the struggle between Schacht (who feared that unrestrained rearmament would jeopardize Germany's financial stability) and Goering (the protagonist of rearmament irrespective of financial considerations), Farben threw its weight completely behind Goering; (g) the principal Farben defendant, Carl Krauch, was Goering's immediate advisor and chief administrator in the chemical field; (h) Goering's Four Year Plan – the planned basis of Germany's armament for war – was seventy-five per cent a Farben project; (i) because of Farben's strategic position in the rearmament picture, particularly for rubber, gasoline, ammunition, and poison gas, the Farben leaders knew perfectly well that the rearmament was far surpassing any conceivable defensive needs; (j) Farben developed its own plans for the absorption of the chemical indus-

tries in the countries to be overrun by Germany, contemporarily with the military plans, and put them into execution immediately after each conquest had been completed; and (k) Farben's advice and consultation with the military and political leaders far transcended mere technical matters, and was aggressive and warlike in the extreme.[1]

TELFORD TAYLOR, nun Brigadegeneral, zuvor schon der zweite Mann der US-Anklage unter Robert H. Jackson beim »Nürnberger Hauptkriegsverbrecherprozess«, fungierte als Chefankläger und somit auch als Chefstratege bei den sogenannten Nürnberger Nachfolgeprozessen.[2] Er wies denjenigen Verfahren, die sich auf die maßgebliche Beteiligung der deutschen Wirtschaft an den Verbrechen des nationalsozialistischen Deutschen Reichs bezogen, herausgehobene Bedeutung zu; zunächst, weil dieser Aspekt im »Hauptkriegsverbrecherprozess« weitgehend ausgefallen war (Gustav Krupp von Bohlen und Halbach war aus gesundheitlichen Gründen ausgeschieden) und weil zudem der deutschen Wirtschaft von Anfang eine bedeutende Rolle bei der deutschen Kriegspolitik zugewiesen worden war. Umso weniger verwundert die große Frustration, der nicht nur er, sondern auch andere Mitglieder der Anklagebehörde im Fall 6, dem I.G. Farben-Prozess, der Nürnberger Militärtribunale Ausdruck verliehen. So kommentierte Josiah DuBois nach dem Urteilsspruch: *Die Urteile waren mild genug, dass ein Hühnerdieb damit zufrieden sein konnte, oder ein verantwortungsloser Fahrer, der einen Fußgänger überfahren hatte.*[3]

Von 23 Angeklagten[4] waren zehn freigesprochen worden und die Verurteilten erhielten Zeitstrafen, die sich zwischen anderthalb und acht Jahren bewegten. Im Folgenden ordnen wir den Prozess in die Serie der Nürnberger »Nachfolgeprozesse« ein und bieten Erklärungsansätze für diesen Verfahrensausgang an.

Nach den Polizei- und SS-Angehörigen stellten Repräsentanten der deutschen

---

[1] Telford TAYLOR: Final Report to the Secretary of the Army on the Nuremberg War Crimes Trials Under Control Council Law No. 10, Washington, D.C., 1949, S. 195–197.

[2] Sehr allgemein zu den »Nürnberger Prozessen«: Gerd UEBERSCHÄR (Hg.): Der Nationalsozialismus vor Gericht. Die alliierten Prozesse gegen Kriegsverbrecher und Soldaten 1943–1952, 3. Auflage, Frankfurt am Main 2008. Grundlegend zu den Nürnberger »Nachfolgeprozessen«: Kim PRIEMEL, Alexa STILLER (Hg.): NMT. Die Nürnberger Militärtribunale zwischen Geschichte, Gerechtigkeit und Rechtschöpfung, Hamburg 2013. Monografisch zum I.G. Farben-Prozess. Stephan LINDNER: Aufrüstung, Ausbeutung, Auschwitz. Eine Geschichte des I.G.-Farben-Prozesses, Göttingen 2020.

[3] Zitiert nach Bernd BOLL: Fall 6. Der IG-Farben-Prozeß, in: Gerd UEBERSCHÄR (Hg.): Der Nationalsozialismus vor Gericht. Die alliierten Prozesse gegen Kriegsverbrecher und Soldaten 1943–1952, 3. Auflage, Frankfurt am Main 2008, S. 141.

[4] Die Abweichung zu den 24 bei Taylor erwähnten Angeklagten ergibt sich dadurch, dass das Verfahren gegen einen Angeklagten zuerst abgetrennt und dann de facto eingestellt wurde.

Privatwirtschaft die zweitgrößte Gruppe von Angeklagten in den Nachfolgeprozessen. Und ebenso bildeten die Prozesse der Untergruppe der »industrialists and financiers« mit den Verfahren gegen SS- und Polizeiangehörige mit jeweils drei Verfahren die zahlenmäßig bedeutendste Gruppe. Dies mag als erster Hinweis auf die den Wirtschaftsprozessen zugemessene Bedeutung dienen.

1. Der »Hauptkriegsverbrecherprozess« und die zwölf Nürnberger »Nachfolgeprozesse«

Vom 20. November 1945 bis zum 1. Oktober 1946 fand im Sitzungssaal 600 des Nürnberger Justizgebäudes das Verfahren gegen 21 anwesende Angeklagte im »Hauptkriegsverbrecherprozess« (International Military Tribunal, IMT) statt. Dieser von den USA, der UdSSR, Großbritannien und Frankreich durchgeführte Prozess bildete gewissermaßen die Spitze der Hierarchie des unter den vier Siegermächten und ihren Alliierten vereinbarten Verfolgungsprogramms von Kriegsverbrechen des Zweiten Weltkriegs auf dem europäischen Kriegsschauplatz. Voraussetzung für dieses Verfahren waren zwei internationale Verträge: die Moskauer Deklaration vom November 1943 und das Londoner Übereinkommen (Statut von London) vom August 1945. Das Verfahren hatte damit auch seine Rechtsgrundlage erhalten.

Im Londoner Übereinkommen wurden drei Straftatbestände definiert: Verbrechen gegen den Frieden sowie Kriegsverbrechen und Verbrechen gegen die Menschlichkeit. Angeklagt wurden schließlich vier Punkte: 1) Verschwörung und gemeinsamer Plan, 2) Verbrechen gegen den Frieden, 3) Kriegsverbrechen und 4) Verbrechen gegen die Menschlichkeit. Der erste, von den USA vertretene Anklagepunkt war der wohl komplizierteste und wird auch eine wesentliche Rolle bei der Beurteilung des Urteils sowie der Anklagestrategie im I.G.-Farben-Prozess spielen. Der aus dem angelsächsischen Rechtskreis stammende Straftatbestand fasst bereits die Planung und die Phase der Planung eines Verbrechens sowie die Beteiligung an der Planung als verbrecherischen Akt auf.

Für das IMT lieferten der zwischen den drei Alliierten USA, UdSSR und Großbritannien 1943 (Moskauer Deklaration) sowie ein weiterer 1945 (Londoner Übereinkommen) zwischen den nun vier Siegermächten und weiteren 19 Signatarstaaten (z. B. Belgien, Niederlande, Jugoslawien, Australien) geschlossener Staatsvertrag die Rechtsgrundlage. Der Prozess wurde von einem internationalen Ad-Hoc-Tribunal geführt. Die Nürnberger Nachfolgeprozesse (Nuremberg Military Tribunals, NMT, 1946 bis 1949) hingegen waren nationale US-Militärgerichtsverfahren. Zwar hätte die Moskauer Deklaration weitere internationale Verfahren ermöglicht und obwohl, zunächst auch noch von Taylor selbst bis in das Jahr 1947 betrieben, weitere Planungen für internationale Folgeverfahren liefen, kam keines mehr zustande. Dafür hatte im Dezember 1945 der von den vier Alliierten für die Koordination der Besatzung Deutschlands geschaffene Alliierte Kontrollrat mit seinem Kontrollratsgesetz Nr. 10 eine für die Kriegsverbrecherverfolgung vereinheitlichte Rechtsgrundlage im besetzten Deutschland geschaffen. Weitere Grundlagen (z. B. Verfahrensrecht) lieferten den zwölf Nürnberger Tribunalen die Militärregierung (Office of Military Government for Germany, US, OMGUS) bzw. die US-Besatzungsarmee unter ihrem Oberbefehlshaber und Militärgouverneur General Dwight D. Eisenhower (u.a. Ordinance No. 7).

In den zwölf sogenannten Nachfolgeprozessen vom 25. Oktober 1946 bis zum 14. April 1949 wurde (mehr oder weniger systematisch) versucht, wichtige Verbrechenskomplexe und Tätergruppen abzuarbeiten. In über 1.300 Verhandlungstagen wurde gegen mehr als 180 Angeklagte aus Medizin, Justiz, Sicherheits- und Geheimdienstapparat, Wirtschaft und Regierung verhandelt. Berücksichtigt wurden dabei über 35.000 Dokumente. Somit stellen IMT- und NMT-Verfahren nicht nur einige der ersten umfassenden juristischen Aufarbeitungen der Verbrechen des nationalsozialistischen Deutschen Reichs dar, sondern auch die erste umfangreiche systematische Dokumentation seiner Verbrechensgeschichte – die Protokoll- und Dokumentenbände zu den 13 Nürnberger Verfahren umfassen insgesamt 69 Bände, die bereits zwischen 1947 und 1949 veröffentlicht wurden. Auch heute noch stellt diese immense Materialsammlung eine wichtige Forschungsquelle dar.

2. Der I.G.-Farben-Prozess und die Nürnberger Nachfolgeprozesse

In den zwölf Verfahren, die die Nürnberger Militärtribunale durchführten, wurden Täter verfolgt, die u. a. in folgende Verbrechenskomplexe verwickelt waren:
- die ärztliche und anderweitige Beteiligung an Menschenversuchen (z. B. luftfahrtmedizinische Menschenversuche) und den Krankenmord (u.a. »Aktion T-4«),
- die Deportation und den Einsatz von Zwangsarbeiterinnen und -arbeitern,
- die Beteiligung der Justiz an den Verbrechen des nationalsozialistischen Reichs (u. a. Sondergerichtswesen, Gesetzesvorlagen),
- das Konzentrationslagerwesen sowie weitere Tätigkeiten der SS (z. B. Deportationen von Jüdinnen und Juden),
- systematische Kriegsverbrechen und Verbrechen gegen Zivilisten (z. B. Misshandlung von Kriegsgefangenen, Geiselerschießungen),
- die Massenmorde an der jüdischen Bevölkerung Osteuropas und der Sowjetunion,

– die Beteiligung verschiedener Behörden an der Kriegspolitik sowie den Menschlichkeitsverbrechen, sowie schließlich
– die Beteiligung der Privatwirtschaft an der Planung, Vorbereitung und Durchführung der Kriegspolitik, an Menschenexperimenten, an Zwangsarbeit und der Ausbeutung besetzter Gebiete.

Drei Prozesse, nämlich der »Flick-Prozess« (auch als Fall V bekannt), der »I.G.-Farben-Prozess« (Fall VI) und der »Krupp-Prozess« (Fall X), deckten die letztgenannte Beteiligung der Privatwirtschaft ab, wobei sich insgesamt 41 Angeklagte vor Gericht verantworten mussten. Es ist bezeichnend, dass die den Angehörigen der Wirtschaft zur Last gelegten Verbrechen nahezu alle Verbrechensfelder umschlossen – mit dem I.G.-Farben-Prozess sogar den Betrieb eines Konzentrationslagers.

Die Auswahl sowohl der Verbrechenskomplexe, die die NMT-Verfahren in den Blick nahmen, wie auch die der Angeklagten war eine Mischung aus Praktikabilität, Strategie und Taktik. Dazu kamen Selbsttötungen und Krankheiten von Verdächtigen bzw. potentiellen Angeklagten, die sich damit einer gerichtlichen Ahndung entzogen. Auch befanden sich noch weitere Gesuchte auf der Flucht. Zudem spielte die politische ›Großwetterlage‹ zunehmend eine nicht zu unterschätzende Rolle beim Willen zur Ahndung der Verbrechen. Dies gilt auch für den I.G.-Farben-Prozess: Während einige entscheidende Anklagevertreter aus dem von Henry Morgenthau Jr. geleiteten Finanzministerium kamen und hinsichtlich der Verfolgung der deutschen Kriegsverbrecher, besonders aus dem Kreis der Privatwirtschaft, einen sehr rigiden Kurs verfolgten, stießen sie auf eine mittlerweile anders ausgerichtete Militärverwaltung und eine ziemlich konservativ gestimmte Richterschaft. Auch die maßgeblichen Ministerien in den USA, besonders das Kriegsministerium, hatten ihre Agenda an die neue weltpolitische Lage und den aufkommenden Ost-West-Konflikt angepasst. Dies spiegelt sich sowohl in der Einstellung des NMT-Programms im Frühjahr 1949 wider (die Franzosen unterhielten in Rastatt ihr Tribunal Général bis 1950, ihr Tribunal Supérieur sogar bis 1954) als auch in dem abnehmenden Willen zur Vollstreckung der von den Nürnberger Tribunalen verhängten Strafen. Der Komplex »Nürnberger Nachfolgeprozesse« war dementsprechend deutlich weniger einheitlich als der »Hauptkriegsverbrecherprozess«, in dem ja auch mehrere (vier) Anklagebehörden zusammenarbeiteten; die Auswahl der Angeklagten (auch im I.G.-Farben-Prozess) erscheint teilweise zufällig oder voreilig und die behandelten Verbrechenskomplexe in den NMT-Verfahren, bei allem Bemühen, lückenhaft.

Tatsächlich aber muss diese Beurteilung etwas abgemildert werden, gab es doch noch eine ganze Reihe von Verfahren, die von den US-Militärbehörden durchgeführt wurden (»Dachauer Prozesse«), und die sich auf eine niedrigere Hierarchie der Täterinnen und Täter bezogen. Diese Verfahren ahndeten u. a. einzelne Verstöße gegen das humanitäre Völkerrecht (z. B. Tötung von Gefangenen), die Taten von Konzentrationslagerpersonal oder den Lynchmord an Besatzungen abgeschossener alliierter Flugzeuge. Zudem gab es auch Prozesse vor deutschen Gerichten in der US-Besatzungszone, die aber ausschließlich tätig wurden, sobald nur deutsche oder staatenlose Opfer involviert waren.

Aus den Vorüberlegungen zu einem zweiten IMT geht hervor, dass wesentliche Aspekte, die später im Rahmen des I.G.-Farben-Prozesses Berücksichtigung fanden (Angeklagte, Verbrechenskomplexe) ursprünglich tatsächlich für jenen vorgesehen waren. Man könnte den Prozess also gewissermaßen als das »verhinderte zweite IMT« bezeichnen. Tatsächlich stand die enge Verbindung zu und die Beteiligung der IG Farben an den Verbrechen des nationalsozialistischen Deutschen Reichs von Anfang an im Fokus der US-Ermittler bzw. der Anklagebehörde. Damit löste der Prozess also auch einen selbst gestellten Anspruch ein.

In dem Prozess standen dem sechzehnköpfigen Anklageteam über 80 Verteidiger gegenüber. Dieses Ungleichgewicht kommt auch in den eingebrachten Beweisdokumenten zum Ausdruck: Die Verteidigung brachte 4.102 Dokumente in den Prozess ein, die Anklage dagegen ›nur‹ 2.282.[5] Auch bezüglich der Verhandlungstage sind fast doppelt so viel Verhandlungstage zu verzeichnen, in denen sich das Gericht mit Dokumenten und Anträgen der Verteidigung befasste, als dies für die Anklageseite der Fall ist. Die Ankläger hatte sich Ihrer Sache sehr sicher gewähnt. Der Ausgang des Verfahrens konnte sie deshalb kaum befriedigen.

3. Die Anklagekonstruktion

So sehr die Anklagebeteiligung der USA im »Hauptkriegsverbrecherprozess« auf den Punkt »Gemeinsamer Plan und Verschwörung«, abgestimmt gewesen war, so kontrovers wurde dieser Anklagepunkt bei den »Nachfolgeprozessen« von den unterschiedlichen Mitgliedern der Anklagebehörde (Office, Chief of Counsel for War Crimes/OCCWC) bewertet und ausgelegt. Einen ersten, im Übrigen auch im Urteil des I.G.-Farben-Prozesses angeführten Hinweis lieferte das IMT-Urteil, in dem hervorgehoben wurde, dass

> *the conspiracy must be clearly outlined in its criminal purpose. It must not be too far removed from the time of decision and of action. The planning, to be criminal, must not rest merely on the declarations of a party program [...]. The Tribunal*

---

[5] Diese Zählung basiert auf: PRIEMEL, STILLER (Hg.): NMT, S. 774 ff.

must examine whether a concrete plan to wage war existed, and determine the participants in that concrete plan.[6]

Der Nachweis der engen Anlehnung der Pläne der IG Farben an die Kriegspläne und die Kriegspolitik des Deutschen Reichs war also nicht so ohne Weiteres zu erbringen.

Die Anklage bestand aus folgenden Vorwürfen, die in unterschiedlicher Weise auf die Angeklagten bezogen wurden bzw. ihnen zur Last gelegt wurden:
– »(Count One) – Planning, preparation, initiation, and waging of wars of aggression and invasions of other countries [...]
– (Count Two) – Plunder and spoliation [...]
– (Count Three) – Slavery and mass murder [...]
– (Count Four) – Membership in the SS [...]
– (Count Five) – Common plan or conspiracy«.[7]

Der »Gemeinsame Plan« und die »Verschwörung« (Count Five) umfassten die Planung, Vorbereitung, Auslösung und Durchführung eines Angriffskriegs sowie die Besetzung anderer Länder und lösten der Anklagebehörde nach damit auch die Begehung der in den Anklagepunkten zwei und drei genannten Verbrechen aus. Diese waren zwar nicht in demselben Maß Ergebnis eines gemeinsamen Plans und einer Verschwörung wie der Angriffskrieg, standen aber mit dessen Führung in engstem Zusammenhang und ergaben sich aus ihm. Die grundlegende Idee bei diesem Konstrukt war recht einfach und tatsächlich auch einleuchtend: Die IG Farben waren demnach ein kriminelles Unternehmen, das einem kriminellen Ziel (kriminell im Sinne der für die NMT-Verfahren herangezogenen Rechtsgrundlage, s. oben) gewidmet war und dem die Angeklagten (in unterschiedlichem Maß und auf unterschiedliche Weise) zugearbeitet hatten. Dabei wäre es natürlich nur logisch, dass von vornherein Beweise ihres kriminellen Tuns vermieden werden sollten und somit den Indizienbeweisen bei der Anklage ein hoher Wert beigemessen werden musste. Dies erklärt auch, warum die Anklagebehörde verglichen mit der Verteidigung relativ wenige Beweisdokumente vorlegte.

Belle Mayer, eine der wenigen Juristinnen, die in Nürnberg eine maßgebliche Funktion innehatten, oblag es, die Anklage bezüglich der Beteiligung des IG Farben-Konzerns sowie die individuelle Teilhabe der Angeklagten an der Planung und Durchführung des Angriffskriegs zu konzipieren. Wichtig für die erfolgreiche

---

[6] Nuernberg Military Tribunal (Hg.): Trials of War Criminals Before the Nuernberg Military Tribunals Under Control Council Law No. 10, Washington 1953, Band 8, S. 1098.
[7] Nuernberg Military Tribunal (Hg.): Trials of War Criminals, Band 7, S. 10–59.

Durchsetzung dieser Strategie wäre es gewesen, dem Gericht gegenüber in ausreichender Weise zu belegen, dass der Konzern selbst und seine Entscheidungsträger nicht mit einem gewöhnlichen Unternehmen und mit gewöhnlichen Managern zu vergleichen waren. Sondern dass sie in enger Anlehnung an die außenpolitischen Ziele des nationalsozialistischen Reichs sowie vor allem seiner Kriegspolitik die eigenen Konzernziele entwickelt, geplant und damit koordiniert hatten. Nun ist jeder kriegsführende Staat auf die Mitwirkung der Privatwirtschaft angewiesen, ohne dass dies gleichbedeutend mit einem völkerstrafrechtlichen verfolgbaren Straftatbestand, der durch einen Konzern und seine Mitarbeiterinnen und Mitarbeiter begangen wurde, wäre. Die zeitliche Koordinierung und das Wissen um und die Beteiligung an eigentlich geheimen Plänen wäre also Voraussetzung.

Diesbezüglich stellte das Gericht in seinem Urteil fest, dass es nicht den Fehler begehen dürfe, die Perspektive umzudrehen und retrospektiv zu verfahren, sondern sich daranhalten müsse, zu rekonstruieren, welchen Wissensstand die Angeklagten zu welcher Zeit gehabt hätten.[8] Es fasste die »Theorie der Anklage« folgendermaßen zusammen:

> *While the Farben organization, as a corporation, is not charged under the indictment with committing a crime and is not the subject of prosecution in this case, it is the theory of the prosecution that the defendants individually and collectively used the Farben organization as an instrument by and through which they committed the crimes enumerated in the indictment.*[9]

Als den entscheidenden Angeklagten, der als Link zwischen Staat und Konzern fungierte, sah die Anklagebehörde Carl Krauch, der sowohl Funktionen im Staat (vor allem im Rahmen des »Vierjahresplans« und als Wehrwirtschaftsführer) und im Konzern wahrnahm. Die Voraussetzung des Wissens um die Kriegspläne der Regierung im Konzern wurde im Urteil regelmäßig hervorgehoben und als entscheidend gekennzeichnet, um eine Verurteilung im Sinne der Anklage zu rechtfertigen. Und damit wäre die Schwierigkeit bzw. das Dilemma der Anklagestrategie benannt: Dazu hätte es keiner Indizienbeweise, sondern konkreter Faktennachweise bedurft.

Die sehr allgemeinen Exkurse der Anklagebehörde zur deutschen Geistesgeschichte oder ihre teilweise als äußerst ideologisch angelegt wahrgenommene Argumentation in der Klageschrift und im mündlichen Vortrag der Anklage wird in der Forschung häufig als problematisch aufgefasst. Nichtsdestotrotz: mit dem

---

8 »On the contrary, we have sought to determine their knowledge, their state of mind, and their motives from the situation as it appeared, or should have appeared, to them at the time.«, Nuernberg Military Tribunal (Hg.): Trials of War Criminals, Band 8, S. 1108.
9 Nuernberg Military Tribunal (Hg.): Trials of War Criminals, Band 8, S. 1108.

Betrieb eines eigenen Konzentrationslagers, in dem über 20.000 Menschen umkamen, hatte die Anklagebehörde einen schwerwiegenden Vorwurf gegen einige der Angeklagte.

4. Die Rolle von Auschwitz

> »*We should have started with Auschwitz on the first day.*«[10]
> Emanuel Minskoff, Ankläger I.G.-Farben-Prozess

Schon früh zeichnete sich eine Diskrepanz in der Strategie der Anklageführung innerhalb der Anklagebehörde ab. Es gab dafür unterschiedliche Gründe, die von einer zu kleinen Anzahl des Personals über Personalwechsel aber auch von Querelen innerhalb der Führungsebene herrührten. Letzten Endes entschied Josiah DuBois, dass eine Änderung der Strategie »zu spät« und »inopportun« sei.[11] Das hatte Konsequenzen. Erst mit der 38. Sitzung am 31. Oktober 1947 begann die Anklage mit der Vorlage der Beweismittel zu »Sklaverei und Massenmord«. Dieser dritte Punkt der Anklageschrift fokussierte dabei hauptsächlich auf drei Elemente: die Teilnahme am »Sklavenarbeitsprogramm«, die Benutzung von Giftgas und die Durchführung medizinischer Experimenten an Häftlingen sowie die Involvierung der IG Farben in den Konzentrationslagerkomplex Auschwitz.[12]

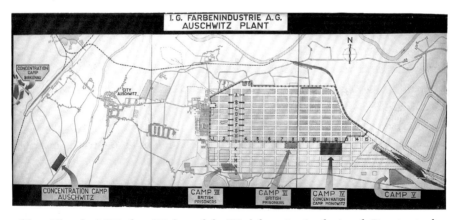

Abb. 1: Plan des IG Farben-Werks und der Werkslager in Auschwitz als Beweismittel im I.G.-Farben-Prozess

---

10 Zitiert nach LINDNER: Aufrüstung, Ausbeutung, Auschwitz, S. 181.
11 LINDNER: Aufrüstung, Ausbeutung, Auschwitz, S. 181.
12 Nuernberg Military Tribunal (Hg.): Trials of War Criminals, Band 8, S. 24 f.

Im April 1941 begann die IG Farben eine Zusammenarbeit mit der SS in Auschwitz-Monowitz. Im Juli 1942 entstand daraus das erste und größte Außenlager des Konzentrations- und Vernichtungslagerkomplexes in Auschwitz zur Produktion von künstlichem Kautschuk (Buna). Schnell wurde die Beteiligung der IG Farben an den Verbrechen in Auschwitz zentral für die Anklagebehörde: 25.000 bis 30.000 Häftlinge verloren im Zusammenhang mit dem Konzentrationslager Auschwitz III – Monowitz ihr Leben, viele auf der Baustelle des Lagers selbst oder bei Selektionen von dort in die Gaskammern von Auschwitz-Birkenau.[13] Es konnte ebenfalls nachgewiesen werden, dass es die IG Farben war, die durch ihre Tochterfirma »Degesch« das Zyklon B für die Gaskammern des Vernichtungslagers Auschwitz-Birkenau lieferte und aktiv an medizinischen Versuchen mit Typhusmedikamenten, Schlaftabletten und Nervengas in verschiedenen Konzentrationslagern beteiligt war.[14] Des Weiteren ist zu betonen, dass die Ausbeutung von Zwangsarbeitern durch die IG Farben sich nicht ausschließlich auf das Lager Auschwitz III – Monowitz beschränkte:

Die IG Farben bedienten sich bald großzügig aus dem Arbeiterreservoir der besetzten Länder: 1942 beschäftigten ihre Firmen 144.000 ausländische Zwangsarbeiter, mehr als ein Drittel der gesamten Belegschaft.[15]

Die hohe Zahl der Zwangsarbeiter und Zwangsarbeiterinnen im Jahr 1942 ist vor allem deswegen beachtlich, da erst im Juli 1942 beschlossen wurde, dass Auschwitz III – Monowitz ein eigenständiges Außenlager werden sollte und erst Ende Oktober 1942 eine größere Anzahl an Häftlingen dort zur Arbeit gezwungen wurde. Zuvor hatten der Winter 1941/1942 und ein Typhusausbruch im Lager Auschwitz-Birkenau die Arbeit weitestgehend unterbrochen.[16] Im Umkehrschluss heißt das: Im »Sklavenarbeitsprogramm« des Deutschen Reichs war die IG Farben auch außerhalb von Auschwitz III – Monowitz massiv beteiligt.

Gerade die Verbindungen zu Auschwitz machten sowohl die Angeklagten als auch die Verteidigung nervös. In einer Besprechung vom 11. November 1947 machte Rudolf Dix, Verteidiger von Hermann Schmitz im I.G.-Farben-Prozess und gewählter Sprecher der Anwaltschaft, deutlich: *Ich möchte die Verteidigung auf den außerordentlichen Ernst des Tatbestandkomplexes »Auschwitz« hinweisen.*[17] Alle

---

13 Fritz-Bauer-Institut: Die I.G. Farben und das Konzentrationslager Buna-Monowitz, Frankfurt/M. 2018, S. 17.
14 BOLL: Fall 6, S. 138.
15 BOLL: Fall 6, S. 137.
16 http://auschwitz.org/en/history/auschwitz-iii/the-beginning-of-construction (zuletzt aufgerufen am 20.09.2021).
17 LINDNER: Aufrüstung, Ausbeutung, Auschwitz, S. 182.

Angeklagten sollten noch einmal genauestens über ihren Wissenstand und ihre Verbindungen nach Auschwitz reflektieren und dies mit ihren Verteidigern besprechen. Zuvor versuchte Wolfram von Metzler, Verteidiger von Fritz Gajewski und Paul Häflinger im I.G.-Farben-Prozess, zu verhindern, dass »der Tatbestandkomplex ›Auschwitz‹« für alle Angeklagten zum Problem wird: *Was den Komplex »Auschwitz« betrifft, an dem ja nur einige Herren des Vorstands beteiligt sind, so halte ich es für opportun, wenn diese bezüglichen Fragen von den Verteidigern dieser Herren behandelt werden.*[18]

Für die Verteidigung gestaltete sich dieser dritte Anklagepunkt durch die gewählte Anklagestrategie und formale Neudeutungen der Prozessordnung jedoch harmloser als zunächst befürchtet. Aufgrund der späten Einbringung in das Verfahren, der großen Fülle des zuvor eingebrachten Beweismaterials sowie des Fokus' auf den ersten Anklagepunkt und die ausführliche Behandlung des Kartellrechts verlor der dritte Anklagepunkt viel seiner Wirkmächtigkeit:

As a result, much of the dramatic effect of the 'slave labour' count was lost, and judgement would virtually no reference to these examinations; small wonder since the judges already had to deal with over 6,000 submitted documents (two-thirds by the defence) and 2,800 affidavits (2,400 of which were offered by the German side).[19]

Gerade für den dritten Anklagepunkt sollte der formale Umgang mit den eingebrachten Affidavits, den eidesstattlichen Erklärungen, die häufig bevorzugt vor langwierigen und komplizierten Zeugenaussagen vor Gericht verwendet wurden, entscheidend werden. Alfred Seidl, Verteidiger von Walter Dürrfeld, der das Lager Auschwitz III – Monowitz vor Ort gleitet hatte, forderte, *dass jeder neuzeitliche Strafprozess von dem Grundsatz der Unmittelbarkeit und der Mündlichkeit beherrscht werden sollte.*[20] Er kritisierte damit die Verwendung der Affidavits grundsätzlich und erreichte, dass das Gericht die Entscheidung traf, dass *die eidesstattlichen Erklärungen von verstorbenen Affianten […] in diesem Verfahren nicht als Beweis angenommen […]*[21] wurden. Für die Anklagebehörde erwies sich diese Entscheidung als desaströs, da sie beispielsweise eine Erklärung von Fritz Sauckel, dem Generalbevollmächtigten für den Arbeitseinsatz, einbringen wollte, um das »Sklavenarbeitsprogramm« zu belegen. Sauckel war jedoch bereits im IMT zum Tode verurteilt und hingerichtet worden.[22]

---

18 LINDNER: Aufrüstung, Ausbeutung, Auschwitz, S. 182.
19 Kim Christian PRIEMEL: The Betrayal. The Nuremberg Trials and German Divergence, Oxford 2016, S. 211.
20 LINDNER: Aufrüstung, Ausbeutung, Auschwitz, S. 182.
21 LINDNER: Aufrüstung, Ausbeutung, Auschwitz, S. 187.
22 LINDNER: Aufrüstung, Ausbeutung, Auschwitz, S. 187.

Die geschickte Verteidigungsführung und die wenig erfolgreiche Strategie der Anklagebehörde spiegelte sich hinsichtlich des dritten Anklagepunkts auch im Urteil wider. So sprach das Gericht alle Angeklagten beim Vorwurf der Lieferung von Giftgas sowie der Durchführung von medizinischen Versuchen an Menschen in Konzentrationslagern frei. Zwar war unbestritten, dass die IG Farben die Lieferungen von großen Mengen an Zyklon B ermöglicht hatte, das Gericht urteilte aber:

But neither the volume of production nor the fact that large shipments were destined to concentration camps would alone be sufficient to lead us to conclude that those who knew of such facts must also have had knowledge of the criminal purposes.[23]

Ebenso verhielt es sich bei den gelieferten Medikamenten und Substanzen, die für Versuche an Menschen genutzt wurden.[24] Im Zweifel wurde in diesen Punkten für die Angeklagten entschieden.

Im Urteil zum »Sklavenarbeitsprogramm« zeigte das Gericht außerordentlich großes Verständnis für einen vermeintlichen »Befehlsnotstand«. Es stellte damit die Angeklagten im I.G.-Farben-Prozess sogar als eine Art Opfer des NS-Regimes dar, anstatt diese als aktive Mitgestalter oder Nutznießer zu klassifizieren:

There can be but little doubt that the defiant refusal of a Farben executive to carry out the Reich production schedule or to use slave labor to achieve that end would have been treated as treasonous sabotage and would have resulted in prompt and drastic retaliation. Indeed, there was credible evidence that Hitler would have welcomed the opportunity to make an example of a Farben leader. [...][25]

Bei vier der Angeklagten unter diesem Punkt erkannten die Richter den »Befehlsnotstand« an und sprachen diese frei. Bei zwei Angeklagten sahen die Richter es jedoch als erwiesen an, dass die Beschuldigten aus besonderer eigener Initiative den Einsatz von Zwangsarbeitern, Kriegsgefangenen und KZ-Häftlingen betrieben hatten – und verurteilten diese entsprechend.[26]

Obwohl sich die Angeklagten in Bezug auf Auschwitz weitestgehend unwissend gaben, wurden hier die Urteile mit den höchsten Strafen im Prozess gefällt. Das Gericht erkannte an, dass es gerade die Angeklagten Otto Ambros, Heinrich Bütefisch und Walter Dürrfeld waren, die von Seiten der I.G. Farben für die Entstehung und die technische Leitung des Lagers in Auschwitz-Monowitz verant-

---

23 Nuernberg Military Tribunal (Hg.): Trials of War Criminals, Band 8, S. 1169.
24 Nuernberg Military Tribunal (Hg.): Trials of War Criminals, Band 8, S. 1169.
25 Nuernberg Military Tribunal (Hg.): Trials of War Criminals, Band 8, S. 1175.
26 Stephan LINDNER: Das Urteil im I.G.-Farben-Prozess, in: PRIEMEL, STILLER (Hg.): NMT, S. 423.

wortlich waren. Aber auch den Angeklagten Carl Krauch und Fritz ter Meer konnten Verbindungen durch ihre Leitungspositionen (im Fall von ter Meer sogar Besuche vor Ort) nachgewiesen werden.[27] Sie alle wurden zu Haftstrafen von sechs bis acht Jahren verurteilt.

Immer wieder wurden jedoch auch eher triviale Vorgänge, wie die zusätzliche Beantragung von Kleidung für die KZ-Häftlinge in Auschwitz III – Monowitz, um diesen so angeblich bessere Lebensbedingungen zu ermöglichen, den Angeklagten strafmildernd anerkannt.:

> *It is clear that Farben did not deliberately pursue or encourage an inhumane policy with respect to the workers. In fact, some steps were taken by Farben to alleviate the situation. It voluntarily and at its own expense provided hot soup for the workers on the site at noon. This was in addition to the regular rations. Clothing was also supplemented by special issues from Farben.*[28]

Diese Entscheidungen des Gerichts im I.G.-Farben-Prozess müssen heute sehr kritisch beurteilt werden, vor allem vor dem Hintergrund der zahlreichen Berichte ehemaliger Häftlinge von Auschwitz III – Monowitz. Eine der bekanntesten Darstellungen stammt von Elie Wiesel, Überlebender des Lagers und Friedensnobelpreisträger, aus seiner Monographie *Die Nacht*:

> *»Buna ist ein sehr gutes Lager. Hier hält man es aus. Wichtig ist nur, nicht ins Baukommando eingeteilt zu werden...« Als ob die Wahl in unserer Hand gelegen hätte. [...]*
>
> *Wir arbeiten in einem Elektro-Lager, nicht weit von hier. Die Arbeit ist weder schwer noch gefährlich. [...] »Du hast Glück, Kleiner«, meinte Hans lächelnd. »Du bist in ein gutes Kommando geraten.« [...]*
>
> *Mein ganzes Streben zielte nur noch auf meinen täglichen Teller Suppe, auf meinen Kanten altbackenes Brot hin. Brot, Suppe – das war mein Leben. Nicht mehr. Ich war nur noch ein Körper. Vielleicht noch weniger: ein hungriger Magen. Nur der Magen fühlte die Zeit verstreichen [...]*
>
> *Eines Tages, als Idek*[29] *sich gehen ließ, stand ich ihm im Weg. Wie ein wildes Tier warf er sich auf mich und schlug mich auf die Brust, auf den Kopf, stieß mich zurück, riss mich wieder an sich und ließ die Hiebe auf mich hageln, bis ich blutüberströmt dastand. Da ich mir auf die Lippen biss, um nicht vor Schmerz aufzuheulen, hielt er wohl mein Schweigen für Verachtung und schlug immer wütender auf mich ein. Plötzlich beruhigte er sich und schickte mich an meine Arbeit zurück,*

---

27 Nuernberg Military Tribunal (Hg.): Trials of War Criminals, Band 8, S. 1180 f.
28 Nuernberg Military Tribunal (Hg.): Trials of War Criminals, Band 8, S. 1185.
29 Ein anderer Häftling und Kapo; Anmerkung d. Verf.

als sei nichts geschehen, als hätten wir ein Spiel mit gleichen Rollen zusammengespielt. So schleppte ich mich in meine Ecke.[30]

5. Schlussbemerkung

Es war ein riskantes Unterfangen, das die Anklagebehörde im Fall 6 der »Nürnberger Nachfolgeprozesse« realisieren wollte. Durch ihren Fokus auf die Anklagepunkte des »Gemeinsamen Plans«, der »Verschwörung« und der »Durchführung eines Angriffskriegs« stand in Nürnberg nicht mehr nur der Vorstand eines Unternehmens vor Gericht, der sich nachweislich persönlich der Kriegsverbrechen und der Verbrechen gegen die Menschlichkeit schuldig gemacht hatte. Immer wieder ging es auch um die kollektive Schuld des gesamten Unternehmens, nicht zuletzt sogar die zukünftige Form des Wirtschaftens und der Unternehmensführung an sich: *At the Palace of Justice it was ultimately left to the tribunals to determine whether capitalism was on trial or just its corrupted German variant [...].*[31] Es wird im Urteil mehr als deutlich, dass das Gericht hier eindeutig eine Grenze zog: Kein Einziger der Angeklagten wurde für etwas Anderes als »Kriegsverbrechen« oder »Verbrechen gegen die Menschlichkeit« belangt. Einer der ehemaligen Richter sah dieses Vorgehen mit den Freilassungen der letzten inhaftierten Verurteilten des I.G.-Farben-Prozesses zu Beginn der 1950er gerechtfertigt:

Insofern hat es den Anschein, als sei das Gericht vollkommen im Einklang mit der historischen Entwicklung und wir gut beraten gewesen, keine gefährlichen Präzedenzfälle zu schaffen, welche die künftige Außenpolitik unseres Landes hätten behindern können.[32]

Telford Taylor, Chefankläger im I.G.-Farben-Prozess, selbst kommentiert den Ausgang des Verfahrens so:

The Tribunal's judgment, handed down at the end of July 1948, acquitted all defendants of conspiracy, planning, or preparing to wage, and of waging, aggressive war; all were adjudged not guilty under Counts One and Five. [...] The evidence of his [Krauchs] *knowledge of Hitler's aggressive intentions »degenerates from proof to mere conjecture.« [...] But it* [ein eingeführtes Beweismittel] *falls far short of being evidence of his knowledge of the existence of a plan on the part of the leaders of the German Reich to start an aggressive war against either a definite or a probable enemy. The evidence as to the other defendants was even weaker.*[33]

---

30 Elie Wiesel: Die Nacht. Erinnerung und Zeugnis, Freiburg im Breisgau 2013, S. 73–80.
31 PRIEMEL: The Betrayal, S. 232.
32 James Morris an DuBois in einem Brief aus dem Jahr 1953, zitiert nach LINDNER: Das Urteil im I.G.-Farben-Prozess, S. 432.

Indirekt wirft er damit die Frage auf, ob das Gericht in diesem Verfahren nicht vielleicht sogar ›zu fair‹ entschieden hat. In der Forschung kommen dahingehend immer wieder Zweifel und auch Kritik auf, die sogar im Nachgang des Verfahrens in der zeitgenössischen Presse und bei den beteiligten Richtern untereinander heftig diskutiert wurden. Konsequenzen hatten diese Entscheidungen besonders hinsichtlich bestimmter Kontinuitäten: So konnte beispielsweise Fritz ter Meer, der wegen Kriegsverbrechen und Verbrechen gegen die Menschlichkeit für schuldig befunden und zu sieben Jahren Haft verurteilt wurde, ab 1956 eine Tätigkeit als Aufsichtsratsvorsitzender der aus der IG Farben entstandenen Firma Bayer antreten.[34]

Abb. 2: Die Angeklagten im I.G.-Farben-Prozess am 14. August 1947

---

33 Telford TAYLOR: Final Report to the Secretary of the Army on the Nuremberg War Crimes Trials Under Control Council Law No. 10, Washington, D.C., 1949, S. 197 f.
34 BOLL: Fall 6, S. 142

Anhang: Die Angeklagten im I.G.-Farben-Prozess

Name (Geb.- und Todesjahr)
wichtig(st)e Funktion(en) in der IG Farben[35]
Urteil Fall 6[36]

Carl Krauch (1887–1968)
1933 bis 1940 ordentliches Mitglied des Vorstands, 1940 bis 1945 Aufsichtsratsvorsitzender der IG Farben
Verurteilt nach Anklagepunkt III: sechs Jahre

Otto Ambros (1901–1990)
1938 bis 1945 ordentliches Mitglied des Vorstands; ab 1941 Betriebsführer der IG Auschwitz
Verurteilt nach Anklagepunkt III: acht Jahre

Ernst Bürgin (1885–1966)
1938 bis 1945 ordentliches Mitglied des Vorstands
Verurteilt nach Anklagepunkt II: zwei Jahre

Heinrich Bütefisch (1894–1969)
1938 bis 1945 ordentliches Mitglied des Vorstands; 1941 Leiter der Benzinsynthese des Werks Auschwitz
Verurteilt nach Anklagepunkt III: sechs Jahre

Walter Dürrfeld (1899–1967)
Stellvertretender Betriebsführer und Chefingenieur der IG Auschwitz
Verurteilt nach Anklagepunkt III: acht Jahre

Fritz Gajewski (1885–1965)
1932 bis 1945 ordentliches Mitglied des Vorstands
Freispruch

Heinrich Gattineau (1905–1985)
1931 bis 1933 Leiter der Pressestelle der IG Farben, 1933 bis 1938 Leiter der Wirtschaftspolitischen Abteilung der IG Farben, wo er für den Kontakt zur Regierung verantwortlich war. 1938 bis 1945 als Direktor in Bratislava für die IG Farben tätig.[37]
Freispruch

---

[35] Soweit nicht anders angegeben Angaben nach Jens Ulrich HEINE: Verstand & Schicksal. Die Männer der I.G. Farbenindustrie A.G. in 161 Kurzbiographien. Weinheim u. a. 1990, passim.

[36] II = Plünderung und Raub; III = Versklavung; keine Verurteilung nach Anklagepunkt I (Verbrechen gegen den Frieden), IV (Mitgliedschaft in der SS: Bütefisch, von der Heyde und Schneider) und V (Verschwörung zur Begehung von Verbrechen gegen den Frieden). Urteil S. 1205–1208.

Abb. 3: Heinrich Bütefisch im Zeugenstand

Paul Häfliger (1886–1950)
  1938 bis 1945 ordentliches Mitglied des Vorstands
  Verurteilt nach Anklagepunkt II: zwei Jahre
Erich von der Heyde (1900–1984)
  Referent für Stickstoff und Agrarwirtschaft in der wirtschaftspolitischen Abteilung der IG Farben; ab 1938 Abwehrbeauftragter der IG Farben in Berlin; Kontakte zum Reichssicherheitshauptamt; ab 1940 Mitarbeiter der Wehrwirtschaftlichen Abteilung, später auch im Wehrwirtschaftsstab des Wehrwirtschafts- und Rüstungsamt der Wehrmacht[38]
  Freispruch

---

37 Stefanie PLAPPERT: Heinrich Gattineau (1905–1985), http://www.wollheim-memorial.de/de/heinrich_gattineau_19051985 (zuletzt aufgerufen am 21.09.2021).

38 Stefanie PLAPPERT: Erich von der Heyde (1900– unbekannt), http://www.wollheim-memorial.de/de/erich_von_der_heyde_1900unbekannt (zuletzt aufgerufen am 21.09.2021).

Heinrich Hörlein (1882–1954)
> 1931 bis 1945 ordentliches Mitglied des Vorstands
> Freispruch

Max Ilgner (1899–1966)
> 1938 bis 1945 ordentliches Mitglied des Vorstands
> Verurteilt nach Anklagepunkt II: drei Jahre

Friedrich Jähne (1879–1965)
> 1938 bis 1945 ordentliches Mitglied des Vorstands
> Verurteilt nach Anklagepunkt II: ein Jahr, sechs Monate

August von Knieriem (1887–1978)
> 1932 bis 1945 ordentliches Mitglied des Vorstands
> Freispruch

Hans Kugler (1900–1968)
> ab 1934 Direktor der »Verkaufsgemeinschaft Farbstoffe« der IG Farben; ab 1939 häufig mit der Aneignung von Fabriken durch die IG Farben in den von der Wehrmacht besetzt Gebieten befasst[39]
> Verurteilt nach Anklagepunkt II: ein Jahr, sechs Monate

Hans Kühne (1880–1969)
> 1926 bis 1945 ordentliches Mitglied des Vorstands
> Freispruch

Carl Lautenschläger (1888–1962)
> 1938 bis 1945 ordentliches Mitglied des Vorstands
> Freispruch

Wilhelm Rudolf Mann (1894–1992)
> 1934 bis 1945 ordentliches Mitglied des Vorstands
> Freispruch

Fritz ter Meer (1884–1967)
> 1926 bis 1945 ordentliches Mitglied des Vorstands
> Verurteilt nach den Anklagepunkten II und III: sieben Jahre

Heinrich Oster (1878–1954)
> 1931 bis 1945 ordentliches Mitglied des Vorstands
> Verurteilt nach Anklagepunkt II: zwei Jahre

---

39 Stefanie PLAPPERT: Hans Kugler (1990–1968). http://www.wollheim-memorial.de/de/hans_kugler_19001968 (zuletzt aufgerufen am 21.09.2021).

Hermann Schmitz (1881–1960)
   seit 1926 ordentliches Mitglied des Vorstands, 1935 bis 1945 Vorsitzender des Vorstands
   Verurteilt nach Anklagepunkt II: vier Jahre
Christian Schneider (1887–1972)
   1938 bis 1945 Mitglied des Vorstands
   Freispruch
Georg von Schnitzler (1884–1962)
   1926 bis 1945 ordentliches Mitglied des Vorstands
   Verurteilt nach Anklagepunkt II: fünf Jahre
Carl Wurster (1900–1974)
   1938 bis 1945 ordentliches Mitglied des Vorstands
   Freispruch

Die Freisprüche erfolgten alle mangels Beweisen (nicht wegen erwiesener Unschuld).

Otto Ambros wurde als letzter in diesem Prozess Verurteilter 1952 aus der Haft entlassen, alle Angeklagten und Verurteilten starben in Freiheit.

Kein gerechter Lohn, aber Schmerzensgeld
Zwangsarbeiterentschädigung als Zivilrechtsproblem am Beispiel »Wollheim gegen IG Farben i.L.«

Thomas Pierson

> *Der Kläger legt Wert auf folgende Feststellungen:*
> *1.) Die Rechtsgrundlage seines Anspruchs ist einzig und allein deutsches Recht, und zwar das Recht des guten alten bürgerlichen Gesetzbuchs vom 18.8.1896 [...]*
> Henry Ormond, Entschädigung für 22 Monate Sklavenarbeit.[1]

I. Zwangsarbeiterklagen als ›normale‹ Zivilrechtsfälle

DIE JURISTISCHE DURCHSETZUNG von Zwangsarbeiterentschädigungsansprüchen war von Paradoxien geprägt. Sollten Unternehmen durch ehemalige Zwangsarbeiter verklagt werden, mussten jene ihr Klagebegehren als gewöhnlichen zivilrechtlichen Anspruch darlegen und beweisen. Es ging also darum, Sachverhalte als ganz ›normale‹ Zivilrechtsfälle zu verhandeln, obwohl es keine normalen Fälle waren und ihre Privatrechtsqualität strittig war und blieb. Der Beitrag soll am Beispiel des Wollheim-Verfahrens die juristischen Probleme darstellen, die sich daraus ergaben. Wenn man den Fall Wollheim ./. (sprich: gegen) IG Farben i.L. als normalen Zivilrechtsfall denkt, verdeutlicht eine akteurszentrierte Perspektive, dass die Klägervertretung mit den gleichen Fragen konfrontiert war wie jeder andere Kläger auch, denn sie wollte einen Prozess gewinnen und musste die dazu notwendigen Voraussetzungen erfüllen. Jedoch stellten sich die allgemeinen zivilrechtlichen Fragen teilweise in besonderer Weise. Hinzu kamen Sonderprobleme, etwa, weil die Leitung der IG Farben i.L. durch das amerikanische Militärgouvernement übernommen worden war und sie deshalb nicht ohne Genehmigung der Alliierten vor

---

Für kritische Lektüre danke ich Prof. Dr. Dr. h.c. Joachim Rückert (Frankfurt) und Wiss. Mit. Julia Tölch (Gießen).
1 Plädoyer vor dem 5. Zivilsenat des OLG Frankfurt am 1. März 1955, abgedruckt in: Dachauer Hefte 2 (1986), S. 147–156, 150. Langzitat unten bei Anmerkung 133.

einem deutschen Gericht verklagt werden durfte (Artikel 2 des Gesetzes der Alliierten Hohen Kommission (AHK Gesetz) Nr. 13 vom 25. November 1949). Die Genehmigung wurde in Aussicht gestellt, jedoch erst im Anschluss einer Untersuchung des I.G. Farben Liquidation Committees (IGLC), das im Juni 1951 gutachterlich alle Ansprüche ehemaliger KZ-Häftlinge, von außergewöhnlichen Einzelfällen abgesehen, ablehnte.[2]

Zur Vermeidung von Redundanzen komme ich der Bitte nach, mich im Sinne eines arbeitsteiligen Vorgehens auf die juristische Dimension der Thematik zu konzentrieren. Es sind also einem nichtjuristischen Zielpublikum Rechtsprobleme eines Zivilprozesses zu erläutern (II.). Im Wesentlichen geht es dabei zunächst um die Rechts- und Beweisprobleme, mit denen der Rechtsanwalt Henry Ormond[3] als Klägervertreter und die Anwälte der IG Farben i.L. konfrontiert waren. Sinnvoll erscheint diese Begrenzung nur vor dem Hintergrund der weiteren Entwicklung der Zwangsarbeiterentschädigungsproblematik und einem vergleichenden Blick auf andere Prozesse, denn die im jeweiligen Klagezeitpunkt geltende Rechtslage begrenzte oder erweiterte die Handlungsalternativen der Akteure,[4] die aber umgekehrt auch Rechtsprobleme vorschoben, kleinredeten oder dramatisierten, um nachdrücklich auf bestimmte Ziele hinzuwirken. Zumindest in den Fußnoten wird auf die zahlreichen Meinungsstreitigkeiten hingewiesen. Sie interessieren hier nicht wegen der juristischen Feinheiten, sondern belegen die weitreichende Rechtsunklarheit, die einen wesentlichen Bestandteil des Durchsetzungsproblems bildet.

Das Wollheim-Verfahren eignet sich ideal für eine exemplarische Darstellung, weil über Jahre hinweg intensiv gestritten wurde und alle wesentlichen Argumente einflossen. Es war nicht nur Musterverfahren für die unmittelbar folgenden Prozesse, sondern selbst die neuen Verfahren der 1990er Jahre waren *nahezu Spiegelbilder dieses Gerichtsverfahrens*. Auch durch die aktive Lobbyarbeit beider Seiten erregte der Prozess weltweit Aufsehen und das spektakuläre Urteil der 1. Instanz veranlasste die Industrie zu einer Lobbykampagne mit dem Ziel, den Gesetzgeber zu

---

2 Der Verfahrensverlauf ist minutiös dargestellt in der materialreichen, aber sehr deskriptiven Arbeit von Joachim Robert RUMPF, Der Fall Wollheim gegen die I.G. Farbenindustrie AG in Liquidation, Diss. Hannover 2008, Frankfurt 2010 (564 S.), zur Ablehnung der Ansprüche siehe S. 64. Rumpf wurde der Zugang in das Nachkriegsarchiv der IG Farben i.L. noch verwehrt. Für den begrenzten Zweck des vorliegenden Beitrags erschien die Konsultation der inzwischen im Hauptstaatsarchiv Wiesbaden im Bestand 2092 zugänglichen Quellen nicht erforderlich; Pionierarbeit im Hinblick auf das Wollheim-Verfahren leistete Wolfgang BENZ mit einer Dokumentation in Dachauer Hefte 2 (1986) und seinem Beitrag: Der Wollheim-Prozeß. Zwangsarbeit für I. G. Farben in Auschwitz, in: Ludolf HERBST, Constantin Goschler (Hg.), Wiedergutmachung in der Bundesrepublik Deutschland, München 1989, S. 303–326.
3 Biographischer Hintergrund knapp bei BENZ, Der Wollheim-Prozess, S. 304 f.
4 Recht dient immer der Verhaltenssteuerung. Das gilt auch im Zivilrecht. Zuletzt Clemens LATZEL: Verhaltenssteuerung, Recht und Privatautonomie, Habil. München 2017, Berlin 2020.

einem Ausschluss der Zwangsarbeiterentschädigungsansprüche gegen die Industrie zu bewegen.[5] Entschädigungsansprüche gegen staatliche Stellen kommen nur insoweit zur Sprache, als sie Auswirkungen auf die zivilrechtliche Problematik hatten.

Auf die tatsächlichen Beweisprobleme ist nicht im Detail einzugehen, aber auf den im deutschen Zivilprozess wichtigen sogenannten Beibringungsgrundsatz hinzuweisen. Er besagt, dass es den Parteien obliegt, alle erheblichen Tatsachen vorzutragen und die erforderlichen Beweismittel zu beschaffen (§ 282 ZPO). Das Gericht wird insoweit nicht tätig. Für Ormond bedeutete das umfangreiche Recherchen, denn es fehlte an grundlegenden wissenschaftlichen Studien, mit denen wir heute zu arbeiten gewohnt sind. Dokumente mussten aus aller Welt beschafft werden, und auch an die Akten des I.G.-Farben-Prozesses kam man nur mit Mühe heran, auch weil Ormond dem Staatsarchiv Nürnberg, das alle Originalakten der Kriegsverbrecherprozesse vom Berlin Document Center übernommen hatte, zu Recht nicht traute.[6] Er musste letztlich unter Zeitdruck die Klageschrift einreichen, ohne die Akten oder andere Originaldokumente gesehen zu haben.[7] Wollheim war zudem weitgehend mittellos und die jüdischen Organisationen konnten trotz langwieriger Verhandlungen nicht zu einer finanziellen Unterstützung des erstinstanzlichen Verfahrens bewegt werden.[8] Auch die Zeugenauswahl war problematisch. Beide Seiten mussten kurzfristig Zeugen austauschen, da sie unbekannt verzogen waren oder keine Reisegenehmigung erhielten.[9] Die Klägerseite fürchtete, Zeugen aus sowjetischen Satellitenstaaten würden sie in die Nähe des Kommunismus rücken und eine sichere Prozessniederlage provozieren.[10] Zeugen aus Amerika einzufliegen, war unbezahlbar. Als wirkungsvollste Zeugen erwiesen sich letztlich ehe-

---

[5] RUMPF: Der Fall Wollheim, S. 16; das einordnende Zitat a.a.O.
[6] Tatsächlich leitete der Archivdirektor Ormonds Anfragen an die IG Farben-Seite weiter. Dort erörterte man, ob die Gesuche abgelehnt werden könnten, RUMPF: Der Fall Wollheim, S. 74 ff.
[7] RUMPF: Der Fall Wollheim, S. 70–77: Umfangreiche Bestände besaß die Wiener Library in London. Hans J. Wolffsohn, Forschungsmitarbeiter der Anklage im I.G.-Farben-Prozess, hatte vor den Aktenbeständen der UB Heidelberg und des Völkerrechtlichen Instituts der Uni Göttingen gewarnt, weil die dortigen Lehrstuhlinhaber an der Freilassung der Verurteilten arbeiteten. Die Archive der Tripartite IG Farben Control Group (TRIFCOG) waren gesperrt. Die Jüdische Nachrichtenagentur in Zürich besaß englische Transkripte der Verhandlungen, benötigte diese aber selbst. Letztlich konnte Ormond die notwendigsten Abschriften und Kopien in Paris im Centre de Documentation Juive Contemporaine beschaffen. Kopien waren noch sehr teuer, die beauftragten 40 Stück entsprachen dem halben Preis eines Hoteleinzelzimmers, so dass Ormond, der unentgeltlich bei Verwandten übernachtete, das meiste per Schreibmaschine abtippen musste.
[8] Ormond bestritt bis auf 150 DM Startfinanzierung Wollheims die bis zum Urteil aufgelaufenen Auslagen in Höhe von 4898,78 DM selbst, RUMPF: Der Fall Wollheim, S. 221, zu den Prozessfinanzierungsversuchen S. 215–222.
[9] RUMPF: Der Fall Wollheim, S. 103, z. B. im sowjetischen Sektor von Wien.
[10] So jedenfalls RUMPF: Der Fall Wollheim, S. 101 unter Verweis auf Wollheim.

malige englische Kriegsgefangene. Wollheim selbst wollte im Rahmen einer Parteivernehmung einen persönlichen Eindruck hinterlassen, befürchtete aber, dass die USA ihm wie Charlie Chaplin ein Reentry Permit verwehren würden, so dass auch dies ausschied.[11]

Der komplexe Sachverhalt und die technischen Limitierungen erforderten die Mobilisierung erheblicher Ressourcen. Während Ormond allein arbeitete und erst 1953 einen Referendar zur Unterstützung einstellte, verpflichtete die Beklagte die damals größte Kanzlei Frankfurts, modern strukturiert und mit über 20 Mitarbeitern.[12] Noch während des ersten Prozesses stockte die IG Farben i.L. ihr Anwaltsteam erheblich auf.[13] Die neuen Anwälte hatten durch den I.G.-Farben-Prozess beste Sachkenntnis und fuhren eine wesentlich aggressivere Prozesstaktik als Jakob Flesch, der sich weitgehend auf Beweislastregeln zurückgezogen hatte.

Das Berufungsverfahren und die Vergleichsverhandlungen waren mit ganz eigenen Problemen konfrontiert. Die hochkomplexen juristischen Probleme machten den Gerichten einerseits erhebliche Arbeit, der sie sich oftmals nicht stellen wollten, boten aber in ungewöhnlichem Maße Spielräume für richterliches Handeln. So übte das Oberlandesgericht (OLG) Frankfurt starken Druck auf die Prozessparteien aus, zu einer Einigung zu gelangen und eine gerichtliche Entscheidung zu vermeiden (III.). Die Bedeutung des Wollheim-Verfahrens lässt sich nur als Folie und Modellfall späterer Entschädigungsklagen erschließen. Es werden daher sowohl Bezüge und Unterschiede zu anderen Gerichtsverfahren und Entschädigungsverhandlungen aufgezeigt als auch eine Einordnung in den historischen Verlauf (IV.) unternommen. Eine knappe Reflexion über den Zivilprozess als Austragungsort von Zwangsarbeiterentschädigungsfragen schließt den Beitrag ab (V.)

II. Ausgangsverfahren und Urteil vor dem Landgericht Frankfurt

Norbert Wollheim erhob am 3. November 1951 Klage vor dem Landgericht Frankfurt a.M. Studienanfänger lernen schon im ersten Zivilrechtssemester, die auch hier

---

11 RUMPF: Der Fall Wollheim, S. 108.

12 Das Lokalisationsprinzip des § 78 ZPO erforderte damals noch, dass eine in Frankfurt zugelassene Kanzlei die Vertretung übernehmen musste. Die vier Kanzleianwälte bekleideten zahlreiche Ämter und waren in der Region bestens vernetzt. Der mandatierte Anwalt Jakob Flesch war als Halbjude selbst mit Berufsverbot belegt gewesen und Gründer und Vorsitzender der Frankfurter Rechtsanwaltskammer. Von Vorteil war auch, dass sein Kanzleikollege Otto Wedesweiler als bester Berufungsanwalt Frankfurts galt, denn man rechnete mit einem Verfahren über mehrere Instanzen, RUMPF: Der Fall Wollheim, S. 77–80, zur Mandatierung in der 2. Instanz S. 224.

13 Sie verpflichteten die Nürnberg-erfahrenen Anwälte Alfred Seidl (später Landtagsfraktionsvorsitzender der CSU und bayerischer Innenminister), Hellmuth Dix und Rupprecht Storkebaum, zu ihnen RUMPF: Der Fall Wollheim, S. 134 ff., 139.

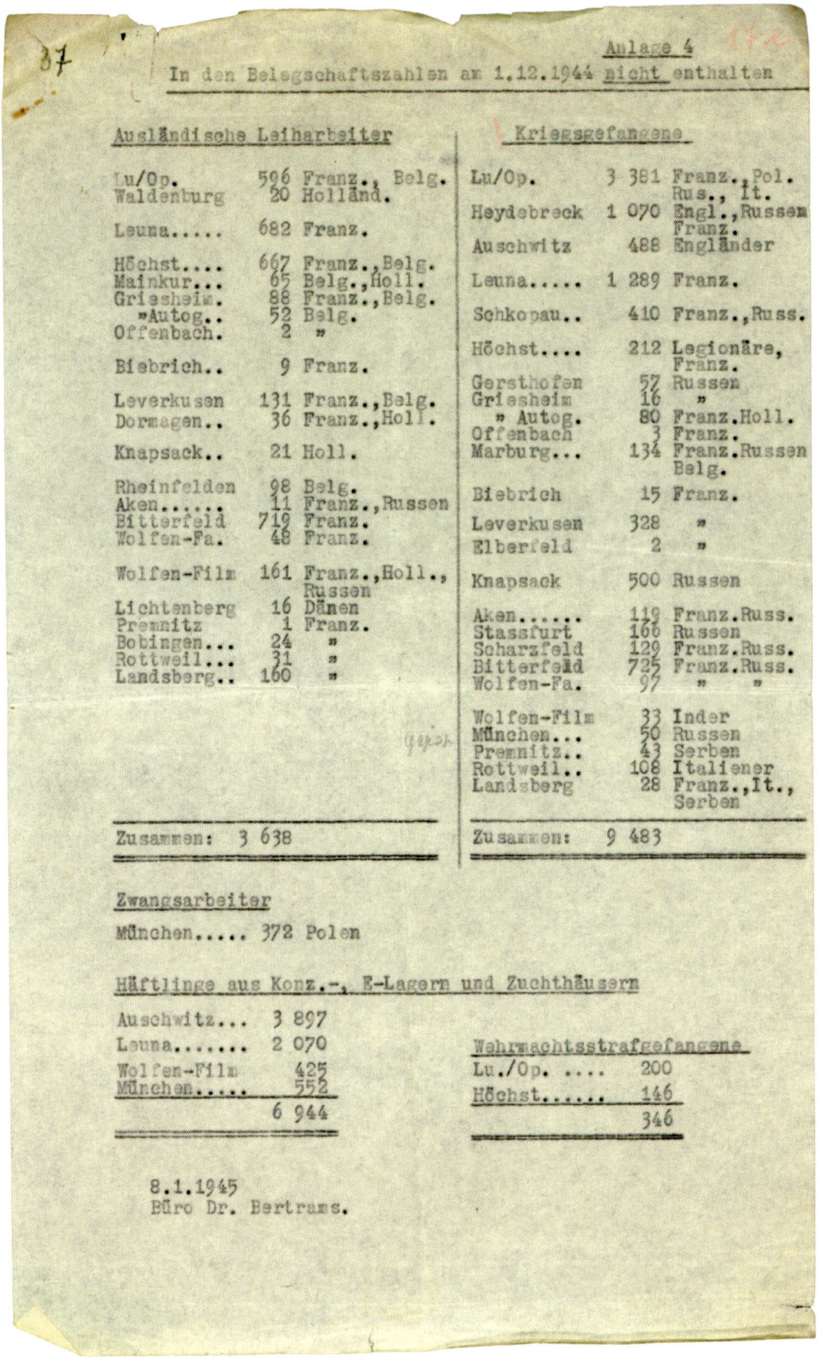

Anlage 4

In den Belegschaftszahlen am 1.12.1944 nicht enthalten

Ausländische Leiharbeiter

Lu/Op.	596	Franz., Belg.
Waldenburg	20	Holländ.
Leuna	682	Franz.
Höchst	667	Franz., Belg.
Mainkur	65	Belg., Holl.
Griesheim	88	Franz., Belg.
"Autog.	52	Belg.
Offenbach.	2	"
Biebrich	9	Franz.
Leverkusen	131	Franz., Belg.
Dormagen	36	Franz., Holl.
Knapsack	21	Holl.
Rheinfelden	98	Belg.
Aken	11	Franz., Russen
Bitterfeld	719	Franz.
Wolfen-Fa.	48	Franz.
Wolfen-Film	161	Franz., Holl., Russen
Lichtenberg	16	Dänen
Premnitz	1	Franz.
Bobingen	24	"
Rottweil	31	"
Landsberg	160	"

Zusammen: 3 638

Kriegsgefangene

Lu/Op.	3 381	Franz., Pol., Rus., It.
Heydebreck	1 070	Engl., Russen, Franz.
Auschwitz	488	Engländer
Leuna	1 289	Franz.
Schkopau	410	Franz., Russ.
Höchst	212	Legionäre, Franz.
Gersthofen	57	Russen
Griesheim	16	"
" Autog.	80	Franz. Holl.
Offenbach	3	Franz.
Marburg	134	Franz. Russen Belg.
Biebrich	15	Franz.
Leverkusen	328	"
Elberfeld	2	"
Knapsack	500	Russen
Aken	119	Franz. Russ.
Stassfurt	166	Russen
Scharzfeld	129	Franz. Russ.
Bitterfeld	725	Franz. Russ.
Wolfen-Fa.	97	" "
Wolfen-Film	33	Inder
München	50	Russen
Premnitz	43	Serben
Rottweil	108	Italiener
Landsberg	28	Franz., It., Serben

Zusammen: 9 483

Zwangsarbeiter

München..... 372 Polen

Häftlinge aus Konz.-, E-Lagern und Zuchthäusern

Auschwitz	3 897
Leuna	2 070
Wolfen-Film	425
München	552
	6 944

Wehrmachtsstrafgefangene

Lu/Op.	200
Höchst	146
	346

8.1.1945
Büro Dr. Bertrams.

Abb. 1: Auflistung der Kriegsgefangenen, Zwangsarbeiter und (KZ-)Häftlinge in der Belegschaft der IG Farben zum 1.12.1944

relevanten Fragen zu stellen: ›Wer will was von wem woraus?‹. Damit erarbeiten sie bis zum Ersten Staatsexamen ihre Falllösungen – sogar zur Zwangsarbeiterentschädigung.[14] Spätestens im Referendariat machen sie die Erfahrung, dass für die praktische Durchsetzung von Ansprüchen die Fragen ›wo?‹ und ›wann?‹ ebenso entscheidend sind. Die Frage nach dem ›wer‹ fokussiert auf den Anspruchsberechtigten (2.), das ›was‹ konzentriert sich auf das Anspruchsziel (3.) und leitet unmittelbar über zu der Frage nach geeigneten Anspruchsgrundlagen, dem ›woraus‹ (5.). Zu überlegen ist auch, gegen wen eine Klage zu richten ist (›von wem?‹, 4.) und vor welchem Gericht sie erhoben werden kann (›wo?‹, 1.). Das ›wann‹ soll darauf verweisen, dass die Rechtsordnung die Durchsetzung von Ansprüchen zeitlich nicht unbegrenzt ermöglicht (6.). Eine solche Aufgliederung ist nicht Selbstzweck, sondern eine Hilfestellung, komplexe und verwirrende Problemzusammenhänge zu durchdringen und Entscheidendes nicht zu übersehen.

Der ehemalige Jurastudent Wollheim selbst dachte in ähnlichen Kategorien. Für ihn waren 1950 vor allem drei Fragen klärungsbedürftig: Aufgrund welcher Rechtsgrundlage können die Ansprüche geltend gemacht werden? Wie sollten die Ansprüche der Häftlinge durchgesetzt werden – individuell oder in Form einer Interessengemeinschaft? Würde die geltende Rechtslage ausreichen, um Ansprüche durchzusetzen, oder müsste der Erlass weiterer Gesetze gefordert werden?[15]

1. Arbeitsgerichtsbarkeit oder ordentliche Gerichtsbarkeit?

Die erste Frage, die sich Henry Ormond stellte, war die des zuständigen Gerichts. Sie immerhin war schon weitgehend beantwortet. Wollheims Prozess war nicht der erste. Bereits 1947 war eine Klage gegen die Rheinische Hoch- und Tiefbau AG (Mannheim) abgewiesen worden. Zwar hob die amerikanische Militärregierung das Urteil auf, aber das Heidelberger Landesarbeitsgericht (LAG) Baden wies 1949, wie 18 Monate zuvor das LAG Mannheim, die Klage ab. Ebenso erfolglos blieb eine Klage gegen die Siemens & Halske AG.[16] In allen Fällen erklärten sich die Arbeitsgerichte für sachlich unzuständig. Damit war die Entscheidung, nicht vor das Arbeitsgericht, sondern vor das Landgericht Frankfurt zu ziehen, recht einfach. Erstaunlicherweise schlug das Problem der Gerichtszuständigkeit in den 1990er Jahren erneut hohe Wellen, ehe im Jahr 2000 das Bundesarbeitsgericht (BAG) eine entgegengesetzte Entscheidung des LAG München aufhob und ebenfalls die Zu-

---

14 Originalhausarbeit, eingearbeitet in die Abhandlung von Rainer Schröder: Zwangsarbeit: Rechtsgeschichte und zivilrechtliche Ansprüche, JURA 1994, S. 61–72 und 118–130.
15 Nach Rumpf: Der Fall Wollheim, S. 60.
16 LAG Mannheim, Süddeutsche Juristen-Zeitung (SJZ) 1947, S. 516–519, zum Ganzen Rumpf: Der Fall Wollheim, S. 15.

ständigkeit der Arbeitsgerichte ausschloss.[17] Die Auseinandersetzung knüpfte an die Frage der Arbeitnehmereigenschaft der Zwangsarbeiter an, die das BAG im Ergebnis mangels Vertragsbeziehung verneinte.[18]

2. Die Kläger und die Sperrwirkung des Londoner Schuldenabkommens

Grundsätzlich mussten die Anspruchssteller selbstverständlich beweisen, als Zwangsarbeiter vor Ort eingesetzt worden zu sein. Da viele Unternehmen, die nicht Objekt strafrechtlicher Aufarbeitung geworden waren, den Einsatz von Zwangsarbeitern schlicht leugneten, war dies nicht immer einfach. Die mögliche Anspruchsberechtigung oder Aktivlegitimation Wollheims war jedoch verhältnismäßig unproblematisch zu beweisen. Er hatte bereits als Zeuge im I.G.-Farben-Prozess ausgesagt. Allerdings war er dort nicht zu seinen gesundheitlichen Folgeschäden befragt worden und dachte, sie daher nicht im Zivilprozess einführen zu können, so dass nicht einmal Ormond davon erfuhr.[19] Materiell-rechtlich schadete das seiner Klage potentiell erheblich. Darüber hinaus konnte er von den USA aus nicht im Prozess auftreten. Aus Sicht der Beklagten machte ihn beides zu einem überaus geeigneten Prozessgegner, weil er als leichter Fall galt und ein günstiges Urteil zukünftige Klagen stärker Geschädigter erschweren könnte. Umso entschlossener war man, das Verfahren zu einem günstigen Ende zu bringen. Letztendlich war Wollheim als Kläger aber ein Glücksfall, nicht nur wegen seines Engagements, sondern weil er ein im Ausland lebender deutscher Staatsangehöriger war. Dies umschiffte große Probleme, die später Klagen von Inlandsdeutschen oder Ausländern scheitern ließen.

Während die Ansprüche deutscher Zwangsarbeiter vielfach verjährt waren, kamen ausländische Klagen nach Auffassung der deutschen Rechtsprechung zu früh. Dieses Schicksal war auch Leon Straucher und weiteren 2.294 polnischen Antragsstellern beschieden, welche nach dem Willen der IG Farben i.L. aus dem Fond der Jewish Claims Conference (JCC) (s. u.) entschädigt werden sollten. Der Versuch, im Klageweg eine Entschädigung zu erhalten, scheiterte 1963 vor dem Bun-

---

[17] Grundsatzentscheidung des BAG vom 16.02.2000, Neue Juristische Wochenschrift (NJW) 2000, S. 1438 ff., später bestätigt. Vorinstanz LAG München, NZA-RR 2000, S. 155–159. Übersicht zu den Entscheidungen der Arbeitsgerichte nach der Wiedervereinigung bei Sascha KOLLER: Die Entschädigung ehemaliger NS-Zwangsarbeiter nach Inkrafttreten des Gesetzes zur Errichtung der Stiftung »Erinnerung, Verantwortung und Zukunft«, Diss. Bonn 2006, S. 89, Fn. 77.
[18] Vertiefend KOLLER: Entschädigung, S. 91–102; siehe auch Susanne HASSA: Die Verfassungsmäßigkeit des Zwangsarbeiterentschädigungsgesetzes. Die Vereinbarkeit des Stiftungsgesetzes vom 2. August 2000 mit dem Grundgesetz, Diss. Tübingen 2007, Hamburg 2007, S. 40, 108; SCHRÖDER: Zwangsarbeit, S. 118 f.
[19] RUMPF: Der Fall Wollheim, S. 92.

desgerichtshof (BGH) der sich auf den Standpunkt stellte, dass es sich um eine Reparationsfrage handele, so dass Ansprüche erst nach einem Friedensvertrag mit Deutschland zu erheben seien.[20] Er argumentierte mit einem sich aus dem inneren Zusammenhang mit der Kriegsführung ergebenden Reparationscharakter der Forderung, einer Leerformel.[21] Dass die Klagen von Ausländern als derzeit unbegründet abgewiesen wurden, hatte einen speziellen völkerrechtlichen und staatsinteressengeleiteten Hintergrund: Im Londoner Schuldenabkommen vom 27. Februar 1953 (LSA) wurde zur Aufrechterhaltung der Zahlungsfähigkeit Deutschlands und zugunsten der Aufgaben Wiederaufbau und Wiederbewaffnung[22] ein Teil der Kriegsschulden bis zur endgültigen Lösung der Reparationsfrage zurückgestellt (Art. 5 II). Der Absatz lautet:

Eine Prüfung der aus dem Zweiten Weltkriege herrührenden Forderungen von Staaten, die sich mit Deutschland im Kriegszustand befanden oder deren Gebiet von Deutschland besetzt war, und von Staatsangehörigen dieser Staaten gegen das Reich und im Auftrag des Reichs handelnde Stellen oder Personen einschließlich der Kosten der deutschen Besatzung, der während der Besetzung auf Verrechnungskonten erworbenen Guthaben sowie der Forderungen gegen die Reichskreditkassen, wird bis zu der endgültigen Regelung der Reparationsfrage zurückgestellt.

Dazu gehörten nach ständiger Rechtsprechung und herrschender Literaturauffassung auch die individuellen Lohnansprüche der ehemaligen Zwangsarbeiter.[23] Diese Auffassung ist weder zwingend noch naheliegend. Individualansprüche von KZ-Zwangsarbeitern stellen nicht unbedingt aus dem Zweiten Weltkrieg herrührende Forderungen im Sinne von Reparationen dar. Vor allem aber mussten die Unternehmen als im Auftrag des Reichs handelnde Stellen subsumiert werden

---

20 BGH vom 26.02.1963, Monatsschrift für Deutsches Recht (MDR) 1963, S. 492 f. (Leitsatz); dazu Heinz Düx: Wiedergutmachung und Zwangsarbeit, in: Friedrich-Martin Balzer (Hg.), Heinz Düx. Justiz und Demokratie. Anspruch und Realität in Westdeutschland nach 1945. Gesammelte Schriften (1948–2013), S. 333–337, 334 f. [zuerst 1986]. Zum Zustandekommen des Urteils: Joachim Robert Rumpf: Die Entschädigungsansprüche ausländischer Zwangsarbeiter vor Gericht: Wie die deutsche Industrie mit Art. 5 Abs. 2 Londoner Schuldenabkommen die Klagen ausländischer Zwangsarbeiter/-innen abwehrte, in: Helmut Kramer, Karsten Uhl, Jens-Christian Wagner (Hg.): Zwangsarbeit im Nationalsozialismus und die Rolle der Justiz. Täterschaft, Nachkriegsprozesse und die Auseinandersetzung um Entschädigungsleistungen, Nordhausen 2007, S. 86–102, 99 f.

21 Literaturüberblick zur öffentlich-rechtlichen Reparationslösung bei Ulrich Adamheit: »Jetzt wird die deutsche Wirtschaft von ihrer Geschichte eingeholt«. Die Diskussion um die Entschädigung ehemaliger Zwangsarbeiter am Ende des 20. Jahrhunderts, Diss. Berlin 2003, Berlin 2004, S. 219 ff.

22 Koller: Entschädigung, S. 23.

23 Constantin Goschler: Streit um Almosen. Die Entschädigung der KZ-Zwangsarbeiter durch die deutsche Nachkriegsindustrie, in: Dachauer Hefte 2 (1986), S. 175–194, 178; zur zeitgenössischen Interpretation von Art. 5 Cornelius Pawlita: »Wiedergutmachung« als Rechtsfrage? Die politische und juristische Auseinandersetzung um Entschädigung für die Opfer nationalsozialistischer Verfolgung (1945 bis 1990), Diss. Gießen 1993, Frankfurt 1993, S. 397–404.

(agency-Doktrin), was sie nach heute einhelliger Meinung nicht waren. Gerade im Fall der IG Farben war die Anwendung der agency-Doktrin, dass also der Konzern nur unter Zwang und im Auftrag des Reichs KZ-Zwangsarbeiter beschäftigt hatte, schon damals kaum haltbar, hatte doch der I.G.-Farben-Prozess in Nürnberg das eigenständige Vorgehen des Konzerns intensiv erörtert.[24]

Eine gründliche Untersuchung von Rumpf über das Zustandekommen und vor allem den justiziellen Einsatz des Art. 5 II des Londoner Schuldenabkommens hat die verborgenen Zusammenhänge dieser Problematik inzwischen aufgedeckt. Nachdem die Niederlande gerade mit Hinblick auf die Ansprüche niederländischer Zwangsarbeiter gegen die IG Farben i.L. gegen die geplante Regelung protestiert hatten, erklärten die Alliierten die Wiedergutmachungsansprüche für ausreichend geschützt und auch nach Auffassung des deutschen Verhandlungsleiters Hermann Josef Abs sollte Art. 5 II keineswegs private Wiedergutmachungsforderungen ausschließen. Um den niederländischen Bedenken zu begegnen, wurde mit Hilfe einer Auslegungsregel durch einen protokollierten Zusatz klargestellt, dass Individualansprüche nach deutschem Recht nicht ausgeschlossen oder aufgeschoben werden sollten (Anlage VIII).[25]

Die gegenteilige Auslegung der Gerichte geht auf ein Gutachten eines beim Bundesverband der Deutschen Industrie (BDI) beschäftigten Rechtsanwalts Dr. Veith zurück, der damit eine weitere Verteidigungslinie im Wollheim-Berufungsprozess aufbauen wollte. Der BGH zog für seine Entscheidung die das Gutachten enthaltenden Gerichtsakten heran. Zugleich hatte man für eine breite publizistische Wirkung des Textes gesorgt, indem Veith verschiedene Artikel in Fachzeitschriften lanciert hatte. Von Seiten des Bundesfinanzministeriums unterstützte der durch seine Tätigkeit im Reichjustizministerium stark belastete NS-Jurist und jetzt mit Wiedergutmachungsfragen betraute Ernst Féaux de la Croix, der die Abwehr von Wiedergutmachungsansprüchen als Kern seiner Aufgabe verstand und dabei auch vor antisemitischen Tönen nicht zurückschreckte, die Publikationsoffensive.[26] Er polemisierte sogar gegen die Klageabweisung des OLG

---

[24] Speziell kritisch zum BGH im Fall Straucher ./. I.G. Farben daher auch PAWLITA: »Wiedergutmachung« als Rechtsfrage?, S. 411–416. Überblick v. a. zur strafrechtlichen Aufarbeitung bei Annette WEINKE: Hintergründe der justiziellen »Aufarbeitung« des KZ Buna/Monowitz. Möglichkeiten, Probleme und Grenzen, online auf: http://www.wollheim-memorial.de (zuletzt aufgerufen am 19.08.2020) und Bernd C. WAGNER: IG Auschwitz. Zwangsarbeit und Vernichtung von Häftlingen des Lagers Monowitz 1941–1945, Diss. Bochum 1997/98, Berlin 2000, Kapitel VI.

[25] RUMPF: Der Fall Wollheim, S. 87–94; zu Abs. 2 schon PAWLITA: »Wiedergutmachung« als Rechtsfrage?, S. 412.

[26] Ernst FÉAUX DE LA CROIX: Schadensersatzansprüche ausländischer Zwangsarbeiter im Lichte des Londoner Schuldenabkommen, in: NJW 1960, S. 2268–2271; dazu KOLLER: Entschädigung, S. 27; PAWLITA: »Wiedergutmachung« als Rechtsfrage?, S. 408.

Frankfurt, weil sie einen bloß vorübergehenden Zahlungsaufschub annahm, und versuchte einen materiellen Forderungsverzicht in Art. 5 LSA hineinzulesen. Eine herrschende Auslegung war kreiert worden, die der BGH ohne allzu kritische Würdigung übernahm.[27] Die Argumentation war unterkomplex bis haarsträubend: Das Londoner Schuldenabkommen sei auch auf Polen anwendbar, da Polen sich im Krieg mit Deutschland befunden habe. Dass Polen nicht zu den Signatarstaaten des Abkommens gehörte, interessiere nicht, weil Art. 5 LSA unmittelbare privatrechtliche Wirkung entfalte, nachdem ein deutsches Zustimmungsgesetz es in innerstaatliches Recht transformiert hatte.[28] Die Entschädigungsforderung unterliege Art. 5 II, weil die Festnahme und Deportation in die KZ Teil der deutschen Kriegsführung gewesen sei. Die IG Farben seien – unter Auslassung der vorliegenden gegenteiligen Erkenntnisse – agency des Reichs gewesen. Das Londoner Schuldenabkommen diene ausweislich seiner Entstehungsgeschichte – entnommen der bewusst verfälschenden Darstellung Veiths – auch dem Schutz der deutschen Wirtschaft. Die Auslegungsregel, dass Individualforderungen nicht ausgeschlossen werden sollten, wurde als unverbindlicher Zusatz in ihr Gegenteil verkehrt. Letztlich traf der BGH mit seiner Auslegung *eine bewusste Entscheidung für die Industrie und gegen die Zwangsarbeiter.*[29] Auch die Westmächte hatten die jahrzehntelange Verzögerung der Entschädigung *zumindest bewusst einkalkuliert.*[30]

In der (rechts-)historischen Literatur wurden dieses und vergleichbare Urteile des BGH, etwa im Prozess gegen die Rheinmetall-AG,[31] heftig kritisiert. Die Kritik trifft nur teilweise zu, weil sie die den Entscheidungen innewohnende juristische Sprengkraft übersieht. Anders als nach der in manchen Vorinstanzen[32] angenomme-

---

27 Zur Auslegung durch die Gerichte und der Wirkung des Veith-Gutachtens RUMPF: Der Fall Wollheim, S. 95–102. Den Beitrag von FÉAUX DE LA CROIX: Schadensersatzansprüche zitierte der BGH sogar, allerdings ablehnend.
28 Kerstin LIESEM: Die Reparationsverpflichtungen der Bundesrepublik Deutschland nach dem Zweiten Weltkrieg unter besonderer Berücksichtigung der Zwangsarbeiterentschädigung, Diss. Würzburg 2004, Frankfurt 2005, S. 119; HASSA: Die Verfassungsmäßigkeit, S. 191 f.; PAWLITA: »Wiedergutmachung« als Rechtsfrage?, S. 416; die Rechtsprechung als »unzutreffend« ablehnend Burkhard HEß: Völker- und zivilrechtliche Beurteilung der Entschädigung für Zwangsarbeit vor dem Hintergrund neuerer Entscheidungen deutscher Gerichte, in: Klaus BARWIG, Günter SAATHOFF, Nicole WEYDE (Hg.): Entschädigung für NS-Zwangsarbeit. Rechtliche, historische und politische Aspekte, Baden-Baden 1998, S. 65–92, 72.
29 RUMPF: Entschädigungsansprüche, S. 102.
30 KOLLER: Entschädigung, S. 27.
31 BGH VI ZR 186/61 v. 17.3.1964; hier judizierte der BGH, dass Ansprüche aus dem 2. Weltkrieg im Sinne des LSA herrühren, auch wenn sie schon vor Kriegsbeginn entstanden waren (juris-Rn. 28). Kontext bei Benjamin B. FERENCZ: Lohn des Grauens. Die verweigerte Entschädigung für jüdische Zwangsarbeiter. Ein Kapitel deutscher Nachkriegsgeschichte, Frankfurt 1981 [zuerst engl. Less than Slaves, 1979], Kapitel 5.
32 Z. B. LG Frankfurt 2/30190/58 v. 9.7.1959. Das OLG verwarf bereits die Klage als derzeit unbegründet, zitiert nach und dazu LIESEM: Die Reparationsverpflichtungen, S. 110 f.

nen Verjährung waren die Ansprüche keineswegs erledigt, sondern würden nach einer Friedensregelung erneut oder erstmals durchsetzbar werden. Der BGH erklärte die Ansprüche 1963 für ausdrücklich nicht verjährt und die weitere Verjährung als gehemmt, und auch die fehlende Exklusivität des Völkerrechts und das Bestehen von Individualansprüchen, die das Bundesverfassungsgericht 1996 so spektakulär vertrat (s. u.), deutete er ohne Notwendigkeit bereits deutlich an.[33] Den alternden Anspruchsberechtigten half das wenig und ein Friedensvertrag war nicht in Sicht. Die Geschichte verlief aber bekanntlich anders und stellte die Gerichte damit nach der Wiedervereinigung vor die Aufgabe, sich auf Grundlage dieser Rechtsprechung erneut mit Zwangsarbeiterentschädigungsklagen auseinanderzusetzen.

3. Forderungsgegenstand und Währungsreform von 1948

Große Probleme bereiteten Wollheim der Klagegegenstand und die Bezifferung einer Forderungssumme. Wollheim erhob daher keine Leistungs-, sondern die Feststellungklage, ihm *denjenigen Schaden zu ersetzen [...], der ihm durch die missbräuchliche Verwendung seiner Arbeitskraft durch die Beklagte [...] entstanden ist.*[34] Mit einer solchen Klage will ein Kläger vermeiden, dass ihm bei einem unklaren Schadenswert durch eine Teilabweisung der Klage ein ggf. sehr hoher Anteil der Prozesskosten auferlegt wird. Dennoch mussten sich Wollheim und Ormond damit beschäftigen, da nach § 253 III ZPO auch im Rahmen einer Feststellungsklage die Höhe des Streitwerts angegeben werden soll. Die Bestimmung des Streitwerts enthält viele juristische Fallstricke, da zur Entlastung der Gerichte diverse Wertgrenzen hinsichtlich möglicher Rechtsmittel (Berufung, Revision) bestehen. Ein höherer Streitwert macht andererseits einen höheren Gerichtskostenvorschuss erforderlich. Das Entscheidende war für die Klägerseite die Revisionsfähigkeit der Klage zu erreichen, wofür der Streitwert jedenfalls mehr als 6.000 DM betragen musste. Auch sollte das Gericht angesichts des Mustercharakters des Verfahrens nicht durch eine zu hohe Einzelforderung abgeschreckt werden. Wollheim und Ormond bezifferten den Streitwert und später auch die Forderung mit 10.000 DM.[35]

Als das Landgericht (LG) Frankfurt einen Vergleichsvorschlag präsentierte, übersahen die Parteien einen weiteren Fallstrick hinsichtlich der Anspruchshöhe

---

33 BGH VI ZR 186/61 v. 17.3.1964, 13 ff. (Scan online: https://www.prinz.law/urteile/bgh/VI_ZR__94-61).
34 Klageschrift, Scan unter http://www.wollheim-memorial.de/files/1029/original/pdf_Anklageschrift_Wollheim-Prozess_3.11.1951.pdf (zuletzt aufgerufen am 09.09.2021).
35 Als die TRIFCOG Leistungsklagen ermöglichte und die neuen Beklagtenanwälte eine Umstellung forderten, um eine genaue Bezifferung des Anspruchs zu erzwingen, blieb es bei 10.000 DM, weil die Klägerseite mittlerweile von mindestens 1.500 Anspruchsberechtigten ausging und man für die absehbaren Folgen nicht auch noch den anderen Multiplikator erhöhen wollte, RUMPF: Der Fall Wollheim, S. 81 ff., 130.

nicht. Dieser bestand in der durch die Währungsumstellung 1948 verursachten Umrechnung von Geldsummenschulden im Verhältnis von 10:1.[36] Die Rechtsprechung hatte eine Ausnahme nur für Schadensersatzansprüche als Wert- und nicht Geldsummenschulden geschaffen,[37] die im Verhältnis von 1:1 umgerechnet wurden. Entscheidend wurde damit der Charakter einer eventuellen Zahlung als Lohnnachzahlung bzw. Lohnersatzanspruch oder als Schmerzensgeld.

Diese Problematik führte später zum einzig rechtskräftig gewordenen, stattgebenden Urteil zugunsten eines ehemaligen Zwangsarbeiters. Der Frankfurter Metallarbeiter Adolf Diamant hatte lediglich auf ausstehenden Lohn geklagt.[38] Weil Lohnforderungen aber nicht vom Geldmengenschnitt ausgenommen waren, reduzierte sich der Anspruch auf 177,80 DM, was die beklagte Firma Büssing wahrscheinlich zum Verzicht auf die Einlegung von Rechtsmitteln gegen die Entscheidung des Amtsgerichts (AG) Braunschweig animierte.[39] Der Generalsekretär des Internationalen Auschwitz Komitees (IAK), Hermann Langbein, nannte die Summe *lächerlich gering*.[40] wobei er übersah, dass Diamant die reine Arbeitszeit eingeklagt hatte, die das Gericht mit dem durchschnittlichen Stundensatz eines deutschen Industriearbeiters von einer Mark anrechnete.[41] Es handelte sich nicht um einen *juristischen Trick*,[42] sondern schlicht um geltendes Recht, das die Parteien im Wollheimprozess souverän in ihre Überlegungen einbezogen hatten. Allerdings versäumte es die im Übrigen korrekte Entscheidung, die zwischenzeitlich erfolgte Teuerung über den Preisindex einzubeziehen.[43] Viel gebracht hätte dies nicht. Eine werthaltige Forderung konnte nicht als Lohnnachzahlung, sondern nur durch Schadensersatz- bzw. Schmerzensgeldansprüche geltend gemacht werden.[44]

---

[36] §§ 13, 16 Umstellungsgesetz vom 20. Juni 1948 (WiGBl. 1948, Beilage Nr 5, 13); zur Problematisierung im Verfahren RUMPF: Der Fall Wollheim, S. 96 f.

[37] BGHZ 11, 157 (juris-Rn. 17). Das war allerdings sehr umstritten. Anderer Auffassung hinsichtlich des bereicherungsrechtlichen Wertersatzanspruchs HASSA: Die Verfassungsmäßigkeit, S. 65–94; SCHRÖDER: Zwangsarbeit, S. 125.

[38] AG Braunschweig 13 O 566/64 v. 20.6.1965 (unveröffentlicht, hier nach der Urteilsliste von Rumpf https://joachimrumpf.de/urteilsliste/, zuletzt aufgerufen am 09.09.2021; in der Literatur findet sich das vielfach aufgegriffene Urteil oft unter anderem Aktenzeichen und/oder als LG-Urteil). Knapp zum Fall Klaus KÖRNER: »Der Antrag ist abzulehnen«. 14 Vorwände gegen die Entschädigung von Zwangsarbeitern. Eine deutsche Skandalgeschichte 1945–2000, Hamburg 2001, 92 f.; GOSCHLER: Streit um Almosen, S. 179.

[39] Für FERENCZ: Lohn des Grauens, S. 214 ff. daher ein Pyrrhussieg.

[40] Zitiert nach Henning BORGGRÄFE: Zwangsarbeiterentschädigung. Vom Streit um »vergessene Opfer« zur Selbstaussöhnung der Deutschen, Diss. Bochum 2012, Göttingen 2014, S. 62, Fn. 95.

[41] Zur Berechnung KOLLER: Entschädigung, S. 106–109; ebenso HASSA: Die Verfassungsmäßigkeit, S. 27.

[42] So aber KÖRNER: »Der Antrag ist abzulehnen«, S. 92.

[43] Zutreffend KOLLER: Entschädigung, S. 109.

[44] Ebenso Karl BROZIK: Die Entschädigung von nationalsozialistischer Zwangsarbeit durch deutsche Firmen, in: Klaus BARWIG, Günter SAATHOFF, Nicole WEYDE (Hg.): Entschädigung für NS-Zwangsarbeit,

4. Unternehmensschulden oder Staatsverantwortung?

Die Beklagtenseite sah zuvorderst den Staat in der Verantwortung. Deportation und Freiheitsentziehung seien nach den Entschädigungsgesetzen abzugelten, für Zivilrechtsansprüche verbleibe daneben kein Raum. Im Berufungsverfahren verkündete die IG Farben i.L. daher auch der Bundesrepublik Deutschland nach § 72 ZPO den Streit.[45] Die Streitverkündung verhindert nach deutschem Recht, dass eine Partei durch entgegengesetzte Entscheidungen verschiedener Gerichte benachteiligt wird, weil ihr bei einem Regressprozess entgegengehalten wird, dass die Forderung gar nicht bestanden habe, das andere Urteil also falsch sei. Die BRD sollte an eine rechtskräftige Entscheidung gebunden werden und erhielt im Gegenzug die Möglichkeit, sich als Nebenintervenient an dem Verfahren zu beteiligen.

Im Prozess mussten Ormond und Wollheim zunächst darlegen, dass zivile Ansprüche nicht durch öffentlich-rechtliche Ansprüche ersetzt waren. Das unter Zeitdruck 1953 erlassene Bundesergänzungsgesetz (BErG) und das 1956 rückwirkend zum 1. Oktober 1953 verabschiedete Bundesentschädigungsgesetz (BEG) transformierten bürgerlich-rechtliche Ansprüche aus unerlaubter Handlung und Amtspflichtverletzung in einen öffentlich-rechtlichen Erstattungsanspruch, der den Geschädigten einen einfacher durchzusetzenden Anspruch gegen den Staat einräumen sollte.[46] Ansprüche gegen Personen des Privatrechts blieben nach § 8 II 1 BEG davon jedoch unberührt. Vertreter der IG Farben i.L. hatten bei der Neufassung sogar zunächst erfolgreich versucht, mit Blick auf den Wollheim-Prozess das BEG dahingehend ändern zu lassen, dass jegliche Haftung der Unternehmen ausgeschlossen und alle Anspruchsteller auf eine Entschädigung nach dem BEG verwiesen werden sollten. Das wurde im Gesetzgebungsverfahren allerdings abgewendet.[47]

Allerdings sah § 8 II 2 BEG für den Fall staatlicher Zahlungen einen gesetzlichen Forderungsübergang (cessio legis) vor, also eine Übertragung der Forderung eines Gläubigers (des Zwangsarbeiters) auf einen anderen (den Staat), weshalb die IG Farben i.L. in den späteren Vergleichsverhandlungen vor dem OLG die Be-

---

S. 33–47 und 41 als Lehre aus dem Diamant-Fall.
45 RUMPF: Der Fall Wollheim, S. 159 und 412 f.
46 Knapp zur Funktion des BEG KÖRNER: »Der Antrag ist abzulehnen«, S. 72. Vertiefend zu BErG und BEG und ihrer Anwendung Arnold LEHMANN-RICHTER: Auf der Suche nach den Grenzen der Wiedergutmachung. Die Rechtsprechung zur Entschädigung für Opfer der nationalsozialistischen Verfolgung, Diss. Berlin 2006, Berlin 2007.
47 Weil der Bundestag die Verletzung völkerrechtlicher Verpflichtungen fürchtete, Sandro BLANKE: Der lange Weg zur Entschädigung von NS-Zwangsarbeitern, in: Peer ZUMBANSEN (Hg.): Zwangsarbeit im Dritten Reich: Erinnerung und Verantwortung. Juristische und zeithistorische Betrachtungen, Baden-Baden 2002, S. 259–275, 271.

fürchtung äußerte, dass Entschädigungszahlungen den Zwangsarbeitern gar nicht zugutekommen, sondern nur die Staatskasse entlasten würden, indem der Anspruch gegen die IG Farben i.L. auf das jeweilige Bundesland übergänge, das ihn nach BEG entschädigt hatte. Daher verlangten die Beklagtenvertreter, die Genehmigung des Vergleichs mit einer Ausschlusserklärung des Forderungsübergangs zu verbinden. Dies war rechtlich nicht möglich, aber ein Vertreter des Bundesfinanzministeriums (BMF) konnte die Bedenken dahingehend aus dem Weg räumen, dass es sich bei dem Vergleich um eine freiwillige Leistung der IG Farben i.L. handle. Eine Geltendmachung eines solchen Forderungsübergangs durch ein Bundesland schien zudem politisch unvorstellbar.[48]

5. Anspruchsgrundlagen: Auf der Suche nach dem Schaden

Die ursprüngliche Klageschrift Ormonds und Wollheims von 1953 stützte sich wesentlich auf Ansprüche aus ungerechtfertigter Bereicherung. Das Bereicherungsrecht ist im BGB als besonderer Teil des Schuldrechts geregelt und dient der Rückabwicklung rechtsgrundloser Vermögensverschiebungen. Das ist auch der Weg, den seit 1990 eher skeptische Autoren in den neuen Entschädigungsdiskussionen vorgeschlagen haben. Ormond argumentierte, dass die IG Farben die Arbeitsleistung Wollheims ohne rechtlichen Grund erlangt habe. Dass sie eine Vergütung an die SS gezahlt habe, sei unerheblich, weil sich die jeweilige Bereicherung unmittelbar zwischen den Anspruchsgegnern vollziehen müsse.

In allen Entschädigungsfällen machten die Unternehmen geltend, dass, selbst wenn eine ungerechtfertigte Bereicherung ursprünglich vorgelegen haben sollte, dieser Anspruch wegen einer sogenannten Entreicherung weggefallen sei (§ 818 III BGB). Im Bereicherungsrecht kommt es grundsätzlich nicht auf den Vermögensverlust des Bereicherungsgläubigers an, sondern darauf, dass beim Schuldner noch ein Vermögensvorteil vorhanden ist. Konkret berief sich die IG Farben i.L. darauf, dass sie durch das Kriegsende das Buna-Werk in Auschwitz-Monowitz verloren habe. Ormond trat dem präventiv entgegen, indem er argumentierte, dass die Rechtsprechung anerkannt habe, dass durch Kriegsfolgen eingetretene Vermögensverluste keine Entreicherung im Rechtssinne darstellten. Später, in der Berufungserwiderung, machte er geltend, dass die Beklagte mit der Entgegennahme der Arbeitsleistung Wollheims gegen die guten Sitten verstoßen habe und daher ver-

---

48 RUMPF: Der Fall Wollheim, S. 515 f. Das BMF argumentierte, die Vergleichskonstruktion mit der Claims Conference begründe kein Vertragsverhältnis mit dem einzelnen Häftling, so dass diesem auch dadurch keine übergangsfähige Forderung entstehe. Außerdem decke die Entschädigung verschiedene Aspekte unbeziffert ab (Schadensersatz, Lohn, Schmerzensgeld), so dass ein Übergang nicht denkbar sei, weil das BEG nur immaterielle Ansprüche erfasse.

schärft hafte, so dass sie sich nicht auf eine eventuelle Entreicherung berufen könne (§ 819 BGB).[49]

Darüber hinaus rief Ormond deliktische Ansprüche auf. Im Deliktsrecht geht es um Schadensersatz für unerlaubte Handlungen. Ormond machte die Verletzung mehrerer absolut geschützter Rechtsgüter im Sinne des § 823 I BGB geltend. Die Beklagte habe im Zusammenwirken mit der SS Wollheims Körper und Gesundheit geschädigt sowie seine Freiheit, das Recht auf seine Arbeitskraft und seine Menschenwürde verletzt. Darüber hinaus warf er der IG Farben i.L. die Verletzung von Schutzgesetzen im Sinne des § 823 II BGB vor, zum einen wegen des Straftatbestands der Freiheitsberaubung (§ 239 StGB), zum anderen, weil die Beklagte Arbeitszeit- und sonstige Arbeitsschutzbestimmungen der Gewerbeordnung verletzt habe. Gemeint war damit insbesondere der Schutz vor Betriebsgefahren im Sinne des § 120a Gewerbeordnung (GewO) alter Fassung (a. F.). Auch die Vorenthaltung von Lohn fasste er darunter als die Verletzung der Grundlagen des Arbeitsrechts. Zudem behauptete Ormond als weitere Anspruchsgrundlage eine vorsätzlich sittenwidrige Schädigung nach § 826 BGB.[50]

Für juristische Laien mag das sehr einleuchtend klingen. Jedoch wird für die meisten Konstellationen der Versuch, Zwangsarbeiterentschädigungsansprüche als deliktische Schadensersatzansprüche geltend zu machen, auch heute von der Mehrheit der juristischen Autoren abgelehnt. Die herrschende Auffassung ist, dass es an einem ersatzfähigen Schaden fehle.[51] Der Schadensbegriff basiert auf der Differenzhypothese Friedrich Mommsens aus dem Jahr 1855 und liegt unstreitig dem BGB zugrunde. Dabei vergleicht man die Güterlage, die tatsächlich durch das Schadensereignis geschaffen wurde, mit der Güterlage, die ohne das Schadensereignis bestünde. Jüdische Zwangsarbeiter erlitten z. B. keinen Vermögensschaden, soweit sie ohnehin einem Beschäftigungsverbot unterlagen.[52] Das klingt zynisch, dieser Schadensbegriff bildet aber einen Eckpfeiler des deutschen Zivilrechts, der normalerweise aus gutem Grund besteht. Wird der Schaden durch unrechtsstaatliche Eingriffe entrechtlicht, so müsste man ihn rückblickend irgendwie bejahen. Das wurde nirgends explizit bedacht (Unrechtscharakter der Beschäftigung unter Beschäfti-

---

49 RUMPF: Der Fall Wollheim, S. 346; allgemein dazu Lutz FRAUENDORF: Ansprüche von Zwangsarbeitern aus Osteuropa gegen die Bundesrepublik Deutschland und gegen Arbeitgeber, die Zwangsarbeiter eingesetzt haben, in: BARWIG, SAATHOFF, WEYDE (Hg.): Entschädigung für NS-Zwangsarbeit, S. 135–157, 152; ebenso auch HASSA: Die Verfassungsmäßigkeit, S. 94 f. und 128.
50 Zu den einzelnen Anspruchsgrundlagen RUMPF: Der Fall Wollheim, S. 144 ff. und passim.
51 Umfassende Darstellung differenziert nach Westarbeitern, Ostarbeitern und KZ-Häftlingen HASSA: Die Verfassungsmäßigkeit, S. 22–128; zu Einteilung und Rechtslage der Zwangsarbeitergruppen knapp SCHRÖDER: Zwangsarbeit, S. 66 ff. mit weiteren Nachweisen.
52 Siehe z. B. KOLLER: Entschädigung, S. 110 f.

gungsverbot? Sittenwidrigkeit nach recht verstandener Sitte?), in der Sache enthält aber der Übergang zu Schmerzensgeld (s. u.) diesen Aspekt. Nichtsdestoweniger hätte ein solches Vorgehen weitere Fallstricke enthalten, verteidigte sich die IG Farben i.L. doch gerade damit, als Akteur im NS-Staat an die geltend-rechtlichen Sittenvorstellungen der Zeit gebunden gewesen zu sein.

Nach herrschender Meinung scheidet daher ein deliktischer Schadensersatz wegen Freiheitsverletzung (§ 823 I BGB),[53] Persönlichkeitsverletzung (§ 823 I BGB i.V.m Allgemeinem Persönlichkeitsrecht),[54] auch Körperverletzung (§ 823 I BGB),[55] der Verletzung verschiedener Schutzgesetze im Sinne des § 823 II BGB[56] oder vorsätzlich sittenwidrige Schädigung (§ 826 BGB) aus.[57] Das Vorenthalten eines Arbeitslohns wiederum bildet einen sogenannten reinen Vermögensschaden, d. h. er tritt ohne Eingriff in ein absolutes Rechtsgut ein. Reine Vermögensschäden aber werden im deutschen Zivilrecht nur im Rahmen einer vertraglichen Haftung ersetzt. An einer Vertragsbeziehung fehlte es aber. In Betracht kamen allerdings Schmerzensgeldansprüche über §§ 823 I, 847 BGB a. F.[58] für den Ersatz immaterieller Schäden.

Die Beklagtenseite nutzte selbstverständlich die rechtlichen Schwachstellen des Klägerbegehrens. Flesch verzichtete auf detaillierte Angaben, wohl um der Klägerseite keine Munition zu liefern.[59] Er verwies auf die umfassende Beweispflicht des Klägers. Daneben versuchte er auf tatsächlicher Ebene Handlungsspielräume und Kompetenzen der IG Farben i.L. abzustreiten und so die juristische Zurechnung und Verantwortlichkeit auf das Reich abzuschieben, weil das Unternehmen nicht für Entlohnung oder Unterhalt der Häftlinge verantwortlich gewesen sei. Die IG Farben habe sich dem Häftlingseinsatz nicht entziehen können, sei für die Vernichtung durch Arbeit nicht verantwortlich bzw. habe nicht schuldhaft gehandelt. Dem bereicherungsrechtlichen Anspruch begegnete er nicht nur mit dem Argument des

---

53 Ablehnend z. B. HASSA: Die Verfassungsmäßigkeit, S. 48–53, 114 f.; SCHRÖDER: Zwangsarbeit, S. 121 ff.
54 HASSA: Die Verfassungsmäßigkeit, S. 53 und S. 115 f. weil dieser vor allem im Hinblick auf Wiederholungsgefahr und Prävention gewährt werde, eine solche Gefahr in Zwangsarbeiterfällen in Deutschland aber nicht bestehe.
55 Soweit keine – dem Gericht im Fall Wollheim nicht bekannt gewordene – Dauerschädigung mit fortwährenden Arztkosten oder Verdienstausfall als kausale Folge nachweisbar ist, HASSA: Die Verfassungsmäßigkeit, S. 55; SCHRÖDER: Zwangsarbeit, S. 123.
56 Nötigung § 240 StGB, Freiheitsberaubung § 239 StGB, Körperverletzung § 223 StGB, siehe HASSA: Die Verfassungsmäßigkeit, S. 56 f., 115 f.; SCHRÖDER: Zwangsarbeit, S. 123 f.
57 HASSA: Die Verfassungsmäßigkeit, S. 58 und 116. Diese Untersuchungen gehen nur vom grundsätzlichen Bestehen von Ersatzansprüchen aus ungerechtfertigter Bereicherung aus (S. 62 ff. und 126 f.); siehe auch SCHRÖDER: Zwangsarbeit, S. 124 f.
58 Zurückhaltend jedoch SCHRÖDER: Zwangsarbeit, S. 124 wegen Bemessungsproblemen und mit möglicher Anrechnung von öffentlichen Ersatzleistungen – wegen § 8 II BEG ist das allerdings wenig überzeugend, zu § 8 II s. u.
59 RUMPF: Der Fall Wollheim, S. 87.

Verlustes des Werkes in Auschwitz, sondern auch mit dem Argument, dass die IG Farben von Anfang an keinen Vermögensvorteil erlangt habe, weil sie lediglich auf Selbstkostenbasis tätig gewesen, die Arbeitsleistung der Häftlinge schlecht gewesen sei und damit den an die SS gezahlten Niedriglöhnen entsprochen habe. Eine etwaige Vermögensverschiebung sei wegen der Rahmenvereinbarung zwischen Reich und IG Farben auch nicht rechtsgrundlos erfolgt.[60]

Auch deliktsrechtlich sah man sich nicht verantwortlich. Ein Schadensersatzanspruch komme schon mangels nachweisbarer bleibender Schäden Wollheims nicht in Betracht. Zeitweilige Erkrankungen seien keine Gesundheitsschäden.[61] Die Freiheitsentziehung sei durch die Lagerleitung oder andere Stellen erfolgt. Insoweit zutreffend verwies Flesch auch darauf, dass die ungehinderte Verwertung der eigenen Arbeitskraft von der ständigen Rechtsprechung nicht als absolut geschütztes Rechtsgut im Sinne des § 823 anerkannt wurde. Die Verletzung von Arbeitsschutzgesetzen begründe keinen Schadensersatzanspruch, da eine Befolgung in Kriegszeiten ohnehin auch in normalen Betrieben unmöglich gewesen sei und Arbeitszeiten auf dem Verordnungsweg verlängert worden waren. Eine sittenwidrige Schädigung sei wegen der genannten Rahmenvereinbarung zwischen dem Reich und der IG Farben über den Arbeitseinsatz ausgeschlossen. Die Sittenwidrigkeit bestimmte sich *ausschließlich aus dem allgemeinen Volksbewußtsein,* gegen das die Beklagte vielmehr bei Ablehnung des Einsatzes von Zwangsarbeitskräften verstoßen hätte.[62] Das Antisklavereiabkommen von 1926 verbiete keine Zwangsarbeit für öffentliche Zwecke; Schutzhaft sei nach der Verordnung zum Schutz von Volk und Staat zulässig gewesen, Arbeitseinsatz und schlechte Vergütung denen Strafgefangener vergleichbar. Im Gegenteil verstiegen sich die neuen Beklagtenvertreter sogar zu der Behauptung, dass ein Schmerzensgeldanspruch schon deshalb ausscheide, weil das Wirken der IG Farben Wollheims Lage wesentlich verbessert habe.[63]

Eine weitere Anspruchsgrundlage, die in anderen Zwangsarbeiterklagen eine erhebliche Rolle spielte und instanzgerichtlich bisweilen sogar bejaht wurde, konnte sich aus einer so genannten Geschäftsführung ohne Auftrag ergeben. Diese hat den Ausgleich freiwilliger Vermögensopfer zum Gegenstand. Da die KZ-Zwangsarbeiter schon per Definition nicht freiwillig arbeiteten, fehlt es an dem notwendigen Merkmal der Freiwilligkeit.[64]

---

60 Zusammenfassend RUMPF: Der Fall Wollheim, S. 85 ff., 91 ff. und 160.
61 Dazu RUMPF: Der Fall Wollheim, S. 92 und 150.
62 Zitiert nach RUMPF: Der Fall Wollheim, S. 159.
63 Zu diesem Zynismus angesichts des Todes von Wollheims Frau und Sohn in Auschwitz BENZ, Der Wollheim-Prozess, S. 306.
64 KOLLER: Entschädigung, S. 102 ff. verneint außerdem den Fremdgeschäftsführungswillen; siehe auch

6. Die Verjährungsproblematik: Das Umschalten von »verfrüht« auf »verjährt«

Die bisherigen Ausführungen zeigen, dass sich, wenn auch auf konstruktiv umstrittenen Wegen, Entschädigungsansprüche irgendwie begründen ließen, ob als Schadensersatz für unerlaubte Handlungen, als daran anknüpfender Ersatz immaterieller Schäden (Schmerzensgeld) oder als Ausgleich einer ungerechtfertigten Vermögensverschiebung. Das juristische Hauptproblem bildete daher der Zeitpunkt der Geltendmachung des Anspruchs. Auch im Wollheim-Verfahren stand eine mögliche Verjährung von Ansprüchen bei Klageerhebung im Raum. Die Klageerhebung diente daher der Hemmung der Verjährung nach § 209 BGB a. F. Die Verjährungsfristen differierten nach damaliger Rechtslage erheblich stärker, als wir es heute gewohnt sind. Für unerlaubte Handlungen sah § 852 a. F. eine dreijährige Verjährungsfrist vor, die zu laufen begann *von dem Zeitpunkt an, in welchem der Verletzte von dem Schaden und der Person des Ersatzpflichtigen Kenntnis erlangt.* Kenntnis ihres Schadens hatten die Zwangsarbeiter, nicht jedoch unbedingt Kenntnis der Person des Ersatzpflichtigen, weil bei mehreren Beteiligten, also z. B. der IG Farben und der SS/dem Deutschen Reich, die Verjährungsfrist nicht zu laufen beginnt, wenn begründete Zweifel über die Person des Ersatzpflichtigen bestehen. Da die deutsche Industrie und die IG Farben-Verantwortlichen im Rahmen des 6. Nürnberger Folgeprozesses (sogenannter I.G.-Farben-Prozess[65]) im Besonderen jegliche Verantwortung für die Geschehnisse auf die SS abwälzten, bestanden vielleicht tatsächlich Zweifel. Ormond war der Auffassung, dass die Verjährung mit der Urteilsverkündung des Militärtribunals in diesem Prozess begonnen hatte, weil es eine Eigenverantwortlichkeit der IG Farben angenommen hatte. Demnach war für den 29./30. Juli 1951 mit Verjährungseintritt zu rechnen. Ormond beantragte daher am 30. Juli 1951 eine Genehmigung der Klage, was nach § 210 BGB a. F. die Verjährung hemmte, falls die Zulässigkeit des Rechtswegs von einer behördlichen Vorentscheidung abhing. Das war hier der Fall. Mit der Klagegenehmigung verband die Tripartite I.G. Farben Control Group (TRIFCOG) einen Verzicht auf die Verjährungseinrede für alle behaupteten gleichgerichteten Ansprüche anderer Anspruchssteller für einen Zeitraum von 6 Monaten nach rechtskräftigem Abschluss des Wollheimverfahrens.[66] Damit verhinderte man die Eröffnung paralleler Verfahren durch andere Häftlinge, die aufgrund der drängenden Verjährungsproblematik

---

HASSA: Die Verfassungsmäßigkeit, S. 41–47, speziell für KZ-Häftlinge S. 109; FRAUENDORF: Ansprüche von Zwangsarbeitern, S. 150; für einen Anspruch aus GoA hingegen SCHRÖDER: Zwangsarbeit, S. 119 ff, soweit Zwangsarbeitseinsatz im angestammten Beruf.

65 Siehe dazu den Beitrag von Axel Fischer und Rebecca Weiß in diesem Band.
66 RUMPF: Der Fall Wollheim, S. 64 und 66.

sonst nicht hätten abwarten können. Diese unscheinbare Verzichtserklärung über die Verjährungseinrede ist der rechtliche Kern, der den Charakter des Wollheimverfahrens als Musterprozess ausmacht und überhaupt erst ermöglichte.

Da die Genehmigung der TRIFCOG bereits am 4. August 1951 erfolgte und keinen Verzicht auf die Verjährungseinrede im Wollheim-Verfahren beinhaltete, musste Ormond am 3. November Klage erheben, da wegen einer Dreimonatsfrist in § 210 BGB a. F. am Folgetag Verjährung hinsichtlich des Schmerzensgeldanspruchs eingetreten wäre.[67]

Die Berechnungen Ormonds waren in sich schlüssig, die zugrundeliegenden Annahmen aber keineswegs juristisch abgesichert. Die Beklagtenvertreter unterließen vor dem Landgericht dennoch die Erhebung der Verjährungseinrede, weil sie auf einen vollen Prozesserfolg in 1. Instanz setzten, um auch nach außen hin eine weiße Weste der IG Farben dokumentiert zu sehen. Hält ein Gericht nämlich die Erhebung der Verjährungseinrede für wirksam, prüft es das grundsätzliche Bestehen des Anspruchs normalerweise nicht mehr. Jedoch behielt sich die Beklagte für den Fall eines stattgebenden Urteils in der 1. Instanz ausdrücklich die Erhebung der Verjährungseinrede in der 2. Instanz vor.[68]

Die Nichterhebung der Verjährungseinrede stellt einen wichtigen Unterschied zu späteren Verfahren dar, weil die meisten Klagen gerade an der Verjährungsproblematik scheiterten: Die Klagen von deutschen Staatsbürgern wurden regelmäßig spätestens letztinstanzlich als verjährt abgewiesen. Besonders bekannt ist der Musterprozess des ehemaligen Syndikusanwalts Edmund Bartl gegen den Luftfahrtkonzern Heinkel Werke, der ein großes Medienecho erfuhr. Bartl war als Regimegegner in der NS-Zeit verurteilt und nach Verbüßung seiner Haftstrafe von der Gestapo in Schutzhaft (KZ Sachsenhausen 1943–1945) genommen worden. Da er über längere Zeiträume Schweißarbeiten ohne Schutzbrille verrichten musste, war er fast erblindet.[69] Zwar gewann er 1962 und 1965 die Verfahren vor dem LG Augsburg und dem OLG Stuttgart, die Klageabweisung des BGH vom 22. Juni 1967 ruinierte ihn jedoch finanziell.[70] Eine Anwältin von Krupp rief bei Bekanntwerden der Berufungsentscheidung des OLG das juristische Büro der AEG an, um zusammen die Beklagte zur Revisionseinlegung zu veranlassen. Gemeinsam mit Vertretern des Bundesfinanzministeriums planten die Großunternehmen die anwaltliche

---

67 RUMPF: Der Fall Wollheim, S. 67.
68 RUMPF: Der Fall Wollheim, S. 151.
69 PAWLITA: »Wiedergutmachung« als Rechtsfrage?, S. 418; eindringliche Schilderung bei FERENCZ: Lohn des Grauens, S. 216–220.
70 BROZIK: Die Entschädigung von nationalsozialistischer Zwangsarbeit, S. 39; LIESEM: Die Reparationsverpflichtungen, S. 119 ff.

Strategie.⁷¹ Das spektakuläre Verfahren führte zu einer Aufhebung des Urteils wegen eines Fehlers im Geschäftsverteilungsplan des Gerichts, zu einem erneuten Obsiegen des Klägers und einer zweiten Aufhebung der Entscheidung durch den BGH.⁷² Immerhin verzichtete die Beklagte auf die Erhebung der Kosten und legte sie auf die involvierten Unternehmen um.⁷³ Der BGH griff in seiner Entscheidung zu einer »unvertretbaren Ausdehnung« bzw. »äußerst weiten« Auslegung der Verjährungsregeln in § 196 I Nr. 9 und § 852 I BGB a. F.⁷⁴ Der Rechtshistoriker Rainer Schröder charakterisierte das Auslegungsergebnis zutreffend als »rechtsblind« und nur von dem Wunsch getragen, irgendwie eine Verjährung begründen zu können.⁷⁵ Daneben argumentierte der BGH mit einer Fernwirkung des Londoner Schuldenabkommens, weil aus Gleichheitsgründen deutsche Zwangsarbeiter nicht entschädigt werden dürften, solange ausländische Kläger nicht befriedigt würden.⁷⁶ So übertrug die höchstgerichtliche Rechtsprechung die angebliche Sperrwirkung des Londoner Schuldenabkommens auf deutsche Staatsbürger.

Problematisch wurde nach der Wiedervereinigung die Frage, ob gehemmte Ansprüche mittlerweile verjährt waren. Obwohl irgendwann Rechtssicherheit eintreten soll, muss eine faire Chance bestehen, einen Anspruch zu irgendeinem Zeitpunkt auch durchsetzen zu können. Eine Verjährungshemmung durch eine sog. anspruchsfeindliche Rechtsprechung, also einer Situation, in der die Klageerhebung gegen eine feststehende Rechtsprechung als bloße Kostenfalle unzumutbar ist, ist als möglicherweise unzulässige Rechtsfortbildung sehr umstritten. Insbesondere Rainer Schröder vertrat nach 1990, dass das Londoner Schuldenabkommen zwar die Hemmung von Ansprüchen ausländischer, nicht aber deutscher KZ-Zwangsarbeiter bewirkt habe, weil diese Regelung nicht analog übertragen werden könne.⁷⁷ Diese Argumentation verkennt jedoch, dass das Abkommen von der ständigen höchstrichterlichen Rechtsprechung gerade analog angewendet wurde, um die Kla-

---

71 Thomas IRMER: »Stets erfolgreich abgewehrt«? Die deutsche Industrie und die Auseinandersetzung um Entschädigung von NS-Zwangsarbeit nach 1945. Das Beispiel der Klage des ehemaligen KZ-Häftlings Edmund Bartl, in: Helmut KRAMER, Karsten UHL, Jens-Christian WAGNER (Hg.): Zwangsarbeit im Nationalsozialismus, S. 119–131, 119 f.
72 Entscheidungen des Bundesgerichtshofes in Zivilsachen (BGHZ) 48, S. 125; OLG Stuttgart, Rechtsprechung zum Wiedergutmachungsrecht (RzW) 1964, S. 425 (1. Urteil) und 10 U 8/1965 v. 19.5.1965 (2. Urteil); näher IRMER: »Stets erfolgreich abgewehrt«?, S. 125–129.
73 IRMER: »Stets erfolgreich abgewehrt«?, S. 130.
74 Vertiefend KOLLER: Entschädigung, S. 139–161, insbes. S. 141 f. und 147.
75 SCHRÖDER: Zwangsarbeit, S. 125.
76 LIESEM: Die Reparationsverpflichtungen, S. 121 unter Verweis auf die Ausführungen bei FERENCZ: Lohn des Grauens, S. 220; die Entscheidung des OLG Stuttgart kritisiert Ferencz daher als »klare Diskriminierung aller nichtdeutschen Petenten« (S. 169).
77 So jedenfalls SCHRÖDER: Zwangsarbeit, S. 126.

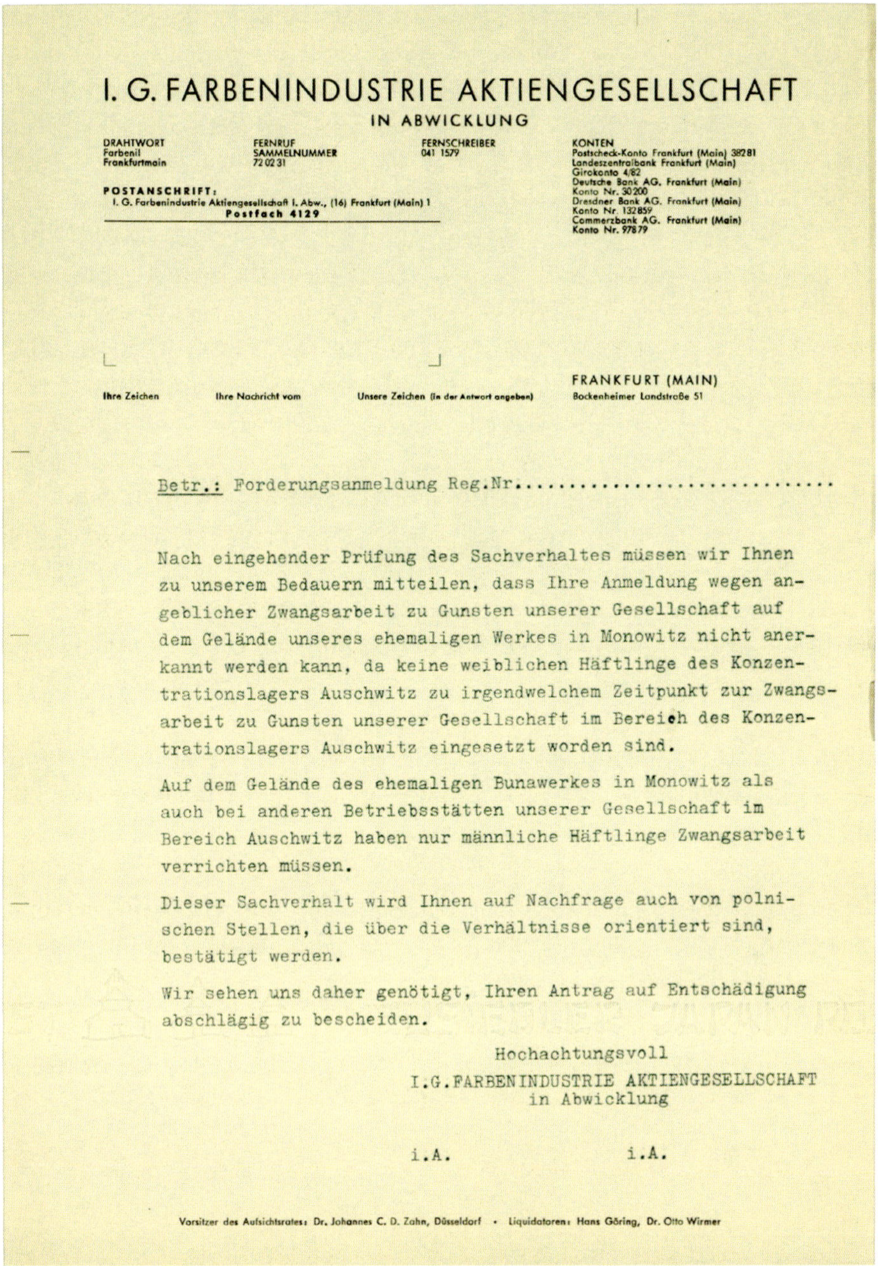

I. G. FARBENINDUSTRIE AKTIENGESELLSCHAFT
IN ABWICKLUNG

DRAHTWORT FERNRUF FERNSCHREIBER KONTEN
Farbenil SAMMELNUMMER 041 1579 Postscheck-Konto Frankfurt (Main) 38281
Frankfurtmain 72 02 31   Landeszentralbank Frankfurt (Main)
      Girokonto 4/82
POSTANSCHRIFT: Deutsche Bank AG, Frankfurt (Main)
I. G. Farbenindustrie Aktiengesellschaft i. Abw., (16) Frankfurt (Main) 1   Konto Nr. 30 200
Postfach 4129   Dresdner Bank AG, Frankfurt (Main)
      Konto Nr. 132859
      Commerzbank AG, Frankfurt (Main)
      Konto Nr. 97879

FRANKFURT (MAIN)
Bockenheimer Landstraße 51

Ihre Zeichen   Ihre Nachricht vom   Unsere Zeichen (In der Antwort angeben)

Betr.: Forderungsanmeldung Reg.Nr.............................

Nach eingehender Prüfung des Sachverhaltes müssen wir Ihnen zu unserem Bedauern mitteilen, dass Ihre Anmeldung wegen angeblicher Zwangsarbeit zu Gunsten unserer Gesellschaft auf dem Gelände unseres ehemaligen Werkes in Monowitz nicht anerkannt werden kann, da keine weiblichen Häftlinge des Konzentrationslagers Auschwitz zu irgendwelchem Zeitpunkt zur Zwangsarbeit zu Gunsten unserer Gesellschaft im Bereich des Konzentrationslagers Auschwitz eingesetzt worden sind.

Auf dem Gelände des ehemaligen Bunawerkes in Monowitz als auch bei anderen Betriebsstätten unserer Gesellschaft im Bereich Auschwitz haben nur männliche Häftlinge Zwangsarbeit verrichten müssen.

Dieser Sachverhalt wird Ihnen auf Nachfrage auch von polnischen Stellen, die über die Verhältnisse orientiert sind, bestätigt werden.

Wir sehen uns daher genötigt, Ihren Antrag auf Entschädigung abschlägig zu bescheiden.

Hochachtungsvoll
I.G.FARBENINDUSTRIE AKTIENGESELLSCHAFT
in Abwicklung

i.A.   i.A.

Vorsitzer des Aufsichtsrates: Dr. Johannes C. D. Zahn, Düsseldorf · Liquidatoren: Hans Göring, Dr. Otto Wirmer

Abb. 2: Formular der IG Farben i.L. zur standardmäßigen Ablehnung von Entschädigung für KZ-Arbeit von Frauen, um 1960

gen abzuweisen. Daher muss man parallel auch die Hemmung der Anspruchsverjährung durch das Londoner Abkommen anerkennen,[78] um eine contradictio in adjecto, einen logischen Widerspruch, zu verhindern. Schröder vertrat wegen der teilweise abweichenden instanzgerichtlichen Rechtsprechung hingegen, dass es eine anspruchsfeindliche Rechtsprechung ohnehin nicht gegeben habe.[79] Was klägerfreundliche Instanzurteile ändern sollen, die ausnahmslos aufgehoben wurden, blieb unerörtert.

Die Verjährungsproblematik betraf – das war für viele spätere Klagen wichtig – nicht alle Anspruchsgrundlagen in gleicher Weise. Ansprüche aus ungerechtfertigter Bereicherung verjährten z. B. nach alter Rechtslage erst nach 30 Jahren (BGB § 195 a. F.), jedoch war eine auf diese Anspruchsgrundlagen gestützte Klage erheblich weniger erfolgversprechend, wenn auch einige Autoren diese Anspruchsgrundlage bejahen und darauf basierend eine Verjährung der durch das Londoner Schuldenabkommen zurückgestellten Ansprüche frühestens im Jahr 2021 annehmen (Fristbeginn mit Ratifizierung des 2+4-Vertrags).[80] Sieht man mit anderen Autoren erst in einer Klarstellung des Bundesverfassungsgerichts zu dem Bestehen individueller Entschädigungsansprüche aus dem Jahr 1996 als Zeitpunkt des Fristbeginns, würden die letzten Ansprüche sogar erst in einigen Jahren verjähren.

7. Das Urteil

Aus Sicht des LG Frankfurt klärten Schriftsatzwechsel und Beweisangebote wichtige Sach- und Rechtsfragen nicht. Es fasste die Kernprobleme zusammen: Die Richter waren noch nicht von der Verantwortlichkeit der IG Farben für die Verhaftung Wollheims überzeugt. Ein Verdienstausfall sei nicht nachgewiesen, weil Juden im streitgegenständlichen Zeitraum freie Arbeit in Deutschland verboten gewesen sei. Bereicherungsrechtlich konfrontierte das Gericht die Beklagtenseite mit der verschärften Haftung aus § 819 BGB. Zu entscheiden sei jedoch, ob Wollheim sich an die SS gezahlte Löhne anrechnen lassen müsse, oder ob der Rechtsgedanke des Rückerstattungsgesetzes greife und damit das Risiko der Zahlung an die falsche Person von der IG Farben i.L. zu tragen sei. Auch müsse geklärt werden, ob der IG Farben die Auszahlung eines Lohns möglich gewesen sei, weil sonst das

---

[78] Für eine Verjährungshemmung HEB: Völker- und zivilrechtliche Beurteilung, S. 72, FRAUENDORF: Ansprüche von Zwangsarbeitern, S. 147 ff. und 156 f.; die Rechtsprechung, auch des BGH ist zum Grundsatzproblem sehr unterschiedlich, für eine Hemmung z. B. BGH NJW 1957, S. 1595. Alternativ kann man ein Verjährungshemmnis wegen Rechtsunklarheit annehmen, so z. B. HASSA: Die Verfassungsmäßigkeit, S. 180–183 als höhere Gewalt i.S.d § 203 II BGB a. F.
[79] SCHRÖDER: Zwangsarbeit, S. 126; siehe auch HASSA: Die Verfassungsmäßigkeit, S. 178 ff.
[80] HASSA: Die Verfassungsmäßigkeit, S. 162 und 182.

Bestehen deliktischer Ansprüche fraglich sei. Da Wollheim keinen gesundheitlichen Schaden davongetragen habe, sei die Frage des verletzten Rechtsguts problematisch. Fraglich sei außerdem, ob neben dem unklaren Verdienstausfall überhaupt ein Schaden entstanden sei. Ggf. sei nur noch der Weg eines Schmerzensgeldanspruchs aus § 847 BGB a. F. wegen Verletzung fundamentaler Menschenrechte denkbar. Auch die Währungsumstellungsfrage sei noch ungeklärt.[81]

Ormond nutzte die gerichtlichen Hinweise, um seine rechtliche Argumentation zu schärfen und die einzelnen Anspruchsgrundlagen und ihre Subsumtion zu präzisieren. Das gelang, denn das Gericht gab mit Urteil vom 10.6.1953 der Klage in vollem Umfang statt.[82] Im Zentrum der Entscheidung stand der Schmerzensgeldanspruch, die Frage des Vermögensschadens ließ das Gericht hingegen offen, ebenso wie Ansprüche aus vorsätzlich sittenwidriger Schädigung, Freiheitsberaubung und ungerechtfertigter Bereicherung. In der Frage des Dauerschadens schloss es sich einem Argument Ormonds[83] an, der darauf verwies, dass der strafrechtliche Körperverletzungstatbestand (§ 223 StGB) einen solchen auch nicht verlangte. § 823 I BGB sei jedenfalls auch durch ein Unterlassen notwendiger Maßnahmen im Rahmen einer Fürsorgepflicht verwirklicht. Wenn bei einem außergewöhnlichen Großprojekt mit zeitweise mehr als 30.000 Arbeitskräften keines der 25 Vorstandsmitglieder jemals vor Ort gewesen sei, sei dies zumindest als fahrlässiges Organisationsverschulden zu werten. Die Beklagtenseite, die für die fehlende Zurechenbarkeit eventueller Verstöße und Misshandlungen der Arbeiter damit argumentiert hatte, dass kein Betriebsleiter vor Ort Vorstandsmitglied gewesen sei und daher eine Haftung nach § 823 ff. ausscheide,[84] hatte damit ein juristisches Eigentor geschossen. Gleiches galt für die Beweisangebote, denn die Aussagen der von der IG Farben i.L. benannten Zeugen befand das Gericht sehr dezidiert für unglaubhaft und abgesprochen wirkend.[85]

---

[81] Zusammenfassung des Termins bei RUMPF: Der Fall Wollheim, S. 141 ff.
[82] LG Frankfurt 2/3 O 406/51; Scan von Ormonds Exemplar unter http://www.wollheim-memorial.de/files/1027/original/pdf_Urteil_im_Wollheim-Prozess_10.06.1953.pdf (zuletzt aufgerufen am 09.09.2021).
[83] Nach RUMPF: Der Fall Wollheim, S. 171 f.
[84] RUMPF: Der Fall Wollheim, S. 146.
[85] Offenbar wirkten die Aussagen auch aufeinander abgestimmt. RUMPF: Der Fall Wollheim, S. 102 sieht Anhaltspunkte für ein strafrechtlich relevantes Verhalten der IG Farben i.L., um die Zeugenaussagen zu koordinieren.

III. Berufungsverfahren vor dem OLG Frankfurt und Vergleich

1. Das Berufungsverfahren

Als Berufungsklägerin kam es der IG Farben i.L. nunmehr zu darzulegen, weshalb das Urteil des Landgerichts falsch sei. Sie verstärkte ihr Anwaltsteam neben dem Berufungsanwalt Wedesweiler um den Revisionsanwalt Keil, der sich bereits für die dritte Instanz einarbeiten sollte. Über die Begründungsstrategie war man sich uneins und erhoffte eine klare Linie durch die Einholung eines Rechtsgutachtens bei dem Frankfurter Professor und späteren Gründungsdirektor des Max-Planck-Instituts für Europäische Rechtsgeschichte Helmut Coing.[86] Letztlich reichte man eine 90-seitige Berufungsbegründung ein, welche zum einen die tatsächlichen Feststellungen des Landgerichts in verschiedenen Punkten angriff, zum anderen aber auch Widersprüche in der rechtlichen Begründung aufzeigte.[87] Schwerpunkte der Argumentation lagen erneut in der Haftungszurechnung, dem fehlenden Schaden und einem hypothetischen Kausalverlauf, vor allem aber in der Ablehnung einer Fürsorgepflicht für die beschäftigten Zwangsarbeiter, da eine solche in einem bloß faktischen Arbeitsverhältnis nicht bestehen könne. Außerdem habe man alle Möglichkeiten zur Verbesserung der Lebenssituation der Häftlinge ausgeschöpft, so dass eine etwaige Fürsorgepflicht nicht verletzt worden sei.[88]

Für Ormond und Wollheim verschärfte sich die Finanzierungsfrage, weil Ormond mit Kosten von 20.000 DM kalkulierte – ohne Anwaltshonorar; nach längeren Verhandlungen gelang es, von der United Restitution Organization (URO) eine Unterstützung der Prozessführung mit 30.000 DM zu erhalten.[89] Auch Ormond suchte jetzt juristische Mithilfe. Weil er selbst nicht am OLG zugelassen war, wählte er einen persönlich zuverlässigen, aber klammen und mediokren Berufungsanwalt aus, der ihm im Gegenzug für das volle Honorar alle Freiheiten und die gesamte Prozessführung überließ.[90] Ormond versuchte seinerseits den Kölner Professor Hans Carl Nipperdey als Gutachter zu gewinnen, was aber an dessen be-

---

86 RUMPF: Der Fall Wollheim, S. 224, 284. Das Gutachten sei jedoch, weil erst 11 Tage vor Fristablauf fertig, nicht mehr entscheidend in die Berufungsbegründung eingegangen.

87 Recht kritische juristische Würdigung der Urteilbegründung des LG Frankfurt bei RUMPF: Der Fall Wollheim, S. 175–182.

88 Zur Berufungsbegründung RUMPF: Der Fall Wollheim, S. 284–290.

89 Kritisch zur Position der Organisationen Wolfgang BENZ: Von der Feststellungsklage zum Vergleich. Der Frankfurter Lehrprozess, Dachauer Hefte 2 (1986), S. 142–147, 145; RUMPF: Der Fall Wollheim, S. 301–306. Einen instruktiven Überblick über die URO gibt Hans Günter HOCKERTS: Anwälte der Verfolgten. Die United Restitution Organization, in: Ludolf HERBST, Constantin GOSCHLER (Hg.): Wiedergutmachung in der Bundesrepublik Deutschland, München 1989, S. 249–271.

90 Anwaltsnotar Ernst Müller hatte den Holocaust als Jude in Argentinien überlebt und war nach Frankfurt zurückgekehrt, näher RUMPF: Der Fall Wollheim, S. 230 ff.

vorstehender Bestellung zum Präsidenten des Bundesarbeitsgerichts scheiterte. Letztlich engagierte man den Düsseldorfer Anwalt Dr. Alfred Werner, der Mitherausgeber des BGB-Großkommentars Staudinger war und die Berufungserwiderung maßgeblich steuerte. Seine 154-seitige Berufungserwiderung enthielt eine gutachterlich ausgearbeitete Darstellung aller Rechtsfragen.[91] Bemerkenswert war, dass er lediglich auf Basis des Vorbringens der I.G.-Seite argumentierte, dadurch alle entscheidungserheblichen Tatsachen als bereits zugestanden wertete und so ohne weitere Beweismittel auskam. Im Verfahren wurde recht schnell deutlich, dass der Vorsitzende Richter am OLG stark auf einen Vergleich drängte, der Klage insgesamt eher ablehnend gegenüberstand und Werners Argumentationsweise verurteilte.[92]

2. Rechtsprobleme des Vergleichs

Auch auf Druck des Gerichts sondierten die Parteien ihre Vorstellungen. Die IG Farben i.L. präferierte eine großzügige Geste nach einem obsiegenden Urteil, während Ormond deutlich machte, dass dies nur zu einer vergifteten Atmosphäre führen würde und drohte mit einem Szenario des Abwanderns seiner inzwischen zahlreichen Mandanten zu *smarteren Anwälten* und einer daraus resultierenden Klagewelle.[93] Trotz guter Aussichten im Berufungsverfahren gab es für die IG Farben i.L. gewichtige Gründe, sich vergleichsbereit zu zeigen. Die internationale Aufmerksamkeit, die der Prozess erregte und insbesondere eine angedrohte Vernehmung von Zeugen in den USA sah man als Gefährdung für die erhoffte Freigabe deutscher Auslandsvermögen. Umfangreiche Rückstellungen, bedingt durch die schwebende Rechtslage, standen den Kapitalausstattungsforderungen der Nachfolgegesellschaften entgegen und behinderten damit die Konzernabwicklung. Da Wollheim als ›leichter‹ Fall galt, wäre in anderen Verfahren mit höheren Entschädigungsforderungen zu rechnen gewesen und zudem individuelle Entschädigungen in der Gesamtsumme deutlich teurer geworden.[94]

Der Ablauf der Vergleichsverhandlungen soll hier nicht weiter interessieren.[95] Für das Verständnis wichtig sind aber die rechtlichen Probleme, die einen mögli-

---

91 Gliederung bei RUMPF: Der Fall Wollheim, S. 323 (Zusammenfassung des Schriftsatzes S. 323–346). Ormond war fortan maßgeblich für die Beweismittel, Werner für die Rechtsfragen zuständig (S. 316 ff.).
92 Deutlich in Beschlüssen vom 21.10.1955, dazu RUMPF: Der Fall Wollheim, S. 453 f.; der Berufungserwiderung Werners warf er »Entgleisungen« vor, auch kam es zum persönlichen Schlagabtausch zwischen ihm und Ormond (S. 351 und 439).
93 RUMPF: Der Fall Wollheim, S. 307.
94 RUMPF: Der Fall Wollheim, S. 457 ff., 460 ff. und 540.
95 Siehe dazu den Beitrag von Katharina Stengel in diesem Band. Abdruck des Vergleichs bei RUMPF: Der Fall Wollheim, S. 518–522.

chen Vergleich scheitern zu lassen drohten. Es ging um Rechtssicherheit, Risikotragung und Kosten. Relativ einfach konnte man sich z. B. auf die Titulierung als Schadensersatz verständigen, um eine Steuerbefreiung der Zahlungen zu bewirken[96] und die Entschädigungssummen somit werthaltiger zu machen.

Ein erstes Problem bestand in der Frage, wer in den Vergleich eingeschlossen werden sollte, also um den Kreis der Anspruchsberechtigten und die Parteien des Vergleichs. Dem Unternehmen schien ein Vergleich nur sinnvoll, wenn er nicht bloß das Wollheimverfahren abschloss, sondern auch die Kosten weiterer Rechtsstreitigkeiten vermied, also auch alle anderen Berechtigten umfasste. Verhandlungspartner konnten daher nicht nur Wollheim und Ormond sein, vielmehr musste das Wollheimverfahren im Rahmen eines Abkommens mit der JCC beendet werden. Aus ihrem Rechtssicherheitsbedürfnis heraus verlangte die IG Farben i.L. ihren Vergleichspartnern eine Garantie gegen Folgeklagen und den Einbezug nichtjüdischer Anspruchssteller ab. Eine solche Freistellung lehnte die JCC ab, was einen neuen Vergleichsentwurf notwendig machte.[97] Fraglich war außerdem die Entschädigung von Hinterbliebenen.

Bis Oktober 1954 hatten 2.200 Personen Ansprüche angemeldet, Ormond rechnete aber mit 4.000 Berechtigten, die Beklagtenseite gar mit 8.000–10.000.[98] Neben der Zahl der Anspruchsberechtigten war für die Kalkulation der Gesamtsumme natürlich die Höhe der Entschädigung der einzelnen Berechtigten entscheidend und folglich auch umkämpft. Als die Gesamtentschädigungssumme im Juni 1956 schließlich mit 30 Mio. DM festzustehen schien, von denen ein fester Anteil von 3 Mio. DM für nichtjüdische Zwangsarbeiter bereitzuhalten war, entschied man sich, Hinterbliebene aus dem Kreis der Berechtigten auszuschließen, um zu verhindern, dass die Einzelbeträge zu gering ausfallen würden.[99]

Das zweite Hauptproblem bestand in der Ausschlussfrist für die Geltendmachung von Ansprüchen. Ohne Ausschlussfrist war eine Einigung für die IG Farben i.L. nicht vorstellbar, sie konnte aber nicht früher enden als die gesetzliche Verjährung. Eine devisenrechtliche Sonderbestimmung der Alliierten (Art. 4 AHK Gesetz Nr. 67) verhinderte die Verjährung von Ansprüchen ausländischer Kläger, weil die Durchsetzung von Ansprüchen ebenso wie Auslandsüberweisungen genehmigungspflichtig war. Wegen dieser Abhängigkeit verjährten Ansprüche nicht vor Ende des Kalenderjahrs, in dem die Genehmigungspflicht entfiel. Ein Ende der Genehmigungspflicht war nicht vorhersehbar, was zu einem zwischenzeitlichen Schei-

---

96 RUMPF: Der Fall Wollheim, S. 360.
97 RUMPF: Der Fall Wollheim, S. 462 ff., 469.
98 RUMPF: Der Fall Wollheim, S. 353.
99 RUMPF: Der Fall Wollheim, S. 490.

tern der Verhandlungen führte. Der JCC gelang es schließlich, die US-Regierung zu einer Verkürzung der Verjährungsfristen zu bewegen.[100]

Man schuf mit der erforderlichen Zustimmung der Alliierten ein eigenes Bundesgesetz, das Gesetz über den Aufruf der Gläubiger der I.G. Farbenindustrie Aktiengesellschaft in Abwicklung (Aufrufgesetz).[101] Der Gläubigeraufruf enthielt eine Ausschlussfrist für die Anmeldung von Ansprüchen zum 31.12.1957.[102] In den Gesetzesvorarbeiten machten die Alliierten verschiedene Bedenken hinsichtlich der Gleichbehandlung jüdischer und nichtjüdischer Häftlinge und der Sicherung anderer Anspruchsteller wie z. B. Anleihegläubiger geltend, die nur teilweise ausgeräumt wurden. Das Bundesverfassungsgericht ließ 2004 die Frage der Verfassungsmäßigkeit des Aufrufgesetzes offen.[103] Die maßgebliche Studie von Rumpf hielt es 2010 für eindeutig verfassungswidrig, weil es zum einen Gläubiger im Ostblock, die der Aufruf faktisch nicht erreichte, benachteiligte (Art. 3 Grundgesetz (GG)), zum anderen, weil eine Enteignung zugunsten eines Unternehmens in Liquidation – also in Abwicklung (§ 209 Aktiengesetz a. F.) – keinem öffentlichen Zweck mehr diene und damit nicht den Mindestanforderungen des Art. 14 III GG genüge.[104]

In der Folgezeit erfüllten Vergleich und Aufrufgesetz ihre Intention, weitere Ansprüche auszuschließen. Das galt sowohl im Hinblick auf gescheiterte Versuche, vor Gericht höhere Entschädigungen durchzusetzen als auch darauf, dass der fortschreitende historische Erkenntniszugewinn weitere Opfer offenbarte, die ursprünglich nicht anerkannt worden waren. Zum Beispiel konnte erst sehr viel später nachgewiesen werden, dass die Opfer von Menschenversuchen in Auschwitz auch durch Medikamentenversuchsreihen der IG Farben geschädigt worden waren.[105] Die Vergleichssumme wurde in einen Fond eingestellt, für dessen Abwicklung die sog. Kompensations-Treuhandgesellschaft bis zu ihrer Auflösung in den 1980er Jahren unter Leitung von Benjamin B. Ferencz[106] eingesetzt wurde. Die Zahlungen erfolg-

---

100 RUMPF: Der Fall Wollheim, S. 314 f.; 484; einen Überblick über das Wirken der JCC bei der Zwangsarbeiterentschädigung bieten Benno NIETZEL, Patrice G. POURTRUS: Die Jewish Claims Conference und die Entschädigung für NS-Zwangsarbeit, in: Constantin GOSCHLER (Hg.): Die Entschädigung von NS-Zwangsarbeit am Anfang des 21. Jahrhunderts. Die Stiftung »Erinnerung, Verantwortung und Zukunft« und ihre Partnerorganisationen, Bd. 2: Transnationale Opferanwaltschaft. Das Auszahlungsprogramm und die internationalen Organisationen, Göttingen 2012, S. 7–79.
101 Bundesgesetzblatt Teil I (BGBl. I)(1957), S. 569. Zur Entstehung des Aufrufgesetzes RUMPF: Der Fall Wollheim, S. 528–538.
102 Inhalt des Aufrufs in der FAZ bei RUMPF: Der Fall Wollheim, S. 537 f.
103 Entscheidungen des Bundesverfassungsgerichts (BVerfGE), Band 112, S. 93, juris-Rn. 78.
104 RUMPF: Der Fall Wollheim, S. 541–548.
105 Beispiele abgewiesener Klagen bei RUMPF: Der Fall Wollheim, S. 547 f.
106 Seine Schilderungen FERENCZ: Lohn des Grauens sind nach wie vor besonders eindrücklich. Zu Wollheim Kapitel 2.

ten nach mühseligen Verfahren in 2 Raten, wobei an 5.855 jüdische Zwangsarbeiter Summen zwischen 2.500 und 5.000 DM ausbezahlt wurden, die zweite erst Ende der 1960er Jahre.[107] 750.000 DM zahlte die JCC nach schwierigen Verhandlungen an die IG Farben i.L. zurück, da die zurückgestellten 3 Mio. für nichtjüdische Zwangsarbeiter nicht ausgereicht hatten.[108]

IV. Rechtshistorische Einordnung

Das Wollheimverfahren schloss an den I.G.-Farben-Prozess an den 6. Nürnberger Folgeprozess zum Verfahren gegen die Hauptkriegsverbrecher. Im Kontrollratsgesetz Nr. 10 vom 20. Dezember 1945 stellte Artikel II Verbrechen gegen die Menschlichkeit unter Strafe, zu denen nach Nr. 1 c) auch die Versklavung gehörte. 23 ehemaligen Vorständen und leitenden Angestellten wurde Massenmord und Versklavung vorgeworfen. Nur durch Mehrheitsentscheidung mit 2:1 wurden 18 Angeklagte im Juli 1948 hinsichtlich ihrer Beteiligung am Zwangsarbeiterprogramm freigesprochen, die übrigen fünf wurden zu Haftstrafen zwischen 6 und 8 Jahren verurteilt.[109] Die Verteidiger bildeten den späteren Kern des Juristenteams der Beklagten im Wollheim-Verfahren, diverse Angeklagte traten als Zeugen auf.

Die Klage Wollheims war nicht die erste, aber als Musterverfahren die Wichtigste. Das »Dilemma dieses Verfahrens« bestand darin, das Wollheim einerseits alle Voraussetzungen seines individuellen Anspruchs belegen musste und das allgemeine Schicksal der Häftlinge im Auge der zivilprozessualen Logik keine Rolle spielen konnte, mit dem Scheitern seines Anspruchs aber die Erfolgsaussichten anderer Zwangsarbeiter auch dann zu schwinden drohten,[110] wenn die persönlichen Voraussetzungen (anerkannter Gesundheitsschaden oder Möglichkeit der Prozessbeteiligung vor Ort) möglicherweise günstiger waren. Der Zivilprozess schlug zeitgenössisch hohe Wellen, weil man die IG Farben und mit ihr die gesamte deutsche Industrie *erneut auf der Anklagebank* sah. Beide Seiten versuchten sich in intensiver Pressearbeit und es erschienen schon während des Prozesses konträre Berichte.[111]

---

107 NIETZEL, POURTRUS: Die Jewish Claims Conference, S. 13. Zu den Verteilungskämpfen auch GOSCHLER: Streit um Almosen, S. 184 f.
108 Dazu BENZ, Der Wollheim-Prozess, S. 325.
109 Knappe Zusammenfassung bei RUMPF: Der Fall Wollheim, S. 51–54.
110 Zur Testfalleigenschaft RUMPF: Der Fall Wollheim, S. 149.
111 Zur Pressearbeit in der 1. Instanz RUMPF: Der Fall Wollheim, S. 187–214; knapp schon BENZ, Der Wollheim-Prozess, S. 308 f., 312 f. Besonders scharf zugunsten der IG Farben Marion Gräfin Dönhoff und die Zeit, sowie die Wirtschaftsblätter, insbesondere das Handelsblatt, entgegengesetzt die Frankfurter Rundschau und die Juristenzeitung, das maßgebliche Blatt für gebildete Juristen. Der Artikel von Otto KÜSTER: Wer soll wiedergutmachen? Zum Problem der willfährigen Gehilfen des Unrechtsstaats, in: Ju-

Das erstinstanzliche Urteil war eine Sensation. Ormond war zuvor als ein *moderner Don Quichotte* wahrgenommen worden.[112] Zivilrechtlich hatte er wegen der scheinbar fehlenden Gesundheitsbeschädigung Wollheims juristisch kreativ argumentiert und auf psychologische Schäden und die Verletzung des allgemeinen Persönlichkeitsrechts hingewiesen. Damit rief er das Gericht zu einer Art vorweggenommener Rechtsfortbildung auf,[113] weil die höchstrichterliche Rechtsprechung bislang ein solches allgemeines Persönlichkeitsrecht abgelehnt hatte, aber Anzeichen existierten, dass der BGH es unter den drängenden Stimmen aus der Literatur bald anerkennen könnte.[114]

Wollheims Erfolg motivierte andere Kläger wie den Frankfurter Metallarbeiter Adolf Diamant. Wichtig war die Klage Rudolf Wachsmanns, der als Mitglied der Alliierten Streitkräfte beim amerikanischen Gericht der Alliierten Hohen Kommission in Mannheim nach amerikanischem Prozessrecht klagen konnte. Trotz einer sehr schlecht vorbereiteten Klage, mit der Wachsmann 500.000 DM für Misshandlungen im Bunawerk in Auschwitz und 50.000 DM Lohn verlangte, konnte eine Einigung im Vergleichsweg erzielt werden, mit der sich die IG Farben i.L. gegen die Zahlung von 20.000 DM weiterer gleichgelagerter Klagen entledigen und das politisch gewünschte Ende der amerikanischen Gerichtsbarkeit in Zivilsachen in Deutschland bewirken konnte.[115]

Auch der Vergleich im Wollheim-Verfahren war folgenreich. Zum einen wurde die beachtliche Zahl von 5.855 Antragsstellern (jüdische Monowitz-Häftlinge oder ihre Hinterbliebenen)[116] in einem gewissen Umfang entschädigt, zum anderen wurde der Vergleich zum Vorbild für die Aushandlung einer kleinen Anzahl ähnlicher Abkommen mit anderen Unternehmen (Krupp, AEG/Telefunken, Siemens, Rheinmetall und schließlich 1986 auch die ehemalige Flick-Gruppe Feldmühle-

---

ristenZeitung (JZ) 1953, S. 721–724 führte zu einer scharfen Auseinandersetzung zwischen den IG Farben und der Zeitschrift, RUMPF: Der Fall Wollheim, S. 290–296. Küster verstärkte Wollheims Anwaltsteam im Berufungsverfahren. Sein Plädoyer vor dem OLG »Das Minimum der Menschlichkeit« ist abgedruckt in Dachauer Hefte 2 (1986), S. 156–174.

112 BENZ: Von der Feststellungsklage zum Vergleich, S. 143.
113 Dazu RUMPF: Der Fall Wollheim, S. 143 f.
114 PALANDT-DANCKELMANN, 7. A. 1949 Einf. v. § 1 Nr. 2, für »Volksgenossen« auch schon 5. A. 1942; Helmut COING, Das Grundrecht der Menschenwürde, der strafrechtliche Schutz der Menschlichkeit und das Persönlichkeitsrecht des bürgerlichen Rechts SJZ 1947, Sp. 641–646; Herbert KRÜGER, Die Verfassungen in der Zivilrechtsprechung, NJW 1949, S. 163–166.
115 Zu diesem Fall RUMPF: Der Fall Wollheim, S. 241–274, hier insbes. 246; Alliierte Hohe Kommission, Gesetz Nr. 38 v. 10.12.1953, Amtsblatt der Alliierte Hohe Kommission für Deutschland, S. 2791 als »Lex Wachsmann« RUMPF: Der Fall Wollheim, S. 266 ff.; kritisch zur Wachsmann-Klage als »dubioser Versuch«, welcher der Sache Wollheim schadete, BENZ, Der Wollheim-Prozess, S. 314.
116 Zahl nach http://www.wollheim-memorial.de/de/nach_dem_wollheimabkommen_zahlungen_an_die_ueberlebenden (zuletzt aufgerufen am 29.05.2021).

Nobel AG nach ihrem Verkauf an die Deutsche Bank).[117] Großkonzerne, die nach 1945 nicht mit Strafprozessen konfrontiert waren, leugneten Vorwürfe, weil sie davon ausgingen, dass keine belastenden Dokumente kursierten.[118] Problematisch war sicherlich, dass die JCC in die Rolle eines Schutzschildes der IG Farben und anderer Vergleichspartner gedrängt wurde. Die I.G. konnte zudem ein rechtskräftiges Urteil vermeiden, auch wenn sie mit der Einigung die ›Abwehrfront‹ der deutschen Industrie schwächte und damit Missfallen auf sich zog.[119] In einer Hinsicht blieb das IG Farben-Abkommen einzigartig: Es sah als einziges in dieser Reihe die Entschädigung auch nichtjüdischer Zwangsarbeiter vor.[120]

1988 kamen substanzielle Zahlungen von Daimler-Benz und 1991 von Volkswagen hinzu; ab 1995 sahen neuere Vereinbarungen individuelle Entschädigungen anstatt Pauschalbeträge vor.

Die Probleme und Diskussionen etwa um Schlussstriche und ihre juristische Durchführung durch Ausschlussfristen kehrten naturgemäß immer wieder. Nach 1990 und erneut mit dem Stiftungsgesetz (dazu sogleich) trat vor allem die Frage des Beginns der Verjährungsfrist in den Vordergrund.[121]

Mit dem 2+4-Vertrag von 1990 war das Schuldenmoratorium des Londoner Abkommens beendet, das juristische Spiel wieder eröffnet.[122] Auch die IG Farben i.L. geriet nach 1990 erneut in den Fokus der Entschädigungsforderungen, insbesondere als sie in den neuen Bundesländern Restitutionsansprüche geltend machte.[123] Pilotklagen ehemaliger jüdischer KZ-Häftlinge 1990/92 sollten die Aussichten neuer Klagen gegen die BRD in Deutschland erkunden. Das Bundesverfas-

---

117 Älterer Überblick bei GOSCHLER: Streit um Almosen; knapp auch LIESEM: Die Reparationsverpflichtungen, S. 112–116. Auch die neueren Entschädigungszahlungen bis 1998 tabellarisch erfassend, aber leider nicht ganz fehlerfrei, KOLLER: Entschädigung, S. 55.
118 BORGGRÄFE: Zwangsarbeiterentschädigung, S. 77.
119 RUMPF: Der Fall Wollheim, S. 539 f.
120 GOSCHLER: Streit um Almosen, S. 184. Dem IAK gelang es nicht, zugunsten der nichtjüdischen Betroffenen hinreichend Verhandlungsmacht aufzubauen, auch weil sich die JCC weigerte, mit Hermann Langbein zusammenzuarbeiten, BORGGRÄFE: Zwangsarbeiterentschädigung, S. 65; zur Arbeit des IAK, das auch die als Juden Verfolgten vertrat, die nicht Angehörige der jüdischen Religionsgemeinschaft waren, siehe den autobiographischen Bericht von Hermann LANGBEIN, Entschädigung für KZ-Häftlinge? Ein Erfahrungsbericht, in: HERBST, GOSCHLER (Hg.), Wiedergutmachung in der Bundesrepublik Deutschland, S. 327–339. Zur Person Katharina STENGEL: Hermann Langbein. Ein Auschwitz-Überlebender in den erinnerungspolitischen Konflikten der Nachkriegszeit, Frankfurt 2012.
121 Dazu z. B. Christoph SAFFERLING, Peer ZUMBANSEN: Iura novit curia: Rechtsanspruch auf Entschädigung für Zwangsarbeit im Nationalsozialismus, in: ZUMBANSEN (Hg.): Zwangsarbeit im Dritten Reich, S. 233–244. Vertiefend und kritisch die Rechtsprechungsanalyse von Paul OBERHAMMER, August RHEINISCH: Zwangsarbeiter vor deutschen Gerichten (zu LG Stuttgart, 24.11.1999 - 24 O 192/99), Praxis des Internationalen Privat- und Verfahrensrecht (IPRax) 2001, S. 211–218, 215–218.
122 Näher HASSA, Die Verfassungsmäßigkeit, S. 196–204
123 Dazu ADAMHEIT: »Jetzt wird die deutsche Wirtschaft von ihrer Geschichte eingeholt«, S. 255–258.

sungsgericht entschied 1996, dass Individualansprüche im Falle einer Anspruchsgrundlage im deutschen Recht durchgesetzt werden können und nicht ausschließlich als zwischenstaatliche Reparationen geltend zu machen seien.[124] In einem bemerkenswerten obiter dictum[125] erklärte es, dass der Grundsatz der Exklusivität des Völkerrechts es nicht ausschließe, dass Individualansprüche außerhalb völkerrechtlicher Verpflichtungen nach nationalen Rechten bestehen können. Der Reparationsthese war damit der Boden entzogen. Es bestätigte zudem die friedensvertragsähnliche Wirkung des 2+4-Vertrags und motivierte damit zu Sammelklagen vor amerikanischen Bundesgerichten gegen deutsche Unternehmen ab März 1998.[126] Diese verteidigten sich mit Unzuständigkeitseinwänden (forum non conveniens-Doktrin), Verjährungseinrede und der alten Behauptung, nur im Auftrag und unter Zwang gehandelt zu haben. Diese Einwände drangen zwar nicht durch, dennoch wurde im Sommer 1999 eine Klage als unbegründet abgewiesen, weil mit dem Ende des Schuldenmoratoriums alle Ansprüche erloschen seien, da der 2+4-Vertrag keine Reparationsbestimmungen enthielt und so einen wirksamen Forderungsverzicht darstelle. Die Entscheidung wurde zwar nicht rechtskräftig, erhöhte aber den Einigungsdruck auch auf der Klägerseite.[127] Intensive Verhandlungen um eine kollektive Lösung mündeten in die Gründung einer Stiftung »Erinnerung, Verantwortung und Zukunft«, für die ein Kompromiss über eine Fondshöhe von 10,1 Mrd. DM gefunden werden konnte (zu den über 6.000 beteiligten Unternehmen gehört die IG Farben i.L. nicht).[128] Die Verfassungsmäßigkeit des weitere Klagen ausschließenden Stiftungsgesetzes wurde als möglicherweise verfassungswidrige

---

124 BVerfG NJW 1996, S. 2717 ff.; zustimmend z. B. KOLLER: Entschädigung, S. 135–138; nähere Analyse bei HEß: Völker- und zivilrechtliche Beurteilung; einordnend auch ADAMHEIT: »Jetzt wird die deutsche Wirtschaft von ihrer Geschichte eingeholt«, S. 320 ff.
125 Eine derartige »nebenbei bemerkte« Rechtsäußerung ist für das Urteil im konkreten Fall nicht erforderlich, das Gericht hält sie aber für so wesentlich, dass es sie dennoch – entgegen strengem juristischen Handwerk – in die Urteilsbegründung einflicht.
126 Chronologie und Zusammenhänge bei Anja HENSE: Entstehung und Konzeption der Stiftung »Erinnerung, Verantwortung und Zukunft« für die Opfer von Zwangsarbeit und Arisierung, in: KRAMER, UHL, WAGNER (Hg.): Zwangsarbeit im Nationalsozialismus, S. 103–118, 104–108. Zu den Rechtswirkungen des 2+4-Vertrags als Ersatzfriedensvertrag zusammenfassend OBERHAMMER, RHEINISCH: Zwangsarbeiter vor deutschen Gerichten, S. 214 f.
127 Anja HENSE: Entstehung und Konzeption, S. 114 f.; zusammenfassend zu den Sammelklagen KOLLER: Entschädigung, S. 164–200.
128 Die Regierungsperspektive vermittelt Heike NEUHAUS: Erläuterungen zum Gesetz zur Errichtung einer Stiftung »Erinnerung, Verantwortung, und Zukunft«, Anlage zum Stiftungserrichtungsgesetz (2006); zur Arbeit der Stiftung in historischer Perspektive BORGGRÄFE: Zwangsarbeiterentschädigung, Kapitel VIII; aus der Binnenperspektive eines »beobachtenden Teilnehmers« heraus interessant: Günter SAATHOFF: Zwischen Vorgeschichte und Abschluss –Dimensionen eines »Selbst-Verständnisses« zur Praxis der Stiftung EVZ, in: Constantin GOSCHLER (Hg.): Die Entschädigung von NS-Zwangsarbeit, Bd. I: Die Stiftung. Der Abschluss der deutschen Wiedergutmachung?, Göttingen 2012, S. 304–326.

Enteignung wegen eventueller Verjährungsverkürzungen kontrovers diskutiert, vom Bundesverfassungsgericht aber letztlich bestätigt.[129]

V. Der Zivilprozess als Austragungsort von Wiedergutmachungsfragen

1. Überforderung der Justiz?

Als Gerichtsverfahren geführt, mussten sich Vorbringen und Handlungen der Prozessparteien der Eigenlogik des Zivilprozesses unterwerfen. Die damit verbundenen Rechtsprobleme erkennt man auf der nüchternen Ebene eines Durchgangs der Anspruchsvoraussetzungen. Die Gerichte selbst bezweifelten schon vor dem Wollheim-Verfahren die Sinnhaftigkeit und Möglichkeit der gerichtlichen Lösung durch Entscheidung oder Vergleich und präferierten eine allgemeine gesetzliche Lösung.[130]

Parallel dazu warf Rainer Schröder nach der Wiedervereinigung erneut die Frage auf, ob Entschädigungsklagen eine Überforderung des bürgerlichen Rechts darstellten. Der Gedanke, bei der Abwicklung von Völkerrechtsverletzungen und Kriegen liege eine Verletzung von Individualrechten vor, erscheine *seit jeher verfehlt*. Bürgerliches Recht regele die Rechtsbeziehungen in bürgerlichen Gesellschaften und sei nicht für die Abwicklung der Folgen eines Unrechtsstaats konzipiert.[131] Darüber kann man diskutieren, es gilt aber für das öffentliche Recht genauso. Selbst wenn man eine bloß öffentlich-rechtliche Lösung für plausibel hält, müssen, wie auch Schröder einräumt, Individualansprüche vor Gericht vorgetragen werden können, solange dies nicht gesetzlich ausgeschlossen ist. Die Zwangsarbeiterentschädigung war zwar eine *politische Frage,*[132] das steht jedoch nicht in einem Ausschlussverhältnis zur rechtlichen. Denn *eigentlich* stellten sich Wiedergutmachungsfragen gerade *als zivilrechtliche Probleme,* auch wenn sie selten als solche im Fokus standen.[133]

Wenn aber eine öffentlich-rechtliche Lösung ausbleibt, bietet das bürgerliche Recht eine hinreichende Reserve, um im Einzelfall und, durch den Druck zu Kollektivvereinbarungen, auch darüber hinaus, zu nachvollziehbaren Lösungen zu gelangen. Das zeigte das Wollheim-Verfahren ganz deutlich. Komplexität ist nicht

---

129 BVerfGE 112, 93; über das Zustandekommen des Stiftungsgesetzes ist viel geschrieben worden, zusammenfassend KOLLER: Entschädigung, S. 201–247, der auch an der parlamentarischen Vorbereitung beteiligt war; umfassende Prüfung und wegen Verstoßes des § 16 Stiftungsgesetz gegen Art. 14 GG das Gesetz insgesamt als verfassungswidrig verwerfend z. B. HASSA: Die Verfassungsmäßigkeit, S. 211–361.
130 LAG Mannheim SJZ 1947, S. 516, 518, dazu RUMPF: Der Fall Wollheim, S. 19.
131 SCHRÖDER: Zwangsarbeit, S. 128.
132 OBERHAMMER, RHEINISCH: Zwangsarbeiter vor deutschen Gerichten, S. 213.
133 SCHRÖDER: Zwangsarbeit, S. 70.

per se ein Ausschlussgrund für das gerichtliche Verfahren und kommt auch in vielen anderen Bereichen vor. Die Beschneidung von Justizressourcen mag das weiter erschweren. Jedoch schützte eine unabhängige Justiz nicht vor einem Versagen der Rechtsanwendung, die in methodisch nicht nachvollziehbaren und nur politisch erklärbaren Auslegungen vor allem der Verjährungsregeln zum Ausdruck kam.

Ungeachtet der späteren höchst problematischen BGH-Rechtsprechung war den Akteuren im Wollheim-Prozess selbstverständlich klar, dass, wer den deutschen Zivilprozess als Austragungsort für Entschädigungsfragen wählt, auch dessen Spielregeln akzeptieren muss. Andere »Spiele« (Öffentlichkeit, Politik, US-Gerichtsbarkeit etc.) funktionieren nach anderen Regeln und wurden ebenso ausprobiert und überlagerten sich. Henry Ormond, der gekonnt die publizistische Auseinandersetzung zu führen wusste, formulierte dies vor dem OLG Frankfurt sehr geschickt nicht nur für die Ohren der Richter, indem er das Verfahren ganz eng als Zivilrechtsfall darstellte und dabei taktisch vollendet u. a. Distanz zu den missliebigen Nürnberger Prozessen und dem oktroyierten Besatzungsrecht zu wahren verstand:

Der Kläger legt Wert auf folgende Feststellungen:

1.) Die Rechtsgrundlage seines Anspruchs ist einzig und allein deutsches Recht, und zwar das Recht des guten alten bürgerlichen Gesetzbuchs vom 18.8.1896, nämlich die Vorschriften über unerlaubte Handlungen [...] und über ungerechtfertigte Bereicherung [...].

2.) Der Anspruch des Klägers hat nichts mit Besatzungsrecht und schon gar nichts mit dem Kontrollratsgesetz Nr. 10 zu tun [...]

3.) Der Kläger führt vor den zuständigen deutschen Zivilgerichten einen Zivilprozess nach den Verfahrensvorschriften der Zivilprozessordnung. Er führt keinen Strafprozeß [...]

4.) Dieser Prozeß hat nichts zu tun mit Ansprüchen nach dem Bundesentschädigungsgesetz oder sonstigen [...] Spezialgesetzen zur Wiedergutmachung nationalsozialistischen Unrechts [...]

5.) Die Klage richtet sich nicht gegen die Bundesrepublik Deutschland [...] Der Kläger weiß nicht, welche Gründe die Beklagte gehabt hat, um im letzten Moment [...] für den Fall des ihr ungünstigen Ausgang des Rechtsstreites die Bundesrepublik Deutschland regreßpflichtig zu machen. [...] Für das, was dort geschah, und was von ihr verschuldet wurde, hat die Beklagte und niemand anders und nicht der Bund und bestimmt nicht der deutsche Steuerzahler einzustehen. [...][134]

---

[134] ORMOND, Plädoyer vor dem 5. Zivilsenat des OLG Frankfurt am 1. März 1955, abgedruckt in Dachauer Hefte 2 (1986), S. 150 f.

Kernproblem der zivilprozessualen Logik ist die umfassende Beweispflicht des Klägers. Alle Beklagten beriefen sich auf staatlichen Zwang und ihren angeblichen Beitrag zur Verbesserung der Lage der Häftlinge. Die ganz anderen wirklichen Verhältnisse mussten als anspruchsbegründende Tatsachen in mühevoller Kleinarbeit bewiesen werden. Die Arbeit von Historikern und Rechtshistorikern kam jedoch nur langsam in der Rechtsprechung an, erst oder spätestens mit der BAG-Entscheidung im Jahr 2000 war die Verantwortlichkeit der Unternehmen in der Rechtsprechung allgemein anerkannt.[135] Empörung über Abwehrversuche der Vorstände und Aufsichtsräte ist hingegen zumindest im Grundsatz unangebracht, weil sie den Interessen des jeweiligen Unternehmens verpflichtet sind, sie sich durch Einlenken u. U. gegenüber den von ihnen vertretenen Gesellschaften und Aktionären sogar persönlich haftbar machen konnten.[136]

2. Alternative Orte der Gerechtigkeit?

Die außergerichtlichen Lösungen waren nicht weniger kompliziert und konnten ebenso neue Wunden verursachen. Da die Zwangsarbeiterentschädigungen letztlich nicht über Gerichtsurteile durchgesetzt, sondern im Vergleichswege durch Kollektivvereinbarungen bestimmt wurden, musste immer ein Kreis der Anspruchsberechtigten bestimmt werden. Hier gab es erheblichen Streit um die Entschädigung von Nichtjuden oder die Einbeziehung von Erben jüdischer Zwangsarbeiter.

Aus juristisch nachvollziehbaren Gründen gestand kein Unternehmen eine rechtliche Verpflichtung zu Entschädigungsleistungen zu, jedoch reduzierte dies ihre Leistungen zu Gnadenerweisen oder Almosen.[137] Insofern mögen individualisierte Verfahren wie diejenigen nach dem Bundesentschädigungsgesetz, eine Retraumatisierung der Opfer bewirkt haben, eine Überlegenheit anderer Konzepte ergibt sich daraus aber nicht; denn sogar die Stiftungsarbeit erfuhr heftige Kritik wegen mangelnder Differenzierung und daraus resultierenden Rivalitäten der Opfergruppen um Anerkennung und Hierarchisierung.[138] Das Urteil des LG Frankfurt erkannte hingegen gemäß zivilprozessualer Logik einen Rechtsanspruch zu

---

135 BAG, NJW 2000, S. 1438, 1439, siehe KOLLER: Entschädigung, S. 109.
136 Zur Haftung genauer Wolfgang PHILIPP: Darf der Vorstand zahlen? Die Zwangsarbeiter und das Aktienrecht, in: Die Aktiengesellschaft (AG) 2000, S. 62–69. Freilich könnte man Anpassungsbedarf an den Gesetzgeber adressieren, um den unternehmerischen Handlungsspielraum auf gesicherter juristischer Basis zu erweitern.
137 GOSCHLER: Streit um Almosen, S. 177.
138 Constantin GOSCHLER: Vom asymmetrischen Tauschhandel zur humanitären Geste. Die moralische Ökonomie des Auszahlungsprogramms der Stiftung »Erinnerung, Verantwortung und Zukunft«, in: Constantin GOSCHLER (Hg.): Die Entschädigung von NS-Zwangsarbeit, Bd. 1: Die Stiftung. Der Abschluss der deutschen Wiedergutmachung?, Göttingen 2012, S. 15–46, 26 f.

und vermied eine erneute Kränkung Wollheims. Für die Fremd- und Selbstwahrnehmung macht das einen großen Unterschied.

Materiell blieben die Ergebnisse der Klagen dürftig. Kein rechtskräftiges Urteil gab einen substantiellen Ausgleich für erlittenes Unrecht. Kompensation durch individuelle Wiedergutmachung war ein weitestgehend neuartiges Konzept,[139] Widerstände und Unzulänglichkeiten insofern wenig überraschend. Andererseits kann man betonen, dass das gerichtliche Scheitern dennoch außergerichtliche Erfolge bewirkte, weil vier der fünf älteren Übereinkünfte zu Zahlungen deutscher Unternehmen durch Klagen ausgelöst worden waren.[140] Eine Ausnahme bildete nur Siemens, während eine Vereinbarung mit Dynamit Nobel scheiterte und das Abkommen mit Feldmühle Nobel schon im Kontext der neuen Entschädigungsdebatten seit den 1980er Jahren stand.[141] Auch in den 1990er Jahren blieben die Klagen erfolglos, selbst in Amerika, mündeten jedoch erneut in eine außergerichtliche Regelung, die Stiftungslösung.

Unterhalb der Ebene des BGH war die Lage weniger eindeutig. Zivilrechtliche Klagen waren zwar nicht geeignet, einen Lohn einzufordern, weil der Lohnanspruch an das Arbeitsvertragsverhältnis anknüpft und Lohnersatzansprüche nicht von der Währungsumstellung ausgenommen waren. Für einen gerechten Lohn unter den Bedingungen der KZ-Zwangsarbeit fehlen ohnehin geeignete Kriterien. Das Abstellen auf den Durchschnittslohn eines deutschen Arbeiters eignet sich zwar als Diskriminierungsschutz, blendet aber die Umstände der Arbeit aus. Die Arbeitsumstände waren aber der Kern des wiedergutzumachenden Unrechts und standen daher schon bei Ormond und Wollheim im Zentrum ihrer Überlegungen. Anders als über den ohnehin nicht werthaltigen Lohnanspruch war es hingegen durchaus möglich, für die zugefügten Leiden in einem gewissen Umfang durch Schmerzensgeld zu entschädigen. In einem größeren Rahmen kam dies erst mit einem Perspektivenwechsel zwischen der Nachkriegszeit und dem Jahrtausendwechsel ins Bewusstsein, der, wie Constantin Goschler[142] es formulierte, die Zwangsarbeiter *gewissermaßen von »Arbeitern« zu »Opfern« verwandelte*.

---

139 SCHRÖDER: Zwangsarbeit, S. 70.
140 Das betont ADAMHEIT: »Jetzt wird die deutsche Wirtschaft von ihrer Geschichte eingeholt«, S. 99 und 102 ff.; ähnlich BROZIK: Die Entschädigung von nationalsozialistischer Zwangsarbeit, S. 46.
141 Die neueren Debatten sind historisch und rechtshistorisch umfassend aufgearbeitet, siehe z. B. BORGGRÄFE: Zwangsarbeiterentschädigung, ADAMHEIT: »Jetzt wird die deutsche Wirtschaft von ihrer Geschichte eingeholt«.
142 Die Auseinandersetzung um Anerkennung und Entschädigung, in: Stefan HÖRDLER u. a. (Hg.): Zwangsarbeit. Die Deutschen, die Zwangsarbeiter und der Krieg, Begleitband zur Ausstellung (Stiftung Gedenkstätten Buchenwald und Mittelbau-Dora), Göttingen 2016, S. 254–265, 264.

Die Kollision verschiedener Gerechtigkeitskonzepte kann ganz unterschiedliche Positionen legitimieren. Idealtypisch beobachtete man in den Aushandlungsprozessen der Stiftung EVZ mindestens drei Gerechtigkeitsansprüche: Hinter dem Fokus auf die aktuellen Lebensbedürfnisse der Betroffenen standen Vorstellungen sozialer Gerechtigkeit, während eine mehr historische Gerechtigkeitsperspektive das Ausmaß des einstigen Leidens – und hier wird es für die zivilrechtliche Anspruchsperspektive interessant – *den Schaden als Maßstab abgelöst und so von einer materiellen in eine psychologische und individuelle Kategorie verwandelt hatte.*[143] Verfahrensgerechtigkeit schließlich meint vor allem Regelgerechtigkeit. Das sollte der Zivilprozess mindestens leisten. Jedoch muss im Zivilprozess der erlittene Schaden entscheidender Maßstab des Unrechtsausgleichs bleiben. Historische Gerechtigkeit im Sinne des eben genannten gewandelten Verständnisses kann und will er nicht liefern. Die Suche nach dem richtigen Ort der Wiedergutmachung bleibt daher abhängig vom bezweckten Gerechtigkeitsideal. Das Wollheim-Verfahren zeigte, dass der Zivilprozess nicht die schlechteste Wahl sein sollte.

---

[143] GOSCHLER: Vom asymetrischen Tauschhandel, S. 25.

»Ostvermögen« und Häftlingsproteste: Die Hauptversammlungen der IG Farben in Liquidation seit den 1990er Jahren

Florian Schmaltz

AUF DER HAUPTVERSAMMLUNG der I.G. Farbenindustrie AG in Liquidation (IG Farben i.L.) am 31. August 1990 in Frankfurt am Main herrschte Aufbruchsstimmung. Waren im Jahr zuvor noch 300 Aktionäre und Aktionärinnen der Einladung zur Hauptversammlung gefolgt, zählte man nun rund 500.[1] Die bevorstehende Vereinigung der beiden deutschen Staaten hatte Aktionärsphantasien beflügelt, nachdem die Konzernleitung angekündigt hatte, millionenschwere Rückgaben und Ausgleichszahlungen für das 1945 in der Sowjetischen Besatzungszone und nach 1949 in der DDR enteignete Firmenvermögen einzufordern. Die an der Börse noch in Reichsmark notierten »Liquidationsanteilsscheine« der 1952 aus der Entflechtung der I.G. Farbenindustrie hervorgegangenen Abwicklungsgesellschaft, deren Aufgabe es war, Bayer, BASF, Hoechst und die übrigen der insgesamt zwölf Nachfolgegesellschaften von Gläubigerforderungen freizuhalten, war plötzlich zu einem Spekulationsobjekt geworden.[2] In den 1980er Jahren, als die Liquidatoren

---

[1] I.G. Farben-Substanz je Anteil 20 DM. DDR beflügelt Phantasie – HV mit starker physischer Präsenz, in: Börsen-Zeitung, 01.09.1990.

[2] Zur Geschichte der Entflechtung siehe u. a.: Peer HEINELT: Die Entflechtung und Nachkriegsgeschichte der I.G. Farbenindustrie AG, Norbert Wollheim Memorial, Frankfurt/M. 2008. S, 1–28, abrufbar unter: http://www.wollheim-memorial.de/de/archiv_links (zuletzt aufgerufen am 13.09.2021); Raymond G. STOKES: Recovery and Resurgence in the West German Chemical Industry: Allied Policy and the I.G. Farben Succesor Companies, 1945–1951, Columbus, OH 1986; Karl Heinz ROTH, Einleitung des Bearbeiters, in: Office of Military Government (Hg.): OMGUS Ermittlungen gegen die IG-Farbenindustrie AG. September 1945, Nördlingen 1986, XIII–LXXII; Raymond G. STOKES: Von der I.G. Farbenindustrie AG bis zur Neugründung der BASF (1925–1952), in: Werner ABELSHAUSER (Hg.): Die BASF. Eine Unternehmensgeschichte, München 2002, S. 221–358, hier S. 334–358; Stephan H. LINDNER: Hoechst. Ein I.G. Werk im Dritten Reich, München 2005, S. 349–375; Marie-France LUDMANN-OBIER: Die Kontrolle der chemischen Industrie in der französischen Besatzungszone 1945–1949, Mainz 1989; Bernhard LORENTZ, Paul ERKER: Chemie und Politik. Die Geschichte der Chemischen Werke Hüls. Eine Studie zum Problem der Corporate Governance, München 2003, S. 155–290; Dirk HACKENHOLZ: Die elektrochemischen Werke in Bitterfeld 1914–1945. Ein Standort der IG Farbenindustrie AG, Münster 2004, S. 343–360.

mit mäßigem Erfolg ehemaliges Auslandsvermögen der IG Farben zu verwerten versuchten, war das Papier zwischen 6 und 12 Mark gehandelt worden. Nun stieg der Kurs vereinigungsbedingt vorübergehend auf 32 Reichsmark.[3] Die Vorstandsmitglieder Günter Vollmann und Ernst-Joachim Bartels, die bei der IG Farbenindustrie i. A. als »Liquidatoren« bezeichnet wurden, heizten die Stimmung mit ihren Reden an. Vollmann revidierte die noch 1989 verbreitete Prognose, wonach die Liquidation innerhalb von zwei Jahren beendet werden könne, weil zwei wesentliche Prozesse vor dem Abschluss stünden:[4] der Verkauf der Ammoniakwerk Merseburg GmbH und der Versuch, in der Schweiz von der Großbank Union Bank of Switzerland (UBS) Ansprüche auf Vermögen geltend zu machen, das im Zweiten Weltkrieg von der IG Farben an die in der neutralen Schweiz gelegene Finanzholding IG Chemie (ab 1945 Internationalen Industrie- und Handelsbeteiligungen AG, kurz: Interhandel) verschoben worden war.[5]

1990 war von einer baldigen Liquidation keine Rede mehr. Mit dem im September 1990 in Moskau unterzeichneten Zwei-plus-Vier-Vertrag, der den Weg für den Beitritt der Deutschen Demokratischen Republik (DDR) zur Bundesrepublik Deutschland am 3. Oktober 1990 ebnete, wurde die endgültige Liquidation auf unbestimmte Zeit verschoben. Fristgerecht zum 13. Oktober 1990 meldete die IG Farben i.L. beim Liegenschaftsamt in Merseburg ihre Ansprüche auf Grundstücke und ehemaliges Ostvermögen an, das in der Konzernbilanz vom 31. Dezember 1944 mit einem Wert von rund einer Milliarde Reichsmark aufgeführt worden war.[6] Unter Hochdruck hatten die Liquidatoren begonnen, sich im Sommer 1990 einen Überblick über die ehemaligen Vermögenswerte der IG Farben in der noch existierenden DDR zu verschaffen. Neben den großen Chemiekombinaten Leuna in Merseburg und dem Buna-Werk Schkopau zählten dazu die Aluminiumwerke Bitterfeld sowie ehemaliger Grundbesitz im Umfang von rd. 151 Millionen qm.[7] Dies ent-

---

3 Schämt Euch. Die Aktionäre der berüchtigten I.G. Farben hoffen auf glänzende Gewinne. Ehemalige Zwangsarbeiter protestieren, in: Der Spiegel 49 (1991), S. 136–138.
4 Ausführungen Dr. Vollmann in der Hauptversammlung am 31.8.1990, Bl. 1, Hessisches Hauptstaatsarchiv Wiesbaden (im Folgenden: HHStAW) Bestand 2092, Nr. 111, fol. 2; Andreas BOHNE: »Im Moment ist an Schließung gar nicht zu denken«. I.G. Farben-Abwicklung durch ihre Ostansprüche weiter verzögert, in: Frankfurter Allgemeine Zeitung, 24.11.1991, S. 7.
5 Declan O'REILLY: IG Farbenindustrie AG, Interhandel and General Aniline & Film Corporation: A Problem in International Political and Economic Relations between Germany, Switzerland and the United States 1925–1965 Cambridge 1997; Mario KÖNIG: Interhandel. Die schweizerische Holding der IG Farben und ihre Metamorphosen. Eine Affäre um Eigentum und Interessen (1910–1999), Zürich 2001; Shraga ELAM: Die Schweiz und die Vermögen der I.G. Farben. Die Interhandel-Affäre, in: 1999. Zeitschrift für Sozialgeschichte des 20. und 21. Jahrhunderts, 13 (1998), H. 1, 61–91; Volker KOOP: Das schmutzige Vermögen. Das Dritte Reich, die I.G. Farben und die Schweiz, München 2005.
6 Nikolaus PIPER: Die Erben leben auf, in: Die Zeit, 26.10.1990.
7 Ausführungen Dr. Vollmann in der Hauptversammlung am 31.08.1990, Bl. 2, HHStAW Bestand 2092,

sprach annähernd der Fläche des Staates Liechtenstein.[8] Wollten die Liquidatoren diesen Grundbesitz für sich reklamieren, mussten sie sich beeilen, da die Frist für Anträge auf Rückgabe von ehemaligem Eigentum in der DDR von Ende Januar 1991 auf den 13. Oktober 1990 verkürzt worden war, um für Investitionen Rechtssicherheit zu schaffen.[9] Um diese Frist zu wahren, hatten sich Angehörige der Konzernverwaltung Mitte August 1990 in der DDR *einen Eindruck von der Lage und dem Erhaltungszustand verschiedener Immobilienobjekte* verschafft und Objekte in Berlin und Brandenburg besichtigt. Mithilfe eines Ostberliner Anwaltsbüros wurden *Anträge auf Nachtragsliquidation von Tochtergesellschaften und Beteiligungsunternehmen der I.G. Farbenindustrie* bei Landratsämtern und Stadtverwaltungen der DDR gestellt.[10] Auf der Hauptversammlung 1990 bezweifelte Vollmann die Endgültigkeit der Enteignungen der sowjetischen Militäradministration zwischen 1945 und 1949.[11] Selbst im Falle eines Eigentumsverlustes infolge Enteignungsmaßnahmen der Sowjetischen Militäradministration erwartete er millionenschwere staatliche Ausgleichszahlungen. Hiergegen entwickelten sich in vielfältigen Formen Widerstand, mit denen die Liquidatoren der IG Farben nicht gerechnet hatten.

1. Proteste, Kündigung und Verschiebung: Die Hauptversammlung am 30. August und 29. November 1991

Erstmals in der Geschichte des Unternehmens musste die IG Farben i.L. ihre auf den 30. August 1991 terminierte Hauptversammlung absagen. Wie war es dazu gekommen? Mitte August 1991 hatte sich ein Bündnis gegen IG Farben gebildet, in dem sich u. a. das Auschwitz-Komitee in der Bundesrepublik, Die Grünen im Umlandverband Frankfurt, die Kritischen Aktionärinnen und Aktionäre, die Vereinigung der Verfolgten des Naziregimes und mehrere antifaschistische und linke Gruppen Frankfurts zusammengeschlossen hatten. Frankfurts Oberbürgermeister Andreas von Schoeler (SPD) wurde aufgefordert, IG Farben i.L. den Mietvertrag für die auf dem Messegelände Frankfurt für die Hauptversammlung der Aktiengesellschaft angemieteten Räume zu kündigen. In der Festhalle auf dem Messegelände waren am 10. November 1938, am Morgen nach dem reichsweiten Pogrom, die ver-

---

Nr. III, fol. 3.
8 Liechtenstein verfügt über eine Fläche von 160 qkm.
9 Ausführungen Dr. Vollmann in der Hauptversammlung am 31.08.1990, Bl. 3, HHStAW Bestand 2092, Nr. III, fol. 4.
10 Ebd., Bl. 5, HHStAW Bestand 2092, Nr. III, fol. 6. Das IG Farbenwerk Premnitz wurde 1949 in den VEB Chemiefaserwerk Friedrich Engels umgewandelt und 1990 in Märkische Faser AG umbenannt.
11 Ebd., Bl. 6, HHStAW Bestand 2092, Nr. III, fol. 7.

hafteten Frankfurter Juden zusammengetrieben, durch die Stadt zum Südbahnhof abgeführt und von dort in Konzentrationslager transportiert worden.[12]

Als Gesellschafter der Messe GmbH war die Stadt Frankfurt nicht nur in dessen Aufsichtsrat vertreten, sondern stellte mit ihrem Oberbürgermeister den Aufsichtsratsvorsitzenden. Damit geriet die Stadt Frankfurt politisch unter Rechtfertigungsdruck. Auf Anregung der Frankfurter Polizeiführung wurde am 21. August 1991 erstmals ein Gespräch über Sicherheitsmaßnahmen für die anberaumte Hauptversammlung der IG Farben i.A. geführt. Nach Einschätzung der Polizei war *aufgrund der Protestaktionen politisch engagierter, überwiegend links bis sehr links stehender Gruppen, die ihren Widerhall auch in der Presse gefunden hätten, mit erheblichen Problemen bei der Abwicklung der Hauptversammlung zu rechnen.*[13] Angesichts dieses Bedrohungsszenarios kündigte die Messehallen GmbH einen Tag nach der Sicherheitsbesprechung IG Farben i. A. die reservierten Räume fristlos.[14] Der umgehend von IG Farben gegen die Kündigung vor Gericht eingelegte Widerspruch blieb wirkungslos. Das Unternehmen sah sich gezwungen, die Verschiebung der Hauptversammlung auf Ende Oktober 1991 im Bundesanzeiger bekanntzugeben.[15] Als es der IG Farben i.A. im Oktober schließlich gelungen war, für die auf den 29. November 1991 verschobene Hauptversammlung Räume im Hotel Frankfurter Hof anzumieten, forderte der Deutsche Gewerkschaftsbund die Geschäftsleitung des Hotels auf, den Vertrag zu kündigen.[16] Der Mietvertrag kam erst zustande, als IG Farben eine Zusatzerklärung unterzeichnet hatte, die das Hotel *von allen Risiken* freistellte, welche sich durch *Demonstrationen oder Protestaktionen* ergeben könnten.[17] Am 7. November 1991 informierte das Bündnis gegen IG Farben auf einer Presskonferenz über geplante Aktionen und eine Kundgebung vor dem Tagungshotel, die den Forderungen nach einer *Entschädigung der Opfer und ihrer Hinterbliebenen mit dem IG Farben-Vermögen* Nachdruck verleihen sollte. IG Far-

---

12 Wolfgang WIPPERMANN: Das Leben in Frankfurt zur NS-Zeit. Die nationalsozialistische Judenverfolgung. Frankfurt/M. 1986, S. 243; siehe den Erinnerungsbericht von Julius MEYER, November 1938 in Frankfurt/M. und Vorfälle in der Festhalle. Geschrieben 1940, in: Kommission zur Erforschung der Geschichte der Frankfurter Juden (Hg.), Dokumente zur Geschichte der Frankfurter Juden, Frankfurt/M. 1963, S. 32–44.
13 Vollmann: Aktennotiz: Besprechung am 21.08.1991 bei der Schutzpolizeidirektion I Mitte - 13. Polizeirevier, 20.09.1991, HHStAW Bestand 2092, Nr. 120, fol. 150–154, hier fol. 150.
14 Messe Frankfurt GmbH an Vollmann, 22.08.1991, HHStAW Bestand 2092, Nr. 120, fol. 168.
15 I.G. Farbenindustrie Aktiengesellschaft in Abwicklung: Mitteilung an alle Aktionäre, in: Börsen-Zeitung, 24.08.1991; IG Farben: Mitteilung an alle Aktionäre, gez. Barz, 22.08.1991, HHStAW Bestand 2092, Nr. 116, fol. 205–206.
16 Hauptversammlung der IG Farben: DGB Protest, in: Frankfurter Rundschau, 21.10.1991, HHStAW Bestand 2092, Nr. 116, fol. 190.
17 Steigenberger Frankfurter Hof an Bartels (IG Farben), 30.10.1991, HHStAW Bestand 2092, Nr. 119, fol. 170.

ben i.A. verstoße nicht nur seit 45 Jahren gegen den Liquidationsauftrag, sondern sei im Begriff, erneut in großem Stil in Richtung Ostdeutschland und -europa zu expandieren. Das Unternehmen beabsichtige den Firmennamen und Unternehmenszweck auf der Hauptversammlung zu ändern, um Grundbesitz und Industrieanlagen in der ehemaligen DDR zu erlangen. Im Erfolgsfall *würde die IG Farben mit einem Schlag zur größten Grundstückseigentümerin auf dem Boden der ehemaligen DDR*.[18] Auch auf der Gedenkfeier für die Opfer der Reichspogromnacht in der Frankfurter Paulskirche am 9. November 1991 äußerte sich Frankfurts Oberbürgermeister Andreas von Schoeler kritisch zu der Aktionärsversammlung. In Anwesenheit des israelischen Botschafters Benjamin Navon und des Vorstandsvorsitzenden der Jüdischen Gemeinde Frankfurts, Ignaz Bubis, sagte von Schoeler, die Absicht der IG Farben i. A., ihre Aktionärsversammlung in den Frankfurter Messehallen abhalten zu wollen, sei ein *Hohn gegen die in Frankfurt lebenden Juden*.[19] Drei Tage nach der Gedenkveranstaltung relativierte von Schoeler seine Aussage. Gegenüber der Frankfurter Allgemeinen Zeitung erklärte er nun, *seine Bedenken hätten sich lediglich auf den ursprünglich geplanten Versammlungsort in der Festhalle auf dem Messegelände bezogen,* weil dies Ausdruck mangelnder Auseinandersetzung mit der eigenen Geschichte sei. Gegen das Hotel Frankfurter Hof, habe er als Tagungsort *nichts einzuwenden*.[20]

Eine Woche vor der Hauptversammlung berichtete der sichtlich nervöse Liquidator Vollmann dem Aufsichtsratsvorsitzenden Ernst Krienke über die in einem Flugblatt der Grünen vom 7. November 1991 angekündigten Protestaktionen. Der Auschwitz-Überlebende Hans Frankenthal[21] sei als Redner angekündigt und habe

---

[18] Bündnis gegen IG Farben an die Medien: Aktionen bei IG Farben-Versammlung im Frankfurter Hof, 07.11.1991, HHStAW Bestand 2092, Nr. 116, fol. 187-188.
[19] »Unkenntnis vorzugeben war und ist mir unmöglich.« Gedenkfeier zum 9. November. Schoeler kritisiert Aktionärsversammlung der IG Farben, in: Frankfurter Allgemeine Zeitung, 11.11.1991, S. 40. Siehe auch: »›Bruch mit der Zivilisation‹. OB von Schoeler beim Gedenken in der Paulskirche«, in Frankfurter Rundschau, 11.11.1991.
[20] Schoeler: Keine Einwände gegen IG-Farben-Versammlung, in Frankfurter Allgemeine Zeitung, 12.11. 1991, S. 43.
[21] Frankenthal, der 1926 als Sohn eines jüdischen Viehhändlers im sauerländischen Schmallenberg geboren wurde, hatte als Kind und Schüler die antisemitische Ausgrenzung und Verfolgung erleben müssen. Mit 14 Jahre wurde er als Zwangsarbeiter in einer Straßenbaukolonne eingesetzt und 1943 mit der gesamten Familie nach Auschwitz deportiert, wo seine Eltern sofort vergast wurden. Mit seinem älteren Bruder Ernst überlebte Hans Frankenthal das Konzentrationslager Monowitz, wo beide auf der Werksbaustelle der IG Farben als Sklavenarbeiter ausgebeutet wurden, und anschließend den Todesmarsch von Auschwitz im Januar 1945 sowie weitere Monate in der Raketenproduktion der V-2 in den unterirdischen Stollen des KZ Mittelbau-Dora. Zuletzt in lebensbedrohlichem Gesundheitszustand nach Theresienstadt transportiert, erwachte er dort aus dem Koma nach der Befreiung des Lagers durch die Rote Armee. Zu-

zwischenzeitlich einen Antrag an die IG Farben Aktionärsversammlung eingereicht.[22] Frankenthal forderte die Aktionärsversammlung auf, den Abschluss der Liquidation bis 1992 zu beschließen und das verbliebene Firmenvermögen für die Entschädigung der ehemaligen Zwangsarbeiterinnen und Zwangsarbeiter von IG Farben und den Erhalt der Gedenkstätten an die Opfer des Nationalsozialismus zu verwenden. Die Auflösungsforderung begründete Frankenthal knapp und bündig: *1992 existiert IG Farben i.A. 40 Jahre. Der Hauptgrund ihrer Existenz waren a) die Offenhaltung von Ansprüchen auf dem Gebiet der DDR und b) die Zahlung von Pensionsleistungen an ehemalige IG-Angestellte und -Manager. Diese Pensionsansprüche können auch bis zum festgelegten Zeitpunkt, 1998, treuhänderisch wahrgenommen werden.* Zur Entschädigung hielt er die Überleitung des liquiden Firmenvermögens in eine Stiftung für sinnvoll: IG Farben i.A. verstoße seit 39 Jahren gegen den Liquidationsauftrag und sei *im Begriff erneut zu expandieren. Angesichts der unsäglichen Verbrechen, die untrennbar mit dem Namen IG Farben verbunden sind,* sei ihre Weiterexistenz *ein politischer und moralischer Skandal erster Ordnung.*[23]

Um den Protesten des Bündnisses gegen IG Farben zu begegnen, hatte die Konzernleitung grundlegende Satzungsänderungen vorbereitet. Der historisch belastete Name sollte weichen und das Unternehmen in »I.G. Beteiligungs- und Grundbesitz-Aktiengesellschaft in Abwicklung« umbenannt werden. Der Gegenstand des – nichtproduzierenden – Unternehmens sollte künftig nicht mehr die Erzeugung und der Verkauf von Farben und chemischen Produkten sein, wie es noch in der Satzung hieß,[24] sondern der Erwerb und die Verwaltung *von in- und ausländischen Beteiligungen und Finanzanlagen.*[25] Wie die Frankfurter Rundschau berichtete, mussten die rund 800 Aktionäre und Aktionärinnen der I.G. Farben-

---

sammen mit einem Bruder kehrte er, dem an der Rampe von Auschwitz ausgesprochenen Wunsch seines Vaters folgend, nach Schmallenberg zurück, wo er trotz erneuter Anfeindungen ein Metzgereigeschäft aufbaute und eine Familie gründete. Nach seiner Pensionierung sprach er als Zeitzeuge in Schulen und Jugendzentren, engagierte sich im Zentralrat der Juden in Deutschland und im Auschwitz-Komitee sowie im Dachverband der Kritischen Aktionärinnen und Aktionäre. Vgl. Hans FRANKENTHAL: Verweigerte Rückkehr: Erfahrungen nach dem Judenmord. Unter Mitarbeit von Andreas PLAKE, Babette QUINKERT und Florian SCHMALTZ, Frankfurt/M. 1999. Neuauflage: Hans FRANKENTHAL: Verweigerte Rückkehr. Erfahrungen nach dem Judenmord. Berlin 2012.

22 Vollmann an Krienke, Ehlerding, Tobeschat und Laule, 22.11.1991, HHStAW Bestand 2092, Nr. 116, fol. 180–181.

23 Hans Frankenthal: Antrag an die IG Farben-Aktionärsversammlung am 29. November 1991 in Frankfurt, 12.11.1991, HHStAW Bestand 2092, Nr. 116, fol. 193.

24 Beispielsweise § 3 der Satzung vom 23.06.1966, HHStAW Bestand 2092, Nr. 11883, und mit Zusatz *sowie der Betrieb sonstiger gewerblicher Unternehmungen* in der Satzung vom 09.09.1992, HHStAW Bestand 2092, Nr. 124, fol. 108–118, hier fol. 108.

25 I.G. Farbenindustrie AG in Abwicklung: Geschäftsbericht 1990, Juni 1991, Bl. 1-20, HHStAW Bestand 2092, Nr. 118, fol. 9.

industrie i.A. am 29. November 1991 *ein verbales Spießrutenlaufen absolvieren,* als sie sich unter Polizeischutz an 50 friedlich Demonstrierenden vorbei zu dem am Haupteingang mit Gittern abgeriegelten Tagungshotel Frankfurter Hof begaben, wo weitere Einlass- und Sicherheitskontrollen folgten.[26] IG Farben ließ nur *schreibende Presse* zu und untersagte im Tagungsgebäude die Mitnahme von Kameras und Filmmaterial.[27] Die aggressive Stimmung einiger Aktionäre manifestierte sich gegenüber den Medien verbal und körperlich. Ein älterer Aktionär griff ein Fernsehteam tätlich an.[28] Angesichts der Proteste von ehemaligen Häftlingen der IG Auschwitz und einer kritischen Berichterstattung über die NS-Vergangenheit der IG Farben sah sich der Vorsitzende des Aufsichtsrats Ernst C. Krienke bei der Eröffnung der Hauptversammlung veranlasst, eine persönliche Erklärung abzugeben.[29] Wer glaube, *dieser Gesellschaft die gesamte Erblast national-sozialistischen Unrechts in toto in die Schuhe schieben zu müssen,* werde *den historischen Fakten nicht gerecht.*[30] Weder Vorstand noch Aufsichtsrat könnten *der Beteiligung oder der Sympathie an national-sozialistischem Unrecht bezichtigt werden,* er selbst, betonte Krienke, sei *am Kriegsende 17 Jahre alt* gewesen und die Aktienmehrheit des Unternehmens läge *nicht in deutschen Händen,* sondern *im angelsächsischen Ausland.*[31] Auf die Drohung, Kritikerinnen und Kritikern das Wort zu entziehen, folgte noch eine Ankündigung, die Aufsehen erregte. Der Aufsichtsrat habe beschlossen, aus Erlösen aus der Rückgewinnung von in der ehemaligen DDR gelegenem Vermögen eine gemeinnützige Stiftung zu dotieren.[32] Über den genauen Zweck der gemeinnützigen Stiftung ließ Krienke die Anwesenden ebenso im Unklaren, wie über die vorgesehene Höhe des Stiftungsvermögens und die Frage, wer dieses einmal verwalten sollte.

In Reaktion auf die öffentlichkeitswirksamen Proteste hatte die Konzernspitze der IG Farben in Abwicklung 1991 damit erstmals die Entschädigungsfrage ehe-

---

26 »An diesen Aktien klebt Blut.« Massive Proteste vorm Frankfurter Hof bei der Versammlung der I.G. Farben i.A., in: Frankfurter Rundschau, 30.11.1991.
27 Protokoll, Betr.: Aktionärsversammlung IG Farben 29.11.1991, 27.11.1991, HHStAW Bestand 2092, Nr. 119, fol. 133–135.
28 »An diesen Aktien klebt Blut.« Massive Proteste vorm Frankfurter Hof bei der Versammlung der I.G. Farben i.A., in: Frankfurter Rundschau, 30.11.1991.
29 Ernst Caesar Krienke war 1976 in die Schlagzeilen geraten, weil er als Vorstandssprecher der in der DDR enteigneten und 1965 in Hamburg reaktivierten Privatbank Adca (Allgemeinen Deutschen Credit-Anstalt) für verlustreiche Bank- und Kreditgeschäfte verantwortlich war, die ihm seinen Posten gekostet hatten. Vgl. Banken alles trallala, in: Der Spiegel 6 (1976), S. 51–52.
30 Ausführungen des Aufsichtsratsvorsitzender Ernst C. Krienke am 29.11.1991, Bl. 1, HHStAW Bestand 2092, Nr. 115, fol. 7.
31 Ebd., Bl. 2, HHStAW Bestand 2092, Nr. 115, fol. 8.
32 Ebd., Bl. 3, HHStAW Bestand 2092, Nr. 115, fol. 9.

maliger KZ-Häftlinge mit der Rückübereignung des »Ostvermögens« verknüpft. Dieses strategische Junktim, von dem die Unternehmensleitung in den folgenden Jahren nicht mehr abrückte, sollte die Proteste neutralisieren. Die Entschädigungsforderungen ehemaliger Zwangsarbeiter und Zwangsarbeiterinnen sollten auf diese Weise für das Ziel der Liquidatoren instrumentalisiert werden, den umfassenden Transfer des »Ostvermögens« zu legitimieren. Während die Höhe des Stiftungsvermögens auf der Aktionärsversammlung nur vage angedeutet blieb, zirkulierten intern bereits erste Berechnungen, welche Beträge in die Stiftung fließen sollten. Bereits 1991 war eine Dotierung in einer *Größenordnung von etwa 5 % der Nettoerlöse, die sich aus der Realisierung des I.G. Farben-Vermögens in der ehemaligen DDR ergeben,* vorgesehen.[33] Im Falle einer erfolgreichen Rückübertragung oder einer finanziellen Ausgleichszahlung durch die öffentliche Hand sollte demnach der Löwenanteil von 95 % des von den Alliierten in der Sowjetischen Besatzungszone enteigneten Vermögens an die Aktionäre und Aktionärinnen und nicht an die Überlebenden Sklaven- und Zwangsarbeiter:innen der IG Farben ausgeschüttet werden. Dem stand zu diesem Zeitpunkt bereits die Grundsatzentscheidung des Bundesverfassungsgerichts vom 23. April 1991 entgegen, wonach die Enteignungen durch die Sowjetische Militär-Administration verfassungs- und völkerrechtlich Bestand hatten. Entsprechend der Gemeinsamen Erklärung der Regierungen der Bundesrepublik Deutschland und der Deutschen Demokratischen Republik zur Regelung offener Vermögensfragen vom 15. Juni 1990 war der deutsche Staat aber zu Ausgleichzahlungen für Enteignungen auf besatzungshoheitlicher Grundlage verpflichtet.[34] Deshalb, führte Vollmann in seiner Rede aus, habe *I.G. Farben die*

---

33 Vollmann an Krienke, Tobeschat, Ehlerding und Laule, 10.12.1991, HHStAW Bestand 2092, Nr. 119, fol. 44.

34 Das Bundesverfassungsgericht erklärte in seinem Urteil vom 23.04.1991, *Art. 79 Abs. 3 GG, die Ewigkeitsgarantie verfassungspolitischer Grundrechte,* verlange nicht, dass Objekte zur Wiedergutmachung von Enteignungsmaßnahmen einer fremden Staatsgewalt zurückgegeben werden müssen, selbst wenn sich die Enteignungen *für den dem Grundgesetz verpflichteten Gesetzgeber als nicht hinnehmbar erweisen.* Ferner gebiete es Art. 3 Abs. 1 GG, die Gleichheit vor dem Gesetz, dass *der Gesetzgeber auch für die Enteignungen auf besatzungsrechtlicher oder besatzungshoheitlicher Grundlage im Sinne von Anlage III Nr. 1 des Einigungsvertrages eine Ausgleichsregelung schafft.* Urteil des Ersten Senats vom 23.04.1991 (BVerfGE 84, 90 - Bodenreform I), https://www.servat.unibe.ch/tools/DfrInfo?Command=ShowPrintText&Name=bv084090 (zuletzt aufgerufen am 13.05.2021). *Die Enteignungen auf besatzungsrechtlicher bzw. besatzungshoheitlicher Grundlage (1945 bis 1949) sind nicht mehr rückgängig zu machen. Die Regierungen der Sowjetunion und der Deutschen Demokratischen Republik sehen keine Möglichkeit, die damals getroffenen Maßnahmen zu revidieren. Die Regierung der Bundesrepublik Deutschland nimmt dies im Hinblick auf die historische Entwicklung zur Kenntnis. Sie ist der Auffassung, daß einem künftigen gesamtdeutschen Parlament eine abschließende Entscheidung über etwaige staatliche Ausgleichsleistungen vorbehalten bleiben muß.* Vgl.: Vertrag zwischen der Bundesrepublik Deutschland und der Deutschen Demokratischen Republik über die Herstellung der Einheit Deutschlands (Einigungsvertrag). Anlage III Gemeinsame Erklärung der Regierungen der Bundesrepublik Deutschland und der Deutschen Demokratischen Republik zur Regelung offener Vermögensfragen

bevorstehende Ausgleichsgesetzgebung auf Auswirkungen für die Abwicklung unserer Gesellschaft zu prüfen und sich im übrigen um Restitution zu bemühen.[35] Selbst im Ausland war dies seit Ende der 1980er Jahre in mehreren Fällen gelungen. Ende Juli 1991 war IG Farben i.L., entsprechend dem früheren Firmenanteil an der Dynamit Nobel AG Preßburg, ein Erlös für ein 1945 durch die Tschechoslowakei enteignetes und nun restituiertes Verwaltungsgebäude in Wien zugeflossen. Ferner hatte das Ausgleichsamt Stuttgart bereits 1988 für Vermögensverluste in Ägypten eine Ausgleichszahlung geleistet und eine weitere Zahlung in Aussicht gestellt, mit der Vollmann zufolge, *die derzeit laufenden Vorgänge I.G. Farben-Auslandsvermögen betreffend abgeschlossen* würden.[36] Verabschiedet wurde auf der Hauptversammlung schließlich ein Antrag, der vorsah, die Firma in *I.G. Beteiligungs- und Grundbesitz-Aktiengesellschaft in Abwicklung* umzubenennen, um *den Bezug auf den früheren Namen und damit künftig möglichst politisch motivierte Diskussionen zu vermeiden.*[37]

2. »Ostvermögen« und »Sonderausschüttung«: Die Hauptversammlungen 1992 bis 1994

Die Proteste gegen die Hauptversammlung am 25. August 1992 fielen schwächer aus als im Vorjahr. Vor dem Eingang des Hotels Frankfurter Hof hatten sich nur etwa 20 Demonstrierende mit Pappschildern eingefunden, die eine sofortige Auflösung der IG Farben forderten.[38] Im Zentrum der Hauptversammlung stand die Diskussion über die Restitution des ehemaligen »Ostvermögens« der IG Farben in der Sowjetischen Besatzungszone und im Ostteil Berlins. Zu den Restitutionsforderungen zählten das Chemiekombinat Leuna, die Bunawerke Schkopau, die Chemischen Werke Tscherndorf und die Aluminium GmbH.[39] Darüber hinaus konzentrierten sich die Anwälte der IG Farben i.L. auf die Restitution von Grund-

---

vom 15.06.1990. Vgl.: https://www.gesetze-im-internet.de/einigvtr/anlage_iii.html (zuletzt aufgerufen am 13.05.2021).

35 Protokoll der Ausführungen von Günter Vollmann in der Hauptversammlung am 29.11.1991, HHStAW Bestand 2092, Nr. 115, fol. 7–23, hier fol. 18.

36 Ebd., Bl. 6, HHStAW Bestand 2092, Nr. 115, fol. 22.

37 Vollmann an Schweikart und Bartels, Aktennotiz, 10.10.1991, HHStAW Abt. 2092, Nr. 119, fol. 57.

38 IG-Farben-Hauptversammlung. Treues Publikum für Abwickler, in: Frankfurter Rundschau, 26.08.1992; Andreas BOHNE: Nur wenige Demonstranten. Jahreshauptversammlung der IG Farben in Abwicklung, in: Frankfurter Allgemeine Zeitung, 26.08.1992, S. 32; Michael GIRKENS: 20 Millionen Gewinn – keinen Pfennig für die Opfer, in: Neues Deutschland, 28.08.1992.

39 Ausführungen Dr. Ernst-Joachim Bartels in der Hauptversammlung der I.G. Farbenindustrie AG i.A. am 25.08.1992, HHStAW Bestand 2092, Nr. 123, fol. 34-46, hier fol. 34; I.G. Farben avisiert »angemessenen Überschuß«. Im Halbjahr über 4 Mill. DM-Sachausschüttung so schnell wie möglich. Unerwartet ruhige HV, in: Börsen-Zeitung, 26.08.1992.

stücken und Immobilien im Großraum Berlin mit einer Gesamtfläche von rund 130.000 Quadratmetern. Diese waren auf einer sogenannten Liste 3 vom Magistrat von Groß-Berlin im Zusammenhang mit dem »Gesetz zur Einziehung von Vermögenswerten der Kriegsverbrecher und Naziaktivisten« vom 8. Februar 1949 bekannt gemacht worden.[40] Die Liquidatoren und ihre Anwälte bestritten, dass gemäß der Liste 3 enteignete Vermögen als besatzungsrechtliche Enteignungsmaßnahme anzusehen seien.[41] Die Liste 3 war erst am 2. Dezember 1949 im »Verordnungsblatt für Groß-Berlin«, einige Wochen nach der Gründung der DDR am 7. Oktober 1949, veröffentlicht worden. Die Veröffentlichung, argumentierten die Liquidatoren, läge damit nach dem Stichtag, bis zu dem Enteignungen der Bodenreform, wie im Einigungsvertrag vorgesehen, unangetastet bleiben sollten.[42] IG Farben erwartete eine Klärung dieser Rechtsfragen in den vor Verwaltungsgerichten noch anhängigen Klagen.[43] Hierbei stießen sie jedoch auf unerwartete Probleme und Widerstände. Mit dem Beschluss des Deutschen Bundestages vom 20. Juni 1991, seinen Sitz von Bonn nach Berlin zu verlegen, wurden für den Umzug in die neue Hauptstadt zentral gelegene Grundstücke und Immobilien für Ministerien und die Bundestagsverwaltung benötigt. In der Hauptstadtplanung kollidierten die Interessen der Bundesregierung mit von der IG Farben beanspruchten Grundstücken, beispielsweise am Pariser Platz.[44] Ein weiteres Problem stellte für die IG Farben die im Einigungsvertrag vom 31. August 1990 festgelegte Regelung offener Vermögensfragen dar. Diese sah eine »Vorfahrtsregelung« für Investoren vor Alteigentümern vor.[45] Als Liquidationsgesellschaft konnte IG Farben nicht als Immobilieninvestor auftreten, weil die Erschließung neuer Geschäftsfelder zu offensichtlich gegen den alliierten Liquidationsauftrag verstieß. Insofern war auch die vom Registergericht in Frankfurt am Main abgelehnte Satzungsänderung, die durch die Umwandlung des Unternehmenszwecks solche Hemmnisse beseitigen

---

40 Magistrat von Groß-Berlin: Gesetz zur Einziehung von Vermögenswerten der Kriegsverbrecher und Naziaktivisten vom 08.02.1949, in: Verordnungsblatt für Groß-Berlin I (1949), S. 34.
41 Sowjetische Militäradministration: Befehl Nr. 124/45 über die Beschlagnahme in provisorischer Verwaltung einiger Eigentumskategorien. Verordnungsblatt der Provinz Sachsen (1945), S. 10.
42 Magistrat von Groß-Berlin: Gesetz zur Einziehung von Vermögenswerten der Kriegsverbrecher und Naziaktivisten vom 08.02.1949, in: Verordnungsblatt für Groß-Berlin I (1949), S. 34; Bekanntmachung über weitere Einziehungen auf Grund des Gesetzes vom 08.02.1949 (Liste 3), in: Verordnungsblatt für Groß-Berlin I (1949), S. 245-426; Art. 41 Regelung offener Vermögensfragen.
43 Ausführungen Günter Vollmann in der Hauptversammlung der I.G. Farbenindustrie AG i.A. am 25.08.1992, Bl. 9, HHStAW Bestand 2092, Nr. 123, fol. 47-57, hier fol. 55.
44 Ebd., Bl. 10, HHStAW Bestand 2092, Nr. 123, fol. 56.
45 Art. 41, Abs. 2. Gesetz zu dem Vertrag vom 31. August 1990 zwischen der Bundesrepublik Deutschland und der Deutschen Demokratischen Republik über die Herstellung der Einheit Deutschlands - Einigungsvertragsgesetz - und der Vereinbarung vom 18. September 1990. Bundesgesetzblatt Teil II (1990), S. 885-1248. Vgl. hier S. 903-904.

sollte, ein herber Rückschlag, gegen den das Unternehmen beim Landgericht Frankfurt am Main Rechtsmittel einlegte.[46] Einige Wochen vor der Hauptversammlung erlitten die Bestrebungen der IG Farben i.L. in Berlin einen Dämpfer. Am 2. Juni 1992 hatte der Berliner Senat beschlossen, die Vermögenswerte der Liste 3 nicht zu restituieren.[47] Hierzu hatte die Berliner Justizsenatorin Jutta Limbach in ihrem Haus eine vertiefende rechtliche Prüfung veranlasst. Entgegen der herrschenden Meinung und der vom Bundesjustizministerium und Bundesfinanzministerium vertretenen Auffassung kam Limbach zu dem Schluss, dass für alle aufgrund der Liste 3 Enteigneten kein Rückgabeanspruch nach dem Vermögensgesetz bestehe.[48] Zu diesem Zeitpunkt war noch nicht absehbar, ob die in dem Gutachten vertretene Rechtsauffassung vor Gerichten Bestand haben würde. Klar war hingegen, dass die Berliner Landesbehörden fortan sämtliche Restitutionsforderungen zurückweisen würden. Auch anderenorts begann sich der Wind zu drehen.

Auf der am 16. Juli 1993 in Frankfurt unter erneuten Protesten im Hotel Frankfurter Hof abgehaltenen Hauptversammlung musste Liquidator Vollmann über weitere juristische Niederlagen berichten.[49] Auf der letzten Hauptversammlung war eine für die Rückgewinnung des Ostvermögens wichtige Änderung des Gegenstands des Unternehmens und eine Umbenennung in *I.G. Beteiligungs- und Grundbesitz-Aktiengesellschaft in Abwicklung* beschlossen worden. Der Beschluss blieb ein Pyrrhussieg, weil der zuständige Richter es ablehnte, den Firmeneintrag im Handelsregister abzuändern und Klagen der IG Farben i.L. zunächst vom Amtsgericht und danach vom Landgericht Frankfurt am Main zurückgewiesen wurden.[50]

In den neuen Bundesländern und Berlin stieß IG Farben auf andere Schwierigkeiten. In seiner Rede auf der Hauptversammlung 1993 beklagte Liquidator Vollmann, man habe inzwischen den Eindruck gewonnen, es gehe *der Treuhandanstalt*

---

46 Ausführungen Günter Vollmann in der Hauptversammlung der I.G. Farbenindustrie AG i.A. am 25.08.1992, Bl. 2, HHStAW Bestand 2092, Nr. 123, fol. 48.
47 Senatsbeschluss Nr. 1836/92 vom 02.06.1992 über Handhabung der Liste 3-Fälle, 02.06.1992, Landesarchiv Berlin Bestand D Rep. 002, Nr. 2164. Siehe auch: Senatsverwaltung für Finanzen V AbtL-StV: Bericht für den Unterausschuss Vermögen und Beteiligungen des Hauptausschusses. Vorstoß der Senatsverwaltung für Finanzen zur Rückgabe der 1949 nach »Liste 3« enteigneten Grundstücke an Alteigentümer, 05.12.1991, Landesarchiv Berlin Bestand D Rep. 001, Nr. 10677.
48 Jutta LIMBACH: Betr.: Problem der Rückgängigmachung von Enteignungen aufgrund der »Liste 3«, in: Zeitschrift für offene Vermögensfragen 4 (1992), S. 195–196; Rainer W. KLAUS: Untersuchung der Frage einer grundsätzlichen Restitutionsfähigkeit von enteigneten Vermögenswerten der am 2. Dezember 1949 veröffentlichten sogenannten Liste 3, in: Zeitschrift für offene Vermögensfragen 4 (1992), S. 190–194.
49 Erinnern an Konzern-Verbrechen. Protest: »IG Farben. i.A.«-Aktionäre tagten im Frankfurter Hof, in: Frankfurter Rundschau, 17.07.1993.
50 Protokoll der Ausführungen von Günter Vollmann in der Hauptversammlung am 16.07.1993, HHStAW Bestand 2092, Nr. 123, fol. 14-21, hier fol. 14.

und den Ämtern zur Regelung offener Vermögensfragen offenbar nicht darum, die angemeldeten *Ansprüche von früheren Eigentümern zu unterstützen, sondern vielmehr darum, sie abzuwehren.* Ämter, Landes- und kommunale Behörden verfolgten, ebenso wie der Bund, vor allem in Berlin eigene Vermögensinteressen: *Die Bundesregierung beansprucht Grundstücke im Rahmen der vorgesehenen Verlagerung von Ministerien von Bonn nach Berlin und der Senat Berlin für die Ausrichtung der Olympiade 2000, wobei noch offen ist, ob Berlin den Zuschlag erhält.*[51]

Neben den jährlichen Protesten auf der Hauptversammlung der IG Farben i.L. wählte das »Bündnis gegen IG Farben« auch andere Aktionsformen. Am 10. November 1993 besetzten rund 30 Mitglieder des »Bündnis gegen IG Farben« die Büros der IG Farben i.A. in der Silberbornstraße in Frankfurt am Main. Mit der Aktion sollte 55 Jahre nach der Reichspogromnacht den Forderungen nach einer sofortigen Abwicklung und der Entschädigung der Opfer Nachdruck verliehen werden.[52] Wenige Wochen nachdem die Konzernverwaltung besetzt worden war, verminderten sich jedoch die Möglichkeiten von Entschädigungszahlungen. Eine auf ihrer Hauptversammlung im Juli 1993 beschlossene »Sonderausschüttung« reduzierte das verbliebene Kapital der I.G. Farben i.L. drastisch. Auch wenn dies nicht die erste Ausschüttung in der Geschichte des Unternehmens gewesen ist, war sie die umfassendste. Nach der Entflechtung verfügte I.G. Farben i.L. 1952 über ein Abwicklungskapital von 240 Millionen DM. In den Jahren 1967, 1975 und 1986 wurden bei drei Tranchen rund 59 Millionen DM an die Inhaber der Liquidationsanteilsscheine ausgeschüttet.[53] Durch die im Dezember 1993 vollzogene Ausschüttung reduzierte sich das Aktienkapital um rund 154 Millionen DM auf ein Restvermögen rund 30 Millionen DM.[54]

---

51 Ebd., Bl. 6, HHStAW Bestand 2092, Nr. 123, fol. 19.
52 Bürobesetzung bei »IG Farben in Abwicklung«, in: Frankfurter Rundschau, 11.11.1993.
53 I.G. Farbenindustrie AG in Abwicklung, in: Hoppenstedt. Handbuch der deutschen Aktiengesellschaften. Lieferung 16, Jahrgang 1990/91, S. 2507.
54 Georg GIERSBERG: Die I.G. Farben gibt trotz Niederlage die Hoffnung nicht auf, in: Frankfurter Allgemeine Zeitung, 06.09.1996, S. 20. Der Sonderausschüttung waren gerichtliche Auseinandersetzungen vorangegangen, weil das Finanzgericht Kassel einer steuerfreien Sachausschüttung seine Zustimmung versagt hatte. Nach einer außergerichtlichen Einigung fand die Sonderausschüttung im Dezember 1993 statt. IG Farben i.L. verkaufte dazu 2,27 Mio. Aktien der WCM Beteiligungs- und Grundstücksbesitz AG an die Vereins- und Westbank AG Hamburg, die ihrerseits jeweils sechs Liquidationsanteilsscheine (mit einem Wert von rund 22 DM je Anteilsschein) gegen eine WCM Aktie zu einem Kurs von 110 DM zuzüglich einer Barzahlung von 22,50 DM tauschte. Die Liquidatoren rieten zu diesem Tauschgeschäft, weil einem Wert der Anteilsscheine von 122,40 DM ein Wert der WCM-Aktie zuzüglich der Zuzahlung von 132,90 gegenüberstand. Bis zum 30.12.1993 waren mehr als 75 % der Liquidationsanteilsscheine auf diese Weise umgetauscht worden. Vgl. I.G. Farben will die Ausschüttung ändern, in: Frankfurter Allgemeine Zeitung, 28.10.1993, S. 20; I.G. Farben erfüllt den Liquidationsauftrag, Frankfurter Allgemeine Zeitung, 08.12.1993, S. 26; IG Farben-Umtausch vollzogen, in: Frankfurter Allgemeine Zeitung, 30.12.1993, S. 15.

In seiner Rede auf der Ende August 1994 abgehaltenen Hauptversammlung berichtete Liquidator Vollmann über laufende Gerichtsprozesse. Gegen die Enteignungen in Sachsen-Anhalt hatte IG Farben i.L. eine Verfassungsbeschwerde eingereicht, über die noch nicht entschieden worden war. Darüber hinaus seien in Berlin acht Verwaltungsverfahren anhängig. Auch die Entscheidung des Bundesverwaltungsgerichts zur Frage, ob die Enteignungen laut Liste 3 im Großraum Berlin auf sowjetischem Besatzungsrecht basiert habe, stehe noch aus.[55] Nach der Hauptversammlung 1994 wurden Gesetze erlassen und Gerichtsurteile verkündet, welche die Handlungsspielräume der Liquidatoren jedoch zunehmend einengten. Nach dem im September 1994 in Kraft getretenen Entschädigungs- und Ausgleichsleistungsgesetz (ELAG) standen IG Farben AG i.A. keinerlei Ansprüche zu.[56] Ein am 13. Februar 1995 verkündetes Urteil des Bundesverwaltungsgerichts enttäuschte die Hoffnungen der Liquidatoren in einem weiteren Punkt. Die Richter des Bundesverwaltungsgerichts hatten gegen eine Rückgabe der auf Liste 3 beschlossenen Enteignungen im sowjetischen Sektor von Berlin entschieden.[57]

---

[55] I.G. Farben-HV diskutiert Gorbatschow-Aussage, in: Börsen-Zeitung, 31.08.1994, S. 8; I.G. Farbenindustrie Aktiengesellschaft in Abwicklung, Geschäftsbericht 1993, Frankfurt/M., Juli 1994, S. 13–14.

[56] Gesetz über die Entschädigung nach dem Gesetz zur Regelung offener Vermögensfragen und über staatliche Ausgleichsleistungen für Enteignungen auf besatzungsrechtlicher oder besatzungshoheitlicher Grundlage (Entschädigungs- und Ausgleichsgesetz- ELAG). in: Bundesgesetzblatt Teil I (1994), S. 2624–2639.

[57] Bundesverwaltungsgericht (BVerwG), 13.02.1995 - BVerwG 7 C 53/94 - Offene Vermögensfragen; Demokratischer Magistrat; Berliner Liste 3; Kriegsverbrecher; Einziehung von Vermögenswerten; Besatzungshoheit, 13.02.1995. https://research.wolterskluwer-online.de/document/83a91e90-c0b0-426c-8d73-c4882b5b6eab (zuletzt aufgerufen am 31.12.2020). Mit der Entscheidung des Bundesverwaltungsgerichts wurde die Frage, ob die am 02.12.1949, einige Wochen nach der Gründung der DDR am 07.10.1949, ausgesprochenen Enteignungen in der Liste 3 noch auf besatzungsrechtlicher Grundlage beruhen, letztinstanzlich bestätigt. Das vom Magistrat beschlossene Einziehungsgesetz vom 08.02.1949 beruhe auf der nach dem Befehl Nr. 124 der Sowjetischen Militär Administration in Deutschland (SMAD) vom 30.10. 1945 erfolgten Enteignungen. Der sowjetische Stadtkommandant habe am 09.02.1949 das Einziehungsgesetz und den Durchführungsbeschluss bestätigt und den Magistrat damit beauftragt, über die in den Listen 1 und 2 nicht aufgeführten Vermögenswerte Entscheidungen über Enteignung oder Rückgabe an die Eigentümer zu treffen. Die gemäß diesem Auftrag vom Magistrat erstellten Listen 3 (Enteignung) und 4 (Rückgabe an die Eigentümer) hätten demnach *das zu Ende gebracht, was dem Willen der Besatzungsmacht mit der Beschlagnahme von vornherein beabsichtigt gewesen sei. Deswegen fielen auch die Enteignungen in der Liste 3 trotz der zwischenzeitlichen Gründung der DDR und des damit verbundenen Übergangs der Verwaltungsbefugnisse an die deutschen Stellen weiterhin in den Verantwortungsbereich der Sowjetunion.* Vgl.: »Keine Rückgabe enteigneter Vermögenswerte im früheren sowjetischen Sektor Berlins (»Liste 3«)«, Pressemitteilung Bundesverwaltungsgericht Nr. 5/1995, 13.02.1995, HHStAW Bestand 2092, Nr. 147, fol. 41–43.

3. Erste Sammelklagen in den USA: Die Hauptversammlungen 1995 und 1996

Im Vorfeld der Aktionärsversammlung mobilisierte das Bündnis gegen IG Farben im Sommer 1995 mit der bundesweiten Kampagne »Nie wieder!« und erhöhte damit den politischen und öffentlichen Druck auf IG Farben. Initiiert wurde das Bündnis von Organisationen, die im Dachverband der Kritischen Aktionärinnen und Aktionäre zusammengeschlossen waren,[58] sowie Verfolgtenorganisationen, wie dem Auschwitz Komitee, dem Bundesverband Information und Beratung für NS-Verfolgte und Landesverbänden der Verfolgten des Naziregimes.[59] Die Kampagne stand im Kontext der sich formierenden außerparlamentarischen Bewegung, die vielerorts die Entschädigung von NS-Zwangs- und Sklavenarbeitern einforderten. International erreichte Hugo Princz, ein jüdischer Überlebender, der auf der Werksbaustelle der IG Farben in Auschwitz Sklavenarbeit hatte leisten müssen, mit Sammelklagen vor Gerichten in den USA gegen die IG Farben-Nachfolgefirmen Bayer, BASF und Hoechst sowie Daimler-Benz einen ersten Durchbruch. Im September 1995 war es Princz mit parlamentarischer Unterstützung aus dem amerikanischen Kongress sowie diplomatischen und politischen Interventionen der Clinton-Regierung gelungen, Entschädigungszahlungen von deutsche Unternehmen an ehemalige KZ-Häftlinge in einem außergerichtlichen Vergleich durchzusetzen.[60] Die Sammelklagen lösten erhebliche Unruhe in den beklagten Unternehmen aus, die in vertraulichen Gesprächen mit der Bundesregierung über unterstützende Maßnahmen zur Klageabwehr verhandelten und im September 1995 in einem Globalabkommen der Bundesrepublik Deutschland mit den USA über die Entschädigung von NS-Opfern in Höhe von 3 Millionen DM mündeten. Da das Abkommen nur Personen betraf, die zum Zeitpunkt der Verfolgung bereits die amerikanische Staatsangehörigkeit besessen hatten, bot es nicht den von deutschen Unternehmen erwarteten Schutz vor weiteren Sammelklagen.[61]

---

58 Hierzu zählten die Aktion Alternativer BASF-AktionärInnen (Mannheim), der Coordination gegen BAYER-Gefahren, die Höchster Schnüffler un' Maagucker.
59 Flugblatt der Kampagne »Nie wieder!«: 50 Jahre Kriegsende. 50 Jahre Befreiung des KZ Auschwitz Verantwortung der IG Farben, August 1995, HHStAW Bestand 2092, Nr. 138, fol. 24–25.
60 Zu den Klagen von Princz, die eine eigene historische Studie erfordern würden, siehe: Constantin GOSCHLER: Schuld und Schulden. Die Politik der Wiedergutmachung für NS-Verfolgte seit 1945, Göttingen 2005, 436–437; Henning BORGGRÄFE: Zwangsarbeiterentschädigung vom Streit um »vergessene Opfer« zur Selbstaussöhnung der Deutschen. Göttingen, 2014, S. 239–245; Michael J. BAZYLER: Holocaust Justice. The Battle for Restitution in America's Courts. New York, 2003, S. 73; Sascha KOLLER: Die Entschädigung ehemaliger NS-Zwangsarbeiter nach Inkrafttreten des Gesetzes zur Errichtung der Stiftung »Erinnerung, Verantwortung und Zukunft«. Bonn, 2006, S. 173–176.
61 Anja Hense: Verhinderte Entschädigung. Die Entstehung der Stiftung »Erinnerung, Verantwortung und

Als Auftaktveranstaltung zu den Protesten auf der Hauptversammlung organisierte das Bündnis »Nie wieder!« am 8. August 1995 im Volksbildungsheim in Frankfurt eine Podiumsdiskussion zu dem Vertreter von Opferverbänden, des Dachverbandes der kritischen Aktionärinnen und Aktionäre und Vertreter der Nachfolgefirmen der IG Farben eingeladen wurden. Letztere waren jedoch nicht bereit, sich einer Diskussion zu stellen.[62] Die für die Liquidatoren und drei Vorstandsvorsitzende der Aktiengesellschaften Bayer, BASF und Hoechst auf dem Podium bereitgestellten Stühle blieben an diesem Abend leer. Sie standen symbolisch für die Weigerung deutscher Unternehmensleitungen, über die NS-Vergangenheit ihrer Konzerne und die sich hieraus ergebende historische Verantwortung zu sprechen.[63]

In einer zu Beginn der Aktionärsversammlung verlesenen Stellungnahme behauptete Krienke, die Gegenanträge kritischer Aktionäre verstießen gegen die Vorschriften des Alliierten Kontrollratsgesetzes und des Aktiengesetzes. Sie seien nicht nur *unzulässig,* sondern stellten sogar eine *Aufforderung zu ungesetzlichem Verhalten* dar.[64] Während die Gegenanträge als Aufforderung zum Rechtsbruch abqualifiziert wurden, konnte sich die Unternehmensleitung für den Antrag des Aktionärs Swen Lorenz aus Würzburg erwärmen. Lorenz, der aus dem Beraterumfeld des an der IG Farben beteiligten Unternehmens Württembergische Cattunmanufaktur (WCM) stammte, schlug in seinem mit den Liquidatoren abgestimmten Antrag vor, *sich zur Durchsetzung der Ostansprüche,* so wörtlich, *mit den Judenverbänden zu verbünden.*[65] Lorenz bot an, diesen Vorschlag auf der Hauptversammlung vorzubringen, um IG Farben damit in eine *günstige Ausgangslage* zu bringen, weil er als außenstehender Anteilseigner dafür bekannt sei, *nicht mit der Verwaltung bzw. den Großaktionären unter einer Decke zu stecken.*[66] Die Liquidatoren sollten dem Antrag zufolge mit der Bundesregierung und Verbänden der NS-Opfer Gespräche

---

Zukunft« für die Opfer von NS-Zwangsarbeit und »Arisierung«. Münster, 2008, S. 87. Zu dem Globalabkommen siehe: GOSCHLER, Schuld und Schulden, S. 429–437; KOLLER, Die Entschädigung ehemaliger NS-Zwangsarbeiter, S. 173–176.

62 Henry Mathews (Dachverband der Kritischen Aktionärinnen und Aktionäre) an Vollmann, 19.06.1995, HHStAW Bestand 2092, Nr. 138, fol. 22.
63 Klaus-Peter KLINGENSCHMITT: Handel mit den ›Blutaktien‹, in: die tageszeitung, 09.08.1995, S. 7; Holger VONHOF: KZ-Opfer wollen Entschädigung. »An den Aktien der IG Farben klebt Blut«, in: Frankfurter Neue Presse, 09.08.1995.
64 Stellungnahme Krienke auf der HV am 09.08.1995, HHStAW Bestand 2092, Nr. 141, fol. 2–4, hier fol. 2.
65 Swen Lorenz an Vollmann (I.G. Farbenindustrie), 12.6.1995, HHStAW Bestand 2092, Nr. 138, fol. 76–77, hier fol. 76.
66 Ebd., HHStAW Bestand 2092, Nr. 138, fol. 77.

aufnehmen, um die Restitutionsforderungen in der ehemaligen DDR auf dem Wege eines Vergleichs zu realisieren. Damit sollten weitere Prozesskosten vermieden und die ehemaligen Zwangsarbeitskräfte einen nicht näher bezifferten Teil der von der öffentlichen Hand gezahlten Vergleichssumme erhalten.[67] Für diesen Zusatzantrag fand sich eine Mehrheit von 98,7 % des auf der Hauptversammlung vertretenen Aktienkapitals.[68] Anstelle einer Unternehmenshaftung sollte damit also allein der Staat für mögliche Kompensationszahlungen aufkommen.

Zur Rückgewinnung des »Ostvermögens« verfolgten die Anwälte und Liquidatoren nun fünf Ansätze.[69] Erstens versuchten sie beim Bundesamt für offene Vermögensfragen die Rückgabe von Wertpapieren zu erlangen, die am Ende des Zweiten Weltkrieges in den Tresoren der Reichsbank lagerten. Zweitens waren, um den Zugriff auf Grundstücke zu erlangen, in Berlin sogenannte »Investitionsvorrangsbescheide« beantragt worden.[70] Drittens hatte IG Farben rund einhundert Verwaltungsverfahren bei Ämtern zur Regelung offener Vermögensfragen und bei der Treuhandanstalt eingeleitet. Viertens klagte IG Farben i.L. vor Verwaltungsgerichten, um Ansprüche auf ehemaliges Vermögen im Großraum Berlin zivilrechtlich durchzusetzen, nachdem Vermögensämter entsprechende Anträge zurückgewiesen hatten. Fünftens wurden von der Liquidationsgesellschaft Anträge auf Entschädigung nach dem Entschädigungs- und Ausgleichsleistungsgesetz gestellt und die Inhaber der Liquidationsanteilsscheine aufgefordert, ebenfalls entsprechende Ansprüche anzumelden.

In der Konzernverwaltung herrschte im Sommer 1996 Verunsicherung darüber, wie auf den steigenden politischen Druck reagiert werden sollte. Eine vorübergehend erwogene Verlegung der Hauptversammlung nach Hannover zur Eindämmung der Proteste wurde wieder verworfen, weil man davon ausging, dass die Protestierenden auch dorthin anreisen würden.[71] So entschloss sich die Konzern-

---

[67] Bartels und Vollmann, Stellungnahme der Verwaltung, Juli 1995, HHStAW Bestand 2092, Nr. 138, fol. 51; I.G. Farben will Gespräche mit Bonn aufnehmen. HV beschließt Antrag, eine Vergleichslösung zu erwirken. Krause verläßt den Aufsichtsrat, in: Börsen-Zeitung, 10.08.1995.

[68] I.G. Farben will Gespräche mit Bonn aufnehmen, in: Börsen-Zeitung, 10.08.1995.

[69] Hierzu im Folgenden: I.G. Farben erwartet besseres Ergebnis. Rückgewinnung des Ostvermögens bleibt Schwerpunkt, in: Börsen-Zeitung, 18.07.1995 und Aktennotiz, Betr.: Fragen zur I.G. HV, 2. Entwurf, gez. Ha., 26.07.1995, HHStAW Bestand 2092, Nr. 147, fol. 31–37.

[70] Die im Einigungsvertrag vorgesehene »Regelung von Vermögensfragen« sah gemäß Art. 41, Abs. 2 einen Vorrang von Investitionen vor. Eine Rückübertragung von Eigentum an Grundstücken oder Gebäuden sollte nicht stattfinden, wenn diese für Investitionszwecke benötigt wurde und Arbeitsplätze sichern oder schaffen würde. Vgl.: https://www.gesetze-im-internet.de/einigvtr/art_41.html (zuletzt aufgerufen am 13.09.2021).

[71] Keller (IG Farben i.A.), Hauptversammlung I.G. Farben, 02.07.1996, HHStAW Bestand 2092, Nr. 144, fol. 81.

verwaltung bei dem wenig attraktiven AVANCE Hotel Steigenberger Airport als Tagungsort zu bleiben.[72] Weder der Antrag der Kritischen Aktionäre noch ein ähnlicher Antrag der Coordination gegen Bayer-Gefahren hatte jedoch Aussicht, auf der Hauptversammlung eine Stimmenmehrheit zu erlangen.[73] Auch 1996 verzögerte sich der Beginn der Hauptversammlung, weil rund 150 Demonstrierende mit Transparenten und Sprechchören die etwa 200 Aktionärinnen und Aktionäre empfingen und ihnen den Zugang zu dem Tagungshotel am Flughafen Frankfurt erschwerten. Zu Beginn der Hauptversammlung bestätigte der Aufsichtsratsvorsitzende Ernst Krienke Medienberichte über einen Eigentümerwechsel, räumte aber unter Unmutsäußerungen ein, dass zu dem neuen Mehrheitsaktionär bislang noch kein Kontakt bestünde.[74] Ende 1995 war bekannt geworden, dass die von dem Kaufmann Karl Ehlerding beherrschte WCM Beteiligungs- und Grundbesitz AG (vormals Württembergische Cattunmanufactur) versuchte, einen Großteil ihres 46-Prozentigen Anteils an der IG Farben i.L. abzustoßen. Als Käufer war zunächst die von dem Unternehmer Wilfried Gaul kontrollierte Mannheimer Bauträgergesellschaft Wesbau im Gespräch.[75] Der Verkauf kam trotz monatelanger Verhandlungen nicht zustande. Stattdessen wurde kurz vor der Hauptversammlung 1996 in der Presse vermeldet, dass als neuer Hauptaktionär der Aktiengesellschaft die von dem Immobilienunternehmer Günter Minninger kontrollierte Gesellschaft für Grundbesitz in Köln eingestiegen sei. Sie hatte von der WCM Beteiligungs- und Grundbesitz AG einen Anteil von 42,9 Prozent mit einem Volumen von mindestens 17 Millionen DM erworben. Die übrigen 3 Prozent der I.G. Farben Liquidationsanteilsscheine hatte WCM ebenfalls verkauft.[76]

---

72 Dachverband der Kritischen Aktionäre an IG Farben i.A., 16.07.1996, HHStAW Bestand 2092, Nr. 144, fol. 61–66, hier fol. 62.
73 Philipp Mimkes (Coordination gegen Bayer-Gefahren e.V.) an I.G. Farbenindustrie i.A., Betr.: Gegenanträge zur Hauptversammlung am 21.08.1996, 18.07.1996, HHStAW Bestand 2092, Nr. 144, fol. 64–65.
74 Protest gegen Treffen der I.G.-Farben-Aktionäre, in: Frankfurter Allgemeine Zeitung, 22.08.1996; I.G. Farbenindustrie AG. Heftige Proteste. Der Großaktionär bleibt unsichtbar, in: Handelsblatt, 22.08.1996, S. 12.
75 Beteiligungsgesellschaft WCM sucht den Einstieg in weitere Objekte, in: Frankfurter Allgemeine Zeitung, 13.01.1996, S. 16.
76 Die unternehmerischen Ziele der Transaktionen der WCM und der letztendlich zur Insolvenz der IG Farben i.L. führenden Eigentümerwechsel bedürfen noch einer genaueren historischen Untersuchung, die an dieser Stelle nicht geleistet werden kann. Vgl. Neuer Großaktionär bei der I.G. Farbenindustrie, in: Frankfurter Allgemeine Zeitung, 21.08.1996, S. 16. Anstelle des zunächst nominierten Frankfurter Rechtsanwalts Michael Barz ließ die Gesellschaft für Grundbesitz zur Vertretung von ihren Interessen Rudolf Wallraf, einen ehemaligen SPIEGEL-Journalisten, in den Aufsichtsrat delegieren, der die Rückgewinnung des Berliner Vermögens vorantreiben sollte. I.G. Farbenindustrie AG i.A. Heftige Proteste. Der Großaktionär bleibt unsichtbar, in: Handelsblatt, 22.08.1996, S. 12; I.G. Farben sieht Spielraum eingeschränkt. Abweisende Rechtsprechung. Wechsel von Großaktionär und Aufsichtsrat, in: Frankfurter Allgemeine Zeitung, 22.08.1996, S. 17.

4. Bombenhysterie: Die erneut gekündigte und verschobene Hauptversammlung 1997

Die in der Kampagne »Nie wieder!« zusammengeschlossenen Organisationen setzten 1997 ihre Mobilisierung zu Protesten gegen die Hauptversammlung der IG Farben i.L. fort. *Der Kreativität im Hinblick auf gewaltfreie Aktionen und Proteste,* hieß es in einem Aufruf der Kampagne, seien *keine Grenzen gesetzt.*[77] Die Geschäftsführung des Arabella Congress-Hotels erhielt im Juli 1997 ein Schreiben, in der sie aufgefordert wurde, es der Messe GmbH gleichzutun und IG Farben die Tagungsräume zu kündigen.[78] Zwischenzeitlich hatten Beamte des Staatsschutzes die Geschäftsführung des Hotels mehrfach kontaktiert und sich erkundigt, *ob man unter diesen Umständen Räume für die Hauptversammlung zur Verfügung stellen wolle.*[79] Als der Aufsichtsratsvorsitzende Krienke am 31. Juli mit dem Liquidator Günter Minninger und der Einsatzleitung der Polizeidirektion Süd zur Vorbereitung der Hauptversammlung präventive Sicherheitsmaßnahmen besprach, waren keine konkreten Gewaltdrohungen bekannt. Weil nach Ansicht der Polizei *mit einer Bombendrohung zu rechnen* sei, sollte der Versammlungsraum mit einem Spürhund durchsucht werden. Die Polizei sagte zu, im Tagungsraum verdeckt eingesetzte Zivilpolizisten bereitzustellen.[80] Eine Woche nach der polizeilichen Lagebesprechung kündigte die Geschäftsführung des Arabella Hotels IG Farben die Veranstaltungsräume, weil *der reibungslose Geschäftsbetrieb stark gestört* würde.[81] Die Liquidatoren sahen sich gezwungen, die Hauptversammlung abzusagen.[82] Das Auschwitz Komitee und der Dachverband Kritischer Aktionäre werteten die erneute Kündigung als Erfolg, der *die zunehmende gesellschaftliche Ächtung der IG Farben* belege.[83] Den finanziellen

---

[77] Flugblatt: Kampagne Nie wieder!, Juli 1997, HHStAW Bestand 2092, Nr. 153, fol. 261-262; Kampagne Nie wieder! Presse-Information, ebd., fol. 263; Flugblatt: Nie wieder Blutkonzern I.G. Farben!, Juli 1997, HHStAW Bestand 2092, Nr. 155, fol. 88–94. Henry Mathews an I.G. Farbenindustrie AG i.A. 14.07.1997, HHStAW Bestand 2092, Nr. 153, fol. 248-250.

[78] Axel Köhler-Schnura (Kampagne Nie wieder!) an Arabella Congress Hotel, 07.07.1997, HHStAW Bestand 2092, Nr. 155, fol. 99.

[79] Keller (IG Farben i.A.) an Minninger und Reese, Betr.: Unsere Hauptversammlung, 14.07.1997, HHStAW Bestand 2092, Nr. 155, fol. 190.

[80] Rechtsanwalt Gerhard Laule, Vermerk. Hauptversammlung am 22.08.1997, 01.08.1997, HHStAW Bestand 2092, Nr. 155, fol. 84–87.

[81] Arabella Congress Hotel an Günter Minninger (I.G. Farbenindustrie AG i.L.), 07.08.1997, HHStAW Bestand 2092, Nr. 155, fol. 76.

[82] I.G. Farben muß Hauptversammlung verschieben. Tagungshotel zieht Zusage nach Drohungen zurück [Pressemitteilung], 11.08.1997, HHStAW Bestand 2092, Nr. 155, fol. 38; I.G. Farben verschiebt die Hauptversammlung, in: Börsen-Zeitung, 12.08.1997; Absage an IG Farben, in: Frankfurter Rundschau, 13.08.1997; Hotel hat keinen Raum für IG Farben, in: Frankfurter Allgemeine Zeitung, 13.08.1997.

[83] IG Farben i. A. Hauptversammlung wurde abgesagt, in: Frankfurter Rundschau, 13.08.1997.

Schaden der abgesagten Hauptversammlung bezifferte IG Farben auf über 150.000,– DM. Anwälte des Unternehmens versuchten den Betrag mit einer Schadensersatzklage gegen das Arabella Congress Hotel geltend zu machen.[84] Aus den Unterlagen dieses Verfahrens geht hervor, dass es sich bei den von der Einsatzleitung angesprochenen Bombendrohungen und befürchteten Angriffen mit Steinen und Wurfgeschossen um eine rein *theoretische Erwägung* handelte, für die keinerlei konkrete Hinweise vorlagen.[85] Nachdem Staatsschutzbeamte an mehreren Tagen das Arabella Hotel aufgesucht hatten und die Lieferung von Absperrgittern ankündigten, war für die Geschäftsführung der *Schlußpunkt des Zumutbaren* erreicht.[86] Das Landgericht Frankfurt wies die von IG Farben i.L. angestrengte Schadensersatzklage als unbegründet ab.[87]

Mitte November 1997 unterrichtete IG Farben i.L. die Polizei darüber, dass sie für ihre auf den 22. Dezember verschobene Hauptversammlung Räume in Frankfurt auf dem Gelände des pleitegegangenen Maschinenbauers Naxos-Union angemietet hatte. Die im Internet verbreiteten Protestaufrufe wurden in der Unternehmenszentrale aufmerksam verfolgt und an die Einsatzleitung der Frankfurter Polizei weitergeleitet.[88] Zur Hauptversammlung 1997 wurden die Aktionärinnen und Aktionäre mit lautstarken Parolen: *IG Farben hier und heute, Mörder holen ihre Beute* von rund 250 Demonstrierenden empfangen. Sechs ehemalige Häftlinge des Konzentrationslagers Auschwitz-Monowitz beteiligten sich an einer Sitzblockade vor den Eingängen.[89] Zwei von ihnen, die ehemaligen KZ-Häftlinge Rene Marcel Delattre und Jacques Esperansa, die als Jugendliche Sklavenarbeit auf der Werksbaustelle der IG Farben in Auschwitz leisten mussten, waren dazu eigens aus Frankreich angereist.[90]

---

84 Rechtsanwalt Gerhard Laule an Arabella Congress Hotel, 09.09.1997, HHStAW Bestand 2092, Nr. 158, fol. 76–78.
85 Öffentliche Verhandlung des Landgerichts 5. Zivilkammer im Rechtsstreit I.G. Farbenindustrie AG i.A. gegen Arabella Hotel GmbH (Az. 2/5 O 153/98), 17.11.1998, HHStAW Bestand 2092, Nr. 158, fol. 26–35, hier fol. 30.
86 Ebd., HHStAW Bestand 2092, Nr. 158, fol. 32.
87 Landgericht Frankfurt am Main. Urteil im Rechtsstreit I.G. Farbenindustrie AG i.A. gegen Arabella Hotel GmbH (Az.: 2/5 O 153/98), 04.03.1999, HHStAW Bestand 2092, Nr. 158, fol. 39–41RS.
88 Hermann Keller an Polizeidirektion Süd, 15.11.1997, HHStAW Bestand 2092, Nr. 149, fol. 29; Nie wieder Blutkonzern I.G. Farben! Kampagne nie wieder (Axel Koehler-Schnura). Pressinformation, 14.11.1997 [Ausdruck der Website der Kritischen Aktionäre], ebd., fol. 30–31.
89 IG Farben ist von Abwicklung weit entfernt, in: Frankfurter Rundschau, 23.12.1997; Zwangsarbeiter endlich angemessen entschädigen, in: Frankfurter Allgemeine Zeitung, 23.12.1997; »Nie wieder IG-Farben!« 150 Teilnehmer bei Kundgebung in Fechenheim. Jusos und Grüne aus Bergen-Enkheim dabei, in: Frankfurter Stadtteilzeitung Bergen-Enkheim, 24.12.1997.
90 Siehe dazu auch die Associated Press-Interviews mit Jacques Esperansa und Rene Marcel Delattre: AP Archive: Germany: Shareholders & Former IG Farben Workers Clash, 22.12.1997: http://www.aparchive.com/metadata/youtube/f6b839219312dfb8093ac4d5090fa968 (zuletzt aufgerufen am 28.05.2021).

Zwischen den Aktionären und einzelnen Demonstrierenden kam es zu Rangeleien und Beschimpfungen. Die Polizei sah jedoch keine Veranlassung, einzuschreiten und Personalien festzustellen.[91] Der Fraktionsvorsitzende der Grünen im Hessischen Landtag, Alexander Müller, forderte gegenüber der Presse die *längst überfällige* Auflösung der IG Farben.[92]

Tumultartige Zustände bestimmten den Ablauf der – laut Handelsblatt – unter der *wenig souveränen Leitung* des langjährigen Aufsichtsratsvorsitzenden Ernst Krienke tagenden Hauptversammlung. Die protestbedingt mit 45minütiger Verspätung beginnende Hauptversammlung prägten über 30 Redebeiträge, in denen erneut die sofortige Liquidierung der Gesellschaft und die Entschädigung für die Zwangsarbeit bei der IG Farbenindustrie gefordert wurden. Die Forderungen wurden von den Liquidatoren wegen laufender Prozesse umgehend zurückgewiesen.[93] Keiner der Gegenanträge fand eine Mehrheit.

5. Zahlungsunfähigkeit, Schuldeingeständnisse und Auslandsvermögen: Die Hauptversammlung am 25. März 1999

Auch die Hauptversammlung für das Geschäftsjahr 1997 musste wiederholt verschoben werden. Im Juli 1998 drängte der Aufsichtsratsvorsitzende Krienke gegenüber dem Hauptaktionär Günter Minninger darauf, in einer Krisensitzung festzustellen, wie man sich auf *die sehr zugespitzte Diskussion über die Entschädigung von Zwangsarbeitern durch deutsche Firmen* einstellen sollte.[94] IG Farben war im Laufe des Jahres 1998 infolge des von dem Hauptaktionär und Liquidator Günter Minninger eingefädelten Immobiliengeschäfts in eine finanzielle Schieflage geraten. Die von Minninger kontrollierte Gesellschaft für Wohnbesitz mbH & Co KG in Köln hielt seit 1996 rund 43 % der IG Farben-Aktien. Von ihr hatte IG Farben i.L. über ihr Tochterunternehmen Ammoniak-Werk Merseburg GmbH für annähernd 32 Millionen DM fast 500 Wohnungen erworben. Der Verkaufserlös für zwei in Porz und Mölln gelegene Wohnanlagen und zwei Gewerbeobjekte floss an die Gesellschaft für Wohnbesitz GmbH & Co K.G. und wurde somit von Minninger selbst vereinnahmt.[95] Zur Finanzierung des Ankaufs hatte IG Farben fast ihr gesamtes

---

91 Staatsanwaltschaft bei dem Landgericht Frankfurt am Main an Klaus-Wilhelm Kratz, Ermittlungsverfahren (50 UJs 207/98), 18.02.1998, HHStAW Bestand 2092, Nr. 149, fol. 2-3.
92 Georg GIERSBERG: Zwangsarbeiter endlich angemessen entschädigen, in: Frankfurter Allgemeine Zeitung, 23.12.1997, S. 18.
93 I.G. Farbenindustrie. Lautstarker Protest auf der HV. Neuer Großaktionär muß sich kritische Fragen gefallen lassen, in: Handelsblatt, 23.12.1997.
94 Krienke an Günter Minninger, 08.07.1998, HHStAW Bestand 2092, Nr. 163, fol. 208.
95 I.G. Farbenindustrie. Lautstarker Protest auf der HV. Neuer Großaktionär muß sich kritische Fragen

Abwicklungskapital aufwenden müssen. Die prognostizierten Gewinnsteigerungen blieben jedoch aus. Minninger verkaufte daraufhin seine Anteile an IG Farben und trat am 17. Dezember 1998 von seinem Amt als Liquidator zurück.[96] Zuvor hatten schon Bernd Meyer am 17. März und Günter Reese am 3. September 1998 ihre Ämter als Liquidatoren niedergelegt.[97] Infolgedessen war IG Farben bereits zu diesem Zeitpunkt nur noch eingeschränkt handlungsfähig, weil es zweier Liquidatoren bedurfte, um eine ordentliche Hauptversammlung satzungskonform vorzubereiten.[98] Die Hauptversammlung musste daraufhin zunächst auf November, dann auf Dezember 1998 und schließlich auf den 25. März 1999 verlegt werden. Um nach der Amtsniederlegung der Liquidatoren Reese und Minninger wieder die Geschäftsfähigkeit herzustellen, bestellte das Amtsgericht Frankfurt am Main am 12. Oktober 1998 als neuen Liquidator den CDU-Politiker und Rechtsanwalt Volker Pollehn, der nach 1990 Innenstaatssekretär in Mecklenburg-Vorpommern gewesen war. Als zweiten Liquidator bestätigte das Amtsgericht am 23. Dezember 1998 den Unternehmensberater und CDU-Bundestagsabgeordneten Otto Bernhardt, einen ehemaliger Parlamentarischer Staatssekretär in Schleswig-Holstein in der Regierung Uwe Barschels.[99] Bei Amtsantritt fanden die neuen Liquidatoren das Unternehmen in einem äußerst desolaten Zustand vor, der *unter normalen Umständen jeden Verantwortlichen gezwungen hätte, einen Konkursantrag zu stellen.*[100] Die fortbestehende Zahlungsunfähigkeit des Unternehmens verzögerte monatelang auch die Prüfung des Jahresabschlusses für das Geschäftsjahr 1997. Das erforderliche Testat konnte erst am 16. November 1998 erteilt werden.[101] Erneut sah sich die Unternehmensverwaltung mit erheblichen Schwierigkeiten konfrontiert, für ihre Hauptversammlung einen Tagungsraum zu finden, weil sich unter potenziellen Vermietern herumgesprochen hatte, dass Hauptversammlungen der IG Farben nicht nur erhebliche Sicherheitsrisiken in sich bargen, sondern Schadensersatzklagen bei Inanspruchnahme des Rücktrittsrechts und durch negative Schlagzeilen geschäftsschädigende Imageschäden drohten. Protestaktionen und größere Veran-

---

gefallen lassen, in: Handelsblatt, 23.12.1997.
96 I.G. Farben steckte in Liquidationsproblemen, in: Börsen-Zeitung, 23.02.1999, S. 10; Georg GIERSBERG: Liquidation von I.G. Farben wird beschleunigt, in: Frankfurter Allgemeine Zeitung, 23.02.1999, S. 21.
97 I.G. Farbenindustrie AG in Abwicklung. Geschäftsbericht 1997, Frankfurt/M., November 1998, S. 2.
98 Rechtsanwalt Laule an Amtsgericht Frankfurt, Betr.: 73 HBR 400, 10.9.1998, HHStAW Bestand 2092, Nr. 163, fol. 108-109.
99 I.G. Farbenindustrie AG in Abwicklung: Presseerklärung, Frankfurt/M., 22.02.1999, HHStAW Bestand 2092, Nr. 167, fol. 86-89, hier fol. 86.
100 Bericht des Liquidators Volker Pollehn in der Hauptversammlung IG Farben i.A., 25.3.1999, HHStAW Bestand 2092, Nr. 167, fol. 2-11, hier fol. 2.
101 Ebd., HHStAW Bestand 2092, Nr. 167, fol. 2.

staltungen, wie das von den Medien verfolgte, erste weltweite Treffen von 91 überlebenden Häftlingen des Konzentrationslagers Auschwitz-Monowitz, das vom 20. bis 22. Oktober 1998 in Frankfurt am Main vom Fritz Bauer Institut organisiert worden war, boten Gelegenheit, sich bei Zeitzeugengesprächen und historischen Vorträgen über die NS-Vergangenheit des Konzerns zu informieren.[102] Nachdem die Liquidatoren der IG Farben die Hauptversammlung zum dritten Mal in diesem Jahr verschoben hatten, besetzten 15 Angehörige des »Frankfurter Bündnisses gegen IG Farben« an diesem Tag die Büroräume der IG Farben i.L. in der Silberbornstraße in Frankfurt. Mit ihrer Aktion machten sie darauf aufmerksam, dass sich IG Farben i.L., wie die Nachfolgeunternehmen Bayer, BASF und Hoechst, weiterhin weigerten Entschädigungszahlungen an überlebende KZ-Häftlinge zu leisten, die im Nationalsozialismus als billige Arbeitskräfte ausgebeutet worden waren. Nach zwei Stunden beendete die Polizei die Besetzung.[103]

Unterdessen mobilisierte das bundesweite »Bündnis gegen IG Farben« im Kontext einer inzwischen breit geführten gesellschaftlichen Debatte über die Entschädigung der noch lebenden NS-Zwangsarbeiterinnen und Zwangsarbeiter. *Nach über zehn Jahren,* stellte das Bündnis in einem Aufruf fest, seien *die Proteste gegen die Aktionärsversammlungen der IG Farben zu einem Symbol des Kampfes um Entschädigung und gegen die Verleugnung der Verbrechen der Zwangsarbeit geworden.* Es rief dazu auf, die Aktionärsversammlung im März 1999 *zu verhindern.* Falls es *im Vorfeld nicht gelingen* sollte, *die Kündigung des Mietvertrages durchzusetzen,* werde man *die Aktionärsversammlung mit Protestaktionen inner- und außerhalb des Tagungsortes undurchführbar machen.*[104]

Für ihre schließlich am 25. März 1999 stattfindende Hauptversammlung mietete IG Farben Räume der Saalbau GmbH in der Stadthalle in Bergen-Enkheim an.[105] Am Tag der Hauptversammlung sperrte die Polizei das Gelände um die Stadthalle

---

102 Christian KOLBE, Tanja Maria MÜLLER und Werner RENZ (Hg.): Begegnung ehemaliger Häftlinge von Buna/Monowitz. Zur Erinnerung an das weltweite Treffen in Frankfurt am Main 1998, Frankfurt/M. 2004; Ausflüchte mag Alfred Jachmann nicht mehr hören. Den Verweis auf SS und unter Zwang stehende Manager läßt der Ex-Zwangsarbeiter der IG Farben nicht gelten, in: Frankfurter Rundschau, 20.10.1998, S. 7; Zwangsarbeiter. »Verantwortung in Zukunft ernst nehmen«, in: Frankfurter Rundschau, 24.10.1998, S. 24. Siehe auch: http://www.wollheim-memorial.de/de/ueberlebendentreffen_1998 (zuletzt aufgerufen am 30.05.2021).
103 Demonstranten besetzten Büroräume der IG Farben, in: Frankfurter Allgemeine Zeitung, 19.12.1998, S. 14; IG Farben in Auflösung. Polizeibeamte führen Demonstranten ab, in: Frankfurter Rundschau, 19.12.1998.
104 Fax WCM-Gruppe an IG Farben, 17.03.2000: – Aufruf: Bündnis gegen IG Farben: IG Farben auflösen – ZwangsarbeiterInnen entschädigen. Hauptversammlung am 25. März verhindern! [März 2000], HHStAW Bestand 2092, Nr. 163, fol. 55-56.
105 Klaus-Peter KLINGELSCHMITT: Stadthalle beherbergt IG Farben i.A., in: die tageszeitung, 26.03. 1999, S. 10.

Abb. 1: Besetzung der Büroräume der IG Farben am 18. Dezember 1998

Bergen in den frühen Morgenstunden weiträumig ab und leitete den Verkehr um, bevor etwa 200 bis 250 Demonstrierende kurz nach 8 Uhr vor der abgeriegelten Stadthalle ihre Blockade begannen. Ein Wasserwerfer war in einer Seitenstraße postiert worden. Kurz nach 10 Uhr drohten die Proteste zu eskalieren, nachdem die Polizei einzelne Demonstrierende vorübergehend festnahm und einen Teil der Anwesenden unter Einsatz von Reizgas abzudrängen versuchte. Der Veranstalter löste daraufhin die Kundgebung um etwa 11.30 Uhr auf.[106] Unter den Protestierenden befand sich auch der aus London angereiste Auschwitz-Überlebende Rudy Kennedy, der die Organisation Claims for Jewish Slave-Labour Compensation 1995 ins Leben gerufen hatte, der sich etwa 200 Überlebende angeschlossen hatten, um ihre Interessen zu vertreten und mit Sammelklagen in den USA juristisch durchzusetzen.[107]

Als Hans Frankenthal auf der Hauptversammlung Rederecht erhielt, forderte er erneut, das Unternehmen sofort aufzulösen und das gesamte Vermögen für die

---

[106] Polizeipräsenz verhindert größere Ausschreitungen, in: Der Bergen-Enkheimer. Frankfurter Stadtteilzeitung, 31.03.1999, HHStAW Bestand 2092, Nr. 167, fol. 156; Proteste gegen die Aktionärsversammlung der IG-Farben. Antifaschistisches Infoblatt 48 (1999), H. 3.

[107] Anne THOMPSON (Associated Press): WWII Slaves Seek IG Farben Funds, in: dailynews.yahoo.com/headlines/ap - Yahoo News, 25.03.1999, HHStAW Bestand 2092, Nr. 167, fol. 150-151.

Abb. 2: I.G. Farben Liquidator Volker Pollehn (li.) und der stellvertretende Vorsitzende des Auschwitz Komitees Hans Frankenthal (re.) vor der Stadthalle Bergen-Enkheim am 25. März 1999

Entschädigungszahlungen zur Verfügung zu stellen.[108] Die Situation eskalierte, als er einen Brief vom 30. August 1944 verlas, in dem die Bauleitung der IG Farben in Auschwitz die Lagerleitung aufforderte, den Häftling 157.040 energisch zu bestrafen. Der aus Frankreich stammende Mann sei noch am selben Tag ermordet worden.[109] Der Aufsichtsratsvorsitzender Ernst Krienke entzog Hans Frankenthal daraufhin das Wort und stellte ihm das Mikrophon ab.[110] *Halten Sie den Mund,* raunzte Krienke – laut Frankfurter Rundschau – in den Saal.[111] Als Frankenthal

---

108 Proteste gegen die Aktionärsversammlung der IG-Farben. Antifaschistisches Infoblatt 48 (1999), H. 3.
109 Ein Faksimile des zitierten Dokuments findet sich in: Susanne WILLEMS und Frank und Fritz SCHUMANN, Auschwitz. Die Geschichte des Vernichtungslagers, Berlin 2015, S. 79.
110 Hauptversammlung der IG Farben in Frankfurt/M. Antifaschistisches Infoblatt 49 (1999), H.4: https://www.antifainfoblatt.de/artikel/hauptversammlung-der-ig-farben-frankfurtm (zuletzt aufgerufen am 11.12.2020).
111 Proteste gegen die Aktionärsversammlung der IG-Farben. Antifaschistisches Infoblatt 48 (1999), H. 3.

der Aufforderung das Rednerpult zu verlassen nicht Folge leistete und seine Rede fortsetzte, wies Krienke den privaten mit Schlagstöcken bewaffneten Wachschutz an, den Auschwitz-Überlebenden zum Platz zu führen. Angehörige einer antifaschistischen Gruppe stellten sich schützend vor Frankenthal und geleiteten ihn unter Beschimpfungen der Aktionäre aus dem Saal. Ein Pressefotograf, der den Vorfall fotografieren wollte, wurde, Augenzeugen zufolge, von Wachschützern des Saals verwiesen und tätlich angegriffen.[112] Die abziehenden Demonstranten warfen eine Stinkbombe, die einen ätzenden Buttersäure-Geruch verbreitete, in dem die Aktionäre ausharren mussten.[113]

In seinem auf der Hauptversammlung vorgestellten Bericht zur Lage der IG Farben i.L. versicherte der Liquidator Pollehn, *alle Möglichkeiten auszuschöpfen, um das Ostvermögen zurückzugewinnen,* hielt die Erfolgsaussichten aber für gering. Dieses Scheitern hatte bis dahin kein Liquidator der IG Farben derart offen ausgesprochen. Pollehn kritisierte seine Vorgänger sogar dafür, dass *für Gerichts- und vor allem für Anwaltskosten im Ergebnis mehr Geld ausgeben* worden sei, *als wir für die Entschädigung der Zwangsarbeiter gebraucht hätten.*[114] Anders verhielt es sich mit den Forderungen der Liquidatoren nach Zahlungen für ehemaliges Auslandsvermögen der IG Farbenindustrie in der Schweiz. Um vermeintliche Ansprüche auf das Auslandsvermögen der bis Sommer 1940 zu IG Farbenindustrie gehörenden Tochterfirma IG Chemie (später Interhandel, s. o.), zurückfordern, hatten Anwälte der IG Farben i.L. in den 1980er Jahren vor deutschen Gerichten durch sämtliche Instanzen bis zum Bundesgerichtshof in Karlsruhe in dieser Sache erfolglos prozessiert.[115] Die IG Chemie sollte dazu dienen, die Auslandsgeschäfte der in der amerikanischen General Aniline and Film Corp. zusammengefassten Firmenbeteiligungen der IG Farben im Kriegsfall vor einer Beschlagnahme als Feindvermögen durch die USA zu schützen. Vor deutschen Gerichten war IG Farben i.L. damit geschei-

---

112 Ebd.; Hauptversammlung der IG Farben in Frankfurt/M, in: Antifaschistisches Infoblatt Nr. 49 (1999), H. 4.
113 Harald SCHWARZ: Aktionärstreffen mit Stinkbomben, in: SZ-online, 26.03.1999, HHStAW Bestand 2092, Nr. 167, fol. 144; Saalbau GmbH an Keller (IG Farben), 09.04.1999, HHStAW Bestand 2092, Nr. 164, fol. 44.
114 Ebd., Bl. 4, HHStAW Bestand 2092, Nr. 167, fol. 5.
115 An dieser Stelle kann auf die Geschichte der IG Chemie und die Hintergründe der Verfahren der IG Farben i.L. in Sachen Interhandel in den USA und in der Bundesrepublik Deutschland nicht im Detail eingegangen werden. Siehe dazu die Studie von KÖNIG: Interhandel, S. 241–256 und Frank VISCHER: Juristisches Nachwort, ebd., S. 353–382, hier v. a.: Anhang VI. Rechtliche Anmerkungen zum Prozess der IG Farben in Liquidation contra Schweizerische Bankgesellschaft in den Jahren 1983–1988, ebd., S. 374–380 sowie O'REILLY: IG Farbenindustrie AG. Die im HHStAW nun zugänglichen Akten der IG Farben i.L. bieten der historischen Forschung die Möglichkeit, die Interhandel-Prozesse unter Einbeziehung dieser neuen Quellen zu untersuchen.

tert, den Nachweis dafür zu erbringen, dass das Vermögen im Sommer 1940 nicht vollständig »verschweizert« worden war. Zuvor war es nach Klagen von Anwälten der Interhandel in den USA bereits zu jahrelangen Rechtsstreitigkeiten gekommen, in denen es um eine Restitution der in den USA beschlagnahmte Vermögen ging. Unter Vermittlung des damaligen Justizministers Robert Kennedy wurde 1961 eine außergerichtliche Einigung ausgehandelt, welche die rechtlichen Auseinandersetzungen vor amerikanischen Gerichten beendete. Aus der daraufhin 1965 erfolgten Versteigerung der General Aniline and Film Corp. Erhielt die Interhandel 122 Mio. US Dollar, was knapp 40 % der Erlöse entsprach. Im Zuge einer über einen Aktientausch vollzogenen Fusion wurde die Interhandel 1966 bis 1967 von der Schweizer Bankgesellschaft (SBG), der späteren UBS, übernommen. Bei der Übernahme des Vermögens, dessen Volumen die Liquidatoren auf rund 4,4 Milliarden DM schätzten, sei es, nach Ansicht der Liquidatoren, *nicht mit rechten Dingen zugegangen*, weshalb *das Interhandel-Vermögen dem IG Farben-Restvermögen* zustünde. Es müsse *den Menschen, die durch IG Farben während der Nazi-Zeit zu Schaden gekommen sind, zugänglich gemacht werden*.[116] Der bis dahin verfolgte Versuch, die Restitution des Ostvermögens aus der ehemaligen DDR politisch-moralisch mit der Zwangsarbeiterentschädigung zu legitimieren, wurde damit rhetorisch abgewandelt und jetzt mit den milliardenschweren Restitutionsforderungen gegenüber der UBS verknüpft, indem behauptet wurde, das künftig vereinnahmte Vermögen diene dazu, das Kapital der geplanten Stiftung aufzustocken, die dann Zahlungen an NS-Opfer leisten würde. Die Liquidatoren baten auf der Hauptversammlung, ihnen den *Auftrag zur Vorbereitung der Gründung einer Stiftung zum Zwecke der Entschädigung von Opfern von IG Farben* zu erteilen und weitergehende Anträge kritischer Aktionäre abzulehnen.[117] Pollehn stellte den *eingeschlagenen neuen unternehmenspolitischen Kurs* der Stiftungsgründung als alternativlos dar, weil die Liquidationsvorschriften des Aktiengesetzes keinen Spielraum ließen. Gleichwohl erfordere die Stiftungsgründung *zunächst eine genauere rechtliche Prüfung*.[118] Bei einer Präsenz von 42 Prozent des Aktienkapitals stimmte die Hauptversammlung im März 1999 mit mehr als 90 Prozent der Gründung einer

---

[116] Bericht des Liquidators Volker Pollehn in der Hauptversammlung der IG Farbenindustrie i.A. am 25.03.1999, Bl. 4–5, HHStAW Bestand 2092, Nr. 167, fol. 5–6. König, Interhandel, S. 230.

[117] Ebd., Bl. 8, HHStAW Bestand 2092, Nr. 167, fol. 9. Dachverband Kritischer Aktionärinnen und Aktionäre. Anträge zur Hauptversammlung 1999, 23.02.1999, HHStAW Bestand 2092, Nr. 163, fol. 70–71, hier fol. 70; Philipp Mimkes und Axel Köhler-Schnura (Coordination gegen Bayer-Gefahren) an IG Farben, Gegenanträge zur Hauptversammlung am 25.03.1999, 23.02.1999, HHStAW Bestand 2092, Nr. 163, fol. 73–74.

[118] Bericht des Liquidators Volker Pollehn in der Hauptversammlung der IG Farbenindustrie i.A. am 25.03.1999, Bl. 8–9, HHStAW Bestand 2092, Nr. 167, fol. 9–10.

Stiftung zu, obwohl der entsprechende Antrag keine Angaben zur Ausstattung der Stiftung oder deren Satzung enthielt.[119]

Der jahrelang diskutierte Vorschlag, eine Stiftung zu gründen, ist vor dem Hintergrund der Reaktionen der in den USA verklagten und von Boykottdrohungen betroffenen deutschen Unternehmen zu sehen. Sie hatten in vertraulichen Gesprächen untereinander und im Bundeskanzleramt seit Herbst 1998 strategische Handlungsmöglichkeiten erörtert. Am 16. Februar 1999 hatten sie im Beisein von Bundeskanzler Gerhard Schröder in einer gemeinsamen Erklärung erstmals öffentlich signalisiert, sich an einer *Bundesstiftung für humanitäre Leistungen, insbesondere an ehemalige NS-Zwangsarbeiter* zu beteiligen.[120] Der Beschluss der Stiftungsgründung der IG Farben i.L. stand in diesem historischen Kontext. Er erfüllte eine nicht zu unterschätzende legitimatorische Funktion, weil IG Farben i.L. mit Verweis auf die eigenen Stiftungspläne Forderungen zurückweisen konnte, sich an der Stiftungsinitiative der deutschen Wirtschaft zu beteiligen.

6. Sammelklagen, Internationalisierung der Proteste und Interhandel: Hauptversammlungen 1999 bis 2001

Die Hauptversammlung der IG Farben i.L. im August 1999 stand unter dem Eindruck der in den USA ein Jahr zuvor gegen deutsche Unternehmen angelaufenen Klagewelle für Entschädigungszahlungen für NS-Sklaven- und Zwangsarbeit.[121] Diese hatte nicht nur international ein breites Medienecho und eine gesellschaftliche Debatte zur Entschädigungsfrage ausgelöst, sondern auch zu zahlreichen Klagen vor deutschen Gerichten geführt. IG Farben i.L. wurde im Frühjahr 1999 von der Prozessflut vor deutschen Gerichten erfasst. Im März 1999 hatten mehrere israelische Staatsangehörige *Klage gegen I.G. Farben erhoben und damit Ansprüche in Höhe von jeweils zwischen DM 47.000 und DM 70.000 geltend gemacht.*[122] Im Mai 1999 waren dann, auf Antrag weiterer Anspruchstellerinnen und Anspruchsteller, *282 Mahnbescheide vom Arbeitsgericht Frankfurt am Main und 70 Mahnbescheide*

---

119 Georg GIERSBERG: I.G. Farben prüft eine Stiftungslösung, in: Frankfurter Allgemeine Zeitung, 26.03.1999, S. 16.
120 BORGGRÄFE: Zwangsarbeiterentschädigung, S. 295; Susanna-Sophia SPILOTIS: Verantwortung und Rechtsfrieden. Die Stiftungsinitiative der deutschen Wirtschaft, Frankfurt/M. 2003, S. 65–67.
121 HENSE: Verhinderte Entschädigung, S. 102–105, 115–122; SPILOTIS: Verantwortung und Rechtsfrieden, S. 25–27. Zu der gesellschaftlichen Debatte siehe: Janosch STEUWER: Das Paradox der gesellschaftlichen Selbstaufklärung. Zwangsarbeiterentschädigung und öffentliche Meinung in Deutschland. In: Constantin GOSCHLER (Hg.): Die Stiftung. Der Abschluss der deutschen Wiedergutmachung? Göttingen 2012, S. 148–234.
122 I.G. Farbenindustrie Aktiengesellschaft in Abwicklung. Geschäftsbericht 1998, Frankfurt/M., Juni 1999, S. 7.

vom Arbeitsgericht Senftenberg mit jeweils ähnlich hohen Beträgen erlassen worden.[123] Insgesamt sah sich IG Farben mit Forderungen in Höhe von über 15 Millionen DM konfrontiert.[124] Das war mehr als die Hälfte des verbliebenen Abwicklungskapital. Die Klagewelle war eines der Themen, zu der die Liquidatoren auf der Hauptversammlung am 18. August 1999 in Frankfurt am Main Stellung beziehen mussten.[125] Das Interesse an der Hauptversammlung hatte unter den Aktionärinnen und Aktionäre des Unternehmens deutlich nachgelassen. Nur noch 70 Personen waren der Einladung zur Hauptversammlung gefolgt, wodurch *mehr Polizisten und Sicherheitskräfte als Anteilseigner anwesend* waren, wie der Tagesspiegel berichtete.[126] Im Versammlungssaal verlasen kritische Aktionärinnen und Aktionäre Biographien von ehemaligen KZ-Häftlingen, bis ihnen auf Anweisung des Aufsichtsratsvorsitzenden Ernst Krienke das Wort entzogen wurde und der private Sicherheitsdienst sie zu ihren Plätzen abführte.[127]

Unter Berufung auf die im »Gesetz über den Aufruf der Gläubiger der I.G. Farbenindustrie Aktiengesellschaft in Abwicklung« enthaltenen Ausschlussfristen lehnte IG Farben i.L. weitere Entschädigungszahlungen ab. Nach den von IG Farben geleisteten Entschädigungszahlungen in Höhe von 30 Millionen DM sei IG Farben zu keinen weiteren Zahlungen mehr verpflichtet. Man könne *unter den gegebenen liquidationsrechtlichen Umständen für eine moralisch gebotene Zahlung weiterer Entschädigungsleistungen nur den Weg über die Gründung einer Stiftung des privaten Rechts* einschlagen.[128] Auf der Hauptversammlung am 18. August 1999 berichtete Liquidator Otto Bernhardt, dass eine Gewerbeimmobilie in Bochum im Wert von rund 3 Millionen DM den Grundstock des Stiftungskapitals bilden sollte, aus denen jährlich zwischen 200.000 und 300.000 DM ausschüttungsfähig wären. Wer bezugsberechtigt sein sollte, blieb vage und war nicht festgelegt worden.[129] Kritische

---

123 I.G. Farbenindustrie Aktiengesellschaft in Abwicklung. Geschäftsbericht 1998, Frankfurt/M., Juni 1999, S. 7.

124 I.G. Farbenindustrie Aktiengesellschaft in Abwicklung. Geschäftsbericht 1998, Frankfurt/M., Juni 1999, S. 8.

125 Weil infolge der im Vorjahr ausgefallenen Hauptversammlung die Liquidatoren und der Aufsichtsrat auf der Hauptversammlung im März 1999 nur für das Geschäftsjahr 1997 entlastet worden waren, fand erstmals in der Geschichte der IG Farben i.L. im Abstand von nur fünf Monaten eine zweite Aktionärsversammlung innerhalb eines Jahres statt.

126 IG Farben gründet Stiftung für Zwangsarbeiter. Tumulte auf der Aktionärsversammlung. Gegner sprechen von Verhöhnung. Keine Auflösung der Gesellschaft, in: Der Tagesspiegel, 19.08.1999, S. 19.

127 »Hier gilt nunmal meine Auffassung«. Hauptversammlung der I.G. Farbenindustrie macht Weg für Stiftung frei, in: Frankfurter Allgemeine Zeitung, 19.08.1999, S. 19 (Zitat). Die verlesenen Reden sind dokumentiert unter: https://archiv.labournet.de/branchen/chemie/igfarbsp.html (zuletzt aufgerufen am 08.06.2021).

128 IG Farbenindustrie AG i.A., Geschäftsbericht 1998 (1999), S. 8.

129 »Hier gilt nunmal meine Auffassung«. Hauptversammlung der I.G. Farbenindustrie macht Weg für

Aktionäre bezeichneten ein geplantes Stiftungskapital von drei Millionen DM als *Verhöhnung der Nazi-Opfer* und forderten, ihnen müsse das gesamte Restkapital von rund 25 Millionen DM zur Verfügung gestellt werden.[130]

Zu den Versuchen zur Rückgewinnung von früherem Ostvermögen führte der Bericht über das Geschäftsjahr 1998 keine wesentlichen Neuigkeiten auf.[131] Im Unterschied zu ihren Vorgängern akzeptierten sie damit, dass die Versuche das »Ostvermögen« zu restituieren, gescheitert waren. Auf Distanz zu ihren Vorgängern gingen die neuen Liquidatoren auch, als sie erklärten, es müsse *mehr als in den vergangenen Jahren vermieden werden, für wenig aussichtsreiche Prozesse größere Geldbeträge einzusetzen.*[132]

Die Versuche der Liquidatoren, noch größere Geldsummen zu vereinnahmen, richteten sich fortan vorwiegend gegen die UBS in der Schweiz.[133] Die Schweiz forderte Pollehn auf, ihre Archive zu öffnen, damit IG Farben i.L. ihren vermeintlichen Rechtsanspruch auf das Interhandel-Vermögen gerichtsfest beweisen könne. Mit den Zahlungen aus der Schweiz könnten dann noch lebende Zwangsarbeitskräfte der IG Farben *ordentlich entschädigt* werden.[134] Nachdem man vor deutschen Gerichten in den 1980er Jahren gescheitert war, richteten sich die Hoffnungen nun auf Klagen in den USA. Im Jahre 1983 hatte IG Farben i.L. einen Rechtsstreit gegen die Schweizerische Bankgesellschaft als Rechtsnachfolgerin der Interhandel, die spätere UBS angestrengt, in dem es um vermeidliche Ansprüche aus dem sogenannten Interhandel-Komplex ging. Die Klage wurde vom Landgericht Frankfurt am Main am 23. Mai 1984 für unzulässig erklärt, weil die Ansprüche von IG Farben nach schweizer Recht verjährt oder nach deutschem Recht verwirkt seien. Die von IG Farben hiergegen eingelegte Berufung wurde vom Oberlandesgerichts Frankfurt am Main abgewiesen, durch den Bundesgerichtshof am 17. Oktober 1986 jedoch bestätigt und an das Oberlandesgericht Frankfurt als Revisionsinstanz zurückverwiesen. Am 23. März 1988 hatte das Oberlandesgericht Frankfurt am Main die Klage der IG Farben i.L. endgültig als unbegründet abgewiesen.[135]

Stiftung frei, in: Frankfurter Allgemeine Zeitung, 19.08.1999, S. 19.

130 IG Farben gründet Stiftung für Zwangsarbeiter. Tumulte auf der Aktionärsversammlung. Gegner sprechen von Verhöhnung. Keine Auflösung der Gesellschaft, in: Der Tagesspiegel, 19.08.1999, S. 19.

131 I.G. Farbenindustrie Aktiengesellschaft in Abwicklung. Geschäftsbericht 1998, Frankfurt/M., Juni 1999, S. 8.

132 Ebd., S. 9.

133 Georg GIERSBERG: »Hier gilt nunmal meine Auffassung«. Hauptversammlung der I.G. Farbenindustrie macht Weg für Stiftung frei, in: Frankfurter Allgemeine Zeitung, 19.08.1999, S. 19.

134 Klaus-Peter KLINGELSCHMITT: IG Farben entschädigt – Pfennige. Nur Zinsen für die Zwangsarbeiter. Aber der Rechtsnachfolger des Todesgasproduzenten der Nazis hofft weiter auf das große Geld aus der Schweiz, in: die tageszeitung, 19.08.1999, S. 5

135 Zu dem komplexen Frankfurter Interhandel-Verfahren und den Auseinandersetzungen siehe KÖNIG,

Ausweislich des Geschäftsberichts für das Jahr 1999 hatten sich die rund 400 gerichtlichen Verfahren jüdischer Überlebender wegen Entschädigungsleistungen für Sklaven- und Zwangsarbeit bei IG Farben zwischenzeitlich drastisch reduziert. Zum einen waren inzwischen *357 Mahnbescheide vom Arbeitsgericht Frankfurt am Main und 70 Mahnbescheide vom Arbeitsgericht Senftenberg (Sachsen) erlassen worden.*[136] Weitere acht Klagen waren bei dem Landgericht Frankfurt am Main anhängig und eine Klage beim Landgericht Potsdam. Am 16. Februar 2000 bestätigte ein Beschluss des Bundesarbeitsgerichts die Auffassung der Liquidatoren, es habe *sich bei der Beschäftigung von Zwangsarbeitern nicht um Arbeitsverhältnisse gehandelt,* weshalb anstelle der Arbeitsgerichte ordentlichen Zivilgerichte für derartige Klagen zuständig seien.[137] Bevor die Verfahren an das zuständige Amtsgericht oder Landgericht Frankfurt am Main verwiesen werden konnten, wurden 247 Verfahren durch eine Berliner Anwaltskanzlei bis auf 13 Klagen zurückgezogen, nachdem IG Farben Zweifel an der ordnungsgemäßen Bevollmächtigung der Mandanten durch die Kanzlei angemeldet hatte. Auslöser hierfür waren Presseberichte über Ermittlungen gegen die Anwaltskanzlei, die wegen des Verdachts der Steuerhinterziehung im Zusammenhang mit Pensionsverfahren israelischer Staatsbürger in die Schlagzeilen geraten war.[138] Schwebend waren im Sommer 2000 noch rund 160 Fälle, in denen nach einem Widerspruch der IG Farben i.L. gegen die Mahnbescheide die Verfahren nicht weiterbetrieben worden waren.[139] Auf der von Tumulten begleiteten Hauptversammlung kritisierten einige Aktionäre, dass sich die Liquidatoren nicht an der Stiftungsinitiative der deutschen Wirtschaft beteiligten.[140] Ihre wiederholt angekündigte Absicht, eine Stiftung zur Entschädigung ehemaliger Zwangsarbeiter zu gründen, war im August 2000 immer noch nicht umgesetzt worden.[141] Im Geschäftsbericht hieß es dazu, die Stiftungsgründung könne erst erfolgen,

---

Interhandel, S. 242–256 und die im Auftrag von IG Farben i.L. erstellte Zusammenfassung: Rechtsanwalt Gerhard Laule: Vermerk. I.G. Farbenindustrie: Hauptversammlung (Interhandel), 06.12.1997, HHStAW Bestand 2092, Nr. 43–46.

136 I.G. Farbenindustrie in Abwicklung: Geschäftsbericht 1999, Frankfurt/M., Juli 2000, S. 10.

137 Ebd. und Bundesarbeitsgericht (Az.: 5 AZB 71/99), Beschluss vom 16.02.2000. Siehe unter: https://lexetius.com/2000,4554 (zuletzt aufgerufen am 20.6.2021).

138 Ebd., S. 10–11. Michael BRUNNER: Berliner Rechtsanwalt muss für fünfeinhalb Jahre ins Gefängnis, in: Der Tagesspiegel, 15.02.2000, S. 10; Jürgen HOGREFE und Peter WENSIERSKY: Das Milliarden-Ding, in: Der Spiegel, Nr. 38, 20.09.1999, S. 44; Marcus C. HUREK: Jahrelang Honorare israelischer Rentner nicht versteuert. Fünfeinhalb Jahre Haft. Anwalt betrog Fiskus um 5,8 Millionen, in: Die Welt, 15.02.2000, S. 37.

139 I.G. Farbenindustrie in Abwicklung: Geschäftsbericht 1999, Frankfurt/M., Juli 2000, S. 11.

140 Pollehn und Bernhardt, Gegenanträge und Stellungnahme der Verwaltung, Juli 2000, HHStAW Bestand 2092, Nr. 174, fol. 39–41, hier fol. 41.

141 Gebina DOENECKE: Handgemenge in der Hauptversammlung der I.G. Farben, in: Frankfurter Allgemeine Zeitung, 24.08.2000, S. 23.

sobald die Liquiditätslage von I.G. Farben dies zuließe, womit die Liquidatoren spätestens Anfang 2001 rechneten.[142] Die Kritik an den Plänen der IG Farben i.L., eine eigene Stiftung zu gründen, kam nicht nur von politisch linker Seite. Unmittelbar nach der Aktionärsversammlung äußerte sich der innenpolitische Sprecher der CDU-Bundestagsfraktion Wolfgang Bosbach in einem Radiointerview hierzu. Bosbach, der dem Kuratorium der Stiftung der deutschen Wirtschaft angehörte, erklärte, er verstünde nicht, *wieso es rechtlich zulässig sein sollte, eine firmeneigene Stiftung zu gründen, aber nicht in die schon bereits bestehende Stiftung* einzuzahlen, die der Bund vor einigen Woche gesetzlich verabschiedet habe.[143] *Die Liquidatoren hätten dafür werben müssen, in den Stiftungsfonds der deutschen Wirtschaft einzuzahlen, damit auch andere Unternehmen, die jetzt noch zögern, motiviert werden, das gleiche zu tun.*[144] Der innenpolitische Sprecher der SPD-Bundestagsfraktion, Dieter Wiefelspütz, schloss sich der Kritik an. Gegen ergänzende Leistungen oder Einrichtungen für NS-Zwangsarbeit hatte Wiefelspütz keine Einwände, erklärte aber gegenüber dem Handelsblatt, bei der IG Farben sähe es *so aus, als grenze man sich von der Gemeinschaftsinitiative der deutschen Wirtschaft und des deutschen Staates ab*. Die vergleichsweise geringe Summe, mit der IG Farben die Stiftung ausstatten wolle, sei *ausgesprochen peinlich* und es sei *sehr bedauerlich, wenn eine Firma meint, sich auf diese Weise davonstehlen zu können*. Auch der Sprecher der Stiftungsinitiative der deutschen Wirtschaft, Wolfgang Gibowski, bedauerte die Entscheidung der IG Farben, weil mit einer weiteren Stiftung *unnötig doppelte Verwaltungsstrukturen* entstünden.[145] Den Sonderweg, weiterhin an einer eigenen Stiftungsgründung festzuhalten, den die IG Farben beschritt, entwickelte sich zunehmend zu einem Störfaktor der Anfang August 2000 gegründeten Stiftung »Erinnerung, Verantwortung und Zukunft«, die im Bundestag parteiübergreifendend gesetzlich beschlossen wurde.[146] Trotz der öffentlichen Kritik konnte sich IG Farben i.L. dies leisten, weil das Unternehmen keine exportabhängigen Geschäfte mehr betrieb. Letzteres war für die Gründungsunternehmer der Stiftung »Erinnerung, Verantwortung und Zukunft« ein wesentliches Motiv, einen Beitrag zur Zwangsarbeiterentschädigung zu leisten, wie der Wirtschaftshistoriker Mark Spoerer empirisch

---

142 I.G. Farbenindustrie Aktiengesellschaft in Abwicklung, Geschäftsbericht 1999, Frankfurt/M., Juli 2000, S. 11.
143 Interview Anette Noting vom Info-Radio-Brandenburg am 24.08.2000 mit Herrn Bosbach (Transkript), HHStAW Bestand 2092, Nr. 173, fol. 38–40, hier fol. 38.
144 Ebd., HHStAW Bestand 2092, Nr. 174, fol. 39.
145 Klemens KINDERMANN: Stiftungsinitiative der deutschen Wirtschaft bedauert Alleingang. Wiefelspütz kritisiert Entscheidung der IG Farben zu Zwangsarbeitern, in: Handelsblatt, 24.08.2000.
146 Gesetz zur Errichtung einer Stiftung »Erinnerung, Verantwortung und Zukunft« vom 02.08.2000, in: Bundesgesetzblatt, Teil I (2000), Nr. 38, Bl. 1263–1269.

zeigen konnte. Ihr Beitritt zur Stiftungsinitiative lässt sich, Spoerer zufolge, als *eine Art Versicherung gegen den Eintritt geschäftsschädigender Risiken* im Falle von Boykottdrohungen interpretieren.[147] Hierfür war die IG Farben als Abwicklungsgesellschaft nicht anfällig.

Die jahrelangen Proteste gegen die IG Farben hatten zur Folge, dass sich nun auch auf kommunalpolitischer Ebene zunehmend Widerstand gegen die von der Stadt Frankfurt bei der Ausrichtung der Hauptversammlungen geleistete Unterstützung formierte. So beschloss die Frankfurter Stadtverordnetenversammlung am 1. März 2001 auf Anregung des Ortsbeirates Bergen-Enkheim, IG Farben i.L. für ihre Hauptversammlung keine öffentlichen oder städtischen Räumlichkeiten mehr zur Verfügung zu stellen.[148] Im April lehnte es die städtische Saalbau GmbH ab, IG Farben i.L. erneut Räume zu vermieten.[149] Nachdem sämtliche Versuche der IG Farben i.L. in Frankfurter Hotels einen Veranstaltungssaal zu mieten im Juni 2001 gescheitert waren, musste die Abwicklungsgesellschaft die Vermietung städtischer Räume auf dem Klageweg bis zum Oberlandesgericht Frankfurt juristisch erstreiten.[150] Am 17. September 2001 demonstrierten rund 100 Personen vor der Stadthalle in Bergen-Enkheim,[151] während Liquidator Pollehn im Versammlungssaal vor der Hauptversammlung darlegte, dass alle Versuche, das »Ostvermögen« der IG Farben zu restituieren, rechtlich gescheitert seien. Mit seinem Urteil vom 22. November 2000 habe das Bundesverfassungsgericht nun bestätigt, dass Entschädigungsansprüche nach dem Ausgleichsleistungsgesetz nur natürlichen Personen zustünden, nicht aber juristischen Personen, wie der IG Farben i.L.[152] Noch nicht aufgegeben hatten die Liquidatoren hingegen ihr Bestreben, in der Schweiz von der Großbank UBS Auslandsvermögen einzufordern. Wenige Tage vor der Hauptversammlung hatte der Historiker Mario König seine im Auftrag der »Unabhängigen Expertenkommission Schweiz – Zweiter Weltkrieg« erstellte historische Studie zu dem Interhandel-Komplex veröffentlicht. *Angesichts der unverhohlenen Freude der UBS über diesen Bericht* kündige Pollehn an, man werde den Be-

---

147 Mark SPOERER: Moralische Geste oder Angst vor Boykott? Welche Großunternehmen beteiligten sich aus welchen Gründen an der Entschädigung ehemaliger NS-Zwangsarbeiter?, in: Perspektiven der Wirtschaftspolitik 3 (2002), Heft 1, S. 37–48, 45–46.
148 Verwaltungsgericht Frankfurt am Main (7. Kammer): Beschluss in dem Verwaltungsstreitverfahren I.G. Farbenindustrie AG i.A. gegen die Stadt Frankfurt wegen Kommunalrecht (7 G 2263/01-1), 02.07.2001, HHStAW Bestand 2092, Nr. 182, fol. 203–213, hier fol. 204.
149 Saalbau GmbH an Pollehn, 09.04.2001, HHStAW Bestand 2092, Nr. 182, fol. 295.
150 Zu dem mehrinstanzlichen Rechtsstreit vgl. HHStAW Bestand 2092, Nr. 181.
151 Tumulte bei der Hauptversammlung, in: Frankfurter Neue Presse, 18.09.2001; Bald Schlussstrich unter das Kapitel IG Farben, in: Darmstädter Echo, 18.09.2001.
152 Ebd., Bl. 3, HHStAW Bestand 2092, Nr. 184, fol. 8.

richt *gründlich prüfen.*[153] Vier Tage vor der Hauptversammlung war die zwei Jahre zuvor beschlossene Gründung einer Stiftung privaten Rechts zustande gekommen. Am 13. September 2001 hatte das Regierungspräsidium Darmstadt als zuständige Stiftungsaufsicht diese unter dem Namen »Stiftung I.G. Farbenindustrie« genehmigt.[154] Auf der Hauptversammlung teilte Liquidator Pollehn mit, die Stiftung solle *auf freiwilliger Grundlage* künftig *Personen, die unter den Unrechtsmaßnahmen leiden mußten, eine angemessene Entschädigung* gewähren. Das anfängliche Stiftungsvermögen könne *lediglich 500.000,– DM betragen,* sollte sich künftig aber so *vergrößern, daß aus dessen Erträgen alle Aufgaben der Stiftung erfüllt werden können.*[155] Die Formulierung kaschierte, dass die Stiftung ihre Aktivitäten satzungsgemäß erst dann aufnehmen sollte, *wenn die Erträge des Stiftungsvermögens einen Jahresbetrag in Höhe von DM 250.000,00 erreichen.*[156] Infolgedessen musste die Stiftung ohne weitere Zustiftungen inaktiv bleiben, was in der Öffentlichkeit weithin unbemerkt blieb. Es gelte, so Pollehn, *im Interesse der Gläubiger und der Aktionäre eine möglichst reichhaltige Verteilungsmasse zu erwirtschaften,* ohne die es *in höchstem Maße rechtswidrig* sei, die Abwicklung abzuschließen.[157] Als die wichtigste Voraussetzung hierfür bezeichneten die Liquidatoren den Verkauf der zwischenzeitlich für 2,5 Millionen DM renovierten Wohnimmobilien in Köln-Porz und in Moers. Ein potentieller Käufer habe signalisiert, die Immobilien zum Buchwert zu übernehmen.[158]

7. Auf dem Weg zur Insolvenz: Die letzte Hauptversammlung der IG Farben i.L. im Dezember 2002

In dem im September 2002 für das Vorjahr vorgelegten Geschäftsbericht informierten die Liquidatoren darüber, dass die wenigen noch laufenden Klagen jüdi-

---

153 Ebd., Bl. 3, HHStAW Bestand 2092, Nr. 184, fol. 8.
154 Georg GIERSBERG: Im Jahr 2003 soll die I.G. Farben aufgelöst werden. Interessenten für die Häuser. 20 Millionen DM Abwicklungskapital. Hauptversammlung mit Tumulten, in: Frankfurter Allgemeine Zeitung, 18.09.2001, S. 28.
155 IG Farben i.A. Hauptversammlung am 17.09.2001 in Frankfurt am Main. Feststellung des Jahresabschlusses zum 31. Dezember 2000. Bericht des Liquidators Volker Pollehn, Bl. 4-5, HHStAW Bestand 2092, Nr. 184, fol. 9–10.
156 Vgl. §2 der Verfassung der Stiftung I.G. Farbenindustrie, 15.11.2001, HHStAW Bestand 2092, Nr. 10007. Ich danke Dr. Albrecht Kirschner für den Hinweis auf diese Quelle.
157 IG Farben i.A. Hauptversammlung am 17.09.2001 in Frankfurt am Main. Feststellung des Jahresabschlusses zum 31. Dezember 2000. Bericht des Liquidators Volker Pollehn, Bl. 5-6, HHStAW Bestand 2092, Nr. 184, fol. 10–11.
158 Georg GIERSBERG: Im Jahr 2003 soll die I.G. Farben aufgelöst werden. Interessenten für die Häuser. 20 Millionen DM Abwicklungskapital. Hauptversammlung mit Tumulten, in: Frankfurter Allgemeine Zeitung, 18.09.2001, S. 28.

scher NS-Sklavenarbeiter und Sklavenarbeiterinnen auf Entschädigung wenig Aussicht auf Erfolg hätten. IG Farben bildete dafür eine Rücklage in Höhe von 200.000 DM.[159] Als Hauptziele für das Geschäftsjahr 2002 nannten die Liquidatoren den Verkauf der Immobilien in Moers und Köln und *die Lösung der Fragen Interhandel*. Das Abwicklungskapital war u. a. bedingt durch Abschreibungen und hohe Millionenverluste im Geschäftsjahr 2001 sowie den Abzug von 500.000 DM aus dem Abwicklungsvermögen für die eingerichtete Stiftung IG Farbenindustrie abermals drastisch gesunken.[160] Der Verkauf von Wohnanlagen aus der wirtschaftlich angeschlagenen Immobiliengruppe des ehemaligen Großaktionärs und Liquidators Günter Minninger an IG Farben lastete weiterhin auf den Bilanzen der IG Farben. Nach einer Sanierung der Immobilien konnte IG Farben im Geschäftsjahr 2001 erstmals wieder ein positives Betriebsergebnis ausweisen, das allerdings von den Kreditzinsen vollständig verzehrt wurde. Das in der Tochtergesellschaft Ammoniakwerk Merseburg GmbH gebündelte Immobilienvermögen in Köln-Porz, Moers und Bochum wurde zwar mit 75 Millionen DM taxiert, doch verblieben davon nach Abzug der Schulden nur noch 20,7 Millionen DM übrig. Mit einem Jahresfehlbetrag von 9,7 Millionen DM im Geschäftsjahr 2001 verringerte sich das Abwicklungskapital bis Ende 2001 auf nur noch 11 Millionen DM.[161] Die Abwärtsspirale der Kapitalverluste von IG Farben i.L. hatte sich somit nochmals beschleunigt.

Nach Informationen der Frankfurter Allgemeinen Zeitung hatte die UBS im April und Mai 2003 ihre über den Interhandel-Komplex mit einer deutsch-amerikanischen Aktionärsgruppe geführten Gespräche abgebrochen, weil aus Sicht der Bank *das Thema I.G. Farbenindustrie juristisch und historisch längst abgeschlossen* sei.[162] Als im Mai 2003 Gerüchte die Runde machten, zwischen der UBS und der IG Farben i.L. würde hinter den Kulissen verhandelt, verzehnfachte sich der in DM notierte Börsenkurs der Liquidationsanteilscheine innerhalb weniger Wochen von 30 Pfennig auf 3 DM. IG-Farben-Liquidator Pollehn erklärte daraufhin gegenüber der Presse, es gäbe noch keine offiziellen Kontakte zur UBS.[163] Die

---

159 I.G. Farbenindustrie Aktiengesellschaft in Abwicklung. Geschäftsbericht 2001, Frankfurt/M., September 2002, S. 7.
160 Ebd., S. 11; IG Farben vor dem Verkauf der Häuser. Pollehn will den moralischen Druck auf die Bank UBS erhöhen, in: Frankfurter Allgemeine Zeitung, 20.12.2002, S. 21.
161 Bei I.G. Farben zerrinnt das Abwicklungskapital. Verluste durch hohen Finanzaufwand. Noch Prozesse anhängig. Antrag auf Auflösung, in: Börsen-Zeitung, 11.09.2001, S. 12; Weiterer Kapitalverzehr bei I.G. Farben. Verlust steigt von 3,7 auf 9,7 Mill. DM. Ende der Abwicklung »spätestens 2004«, in: Börsen-Zeitung, 17.12.2002, S. 10; Georg GIERSBERG: IG Farben vor dem Verkauf der Häuser. Pollehn will den moralischen Druck auf die Bank UBS erhöhen, in: Frankfurter Allgemeine Zeitung, 20.12.2002, S. 21.
162 »Wir lassen uns nicht erpressen«. Die UBS hat die Gespräche über eine Entschädigung der I.G. Farbenindustrie abgebrochen, in: Frankfurter Allgemeine Zeitung, 08.07.2003, S. 17.
163 I.G.-Farben-Aktionäre spekulieren auf Schweizer Gelder. Der Kurs der Aktie hat sich fast verzehn-

UBS ließ ihrerseits verlauten, sie habe *kein Interesse an Gesprächen mit und über die I.G. Farbenindustrie*[164] und verwies dazu auf die Studie des Historikers Mario König zum Interhandel-Komplex, die zu dem Ergebnis gekommen war, dass die IG Farbenindustrie bereits Anfang der 1930er Jahre *keinen direkten Kapitalbesitz mehr an der IG Chemie* besessen hatte. Auf politischen Druck aus den USA hin, sei ein Bindungsvertrag zwischen der IG Chemie und IG Farben 1940 aufgelöst worden. König zufolge war auch *keine verdeckte Abmachung oder eine über 1940 hinausreichende Steuerung* der IG Chemie mehr nachweisbar.[165] In ihrem Bericht über das Geschäftsjahr 2001 nahm IG Farben i.L. hierzu in geradezu polemischer Weise Stellung. Die Studie Königs habe zwar *das Verdienst, zahlreiche bisher einer breiteren Öffentlichkeit nicht bekannte Quellen erschlossen zu haben*, sei aber, *in einem solchen Ausmaß oberflächlich, ungenau und auch widersprüchlich*, dass die historischen Schlussfolgerungen als *Gefälligkeitsgutachten zugunsten der Schweizer Interessen, also auch der Interessen der UBS, verdächtigt werden* müssten.[166] Mit der in der Fachwissenschaft anerkennend und positiv aufgenommenen Studie Königs setzten sich die Juristen der IG Farben i.L. weder argumentativ auseinander, noch konnten sie die Thesen Königs in irgendeinem Punkt wissenschaftlich widerlegen. Trotz der anhand zahlreicher Quellen belegten Evidenz der Resultate, hielt IG Farben an der Forderung nach Ausgleichzahlungen der UBS aus dem Interhandel-Vermögen fest. Die UBS solle dies *unverzüglich zurückzugeben* und *sich insoweit zumindest gesprächs- und kompromißbereit* zeigen.[167] Auf der Hauptversammlung warnte Liquidator Pollehn die UBS, sie sei gut beraten, sich mit IG Farben i.L. zu verständigen. Auch wenn kein Rechtsanspruch bestünde, sollte die UBS zumindest aus *moralischen Gründen* Zahlungen leisten.[168] An einer Kundgebung am 18. Dezember 2002 anlässlich der Hauptversammlung in Frankfurt am Main nahmen rund 120 Demonstrantinnen und Demonstranten unter Beteiligung des Auschwitz Komitees und der Bundesfachtagung der Chemiefachschaften teil. Das Medieninteresse an den Protesten hatte nach der Gründung der Stiftung »Erinne-

---

facht. UBS offenbar gesprächsbereit. »Keine offiziellen Gespräche«, in: Frankfurter Allgemeine Zeitung, 17.05.2003, S. 19.

164 »Wir lassen uns nicht erpressen«. Die UBS hat die Gespräche über eine Entschädigung der I.G. Farbenindustrie abgebrochen, in: Frankfurter Allgemeine Zeitung, 08.07.2003, S. 17.

165 KÖNIG: Interhandel, S. 397 und S. 399 (Zitate); »Die Forderungen der I.G.-Farbenindustrie sind unberechtigt«. Die schweizerische Bank UBS sieht keinen Grund für Gespräche. Historikerkommission stützt Auffassung des Geldinstituts, in: Frankfurter Allgemeine Zeitung, 31.05.2003, S. 14.

166 I.G. Farbenindustrie in Abwicklung. Geschäftsbericht 2001, Frankfurt/M., September 2002, S. 6.

167 Ebd., S. 6.

168 IG Farben vor dem Verkauf der Häuser. Pollehn will den moralischen Druck auf die Bank UBS erhöhen, in: Frankfurter Allgemeine Zeitung, 20.12.2002, S. 21.

rung, Verantwortung und Zukunft« deutlich nachgelassen. Angesichts der desolaten Lage mussten die Liquidatoren Otto Bernhardt und Volker Pollehn in ihrem Bericht auf der Hauptversammlung eingestehen, dass es ihnen – entgegen früheren Ankündigungen – immer noch nicht gelungen war, die Immobilien der IG Farben i.L. zu verkaufen. Die endgültige Abwicklung des Unternehmens würde sich, ihrer Einschätzung nach, noch mindestens bis zum Jahre 2004 hinauszögern.[169] Doch es kam anders.

Im November 2003 mussten die Liquidatoren die Öffentlichkeit über die endgültige Zahlungsunfähigkeit der IG Farben i.L. informieren. Der Aktienkurs brach daraufhin ein. Für die hypothekenbelasteten Immobilien, die IG Farben von einem Unternehmen des ehemaligen IG Farben-Liquidator Günter Minninger gekauft hatte, mussten Zinszahlungen in Höhe von jährlich einer Million Euro an die Gläubigerbanken entrichtet werden. Diese verschlangen die Mieteinnahmen. Auf den Immobilien lasteten 28,2 Millionen Euro Kredite bei einem Bilanzwert von 38,4 Millionen. Für die verbleibenden 10,2 Millionen Euro hatte IG Farben mit der WCM Beteiligungs- und Grundbesitz AG einen Optionsvertrag zum Kauf der Immobilien abgeschlossen. Nach der Zahlung einer ersten Rate von 1,5 Millionen Euro setzte die selbst wirtschaftlich angeschlagene WCM im November 2003 die Zahlung einer zweiten Rate aus, weil die Marktentwicklung dem vereinbarten Kaufpreis die Grundlage entzogen habe. IG Farben war daraufhin zahlungsunfähig und musste am 10. November 2003 beim Amtsgericht Frankfurt am Main Insolvenz beantragen.[170] Auch nach der Insolvenz endeten die Versuche nicht, vermeidliche Ansprüche auf ehemaliges Auslandsvermögen aus dem Interhandel-Komplex bei der schweizer Großbank UBS gerichtlich in den USA geltend zu machen.[171] Nach Informationen der Frankfurter Allgemeinen Zeitung verfolgte eine Aktionärsgruppe um den Hamburger Anleger Rüdiger Beuttenmüller seit Sommer 2003 die Absicht, in den USA eine Sammelklage gegen die UBS einzureichen. Beuttenmüller ließ sich dazu beim Amtsgericht Köln als Pfleger des Vereins IG Farbenaktionäre eintragen. Der Verein war in den 1980er Jahren gegründet worden, um die Klagen gegen die Schweizer Bankgesellschaft, der Vorgängerin der UBS, vor

---

169 Peter NOWAK: Kein Aus für IG Farben. Das Nachfolgeunternehmen des Nazikonzerns verzögert Auflösung weiteres Mal. Tumulte auf Hauptversammlung, in: die tageszeitung, 19.12.2002, S. 9.
170 I.G. Farben droht Zahlungsunfähigkeit, in: Frankfurter Allgemeine Zeitung, 06.11.2003, S. 25; Der I.G. Farben geht das Geld aus, in: Frankfurter Allgemeine Zeitung, 07.11.2003, S. 19; Georg GIERSBERG: Abwicklung der I.G. Farben gescheitert. Ehemaliger Chemiekonzern insolvent. HSH Nordbank betroffen. Zwangsarbeiter gehen leer aus, in: Frankfurter Allgemeine Zeitung, 11.11.2003, S. 13; Peter BRORS, Michael FREITAG, Christoph HARDT: Das Ende eines Untoten, in: Handelsblatt, 11.11.2003, S. 14.
171 Die genauen Abläufe der miteinander konkurrierenden Gruppen, die unterschiedliche Strategien verfolgten, bedürfen einer genaueren historischen Untersuchung, die hier nicht geleistet werden kann.

deutschen Gerichten zu betreiben.[172] Auf einer Pressekonferenz in Zürich am 29. Dezember 2003 setzte der auf Sammelklagen spezialisierte amerikanische Anwalt Ed Fagan der UBS ein Ultimatum bis zum 9. Januar 2004. Sollte bis dahin kein Vergleichsangebot in Höhe von 1,8 bis 1,9 Milliarden EUR in der Interhandel-Angelegenheit vorliegen, werde er im Auftrag der Vermögenspfleger der IG Farben Aktionärsvereinigung e.V. Ende Januar 2004 in New York Klage einreichen. Die UBS wies die Forderungen zurück.[173] Das Vorgehen Beuttenmüllers betrachteten die Liquidatoren der IG Farben als *unseriös* und distanzierten sich hiervon in einer Anfang Januar 2004 veröffentlichten Presseerklärung. Weder die IG Farben i.L. noch die Stiftung I.G. Farbenindustrie hätten mit dieser Klage etwas zu tun.[174] Mitte Januar 2004 entzog das Amtsgericht Köln Rüdiger Beutenmüller, der im Sommer 2003 wegen Bilanzfälschung und Betrugs zu einer mehrjährigen Haftstrafe verurteilt worden war, die Pflegschaft.[175] Anfang Februar 2004 reichte Ed Fagan im Namen des Kölner Vereins IG Farbenaktionäre vor einem New Yorker Bezirksgericht gegen die UBS Klage ein, in der Zahlungen in Höhe von 35 Milliarden US Dollar gefordert wurden.[176]

Nachdem das Insolvenzverfahren gegen IG Farben i.L. eröffnet worden war, erklärte der von der Stiftung I.G. Farbenindustrie bevollmächtigte Rechtsanwalt Matthias Druba Ende März 2004, er sehe keine Möglichkeit, seitens der Stiftung eigene Ansprüche rechtlich zu verfolgen. Mit der Kölner Aktionärsvereinigung, die

---

172 Die Vereinsgründung diente dem Zweck, IG Farben i.L. vor potenzielle Prozessrisiken abzuschirmen, wie die Frankfurter Allgemeine Zeitung berichtete: *Dieser Verein war gegründet worden, um 90 Prozent der I.G.-Farben-Forderung gegen die UBS zu übernehmen. Anfang der achtziger Jahre hat die I.G. Farben schon einmal gegen die Bank geklagt. Wegen der hohen Prozesskosten hat sie aber nur zehn Prozent ihrer Forderungen eingeklagt. Um für den Fall der Niederlage vor Gericht eine negative Feststellungsklage der UBS über die Restforderung zu vermeiden, wurden die restlichen Forderungen diesem Verein übertragen. Nach der Niederlage vor Gericht war aber der Zweck des Vereins erloschen, er wurde 1989 aufgelöst.* »Wir lassen uns nicht erpressen«. Die UBS hat die Gespräche über eine Entschädigung der I.G. Farbenindustrie abgebrochen, in: Frankfurter Allgemeine Zeitung, 08.07.2003, S. 17.
173 Beat BRENNER: Weitere Kontroverse um IG Farben. Interhandel. Fagan fordert Milliarden von der UBS, in: Neue Zürcher Zeitung, 30.12.2003, S. 19; E. KNAPPE: UBS droht Ärger wegen IG Farben-Tochter, in: Darmstädter Echo, 30.12.2003.
174 Pressemitteilung. I.G. Farbenindustrie. Liquidatoren distanzieren sich vom Vorstoß des amerikanischen Anwalts Fagan in Sachen Interhandel, 06.01.2004. Im Besitz des Verfassers.
175 Fagans UBS-Klage vorerst gestoppt, in: Börsen-Zeitung, 15.01.2004, S. 17; Erfolg für UBS. Gericht blockt Fagan vorerst ab, in: Neue Luzerner Zeitung, 15.01.2004, S. 19; Beuttenmüller räumt vor dem Landgericht Bilanzfälschung ein, in: Die Welt, 05.06.2003, S. 35; Freiheitsstrafe für Anlagespezialisten Rüdiger Beuttenmüller, in: Handelsblatt, 24.06.2003, S. 16; Wolfgang REUTER, Janko TIETZ: Von Blut und Börsen, in: Der Spiegel, Nr. 47, 17.11.2003, S. 110–114; Beat BALZLI: Total transparent, in: Der Spiegel, Nr. 28, 12.7.2010, S. 80.
176 IG Farben. Fagan verklagt Schweizer Bank auf 35 Milliarden Dollar, in: Süddeutsche Zeitung, 06.02.2004; IG Farben: Fagan klagt Schweizer Großbank UBS, in: Der Standard, 06.02.2004.

in den USA für Klage auf Schadenersatz gegen UBS eingereicht habe, wollte die Stiftung vereinbaren, dass *wesentliche Teil einer zu erstreitenden Summe der Opferhilfe zukomme*.[177] Dies widersprach dem Dementi der Liquidatoren von Anfang Januar 2004, es bestünden keine Verbindungen zu dem dubiosen Verein von IG Farben-Aktionären in Köln und man habe mit der Klagedrohung Fagans nichts zu tun. Bei den NS-Opfern, als deren Fürsprecher sich die Liquidatoren der IG Farben i.L. nun inszenierten, waren sie auf Ablehnung gestoßen. Bereits Mitte Januar 2004 hatten Auschwitz-Überlebende den Versuchen der Stiftung I.G. Farbenindustrie, sie für Prozesse gegen die UBS zu instrumentalisieren, eine klare Absage erteilt. In ihrer gemeinsamen Erklärung hatten die ehemaligen IG Farben-Sklavenarbeiter Adam König, Rudy Kennedy und Kurt Goldstein mit den Vorstandsmitgliedern des Auschwitz Komitees Esther Bejarano und Peter Gingold zur Insolvenz der IG Farben i.L. und der angekündigten Klage gegen die UBS Stellung bezogen. In ihren Augen hatte seit der Insolvenzmeldung *ein unwürdiges Geschacher um ihr geringes Restvermögen und um ihre möglichen Ansprüche gegenüber der Schweizer Großbank UBS begonnen*. Das Restvermögen der *I.G. Farben* stünde *moralisch allein den überlebenden Zwangsarbeiterinnen und Zwangsarbeitern des Konzerns* zu. Es läge nun in der Verantwortung des Amtsgerichts Frankfurt am Main und der Insolvenzverwalterin Angelika Amend, die *überlebenden Opfer des Konzerns* als *seine wichtigsten Gläubiger anzuerkennen*. Die Liquidatoren Otto Bernhardt und Volker Pollehn hätten versagt, weil sie nach *der offenen Plünderung des Firmenvermögens durch ihre Vorgänger* die *firmeneigene Stiftung zur Entschädigung der Zwangsarbeiter und zur Aufarbeitung der Firmengeschichte* lediglich *mit lächerlichen 256.000 Euro ausgestattet* hatten. In der von der Zahlungsunfähigkeit des Unternehmens nicht betroffenen Stiftung fungierten sie noch als Vorstandsmitglieder und seien *aufgefordert, diese Posten für legitime Vertreter der überlebenden Opfer zu räumen*. Die Liquidatoren würden sich zwar von *der angekündigten Klage des US-Anwalts Ed Fagan* distanzieren, ließen *ihre eigenen Pläne bezüglich UBS aber im Dunkeln*. Fagan, der *im Auftrag einzelner I.G.-Farben-Aktionäre* die UBS-Bank verklagen wolle, habe nur unverbindlich angekündigt, *bei einem Erfolg seiner neuen Klage einen kleinen Teil der gewonnenen Summe an die früheren Zwangsarbeiter abzutreten*. Dieses durchschaubare Manöver wiesen die Überlebenden zurück: *Die vage Ankündigung einiger Brosamen ist der erkennbare Versuch, die Opfer als Druckmittel gegenüber UBS und US-Gerichten zu missbrauchen, um Aktionärs- und Anwaltstaschen zu füllen*. Nun könne die Insolvenzverwalterin Gerechtigkeit herstellen, das

---

177 »Die Chance nutzen«. Stiftung will bei IG-Farben-Auflösung Geld für NS-Opfer sichern, in: Frankfurter Allgemeine Zeitung, 27.03.2004, S. 61.

Insolvenzverfahren über alle Konzernunternehmen durchsetzen und danach *eine vertrauenswürdige Stiftungsleitung einsetzen, das Verfahren gegen die UBS an sich ziehen und schließlich den wichtigsten Gläubigern – den überlebenden Häftlingen – zu ihrem Recht verhelfen.*[178] Als das Amtsgericht Frankfurt am 25. März 2004 das Insolvenzverfahren für die IG Farben i.L. eröffnete, erklärte die Insolvenzverwalterin Angelika Amend, die geringen Vermögenswerte hätten eine Verfahrenseröffnung beinahe unmöglich gemacht. Sie kündigte an, auch mögliche Ansprüche gegen die Schweizer Großbank UBS zu prüfen.[179] Zwei Tage nach der Eröffnung des Insolvenzverfahren distanzierte sich der ehemalige Liquidator Volker Pollehn auf einer Pressekonferenz in Berlin erneut von dem Vorgehen des amerikanischen Anwalts Ed Fagan, der die UBS auf Zahlungen in Höhe von 35 Mrd. US Dollar verklagen wollte. Für realistisch hielt es Pollehn von der UBS auf dem Klageweg einige hundert Millionen Dollar zu erhalten. Pollehn, der als Vorstandsmitglied der von der Insolvenzmasse ausgenommenen Stiftung IG Farbenindustrie fungierte, erklärte, dass das Stiftungsvermögen an Holocaust-Opfer ausbezahlt werden sollte. Da in den USA die Forderungen gegen die UBS nicht verjährt seien, erwäge man mit dem amerikanischen Rechtsanwalt Gary Osen eine Klage gegen UBS.[180]

Nach über zwei Jahren erzielte die Insolvenzverwalterin Amend Ende August 2005 zwischen WCM und IG Farben i.L. einen außergerichtlichen Vergleich. Anstelle der zunächst von WCM geforderten 17 Mio. Euro erhielt die im Insolvenzverfahren befindliche IG Farben i.L. eine halbe Million Euro Schadensersatz für den geplatzten Immobilienverkauf, mit der Gläubiger abgefunden wurden. Das Büro der IG Farben i.L. in der Silberbornstraße in Frankfurt am Main war zwischenzeitlich von der Insolvenzverwalterin aufgelöst worden. Das dort befindliche Archiv wurde der Stiftung I.G. Farbenindustrie übereignet und nach Schwerin zum Sitz der Anwaltskanzlei Pollehns transferiert. Vor dem Abschluss des Insolvenzverfahrens mussten die hochverschuldeten Immobilien noch verkauft werden.[181] Unterdessen erging am 6. September 2006 in dem von der IG Farbenindustrie

---

[178] Das Restvermögen der I.G. Farben gehört den Zwangsarbeitern! Erklärung von Überlebenden des Nazi-Terrors zum Insolvenzverfahren I.G. Farben und zur Klage gegen UBS, in: Lagergemeinschaft Auschwitz – Freundeskreis der Auschwitzer. Mitteilungsblatt 24.07.2004, S. 25–26. Siehe auch: Matthias ARNING: Opfer unterstreichen Anspruch an IG Farben. Ex-Zwangsarbeiter fordern Restvermögen. Vorwürfe gegenüber Liquidatoren und US-Anwalt Fagan, in: Frankfurter Rundschau, 15.01.2004, S. 5.
[179] Insolvenzverfahren für IG Farben eröffnet, in: Frankfurter Allgemeine Zeitung, 26.03.2004, S. 59.
[180] Johannes RITTER: Stiftung I.G. Farben will Schadenersatz. Klage gegen schweizerische UBS in den Vereinigten Staaten erwogen, in: Frankfurter Allgemeine Zeitung, 27.03.2004, S. 17.
[181] Manfred KÖHLER: Lebenszeichen von der IG Farbenindustrie. Insolventes Unternehmen in Abwicklung einigt sich mit WCM. Archiv lagert in Schwerin, in: Frankfurter Allgemeine Zeitung 30.08.2005, S. 45; Georg GIERSBERG: IG Farben sucht Vergleich mit WCM, in: Frankfurter Allgemeine Zeitung, 31.08.2004, S. 12.

Aktionärsvereinigung gegen UBS geführten Verfahren das Urteil des United States District Court in New York. Es endete mit einer Niederlage des Klägers, den das Gericht zur Übernahme der Prozesskosten der beklagten schweizer Bank verurteilte.[182] Im August 2011 beantragte die Insolvenzverwalterin schließlich den Widerruf der Börsenzulassung.[183] Die Gläubigerforderungen waren bedient worden, die Zwangs- und Sklavenarbeiterinnen und -arbeiter waren leer ausgegangen. Am 21. Dezember 2015 wurde die Stiftung I.G. Farbenindustrie vom Regierungspräsidium Darmstadt aufgehoben, weil die *dauerhafte und nachhaltige Zweckerfüllung* nicht mehr gesichert sei.[184] Soweit ersichtlich, hat die Stiftung I.G. Farbenindustrie diese Zwecke zu keinem Zeitpunkt erfüllt.

8. Fazit

Ein wesentlicher Erfolg der jahrelangen Proteste gegen die IG Farben i.L. war deren Beitrag zur historischen Aufklärung über die Rolle der IG Farben im Nationalsozialismus. Der Konzern war im historischen Bewusstsein zu einem Negativsymbol der engen Verbindung zwischen Unternehmen und NS-Regime geworden. Sie reichte von der finanziellen Förderung der NSDAP über die chemische Rüstungsproduktion zur Vorbereitung und Führung verbrecherischer Angriffskriege bis hin zum Raub in den von der Wehrmacht während des Zweiten Weltkriegs besetzten Gebieten. Die Komplizenschaft gipfelte in der aktiven Beteiligung an der nationalsozialistischen »Vernichtung durch Arbeit«. Die IG Farbenindustrie war verantwortlich für die Arbeitsbedingungen in Auschwitz und in anderen Werken, in denen zehntausende von Sklaven- und Zwangsarbeitern ausgebeutet wurden, bis sie körperlich verschlissen waren und starben oder zur Vernichtung in den Gaskammern von Angehörigen der SS selektiert wurden. Der fabrikmäßig organisierte Völkermord an der jüdischen Bevölkerung Europas und den Sinti und Roma in den Gaskammern der Vernichtungslager wäre ohne die deutsche chemische Industrie nicht möglich gewesen. Die IG Farbenindustrie war hieran über ihre Beteiligung

---

182 IG Farben Shareholders Organization v. UBS AG, United States District Court, E.D. New York, 05-CV-4041 (ILG) (E.D.N.Y. Sep. 6, 2006). Der Anwalt Ed Fagan war bei der Urteilsverkündung nicht mehr Prozessbeteiligter, weil ihm die Berufsaufsicht des Supreme Court in New Jersey die Zulassung als Anwalt wegen Veruntreuung und Betrugverdachts einer Mandantin entzogen hatte. 2009 entzog das Gericht Fagan unwiderruflich die Anwaltslizenz. Vgl.: Andreas Mink: Der angeklagte Kläger, in: Neue Züricher Zeitung am Sonntag, 23.03.2005, S. 77; Andreas Mink: US-Gericht entzieht Ed Fagan die Anwaltslizenz. Betrug und Schulden in Millionenhöhe, in: Neue Zürcher Zeitung, 25.06.2009, S. 11.
183 In Liquidation. Endlich Schluss mit IG Farben an der Börse, in: Börsen-Zeitung, 18.08.2011, S. 10; Die traurige Geschichte eines Börsenzombies endet, in: Handelsblatt, 29.08.2011, S. 24.
184 Presseerklärung des Regierungspräsidiums Darmstadt: Stiftung I.G. Farbenindustrie wird aufgehoben, 21.12.2015.

an der Deutschen Gesellschaft für Schädlingsbekämpfung (DEGESCH), die das Zyklon B für die Gaskammern der Vernichtungslager lieferte, unmittelbar involviert.

In den Protesten anlässlich der Hauptversammlungen verschafften sich die hochbetagten Überlebenden der Sklaven- und Zwangsarbeit bei IG Farbenindustrie in ihrem letzten Kampf um Entschädigung Gehör, zunächst bei denjenigen, die ihre Proteste solidarisch unterstützten und Ende der 1990er Jahre im Zuge der gesamtgesellschaftlich geführten Debatte um eine Zwangsarbeiter-Entschädigung auch zunehmend in den deutschen und internationalen Massenmedien bei zahlreichen Zeitzeugenveranstaltungen und -gesprächen. In den Aktionärskreisen der IG Farben i.L. dagegen stießen sie auf hartnäckige Ablehnung und aggressive Abwehrreaktionen, die von antisemitischen Beleidigungen bis hin zu körperlichen Drohungen reichten. Regelmäßig unterbrachen die Versammlungsleiter der Hauptversammlungen der IG Farben i.L. Redebeiträge von Auschwitz-Überlebenden, entzogen ihnen kurzerhand das Wort, stellten die Mikrofone ab und verwiesen sie unter Androhung des Einsatzes privater Sicherheitsfirmen des Saals. Die Forderungen nach einer finanziellen Entschädigung der Opfer durch die IG Farben i.L. blieben materiell unerfüllt. Die von den Organisationen der Überlebenden oder den kritischen Aktionärinnen und Aktionären in zahlreichen Reden begründeten Anträge fanden auf den Hauptversammlungen keine Stimmenmehrheiten.

Bilanziert man die Aktivitäten der Liquidatoren der IG Farben in Abwicklung in den Jahren zwischen 1990 und der Insolvenz des Unternehmens im Jahre 2003, so kennzeichnen diese ein vielfaches Scheitern. In zahlreichen Prozessen, die darauf abzielten, das ehemalige »Ostvermögen« der IG Farben zu restituieren oder Ausgleichszahlungen für enteignete Grundstücke, Immobilien und Firmenanteile zu erhalten, unterlag IG Farben i.A. durch alle gerichtlichen Instanzen. So gelang es der Firma nicht, über die auf ihrer Hauptversammlung 1992 beschlossene Satzungsänderung, das Unternehmen umzubenennen und in eine Immobilien-Holding umzuwandeln, weil der zuständige Richter den Eintrag in das Handelsregister nicht zuließ. Die IG Farben beschritt den Klageweg durch alle Instanzen bis zum Oberlandesgericht Frankfurt am Main und scheiterte juristisch. Restitutionsversuche auf dem Gebiet der ehemaligen DDR für die bis 1945 zum IG Farbenkonzern gehörenden Werke Leuna Merseburg und Buna Schkopau, die Chemischen Werke Tscherndorf, das Aluminiumwerk Bitterfeld blieben ebenso erfolglos wie im Fall der in Brandenburg gelegenen ehemaligen IG Farben-Werke Premnitz und Döberitz. Mit dem Begehren, zahlreiche Grundstücke in Berlin zurückzuerhalten, die 1949 enteignet worden waren, scheiterten die Liquidatoren der IG Farben ebenfalls. Als Abwicklungsgesellschaft, die keine neuen Geschäftsfelder erschließen durfte, hatte IG Farben i.L. hierbei einen entscheidenden Wettbewerbsnachteil gegenüber konkurrierenden Unternehmen, weil sie nicht als Investor auftreten konnte: Der Einigungsvertrag begünstigte in Artikel 41 mit seiner »Vorfahrtsregelung« Investoren gegenüber Alteigentümern. Der Versuch der IG Farben, die Erlangung des »Ostvermögens« mit der Entschädigungsfrage der überlebenden Zwangs- und Sklavenarbeitskräfte zu verknüpfen, scheiterte ebenfalls auf ganzer Linie. Auch die weniger bedeutenden Schadensersatzklagen, die IG Farben gegen der 1991 und 1997 ausgefallenen Hauptversammlungen gegen ihre Vermieter anstrengte, ging das Unternehmen leer aus. Weder die Messe GmbH noch das Arabella Congress Hotel mussten für die protestbedingten Kündigungen Zahlungen an IG Farben i.L. leisten. Ebenso folgenlos blieben die wiederholt von den Liquidatoren öffentlich an die Adresse der schweizer Großbank UBS *aus moralischen Gründen* erhobenen Forderungen von Ausgleichzahlungen für ehemaliges Auslandsvermögen, um die Kasse der Stiftung IG Farbenindustrie zu füllen.

Allein in vier Punkten waren die Liquidatoren erfolgreich. Erstens reduzierten die Liquidatoren das Abwicklungskapital der IG Farben i.L. im Zuge eines 1993 abgewickelten, schwer durchschaubaren Vermögenstransfers an die Immobilienholding WCM. Der Löwenanteil des Vermögens wurde an wenige Großaktionäre ausgeschüttet und der weiteren Abwicklung der IG Farben damit entzogen. Zweitens verhinderten sie jegliche Zahlungen an KZ-Häftlinge, von denen viele jahrelang bis zu ihrem Tod vergeblich Entschädigungen für den entgangenen Lohn und arbeitsbedingte gesundheitliche Schäden eingefordert hatten.

Drittens setzte IG Farben i.L. gegen die Stadt Frankfurt auf dem Klageweg erfolgreich die Anmietung von städtischen Veranstaltungsräumen durch, nachdem private Hotels aufgrund der anhaltenden Proteste und Boykottdrohungen nicht mehr bereit waren, die Abwicklungsgesellschaft noch als Kundin zu akzeptieren. Erfolgreich waren die Liquidatoren viertens mit der im September 2001 eingerichteten Stiftung I.G. Farbenindustrie, nicht jedoch im Hinblick auf die eigentlichen Stiftungszwecke, die sie nie erfüllte. Dazu fehlte der Stiftung das nötige Stiftungskapital. Selbst die auf der Hauptversammlung im August 1999 als Stiftungsvermögen zunächst in Aussicht gestellten 3 Millionen DM wären nicht einmal für begrenzte Zahlungen in Härtefällen ausreichend gewesen. Die 2001 errichtete Stiftung I.G. Farbenindustrie diente anderen Zwecken. Ihre Existenz sicherte den als Vorstandsmitglieder der Stiftung fungierenden ehemaligen Liquidatoren Pollehn und Bernhardt das Unternehmensarchiv und zwar auch dann noch, als ihnen 2004, nach der Eröffnung des Insolvenzverfahrens, die Kontrolle über das Unternehmen entzogen worden war. Die umfangreichen Akten sollten dem Stiftungsvorstand als Wissensressource zur Vorbereitung von Verhandlungen und weiteren

Klagen gegen die schweizer Großbank UBS dienen. Der unabhängigen Forschung wurden die Akten damit für Jahrzehnte weitgehend vorenthalten.

Mit dem Regierungswechsel 1998 fand die Entschädigungsforderung an Überlebende der NS-Zwangs- und Sklavenarbeit Aufnahme in den Koalitionsvertrag der rot-grünen Bundesregierung, die ankündigte, eine »Bundesstiftung Entschädigung für NS-Zwangsarbeit« auf den Weg zu bringen.[185] IG Farben i.L. gehörte zu den Firmen, die sich nicht an der im Jahre 2000 gegründeten Stiftung »Erinnerung, Verantwortung und Zukunft« beteiligten, weil die Vermögenssubstanz der IG Farben i.L. zuvor größtenteils an einige institutionelle Großaktionäre verteilt worden war und das Unternehmen danach bis zu seiner Insolvenz mit einer eigenen Stiftungsgründung einen Sonderweg beschritt. Als Liquidationsgesellschaft unterschied sie sich von zahlreichen deutschen Industrieunternehmen, deren Achillesverse der internationale Warenexport war.*

---

[185] Sozialdemokratische Partei Deutschlands und Bündnis 90/Die Grünen: Aufbruch und Erneuerung – Deutschlands Weg ins 21. Jahrhundert. Koalitionsvereinbarung zwischen der Sozialdemokratischen Partei Deutschlands und Bündnis 90/Die Grünen. Bonn: Vorstand der SPD 1998. Punkt IX.3 »Rehabilitierung und Entschädigung«, S. 35.

* Mein Dank gilt Dr. Carina Schmidt, Dr. Johann Zilien (Hessisches Hauptstaatsarchiv Wiesbaden) und Raphael Hasselberg (Landesarchiv Berlin) für die Unterstützung meiner Archivrecherchen, sowie Dr. Albrecht Kirschner, der mir zu dem von ihm erschlossenen Bestand IG Farbenindustrie wichtige Hinweise geben konnte. Dr. Anne Sudrow und Dr. Karl Heinz Roth danke ich für die kritische Lektüre des Manuskripts und hilfreiche Überarbeitungsvorschläge.

Offene und verdeckte Konflikte
Auschwitz-Monowitz und die Entschädigung der Zwangsarbeiter in den Augen ehemaliger Häftlinge

Katharina Stengel

Das IG Farben-Personal und die ehemaligen Monowitz-Häftlinge als Prozesszeugen

ETWA 25.000 HÄFTLINGE, die im großen Werk der IG Farben in Auschwitz-Monowitz oder auf den Baustellen bei der Werkserrichtung gearbeitet hatten, kamen zwischen 1942 und 1945 zu Tode. Es waren fast ausschließlich männliche und ganz überwiegend jüdische Verfolgte. Sie starben vor Ort an den katastrophalen Arbeits- und Haftbedingungen, an Hunger, Krankheiten, Arbeitsunfällen oder an Misshandlungen durch SS-Leute, Kapos und Meister der IG Farben. Tausende wurden, wenn sie als nicht mehr arbeitsfähig galten, nach Auschwitz-Birkenau transportiert und in den dortigen Gaskammern erstickt.[1] Beim Näherrücken der Roten Armee im Januar 1945 wurde das Lager geräumt, die etwa 10.000 Häftlinge, die sich zu diesem Zeitpunkt im Lager Monowitz befanden, wurden – von den Schwerkranken abgesehen – auf Todesmärsche und -transporte geschickt, die weiteren Tausenden Häftlingen das Leben kosteten. Das IG-Werk in Monowitz war ein Tatort des nationalsozialistischen Programms der »Vernichtung durch Arbeit«, der später einen prominenten Platz in der Literatur der Überlebenden einnehmen sollte.[2]

In der frühen Nachkriegszeit standen sich, insbesondere in Straf- und Zivilprozessen, immer wieder die Darstellungen der ehemaligen Häftlinge und die der

---

[1] Vgl. Bernd C. WAGNER: IG Auschwitz. Zwangsarbeit und Vernichtung von Häftlingen des Lagers Monowitz 1941–1945, München 2000, S. 281f.

[2] Vgl. etwa Primo LEVI: Ist das ein Mensch? Ein autobiographischer Bericht, München 1991; Primo LEVI: Die Untergegangenen und die Geretteten, München 1990; Jean AMÉRY: Zur Psychologie des deutschen Volkes. Unmeisterliche Wanderjahre. Örtlichkeiten, in: DERS.: Werke Bd. 2, Stuttgart 2002; Tibor WOHL: Arbeit macht tot. Eine Jugend in Auschwitz, Frankfurt/M. 1990.

Verantwortlichen der IG Farben über die Zustände in Auschwitz-Monowitz, über Arbeits- und Lebensbedingungen und über die Rolle der IG Farben in Auschwitz gegenüber. Die jeweiligen Beschreibungen gingen denkbar weit auseinander. Durch gezielte oder kriegsbedingte Vernichtung von Dokumenten, den Tod eines großen Teils möglicher Zeugen und einen zerstörten Tatort, der nun jenseits des Eisernen Vorhangs lag, waren in der frühen Nachkriegszeit viele klassische Beweismittel unzugänglich. Firmenarchive wie die der IG Farben und ihrer Nachfolgegesellschaften waren noch jahrzehntelang für HistorikerInnen verschlossen. Historische Forschung zu den Geschehnissen in Auschwitz-Monowitz wurde erst spät aufgenommen und war zunächst durch die Konstellationen des Kalten Kriegs geprägt.

Als Angeklagte im Nürnberger I.G.-Farben-Prozess 1947/48 und als Beklagte im Zivilprozess von Norbert Wollheim gegen die IG Farben i.L. 1953, als Zeugen im 1. Frankfurter Auschwitz-Prozess 1963–1965 nahmen die Angestellten und Manager der IG Farben eine in Westdeutschland weit verbreitete Rechtfertigungsposition ein: Sie seien nicht verantwortlich, im Gegenteil, sie seien während des Nationalsozialismus grundanständig geblieben, hätten selbst unter Befehlsdruck der NS-Machthaber gestanden und bei Nichtbefolgen der Anweisungen schwerste Sanktionen befürchten müssen. Darüber hinaus hätten sie nicht gewusst, was in Auschwitz vorging, hätten keine Ahnung von den Haftbedingungen und der Ermordung der Arbeitsunfähigen gehabt, hätten aber alles getan, um das Schicksal der ihnen von der SS zugeteilten Zwangsarbeiter zu verbessern.[3] Über die ersten Punkte konnten die ehemaligen Häftlinge, die als Zeugen gegen die IG Farben auftraten, naturgemäß keine Auskunft geben. Über den letzten Punkt, der das Innenleben des Lagers betraf, standen die Aussagen der Überlebenden in schroffem Gegensatz zu denen der IG Farben-Angestellten und -Manager. Selbst die einfachen Monowitz-Häftlinge ohne Funktionen oder Privilegien, die zwischen schwerster Arbeit und permanenter Todesdrohung kaum die Möglichkeit hatten, sich über größere Zusammenhänge Gedanken zu machen, wussten nach kurzer Zeit im Lager, dass die in den Augen der IG Farben und SS Arbeitsunfähigen nach Birkenau zur Vergasung »überstellt« würden. Und sie bezeugten, wie etwa Norbert Wollheim in seinem Affidavit für den Nürnberger Prozess, die Beteiligung von Meistern der IG-Farben an Misshandlungen und der systematischen, tödlichen Verschärfung von Arbeitsbedingungen.[4] Im Nürnberger I.G.-Farben-Prozess gelang

---

[3] Vgl. S. Jonathan WIESEN: Die Verteidigung der deutschen Wirtschaft. Nürnberg, das Industriebüro und die Herausbildung des Neuen Industriellen, in: Kim C. PRIEMEL, Alexa STILLER (Hg.):NMT. Die Nürnberger Militärtribunale zwischen Geschichte, Gerechtigkeit und Rechtschöpfung, Hamburg 2013, S. 630–652.

[4] Vgl. Norbert Wollheim, Eidesstattliche Erklärung, 03.06.1947, NI-9807, Archiv des Fritz Bauer Instituts,

es der Verteidigung zwar nicht, entgegen der Zeugenaussagen der Überlebenden und der vorgelegten Dokumente die Zwangsarbeit in Auschwitz-Monowitz zu verharmlosen. Aber bezüglich der Verantwortung des IG Farben-Managements für den Einsatz der KZ-Häftlinge und die immense Anzahl der Toten folgte das Gericht recht weitgehend den Argumenten der Verteidigung.[5]

Einige Jahre später verklagte Norbert Wollheim die IG Farben i.L. auf Entschädigung für die von ihm in Auschwitz-Monowitz erlittene Zwangsarbeit.[6] Es war die erste Zivilklage, die ein ehemaliger KZ-Zwangsarbeiter gegen seinen damaligen »Arbeitgeber« anstrengte und erfuhr entsprechend große Aufmerksamkeit. Wollheim machte zwölf ehemalige KZ-Häftlinge und zwei britische Kriegsgefangene als Zeugen namhaft, die vor Gericht die Bedingungen der KZ-Haft und der Zwangsarbeit schilderten und dabei auch die Verantwortung von IG-Mitarbeitern betonten.[7] Die IG Farben i.L. benannte ihrerseits neun Zeugen, überwiegend aus den eigenen Reihen, die den Behauptungen der Überlebenden entgegentreten sollten. Auf die bereits aus den Nürnberger Industriellen-Prozessen bekannte Weise leugneten die Zeugen der IG Farben die Verantwortung des Unternehmens und das Wissen der Unternehmensleitung von den in Monowitz begangenen Verbrechen.

Die Richter hielten in ihrer Urteilsbegründung die enorme Spanne fest, die zwischen den Aussagen der beiden Zeugengruppen bestand: *Mit nur leichter Übertreibung kann gesagt werden, dass in den wesentlichen Fragen die Zeugen des Klägers das Gegenteil von dem bekundet haben, was die Zeugen der Beklagten aussagten. Die jüdischen Zeugen schildern die Jahre in Monowitz als die Zeit einer phantastischen, ungeheuerlichen und fast unglaublichen Not und Qual; die Zeugen der Beklagten sind dagegen bemüht, das Schicksal der Häftlinge in jener Zeit als nicht besonders schlimm [...] darzustellen.*[8] In jedem strittigen Punkt widersprachen sich die Aussagen diametral, beispielsweise zur Frage der Häftlingssterblichkeit: *Während die Zeugen des Klägers übereinstimmend die ungeheure Sterblichkeit unter den Häftlingen bekunde-*

Nürnberger Nachfolgeprozess Fall VI, ADB 75, Bl. 122–130.
5 Vgl. Stephan H. LINDNER: Das Urteil im I.G.-Farben-Prozess, in: PRIEMEL, STILLER (Hg.): NMT, S. 405–433, hier S. 422–426.
6 Zu diesem Prozess vgl. auch den Beitrag von Thomas Pierson in diesem Band.
7 Vgl. Urteil des Landgerichts Frankfurt 2/3 O 406/51, Wollheim gg. I.G. Farbenindustrie AG i.L., 10.06. 1953, S. 7 f., Archiv Fritz Bauer Instituts, Wollheim-Prozess (auch: HHStAW, Abt. 460, Nr. 1424, Wollheim gegen IG Farben, Bd. III, Bl. 446–488). Vgl. zum Wollheim-Prozess: Joachim Robert STUMPF: Der Fall Wollheim gegen die I.G. Farbenindustrie AG in Liquidation. Die erste Musterklage eines ehemaligen Zwangsarbeiters in der Bundesrepublik Deutschland, Prozess, Politik und Presse, Frankfurt 2010.
8 Urteil des Landgerichts Frankfurt 2/3 O 406/51 Wollheim gg. I.G. Farbenindustrie AG i.L., 10.06.1953, S. 7 f.

*ten [...] bestreiten die Zeugen der Beklagten eine solche Sterblichkeit oder haben sie jedenfalls nicht bemerkt.*⁹

Die Darstellungen der jüdischen Zeugen waren für das Gericht nicht einfach zu glauben, die geschilderten Zustände in Monowitz waren kaum zu fassen, sie widersprachen dem Alltagswissen der Juristen und dem »gesunden Menschenverstand«. Aber die Überlebenden überzeugten die Richter im Großen und Ganzen mit dem *guten und glaubhaften Eindruck,*¹⁰ den sie machten. Die Verteidigungsstrategie der IG Farben i.L. ging dagegen in diesem Fall nicht auf. Die Richter reagierten auf viele ihrer Zeugen regelrecht verärgert und wollten deren Argumente nicht gelten lassen: *Mit dem Nichtwissen der Beklagten verhalte es sich im Übrigen, wie es wolle: Aus den erwähnten Aussagen der Zeugen der Beklagten folgert die Kammer in jedem Fall eine entsetzliche Gleichgültigkeit der Beklagten und ihrer Leute gegenüber dem Kläger und den gefangenen Juden, eine Gleichgültigkeit, die nur dann verständlich ist, wenn man mit dem Kläger unterstellt, die Beklagte und ihre Leute hätten damals den Kläger und die jüdischen Häftlinge tatsächlich nicht für vollwertige Menschen gehalten, denen gegenüber eine Fürsorgepflicht bestand.*¹¹ Die Zeugen der IG Farben hatten sich offenbar zu sehr darauf verlassen, dass ihre Schilderungen aufgrund des allgemein fehlenden Wissens über die Vorgänge in Auschwitz unangreifbar seien. Das Gericht gab der Klage Norbert Wollheims überraschenderweise statt und verpflichtete die IG Farben i.L. zu einer Zahlung wegen Schadensersatz und Schmerzensgeld von 10.000 DM.

Viele Monowitz-Überlebende und ihre Organisationen fühlten sich ermutigt, nun selbst Klage einzureichen; die IG Farben ging erwartungsgemäß in Berufung. Zu diesem Zeitpunkt ging es längst nicht mehr allein um die Ansprüche Norbert Wollheims, sondern um die Frage, ob und unter welchen Bedingungen die IG Farben i.L. ihre Zwangsarbeiter aus Auschwitz/Monowitz entschädigen würde.

Im Jahr 1953, als in Frankfurt über Wollheims Klage verhandelt wurde, waren die Verbrechen des Nationalsozialismus in der bundesdeutschen Öffentlichkeit kein großes Thema (mehr). Ein Jahr zuvor war nach zähen Verhandlungen ein Wiedergutmachungsabkommen zwischen der Bundesregierung einerseits und Israel sowie der Conference on Jewish Material Claims Against Germany (kurz: Claims Conference, JCC) andererseits abgeschlossen worden; man hoffte in Westdeutschland auf einen baldigen Abschluss des leidigen Wiedergutmachungs-Themas.¹² Die

---

9 Ebd., S. 8.
10 Ebd., S. 17. Es ist allerdings auffällig, dass sie hier insbesondere die nichtjüdischen Zeugen hervorhoben.
11 Ebd., S. 18.
12 Vgl. Constantin GOSCHLER: Schuld und Schulden. Die Politik der Wiedergutmachung für NS-Verfolgte seit 1945, Göttingen 2005, S. 125–217, v. a. S. 159–175; Dan DINER: Rituelle Distanz. Israels deutsche

Anzahl der bundesdeutschen Ermittlungen und Prozesse wegen NS-Verbrechen ging in jener Zeit drastisch zurück.[13] Wissen über die Verbrechen in KZ- und Vernichtungslagern war kaum vorhanden oder wurde beiseitegeschoben, Auschwitz war noch weit davon entfernt, zur Chiffre für die Menschheitsverbrechen der Nationalsozialisten zu werden. Historische Forschung zur Geschichte von Auschwitz oder anderer Vernichtungsstätten war noch für viele Jahre eine Sache, die fast ausschließlich die Überlebenden interessierte.[14]

Jenseits der Gerichtssäle gab es für die Berichte der Überlebenden in jenen Jahren keinen sozialen Ort. In Straf- und Entschädigungsverfahren machten sie jedoch regelmäßig die Erfahrung, dass ihre Aussagen denen der Täter gegenüberstanden, der Ausgang war immer ungewiss. Insofern war es für die Überlebenden eine äußerst bedeutsame Sache, in einem öffentlichen Gerichtsverfahren mit ihren Berichten nicht nur angehört, sondern explizit als glaubwürdig beschrieben zu werden. Die während des Nationalsozialismus verfolgten Jüdinnen und Juden waren zwar in der bundesdeutschen Wiedergutmachungsgesetzgebung eindeutig als von der Verfolgung besonders Betroffene anerkannt, aber darüber hinaus war der besondere Charakter der nationalsozialistischen Judenverfolgung noch kaum Thema öffentlicher Debatten (was keineswegs allein für die Bundesrepublik galt).

Umso bemerkenswerter, dass die Argumentation Norbert Wollheims und seines Rechtsvertreters Henry Ormond in der Klage gegen die IG Farben i.L. insbesondere auf die Situation der jüdischen Verfolgten und Zwangsarbeiter in Monowitz abzielte, was in der Literatur dazu häufig übersehen wurde. Wollheim sei, wie er ausführte, nur verhaftet worden, weil er Jude war; die IG Farben habe die Inhaftierung der Juden erwünscht, um ausreichend billige Arbeitskräfte für ihre Vorhaben zu finden. Die Verantwortlichen der IG Farben hätten, insbesondere solange jüdische Häftlinge scheinbar unbegrenzt zur Verfügung standen, keine Einwände gegen ihre Vernichtung gehabt. Dem Vernichtungsprogramm der Partei hätten sie gleichgültig oder sogar wohlwollend gegenüber gestanden.[15] Das Gericht

---

Frage, München 2015.
13 Vgl. Andreas EICHMÜLLER: Die Strafverfolgung von NS-Verbrechen durch westdeutsche Justizbehörden seit 1945. Eine Zahlenbilanz, in: Vierteljahrshefte für Zeitgeschichte, 4/2008, S. 621–640.
14 Vgl. Constantin GOSCHLER: Erinnerte Geschichte: Die Stimmen der Opfer, in: Frank Bösch, Constantin GOSCHLER (Hg.): Public History. Öffentliche Darstellungen des Nationalsozialismus jenseits der Geschichtswissenschaft, Frankfurt/M. 2009, S. 130–155. Zur Überlieferung und Erforschung der Geschichte des KZ und Vernichtungslagers Auschwitz in der frühen Nachkriegszeit: Imke HANSEN: »Nie wieder Auschwitz!«. Die Entstehung eines Symbols und der Alltag einer Gedenkstätte 1945–1955, Göttingen 2015; Katharina STENGEL: Hermann Langbein. Ein Auschwitz-Überlebender in den erinnerungspolitischen Konflikten der Nachkriegszeit, Frankfurt/M. u. a. 2012.
15 Vgl. Urteil des Landgerichts Frankfurt 2/3 O 406/51 Wollheim gg. I.G. Farbenindustrie AG i.L., 10.06.1953, S. 2.

Abb. 1: Henry Ormond in der Uniform der Britischen
Armee, vermutlich zwischen 1948 und 1950

bezog sich in der Urteilsbegründung auf die von Wollheim hervorgehobene, besondere Schutzlosigkeit der jüdischen Zwangsarbeiter, wenn es erwog: *Auch die Kammer erklärt sich das damalige Verhalten der Beklagten damit, dass ihre Repräsentanten besonders im Jahr 1943, tatsächlich den Kläger und die jüdischen Häftlinge nicht für vollberechtigte Menschen gehalten* haben.[16] Für Wollheim stand auch in den folgenden Verhandlungen mit der IG Farben i.L. fest, dass das geplante Entschädigungsabkommen allein zugunsten jüdischer Häftlinge abgeschlossen werden sollte, deren Verfolgung und Haftbedingungen man nicht mit denen anderer Häftlinge vergleichen könne. Die jüdischen Organisationen, die bald in die Verhand-

---

16 Ebd., S. 21

lungen mit der IG Farben i.L. über ein Pauschalabkommen für IG Farben-Zwangsarbeiter eintraten, sahen das ähnlich.

Die Entstehung des Wollheim-Abkommens

Die großen jüdischen Organisationen, insbesondere die Claims Conference, die von 23 jüdischen Verbänden zur Verfolgung der Restitutions- und Entschädigungsforderungen gegen Deutschland gegründet worden war,[17] beobachteten Wollheims Prozess gegen die IG Farben i.L. mit großem Interesse, jedoch mit wenig Hoffnung, dass er in den höheren Instanzen erfolgreich seien würde. *Aber eine kampflose Ablehnung der jüdischen Forderungen wollte man der I.G. Farben nun doch nicht gönnen*,[18] erinnerte sich Benjamin Ferencz, Rechtsberater der JCC.[19] Die JCC stellte einen kleinen Fonds für die Prozesskosten zur Verfügung und delegierte direkte Verhandlungen mit der IG Farben zunächst an die »United Restitution Organisation« (URO), eine große Rechtshilfeorganisation für jüdische Verfolgte.[20]

Die IG Farben gaben sich zwar davon überzeugt, dass in den höheren Gerichtsinstanzen die überraschende Entscheidung des Landgerichts Frankfurt zugunsten von Norbert Wollheim revidiert werden würde, aber auch auf ihrer Seite gab es gute Gründe, eine Einigung mit der »jüdischen Seite« zu suchen. Die angestrebte Liquidation und Ausschüttung des erheblichen Restvermögens war solange nicht durchführbar, wie Forderungen in unüberschaubarer Höhe und mit unklarem Ausgang über der Firma hingen. Zudem bemühte sich die IG, so wie andere deutsche Unternehmen zu dieser Zeit, ihren Besitz in den USA zurückzuerlangen, der mit der Kriegserklärung Deutschlands im Zweiten Weltkrieg beschlagnahmt worden war. Eine negative Presse in den USA – die nicht zu vermeiden wäre, wenn im Laufe der Gerichtsverhandlungen ehemalige Auschwitz-Häftlinge in den USA als Zeugen vernommen würden – konnte sie sich hierbei nicht erlauben.[21]

Die seit September 1954 vor dem Oberlandesgericht Frankfurt laufende Berufungsverhandlung wurde am 21. Oktober 1955 unterbrochen; das Gericht forderte

---

17 Vgl. Marilyn HENRY: Confronting the Perpetrators. A History of the Claims Conference, London 2007. DINER: Rituelle Distanz.
18 Benjamin B. FERENCZ: Lohn des Grauens. Die verweigerte Entschädigung für jüdische Zwangsarbeiter. Ein Kapitel deutscher Nachkriegsgeschichte. Frankfurt am Main u. a., S. 67.
19 Zu Benjamin Ferencz und seinen vielfältigen Tätigkeiten siehe: Constantin GOSCHLER, Marcus BÖICK, Julia REUS (Hg.): Kriegsverbrechen, Restitution, Prävention. Aus dem Vorlass von Benjamin B. Ferencz, Göttingen 2019.
20 Vgl. Ferencz an Hans Reichmann (URO), 25.02.1954, in: GOSCHLER, BÖICK, REUS (Hg.): Kriegsverbrechen, S. 247f. Zur URO vgl. Norman BENTWICH: The United Restitution Organisation 1948–1968. The Work of Restitution and Compensation for Victims of Nazi Oppression. London o.J. [ca. 1970].
21 Vgl. FERENCZ: Lohn des Grauens, S. 64, 72; GOSCHLER: Schuld und Schulden, S. 251f.

die Parteien auf, außergerichtlich einen Vergleich zu suchen.[22] Die Liquidatoren der IG Farben traten mit der Claims Conference in Kontakt, in ihren Augen die einzige Organisation, die über ausreichend Autorität verfügte, um als Partner einer verbindlichen Übereinkunft über Zahlungen an jüdische Zwangsarbeiter in Frage zu kommen. Die Wege waren kurz, der Sitz der IG Farben i.L., das Deutschland-Büro der URO und eines der Claims Conference befanden sich in Frankfurt a.M. Viele Mitarbeiter der jüdischen Organisationen waren bis 1933 als Juristen in Deutschland tätig gewesen, teilweise kannten sie die Liquidatoren der IG Farben persönlich. Man teilte Ausbildungshintergrund und Sprache.[23]

Gemäß ihrer schon in Nürnberg erprobten Verteidigungsstrategie und zur Abwehr weiterer Ansprüche legte die IG Farben größten Wert auf die Feststellung, dass sie für die damaligen Geschehnisse in Auschwitz-Monowitz rechtlich nicht verantwortlich sei, jede Zahlung sei lediglich als Geste guten Willens anzusehen. Die IG-Verhandlungsführer bestanden von Anfang an darauf, mögliche Entschädigungszahlung mit einer Absicherung gegen weitere Klagen zu verbinden. Für die Zahlung eines festen Betrags sollte die Claims Conference als Gegenleistung die Sicherheit bieten, dass keine weiteren Ansprüche von jüdischer Seite mehr gegen die IG Farben i.L. erhoben würden.

Um über eine Globalsumme verhandeln zu können, war ein Überblick über die Anzahl möglicher Anspruchsteller nötig. Allerdings besaß zunächst keine Seite halbwegs verlässliche Schätzungen über die Anzahl der Überlebenden. Und die Frage, wer von ihnen anspruchsberechtigt sein sollte, war alles andere als geklärt.[24] In den kommenden Jahren wurde nicht nur über Entschädigungssummen gestritten, sondern auch über die Herkunft, den Wohnort, die Häftlingsgruppe und die religiöse Zugehörigkeit von Anspruchsberechtigten.

Ein Grund dafür war, dass sich inzwischen ein weiterer Akteur zu Wort gemeldet hatte, der den Verhandlungspartnern zunächst gänzlich unbekannt war. Das Internationale Auschwitz-Komitee (IAK) hatte 1955 von den laufenden Verhandlungen erfahren, der Generalsekretär des Komitees, Hermann Langbein, setzte sich mit Henry Ormond in Verbindung und schickte ihm für die Verhandlungen ein Dossier mit Dokumenten über die IG Farben in Auschwitz, die das Komitee aus dem Archiv des Staatlichen Museums Auschwitz erhalten hatte. Hier stand erst-

---

22 Vgl. Wolfgang BENZ: Der Wollheim-Prozeß. Zwangsarbeit für I. G. Farben in Auschwitz, in: Ludolf HERBST, Constantin GOSCHLER (Hg.): Wiedergutmachung in der Bundesrepublik Deutschland, München 1989, S. 303–326, hier S. 321.
23 Vgl. Ordner Korrespondenz IG-Farben I, Juli – Nov. 1956, Archiv der Claims Conference, Frankfurt.
24 Vgl. FERENCZ: Lohn des Grauens, S. 73; Benjamin Ferencz an Saul Kagan, 15.11.1954, abgedruckt in: GOSCHLER, BÖICK, REUS (Hg.): Kriegsverbrechen, S. 249–252.

Abb. 2: Henry und Ilse Ormond zusammen mit Robert William Ferris und Charles Joseph Coward, 1953 in Frankfurt am Main. Ferris und Coward waren als britische Kriegsgefangene in Auschwitz-Monowiz inhaftiert und sagten als Zeugen im Prozess von Norbert Wollheim gegen die IG Farben i.L. aus.

mals die Möglichkeit im Raum, auch auf Dokumente zugreifen zu können, die jenseits des Eisernen Vorhangs lagen. Ormond war insbesondere interessiert an der Korrespondenz zwischen der IG Farben und der SS-Kommandantur von Auschwitz, nach der er bisher vergeblich gesucht hatte.[25] Langbein und Ormond blieben in Kontakt; später vereinbarten sie, dass Ormond auch die Rechtsvertretung jener IG Farben-Zwangsarbeiter übernehmen solle, die mit dem Auschwitz-Komitee assoziiert waren.[26]

Das Internationale Auschwitz-Komitee war 1954 als Zusammenschluss nationaler Komitees und Einzelpersonen gegründet worden. Die Mitglieder stammten aus West- und Osteuropa, staatsnahe Verfolgtenverbände aus Osteuropa spielten als Unterstützer und Geldgeber eine wichtige Rolle. Das Komitee versuchte, als politisch unabhängiges Interessensorgan der Auschwitz-Überlebenden zu agieren und Überlebende auf der ganzen Welt als Mitglieder zu gewinnen, blieb aber dem

---

25 Das IAK verfügte jedoch nicht über die Originale. Vgl. Langbein an Ormond, 18.05.1955; Ormond an Langbein, 02.06.1955; Langbein an Ormond, 08.06.1955, Österreichisches Staatsarchiv, Nachlass Hermann Langbein (ÖStA, Nl HL), E/1797: 106.
26 Vgl. Langbein an Ormond, 25.06.1956, ÖStA, Nl HL, E/1797: 106.

Kosmos der antifaschistischen Organisationen eng verbunden. Die meisten Mitglieder waren ehemalige politische Häftlinge oder Jüdinnen und Juden, die auf ihre Religionszugehörigkeit wenig Wert legten. Sie waren in der Regel einem antifaschistischen Universalismus verpflichtet, der keine grundsätzlichen Unterschiede entlang von Herkunft oder Religion anerkannte. Fast alle Personen, die in jenen Jahren über Auschwitz publiziert haben, waren mit dem Komitee verbunden, nirgends sonst war damals so viel Wissen über die Lagergeschichte versammelt.[27]

Während sich das Auschwitz-Komitee bemühte, auf der einen Seite der Heterogenität der Überlebenden, andererseits den Anforderungen der großen staatsnahen Verfolgtenverbände in Osteuropa gerecht zu werden (was zunehmend zu Zerreißproben führte), wurde es von den großen, in den USA ansässigen jüdischen Organisationen wie der Claims Conference als eine polnisch-kommunistische Gruppe angesehen, die vor allem politische Interessen vertrat. Als möglicher Verbündeter im Kampf um Entschädigungszahlungen kam das Komitee für sie überhaupt nicht in Betracht. Dabei verfügte das IAK über etwas, das der Claims Conference und anderen jüdischen Verbänden in den Entschädigungsverhandlungen fehlte: Zugang zu den umfangreichen Dokumenten der Lagerverwaltung von Auschwitz und vor allem Kontakt zu den ehemaligen jüdischen Auschwitz-Häftlingen in Osteuropa.

Für viele der im IAK vertretenen ehemaligen Häftlinge hatten die Verhandlungen mit der IG Farben i.L. große Bedeutung. Für die meisten KZ-Häftlinge aus Osteuropa sowie für viele der nichtjüdischen Verfolgten im Westen waren Entschädigungszahlungen von Firmen die einzige Möglichkeit, überhaupt eine Wiedergutmachung für ihre Verfolgung zu erhalten, da sie von den gesetzlichen Entschädigungsregelungen der Bundesrepublik ausgeschlossen waren. Dass es sich hier ausgerechnet um die IG Farben handelte, verlieh der Sache zusätzliche Brisanz. Dieses gigantische Industrieunternehmen galt vor allem den Parteikommunisten als geradezu paradigmatisch für die Verquickung von Kapital und Politik während des Nationalsozialismus. Kaum eine der Arbeiten über Auschwitz aus diesem Zeitraum versäumte, ausführlich auf die verheerende Rolle der IG Farben, auf ihr enges Einvernehmen mit der SS-Führung und der Lagerleitung einzugehen.[28] Das große IG Farben-Werk in Auschwitz-Monowitz versinnbildlichte eine verbreitete Interpretation des Faschismus, nach der der Terror der Nationalsozialisten einer Eskalation kapitalistischer Ausbeutung diente, bei der die Grenzen zwischen Fabrik und

---

27 Vgl. zum Internationalen Auschwitz-Komitee STENGEL: Hermann Langbein.
28 Vgl. bspw. Bruno BAUM: Widerstand in Auschwitz. Berlin (Ost), 1957; Ota KRAUS, Erich KULKA: Die Todesfabrik, Berlin (Ost), 1957.

»Todesfabrik« fließend wurden. Es gab also mehrere starke Gründe, sich in dieser Sache zu engagieren.

Mitte 1956 meldete das IAK in einem barschen Brief an die Liquidatoren der IG Farben Forderungen bisher nicht berücksichtigter Häftlingsgruppen an: *Uns sind die Lebens- und Arbeitsbedingungen der Häftlinge dieses Außenlagers* [Auschwitz-Monowitz, d.V.] *sehr wohl bekannt. Uns ist bekannt, dass der Grossteil von ihnen dem Gastod überantwortet wurde, weil sie durch diese Bedingungen arbeitsunfähig im Sinn der Leitung dieser Werke wurden. Wir halten es daher für nur zu berechtigt, wenn die ehemaligen Häftlinge von Monowitz nun zumindest eine finanzielle Entschädigung erhalten.*[29] Das Komitee informierte kurz darauf alle Mitgliedsorganisationen und forderte sie auf, die Auschwitz-Überlebenden und die internationale Öffentlichkeit von den Verhandlungen in Kenntnis zu setzen, damit sich alle Anspruchsberechtigten rechtzeitig melden könnten.[30] Aufgrund dieser Intervention traten nun also neue Gruppen von Anspruchstellern an die IG Farben heran: jüdische und nichtjüdische Auschwitz-Häftlinge aus Osteuropa, ehemalige politisch Verfolgte aus Westeuropa, KZ-Häftlinge, die nicht in Auschwitz, sondern in anderen Lagern für die IG gearbeitet hatten. Damit rückten nun, wie Benjamin Ferencz sich erinnerte, die *Forderungen der nichtjüdischen Zwangsarbeiter [...] auf einmal immer mehr in den Vordergrund.*[31]

Im Sommer 1956 hatten sich die beiden Verhandlungspartner nach längeren Verhandlungen auf eine Summe geeinigt, an der die IG Farben im weiteren Verlauf, ungeachtet der immer größer werdenden Zahl von Anspruchstellern, eisern festhielt: 30 Millionen DM sollten an die ehemaligen IG-Zwangsarbeiter im KZ-Komplex Auschwitz für die *Linderung ihrer Leiden*[32] bezahlt werden. Die Claims Conference hatte im Verlauf der Verhandlungen akzeptiert, dass eine höhere Summe nicht zu erreichen war. Zur Diskussion stand nun, welche Häftlingsgruppen nach welchem Modus berücksichtigt werden sollten. Ihrem Selbstverständnis nach konnte die Claims Conference nur für bekennende Juden und Jüdinnen verhandeln, für andere Opfergruppen hatte sie kein Mandat, auch nicht für Personen, die zwar als Juden verfolgt worden waren, aber keiner Gemeinde angehörten. Nachdem sie den ausgehandelten Pauschalbetrag akzeptiert hatte, konnte die Claims

---

29 Sekretariat des IAK an die Gläubiger-Meldesteller der IG-Farben, 16.07.1956, ÖStA, Nl HL, E/ 1797: 113.
30 Vgl. IAK-Rundschreiben, wiedergegeben in: Langbein an Ormond, 20.08.1956, ÖStA, Nl HL, E/1797: 106.
31 FERENCZ: Lohn des Grauens, S. 73.
32 Diese und ähnliche Formulierungen finden sich in diversen Vertragsentwürfen, siehe Ordner Korrespondenz IG-Farben I, Juli – Nov. 1956, Archiv der Claims Conference, Frankfurt.

Conference in ihrem Bemühen, angemessene Entschädigungssummen für jüdische Überlebende zu erreichen, nur versuchen, die Zahlungen für andere Häftlingsgruppen möglichst gering zu halten. Als ihre Forderung, allein jüdische Häftling zu berücksichtigen, von der IG Farben zurückgewiesen worden war, schlug sie vor, entlang der Bestimmungen der bundesdeutschen Entschädigungsgesetze alle in Osteuropa lebenden Verfolgten und die meisten im westlichen Ausland lebenden nichtjüdischen Verfolgten aus dem Abkommen auszuschließen.[33] Die IG Farben i.L. wollte dagegen möglichst vielen ehemaligen Zwangsarbeitern den Beitritt zu dem Entschädigungsabkommen ermöglichen, um die Wahrscheinlichkeit weiterer Zivilklagen zu minimieren; die unterschiedlichen Arbeitsbedingungen und Überlebenschancen von jüdischen und nichtjüdischen Zwangsarbeitern interessierten sie dabei nicht. Die Form des Abkommens brachte sie in die Position, großzügig weiteren Gruppen von Überlebenden einen Beitritt in Aussicht stellen zu können, während die Claims Conference auf die Bremse trat.

Nach schwierigen Verhandlungen, die mehrfach kurz vor dem Scheitern standen, konnte das Abkommen zwischen der Claims Conference und der IG Farben i.L. am 6. Februar 1957 unterzeichnet werden. Streitpunkte waren neben der Verteilung der Mittel zwischen verschiedenen Häftlingsgruppen eine von der IG Farben i.L. geforderte Garantieerklärung, die sie vor weiteren Klagen jüdischer Zwangsarbeiter schützen sollte, die Verjährungsfristen und die Nebenlager, die die IG Farben i.L. als eigene Produktionsstätten anerkannte.[34] Die Claims Conference hatte sich mit dem relativ engen Kreis der Anspruchsberechtigten durchgesetzt, der durch die Bestimmungen des deutschen Entschädigungsrechts definiert wurde. Die IG Farben i.L. bestätigte die Zahlung von 27 Millionen DM an eine Treuhandgesellschaft der Claims Conference,[35] die die Anspruchsberechtigungen prüfen und die Verteilung der Gelder organisieren sollte. 3 Millionen DM blieben unter Verwaltung der IG Farben i.L. und sollten den nichtjüdischen Zwangsarbeitern zu Gute kommen. Zu dieser Gruppe wurden auch jüdische Verfolgte gezählt, die keine »Glaubensjuden« waren. Unter der Hand sollten in gegenseitigem Einvernehmen weitere 3 Mio. DM in Reserve gehalten werden für die Kosten etwaiger Klagen gegen die IG Farben. Das Abkommen traf nicht bei allen Mitgliedsorganisationen

---

33 Vertragsentwurf der Claims Conference, 08.10.1956, Ordner Korrespondenz IG-Farben I, Juli – Nov. 1956, Archiv der Claims Conference, Frankfurt.

34 Vgl. Korrespondenz zwischen URO, Claims Conference und IG Farben i.L., in: Ordner Korrespondenz IG-Farben Bd. II, Archiv der Claims Conference, Frankfurt.

35 Zu diesem Zweck wurde später von der Claims Conference die »Compensation Treuhand GmbH« (CT) mit Sitz in Frankfurt/M. gegründet. Leiter der CT wurde Dr. Ernst Lowenthal, der bis dahin für die Jewish Restitution Successor Organization (JRSO) gearbeitet hatte.

der Claims Conference auf Zustimmung. Jerome J. Jacobson vom American Joint Distribution Committee schrieb beispielsweise nach Frankfurt, die Claims Conference habe sich unglücklich zwischen die Anspruchsteller und die IG Farben gestellt und diene nun der IG als Schutzschild gegen die Angriffe der ehemaligen Zwangsarbeiter.[36]

Bezüglich der Verjährungsfrist von Ansprüchen der Zwangsarbeiter an die IG Farben hatte das Unternehmen mehrfach Kontakt mit der Bundesregierung aufgenommen und erreichte schließlich, dass die Verjährungsfrist der Gläubiger der IG Farben gesetzlich am 31. Dezember 1957 endete.[37] Betroffen von dieser Beschränkung der Gläubigerrechte waren fast ausschließlich ehemalige IG Farben-Zwangsarbeiter und andere NS-Verfolgte, wie etwa Opfer medizinischer Versuche, die im Auftrag der IG Farben durchgeführt worden waren.[38] Das am 19. April 1957 im Bundestag verabschiedete »Aufrufgesetz« für die IG Farben war das einzige, aber ein sehr weitgehendes gesetzliches Zugeständnis der Bundesregierung in dieser Sache, die trotz des heftigen Drängens der Industrie nicht bereit war, die Kosten für den Zwangsarbeitereinsatz aus Mitteln des Bundeshaushalts zu tragen, also im Rahmen der Entschädigungsgesetze zu berücksichtigen.[39]

Die ehemaligen Zwangsarbeiter mussten dem Abkommen persönlich bis zum 31. Dezember 1957 beitreten und damit auf alle weiteren Forderungen verzichten. Das »Aufrufgesetz« sorgte dafür, dass danach alle Ansprüche an die IG Farben verjährten, die IG Farben sagte allerdings zu, bis zum 28. Februar 1958 eingegangene Anträge anzuerkennen. Für die Antragsteller bedeutete das, dass sie die Frist, in der sie noch gerichtlich gegen die IG Farben vorgehen konnten, verstreichen lassen mussten, wenn sie dem Abkommen beitreten wollten. Sie konnten zu dem Zeitpunkt aber noch nicht wissen, wie viel Geld sie tatsächlich bekommen würden, weil das von der Anzahl der Antragsteller abhing; sie mussten sich also auf eine recht ungewisse Sache einlassen.

Das Auschwitz-Komitee hatte sich mit seinen Forderungen vor Vertragsabschluss kaum durchsetzen können, hoffte aber in Nachverhandlungen mit den Vertragspartnern noch Zugeständnisse zu erreichen. Die Komiteemitglieder spekulierten darauf, dass es gemeinsam mit der Claims Conference gelingen müsse, die IG dazu zu zwingen, den Betrag von 30 Mio. DM um wenige Millionen zu erhöhen, um auch die nichtjüdischen IG-Zwangsarbeiter angemessen entschädigen zu kön-

---

36 Jerome J. Jacobson an Ernst Katzenstein, 15.02.1957, Ordner Korrespondenz IG-Farben Bd. II, Archiv der Claims Conference, Frankfurt. Bd. II.
37 Vgl. May (URO) an Kagan, 14.11.1956, ebd.
38 Vgl. RUMPF: Der Fall Wollheim, S. 541 ff.
39 Vgl. GOSCHLER: Schuld und Schulden, S. 250 f.

nen.⁴⁰ Dass direkt nach Vertragsabschluss zahlreiche Anmeldungen und Klageandrohungen aus Osteuropa bei der IG Farben i.L. eingingen, verlieh den Forderungen Nachdruck. Allerdings war die Claims Conference nicht bereit, mit dem Auschwitz-Komitee gemeinsame Sache zu machen. Und der Druck, den das IAK aufbauen konnte, um eine für alle Gruppen akzeptable Lösung zu finden, war bei weitem nicht groß genug, was nicht zuletzt den Konstellationen des Kalten Kriegs geschuldet war. Forderungen und Prozessdrohungen konnten zu dieser Zeit kaum ein wirkliches Drohpotential darstellen, wenn sie aus den Staaten des Ostblocks kamen oder von Organisationen, die mit Ostblockstaaten verbunden waren. Die IG Farben i.L. durfte mit Recht annehmen, dass die bundesdeutsche Justiz sie letztlich vor Ansprüchen aus Osteuropa und auch vor Klagen nichtjüdischer Häftlinge aus Westeuropa in Schutz nehmen würde. Und für die Wahrung ihrer Interessen in den USA war vor allem eine einvernehmliche Lösung mit der Claims Conference notwendig. Kurz vor Ende der vertraglichen Rücktrittsfrist im März 1958 verpflichtete sich das Auschwitz-Komitee, auf Klagen zu verzichten und machte damit von seiner Seite aus den Weg frei für einen Beginn der Auszahlungen.⁴¹

Divergierende Perspektiven, Kalter Krieg und Konkurrenz

Während einerseits in den Verhandlungen erstmals um eine Entschädigung von KZ-Zwangsarbeitern durch ein deutsches Industrieunternehmen gestritten wurde, wurde andererseits auf Seiten der ehemaligen Verfolgten vor und hinter den Kulissen um fundamentale Fragen gerungen, für die es bis dahin noch keinerlei öffentlichen Raum gegeben hatte. Das so genannte Wollheim-Abkommen bot ein Forum für eine der ersten Auseinandersetzung zwischen Überlebenden und deren Sprechern über die Lagergeschichte von Auschwitz, über das Verhältnis der verschiedenen Häftlingsgruppen untereinander, über Kollaboration und Antisemitismus, über Universalismus und die Anerkennung besonderer Verfolgungsgeschichten. Aus völlig unterschiedlichen Gründen waren sich die IG Farben i.L. und das Auschwitz-Komitee darin einig, dass es nicht angehe, pauschal die nichtjüdischen Häftlinge vom Abkommen auszuschließen. Dagegen war es für die Vertreter der jüdischen Organisationen evident, dass eine fundamentale Unterscheidung zwischen diesen Häftlingsgruppen gerechtfertigt und notwendig sei. Sie stützten sich dabei vor allem auf zwei Argumente: Erstens seien nur die jüdischen Häftlinge in

---

40 Vgl. Protokoll der »Kommission IG Farben« des IAK, ÖStA, Nl HL, E/1797: 113, S. 3 ff.
41 Vgl. Der Wollheim-Vergleich scheint gesichert. Das Auschwitz-Komitee steckt überraschend zurück, in: Deutsche Zeitung, Stuttgart, 01.03.1958.

dem Moment, in dem sie als »arbeitsunfähig« galten, nach Auschwitz-Birkenau »überstellt« und dort vergast worden. Zweitens seien die jüdischen Häftlinge in Monowitz in einer noch schlechteren Situation gewesen als die übrigen Häftlinge, die bessere Arbeitsbedingungen und höhere Positionen in der »Häftlingsselbstverwaltung« innehatten. Oder, zugespitzter formuliert: Die nichtjüdischen Häftlinge in Monowitz seien ohnehin meist Kapos und an der Misshandlung der Juden beteiligt gewesen.

Besonders deutlich brachte diese Position Norbert Wollheim zum Ausdruck. In einem Brief an die Claims Conference stellte er zunächst fest, dass *der Großteil der nichtjüdischen Häftlinge in Auschwitz, von den Polen abgesehen, zumeist aus kriminellen Elementen bestand.* Er fürchtete, diese *Elemente, die wir im Lager »Banditen« nannten,* könnten in den Genuss des Abkommens kommen. Aufgrund der *Untaten, die sich, cum grano salis, die nichtjüdischen Polen der jüdischen Gruppe gegenüber haben zuschulden kommen lassen,*[42] würde aber auch deren Entschädigung bei den jüdischen Überlebenden auf größte Skepsis stoßen. Wollheim fügte hinzu: *Die Reaktion unserer Menschen hier zu den von Langbein und Konsorten gespielten Propagandatricks ist von einer Schärfe, die mich selbst etwas überrascht hat.*[43] Auch an anderer Stelle betonte Wollheim die Brutalität vor allem der *nichtpolitischen nichtjüdischen Haeftlinge, insbesondere diejenigen polnischer Nationalitaet [, die] sich gruppenmaessig an Unrechtshandlungen gegen ihre juedischen Mithaeftlinge so aktiv beteiligt haben.*[44] Sie seien extrem antisemitisch gewesen und hätten sich häufig hinter dem roten Winkel versteckt. Anders hätten sich nur die wirklich politisch Verfolgten aus Polen verhalten.[45] Vehement brach sich hier ein Konflikt Bahn, der in jenen Jahren noch kaum öffentlich diskutiert wurde: Das spezifische Schicksal der jüdischen Lagerhäftlinge und die extremen, oft von Antisemitismus geprägten Hierarchien zwischen verschiedenen Häftlingsgruppen. Dass es auch für die IAK-Vertreter selbstverständlich war, die »kriminellen« (also von der SS als solche bezeichneten) Häftlinge und alle, die sich in Auschwitz an Verbrechen beteiligt hatten, von Entschädigungszahlungen auszuschließen,[46] konnte das Misstrauen vieler jüdischer Häftlinge nicht beruhigen.

So sicher, wie Wollheim davon ausging, dass die meisten nichtjüdischen Häft-

---

42 Wollheim an Ernst Katzenstein, 03.02.1958, S. 1, Ordner Korrespondenz IG-Farben Bd. III, Archiv der Claims Conference, Frankfurt.
43 Ebd.
44 Wollheim an die Compensation Treuhand, 06.06.1960, Akten Compensation Treuhand (CT), Bd. IV, Archiv der Claims Conference, Frankfurt.
45 Vgl. ebd.
46 Vgl. Information des IAK von Sept. 1956, ÖStA, Nl HL, E/1797: 60, S. 2.

linge weniger Anrecht auf Entschädigung hätten, weil ihre Haftbedingungen besser gewesen waren oder sie sich selbst an Verbrechen beteiligt hatten, gingen die nichtjüdischen Häftlinge davon aus, dass sie aufgrund ihrer ebenfalls unter härtesten Bedingungen geleisteten Zwangsarbeit für die IG Farben selbstverständlich gleichwertige Ansprüche hätten. Die Arbeitsbedingungen etwa der Häftlinge, die ab April 1941 noch vom Auschwitz-Stammlager aus als »Buna-Kommando« mit den Bauarbeiten am IG-Werk beginnen mussten, haben sehr vielen Häftlingen das Leben gekostet; die meisten davon waren vermutlich nichtjüdische Polen.[47] Auch aus Frankreich und Jugoslawien kam eine größere Zahl von nichtjüdischen IG-Zwangsarbeitern.[48] Ein zentrales Argument der jüdischen Verhandlungspartner, es seien nur jüdische Zwangsarbeiter, wenn sie als nicht mehr »arbeitsfähig« angesehen wurden, in Birkenau vergast worden, entsprach der Erfahrung, dass allein die Juden in Auschwitz als Gruppe kollektiv zum Tode verurteilt waren. Das schloss aber de facto nicht aus, dass die SS auch »arbeitsunfähige« Nichtjuden nach Birkenau zur Vergasung »überstellte«, wodurch auch diese Häftlinge unter einer permanenten Todesdrohung arbeiteten. Mitarbeiter des Auschwitz-Komitees bemühten sich intensiv, hierfür Nachweise vorzulegen.[49] Je größer jedoch die Anzahl jüdischer Häftlinge in Monowitz wurde, desto besser wurde die Position der Nichtjuden in der Häftlingshierarchie. Die Polen, unter denen es bis 1942 sehr viele Todesopfer durch Entkräftung, Misshandlungen und Erschießungen gegeben hatte, rückten mit Ankunft der großen Judentransporte ab 1942 in der Hierarchie auf und bildeten auch in Monowitz eine Art »Mittelschicht«, während die höchsten Häftlingsfunktionen fast durchweg von deutschen Häftlingen besetzt wurden.[50] Diese Besserstellung schützte nichtjüdische Häftlinge nicht generell vor dem Tod, erhöhte ihre Überlebenschancen aber enorm. Der Anteil jüdischer Häftlinge in Monowitz hatte kontinuierlich zugenommen; während er zu Beginn im Herbst 1942 bei etwa 70 Prozent lag, stellten Juden kurz vor Evakuierung des Lagers um die 96 Prozent der Belegschaft.[51]

Details über die Zusammensetzung der Häftlinge von Buna/Monowitz waren der Claims Conference und der IG Farben i.L. Mitte der 1950er Jahre nicht be-

---

[47] Vgl. Piotr SETKIEWICZ: Ausgewählte Probleme aus der Geschichte des IG Werkes Auschwitz, in: Hefte von Auschwitz 22 (2002), S. 7–147, hier S. 40–44. Die Zusammensetzung des »Buna-Kommandos« lässt sich nicht mehr rekonstruieren, vermutlich entsprach sie der Häftlingszusammensetzung in Auschwitz zu dieser Zeit, in der polnische Häftlinge die größte Gruppe bildeten.
[48] So jedenfalls die Einschätzung des IAK, vgl. Protokoll der Sekretariatssitzung des IAK, 15.12.1957, ÖStA, Nl HL, E/1797: 60, S. 19.
[49] Vgl. Jan Sehn an Langbein, 19.10.1957, ÖStA, Nl HL, E/1797: 34, S. 2.
[50] Vgl. SETKIEWICZ: Ausgewählte Probleme, S. 55 f.; WAGNER: IG Auschwitz, S. 180 ff.
[51] Vgl. SETKIEWICZ: Ausgewählte Probleme, S. 47 ff.

kannt. Historische Forschung zu diesen Sachverhalten existierte noch kaum. Die Verhandlungspartner gingen zutreffend davon aus, dass die überwiegende Mehrheit der Monowitz-Häftlinge als Juden verfolgt worden war. Eine zeitlich differenzierte Wahrnehmung der Geschichte von Buna/Monowitz, die bspw. die unterschiedliche Situation nichtjüdischer Polen deutlich gemacht hätte, existierte bei den jüdischen Verhandlungsführern nicht, und die IG Farben-Vertreter hatten eigene Gründe, sich nicht allzu sehr in historische Details vertiefen zu wollen. Die Dokumente aus dem Lager, beispielsweise die Transportlisten von 1943/1944, die das IAK vorgelegt hatte,[52] spielten in den Verhandlungen offenbar nicht die Rolle, die Langbein und Ormond ihnen zugedacht hatten. Möglicherweise hatten sowohl die Claims Conference als auch die »Liquidatoren« der IG Farben Bedenken, sie könnten mit einem ausführlichen Gebrauch dieser Dokumente die Bedeutung des IAK aufwerten.

Die Erfahrungen vieler jüdischer Monowitz-Häftlinge, die sich, neben dem Terror der SS und der Betriebsleitung, der Situation ausgesetzt sahen, dass Häftlinge anderer Gruppen die eigene Position und das eigene Leben auf ihre Kosten zu sichern suchten, ließen sich schlecht in Deckung bringen mit einer Perspektive, wie sie von ehemaligen politischen Häftlingen vertreten wurde, nach der die Häftlinge vor allem ein gemeinsames Schicksal teilten, nämlich Opfer des nationalsozialistischen Terrors gewesen zu sein. Die besondere Situation jüdischer Verfolgter bzw. die besondere Qualität des nationalsozialistischen Antisemitismus war Ende der 1950er Jahre keineswegs eine allgemein geteilte Sichtweise.

Zu den Vorbehalten der jüdischen Häftlinge gegenüber den nichtjüdischen aus den Erfahrungen der gemeinsamen Lagerzeit kamen nach dem Krieg neue: Die ehemaligen Häftlinge fanden sich auf unterschiedlichen Seiten des Kalten Kriegs wieder. Während viele der ehemaligen politischen Häftlinge (aber auch der als Juden verfolgten) in unterschiedlicher Form mit den Volksrepubliken sympathisierten, hatten sich andere ganz mit den Zielen der westlichen Staaten identifiziert. Die unter dem Label des »Antizionismus« praktizierte Repressionswelle gegen Jüdinnen und Juden im spätstalinistischen Osteuropa wurde von im Westen lebenden Juden intensiv verfolgt und bestätigte alle vorhandenen Vorbehalte gegen den »realexistierenden Sozialismus«.[53] Gerade in den USA, wo viele der ehemaligen jüdischen Monowitz-Häftlinge lebten, wurde das zu einem wichtigen Thema. Laut Peter Novick stand *im Zentrum der »Außenpolitik« der amerikanischen Juden [...]*

---

52 Vgl. Information des IAK Oktober 1956, ÖStA, Nl HL, E/1797: 60, auch: Langbein an Hauptkommission, 21.08.1956; Hauptkommission an Langbein, 05.09.1956; Langbein an Hauptkommission, 17.09.1956, ÖStA, Nl HL, E/1797: 88.
53 Vgl. Richard S. LEVAIN: Antisemitismus im Ostblock, Luxembourg o. J. (1960/61).

in der Frühzeit des Kalten Kriegs der Protest gegen den Antisemitismus im Ostblock.[54] Neben der Sorge um die in Osteuropa lebenden Juden ging es dabei auch um eine Zurückweisung der in den USA während der McCarthy-Ära verbreiteten und durchaus bedrohlichen Gleichsetzung von Juden mit Kommunisten.[55] Eine Kooperation mit Personen oder Organisationen, die irgendwie mit Ostblockstaaten assoziiert waren, kam also aus mehreren Gründen nicht in Frage.

Der Kalte Krieg spielte auch in anderer Hinsicht eine zentrale Rolle in den Verhandlungen um das Abkommen, nicht zuletzt bei der Frage, ob auch jüdische Überlebende in Osteuropa in das Abkommen einbezogen werden sollten. Die jüdischen Organisationen in Osteuropa waren in der Claims Conference nie vertreten, die Claims Conference sprach nicht für die NS-Verfolgten jenseits des Eisernen Vorhangs und versuchte auch bis in die 1980er Jahre kaum, sich für ihre Wiedergutmachung einzusetzen. Die bundesdeutschen Wiedergutmachungsgesetze schlossen die NS-Opfer in Osteuropa mittels unterschiedlicher gesetzlicher Bestimmungen und mit Verweis auf verschiedene internationale Abkommen von regulären Entschädigungs- und Rückerstattungszahlungen aus,[56] die Claims Conference konnte sich also auf den Standpunkt stellen, dass sie für die osteuropäischen Juden ohnehin nichts tun könne. Man darf annehmen, dass die Logik des Kalten Kriegs, die es für die meisten Beteiligten selbstverständlich erscheinen ließ, Devisenzahlungen in den Osten – und seien es Rentenzahlungen an Verfolgte – zu verhindern, auch von Vertretern der großen jüdischen Verbände geteilt wurde. Für Norbert Wollheim stand zunächst ganz außer Frage, dass nur jene jüdischen Auschwitz-Häftlinge unter ein mögliches Abkommen fallen könnten, die diesseits des »Eisernen Vorhangs« lebten.[57] Ihm erschien das so selbstverständlich, dass er nicht auf die Idee kam, das zu begründen.

Die Claims Conference und die anderen großen jüdischen Organisationen im

---

54 Peter NOVICK: Nach dem Holocaust. Der Umgang mit dem Massenmord. Stuttgart u. a. 2001, S. 135.
55 Vgl. ebd., S. 126 ff. Norbert Wollheim selbst wurde zunächst an einer Einreise in die USA gehindert, weil die Behörden in ihm einen Kommunisten vermuteten, vgl. Peter HEUSS: Norbert Wollheim (26. April 1913 – 1. November 1998). Eine biographische Skizze, S. 16. http://www.wollheim-memorial.de/files/996/original/pdf_Peter_Heuss_Norbert_Wollheim-Eine_biografische_Skizze.pdf (zuletzt aufgerufen am 13.09.2021).
56 Vgl. Ulrich HERBERT: Nicht entschädigungsfähig? Die Wiedergutmachungsansprüche der Ausländer. in: Ludolf HERBST, Constantin GOSCHLER (Hg.): Wiedergutmachung in der Bundesrepublik Deutschland, München 1989, S. 273–302; Hans Günter HOCKERTS: Entschädigung für NS-Verfolgte in West- und Osteuropa. Eine einführende Skizze, in: Hans Günter HOCKERTS, Claudia MOISEL, Tobias WINSTEL (Hg.): Grenzen der Wiedergutmachung. Entschädigung für NS-Verfolgte in West- und Osteuropa 1945–2000, Göttingen 2006, S. 7–59.
57 Vgl. z.B. Norbert Wollheim an seinen Anwalt Henry Ormond, 20.10.1952, 20.5.1954. Archiv des Instituts für Zeitgeschichte, Nachlass Henry Ormond, ED 422/9.

Westen besaßen kaum Kontakte zu jüdischen Verbänden in Osteuropa. Sie misstrauten den wenigen existierenden Organisationen und hielten sie, nicht ganz zu Unrecht, für Instrumente staatlicher Kontrolle und Überwachung. Aufgrund der fehlenden Verbindungen gab es im Westen nur ein recht unscharfes Bild von der Zahl, den Lebensbedingungen und den Haltungen von Juden und Jüdinnen in Osteuropa zu politischen und religiösen Fragen. Die Religionszugehörigkeit ließ sich schwer ermitteln, zumal viele Juden beispielsweise in Polen aus Angst vor Repressalien den Gemeinden fernblieben und ihre jüdisch klingenden Namen geändert hatten. Die Korrespondenz der Mitarbeiter der Claims Conference in diesem Zusammenhang vermittelt den Eindruck, die Juden in Ungarn oder Polen seien von ihnen wechselweise als staatstreue Kommunisten und als hilflose Unterdrückte der staatssozialistischen Regime angesehen worden.[58] Es war das Internationale Auschwitz-Komitee, das in seinen Verhandlungen mit der IG Farben und der Claims Conference vehement forderte, auch die in Osteuropa lebenden jüdischen Zwangsarbeiter einzubeziehen.[59] Während die Claims Conference zunächst bemüht war, in den Verhandlungen Formulierungen zu finden, *which would in fact exclude the Poles altogether,*[60] gab sie schließlich dem Drängen des Auschwitz-Komitees in dieser einen Sache nach und erklärte sich bereit, die jüdischen Verfolgten ungeachtet ihres Wohnorts in das Abkommen einzubeziehen.[61] Das Auschwitz-Komitee war es auch, das die jüdischen Verfolgten in Osteuropa von dem Abkommen und ihrem Entschädigungsanspruch informierte. Das war der einzige nennenswerte Verhandlungserfolg des Komitees, ermöglichte aber immerhin vielen Juden in Osteuropa erstmals eine Entschädigungszahlung aus Deutschland.

Am 1. April 1958 trat das »Wollheim-Abkommen« in Kraft, das erste Abkommen zwischen einem deutschen Industrieunternehmen und einer jüdischen Organisation über Entschädigung für Zwangsarbeit durch KZ-Häftlinge. Das Verfahren Wollheim gegen die IG Farben i.L. vor dem OLG Frankfurt am Main wurde eingestellt, die IG hatte mit dem Abkommen auch ein rechtskräftiges Urteil verhindert. Ein sofort sichtbares Ergebnis war der steigende Aktienkurs der IG Far-

---

58 Vgl. Ordner Korrespondenz IG-Farben Bd. Bd. I–IV, v.a. Bd. II; Ordner Compensation Treuhand, Bd. I–IV Archiv der Claims Conference, Frankfurt. Zu den Irrtümern und Missverständnissen bezügl. der Anzahl der noch in Polen lebenden Juden vgl. den längeren Schriftwechsel der Mitarbeiter der CC und der Compensation Treuhand zu diesem Thema, April/Mai 1960, Ordner Compensation Treuhand, Bd. IV.
59 Vgl. Protokoll der Tagung des IAK vom 31.05–03.06.1957, Ergebnisse der Beratungen, ÖStA, Nl HL, E/1797: 297/6; Ernst Katzenstein an Saul Kagan, 11.07.1957, Ordner Korrespondenz IG-Farben Bd. II Archiv der Claims Conference, Frankfurt.
60 Saul Kagan an Kurt May/URO, 15.02.1957, ebd.
61 Vgl. Saul Kagan an Ernst Katzenstein, 02.07.1957, ebd.; Claims Conference/Katzenstein, an IAK/Langbein, 15.08.1957, ÖStA, Nl HL, E/1797: 113.

ben; das Unternehmen war nun in der Lage, seine wertvollen Aktien der ehemaligen IG-Tochterfirma Hüls zu veräußern, da sie nicht mehr große Summen für eventuelle Klagen zurückhalten musste.[62]

Die Prüfung der zahlreichen Anträge und die Auszahlung der Entschädigung zogen sich über Jahre. Die Claims Conference zahlte über die Compensation Treuhand GmbH an fast 5.900 Berechtigte in 42 Ländern 5000 DM (bei weniger als 6 Monaten Haft waren es 2.500 DM). Bei der IG Farben gingen knapp 3000 Anträge nichtjüdischer Überlebender ein, die geprüft wurden.[63] Davon waren im Frühjahr 1962 erst 1118 entschieden, 404 Anträge waren bewilligt und gut 1.400.000 DM ausgezahlt worden.[64] Ein genaueres Bild des Umgangs der IG Farben i.L. mit den Antragstellern wird erst eine Auswertung der inzwischen im Hessischen Hauptstaatsarchiv liegenden Akten der IG Farben i.L. ergeben.

Dem Wollheim-Abkommen liegt ein offensichtlicher Konflikt zugrunde: der zwischen der IG Farben i.L. und ihren ehemaligen Zwangsarbeitern in Auschwitz-Monowitz, ein Konflikt über gerechtfertigte Entschädigungszahlungen und über die Verantwortung der Firmenleitung für die tödlichen Lebens- und Arbeitsbedingungen ihrer Zwangsarbeiter. Daneben gab es hinter den Kulissen einige weniger offensichtliche, aber mit großer Schärfe ausgetragene Konflikte zwischen den ehemaligen Häftlingen und ihren Sprechern über Häftlingshierarchien, Kollaboration und etwas, das man 20 Jahre später die singuläre Erfahrung des Holocaust genannt hätte, für das es Mitte der 1950er Jahre aber noch kaum Worte gab. Angetrieben wurden diese Konflikte zusätzlich von den enormen Spannungen der Blockkonfrontation, die in diesem Fall die Forderungen jüdischer Häftlinge aus den USA gegenüber allen Forderungen aus dem Ostblock klar begünstigen. Die Konkurrenz, in die die verschiedenen Häftlingsgruppen in den Verhandlungen um die begrenzten Entschädigungssummen geraten waren, lassen sich auch als eine zynische Verlagerung der Konflikte weg von den IG Farben und hin zu den heterogenen Opfern des Nationalsozialismus lesen.

---

62 Vgl. FERENCZ: Lohn des Grauens, S. 80; Notiz Katzenstein vom 17.1.1957 über ein Treffen mit Prof. Samson, Ordner Korrespondenz IG-Farben Bd. I, Archiv der Claims Conference, Frankfurt.

63 Die »offensichtlich unbegründeten Anträge« etwa von Frauen oder von sog. Fremdarbeitern sind nicht inbegriffen.

64 Vgl. Rundschreiben Ernst Katzenstein an Benjamin Ferencz, Kurt May, Norbert Wollheim u. a., 04.04.1962, Ordner Korrespondenz IG-Farben Bd. IV, Archiv der Claims Conference, Frankfurt.

Die Liquidatoren und Aufsichtsratsvorsitzenden der I.G. Farbenindustrie AG i.A.
Skizzen und Hinweise

Albrecht Kirschner

Einführung

WOHL NUR den wenigsten Insidern sind die Liquidatoren eines der ehemals weltweit größten Chemie-Konzerns auch nur namentlich bekannt. Vor dem Hintergrund der Vergangenheit des Konzerns vor allem während des NS-Regimes, der Auseinandersetzungen um Entschädigung für ehemalige Zwangsarbeiterinnen und Zwangsarbeiter, der Reibereien bei der Abwicklung bzw. der Veräußerung von Konzerngesellschaften und Beteiligungen sowie der teils dubios erscheinenden Geschäftstätigkeit im Immobiliensektor in den 1980er- und 1990er-Jahren[1] standen sie aber immer wieder im Fokus der Wirtschaftspresse und der allgemeinen politischen Aufmerksamkeit. Abgesehen von einigen wenigen Spotlights gibt es zu den Personen auch nur wenige Informationen. Dabei dürften sie in ihrer Funktion als Liquidatoren, die in den öffentlichen Hauptversammlungen bestellt und durch das Amtsgericht Frankfurt am Main bestätigt wurden, durchaus zu den Personen des öffentlichen Lebens zählen. Während zu den Managern des IG Farben-Konzerns bis 1945 entsprechende Werke vorliegen,[2] sucht man Vergleichbares für die Zeit ab 1945 annähernd vergeblich.

Im Folgenden soll diese Lücke angegangen werden. Zu behaupten, diese Lücke auch nur annähernd zu schließen, wäre gleich aus mehreren Gründen vermessen: Gerade weil die Liquidatoren meist nicht »A-Promis« waren, sind Überlieferungs-

---

[1] Zum Aufgabenspektrum der Liquidatoren siehe meinen Beitrag »Entwicklung und Struktur der IG Farbenindustrie AG (i.A.)« in diesem Band.
[2] Wenn auch mit recht apologetischen und entpolitisierenden Tendenzen, so doch bezüglich des Aufbereitens der biographischen Daten und der Funktionen im IG-Konzern verdienstvoll, vgl. z. B. Jens Ulrich HEINE: Verstand und Schicksal. Die Männer der I.G. Farbenindustrie A.G. (1925–1945) in 161 Kurzbiographien, Weinheim 1990.

stränge in der Regel ziemlich dünn. Vor dem Hintergrund, dass sie zwar häufig in Politik und/oder Wirtschaft aktiv waren, aber kaum (weitere) öffentliche Ämter bekleideten, enthält die öffentlich-rechtliche Überlieferung der staatlichen Archiven teils zwar interessante Einzeldokumente oder Vorgänge, ist aber weit davon entfernt, ein adäquates Bild der Person in ihrer Handlungsweise zu ermöglichen. Ergänzt wird diese Sachlage dadurch, dass sich Nachlässe oft in privater Hand (Familienangehörige, Wirtschafts- oder Parteiarchive) befinden und damit ein Auffinden und der Zugang erschwert wird.[3] Zähe, jahrelange Recherchen, das Nachgehen kleinster Hinweise, das Zusammentragen unterschiedlicher Quellen aus verschiedensten Provenienzen aber scheint schließlich doch einiges Interessantes ans Tageslicht befördern zu können.[4] Schließlich waren die durch die Corona-Pandemie verursachten Zugangsbeschränkungen ebenfalls ein erheblicher Faktor, geplante Archivbesuche nicht oder nicht wie geplant durchführen zu können. Auch beschränkt das Lebensalter der ab den 1960er Jahren amtierenden Liquidatoren durchweg den Zugang zu entsprechenden personenbezogenen Unterlagen.

Dr. Franz Reuter

Geboren am 3. Juni 1897, verstorben am 2. März 1967. Journalist; Liquidator vom 15. Januar 1951 bis zum 27. Mai 1955.

Franz Reuters beruflicher und politischer Lebensweg war ganz offensichtlich durch mehrere sehr ambivalente Aktivitäten geprägt. Eine ganze Reihe von Quellen und Reuters eigene Publikationen vor allem im wirtschaftspolitischen, aber auch im politischen Bereich ergeben ein schwer zu fassendes Bild. Das fängt schon bei seiner Dissertation an: Wurde er nun 1923 in Köln oder 1927 in Halle-Wittenberg promoviert?[5]

---

[3] Allerdings habe ich im Zusammenhang mit den Recherchen zu den Liquidatoren ausgesprochen positive Erfahrungen mit dem Unternehmensarchiv der Bayer AG, mit dem Archiv der FDP und dem Archiv der CDU gemacht. Auch der FDP-Kreisverband Frankfurt am Main hat unkompliziert den Zugang zu einem Depositum im HHStAW genehmigt. Allen genannten Institutionen und den beteiligten Personen möchte ich an dieser Stelle danken! Es sei erwähnt, dass keiner der Liquidatoren so SPD-nah war, dass man einen Nachlass (o. ä.) im SPD-Archiv hätte finden können; dasselbe gilt umso mehr für Parteien links der SPD bzw. der Partei Die Grünen (Bündnis 90/Die Grünen) und anderer Parteien.

[4] Im Gegensatz zum Bundesarchiv in Berlin-Lichterfelde war ein Besuch im Bundesarchiv in Koblenz aus organisatorischen und kommunikativen Gründen zwischen Februar und Dezember 2020 leider nicht möglich. Mit viel mehr Zeit und weniger pandemiebedingten Zugangsbeschränkungen sind sicherlich auch dort erhebliche Quantitäten und Qualitäten zu erwarten, besonders in BArch Bestand B 102 (Bundesministerium für Wirtschaft), aber auch in B 126 (Bundesministerium für Finanzen), ggf. auch in B 136 (Bundeskanzleramt).

[5] Vgl. Franz REUTER: Sozialismus und Parlamentarismus. Ein Beitrag zur Geschichte sozialistischer Politik, Staatslehre und Soziologie, (Maschinenschrift) Köln 1923. Diese Promotion nimmt an Andrea WILFERT: Franz Reuter, in: Winfried MEYER (Hg.): Verschwörer im KZ. Hans von Dohnanyi und die Häft-

Nach seiner Promotion jedenfalls war er als Wirtschaftsjournalist tätig, gab ab 1929 ein wirtschaftspolitisches Korrespondenzblatt sowie gemeinsam mit Otto Meynen die »Textil-Zeitung« in Berlin heraus,[6] der Anfang einer umfangreichen publizistischen Tätigkeit. Auch mit Meynen gemeinsam übernahm Reuter im Juli 1933 das renommierte Wirtschaftsblatt »Der deutsche Volkswirt« vom Herausgeber und Schriftleiter Gustav Stolper, der 1933 in die USA emigrieren musste.[7] Dieser Übergang ist als eine frühe »Arisierung« zu werten:

> »Der deutsche Volkswirt« wurde vorübergehend verboten, und S. [Stolper] sah sich genötigt, ihn unter Wert an zwei dem neuen Regime genehme Journalisten (Otto Meynen u. Franz Reuter) zu verkaufen.[8]

Im Editorial von Meynen und Reuter in der ersten von ihnen verantworteten Ausgabe liest sich das folgendermaßen:

> Die neue Zeit steht auch für den »Deutschen Volkswirt« im Zeichen der nationalen Erneuerung, der sich kein Bereich des öffentlichen Lebens in Deutschland, auch nicht die wirtschaftliche Presse und gewiß nicht ihr führendes Organ entziehen kann.[9]

Reuter zumindest war aber auch dann kein Parteigänger der NSDAP. 1931 hatte er sich in den »Deutschen Führerbriefen«[10] zwar mit Respekt über die politischen »Errungenschaften« der NS-Bewegung, aber kritisch gegenüber Hitler geäußert, was ihm 1934 scharfe Kritik von Seiten des nationalsozialistischen Wirtschaftsblattes »Die deutsche Volkswirtschaft« einbrachte.[11] Reuter ist vielmehr jenem poli-

---

linge des 20. Juli im KZ Sachsenhausen, Berlin 1999; Franz REUTER: Die Genossenschaft im Verbande des Reichs-Landbundes, (Maschinenschrift) Halle 1927; dass beide Dissertation von demselben Franz Reuter stammen, ist eher unwahrscheinlich, da keine Quellen, wie zeitgenössisch üblich, einen zweiten Doktortitel aufführen.

6 Vgl. WILFERT: Franz Reuter. 1928 hatten die beiden schon gemeinsam folgenden Band herausgegeben: Otto MEYNEN, Franz REUTER: Die deutsche Zeitung. Wesen und Wertung, München u. a. 1928.

7 Stolper stammte von jüdischen, aus Galizien gebürtigen Eltern ab. Er war 1930 Spitzenkandidat der Deutschen Staatspartei und Mitglied des Reichstags bis 1932. Als Kind jüdischer Eltern und als aktives Mitglied und Abgeordneter einer demokratischen, die Weimarer Republik mittragenden Partei sah er sich schon Mitte 1933 gezwungen, ins Exil zu gehen. In den USA war er als Journalist u. a. für die renommierte Zeitschrift »Foreign Affairs« und die ebenso renommierte »New York Times« tätig. Als wirtschaftspolitischer Berater des ehemaligen US-Präsidenten Herbert Hoover begleitete Stolper Hoover bei dessen Deutschlandreise im März 1947 als Wirtschaftsberater.

8 Heinz RIETER: Stolper, Gustav, Wirtschaftswissenschaftler, in: Hans Günter HOCKERTS (Hg.): Neue deutsche Biographie, Band 25, Berlin 2013, S. 424. Diese Sache kam 1959 nochmals auf, vgl. Schreiben Werner Stephans an Thomas Dehler vom 21.01.1959, in Archiv des Liberalismus (AdL), Bestand A34 Nr. 57, Bl. 16 f.

9 Otto MEYNEN, Franz REUTER: [Editorial], in: Der deutsche Volkswirt, Nr. 40 vom 07.07.1933, Titelseite.

10 Wiederum gemeinsam mit Otto Meynen herausgegeben, zu denen sich aber noch der Industrielle Paul Silverberg gesellte, waren die »Deutschen Führerbriefe« ein nicht öffentlich erhältliches Blatt, das sich ausschließlich an die politische, wirtschaftliche und militärische Elite im Deutschen Reich wandte.

11 Vgl. Deutsche Führerbriefe, Nr. 2 vom 06.01.1931, zitiert in Ru. [Autorenkürzel]: Das Spiegelbild eines

tisch rechtsstehenden Spektrum zuzuordnen, das mit seiner Beteiligung und Unterstützung der »Regierung der nationalen Konzentration« zwar dem NS-Regime zur Macht verhalf, selbst aber nicht nationalsozialistisch war. Im Konkreten war Reuter ein Vertrauter des damaligen Reichsbankpräsidenten (1923–1930 und März 1933 bis 1939) und Reichswirtschaftsministers (1934–1937) Hjalmar Schacht. Über Schacht schrieb Reuter eine 1934 veröffentlichte Biographie.[12]

Wenig später, 1936/37, scheint er sich aus der Schriftleitung der Zeitschrift »Der deutsche Volkswirt« zurückgezogen zu haben,[13] blieb aber wohl noch im Verlag tätig. Zum 1. September 1939 wurde Reuter zum Wehrwirtschaftsstab eingezogen, der zum 1. November 1939 in »Wehrwirtschafts- und Rüstungsamt des Oberkommandos der Wehrmacht« umbenannt wurde. Offenbar verblieb er dort bis zu seiner Verhaftung Anfang September 1944.

Reuter hatte wohl schon in den 1930er-Jahren Kontakte zur Opposition, die zum Attentat auf Adolf Hitler am 20. Juli 1944 führte. Der Kreis umfasste, neben Carl Goerdeler und Johannes Popitz, auch den ehemaligen Staatssekretär in der Reichskanzlei, Erwin Planck, den Botschafter Ulrich von Hassel und den General der Infanterie, Georg Thomas. Über den Schreibtisch von Reuters Büro im Wehrwirtschafts- und Rüstungsamt scheint erheblicher Informationsaustausch dieser oppositionellen Kreise gelaufen zu sein. Für den Fall eines erfolgreichen Staatsstreichs war Reuter als Pressesprecher der Reichsregierung vorgesehen.[14]

Gleichzeitig jedoch arbeitete Reuter als Informant[15] des Sicherheitsdienst des Reichsführers SS (SD). Sein Ansprechpartner war offenbar SS-Standartenführer

---

liberalistischen Schriftleiters, in: Die deutsche Volkswirtschaft, Nr. 3 vom Januar 1934, S. 75. Die Zeitschrift »Die deutsche Volkswirtschaft« wiederum war das nationalsozialistische Konkurrenzblatt zum »Deutschen Volkswirt«. Ab Mai 1943 erschien der »Deutsche Volkswirt« »in Kriegsgemeinschaft« mit der »Deutschen Volkswirtschaft«. Vgl. Die deutsche Volkswirtschaft, Nr. 13 vom Mai 1943, Titelseite. Franz Reuter war damals schon länger nicht mehr in der Schriftleitung des Blattes „Der deutsche Volkswirt" tätig.

12 Vgl. Franz REUTER: Schacht, Leipzig 1933. Das Buch endet auf S. 148 so: »So ist Schacht eine der wenigen lebendigen Brücken, die, weithin sichtbar, von der alten in die neue Zeit führen. Der jungen Generation wird das Werk des Neubaus entscheidend erleichtert, da ihr solch ein Mann zur Seite steht, der allezeit sich und seinem Volke getreu blieb, indem er stets eine nationale Realpolitik trieb.« Eine erheblich erweiterte und veränderte 2. Auflage erschien 1937. Die Schrift Franz REUTER (Hg.): Die Neuregelung des deutschen Außenhandels. Ein praktischer Wegweiser durch die geltenden Bestimmungen, Berlin [o.J.; 1934] und der Nachtrag von 1935 wurden in der Reichsbank Korrektur gelesen. Vgl. BArch Bestand R 2501, Nr. 6602 und 7663.

13 Vgl. WILFERT: Franz Reuter. Im Impressum für das erste Quartal 1937 der Zeitschrift wird Reuter nicht mehr als Schriftführer o. ä. erwähnt.

14 Alle Angaben aus WILFERT: Franz Reuter.

15 Im NS-Jargon »Zubringer«, vgl. BArch Bestand R 58 Nr. 8085. Wie immer, wenn es um den für Falscheinschätzungen anfälligen Bereich der Geheimdienste geht, habe ich Dr. Florian Altenhöner, Berlin, für Unterstützung, Information und Korrekturen hier und im Folgenden zu danken.

Fritz Kranefuss, Vorstandsmitglied der Braunkohle-Benzin AG (Brabag)[16] und Wehrwirtschaftsführer, später als SS-Brigadeführer Adjutant Heinrich Himmlers in dessen Persönlichem Stab. In einem Schreiben an den SS-Gruppenführer Karl Wolff, Chef des Persönlichen Stabs des Reichsführers SS, vom 12. Juli 1941 teilt Kranefuss Folgendes mit:

Du bekommst bekanntlich regelmäßig von mir die Berichte, die mir Dr. Franz Reuter, der Hauptschriftleiter der Zeitung »Der deutsche Volkswirt« zugehen lässt, und die er wiederum von seinen Vertretern in Paris (zeitweise Genf) und Stockholm erhält.

Dr. Reuter [...] bittet wie üblich, diese Berichte rein informatorisch zu werten, doch möchte ich sie Dir heute persönlich mit dem Hinweis weitergeben, dass es sich meines Erachtens lohnen dürfte, sie mit Aufmerksamkeit durchzulesen und gegebenenfalls auch dem Reichsführer SS [Heinrich Himmler] vorzulegen.

SS-Gruppenführer Heydrich erhält bekanntermaßen auf seinen Wunsch jeweils ein besonderes Exemplar.[17]

In den Akten findet sich eine größere Zahl dieser Berichte aus den Jahren 1940 bis 1942.[18] Da die Berichte auch Angaben zu konkreten Personen des französischen Widerstands, der Résistance, enthalten und sie auch dem Chef des Reichssicherheitshauptamtes, Reinhard Heydrich, zugingen, ist sehr wahrscheinlich, dass sie der Anlass für Mordaktionen der deutschen Besatzungsmacht in Frankreich waren. Dessen war sich Franz Reuter auch bewusst, wenn er Kranefuß Ende August 1941 darauf hinwies, dass sein Mitarbeiter in Lebensgefahr sei, wenn herauskomme, wer diese Informationen weitergegeben hatte.[19]

Kaum krasser könnten die Ambivalenzen in Reuters Handlungen während der NS-Zeit ausfallen, wenn wir wieder auf seine Verhaftung Anfang September 1944 zurückkommen: Nach mehreren Stationen der Inhaftierung wurde er, ohne Prozess vor dem Volksgerichtshof, am 2. Dezember 1944 in das KZ Sachsenhausen eingeliefert. Auch den Evakuierungsmarsch Richtung Ostsee ab dem 21. April 1945 über-

---

16 Die Brabag wurde 1934 unter Beteiligung der IG Farben mit dem Ziel der Herstellung von synthetischen Treib- und Schmierstoffen gegründet. Kranefuß wurde auf Veranlassung und mit einiger Protektion durch Hjalmar Schacht in den Vorstand der Brabag berufen. Vgl. Aktenvermerk des SS-Oberführers Keppler über die Einstellung K.s bei der Brabag (o. D., wohl Ende 1934), in: BArch Bestand R 9361 III, Nr. 537526, Bl. 121 f. Wahrscheinlich wegen dieser Funktion hatte Kranefuß regen Kontakt zu Heinrich Bütefisch, Mitglied des IG Farben-Vorstands und Leiter der Benzinsynthese des IG-Werks in Auschwitz, vgl. BArch Bestand NS 19, Nr. 2220, Bl. 141.
17 Schreiben Kranefuß an Wolff vom 12.07.1941, in: BArch Bestand NS 19, Nr. 2278, Bl. 3.
18 Vgl. BArch Bestand NS 19, Nr. 2064, 2278, 2542, 2453, 2544 und 3402.
19 Vgl. entsprechende Zitate im Schreiben von Kranefuß an Wolff vom 01.09.1941, in: BArch Bestand NS 19, Nr. 2278, Bl. 68.

lebte Reuter und wurde Anfang Mai 1945 bei Schwerin von Truppen der US Army befreit.[20]

Wieder in Berlin ansässig, erhielt Franz Reuter Ende Januar 1946 seine Anerkennung als Opfer des Nationalsozialismus.[21] Gleichzeitig bereitete er einen Neustart der Zeitschrift »Der deutsche Volkswirt« unter dem Namen »Der Volkswirt« vor.[22] Als einer der ersten Betroffenen publizierte Reuter noch im Jahr 1946 eine kleine Schrift zum »20. Juli«.[23]

Gustav Stolper, der, wie erwähnt, den »Deutschen Volkswirt« bis 1933 herausgegeben hatte, war 1947 nach Berlin gekommen. Ein offenbar angedachtes Treffen mit Franz Reuter, bei dem es auch um die Rolle Reuters und der Zeitschrift nach 1933 gehe sollte, kam nicht zustande. Reuter und Meynen sahen sich aber offenbar Erklärungsdruck ausgesetzt: Beide gaben in einer schriftlichen Erklärung zwar zu,

> daß es ihnen nicht gelungen ist, die gleiche geistige Leistung und dasselbe deutsche und internationale Ansehen zu erreichen, das der Volkswirt bis 1933 besaß. Sie weisen darauf hin, daß das Ausmaß der Behinderung der Pressefreiheit nur von denjenigen richtig eingeschätzt werden kann, die diesen zermürbenden Kampf selbst geführt und seine Wirkungen am eigenen Leibe erlitten haben.[24]

Die Rechtfertigung ließen sie Stolper nicht direkt, sondern nur über einen in seiner Funktion unbekannten Herrn Reif zukommen.[25] Der Verweis auf eine richtige Einschätzung der Lage nur durch Betroffene ist nicht nur falsch, sondern auch gegenüber Stolper, der ähnliche Erfahrungen schon 1933 machte, arrogant. Das deutet m. E. deutlich auf ein schlechtes Gewissen der Verfasser hin.

Anfang der 1950er Jahre war Reuter nach Frankfurt am Main gezogen und wurde am 12. Januar 1951 als Mitglied im IG Liquidation Committee (IGLC) zum Liquidator des Chemiekonzerns IG Farben bestellt.[26]

Noch im Jahr 1951 holte ihn seine Vergangenheit auf ganz andere Art und Weise erneut ein: Albert Mangold, u. a. ehemaliger Inhaber der Almax Bau- und Boden GmbH in Berlin, den Reuter als Häftling im KZ Sachsenhausen kennen ge-

---

20 Vgl. alle Angaben aus WILFERT: Franz Reuter.
21 Vgl. Bescheinigung zur Anerkennung als politischer Verfolgter des Magistrats der Stadt Berlin, Abteilung für Sozialwesen, Hauptausschuss »Opfer des Faschismus« vom 27.01.1946, in: AdL Bestand N19 Nr. 219, Bl. 72.
22 Vgl. AdL Bestand N19 Nr. 219, Bl. 73-76b. Wann genau diese Zeitschrift erscheinen konnte, bleibt etwas unklar: der früheste Nachweis datiert auf 1949, wird aber als 3. Jahrgang geführt.
23 Franz REUTER: Der 20. Juli und seine Vorgeschichte, Berlin 1946.
24 Rechtfertigung Reuters und Meynens vom März 1947, in: AdL Bestand N19 Nr. 219, Bl. 71.
25 Schreiben Reuters an Reif vom 25.03.1947, in: AdL Bestand N19 Nr. 219, Bl. 71.
26 Vgl. HHStAW Bestand 2092, Nr. 12658.

lernt hatte,[27] schrieb ihm im Mai 1951 einen langen Brief. Darin ging es um den Verlust eines Geschäftshauses in Berlin 1937, das schon wenig später der Bayer Farbenfabrik und damit der IG Farben gehörte. Mangold habe das Grundstück Kurfürstendamm 178, neben dem »Bayerhaus« gelegen, kaufen wollen, um seine eigenen Geschäftsräume dort einzurichten. Den Grundbrief, in dem eine größere Grundschuld eingetragen war, habe er besessen. Aufgrund seiner Verhaftung aus politischen Gründen – »auf Veranlassung Lammers, dem Chef der Reichskanzlei« – seien aber die laufenden Verhandlungen vor dem Abschluss abgebrochen. Schließlich seien 1937 Grundstück und Haus zwangsversteigert und einem Herrn Steinkrug zugeschlagen, ein Jahr später aber von der IG Farben übernommen worden. Da er, Mangold, nach seiner Haft in der Illegalität habe leben müssen, habe er seine Interessen nicht vertreten können. Nachdem eine gütliche Einigung mit Bayer zwischen 1949 und 1951 nicht zustande gekommen war, bat Mangold nun Reuter um Unterstützung.[28]

Reuter ließ die Sache zwar überprüfen, sah aber aus formalen Gründen – nicht die IG Farben habe Grundstück und Haus bei der Zwangsversteigerung erhalten – keine Möglichkeit, Mangold zu unterstützen. Er könne ihm aber ggf. eine Arbeitsstelle in der chemischen Industrie vermitteln.[29] Auch nach der Übermittlung weiterer Unterlagen blieb das IG Liquidation Committee dabei, dass Mangold zwar unzweifelhaft infolge seiner Verhaftung einen schweren Vermögensschaden erlitten habe. Die IG Farben i.A. sei bezüglich entsprechender Forderungen jedoch die falsche Ansprechpartnerin; vielmehr müsse Mangold seine Ersatzansprüche an den Staat richten.[30] Mangold wiederum erwiderte, dass nicht der Staat, sondern die IG Farben Nutznießerin des Vorgangs gewesen sei.[31] Insgesamt wird in den Schreiben Reuters deutlich, dass ihm die Sache zwar etwas unangenehm war. Er zog sich aber auf den formalistischen Standpunkt zurück, der ihm de facto vom Mitarbeiter des IG Liquidation Committee, dem Rechtsanwalt Maurer, immer wieder nahe gelegt wurde.

---

27 Laut eigenem Bekunden war Mangold vor seiner KZ-Haft in Sachsenhausen, in das er spätestens im August 1942 überführt wurde, vier Jahre in Einzelhaft. Vgl. Schreiben Mangolds an Reuter vom 16. und 27.05.1951, S. 3, und nochmals auf S. 4, in: HHStAW Bestand 2092, Nr. 14085; Auskunft zum ehemaligen Häftling des KZ Sachsenhausen Albert Mangold vom 11.07.2018; ich danke Frau Liebscher von der Gedenkstätte Sachsenhausen für die Übersendung der Auskunft.
28 Schreiben Mangolds an Reuter vom 16. und 27.05.1951, in: HHStAW Bestand 2092, Nr. 14085.
29 Schreiben Reuters an Mangold vom 05.06.1951 und Schreiben des IGLC vom 05.06.1951, in: HHStAW Bestand 2092, Nr. 14085.
30 Schreiben RA Dr. Maurer von der Abteilung Forderungseinzug und Schuldenabwicklung des IGLC an Mangold vom 14.07.1951, in: HHStAW Bestand 2092, Nr. 14085.
31 Schreiben Mangolds an Reuter vom 30.08.1951, in: HHStAW Bestand 2092, Nr. 14085.

Mit der ersten Hauptversammlung der IG Farben i.A. im Jahr 1955 schied Reuter auf eigenen Wunsch – er war von der übergroßen Mehrheit der Aktionäre erneut gewählt worden – als Liquidator aus.[32] Zum 30. Juni 1955 verließ er auch den Vorstand der Chemie-Verwaltungs-AG.[33] Mit einem mit insgesamt DM 150.000 dotierten Beratervertrag blieb er aber bis 1959 weiter für die IG Farben i.A. tätig:[34] Reuter war u. a. der Verbindungsmann der IG Farben i.A. zum »Kaiser-Ministerium« (Ministerium für Gesamtdeutsche Fragen unter Jakob Kaiser), in dessen Forschungsbeirat er saß, und dessen vertrauliche Berichte er zwischen 1956 und 1959 mindestens sieben Mal den Liquidatoren der IG Farben i.A. zusandte.[35]

1954 hatte Franz Reuter einen Aufnahmeantrag bei der FDP gestellt, die Mitgliedskarte wurde 1957 ausgestellt.[36] Zwar machte er dort in gewissem Rahmen noch eine politische Karriere, indem er offenbar mit Unterstützung durch Erich Mende 1958 die Leitung des parteiinternen Bundesfachausschusses für Wirtschaftspolitik übertragen bekam,[37] ebenfalls 1958 für die FDP in den politischen Ausschuss des Kuratoriums »Unteilbares Deutschland« entsandt wurde[38] und auf dem FDP-Bundesparteitag von 1960 sprach.[39] Seine Beliebtheit in der Partei scheint aber begrenzt gewesen zu sein: Von Wolfgang Döring, Mitglied des Landtags in Nordrhein-Westphalen, auf Reuter angesprochen, antwortete Oswald Kohut, damals u. a. Vorsitzender der FDP-Fraktion im hessischen Landtag, im Mai 1957: *Gegen Reuter gibt es nur ein Mittel: wenn er auftaucht, die Flucht ergreifen!*[40]

Dr. Fritz Brinckmann

Geboren am 22. August 1893, verstorben nach 1963. Wirtschaftsprüfer; Liquidator vom 15. Januar 1951 bis zum 5. April 1957.

Nach seiner Kriegsteilnahme im Ersten Weltkrieg von August 1914 bis Dezember 1918, zuletzt als Leutnant der Reserve, war Dr.-Ing. Fritz Brinckmann seit 1931 Angestellter der Deutschen Treuhandgesellschaft. Am 17. November 1936 in Berlin

---

32 Vgl. Protokoll der Hauptversammlung vom 27.05.1955, S. 12 und 52, in: HHStAW Bestand 2092, Nr. 3, Bl. 92 und 183.
33 Vgl. Lohnsteuerbescheinigung der Chemie-Verwaltungs-AG für das Kalenderjahr 1957 vom 11.07.1958, in: HHStAW Bestand 2092, Nr. 12658.
34 Vgl. Walter Schmidts an Reuter vom 05.02.1959, in: HHStAW Bestand 2092, Nr. 12658.
35 Vgl. HHStAW Bestand 2092, Nr. 10503. Das Interesse der IG Farben i.A. an diesen Berichten begründete sich in den in der DDR gelegenen Immobilien der ehemaligen IG Farben. Reuter hatte noch eine Reihe von weiteren Aufgaben, z. B. in Aufsichtsräten und Beiräten, übernommen.
36 Vgl. AdL Bestand UP 10/2012 Nr. 35.
37 Vgl. u. a. AdL Bestand A17, Nr. 14, Bl. 27.
38 Vgl. AdL Bestand A26, Nr. 23, Bl. 19.
39 Vgl. Protokoll S. G19 und G20, in AdL Bestand A1, Nr. 167, Bl. 33 f.
40 Schreiben Kohuts an Döring vom 15.05.1957, in AdL Bestand NL 77, Nr. 9, Bl. 67.

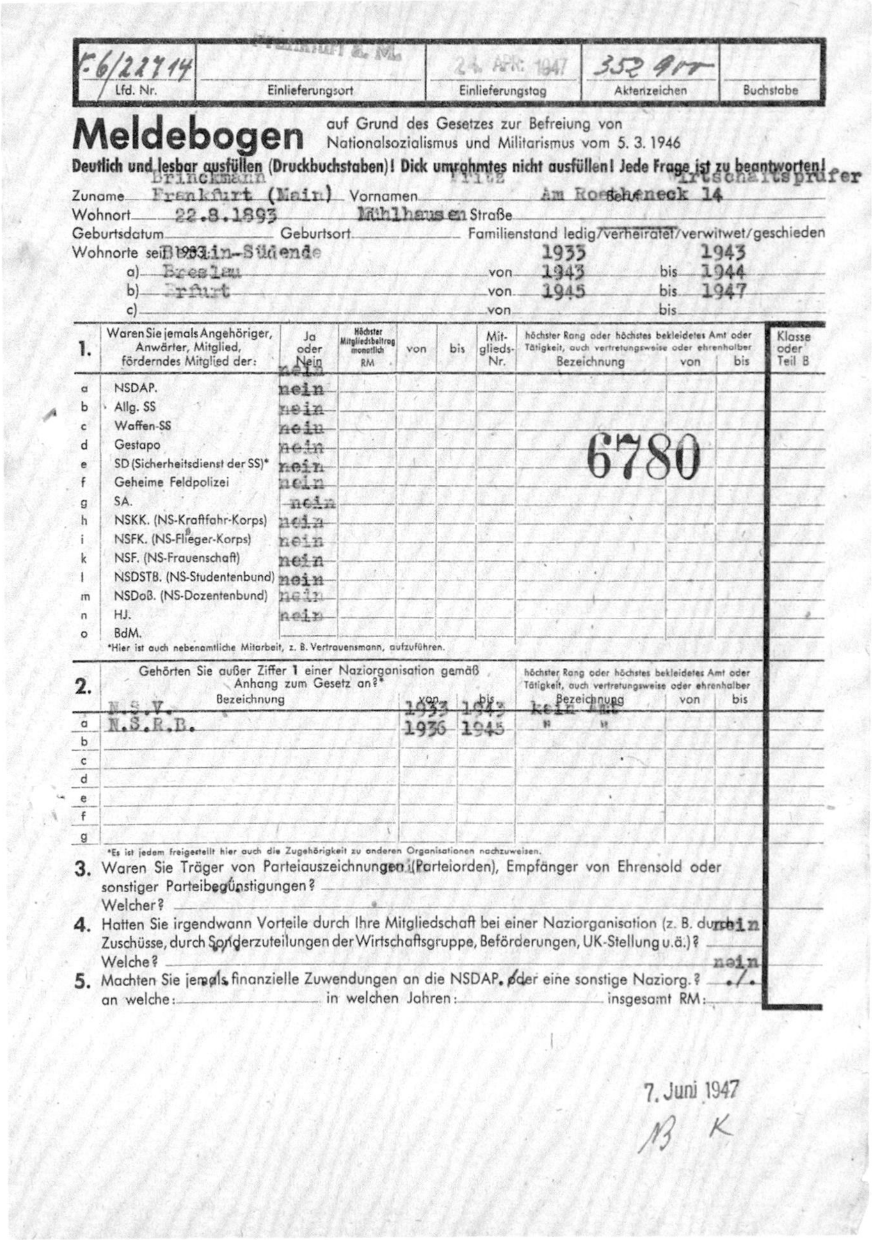

F 6/22714 | Frankfurt a. M. | 24. APR. 1947 | 352 9rr |

Lfd. Nr. | Einlieferungsort | Einlieferungstag | Aktenzeichen | Buchstabe

Meldebogen auf Grund des Gesetzes zur Befreiung von Nationalsozialismus und Militarismus vom 5. 3. 1946

Deutlich und lesbar ausfüllen (Druckbuchstaben)! Dick umrahmtes nicht ausfüllen! Jede Frage ist zu beantworten!

Zuname Brinckmann Vornamen Fritz Wirtschaftsprüfer

Wohnort Frankfurt (Main) Straße Am Rosenheck 14

Geburtsdatum 22.8.1893 Geburtsort Mühlhausen Familienstand ledig/verheiratet/verwitwet/geschieden

Wohnorte seit 1933: Berlin-Südende 1935 1943

a) Breslau von 1943 bis 1944

b) Erfurt von 1945 bis 1947

c) von bis

1.	Waren Sie jemals Angehöriger, Anwärter, Mitglied, förderndes Mitglied der:	Ja oder Nein	Höchster Mitgliedsbeitrag monatlich RM	von	bis	Mitglieds-Nr.	höchster Rang oder höchstes bekleidetes Amt oder Tätigkeit, auch vertretungsweise oder ehrenhalber: Bezeichnung	von	bis	Klasse oder Teil B
a	NSDAP.	nein								
b	Allg. SS	nein								
c	Waffen-SS	nein								
d	Gestapo	nein								
e	SD (Sicherheitsdienst der SS)*	nein								
f	Geheime Feldpolizei	nein								
g	SA.	nein								
h	NSKK. (NS-Kraftfahr-Korps)	nein								
i	NSFK. (NS-Flieger-Korps)	nein								
k	NSF. (NS-Frauenschaft)	nein								
l	NSDSTB. (NS-Studentenbund)	nein								
m	NSDoB. (NS-Dozentenbund)	nein								
n	HJ.	nein								
o	BdM.									

6780

*Hier ist auch nebenamtliche Mitarbeit, z. B. Vertrauensmann, aufzuführen.

2.	Gehörten Sie außer Ziffer 1 einer Naziorganisation gemäß Anhang zum Gesetz an?* Bezeichnung	von	bis	höchster Rang oder höchstes bekleidetes Amt oder Tätigkeit, auch vertretungsweise oder ehrenhalber: Bezeichnung	von	bis
	N.S.V.	1933	1945	kein Amt		
a	N.S.R.B.	1936	1945	"		
b						
c						
d						
e						
f						
g						

*Es ist jedem freigestellt hier auch die Zugehörigkeit zu anderen Organisationen nachzuweisen.

3. Waren Sie Träger von Parteiauszeichnungen (Parteiorden), Empfänger von Ehrensold oder sonstiger Parteibegünstigungen? Welcher?

4. Hatten Sie irgendwann Vorteile durch Ihre Mitgliedschaft bei einer Naziorganisation (z. B. durch Zuschüsse, durch Sonderzuteilungen der Wirtschaftsgruppe, Beförderungen, UK-Stellung u.ä.)? nein Welche?

5. Machten Sie jemals finanzielle Zuwendungen an die NSDAP. oder eine sonstige Naziorg.? nein ./. an welche: in welchen Jahren: insgesamt RM:

7. Juni 1947

MB K

Abb. 1: Meldebogen im Entnazifizierungsverfahren des Fritz Brinckmann vor der Spruchkammer Frankfurt a.M., 1947 zum Wirtschaftsprüfer bestellt, blieb er bis 1945 für diese Firma tätig, wobei er 1944 angab, Prokurist dort gewesen zu sein, 1947 dann »Titulardirektor«. Aus dem Personalbogen der Reichskammer der Wirtschaftstreuhänder, den Brinckmann im September 1944 ausfüllte, geht auch hervor, dass er dienstlich von Berlin und Gotha aus tätig war, privat aber in Erfurt wohnte. Seit 1929 war er mit Hedwig Brinckmann verheiratet, für die er 1944 entsprechend der rassistischen Vorgaben des NS-Regimes »halbarisch« angab.[41] 1947 schrieb er im Meldebogen zum Entnazifizierungsverfahren: *Ich war aktiver Nazigegner; mehrfach denunziert; Hausdurchsuchung wegen Unterstützung jüdischer deutscher Bürger.*[42]

Auch nach dem Zweiten Weltkrieg blieb Brinckmann anfänglich in Erfurt wohnhaft und auch beruflich tätig: Am 11. Mai 1946 wurde er vom Landesamt für Wirtschaft des Landes Thüringen als Wirtschaftsprüfer bestätigt.[43] 1947 nahm Brinckmann in Frankfurt am Main seinen Wohnsitz. Beruflich blieb er der Deutschen Treuhandgesellschaft treu.

Am 12. Januar 1951 wurde Brinckmann, wie Reuter und Schmidt, von der Tripartite I.G. Farben Control Group Frankfurt der Alliierten Hohen Kommission zum Mitglied des IG Farben-Liquidationsausschusses (IGLC) und damit zum Liquidator bestellt. Als nebenamtlicher Liquidator wurde von ihm erwartet, dass er sich mindestens vier Tage die Woche dieser Aufgabe widmete. Seine Bezüge beliefen sich auf DM 50.000 jährlich. Sie wurden 1955 auf DM 55.000 und 1956 auf DM 75.000 erhöht.[44] Seine Tätigkeit als Liquidator wurde zumindest in der chemischen Wirtschaft und in der (Landes-)Verwaltung geschätzt: Als bekannt wurde, dass sein Co-Liquidator Walter Schmidt mit dem Bundesverdienstkreuz ausgezeichnet werden sollte, schlug die Cassella AG Ende 1955/Anfang 1956 auch Brinckmann wegen seiner Verdienste um die Liquidation der IG Farben i.A. für diese Auszeichnung vor, unterstützt vom Wiesbadener Regierungspräsidenten.[45]

---

41 Vgl. Personalbogen der Reichskammer der Wirtschaftstreuhänder in der »Personalliste W für Wirtschaftsprüfer«, ausgefüllt von Brinckmann am 28.09.1944, in: BArch R 9361 II, Nr. 116738; Glückwunschschreiben zum 25jährigen Dienstjubiläum bei der Deutschen Treuhandanstalt von 1956, in: HHStAW Bestand 2092, Nr. 11704. Weitere oder genauere Angaben bezüglich möglicher Repressionen gegen seine Frau und ihn selbst haben sich nicht finden lassen. Der Geburtsname von Hedwig Brinckmann bleibt ebenso unbekannt.

42 Meldebogen bei der Spruchkammer Frankfurt am Main, ausgefüllt am 24.04.1947, in: HHStAW Bestand 520/11, Nr. 14512.

43 Vgl. Meldebogen bei der Spruchkammer Frankfurt am Main, ausgefüllt am 24.04.1947, in: HHStAW Bestand 520/11, Nr. 14512.

44 Schreiben Tripartite an Brinckmann von 12.01.1951, Vertrag vom 20.09.1955 und Schreiben von Knierim an Brinckmann vom 04.11.1956, alle in: HHStAW Bestand 2092, Nr. 12658.

45 Vgl. HHStAW Bestand 605 A, Nr. 32351. Ob Brinckmann das Bundesverdienstkreuz letztlich auch verliehen bekommen hat, bleibt unbekannt.

Brinckmann schied am 5. April 1957 als Liquidator aus, blieb jedoch noch bis zum 30. Juni 1957 beratend bei vollen Bezügen tätig.[46] Statt einer befristeten jährlichen Rente wählte er eine Einmalzahlung in Höhe von DM 150.000, die allerdings lohn- und kirchensteuerpflichtig war.[47] In der Folgezeit war Brinckmann vom 12. September 1958 bis 10. Juli 1959 Mitglied des Aufsichtsrats.[48]

Hauptberuflich blieb er weiterhin bei der Deutschen Treuhandgesellschaft tätig. Spätestens 1958 wurde er zum Vorstandsmitglied dieser Gesellschaft berufen.[49]

Dr. Walter Schmidt

Geboren am 18. Dezember 1889, verstorben am 6. Februar 1961. Rechtsanwalt; Liquidator vom 15. Januar 1951 bis zum 10. Juli 1959.

In welcher Funktion Walter Schmidt[50] vor der NS-Zeit in der Berliner Justiz,[51] oder ob er dort als Rechtsanwalt tätig war, muss leider offen bleiben. Offenbar aber musste er Deutschland verlassen und lebte mit seiner Familie spätestens seit 1941 in Schottland.[52]

Nach dem Krieg war Walter Schmidt in einer Düsseldorfer Rechtsanwaltskanzlei als Wirtschaftsprüfer und Steuerberater tätig.[53] Am 1. April 1949 begann seine freiberufliche Mitarbeit im alliierten »IG Farben Dispersal Panel« (FARDIP).[54] Am 12. Januar 1951 ernannte das alliierten Tripartite IG Farben Control Group (TRIFCOG) Schmidt zum Mitglied des IG Farben-Liquidationsausschusses (IGLC) und damit zum Liquidator. Im Zuge der Entlassung der IG Farben aus

---

46 Vgl. undatierter Vermerk, in: HHStAW Bestand 2092, Nr. 12658.
47 Schreiben der IG Farben i.A. an Brinckmann vom 03.09.1958, in: HHStAW Bestand 2092, Nr. 12658. Die Oberfinanzdirektion Frankfurt (Main) wertete Abfindungen an Liquidatoren als Einkünfte aus unselbständiger Arbeit, so dass die Umsatzsteuer entfiel, vgl. Schreiben von Rechtsanwalt Goerdeler an Kremer vom 29.11.1957, in: HHStAW Bestand 2092, Nr. 12658.
48 Vgl. IG Farben i.A.: Geschäftsberichte für die Jahre 1958 bis 1959, in: HHStAW Bestand 2092, Nr. 3874.
49 Vgl. Schreiben Brinckmanns an Kremer vom 04.07.1958, in: HHStAW Bestand 2092, Nr. 12659; Der Spiegel Nr. 36 vom 02.09.1959, S. 45.
50 Nicht identisch mit dem in: HHStAW Bestand 2092, Nr. 16996, erwähnten Dr. Walter Schmidt, der 1936 als Mitarbeiter des Werks in Rackwitz kündigte. Während der Rackwitzer Walter Schmidt einen Doktortitel der Ingenieurswissenschaften hatte, war der spätere Liquidator in Rechtswissenschaften promoviert worden.
51 Vgl. Arbeitskreis I.G. Farben der Bundesfachtagung der Chemiefachschaften: Von Anilin bis Zwangsarbeit. Der Weg eines Monopols durch die Geschichte. Zur Entstehung und Entwicklung der deutschen chemischen Industrie, 2. Auflage Ulm u. a. 2007, S. 132.
52 Der Notar Edward Graham Marquis aus Edinburgh bezeugte beispielsweise, dass er Walter Schmidt 1941 in Schottland kennen lernte, vgl. Urkunde vom 18.04.1961; auch mehrere seiner Kinder lebten zum Zeitpunkt seines Todes noch in Schottland, alle Angaben in: HHStAW Bestand 2092, Nr. 12658.
53 Vgl. die Todesanzeige der Sozietät Dr. Joachim Meyer-Landrut und Rolf C. Galler in der Frankfurter Allgemeinen Zeitung vom 08.02.1961, die ihren Seniorsozius betrauert, in: HHStAW Bestand 2092, Nr. 12658.
54 Vgl. Liste der FARDIP-Mitarbeiter, in: HHStAW Bestand 2092, Nr. 16386.

alliierter Kontrolle wurde er vom Amtsgericht Frankfurt am Main im Februar 1952 als Liquidator bestätigt.[55]

Walter Schmidts Aufgabenbereich umfasste neben den anfangs der 1940er Jahre in den USA beschlagnahmten IG-Werten und dem Interhandelsprozess auch den Umgang mit Ansprüchen ehemals bei der IG Farben eingesetzter KZ-Zwangsarbeiter. In dieser Funktion verhandelte Schmidt 1954 mit dem Leiter des Bonner Verbindungsbüros der Jewish Claims Conference, Herbert S. Schoenfeldt,[56] mit dem er seit seiner Berliner Zeit befreundet war, wegen einer Einigung in Entschädigungsfragen, die letztlich im »Wollheim-Vergleich« mündete.[57] 1957, möglicherweise auch erst 1958 erhielt Walter Schmidt für seine Verdienste um die Liquidation der IG Farben i.A. das Große Verdienstkreuz des Verdienstordens der Bundesrepublik Deutschland.[58]

Schmidt wurde 1955 von der ersten Hauptversammlung der IG Farben i.A. als Liquidator bestätigt, schied aber am 10. Juli 1959 aus, um den Vorsitz des Aufsichtsrats zu übernehmen. Nebenbei beriet er die Liquidatoren besonders bezüglich des Interhandelsprozesses, in Steuersachen und in den laufenden Prozessen wegen Entschädigungen für ehemalige KZ-Zwangsarbeiterinnen und -Zwangsarbeiter. Sowohl der Vorsitz des Aufsichtsrats, als auch die Beratertätigkeit endeten abrupt mit seinem Tod am 6. Februar 1961.[59]

Dr. Ferdinand Kremer

Geboren am 9. Juni 1896, verstorben am 5. März 1979. Syndikus, Ministerialdirigent a.D.; Liquidator vom 6. April 1957 bis zum 15. September 1961.

Ferdinand Kremer war spätestens 1932 bei der bedeutenden Privatbank Mendelssohn & Co. in Berlin als Syndikus angestellt.[60] Auch nach der »Arisierung«

---

55 Vgl. die Angaben in einem 1961 nach seinem Tod erstellten Lebenslauf, in: HHStAW Bestand 2092, Nr. 12658.
56 Schoenfeldt war in den 1920er und 1930er Jahren als Syndikus der Berliner Privatbank Mendelssohn & Co. ein Kollege bzw. Vorgänger des späteren Liquidators Dr. Ferdinand Kremer (zu ihm s. u.).
57 Vgl. Joachim RUMPF: Die Klage Norbert Wollheims gegen die I.G. Farbenindustrie AG i.L., S. 17, http://www.wollheim-memorial.de/files/989/original/pdf_Joachim_Rumpf_Die_Klage_Norbert_Wollheims_gegen_die_IG_Farbenindustrie_AG_iL.pdf (zuletzt aufgerufen am 22.09.2021); Arbeitskreis I.G. Farben der Bundesfachtagung der Chemiefachschaften: Von Anilin bis Zwangsarbeit, S. 132. Die Gespräche zwischen Schoenfeldt und Schmidt blieben zumindest zeitweilig ohne die Beteiligung des Klägers Wollheim und seines Rechtsanwalts Ormond.
58 Vgl. HHStAW Bestand 650 A, Nr. 32351, sowie die entsprechende Angabe in der Todesanzeige der Sozietät Dr. Joachim Meyer-Landrut und Rolf C. Galler in der Frankfurter Allgemeinen Zeitung vom 08.02.1961, in: HHStAW Bestand 2092, Nr. 12658.
59 Vgl. HHStAW Bestand 2092, Nr. 12658.
60 Meldebogen Kremers im Entnazifizierungsverfahren vom 28.01.1947, in: HHStAW Bestand 520/11, Nr. 14516.

der Bank im Jahr 1938 und dem Übergang in den Besitz der Deutschen Bank AG blieb Kremer in Sachen Mendelssohn & Co. beruflich tätig, indem er nunmehr als Liquidator und als Angestellter der Deutschen Bank die Privatbank Mendelssohn & Co. abwickelte.[61]

1946 verfasste Kremer für die US-Militärregierung einen Bericht über die »Arisierung« der Bank Mendelsohn & Co., in dem er festhielt, dass diese Bank unter veränderten politischen Bedingungen wieder aktiviert werden sollte.[62] James kommentiert das lakonisch: *But this aspiration was never realized.*[63]

Über Kremers Tätigkeit nach 1945 sind nur Bruchstücke bekannt: 1950 jedenfalls war Kremer vom Ministerialrat (Leiter des Referats »Geld und Kredit«) zum Ministerialdirigenten im Bundesfinanzministerium befördert worden.[64] Dort war er nicht mehr allzu lange tätig: In seiner Zeit als nebenamtlicher Liquidator der IG Farben i.A. zwischen 1957 und 1961 war Kremer Geschäftsführer der Deutschen Unionbank.[65]

Mit seinem Ausscheiden als Liquidator wechselte Kremer in den Aufsichtsrat der IG Farben i.A. und blieb dort bis zum 23. Juni 1966 tätig.[66] Darüber hinaus beriet Ferdinand Kremer die Liquidatoren insbesondere bezüglich Steuerfragen

---

[61] Vgl. Meldebogen Kremers im Entnazifizierungsverfahren vom 28.01.1947, in: HHStAW Bestand 520/11, Nr. 14516, sowie Harold JAMES: The Deutsche Bank and the Nazi Economic War Against the Jews. The Expropriation of Jewish-Owned Property, Cambridge u. a. 2004, S. 76. JAMES: The Deutsche Bank, S. 76, weist darauf hin, dass vom Vorstand der Deutschen Bank auch für diese Arisierung Hermann Joseph Abs verantwortlich zeichnete, der zeitgleich (von 1937 bis 1945) Aufsichtsrat bei der IG Farben war. Vgl. auch Office of Military Government for Germany, United States Finance Division: Ermittlungen gegen die Deutsche Bank, bearbeitet und herausgegeben von der Dokumentationsstelle zur NS-Politik Hamburg, Nördlingen 1985, S. 15, 167 u.ö.

[62] Vgl. JAMES: The Deutsche Bank, S. 77. Der in der Anmerkungen 88 (auf S. 227) erwähnten Bericht Kremers: »Bericht über die Entwicklung der Firma Mendelsohn« vom 02.04.1946, in dem Kremer Abs von jeglicher Schuld entlastet haben soll, konnte bislang nicht gefunden werden, zumindest nicht in HStAD Bestand Q4 (OMGUS (Amerikanische Militärregierung in Hessen, OMGHE)).

[63] JAMES: The Deutsche Bank, S. 77. (Übersetzung des Verfassers: Diese Absicht aber wurde nie umgesetzt.)

[64] Vgl. Carl-Ludwig HOLTFRERICH: Die Deutsche Bank vom Zweiten Weltkrieg über die Besatzungsherrschaft zur Rekonstruktion 1945–1957, in: Lothar GALL u.a.: Die Deutsche Bank 1870–1995, München 1995, S. 505 und S. 515. Offenbar nutzte Kremer seine sehr guten Kontakte zur Deutschen Bank, die ihm bei der Formulierung von Gesetzesentwürfen hilfreich waren, vgl. HOLTFRERICH: Die Deutsche Bank, S. 515. Nach Auskunft des Bundesarchivs liegt in Koblenz im Bestand Pers 101 keine Personalakte zu Ferdinand Kremer vor, vgl. E-Mail an den Verfasser vom 20.08.2020.

[65] Vgl. Der Spiegel Nr. 36 vom 02.09.1959, S. 46; zur Deutschen Unionbank AG vgl. besonders das Vorwort zur Bestandsbeschreibung des Bestandes Landesarchiv Berlin A Rep. 217 Deutsche Unionbank AG, https://www.archivportal-d.de/item/7HWY4FPRCKTQZAETPH3WHYP74VIEQO6P (zuletzt aufgerufen am 16.09.2021). Es gibt einige Hinweise, dass auch die Deutsche Unionbank ein Teil des Bankenkonzerns Deutsche Bank AG geworden war.

[66] IG Farben i.A.: Geschäftsberichte für die Jahre 1961 bis 1966, in: HHStAW Bestand 2092, Nr. 3874. Allerdings erhielt Kremer auch für die Jahre 1963 bis 1967 eine Vergütung für Aufsichtsratstätigkeiten in Höhe von bis zu DM 5.000 jährlich. Vgl. HHStAW Bestand 2092, Nr. 12658.

und Fragen zur Ammoniakwerk Merseburg GmbH i.L. Hierfür wurde im Dezember 1961 zwischen der IG Farben i.A. und Kremer ein nicht wenig lukrativen Beratervertrag abgeschlossen.[67]

Dr. Friedrich »Fritz« Gajewski

Geboren am 13. Oktober 1885, verstorben am 2. Dezember 1965. Chemiker und Pharmazeut; Liquidator vom 6. April 1957 bis zum 12. September 1958.

Nach 10 Jahren Tätigkeit bei der BASF wurde Fritz Gajewski 1922 zum Prokuristen ernannt. Ab 1925 war er in der Funktion eines Direktors der IG Farben für einige Zeit Assistent von Carl Bosch.[68] Seit 1928 technischer Leiter der Agfa, übernahm er 1930 die Leitung der »Sparte III« (Fotografika, Kunstseide, Zellstoffprodukte).[69] Seit 1931 stellvertretendes Mitglied des Vorstands der IG Farbenindustrie AG, war Gajewski 1932 bis 1945 ordentliches Vorstandsmitglied. Zum 1. Mai 1933 trat er der NSDAP bei,[70] 1942 wurde er zum »Wehrwirtschaftsführer« ernannt.

Am 5. Oktober 1945 wurde Gajewski verhaftet[71] und im Nürnberger Nachfolgeprozess Nr. 6 (I.G.-Farben-Prozess) angeklagt, am 30. Juli 1948 jedoch mangels Beweisen freigesprochen.[72] Schon am 1. März 1949 stieg Gajewski als technischer Direktor bei der Dynamit Nobel AG ein,[73] bevor er dort 1952 zum Vorstandsvorsitzenden ernannt wurde und 1957 in den Ruhestand trat.

Ein Ruhestand in dem Sinne, keiner beruflichen Tätigkeit mehr nachzugehen, war das aber nicht: In der Hauptversammlung der IG Farbenindustrie AG i.A. vom 5. April 1957 wurde Dr. Fritz Gajewski neben Ferdinand Kremer und Walter Schmidt zum dritten Liquidator gewählt.[74] Welche Aufgaben Gajewski genau zu erledigen hatte, bleibt einstweilen unklar. Vor dem Hintergrund, dass er im I.G.-

---

67 Im Jahr 1967 erhielt er jeweils die Hälfte der genannten Summen. Zu allen Angaben vgl. HHStAW Bestand 2092, Nr. 12658.
68 Bosch war 1919 bis 1925 Vorstandsvorsitzender der BASF, 1926 bis 1935 Vorstandsvorsitzender der IG Farben, danach bis 1940 Vorsitzender des Aufsichtsrats.
69 Vgl. auch Organigramm »Plants under IG Corporate Entity«, erstellt von TRIFCOG um 1951, in: HHStAW Bestand 2092, Nr. 14135.
70 BArch Bestand R 9361-lX Kartei, Nr. 10241210.
71 Vgl. Angabe in »Opinion and Judgement of the United States Military Tribunal VI«, in: Trials of War Criminals Before the Nuernberg Military Tribunals and Control Council Law No. 10, Volume VIII, Washington 1952, S. 1090.
72 Vgl. dazu auch den Beitrag von Axel Fischer und Rebecca Weiß in diesem Band.
73 Vgl. Verein Kunststoff-Museum Troisdorf e.V.: Daten zur Geschichte der Dynamit Nobel AG, Teil III (1945–1964), S. 2, http://www.kunststoff-museum-troisdorf.de/wp-content/uploads/2019/03/Daten_zur_Geschichte_der_Dynamit_Nobel_AG_Teil_3.pdf (zuletzt aufgerufen am 16.09.2021).
74 Vgl. Vertrag zwischen Gajewski und von Knierim (für die IG Farben i.A.) vom 06.06.1957, in: HHStAW Bestand 2092, Nr. 12658.

Farben-Prozess auch der *Teilnahme am Sklavenarbeitsprogramm und an der Genozidpolitik der NS-Diktatur*[75] angeklagt war, wäre es interessant zu wissen, ob er als Liquidator an der Abwicklung der IG Auschwitz und insbesondere der Entschädigung von Zwangsarbeiterinnen und Zwangsarbeitern beteiligt war. Entsprechende Erkenntnisse allerdings bedürfen noch weiterer Forschungen.

Es scheint jedoch, dass Gajewski die häufig abwesenden Liquidatoren Kremer und Schmidt vertreten sollte, jedenfalls nach folgender undatierten und nicht gezeichneten Notiz: *Herr Dr. Gajewski war Liquidator bis 12.9.1958; er erhielt jedoch seine Bezüge bis 30.9.1958, da er bis dahin während der Abwesenheit der Herren Dr. Schmidt und Dr. Kremer tätig war.*[76]

Dr. Otto Wirmer

Geboren am 14. August 1903, verstorben am 2. April 1981. Jurist; Liquidator vom 10. Juli 1959 bis zum 27. August 1975.

Nach einer Lehre bei der Deutschen Bank von 1922 bis 1924 studierte Otto Wirmer Jura in Bonn und Berlin und promovierte 1929 in Erlangen.[77] 1931 trat er seine Arbeit bei der Preußischen Zentralgenossenschaftskasse in Berlin an, die seit 1928 vom liberal und demokratisch orientierten, aber parteilosen Otto Klepper geleitet wurde. Klepper wurde am 7. November 1931 preußischer Finanzminister in der Regierung Otto Brauns (SPD) und behielt dies Amt auch nach der Landtagswahl vom 24. April 1932 unter der geschäftsführenden Regierung Braun.[78] In dieser Zeit war Otto Wirmer für einige Monate Kleppers persönlicher Referent, bevor er noch 1932 zur Preußischen Zentralgenossenschaftskasse zurückkehrte. Im März 1933 wurde Wirmer wohl wegen »politischer Unzuverlässigkeit« entlassen. Er ließ sich im Juli 1933 als Rechtsanwalt in Berlin nieder und übernahm zeitgleich die Funktion eines Syndikus' und des Leiters der Rechts- und Steuerabteilung der

---

75 Anklagepunkt Nr. 3 der Klageschrift vom 08.08.1947, zitiert nach http://www.wollheim-memorial.de/de/die_anklage_im_nuernberger_prozess_gegen_ig_farben (zuletzt aufgerufen am 16.09.2021).

76 Notiz, ohne Datum, in: HHStAW Bestand 2092, Nr. 12658. Etwas überraschend ist durchaus, dass Gajewskis Amtszeit als Liquidator der IG Farben i.A., auch wenn sie mit 18 Monaten nur relativ kurz war, in der Literatur keinerlei Erwähnung gefunden hat, obwohl er ehemaliges Vorstandsmitglied der IG Farben und Angeklagter im 6. Nachfolgeprozess in Nürnberg war.

77 Vgl. Otto WIRMER: Die Parteien vor dem Staatsgerichtshof für das Deutsche Reich, Erlangen 1930. Die folgenden Angaben basieren auf dem Lebenslauf von Dr. Otto Wirmer vom 07.04.1963, in: HHStAW Bestand 2092, Nr. 15524, die meist durch eine Vielzahl verstreuter Angaben bestätigt werden. Laut Auskunft des Bundesarchivs ist dort im Bestand PERS 101 unter der Signatur 20654 eine Personalakte zu Otto Wirmer vorhanden, vgl. E-Mail an den Verfasser vom 20.08.2020. Leider konnte die Akte im Jahr 2020 wegen der pandemiebedingt eingeschränkten Lesesaalplätze nicht eingesehen werden.

78 Vgl. https://www.bundesarchiv.de/aktenreichskanzlei/1919-1933/0000/adr/adrhl/kap1_4/para2_143.html (zuletzt aufgerufen am 15.09.2021); https://www.deutsche-biographie.de/pnd119491184.html (zuletzt aufgerufen am 15.09.2021).

Wirtschaftsprüfungsgesellschaft Treuhand AG. 1938 wurde er als Steuerberater zugelassen und war ab September 1940 für die Kontinentale Treuhand GmbH tätig.[79] Drei Jahre später wurde Wirmer Geschäfts- und Betriebsführer der Happich Gerätebau GmbH.[80] Nachdem sein älterer Bruder Josef Wirmer wegen Beteiligung am 20. Juli 1944 verhaftet und nach einem Todesurteil des Volksgerichtshofs am 8. September 1944 hingerichtet worden war, wurde Otto Wirmer vom NS-Regime für mehrere Monate in Sippenhaft genommen.[81]

Im Juni 1945 ließ sich Otto Wirmer als Rechtsanwalt, Notar und Steuerberater in Berlin nieder und fungierte u. a. als Verwalter der in Berlin gelegenen Werke der enteigneten Auto Union AG. Ende 1952 wurde er zu einem der vier Direktoren der Landeszentralbank in Hessen ernannt, ein Posten, den er aufgrund der Begrenzung auf zwei Vorstandsmitglieder dieser Bank im Februar 1959 wieder verlor. Ebenfalls 1959 wurde er von der Fraktion der stramm rechten Deutschen Partei (DP) zur Wahl zum Bundesrichter am Bundesverfassungsgericht letztlich erfolglos vorgeschlagen.[82] Stattdessen übernahm er am 10. Juli 1959 das Amt eines Liquidators der IG Farben i.A. und blieb dies bis zum 27. August 1975. Wirmer war der erste hauptamtlich angestellte Liquidator,[83] dessen hohes Bruttojahresgehalt von DM 75.000[84] sich allerdings nicht von den Honoraren der bisherigen nebenamtlichen Liquidatoren unterschied.[85]

Die 16jährige Amtszeit als Liquidator war offenbar sowohl für Wirmer selbst, als auch für den ihn kontrollierenden Aufsichtsrat keine leichte Zeit. So gab es z. B.

---

[79] Die Kontinentale Treuhand GmbH fertigte zwischen 1951 und 1953 mehrere Prüfberichte über Bilanzen von Konzerneinheiten der IG Farben i.A. an. Vgl. die Serien im Gliederungspunkt 2.4.2.1 in: HHStAW Bestand 2092.

[80] Die Happich Gerätebau AG war nach Wirmers Angaben während des Krieges eine Rüstungsfirma mit rund 750 Arbeitern; 1949 wurde sie enteignet. Vgl. Nr. 39 in der Bekanntmachung über nach dem Enteignungsgesetz vom 08.02.1949 eingezogene Vermögenswerte (Liste 1) vom 09.02.1949, in: Verordnungsblatt für Groß-Berlin, Teil I, Nr. 8 von 1949.

[81] Wirmers Eigenangaben sind insofern auch hier glaubhaft, als nachgewiesen ist, dass sein jüngerer Bruder Ernst Wirmer, später für die CDU Mitglied des Parlamentarischen Rats, persönlicher Referent Adenauers und später Abteilungsleiter VR im Amt Blank und im Bundesministerium der Verteidigung, ebenfalls in Sippenhaft war. Vgl. u. a. BArch BW 1, Nr. 66406 und 66407, BArch BW 9, Nr. 548 und 3315 und Erhard H.M. LANGE: Ernst Wirmer (CDU) https://www.bpb.de/geschichte/deutsche-geschichte/grundgesetz-und-parlamentarischer-rat/39161/ernst-wirmer-cdu (zuletzt aufgerufen am 15.09.2021).

[82] Vgl. BMJV Altregistratur, Bew. 59 BVR-BR S-Z.

[83] Das wurde auch öffentlich wahrgenommen: vgl. Der Spiegel, Nr. 36 vom 02.09.1953, S. 44 ff.

[84] Vgl. Punkt 3 des Vertrags vom 02.11.1959, in: HHStAW Bestand 2092, Nr. 12658. Laut Statistischem Bundesamt belief sich das durchschnittliche Jahresbruttoeinkommen aller in der (damaligen) Bundesrepublik Deutschland Beschäftigten auf knapp DM 5.700. Vgl. https://www.destatis.de/DE/Themen/Arbeit/Verdienste/Verdienste-Verdienstunterschiede/Tabellen/liste-bruttomonatsverdienste.html (zuletzt aufgerufen am 16.09.2021). Die dortigen monatlichen Angaben in Euro wurden vom Autor umgerechnet.

[85] Vgl. z. B. die im Vertrag vom 06.06.1957 vorgesehene Jahresvergütung [Honorar] für Wirmers Co-Liquidator Kremer in Höhe von DM 75.000, in: HHStAW Bestand 2092, Nr. 12658.

immer wieder Reibereien um seinen Vertrag, die zum Beschluss des Aufsichtsrats vom April 1965 führten, Wirmer zum 30. Juni 1966 zu kündigen bzw. seinen Vertrag auslaufen zu lassen.[86] Zwar wurde das nicht umgesetzt. Doch die Spannungen blieben, wie sich an einem Schreiben Wirmers vom Dezember 1967 zeigt, in dem er sich über die Kürzungen seiner Bezüge und die »Abqualifizierung als Nebenliquidator« beschwerte.[87] Außerdem fühlte sich Wirmer mit seiner Aufgabe als Liquidator der IG Farben i.A. unterfordert: *Meine Tätigkeit als Liquidator der IG Farbenindustrie AG i.A. läßt mir angesichts des fortgeschrittenen Stadiums der Abwicklung zu einer weiteren Tätigkeit Zeit und Raum*,[88] teilte Wirmer dem ihm persönlich bekannten Staatssekretär im Bundeskanzleramt, Dr. Hans Globke,[89] mit. Dieser antwortete einige Wochen später, dass Wirmers Interesse an der Stelle des Liquidators der Deutschen Reichsbank gleichwohl zu überdenken sei, da er dort mit den Restarbeiten ebenfalls unterfordert wäre. Sollte Wirmer sich trotzdem bewerben, würde Globke eine Empfehlung aussprechen.[90]

Dazu kam es zumindest vorläufig nicht. Vielmehr bekundete Wirmer in einem Schreiben an den Vorstandsvorsitzenden der Bank für Gemeinwirtschaft, Walter Hesselbach, vom Februar 1964 sein Interesse, dorthin zu wechseln.[91] Doch Wirmer musste bei der IG ausharren. Es dürfte ihn zufrieden gestellt haben, als er im Mai 1973 dem Vorsitzenden des Aufsichtsrates der IG Farben i.A. mitteilen konnte, dass er vom Bundesministerium der Finanzen zusätzlich zum Liquidator der Deutschen Reichsbank bestellt worden sei.[92]

Im Januar 1975 kamen der Aufsichtsratsvorsitzende Zahn und der Liquidator Wirmer schließlich einvernehmlich überein, dass Wirmers Amtszeit mit der kommenden Hauptversammlung auslaufen solle.[93] Wirmer schied also am 27. August 1975 im Alter von 72 Jahren als Liquidator der IG Farben i.A. aus.

---

86 Vgl. Aktennotiz Zahn vom 06.04.1965, in: HHStAW Bestand 2092, Nr. 12658.
87 Vgl. Schreiben Wirmers an Zahn vom 21.12.1967, in: HHStAW Bestand 2092, Nr. 12658.
88 Schreiben Wirmers an Globke vom 03.07.1963, in: HHStAW Bestand 2092, Nr. 15524.
89 Hans Globke war als Verwaltungsjurist seit 1929 im Preußischen und im Reichsinnenministerium tätig. Als Mitverfasser und Kommentator der Nürnberger Rassengesetze (1936 erschienen) und als verantwortlicher Ministerialbeamter für die judenfeindliche Namensänderungsverordnung des NS-Regimes war er auch einer der umstrittensten Politiker im nahen Umfeld des Bundeskanzlers Konrad Adenauer. Offenbar wegen seiner Kontakte zu katholischen Widerstandskreisen kam er nach 1945 juristisch ungeschoren davon. 1953 bis 1963 war Globke Chef des Bundeskanzleramts. Vgl. u. a. Ernst KLEE: Das Personenlexikon zum Dritten Reich. Wer war was vor und nach 1945, Frankfurt am Main 2003, S. 187 f.; Susanne WIRTZ: Biografie Hans Globke, in: LeMO-Biografien. Lebendiges Museum Online, http://www.hdg.de/lemo/biografie/hans-globke.html (zuletzt aufgerufen am 26.09.2021).
90 Vgl. Schreiben Globkes an Wirmer vom 13.08.1963, in: HHStAW Bestand 2092, Nr. 15524.
91 Vgl. Schreiben Wirmers an Hesselbach vom 27.02.1964, in: HHStAW Bestand 2092, Nr. 15524.
92 Vgl. Schreiben Wirmers an Zahn vom 02.05.1973 in: HHStAW Bestand 2092, Nr. 12658.
93 Vgl. Aktennotiz Zahn vom 22.01.1975 in: HHStAW Bestand 2092, Nr. 12658.

Hans Göring

Geboren am 21. Mai 1920, verstorben nach 1990.[94] Rechtsanwalt; Liquidator vom 15. September 1961 bis zum 30. Juni 1977. Hans Göring wurde auf der Hauptversammlung vom 27. August 1975 nicht wiedergewählt, aber ersatzweise am 18. September 1975 gerichtlich bestellt.

Hans Göring wurde nach seiner Dienstpflicht beim Reichsarbeitsdienst zur Wehrmacht eingezogen und am 1. Juni 1944 zum Oberleutnant der Reserve bei der 1. Kompanie des Panzer-Grenadierregiments 113 befördert. Nach Kriegsende nahm er eine kaufmännische Lehre bei der Naxos-Union auf.[95] Offenbar studierte er später Rechtswissenschaften. Genaueres jedoch war nicht in Erfahrung zu bringen, zumal die Personalakte bei der IG Farben i.A. mit einer Laufzeit von 1981 bis 1990 nur einige Dokumente bzgl. seiner Versorgungsbezüge und Ärger über ausgebliebene Geburtstagsgrüße enthält.[96]

Vereinigte Deutsche Treuhand-Gesellschaft

Wirtschaftsprüfungsgesellschaft. Am 18. September 1975 gerichtlich zum Liquidator bestellt, Funktion als Liquidator bis zum 30. Juni 1977.

Diese Wirtschaftsprüfungsgesellschaft, deren Vorgänger- und Nachfolgegesellschaften ab den 1930er Jahren und bis in das Jahr 2000 Bilanzprüfungen für die IG Farben und die IG Farben i.A. bzw. Konzerneinheiten erstellt hatte,[97] entsandte Dr. Hans-Ludwig Simm[98] in das Liquidatorenteam. Nach dessen Tod am 26. August 1976 übernahm im Dezember 1976 der Prokurist W.P. Meyer diese Funktion.[99]

Dr. Hans-Joachim Bartels

Geboren 1924. Am 18. September 1975 gerichtlich zum Liquidator bestellt, danach mehrfach von den Hauptversammlungen wiedergewählt; Liquidator bis zum 10. Oktober 1996.

---

94 Vgl. HHStAW Bestand 2092, Nr. 3436.
95 Vgl. HHStAW Bestand 520/11 Nr. 28792. Die Naxos-Union war eine bedeutende Schleifmittel- und Schleifmaschinenfabrik in Frankfurt am Main.
96 Vgl. HHStAW Bestand 2092, Nr. 3436.
97 Vgl. die entsprechenden Serien in den Gliederungspunkten 1.4.2.1 und 2.4.2.1 in: HHStAW Bestand 2092.
98 Ob es sich hierbei um den ehemaligen Artillerieoberleutnant Hans-Ludwig Simm handelte, gegen den 1946 in der sowjetisch besetzten Zone ein Ermittlungsverfahren wegen Denunzierung eines Kameraden eingeleitet wurde (vgl. Sächsisches Staatsarchiv Bestand 39074 (NS-Archiv des MfS, Bezirksverwaltung Karl-Marx-Stadt), Nr. Obj. 14 ZD 55/0399), konnte nicht geklärt werden.
99 Vgl. HHStAW Bestand 2092, Nr. 12658.

Günter Vollmann
Geboren 1941; Diplom-Kaufmann. Liquidator vom 27. September 1976 bis zum 10. Oktober 1996.

Dr. Günter Reese
Liquidator vom 10. Oktober 1996 bis zum 3. September 1998.

Bernd Meyer
Diplom-Kaufmann. Liquidator vom 10. Oktober 1996 bis zum 17. März 1997.

Dr. Günter Minninger
Geboren 1939;[100] Betriebswirt. Liquidator vom 7. April 1997 bis zum 17. Dezember 1998.

Volker Pollehn
Geboren 1944; Rechtsanwalt. Liquidator ab 12. Oktober 1998.

1975 bis 1990 Regierungsbeamter in Schleswig-Holstein, zuletzt als Ministerialrat im Kultusministerium; 1990 bis 1992 Staatssekretär im Innenministerium des Landes Mecklenburg-Vorpommern (im Kabinett Gomolka, CDU).[101]

Otto Bernhardt
Geboren am 13. Februar 1942; Diplom-Handelslehrer. Liquidator ab 23. Dezember 1998.

1971 bis 1985 Mitglied des Landtags von Schleswig-Holstein; 1979 bis 1984 Parlamentarischer Staatssekretär im Kultusministerium des Landes Schleswig-Holstein; 1998 bis 2009 Mitglied des Deutschen Bundestags, ab 2005 finanzpolitischer Sprecher der CDU/CSU-Bundestagsfraktion.[102]

Angelika Wimmer-Amend
Fachanwältin für Insolvenzrecht. Insolvenzverwalterin bis zum 31. Oktober 2012.

---

[100] Vgl. http://www.drminninger.de/ (zuletzt aufgerufen am 15.09.2021).
[101] Vgl. https://www.rae-bpm.com/pollehn (zuletzt aufgerufen am 15.09.2021); https://de.wikipedia.org/wiki/Kabinett_Gomolka (zuletzt aufgerufen am 15.09.2021).
[102] Vgl. Landtagsinformationssystem Schleswig-Holstein (http://lissh.lvn.parlanet.de/cgi-bin/starfinder/0?path=samtflmore.txt&id=fastlink&pass=&search=R=533&format=WEBVOLLLANG (zuletzt aufgerufen am 15.09.2021).

Vorsitzende des Aufsichtsrats

Selbstverständlich ist der Aufsichtsrat, der den Vorstand beraten und kontrollieren soll, ein ebenfalls wichtiges Leitungsgremium in einer Aktiengesellschaft. Im Folgenden sollen daher die Vorsitzenden des Aufsichtsrats der IG Farben i.A. ab 1952 Erwähnung finden (ohne die Personen und alliierten Gremien bis Ende 1951).

Dr. Hermann Joseph Abs
Geboren 1901, verstorben 1994.[103]

1937 zur Deutschen Bank gewechselt und seit 1938 im Vorstand der Deutschen Bank, war Hermann Joseph Abs dort (u. a.?) für die Übernahme von (Bank-)Gesellschaften in jüdischem Eigentum – »Arisierung« – verantwortlich. Von 1937 bis 1945 war er u. a. auch Mitglied im Aufsichtsrat bei der IG Farben. Nach dem Zweiten Weltkrieg wurde er zu einem der meist bedeutenden und einflussreichsten Bankiers der Bundesrepublik Deutschland, der zudem ein enger Berater des Bundeskanzlers Adenauer war. 1948 bis 1952 leitete er die Kreditanstalt für Wiederaufbau

Abb. 2: Hermann Joseph Abs (3. v. l.) mit Bundeskanzler Konrad Adenauer und dem indischen Ministerpräsident Jawaharlal Nehru (1960)

---

103 Aus der Vielzahl an Literatur zu Hermann Joseph Abs sei verwiesen auf: Lothar GALL: Der Bankier Hermann Josef Abs. Eine Biografie, München 2004.

(KfW), wechselte 1952 zur Süddeutschen Bank AG, einer Nachfolgegesellschaft der Deutschen Bank AG, und war von 1957 bis 1967 Vorstandsvorsitzender der wiedervereinigten Deutschen Bank AG, 1967 bis 1976 Vorsitzender des dortigen Aufsichtsrats.

Nachdem Abs schon 1951 den IG Farben Liquidationsausschuss beraten hatte,[104] übernahm er zumindest de facto die Rolle des Aufsichtsratsvorsitzenden bis zur Hauptversammlung der IG Farben i.A. am 27.05.1955, die er – eine typische Funktion eines Aufsichtsratsvorsitzenden – leitete.[105]

Dr. August von Knierim

Geboren 1887, verstorben 1978. Erster gewählter Vorsitzender des Aufsichtsrats der IG Farben i.A. vom Mai 1955 bis Juli 1959.[106]

Von Knierim war als Leiter der Rechtsabteilung und stellvertretendes Vorstandsmitglied der BASF an den Fusionsverhandlungen der IG Farben beteiligt. 1926 wurde er zum stellvertretenden Vorstandsmitglied ernannt, 1932 zum ordentlichen Mitglied des Vorstands der IG Farben und 1938 zum Mitglied des Zentralausschusses des Vorstands. 1937 übernahm er den Vorsitz des Rechtsausschusses und war als solcher bei den Verhandlungen mit der Wehrmacht über die Produktion von chemischen Waffen beteiligt. Seit 1942 war von Knierim Mitglied der NSDAP. 1945 verhaftet und im I.G.-Farben-Prozess angeklagt, wurde er trotz nachgewiesener Kenntnisse des Einsatzes von Zwangsarbeitern in verschiedenen Werken der IG Farben mangels Beweisen vom Vorwurf der Plünderung und Versklavung freigesprochen. In der Folge war August von Knierim seit 1950 am Wiederaufbau der BASF beteiligt.

Dr. Walter Schmidt

Geboren 1889, verstorben 1961. Vorsitzender des Aufsichtsrats der IG Farben i.A. vom 10. Juli 1959 bis zu seinem Tod am 6. Februar 1962.[107] Schmidt war bis 10. Juli 1959 Liquidator der IG Farben i.A.; Weiteres siehe oben.

---

104 Vgl. I.G. Farbenindustrie AG i.L.: Bericht über die Entflechtung und Liquidation, Frankfurt am Main 1955, S. 20.
105 Vgl. Protokoll der Hauptversammlung vom 27.05.1955, S. 2 und öfter, in: HHStAW Bestand 2092, Nr. 3, Bl. 81 u. ö.
106 Vgl. IG Farben i.A.: Geschäftsbericht für die Jahre 1952-1955, sowie Geschäftsberichte für die Jahre 1956, 1957 und 1958, in: HHStAW Bestand 2092, Nr. 3874 und 12283.
107 Vgl. IG Farben i.A.: Geschäftsberichte für die Jahre 1959 und 1960, in: HHStAW Bestand 2092, Nr. 3874.

Prof. Dr. Johannes Carl Detloff Zahn

Geboren am 1907, verstorben 2000. Vorsitzender des Aufsichtsrats der IG Farben i.A. von 1962 bis zum 27. September 1976.[108]

Johannes Zahn war ab 1937 Justiziar, dann Abteilungsleiter der Reichs-Kredit-Gesellschaft, der Konzernbank der reichseigenen Vereinigten Industrieunternehmungen AG (VIAG).[109] Während des Zweiten Weltkriegs hatte er u. a. die englischen und amerikanischen Banken in Belgien verwaltet. Nach dem Krieg wurde er Teilhaber, später persönlich haftender Gesellschafter des Düsseldorfer Bankhauses C.G. Trinkhaus, mit dem die IG Farben i.A. Geschäftsbeziehungen unterhielt. Zahn übernahm viele Funktionen (darunter 1960–1976 die eines norwegischen Wahlkonsuls für Nordrhein-Westfalen) und Mitgliedschaften (z. B. im Außenhandelsbeirat des Bundesministeriums für Wirtschaft), war in mehreren Handelskammern vertreten (z. B. als Präsident der Deutsch-Belgisch-Luxemburgischen Handelskammer sowie als Vizepräsident der Deutschen Handelskammer für Spanien) und Mitglied mehrerer Aufsichtsräte.[110]

Prof. Dr. Karl Heinz Wacker

Geboren um 1918/19, verstorben 1997. Vorsitzender des Aufsichtsrats der IG Farben i.A. vom 27. September 1976 bis zum April 1979.[111]

Karl Heinz Wacker war der Enkel Alexander Wackers, des Gründers der Wacker-Chemie AG, an der ab den 1920er-Jahren die Hoechst AG, dann die IG Farben erheblich beteiligt waren. Er war 1953 Prokurist und 1958 bis 1971 Geschäftsführer der Wacker Chemie AG.[112]

Ernst Cäsar Krienke

Vorsitzender des Aufsichtsrats der IG Farben i.A. vom 26. April 1979 bis zur Insolvenz.[113]

---

108 Vgl. IG Farben i.A.: Geschäftsberichte für die Jahre 1961 und 1976, in: HHStAW Bestand 2092, Nr. 3874 und 12283.
109 https://de.wikipedia.org/wiki/Reichs-Kredit-Gesellschaft (zuletzt aufgerufen am 15.09.2021).
110 https://de.wikipedia.org/wiki/Johannes_Zahn_(Bankier) (zuletzt aufgerufen am 15.09.2021).
111 Vgl. IG Farben i.A.: Geschäftsberichte für die Jahre 1976, 1977 und 1978, in: HHStAW Bestand 2092, Nr. 12283.
112 Wacker Chemie AG (Hg.): Menschen, Märkte, Moleküle. Die Erfolgsformel, Wacker Chemie, 1914–2012. 2. Auflage, München u. a. 2014, S. 131, 134 f., 190 und öfters (E-Buch http://www.wacker.com/cms/media/campaigns_4/100years/chronic/chronik_de.pdf, zuletzt aufgerufen am 15.09.2021); Rektoratskollegium der Ludwig-Maximilians-Universität München: Chronik 1995, 1996, 1997. S. 222. (online: https://epub.ub.uni-muenchen.de/13667/1/lmu_chronik_1995_97.pdf, zuletzt aufgerufen am 15.09.2021).
113 Vgl. IG Farben i.A.: Geschäftsberichte für die Jahre 1979 bis 2000, in: HHStAW Bestand 2092, Nr. 86, 127, 134, 140, 147, 160, 162, 170, 176, 181, 12282 und 12283.

Schluss

Auch wenn die obigen Ausführungen nur skizzenhaft erste Hinweise auf die Persönlichkeiten der Liquidatoren sein können, so wird doch klar, dass sich zumindest das Führungspersonal der ersten zehn bis zwanzig Jahre aus Wirtschaftsfachleuten zusammensetzte, die in der Zeit des Nationalsozialismus teils sehr ambivalente Aktivitäten entwickelten – zwischen Zustimmung und Mitarbeit, Hinnehmen und Widerstand. Weitere, tiefergehende Recherchen werden sicherlich noch manch interessantes und bislang unbekanntes Details ans Tageslicht bringen können. Inwieweit diese Erfahrungen und auch die politische Ausrichtung der einzelnen Liquidatoren und Aufsichtsratsvorsitzenden konkrete Auswirkungen auf die Liquidation der IG Farben i.A. sowohl bezüglich der allgemeinen Firmenpolitik, als auch im Einzelfall hatten, ist sicherlich einen kritischen Blick wert.

Darüber hinaus scheinen besonders die Netzwerke, in denen sich die Herren vor und nach 1945 bewegten, interessant, wobei das Jahr 1945 bezüglich der Netzwerkkontinuitäten nicht zwingend eine tiefgreifende Zäsur darstellen muss. Es zeichnet sich ab, dass gerade Netzwerke und Einflüsse der Deutschen Treuhandgesellschaft und der Deutschen Bank Auswirkungen auf die Liquidation der IG Farben gehabt haben könnten.

Die späteren Liquidatoren kamen eher aus der Immobilienwirtschaft oder der Politik. Gerade bei den ersteren kann dabei der Eindruck entstehen, dass Immobiliengeschäfte deutlich wichtiger waren als die Abwicklung des ehemaligen Chemiekonzerns und – deutlich durchscheinend – die Entschädigung ehemaliger Zwangsarbeiterinnen und Zwangsarbeiter.

Hans Deichmann – Italien-Experte der IG Farben und ihrer Nachfolgegesellschaften

Karl Heinz Roth

FÜR DIE EXTREM exportabhängige I.G. Farbenindustrie AG hatte der italienische Markt keinen überragenden Stellenwert.[1] Der Anteil Italiens am Gesamtumsatz des Konzerns lag bis 1932 über 2 % und ging dann bis 1938, dem allgemeinen Trend folgend, auf 1,3 % zurück.[2] Dabei dominierte bis zum Beginn des Zweiten Weltkriegs wie auf den übrigen Auslandsmärkten das Geschäft mit synthetischen Farben. Da die italienische Chemieindustrie auf diesem Gebiet rasch aufholte, hatte der globale Marktführer der Farbenindustrie nicht nur seine Exportquoten im Auge. Er sah sich veranlasst, den aufstrebenden Nachzügler in die von ihm betriebene weltweite Kartellierung des Farbensektors einzubinden. Da sich diese Bemühungen seit 1935/36 mit der Entstehung der Achse Berlin-Rom überschnitten, kam es zu einer Ausweitung auf die gesamte Chemiebranche, die immer stärker durch kriegsökonomische Faktoren beeinflusst wurde. Auf diese Weise erlangte die Nummer sechs der Auslandsmärkte der IG Farben eine ständig wachsende Bedeutung.

Es war keineswegs einfach, die Interessen des IG Farben-Managements gegenüber den selbstbewussten italienischen Kooperationspartnern durchzusetzen. Drei Jahre nach dem Ersten Weltkrieg hatte die italienische Regierung hohe Zollmauern errichtet, um die Umstellung der Sprengstoffindustrie auf die Herstellung synthetischer Farben abzusichern.[3] Vorsorglich hatte die Farbenfabrik Leopold Cassella

---

[1] Dieser Beitrag basiert auf den Vorstudien zu einer Biographie über Hans Deichmann.
[2] Gottfried PLUMPE: Die I.G. Farbenindustrie AG. Wirtschaft, Technik und Politik 1904–1945, Berlin 1990, S. 455, Tabelle: Die 20 größten Auslandsmärkte der I.G. 1926–1938.
[3] Vgl. hierzu und zum Folgenden Rolf PETRI: Technical Change in the Italian Chemical Industry. Markets, Firms and State Intervention, in: Anthony S. TRAVIS, Harm G. SCHRÖTER, Ernst HOMBURG, Peter J. MORRIS (Hg.): Determinants in the Evolution of the European Chemical Industry, 1900–1939, Dordrecht u. a. 1998, S. 275–300; Vera ZAMAGNI: L'industria chimica in Italia dalle origini agli anni '50, in: Franco AMATORI, Bruno BEZZA (Hg.): Montecatini 1888–1966. Capitoli di storia di una grande impresa, Bologna 1990, S. 69–148.

mit Zustimmung des Gemeinschaftsrats der »Großen IG« der deutschen Teerfarbenfabriken[4] in den Jahren 1920/21 die in Rho bei Mailand ansässige Società Chimica Lombarda A.E. Bianchi & C. (Bianchi) schrittweise aufgekauft, um die Zollmauer zu überspringen und einen eigenen Produktionsstützpunkt aufzubauen.[5] Zusätzlich fungierte die Bianchi als Verkaufsorganisation und Informationszentrum für alle Mitglieder der Großen IG. Nach der Gründung der IG Farben war der Italienvertrieb ihrer Farbwerke aus der Tochtergesellschaft herausgelöst und einer in Mailand eröffneten gemeinsamen Verkaufsniederlassung, der Aziende Riunite Coloranti e Affini (ARCA), übertragen worden.[6] Die von einem IG-Angestellten geleitete Niederlassung hatte sich auf den Vertrieb innovativer Farben und Färbereihilfsmittel spezialisiert, die von der italienischen Konkurrenz nicht hergestellt werden konnten. Parallel dazu waren spezielle Vertriebsgesellschaften für Foto-Produkte und pharmazeutische Erzeugnisse eröffnet worden.[7]

1930/31 intensivierte die IG Farben ihr Italien-Engagement. Ein 1927/28 gegründetes Fusionsunternehmen mehrerer Farbenhersteller hatte Bankrott gemacht und wurde nach seiner Liquidation vom Montecatini-Konzern, dem größten Privatunternehmen der italienischen Chemieindustrie, unter der Firmenbezeichnung Aziende Colori Nazionali Affini (ACNA) neu aufgebaut.[8] Damit gelang es dem einzigen ernstzunehmenden italienischen Gegenspieler der IG Farben, seine Produktionspalette auf die Farbensynthese und die organische Chemie auszudehnen und eine Exportoffensive zu starten. Da die ACNA dem von der IG Farben vorangetriebenen und majorisierten europäischen Farbenkartell nicht angehörte, drohte sie zu einem Außenseiter zu werden, der die IG-Exporte nach Südosteuropa und Nordafrika beeinträchtigte. Darüber hinaus strebte das Montecatini-Management die Kooperation mit einem international etablierten Großunternehmen an, um den technologischen Rückstand im Bereich der Farbenproduktion aufzuholen. Dabei kam es auch zu Kontakten mit dem US-Konzern Du Pont, dem global wichtigsten

---

4 Die »Große IG« agierte seit 1916 als unmittelbare Vorläuferin der 1925 gegründeten I.G. Farbenindustrie AG.

5 Vgl. hierzu und zum Folgenden Anne VON OSWALD: Die deutsche Industrie auf dem italienischen Markt 1882 bis 1945, Frankfurt/M. u. a. 1996, S. 98 ff., 105 ff., 149 ff.; Maximiliane RIEDER: Deutsch-italienische Wirtschaftsbeziehungen. Kontinuitäten und Brüche 1936–1957, Frankfurt u. a. 2001, S. 58 ff.

6 Zur Gründung und Geschichte der ARCA vgl. Archiv der Stiftung für Sozialgeschichte des 20. Jahrhunderts (im Folgenden SfS-Archiv) Bestand I.02.2, Nr. G.16; BASF-Unternehmensarchiv, PB/A.4.21.4/5; OSWALD: Die deutsche Industrie auf dem italienischen Markt, S. 124 f.

7 Am Gesellschaftskapital der Agfa Foto S.A. Prodotti Fotografici, Mailand, hielt die IG Farben 27 %, an demjenigen der Co-Fa, Compagnia Farmaceutica S.A. Mailand, 100 %. I.G. Farbenindustrie AG i.L., I. Beteiligungen. HHStAW Bestand 2092, Nr. 3374.

8 Vgl. OSWALD: Die deutsche Industrie auf dem italienischen Markt, S. 149 f.; PETRI: Technical Change in the Italian Chemical Industry, S. 290 ff.; PLUMPE: Die I.G. Farbenindustrie AG, S. 120 f.

Konkurrenten der IG Farben auf dem Farben- und Chemikaliengebiet. Das waren hinreichende Gründe für eine Verständigung der Frankfurter IG-Kaufleute mit Montecatini. Sie traten 49 % der Bianchi-Aktien an Montecatini ab und erwarben im Gegenzug 49 % des Kapitals der ACNA. Parallel dazu schloss sich Montecatini im Rahmen eines bilateralen Zusatzvertrags dem internationalen Farbenkartell an und erhielt eine Umsatzquote zugeteilt.[9]

Mit diesen Arrangements waren die Beziehungen zwischen der IG Farben und der italienischen Chemieindustrie bis Kriegsbeginn festgeschrieben. ACNA und Montecatini zogen aus ihr technologische und kommerzielle Vorteile. Gleichwohl hielten die deutschen Partner ihren Vorsprung in den Spitzensegmenten der Farbenproduktion, der organischen Chemie und der Kunststoffe aufrecht, sodass der Mailänder Vertriebsgesellschaft ARCA noch ausreichende Handlungsspielräume verblieben. Zwar dominierten die Beteiligungsgesellschaften ACNA und Bianchi den italienischen Farbenmarkt im Jahr 1938 mit 51,6 % bzw. 15,6 %,[10] aber der ARCA verblieben ausreichende Marktsegmente für den Vertrieb hochwertiger Indanthren-Farben und anderer Spitzenprodukte. Auch die Kooperation mit Montecatini verdichtete sich durch die Gründung weiterer Beteiligungsgesellschaften für Pigmentfarbstoffe und Aktivkohle,[11] und zusätzlich unterstützte die IG Farben ab 1937/38 ein Joint Venture-Projekt des Pirelli-Konzerns mit einer italienischen Staatsholding zum Aufbau von Anlagen zur Entwicklung und Produktion von synthetischem Kautschuk.[12]

Deichmanns Weg zum Italien-Fachmann der IG Farben

Im August 1938 übernahm der zum Handlungsbevollmächtigten ernannte Hans Deichmann (1907–2004) die Leitung der Abteilung Italien der IG-Verkaufsgemeinschaft Farben.[13] Er war Neffe des Vorstandsmitgliedes und Leiters des Kaufmännischen Ausschusses Georg von Schnitzler und im Januar 1931 in das Unternehmen eingetreten. Anfänglich schienen diese verwandtschaftlichen Beziehungen keine Rolle zu spielen: Obwohl der 1907 in eine Kölner Bankiersfamilie Hineingeborene ein Jahr zuvor das erste Juristische Staatsexamen abgelegt hatte

---

9 Harm G. SCHRÖTER: Kartelle als Form industrieller Konzentration: Das Beispiel des internationalen Farbstoffkartells von 1927 bis 1939, in: Vierteljahrschrift für Sozial- und Wirtschaftsgeschichte 74 (1987), H. 4, S. 479–513, hier S. 505 f.; OSWALD: Die deutsche Industrie auf dem italienischen Markt, S. 152 f.
10 Vgl. OSWALD: Die deutsche Industrie auf dem italienischen Markt, Tab. 13, S. 152.
11 Es handelte sich um die Società Italiana del Litopone, Mailand, und die Società Italiana Carboni Attivi (SICA), an ihrem Gesellschaftskapital war die IG Farben mit 24,5 bzw. 49 % beteiligt.
12 Vgl. OSWALD: Die deutsche Industrie auf dem italienischen Markt, S. 154 ff.
13 Vgl. hierzu und zum Folgenden SfS-Archiv, Bestand I.02.1, Nr. 96 und 97.

Abb. 1: Hans Deichmann (Ende der 1940er / Anfang der 1950er Jahre)

und am Abschluss einer Dissertation arbeitete, musste er zunächst eine kaufmännische Lehre absolvieren. Die Lehrzeit wurde allerdings auf zwei Jahre verkürzt, die Festanstellung und Versetzung in die Abteilung Tschechoslowakei des mittlerweile Promovierten folgten Anfang 1933. Danach ging es rasch aufwärts, und die Abfolge der Positionen macht deutlich, dass Deichmann als »kommender Mann« galt, wobei Tüchtigkeit, Ehrgeiz und verwandtschaftliche Protektion zusammenwirkten. Nach einem Außenposten in Leipzig arbeitete Deichmann mehrere Monate in der Direktionsabteilung Farben, wo er mit den Details des Internationalen Farbenkartells vertraut wurde. Im April 1934 folgte seine Versetzung in die Pariser Verkaufsniederlassung.[14] Im November 1935 kehrte der inzwischen Verheiratete nach Frankfurt am Main zurück und wurde in die Italien-Abteilung kooptiert. Nach einem längeren Aufenthalt in Italien zum Erlernen der Sprache wuchs Deichmann in die Rolle eines leitenden Angestellten hinein. Seit seiner Ernennung zum Handlungsbevollmächtigten reiste er vier- bis fünfmal jährlich nach Mailand und Rom, wo er ein sich immer stärker verdichtendes Pensum zu erledi-

---

14 Es handelte sich um die Sociétée pour l'Importation de Matières Colorantes et de Produits Cimiques (SOPI). Deichmann heiratete im Juli 1934 in Paris die Niederländerin Senta Fayan Vlielander Hein.

gen hatte.[15] Er supervidierte die Personalpolitik und kontrollierte die Finanzen der ARCA. Er organisierte Verhandlungen zur Beschaffung von Engpassrohstoffen und synthetischen Ersatzprodukten. Er visitierte die übrigen Beteiligungsgesellschaften der IG Farben (insbesondere Bianchi) und hielt den Kontakt zur deutsch-italienischen Handelskammer. Er begleitete die Spitzenmanager seines Unternehmens als Assistent und Dolmetscher bei ihren Italienreisen. Auch bei heiklen Missionen war auf Deichmann Verlass, so etwa bei der Tarnung der IG-Beteiligungen, die auch in Italien schon vor Kriegsbeginn einsetzte und 1942 anlässlich einer italienischen Verordnung zur Umwandlung der Inhaberaktien in Namensaktien perfektioniert wurde.[16] In allen diesen Funktionen galt Deichmann als unentbehrlich. Schon 1941 sollte der Vierunddreißigjährige – nach nur zehn Dienstjahren bei der IG Farben – zum Prokuristen befördert werden. Die Ernennung wurde jedoch zugunsten der Absicherung seiner Unabkömmlichkeit für den Wehrdienst (UK-Stellung) vertagt und dann im April 1942 nachgeholt.[17]

Im Februar 1942 wurde die UK-Stellung Deichmanns aufgehoben. Die IG Farben wollte jedoch auf ihren profilierten Fachmann nicht verzichten, zumal dieser den Wehrdienst hasste. Nach einigem Suchen wurde eine gangbare Lösung gefunden. Deichmann wurde zu der vom IG-Vorstandsmitglied Carl Krauch geleiteten Dienststelle des Generalbevollmächtigten für Sonderfragen der Chemischen Erzeugung (GB Chemie) dienstverpflichtet und zu ihrem Italien-Beauftragten ernannt.[18] Formell war er damit von der IG Farben beurlaubt. Er erhielt jedoch sein Salär und seine Jahresvergütungen weiter[19] und konnte die Geschäftsinteressen der IG Farben vor Ort im Auge behalten. In der Tat diente auch seine neue Tätigkeit als Leiter der römischen Niederlassung des GB Chemie IG-Interessen. Nach seiner Ankunft in Rom unterzeichnete er einen gerade abgeschlossenen Vertrag des GB Chemie mit dem Verband der italienischen Bauindustrie, die etwa 6.000 Bauarbeiter für den »Firmeneinsatz« in dem im Aufbau befindlichen IG Farbenwerk Auschwitz und in drei weiteren oberschlesischen Hydrierwerke bereitstellte.[20] Bis zur Jahres-

---

15 Vgl. zum Folgenden die Aufzeichnungen in Deichmanns Taschenkalender 1941: SfS-Archiv Bestand I.02.1, Nr. 286.
16 Hans Deichmann, Taschenkalender 1942, Notizen vom 28.01. und 30.01.1942. SfS-Archiv Bestand I.02.1, Nr. 286.
17 Vgl. Ernennungsanträge für die Sitzung des Zentralausschusses am 09.04.1942, Vorschläge zu Prokuristen, Begründung zu Hans Deichmann, S. 27. Filmarchiv Wolfen GmbH, Unternehmensarchiv, Akte 89/4.
18 Vgl. hierzu und zum Folgenden SfS-Archiv Bestand I.02.1, Nr. 98; Hans Deichmann, Taschenkalender, März 1942 ff. Ebenda, Nr. 286.
19 Vgl. die Steuer- und Lohnsteuerkarteien Deichmanns in: Bayer-Archiv Leverkusen (BAL) Bestand I.G. Farbenindustrie AG, Personaldatei Mitarbeiter I.G. Zentrale Frankfurt, Nr. 271-009.
20 Vgl. hierzu und zum Folgenden SfS-Archiv Bestand I.02.1, Nr. 98.

Abb. 2: Dienstausweis des GB Chemie für Hans Deichmann

wende 1944/45 war Deichmann damit beschäftigt, die Kooperation des GB Chemie mit den italienischen Baufirmen und ihrem Unternehmerverband zu sichern, zwischen den »Einsatzfirmen« und den deutschen Bauleitungen zu vermitteln, die kaufmännisch-finanzielle Seite der Kooperation zu überwachen und die Arbeits- und Lebensbedingungen der unfreien italienischen Kontraktarbeiter so zu gestalten, dass sich Konflikte und Fluchtreaktionen in Grenzen hielten.

Ab September 1943 erweiterten sich Deichmanns Funktionsbereiche nochmals. Nach dem Waffenstillstand des Badoglio-Regimes mit den Alliierten besetzten die Deutschen Italien, etablierten im Norden ein neofaschistisches Satellitenregime und bauten im Süden des Lands eine Front gegen die anglo-amerikanische Invasion auf. Parallel dazu begann die wirtschaftliche Ausplünderung Italiens, dessen Wirtschaftspotenzial anschließend in die deutsche Rüstungsproduktion einbezogen wurde.[21] Nun wurde Deichmann zusätzlich zu seinen bisherigen Aufgabenfeldern Funktionsträger des Okkupationsapparats. Zuerst wurde er einer Sondergruppe des GB Chemie zugeteilt, die in Norditalien Kriegsgefangenenlager und Zugtransporte ›durchkämmte‹, um italienische und britische Gefangene zur Zwangsarbeit zu rekrutieren. Im Oktober kehrte er in seine Dienststelle nach Rom zurück und wurde

---

21 Vgl. Lutz KLINKHAMMER: Zwischen Bündnis und Besatzung. Das nationalsozialistische Deutschland und die Republik von Salò 1943–1945, Tübingen 1993; Maximiliane RIEDER: Zwischen Bündnis und Ausbeutung. Der deutsche Zugriff auf das italienische Wirtschaftspotential 1943–1945, Rom 1991.

in die dortigen Bemühungen der Besatzungs- und Rüstungsbehörden zur Rekrutierung von Zwangsarbeitern eingebunden. Im Januar 1944 folgte die Gründung eines »Arbeitsstabs Chemie«, der in die in Mailand ansässige Italien-Dienststelle des Rüstungsministeriums (RuK-Stab) integriert wurde.[22] Zum Ausgleich konkurrierender Interessen wurde diese »Sonderbehörde« zusätzlich in die Hauptabteilung Arbeit der Militärverwaltung eingebunden, die mit der Italien-Dependance des Generalbevollmächtigten für den Arbeitseinsatz identisch war. In allen diesen Instanzen war Deichmann als Verhandlungsteilnehmer, Dolmetscher, Übersetzer und Berichterstatter aktiv. Der nach Italien beurlaubte IG Farben-Prokurist vereinigte in der Zeit vom September 1943 bis April 1945 eine erstaunliche Ämterfülle auf sich, ohne auch nur einer einzigen Behörde formell anzugehören; noch nicht einmal der Militärverwaltung war er als »Sonderführer«[23] zugeteilt. Infolgedessen hinterließ er nur wenige archivalische Spuren.[24] Am besten belegt ist seine Mitwirkung an der sogenannten Gefangenaktion vom Juni/Juli 1944. Da das Reservoir der freiwillig wie unfreiwillig rekrutierbaren Arbeitskräfte aufgrund der Popularität der Resistenza und des SS-Monopols auf alle gefangen Partisanen sehr begrenzt war, erwirkte der Arbeitsstab Chemie die Zustimmung des neofaschistischen Kollaborationsregimes zur Zwangsrekrutierung von Zwangsarbeitern aus den Haftanstalten der Justizbehörden.[25]

Für seine Freistellung vom Militärdienst musste der IG Farben-Prokurist einen hohen Preis bezahlen – und das umso mehr, als er keineswegs Anhänger der NS-Diktatur war und keiner NS-Organisation angehörte.[26] Deichmann war nicht nur Neffe Georg von Schnitzlers, sondern auch Schwager des führenden Kopfs des Kreisauer Kreises Helmuth von Moltke, den er während seiner Dienstreisen nach Berlin regelmäßig besuchte. Zudem war er seit 1936 mit einem italienischen Architekten und dessen Partnerin befreundet, die beide den Faschismus ablehnten und

---

22 Der RuK-Stab wurde formell von einem hohen Offizier geleitet. Für die Steuerung der rüstungswirtschaftlichen Operationen und ihre Verflechtung mit dem deutschen Rüstungspotenzial war jedoch dessen Stellvertreter Fritz ter Meer, Vorstandsmitglied und Leiter des Technischen Ausschusses der IG Farben, zuständig.
23 Als »Sonderführer« wurden Personen ohne oder ohne ausreichende militärische Ausbildung aber mit speziellen zivilen Kenntnissen, die nicht durch reguläre Soldaten abgedeckt waren, zur Wehrmacht eingezogen.
24 Am deutlichsten sind sie in den Taschenkalendern der Jahre 1943 bis 1945 erhalten. Vgl. SfS-Archiv Bestand I.02.1, Nr. 286.
25 Hans Deichmann, Taschenkalender 1944, Einträge September 1944; Andrea FERRARI: »Gefangenenaktion«. Detenuti italiani per l'industria chimica del Terzo Reich, in: Brunello MANTELLI (Hg.): Tante Braccia per il Reich! Il reclutamento di manodopera nell'Italia occupata 1943–1945 per l'economia di guerra della Germania nazionalsocialista, Bd.2, Milano 2019, S. 1651–1805.
26 Nicht zu umgehen war auch für ihn die Zwangsmitgliedschaft in der Deutschen Arbeitsfront und der NS-Volkswohlfahrt.

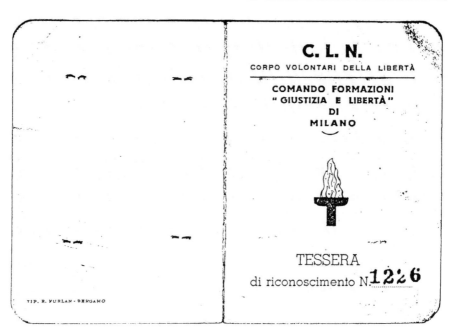

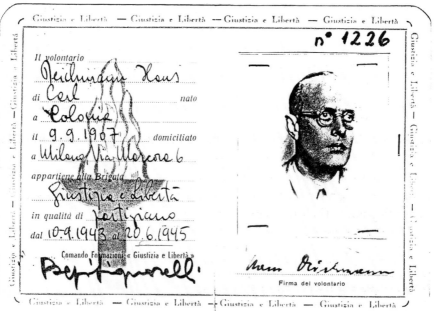

Abb. 3, 4: Mitgliedsausweis der Resistenza-Organisation »Giustizia e Libertà« für Hans Deichmann

seit dem deutschen Einmarsch der Resistenza angehörten.[27] Hinzu kamen seit dem Frühjahr 1942 zehn Aufenthalte in Auschwitz, die Deichmann erschütterten. In diesen Kontexten figurierte sich seit der Jahreswende 1942/43 ein anderer Deichmann.[28] Seit dem Frühjahr 1943 hinterlegte er im Vatikan Dokumente über die deutsche Kriegsrüstung zur Weiterleitung an die Alliierten. In der Zeit vom Oktober bis Dezember 1943 informierte er einen im alliierten Militärgeheimdienst tätigen italienischen Offizier regelmäßig über den Zustand der von Rom nach Norden führenden Transportrouten. Nach seiner Rückkehr nach Norditalien informierte Deichmann die Führung des nationalen Befreiungskomitees (CLNAI) laufend über die Aktivitäten des RuK-Stabs und brachte aus der Haft geflohene führende Exponenten des italienischen Widerstands mit seinem Fahrzeug in Sicherheit. Seine Informationen waren offensichtlich so wichtig, dass der linksbürgerliche Flügel des Widerstands[29] ihn zu diesem Doppelspiel ermunterte. In diesem Kontext spielte sicher auch die Tatsache eine Rolle, dass sich in dieser Übergangszeit die Exponenten der italienischen Industrie nach allen Seiten absicherten. Sie kollaborierten mit dem RuK-Stab, um die Demontage ihrer Betriebe zu verhindern, intensivierten gleichzeitig ihre Kontakte mit den Alliierten und unterstützten die Resistenza nach Kräften. Das war ein deutlicher Unterschied zur Lage in NS-Deutschland und insbesondere zur IG Farben, deren Spitzenpersonal – so etwa der in Italien besonders engagierte Fritz ter Meer – ihr Schicksal bis zum bitteren Ende mit der NS-Diktatur verknüpft hatten.[30]

Nachkriegswirren (1945–1948)

Als sich der Arbeitsstab Chemie Ende April 1945 mit den übrigen Besatzungsbehörden in Richtung Brenner absetzte, blieb Deichmann zurück.[31] Er unterstützte die Aufstandsvorbereitungen des Mailänder Befreiungskomitees und übergab ihm nach der Befreiung das Inventar, die Dokumente und die Kasse der Dienststelle.[32] In den folgenden Wochen arbeitete er mit einer Task Force des alliierten Armeekorps zusammen und bemühte sich um den Wiederaufbau des Chemiesektors.

---

27 Giuseppe und Thelma De Finetti. Beide lebten in Mailand.
28 Vgl. zum Folgenden SfS-Archiv Bestand I.02.1, Nr. 99.
29 Es handelte sich um die Aktionspartei (Partito d'Azione) und die mit ihr verbundene Partisanenorganisation Giustizia e Libertà.
30 Fritz ter Meer wurde im IG Farbenprozess auch wegen seiner Aktivitäten nach der Okkupation Italiens unter den Punkten »Raub« und »Zwangsarbeit« angeklagt. Sie blieben jedoch in der Hauptverhandlung unerörtert.
31 Vgl. zum Folgenden SfS-Archiv Bestand I.02.1, Nr. 99.
32 Vgl. die Übergabebescheinigungen der Ortskommandantur der CLNAI Milano, ebenda.

Dabei schwebte ihm für die Überganszeit ein Joint Venture der ARCA und der Bianchi mit einem Unternehmen der Kunstfaser- und Zelluloseproduktion vor, mit dem er während der Kriegsjahre im Auftrag der IG Farben und des GB Chemie zusammengearbeitet und wichtige Engpassprodukte beschafft hatte (Hintermann-Konzern).[33] Das Vorhaben scheiterte jedoch. Es gelang Deichmann nicht, einen befreundeten Anwalt als Verwalter der beschlagnahmten ARCA einzusetzen. Stattdessen sicherte sich der bisherige Präsident der ARCA die Kontrolle.[34] Der mit ihm befreundete Sequesterverwalter[35] und Liquidator schlug einen Kurs ein, der eine Wiederherstellung der alten IG-Bindungen ausschloss.[36] Er entließ die deutschen Angestellten und führte die noch unbeglichenen Verbindlichkeiten der ARCA gegenüber ihrer Muttergesellschaft an den Fiskus ab. Auch bei der späteren Aufhebung des Sequesters und dem Verkauf der Aktien der ARCA und der Bianchi wurde der von Deichmann und dem Hintermann-Konzern angestrebte Neustart desavouiert.

Es wurde jedoch eine bescheidene Ersatzlösung gefunden. Die beiden führenden Techniker verließen die ARCA und gründeten im September 1946 gemeinsam mit den Managern des Hintermann-Konzerns eine neue Verkaufsgesellschaft für Farben und Lösungsmittel, die Società Aniline Solventi ed Affini (SASEA) in Mailand.[37] Sie war zunächst auf den Import nichtdeutscher Farbstoffe und Chemikalien angewiesen, ihre Akteure verstanden das kleine Importunternehmen jedoch als ›Hoffnungswert‹ für die Wiederaufnahme der alten Geschäftsbeziehungen.

Zu diesem Zeitpunkt war Deichmann nicht mehr in Italien. Er war Anfang September 1945 nach Deutschland zurückgekehrt, wo seine Frau und ihre drei Kinder in einer kleinen Ortschaft im Taunus lebten. Die Empfehlungen der Resistenza und des alliierten Armeekorps öffneten ihm die Türen zur US-Militärregierung (OMGUS).[38] Er wurde deutscher Mitarbeiter ihrer Information Control Division, in deren Auftrag er akademische Vortragszyklen arrangierte und Wissenschaftler bei ihren ersten Reisen zu internationalen Kongressen betreute. Einige Monate lang

---

33 Das wichtigste Unternehmen des Hintermann-Konzerns war die S.A. Industrie Fibre e Cartoni Speciali (SAIFECS). In den ersten Nachkriegsmonaten unterhielt Deichmann dort ein Arbeitsbüro. Vgl. Hans Deichmann, Taschenkalender 1945, Einträge Juni–Juli 1945. SfS-Archiv Bestand I.02.1, Nr. 286.
34 Rolando Balducci. Er war mit Georg von Schnitzler und Deichmann befreundet und seit der Gründung der ARCA loyaler Vertreter der Interessen der IG Farben in Italien gewesen. Vgl. seinen Arbeitsvertrag aus dem Jahr 1928 in: HHStAW Bestand 2092, Nr. 1386.
35 Damit ist eine Art Treuhänder für beschlagnahmtes Vermögen bezeichnet.
36 Hans Deichmann: Arca-Mailand. Personelle und organisatorische Entwicklung nach dem Kriege, 10.10.1948. SfS-Archiv Bestand I.02.1, Nr. 62.
37 Archiv der BASF Italia in Cesano Maderno, Fondo S.A.S.E.A., Gründungsurkunde (ohne Signatur).
38 Vgl. zum Folgenden Hans Deichmann, Taschenkalender 1945, Einträge August 1945 ff. SfS-Archiv Bestand I.02.1, Nr. 286; ebenda, Nr. 100 und 102.

war er auch Geschäftsführer des Radio Frankfurt. Es kam jedoch bald zum Konflikt, weil der inzwischen in der SPD und der Union Europäischer Föderalisten aktiv gewordene Deichmann mehr Eigenständigkeit für den Sender einforderte. Er wurde entlassen, reüssierte jedoch 1947 als Vorsitzender der Spruchkammer Obertaunus.[39] Auch hier kam er nicht weit, weil er bei seinem vorgesetzten Ministerium eine grundlegende Reform der Entnazifizierungsverfahren anmahnte und prominente Beschuldigte nicht schonte. Auf diese Weise schuf er sich zahlreiche Feinde – nicht zuletzt bei ehemaligen leitenden Angestellten der IG Farben-Zentrale, die im Gegensatz zu ihm von öffentlichen Ämtern ausgeschlossen waren und ihm ein »Tu quoque« nachzuweisen suchten. Ein Disziplinarverfahren gegen ihn wurde nach einigen Monaten eingestellt, aber im Herbst 1948 folgte die Eröffnung eines Ermittlungsverfahrens der Spruchkammer Frankfurt am Main gegen ihn. Es kam zu einer Klageschrift des öffentlichen Klägers, aber auch dieses Verfahren wurde schließlich eingestellt.[40]

Angesichts dieser Erfahrungen nimmt es nicht wunder, dass Deichmann seine wirtschaftlichen Kontakte nach Norditalien intensiv weiterpflegte. Ein Wiederanknüpfen an die früheren Beteiligungsgesellschaften der IG Farben war inzwischen ausgeschlossen, sodass die neu gegründete SASEA die einzige Option blieb. Im August 1948 reiste Deichmann nach Mailand und beriet die Leitung des kleinen Handelsunternehmens beim Aufbau eines neuen Sortiments von Farben und Färbereihilfsmitteln.[41] Da sich zu diesem Zeitpunkt die Ausgründung westdeutscher Nachfolgegesellschaften abzuzeichnen begann, rückte die Wiederherstellung der alten Bezugsquellen wieder in den Mittelpunkt. Auf diesem Terrain war Deichmann der beste Vermittler. Die italienischen Geschäftsfreunde offerierten ihm die kaufmännische Leitung der SASEA und eine 20 %-Beteiligung am Gesellschaftskapital. Deichmann sagte im Oktober 1948 nach längerem Zögern zu. Anfang November zog er mit seiner Familie nach Norditalien um, nachdem er eine auf zwei Monate befristete Aufenthaltserlaubnis erwirkt hatte.

---

[39] Sein Wirken ist umfangreich dokumentiert in: HHStAW Bestand 520; ergänzend SfS-Archiv, Bestand I.02.1, Nr. 297 bis 303. Vgl. auch Hans DEICHMANN: Gegenstände, deutsche Ausgabe, München 1996, S. 221 ff.
[40] SfS-Archiv Bestand I.02.1, Nr. 302.
[41] Hans Deichmann, Taschenkalender 1948, Einträge vom 11.8. bis 8.9.1948. SfS-Archiv Bestand I.02.1, Nr. 286.

Wortmeldungen zur Entflechtung der IG Farben und der Aufbau der Geschäftsbeziehungen zu den Nachfolgegesellschaften

Mit diesem Exodus begab sich Deichmann an den Rand der Auseinandersetzungen um die Entflechtung und Liquidation der I.G. Farbenindustrie AG, die nach der Gründung der BRD einen ersten Höhepunkt im Herbst 1949 erreichten. Dies hielt ihn jedoch keineswegs davon ab, sich einzumischen und die Interessen seines im Wartestand befindlichen Importunternehmens wahrzunehmen. Er nutzte darüber hinaus seine Position außerhalb der Reichweite der alliierten Kontrollkommission und ihres deutschen Beratergremiums (TRIFCO und FARDIP), um Vorschläge zu machen, die zur Zeit ihrer Präsentation noch als Tabubruch galten.[42]

Am 5. Dezember 1949 brachte Deichmann unter dem Titel »Künftige Organisation der deutschen Farbstoffindustrie« eine Denkschrift in Umlauf, die es in sich hatte.[43] In ihr attestierte er den Alliierten, das *I.G.-Problem nur unter dem Gesichtspunkt der Zerschlagung eines ihnen militärisch gefährlichen und wirtschaftlich unbequemen Machtinstruments gesehen* und infolgedessen einen Wirrwarr angerichtet zu haben, der durch die Berufung der fachlich inkompetenten FARDIP-Kommission nicht aufgelöst werden könne.[44] Was anstehe, sei nicht die *Dekartellisierung*, sondern die sachgemäße *Reorganisierung* der IG Farben. Diese Aufgabe müsse in die Hände eines aus Vertretern der Aktionäre, der Bundesregierung und der Einzelwerke gebildeten Ausschusses gelegt werden. Er dürfe seine Aufgabe keineswegs nur darin sehen, den IG-Komplex in die drei Werksgruppen Oberrhein, Mittelrhein und Niederrhein aufzulösen und zusätzlich die zur Eigenständigkeit befähigten Betriebe auszugründen. Vielmehr komme es aufgrund der zentralen Stellung dieser Werksgruppen für die extrem exportabhängige deutsche Volkswirtschaft darauf an, sie auch horizontal nach Fabrikationssparten zu strukturieren. Darüber hinaus solle für die wichtigste Sparte, die Farbenfabrikation, eine Farbstoff-Verkaufsgesellschaft gegründet werden, um wie die alte IG Farben auf dem Weltmarkt ein vollständiges Farbstoffsortiment anbieten zu können.[45] Last but not least erteilte Deichmann der bislang dominierenden Absicht, die alten IG-Aktionäre mit dem Verkaufserlös der ausgegründeten Werke abzufinden, eine entschiedene Absage. Da der westdeutsche Kapitalmarkt nicht in der Lage sei, die auf 2 Milliarden DM geschätzten Startinvestitionen aufzubringen, bleibe nur der Aktientausch

---

42 Dokumentiert in: SfS-Archiv Bestand I.02.1, Nr. 27.1 bis 27.4.
43 Dr. Hans Deichmann, Künftige Organisation der deutschen Farbstoffindustrie, Milano, 05.12.1949. SfS-Archiv Bestand I.02.1, Nr. 27.1.
44 Ebd., S. 2.
45 Ebd., S. 3.

übrig: Den Inhabern der IG-Aktien solle *eine entsprechende Anzahl von Bezugsrechten für die Aktien der neuen Firmen* zugewiesen werden.[46] Die Denkschrift endete mit Vorschlägen zur Kooptation von jeweils zwei Spitzenmanagern der Farbenfabriken Bayer, der BASF, der Farbwerke Hoechst und der Cassella Farbwerke Mainkur in den Ausschuss.

Die Ausarbeitung Deichmanns schlug bei den Planungsgremien zur IG Farben-Entflechtung hohe Wellen – allerdings nur hinter den Kulissen.[47] Der kaufmännische Leiter der Farbwerke Cassella signalisierte Zustimmung. Scharfe Kritik kam dagegen aus Leverkusen und Höchst, sie war sogar mit Sanktionsdrohungen gegen die SASEA verbunden. Die Rechtsabteilung der BASF versuchte Deichmann hingegen an die Kandare zu legen und verwahrte sich gegen die Nennung ihrer Spitzenmanager Carl Wurster und Julius Overhoff im Anhang der Denkschrift.[48]

Mit dieser Ausarbeitung nahm Deichmann teilweise Entwicklungen vorweg, die einige Jahre später Realität wurden. Der von ihm angestrebte reorganisierte und lediglich von seinen kriegswirtschaftlichen Sparten gereinigte IG Farben-Komplex blieb jedoch Utopie. Wegen seines Vorstoßes zur horizontalen Wiederverflechtung und zum Aufbau eines bundesdeutschen Farbenkartells wurde ihm vorgehalten, dass er sich ein wenig zu deutlich als »Neffe von Georg« – gemeint war Georg von Schnitzler – aufspielte.[49] Er ließ sich jedoch nicht entmutigen und blieb weiter im Hintergrund aktiv. Er hielt einen vertraulichen Kontakt mit dem ehemaligen IG Farben-Juristen Heinrich von Rospatt, der im Bundeswirtschaftsministerium die IG Farben-Entflechtung bearbeitete.[50] Parallel dazu versuchte er, mit Unterstützung seines 1947 in die USA emigrierten Bruders Carl Deichmann die amerikanischen Pläne zur Ausgründung der Nachfolgegesellschaften zu beeinflussen.[51]

Auf die weitere Entwicklung der Entflechtungs- und Liquidationsauseinandersetzungen hatte Deichmann jedoch keinen Einfluss. Es kam zwar nicht zur - Wiederbelebung der Farben-Verkaufsgemeinschaft, aber mit dem Gesamtergebnis konnte er sich letztlich gut arrangieren.

---

46 Ebd., S. 4.
47 Vgl. hierzu und zum Folgenden SfS-Archiv Bestand I.02.1, Nr. 27.1 und 27.2.
48 BASF-Rechtsabteilung an Hans Deichmann, 17.03.1950. SfS-Archiv Bestand I.02.1, Nr. 27.1.
49 So kolportiert in einem Schreiben Hans Deichmanns an Wilhelm Kufuß, den Leiter der kaufmännischen Abteilung der Cassella Farbwerke Mainkur, vom 15.05.1950. Ebenda, Nr. 322.
50 Von Rospatt hielt Deichmann über die Pläne der Bundesregierung auf dem Laufenden und korrespondierte über Mittelspersonen verdeckt mit Deichmann. Vgl. SfS-Archiv Bestand I.02.1, Nr. 271 und Nr. 60.
51 Hans Deichmann an Carl Deichmann, mit vergleichender Übersicht über die Pläne der Bundesregierung und der TRIFCO (Durchschlag), 06.12.1950. SfS-Archiv Bestand I.0.21, Nr. 27.1. Carl Deichmann hatte in den letzten Kriegsjahren mit der Schweizer Niederlassung des Office of Strategic Services (OSS; US-amerikanischer Militärgeheimdienst und Vorläufer des CIA) zusammengearbeitet.

Währenddessen machte der Aufbau des Mailänder Importunternehmens nach bescheidenen Anfängen rasche Fortschritte. Als Deichmann die kaufmännische Leitung übernahm, beschäftigte es neun Angestellte, die in einigen Büros und Lagerräumen in der Via Podgora tätig waren. Die Firmenleitung konzentrierte sich zunehmend auf den Vertrieb von Farben und Chemikalien aus den entstehenden Nachfolgegesellschaften der IG Farben. Sie bezog zunächst einzelne Spezialfarben, Färbereihilfsmittel und Chemikalien aus den Farbwerken Hoechst, Cassella und der BASF; hinzu kamen kurzfristige Arrangements mit kleineren italienischen, US-amerikanischen und westdeutschen Herstellern. Bis Ende 1949 schloss die Geschäftsleitung informelle Exklusivvereinbarungen mit den Farbwerken Cassella und der BASF, weil offizielle Verträge erst nach den formellen Ausgründungen erlaubt waren. Dabei war das mit der Verkaufsabteilung der BASF getroffene Abkommen von besonderer Bedeutung:[52] Es bezog sich auf die gesamte damalige Produktpalette des Ludwigshafener Unternehmens. Es garantierte der SASEA einen angemessenen Handelsgewinn und stellte bis zu 50.000 US-Dollar zum Aufbau eines Konsignationslagers[53] bereit, sodass sich die Belieferung der Kunden – an erster Stelle Unternehmen der Textil-, Leder- und Papierindustrie – erheblich beschleunigte. Aufgrund dieser günstigen Konditionen konnte die SASEA die auslaufenden Verträge mit Hoechst und später auch der Cassella leicht verkraften, während die BASF ihrerseits voll auf die Karte SASEA zu setzen begann: *SASEA bringt alle Voraussetzungen mit, die wir verlangen müssen und hat auch bereits recht erspriesslich gearbeitet,* heißt es in einem Überblick der Verkaufsabteilung von Ende März 1950.[54] Infolgedessen wurden die wechselseitigen Beziehungen Zug um Zug ausgebaut. Nach der endgültigen Ausgründung der BASF folgte im Juli 1953 ein formeller Vertrag, der der SASEA die italienischen Verkaufsrechte für die gesamte Produktpalette der BASF übertrug.[55] Die BASF garantierte der SASEA erneut günstige Konditionen und Zahlungsfristen. Im Gegenzug verpflichtete sich der italienische Vertragspartner, Verkaufskontrakte mit anderen Firmen nur noch mit Zustimmung der BASF abzuschließen und auch ihre allgemeinen Interessen in Italien wahrzunehmen.

Das waren günstige Ausgangsbedingungen für den weiteren Aufstieg. Das Kleinunternehmen platze aus allen Nähten. Es zog in die Via Matteo Bandello um

---

52 Overhoff: Promemoria, Milano, 12.12.1949. SfS-Archiv I.02.1, Nr. 322.
53 Das ist ein Warenlager des Lieferanten in der Nähe des Kunden, wobei die Ware bis zur Entnahme Eigentum des Lieferanten bleibt.
54 Aufzeichnung der BASF-Verkaufsabteilung, 30.03.1950, S. 14. BASF-Unternehmensarchiv, Nr. B 4/3023.
55 BASF-Unternehmensarchiv, T 8.

und mietete neue Lagerräume an. Die qualifizierte Belegschaft und die Untervertretungen in den Provinzen expandierten. 1956 erwirtschaftete die SASEA einen Umsatz von 3 Mrd. Lire (20 Mio. DM) und hatte 750 Millionen Lire (5 Mio. DM) Außenstände sowie Lagerbestände im Wert von 450 Mio. Lire (3 Mio. DM). Das Kapital der Gesellschafter (Aktien und Obligationen) belief sich auf umgerechnet 2,7 Mio. DM.[56]

Damit war der Aufstieg zum Großunternehmen vorgezeichnet – ein wesentliches Motiv für die Verkaufsabteilung der BASF zu noch engeren Bindungen.[57] Ende Mai 1956 unterzeichneten die SASEA-Aktionäre einen Syndikatsvertrag, in dem sie sich wechselseitige Aktien-Vorkaufsrechte zusprachen und diese zugleich an den Präsidenten sowie den Vorsitzenden des Verwaltungsrats, Enrico Hintermann und Hans Deichmann, delegierten.[58] Noch am selben Tag reichten die beiden diese Vollmacht an die BASF weiter und räumten ihr eine Option auf die SASEA-Aktien ein.[59] Es folgten Verhandlungen über den von der BASF aufzubringenden Kaufpreis und die Hinterlegung der Aktienpakete bei einer schweizerischen Holdinggesellschaft.[60] Die erste formelle Beteiligungsgenehmigung durch die Aktionäre der SASEA folgte drei Jahre später im Kontext einer Erhöhung des Aktienkapitals auf 350 Mio. Lire. Mit diesen und anderen Sicherheiten gab sich die BASF zufrieden und respektierte die Bestrebungen Deichmanns, eine formelle Übernahme der Aktienmehrheit und damit des Unternehmens durch die BASF möglichst lange hinauszuzögern.[61]

Für die Avancen der BASF war jedoch nicht nur der wirtschaftliche Erfolg der SASEA maßgeblich. Nicht weniger wichtig war die Konkurrenz der Farbenfabriken Bayer, des nach wie vor größten deutschen Farbenherstellers, auf dem italienischen Markt. Die Leverkusener Verkaufsmanager schlugen im Italiengeschäft einen anderen Kurs ein. Sie gründeten vorübergehend eine eigene Farben-Vertriebsgesellschaft (Farbimport), bis sie die Mehrheit der neuen Aktien ihrer früheren Pharma-Verkaufsorganisation (Compagnia Farmaceutica, Co-Fa) erworben hatten.[62] Die Co-Fa avancierte nach ihrer Übernahme durch Bayer im Jahr 1957 zum größten Farbenimporteur Italiens. Sie rangierte, immer knapp gefolgt von der

---

56 Aktennotiz der BASF-Rechtsabteilung, 25.10.1956, S. 2. BASF-Unternehmensarchiv, B 4/2986.
57 Vgl. zum Folgenden BASF-Unternehmensarchiv, PB/A.4.214./5; B 4/3025.
58 Ebd., B 4/3025.
59 Ebd.
60 Es handelte sich um die Asolder Holding S.A. in Zürich. Die Hinterlegung des Aktienkapitals erfolgte 1959.
61 BASF an Deichmann und Hintermann, 26.02.1960. BASF-Unternehmensarchiv, B/3025. Das Aktienkapital der SASEA wurde erst 1974 von der BASF vollständig übernommen.
62 Vgl. HHStAW Abteilung 2092, Nr. 12166.

SASEA, auf Platz eins, aber im weiten Abstand zur früheren IG-Beteiligungsgesellschaft ACNA, die die Farben- und Chemikalienproduktion dominierte.

Hans Deichmann als Italien-Berater der IG Farben i.L.

Im Januar 1952 nahmen die Liquidatoren der IG Farben ihre Tätigkeit auf. In den ersten eineinhalb Jahren waren sie damit beschäftigt, 90 % der in Westdeutschland gelegenen Anlagevermögen auf die vier Nachfolge-Kerngesellschaften Bayer, BASF, Hoechst und Cassella zu verteilen und den damit gekoppelten Aktienumtausch vorzubereiten.[63] Danach begaben sie sich auf die Suche nach dem Verbleib der Auslandswerte der IG Farben, um das Restvermögen der Liquidationsgesellschaft zu vergrößern. Ihre Recherchen waren lange Zeit illegal, denn aufgrund des interalliierten Reparationsabkommens vom Januar 1946 und der daran anknüpfenden internationalen Vereinbarungen waren die Auslandswerte der IG Farben wie alle übrigen deutschen Auslandsvermögen zu liquidieren und die Erlöse an die Interalliierte Reparationsagentur (IARA) abzuführen.[64] Die Liquidatoren mussten deshalb außerhalb der offiziellen Kanäle agieren und konnten auch nur über informelle Arrangements verhandeln, solange die Sequestrierung der deutschen Vermögen nicht durch bilaterale Regierungsabkommen aufgehoben wurde. Dies war in Italien erst seit 1964 der Fall und macht deutlich, warum landeskundige, fachlich versierte und mit der IG Farben verbunden gebliebene Akteure wie Deichmann für die Liquidatoren so wichtig waren.

Im Herbst 1948 erstellten die Betriebswirte und Juristen der zur Auflösung vorgesehenen IG Farben die ersten orientierenden Übersichten über die Vermögenswerte in Italien.[65] Aus den Unterlagen der IG-Zentralbuchhaltung ermittelten sie zwölf Beteiligungsgesellschaften mit Nennwert und Quote der von der IG Farben gehaltenen Akten. Zwei weitere Anlagen gaben Auskunft über sonstige Außenstände, die den Unterlagen mehrerer Verkaufsbuchhaltungen und der Spezialbuchhaltung entnommen waren. Die ausstehenden Forderungen in Lire und Reichsmark waren nur teilweise in DM umgerechnet, sie beliefen sich schätzungsweise auf etwa 13 Millionen DM. Das war kein besonders ansehnlicher Betrag, aber er ge-

---

63 I.G. Farbenindustrie AG i.L.: Bericht über die Entflechtung und Liquidation. Vorgelegt aus Anlass der ordentlichen Hauptversammlung am 27. Mai 1955; Hans-Dieter KREIKAMP: Die Entflechtung der I.G. Farbenindustrie AG und die Gründung der Nachfolgegesellschaften, in: Vierteljahrshefte für Zeitgeschichte 25 (1977), S. 220–251; Raymond G. STOKES: Divide and Prosper. The Heirs of I.G. Farben under Allied Authority 1945–1951, Berkeley u. a. 1988.
64 Vgl. Karl Heinz ROTH, Hartmut RÜBNER: Verdrängt – Vertagt – Zurückgewiesen. Die deutsche Reparationsschuld am Beispiel Polens und Griechenlands, Berlin 2019, S. 198 ff.
65 Vgl. HHStAW Bestand 2092, Nr. 3374.

nügte den in der Bockenheimer Landstraße 51 domizilierten Akteuren, um tätig zu werden.

Ihr erstes Augenmerk richteten die Ermittler auf den Verbleib der ACNA- und Bianchi-Aktien der IG Farben. Sie brachten in Erfahrung, dass sie in den Tresoren der Schweizerischen Kreditanstalt lagerten und von der italienischen Regierung 1948 für kraftlos erklärt worden waren.[66] Recherchen über die zehn weiteren Beteiligungsgesellschaften folgten. Da die Liquidatoren anfänglich kaum über die Situation vor Ort informiert waren, hofften sie wohl, sich mit den neuen Eigentümern über einen Rückerwerb oder zumindest eine Entschädigung einigen zu können. Deshalb erkundeten sie die aktuelle Marktkapitalisierung der früheren Beteiligungsgesellschaften. Dies war zugleich der erste persönliche und briefliche Kontakt mit Hans Deichmann, der die IG Farben i.L. im Juni 1954 über die aktuellen Aktienkurse der ACNA und Bianchi informierte.[67]

In den folgenden Monaten wurde den Liquidatoren bewusst, dass sie sich genauer informieren mussten, wenn sie das Liquidationsvermögen aufbessern und den Nachfolgegesellschaften bei ihren Bemühungen um den Rückerwerb der alten Beteiligungen zur Hand gehen wollten. Sie intensivierten ihre Beziehungen zu Deichmann und engagierten eine Mailänder Anwaltskanzlei (Enrico und Piero Mulassano), die ihre Recherchen und Gutachten laufend mit dem inzwischen zum Leiter der SASEA Avancierten abstimmte.[68] Aufgrund dieser Expertisen wurde bald klar, dass die alten Beteiligungen der IG Farben unwiderruflich verloren waren.[69] Alle ins Gewicht fallenden Beteiligungsgesellschaften waren 1945 beschlagnahmt worden. Nach dem Verkauf der Aktien, der sich teilweise bis 1952 hingezogen hatte, war die Beschlagnahme aufgehoben und ein neuer Verwaltungsrat gebildet worden. Das alles war durch die entsprechenden Nachkriegsgesetze gedeckt. Auch eine spätere Revision galt als ausgeschlossen, und es war illusorisch, auf eine auch nur begrenzte Anrechnung der alten Bezugsrechte bei einem späteren Rückerwerb zu rechnen.

Infolgedessen blieb den Liquidatoren nichts anders übrig, als bei den neuen Eigentümern und den sonstigen früheren Geschäftspartnern die noch ausstehenden Zahlungen für Warenlieferungen, Lagerbestände, Guthaben und Lizenzgebühren einzufordern. Sie schätzten ihren Gesamtwert aufgrund ihrer Buchungsunter-

---

66 Vgl. die von den Liquidatoren ermittelte Korrespondenz der Schweizerischen Kreditanstalt mit der IG Farben aus dem Jahr 1942 zu den ACNA- und Bianchi-Aktien in: HHStAW Bestand 2092, Nr. 12906.
67 Deichmann an Dr. Biel, IG Farben i.L., 16.06.1954. HHStAW Bestand 2092, Nr. 1396. Eine auf den 11.06.1954 datierte Übersicht über die Aktienkurse aller früheren Beteiligungen findet sich ebenda, Nr. 1406.
68 Vgl. HHStAW Bestand 2092 Nr. 1395, 1406.
69 Vgl. Bericht der Anwaltskanzlei Mulassano an IG Farben i.L., 10.07.1955. HHStAW Bestand 2092, Nr. 1395; Enrico Mulassano an IG Farben i.L., 18.07.1055. HHStAW Bestand 2092 Nr. 1406.

lagen auf knapp 9,1 Mio. Reichsmark sowie 5,23 Mio. Lire[70] und waren entschlossen, die Außenstände auf Heller und Pfennig einzutreiben. Dafür fehlten ihnen jedoch die Beweisunterlagen, um ihre Adressaten unter Druck setzen zu können.

Zunächst vervollständigten die Experten der Abwicklungsstelle Farben und Chemikalien im Dialog mit Deichmann ihre Unterlagen. Danach reichte Deichmann die Übersichten an die Anwaltskanzlei Mulassano weiter und besprach mit Enrico Mulassano das weitere Vorgehen. Ende Mai 1955 verschickte Mulassano die ersten Anfragen an die wichtigsten ehemaligen Beteiligungsgesellschaften ARCA, Bianchi und Co-FA sowie an zwei prominente Vertragspartner (Pirelli und Solvay).[71] Darin fragte er an, ob noch Unterlagen über alte Warenbestände oder Buchungsunterlagen vorhanden seien, die sich auf die mitgeteilten Außenstände bezogen. Das war, wie Mulassano der IG Farben i.L. mitteilte, eine Falle: Er wollte auf diese Weise in Erfahrung bringen, ob die Adressaten ihrer seit 1948 bestehenden Verpflichtung zur Anmeldung dieser Außenstände an das Schatzministerium nachgekommen waren, das sie dann in der Regel beschlagnahmte und an den alliierten Reparationsfondsfonds abführte.[72] Die angesprochenen Unternehmen reagierten zögernd, ausweichend oder mit Fehlanzeige, so etwa Pirelli und Solvay. Erst nach weiteren und besser informierten Nachfragen präsentierten die früheren Beteiligungsgesellschaften ihre Belege.[73] Die ARCA hatte ihre Außenstände gegenüber der IG Farben korrekt an das Schatzministerium abgeführt. Bei Bianchi und einigen kleineren Beteiligungsgesellschaften waren die Zahlungen gegen Kriegsende im deutsch-italienischen Clearingverkehr hängen geblieben. Auch die Co-FA hatte ihre Verbindlichkeiten korrekt angezeigt; das Schatzministerium hatte jedoch auf ihre Beschlagnahme verzichtet und die neuen Aktionäre lediglich verpflichtet, Zahlungen an den früheren Eigentümer zu unterlassen.[74]

Damit war auch der Versuch, die neuen Eigentümer der ehemaligen Beteiligungsgesellschaften zu illegalen und streng vertraulichen Arrangements mit den Liquidatoren der IG Farben zu bewegen, gescheitert. Nach drei Jahren anstrengender wie vergeblicher Bemühungen zogen zwei ihrer Repräsentanten gemeinsam mit Deichmann und Mulassano eine ernüchterte Zwischenbilanz.[75] Im Jahr 1958 schwebten zwar noch Verhandlungen mit Bianchi und Montecatini über die Nach-

---

70 Vermögen der I.G. Farbenindustrie AG i.L. in Italien und ital. Ostafrika sowie Libyen, Anlagen 1 und 2, 10.10.1953. HHStAW Bestand 2092 Nr. 3374.
71 Vgl. hierzu und zum Folgenden HHStAW Bestand 2092, Nr. 1395.
72 Mulassano an IG Farben i.L., 18.07.1955, ebenda.
73 Vgl. zum Folgenden HHStAW Bestand 2092, Nr. 726.
74 Ausführlich dokumentiert in: HHStAW Bestand 2092, Nr. 12166.
75 Dr. R.W. Müller, H. Göring: Niederschrift über die Besprechung in Mailand am Montag, dem 17. Februar mit den Herren RA Mulassano, Dr. Deichmann und Dr. Camegni, 20.02.1958. HHStAW Bestand

zahlung ausgebliebener Lizenzgebühren, aber auch hier zeichnete sich kein Durchbruch ab.

In den 1950er Jahren gab es auf dem Terrain der Auslandsvermögen ein weiteres Handlungsfeld, das besonders brisant war: Die Vermögensauseinandersetzungen der Liquidatoren mit den ehemaligen Strohmännern der italienischen Niederlassungen. Auch in Italien hatte die IG Farben ihren Verkaufsfilialen den Anstrich unabhängiger Unternehmen gegeben und ihre Beteiligungen getarnt;[76] auf die Perfektionierung dieses Verfahrens unter dem Druck der italienischen Gesetzgebung im Jahr 1942 habe ich schon hingewiesen. Infolgedessen wurde das Aktienkapital der IG Farben zur Zeit der Beschlagnahme von Treuhändern gehalten, die den betroffenen Unternehmen in leitenden Positionen angehörten. Sie mussten nun ihre Bezugsrechte an den italienischen Fiskus abtreten und erhielten nach dem Abschluss der Liquidation eine Kompensationszahlung, die nur einen Teil der Bezugsrechte ausmachte. Zudem wurden sie einige Jahre später nochmals zur Aktiensteuer veranlagt. Man kann somit nicht davon ausgehen, dass sich ihre Loyalität gegenüber dem Mutterkonzern besonders gelohnt hätte.

Die Frankfurter Liquidatoren sahen das jedoch anders. Sie verdächtigten die Strohmänner pauschal, Firmengelder veruntreut und allzu loyal mit den Sequesterverwaltungen kooperiert zu haben. Darüber hinaus überschätzten sie die Beträge, die den Treuhändern für die Abgabe ihrer Bezugsrechte gezahlt worden waren, und forderten sie zurück.[77] Dabei konzentrierten sie sich zunächst auf die früheren Leiter und Prokuristen der ARCA. Auch hier setzten sie auf Deichmann als ihren wichtigsten Gewährsmann bei der Beschaffung der Unterlagen und der Kontaktaufnahme. Die individuellen Ermittlungen und Verhandlungen zogen sich über Jahre hin, und der Leiter der SASEA agierte dabei als wichtigster Insider und Vermittler.

Die meisten Ex-Treuhänder führten ihre Kompensationsbeträge ganz oder teilweise an die Frankfurter Liquidatoren ab, wobei die von ihnen aufgebrachten Sondersteuern gegengerechnet wurden. Die von Fall zu Fall transferierten Beträge waren relativ bescheiden (zwischen 10.000 und 30.000 DM). Dass sie nicht höher ausfielen, war nicht zuletzt Deichmann zu verdanken, der die prekären Lebensverhältnisse einiger ehemaliger Treuhänder bedachte und den Liquidatoren immer wieder signalisierte, dass sie für die ehemaligen loyalen Mitarbeiter geradestehen müssten.

Diese Loyalität galt als unverzichtbare Vorbedingung für Kompromisslösungen. Daran hatte es Rolando Balducci, der ehemalige Präsident der ARCA, nach

---

2092, Nr. 1383.
76 Zu der Tarnung der Auslandsvermögen insgesamt vgl. OMGUS. Ermittlungen gegen die I.G. Farbenindustrie AG, September 1945. Bearb. Karl Heinz Roth, Nördlingen 1986, S. 71 ff., 78 ff.
77 Vgl. hierzu und zum Folgenden HHStAW Bestand 2092, Nr. 1384, 1385, 1391, 1392, 1400 und 1402.

1945 fehlen lassen.⁷⁸ Er hatte sich strikt an die gesetzlichen Sequesterbedingungen gehalten und dafür Sorge getragen, dass die Nachfolgegesellschaften nicht wieder auf die wichtigste italienischen Filiale der IG Farben zurückgreifen konnten. Er war auch der einzige Strohmann, der die Kooperation mit den Liquidatoren verweigerte. Daraufhin sperrte die für ihn zuständige Pensionskasse der Farbwerke Hoechst die monatlichen Überweisungen und führte sie bis zur Begleichung der Rückzahlungsforderungen an die IG Farben i.L. ab. Gegen dieses Vorgehen hatte auch Deichmann nichts einzuwenden.

Im Januar 1964 trat ein Vermögensvertrag in Kraft, den die italienische Regierung mit der Bundesregierung geschlossen hatte. Er verbesserte die Handlungsmöglichkeiten der IG-Liquidatoren erheblich. Das Abkommen beinhaltete einen Beschlagnahme- und Liquidationsstopp, gab das noch nicht liquidierte deutsche Vermögen frei und verpflichtete die italienischen Behörden zur Auskunftserteilung über die seit Kriegsende beschlagnahmten und liquidierten Vermögenswerte. Bis zu diesem Zeitpunkt waren die Ausgleichsverhandlungen nur unter der Decke geschehen, und es waren nur einige magere ›Zufallstreffer‹ gelungen: *Legal dürfen wir jedoch erst jetzt vorgehen, nachdem italienische Beschlagnahme- und Enteignungsvorschriften aufgehoben sind,* heißt es in einem hausinternen Schreiben der Abteilung Auslandsvermögen der IG Farben i.L.⁷⁹

Auf diese veränderten Rahmenbedingungen reagierten die Liquidatoren umgehend. Sie durchforsteten ihre Akten nach noch offenen Liquidationserlösen und solchen Beteiligungen, die nach Kriegsende nicht als Feindvermögen sequestriert worden waren. Zu diesem Zweck forderten sie von den italienischen Behörden Dokumente über alle Beschlagnahme- und Liquidationsverfahren und glichen sie mit ihren eigenen Unterlagen ab. Es gelang ihnen dabei, viele offene Fragen zu klären, die für die formelle Rückkehr der Nachfolgegesellschaften auf den italienischen Markt wichtig waren. Die finanzielle Ausbeute blieb dagegen auch jetzt mager.

Bis zum Herbst 1965 waren nur noch zwei Fragen offen. Jetzt wandten sich die Liquidatoren ein letztes Mal an Deichmann und baten ihn um Unterstützung.⁸⁰ Es ging erstens um die Beteiligung der IG Farben am Gesellschaftskapital der Agfa Foto S.A. Prodotti Fotografici, bei dem über 7 % nicht verfügt worden war; dieser Fall konnte im Kontakt mit der italienischen und der westdeutschen Nachfolgegesellschaft geklärt werden. Der zweite Traktandenpunkt war komplizierter. 1942/43 hatte die IG Farben ein Unternehmen zur Schwefelproduktion (Siprotolfi) mit ge-

---

78 Vgl. zum Folgenden HHStAW Bestand 2092, Nr. 1398.
79 J. Kuhnert an Dr. Wirmer, 31.01.1964. HHStAW Bestand 2092, Nr. 1375.
80 Vgl. zum Folgenden HHStAW Bestand 2092, Nr. 1375 und 1404.

gründet und zwei Strohmänner mit einem Beteiligungskapital von insgesamt 40 % ausgestattet. Hier baten die Liquidatoren Deichmann, mit ihnen Kontakt aufzunehmen und sie nach dem Verbleib des Beteiligungskapitals zu fragen. Auch hier waren Deichmanns Bemühungen vergebens: Einer der beiden Treuhänder war verstorben; der andere, ein prominenter Exponent der neuen Agfa- und Bayer-Niederlassungen, konnte sich an nichts mehr erinnern. Am 26. Juli 1966 teilte Dr. Wirmer Deichmann mit, dass die IG Farben i.L. auf ihre Rückforderung verzichtete.[81]

Schlussbemerkung

Italien gehörte nicht zu den Ländern, in denen die Akteure und Liquidatoren der IG Farben die entscheidenden Auseinandersetzungen um ihre Exportmärkte und Auslandsvermögen führten. Trotzdem hatte die Apenninenhalbinsel erhebliches Gewicht. Auch Hans Deichmann war kein prominenter Exponent. Aber er war ein wichtiger Berater, der wie kein Zweiter die historischen Brüche überbrückte und für die Rückkehr der Nachfolgegesellschaften sowie die Recherchen der Liquidatoren unersetzlich war.

Darüber hinaus eröffnet der Blick aus einer Randzone der großen historischen Ereignisse neue Einsichten in das Innenleben der IG Farben, insbesondere ihren Korpsgeist und die Sphäre ihrer verdeckten Operationen, woraus sich eine erstaunliche Kohäsionskraft ergab, die die Umbrüche und Katastrophen überdauerte. Deichmanns Loyalität gegenüber der IG Farben war indessen nicht von lebenslanger Dauer. Sie erodierte in den 1970er Jahren und schlug im Alter in offene Kritik um. Überraschend ist schließlich, wie die zentralen Akteure das ihnen nach 1945 bekanntgewordene Doppelspiel ihres Italien-Experten hinnahmen und seine Kooperation mit der Resistenza für ihre Überlebens- und Wiederanknüpfungsinteressen vereinnahmten.

Der Blick aus der Peripherie des Geschehens eröffnet auch neue Forschungshorizonte. Hier möchte ich insbesondere auf die noch wenig untersuchte Interaktion zwischen der IG Farben i.L. und den Nachfolgegesellschaften hinweisen. Sie war nicht nur für den Wiederaufbau der Exportmärkte, sondern auch für den Aufstieg der Nachfolgegesellschaften BASF und Bayer zu Global Players der Chemieindustrie von Bedeutung.

---

81 Dr. Wirmer, IG Farben i.A., an Deichmann, 26.07.1966. HHStAW Bestand 2092, Nr. 1404.

Getrennter Wege?
Krupp, IG Farben und die Vergangenheit

Eva-Maria Roelevink

WIR WISSEN INZWISCHEN einiges über das Bedürfnis der Selbst-Präsentation der westdeutschen Industrie. Vor allem für die Zeit nach 1945 kommt insbesondere Jonathan Wiesen und Sebastian Brünger der Verdienst zu, größere Überblicksdarstellungen vorzulegen.[1] Diese Forschungen haben sich intensiv mit der Mentalität im Umgang mit dem Nationalsozialismus befasst und Grundlegendes feststellen können: etwa, dass es innerhalb der Wirtschaft nach 1945 ein starkes Verteidigungsbedürfnis gab, die Unternehmen im Vergangenheitsdiskurs dabei als Objekte dienten und gleichzeitig als Subjekte, als geschichtspolitisch handelnde Akteure also, auftraten. Die Repräsentationsaktivität der Unternehmer und Industriellen war damit in einem hohen Maß selbstreflexiv. Der bei Brünger und Wiesen angelegte kollektivbiographische und erinnerungs- und gedächtniskulturelle Ansatz hat uns sehr viel mehr über den Diskurs von Wirtschaft und Gesellschaft verraten, als wir bis dahin wussten. Den beteiligten Industriellen ging es bei ihren publizistischen Imagekampagnen um nichts weniger als um die Deutungshoheit über ihre Geschichte. Selbstredend bedeutete diese Aktivität nicht, dass die Unternehmen ein Interesse daran hatten, ihre Schuld auszubuchstabieren oder in das kollektive Gedächtnis einzuschreiben. Im Gegenteil. Die Unternehmen profitierten vom »Wirtschaftswunder« und avancierten zu den personifizierten Garanten dieser wirtschaftlichen Aufwärtsbewegung. Von großer Bedeutung waren hier vor allem die Kampagnen des Bundesverbandes der deutschen Industrie (BDI). Der Umgang der

---

Ich danke Albrecht Kirschner für seine kritische Lektüre und die wertvollen Anmerkungen zu diesem Beitrag.
1 Jonathan S. WIESEN: West German Industry and the Challenge of the Nazi-Past, 1945-1955, Chapel Hill u.a. 2001; Sebastian BRÜNGER: Geschichte und Gewinn. Der Umgang deutscher Konzerne mit ihrer NS-Vergangenheit, Göttingen 2017.

Industriellen mit der »Öffentlichkeit« insgesamt wurde dabei aus der vergleichenden Perspektive als »Trial and Error«[2] gekennzeichnet.

Den Unterschieden zwischen den einzelnen Unternehmen wurde bisher aber weniger Beachtung geschenkt. Motive, Akteure und die Beharrungskraft der bereits in ihrem systemischen Umfeld verankerten Geschichtserzählungen der Unternehmen, wurde vielmehr zugunsten ihrer Imageaktivität in Richtung einer allgemeinen Öffentlichkeit eingeebnet. Aus einer stärker wirtschaftshistorischen Perspektive ist es indes keineswegs eingängig, dass die Wirtschaft sich in einem Muster und einem Trial and Error-Prozess gen Öffentlichkeit streckte. Auch ist es schwierig, von der Öffentlichkeit auszugehen. Tatsächlich war das Selbst-Reflexionsvermögen der Industriellen weder auf ein Kollektivsingular »Wirtschaft« ausgelegt, noch waren die Industriellen daran interessiert, die große und namenlose Öffentlichkeit zu erreichen. Und nicht zuletzt: Der »Umgang« mit der NS-Zeit war nach 1945 neu; aber der »Umgang« mit der Unternehmensvergangenheit und die das jeweilige Unternehmen spezifisch interessierende Öffentlichkeit war es gewiss nicht.[3] Vielmehr waren die Selbsthistorisierung und die gezielten Repräsentationsmaßnahmen gang und gäbe, und zwar schon deutlich vor der »Machtergreifung«. Diese Überlegung, die im Grunde darauf hinausläuft, den »Umgang mit der NS-Zeit« auf den Umgang der Unternehmen mit der »Geschichte« zu erweitern, schafft auch die Möglichkeit, die unternehmenshistorische Forschung der vergangenen Jahrzehnte ernst zu nehmen und mit der Frage nach der Geschichtspolitik der Unternehmen zu verbinden.

Im Folgenden wird diese temporal erweiterte Perspektive angerissen und vergleichend auf die beiden Konzerne IG Farben (ab 1952: als Abwicklungsgesellschaft IG Farben i.L.) und Krupp bis zur Mitte der 1950er Jahre bezogen. Empirisch steht dabei die Veröffentlichung von Louis P. Lochner, die in den USA unter dem Titel »Tycoons und Tyrant« 1954 und in deutscher Übersetzung als »Die Mächtigen und der Tyrann« 1955 erschien, im Vordergrund. Das kann natürlich nur eine sehr vorläufige und punktuell vorgenommene Darstellung sein. Sie ist aber durchaus als Plädoyer für eine differenzierte Betrachtung zu verstehen, zumal die Publikation Lochners als Gemeinschaftsprojekt v. a. von Schwerindustrie und Chemieindustrie getragen wurde, die unterschiedlichen Modi der Geschichtsbefrachtung sich aber sehr deutlich herauskristallisierten. Zudem wurde das das Vorhaben gegen den Willen von BDI und dessen Präsidenten Fritz Berg realisiert.

---

[2] BRÜNGER: Geschichte und Gewinn, S. 407.
[3] Dazu kursorisch: Jan-Otmar HESSE, Eva-Maria ROELEVINK: Geschichtspolitik und die deutsche Unternehmensgeschichte, in: Zeitschrift für Unternehmensgeschichte 1/2018, S. 1–7.

Breitenwirksame »Stoff-« und »Dynastiegeschichte« vor 1945

Von außen betrachtet waren zu Beginn der 1930er Jahre sowohl die IG Farbenindustrie AG als auch die Fried. Krupp AG, riesig und durch ihre geradezu gigantisch-industriellen Ausmaße breiten- und massenwirksam bekannt. Wirtschaftlich betrachtet war das Gewicht der IG Farben sicherlich größer. Das hatte nicht nur etwas mit dem ersten relativen Bedeutungsverlust der Schwerindustrie zu tun, sondern auch mit der Eigentümer- und Leistungskonstruktion. Die IG Farben erreichten mit dem Zusammenschluss der acht Gründerunternehmen 1925/26 (Bayer, BASF, Farbwerke Hoechst, Agfa, Chemische Fabrik Griesheim-Elektron, Chemische Fabrik vorm. Weiler ter Meer, Leopold Cassella & Co. Farbwerke Mainkur und Chemische Fabrik Kalle) zumindest für einige Produktgruppen eine marktbeherrschende Position, und das nicht nur in Deutschland. Die Gründung der IG Farben war aber auch ein Schritt hin zur Anonymität. Die Prägung durch einzelne und hervorstechende Unternehmer und familiengeführte Unternehmen verschwand in der Chemieindustrie damit praktisch aus der allgemeinen öffentlichen Wahrnehmung.[4] Das war bei Krupp ganz anders: hier blieb die Familienbindung – die Krupp-Dynastie – zentral. Bekanntermaßen trat Krupp dem mit der Gründung der Vereinigten Stahlwerke 1926 entstandenen deutschen Stahltrust nicht bei.[5] Am Beispiel von Krupp ließ sich eine Personalisierung des Unternehmens über seine Eigentümer also weiterhin bewerkstelligen, was nach der Gründung der IG Farben für die Chemieindustrie nicht mehr möglich war. Erzählungen über die Unternehmensgeschichte von Krupp waren insofern eingängiger, ob die jeweilige Erzählung nun den Kapitalismus verteufelte oder seine Leistungsfähigkeit herauskehrte. Eine personenzentrierte Krupp-Erzählung war seit Jahrzehnten, konkret seit 1902, gezielt aufgebaut worden und wurde durch unternehmenseigene Publikationen maßgeblich genährt.[6]

---

[4] Wilhelm BARTMANN, Werner PLUMPE: Gebrochene Kontinuitäten? Anmerkungen zu den Vorständen der IG-Farbenindustrie AG-Nachfolgegesellschaften 1952–1990, in: Volker BERGHAHN, Stefan UNGER, Dieter ZIEGLER (Hg.): Die deutsche Wirtschaftselite im 20. Jahrhundert. Kontinuität und Mentalität, Essen 2003, S. 153–186.

[5] Dazu ausführlich Toni PIERENKEMPER: Die Fried. Krupp AG und die Trustbildung in der Eisen- und Stahlindustrie in den 1920er Jahren, in: Westfälische Forschungen 50 (2000), S. 129–141; Alfred RECKENDREES: Das »Stahltrust«-Projekt. Die Gründung der Vereinigten Stahlwerk A.G. und ihre Unternehmensentwicklung 1926–1933/34, München 2000.

[6] Eine größere Untersuchung der Verfasserin zum »Mythos Krupp im 20. Jahrhundert« (Arbeitstitel), das von der Daimler und Benz Stiftung gefördert wird, befindet sich aktuell in der Fertigstellung. Dazu und für das 19. Jahrhundert grundlegend: Barbara WOLBRING: Krupp und die Öffentlichkeit im 19. Jahrhundert. Selbstdarstellung, öffentliche Wahrnehmung und gesellschaftliche Kommunikation, München 2000.

Die Krupp-Dynastie, vor allem seine Eigentümerrepräsentanten und das Leben von Alfred Krupp, wurden hierbei breit thematisiert und fanden nicht nur den Eingang in die wirtschaftliche und technische Spezialliteratur. Besonders die unternehmenseigenen Geschichtspublikationen bildeten die Grundlage für ein auf die Allgemeinheit abzielendes und breites Schrifttum. Zu denken ist hier etwa an den 1917 veröffentlichten Roman von Rudolf Herzog »Die Stoltenkamps und seine Frauen«, dem Best- und Longsellerroman der 1920er Jahre.[7] Herzog hatte bereits 1905 unter dem Titel »Die Wiskottens« eine Roman über Bayer, einem der wesentlichen Gründerunternehmen der IG Farben, veröffentlicht, der sich ebenfalls gut verkauft hatte.[8] Aber die »Stoltenkamps« waren deutlich erfolgreicher, obwohl Herzog Bayer aus eigener Arbeitserfahrung kannte (er war einige Jahre Angestellter bei Bayer in Elberfeld gewesen) und die Darstellung in den »Wiskottens« insofern authentischer gewesen sein dürfte. Thematisch waren sich beide Romane sehr ähnlich. Im Vordergrund stand ein über die Unternehmerfigur personalisierter Kapitalismus: bei den »Wiskottens« war Carl Duisberg der klare Protagonist, bei den »Stoltenkamps« war das Alfred Krupp. Dass die »Stoltenkamps« erfolgreicher wurden, hatte mit der Ablösung der Chemieindustrie aus ihren familiären Bindungen zu tun, die mit der Gründung IG Farben ihren Abschluss fand. Krupp dagegen blieb, trotzdem das Unternehmen seit 1903 eine Aktiengesellschaft war, de facto als Einzelfirma von Krupp geführt. Hier war die Erzählung von der unauflöslichen und personalisierten Verbindung von patriarchalem Genie und den Krupp-Arbeitern, zumindest während der 1920er Jahre, glaubhafter.

Schon vor 1933 waren die groben Linien der Geschichte sowohl der IG Farben als auch der Krupp breit bekannt und verankert, besonders detailreich war jedoch das allgemein aktivierbare Wissen über Krupp. Nicht nur wurde in der Presse über beide Konzerne berichtet, sondern über ein breitenwirksames Schrifttum wurden die historische Entwicklung der Unternehmen thematisiert. Die aus der Geschichtspolitik Krupps heraus entwickelte Populärliteratur war auch während der 1920er Jahre massentauglich, weil das Unternehmen weiterhin in Form einer dynastisch gegliederten Geschichte dargestellt werden konnte. Das war bei den IG Farben nicht mehr der Fall.

Die breitenwirksamen Erzähllinien wurden unter dem NS-Regime ab 1933 keineswegs verlassen. Wie auch bei anderen Stereotypen wurden sie, mal mehr, mal weniger, mit der NS-Ideologie und »Weltanschauung« verknüpft. Bemerkenswert

---

[7] Rudolf HERZOG: Die Stoltenkamps und ihre Frauen. Roman, Berlin 1917.
[8] Rudolf HERZOG: Die Wiskottens, Berlin 1905.

ist, dass der Best- und Longseller der NS-Zeit nicht etwa ein NS-Propagandaroman war, der plump und durchsichtig die Blut-und-Boden-Ideologie unter das lesende »Volk« brachte. Der Bestseller der NS-Zeit war mit Karl Aloys Schenzingers »Anilin. [Der] Roman der deutschen Farbenindustrie« eine nur indirekt politisch aufgezogene Stoffgeschichte.[9] »Anilin« war als Tatsachen- und Industrieroman zugleich konzipiert. Schenzingers Erfolgsrezept war, dass er das für die Chemieindustrie zentrale Beziehungsgeflecht zwischen Wissenschaft und Industrie thematisierte und die Politik dabei subtil einflocht, aber nicht anbiedernd oder zu sehr in der Semantik der nationalsozialistischen Ideologie hineinbuchstabierte.[10] Seine Handlung verfolgte die triumphale Entwicklung der deutschen Teerfarbenchemie vom Beginn des 19. Jahrhunderts an. Nicht die Unternehmer oder die Industriellen standen hier im Vordergrund, sondern seine Protagonisten waren die Chemiker.[11] Trotzdem handelte es sich auch um einen »Industrieroman«, eine Geschichte, die die deutsche Chemieindustrie und den nationalsozialistischen Staat gleichermaßen in ihrer symbiotischen Beziehung feierte.[12] Auch Kriegsmetaphorik war einige verarbeitet. Die im Roman zum zentralen »Stoff« gemachten Produkte der Chemieindustrie aber waren »zivil« und »gut«: Die Erzählachse bildeten der Zusammenhang von Forschung (und zwar betrieben von deutschen Chemikern, die bedeutenden jüdischen Chemiker wurden erzählerisch marginalisiert oder ausgelassen) und Arzneimitteln zum Wohle der Menschheit. Im Roman standen Wissenschaft und Wirtschaft zunächst in einem Spannungsverhältnis, einem Gegensatz, der aus der bis heute geläufigen Ziellogik aufgebaut wurde: Die Wissenschaft forschte demnach zweckfrei, die Wirtschaft dagegen suchte nach dem betriebswirtschaftlichen und maximalen Nutzen. Dieser Interessengegensatz löste sich im Roman mit dem Beschluss zur Gründung der IG-Farben Ende 1925 und wurde mit dem Trust in eine für alle Seiten »gute« wahlverwandtschaftliche Beziehung verwandelt und gedeutet. Jetzt, so die Perspektive in »Anilin«, bewegten sich wis-

---

9 Karl Aloys SCHENZINGER: Anilin. Roman der deutschen Farbenindustrie, Berlin 1937. Das Buch wurde wahrscheinlich bereits 1936 aufgelegt; dazu: Lena HÖFT: Karl Aloys Schenzingers Anilin als »durchgesehene und ergänzte Neuauflage«. Ein nationalsozialistischer Sachbuchbestseller und seine Transformation in die Frühphase der Bundesrepublik, Halle 2014, S. 9f.; Einordnung in das Gesamtwerk Schenzingers: Harro SEGEBERG: Literatur im Medienzeitalter. Literatur, Technik und Medien seit 1914, Darmstadt 2005, S. 129–132.
10 Christian ADAM: Der Traum von der Stunde Null. Autoren, Bestseller, Leser: Die Neuordnung der Bücherwelt in Ost und West nach 1945, Berlin 2016, S. 248f.
11 Zu den Chemikern, ihrem Selbstbewusstsein und ihrer Publizistik: Helmut MAIER: Chemiker im »Dritten Reich«. Die Deutsche Chemische Gesellschaft und der Verein Deutscher Chemiker im NS-Herrschaftsapparat, Weinheim 2015, vor allem S. 3–36.
12 Zur Frage, ob es ein »unpolitischer Unterhaltungsroman« oder ein »nationalsozialistisches Kampfbuch« war: HÖFT: Karl Aloys Schenzingers Anilin, S. 13–19.

senschaftliche und ökonomische Ziele in eine gemeinsame Richtung. Damit war die Voraussetzung für den Abschluss, also die in Kongruenz gebrachten und vormals zielkonfligierenden Interessen von Wissenschaft und Wirtschaft erreicht, was auf den politischen Wandel und die »Machtergreifung« der Nationalsozialisten zurückgeführt wurde.[13]

»Anilin« war also der erfolgreichste Roman der NS-Zeit. Inwiefern und ob die IG Farben von der Entstehung des Romans wussten, Schenzinger womöglich sogar beeinflusst hatten, kann bisher nicht beurteilt werden. Es ist aber sehr gut denkbar, dass Schenzinger »Anilin« nicht als »Lobbyroman«, und damit in Abstimmung mit den IG Farben geschrieben hatte. Tatsächlich erlebte das Format der Industrieromane schon seit der Zwischenkriegszeit einigen Aufschwung.[14] Vermittelt aber waren die IG Farben mit Sicherheit beteiligt. Das Genre fußte auf den Informationen und den Darstellungen der unternehmenseigenen Festschriften. Für Schenzinger bildeten die Festschriften der Gründergesellschaften der IG Farben, die wesentliche Grundlage für seinen Roman.

Das Aufgreifen der eigens von den Unternehmen autorisierten Unternehmensgeschichten und ihre Trivialisierung zum seichten Romanstoff wurde bei Krupp überaus kritisch gesehen. Als 1935 »Kampf um Stahl«, ein Roman von Joachim von Kürenberg, eigentlich Joachim von Reichel, erschien,[15] war man wenig erbaut. Wie Schenzingers »Anilin«, so wurde auch »Kampf um Stahl« in die gleichgeschaltete und in die Deutsche Arbeitsfront (DAF) integrierte Büchergilde Gutenberg aufgenommen, sodass eine Massenleserschaft wahrscheinlich war. Krupp hatte es im Vorfeld abgelehnt von Reichel mit Material und Informationen für seinen Roman zu versorgen. Ein Informations- oder Materialproblem hatte von Reichel aber dennoch nicht. Krupp stand bereits derart lange in der Öffentlichkeit, dass das öffentlich verfügbare Material, vor allem die dichten Veröffentlichungen von Wilhelm Berdrow, als Materialgrundlage für den Roman vollkommen ausreichten.[16] Obwohl von Reichel keine Unterstützung von Krupp erhielt, entwarf er keineswegs eine imageschädigende Erzählung. Und anders als Schenzingers Roman, der sich als eine Stoffgeschichte darstellte, die den Unternehmen eine wichtige Rolle zuwies, sie aber nicht als Protagonisten inszenierte, war »Kampf um Stahl« als seichte Sozialromantik, und damit als Beziehungskiste zwischen dem Unternehmer Alfred

---

13 Ausführlich: HÖFT: Karl Aloys Schenzingers Anilin.
14 Hans-Werner NIEMANN: Das Bild des industriellen Unternehmers in deutschen Romanen der Jahre 1890–1945. Mit einem Geleitwort von Wilhelm Treue, Berlin 1982, hier S. 39–51.
15 Joachim von KÜRENBERG [= Joachim von REICHEL]: Krupp – Kampf um Stahl, Berlin 1935.
16 Zu Berdrow als Autor und Leiter der Geschichtlichen Abteilung bei Krupp: Ernst SCHRÖDER: Wilhelm Berdrow. Lebensbild eines Firmenhistorikers, in: Tradition 4/5 (1960), S. 179–188.

Krupp und seinen Arbeitern, den »Kruppianern«, konzipiert. Was das Unternehmen störte war nicht die Tendenz des Romans, die war überaus unternehmer- und unternehmensfreundlich, sondern der Umstand, dass von Reichel aus der Unternehmergeschichte einen flachen Romanstoff gemacht hatte und die Handlung auf die Industriellen Beziehungen bezog, die ja im nationalsozialistischen Format der Deutschen Arbeitsfront (DAF) augenscheinlich passé waren. Die technische Spitzen- und Erfinderleistung, die das Unternehmen selbst und immer wieder mit Alfred Krupp verbunden hatte und die das Unternehmen seit 1933 wieder stärker in der Öffentlichkeit thematisiert wissen wollte, spielte dagegen in »Kampf um Stahl« eine nur untergeordnete Rolle. Bei Krupp war man über die damit massenwirksam unterbreitete Romandeutung so verärgert, dass man den Auftrag für eine »volkstümliche« Alfred Krupp-Biographie, die als »Gegenbuch« fungieren sollte, vergab und mit einigem Aufwand realisierte.[17] Beide, die seichte Sozialromantik von Reichels wie auch die von Krupp autorisierte populäre Biographie, verkauften sich ausgesprochen schlecht und erreichten keine große Massenleserschaft. Denn anders als im Fall von Schenzingers »Anilin«, war die sozialromantische Unternehmer-Arbeiter Geschichte eine lang etablierte Erzähllinie. Das war nicht neu und traf das Interesse der Leser nicht mehr. Lesen wollte das »Volk« dagegen eine neue Perspektive, wie Schenzinger sie mit seiner technikbegeisterten Stoffgeschichte der triumphalen deutschen Chemieindustrie anbot.[18] Wesentlich und zentral ist, dass die Krupp Geschichte in der NS-Zeit weiterhin personalisiert wurde, die Geschichte der IG Farben dagegen verstofflicht. Breitenwirksam waren aber beide historisierten Erzähllinien.

Auch wenn weitere Facetten unternehmerischer Geschichtspolitik vor 1945 hier nicht ausgeführt werden können, bleibt festzuhalten: Die Unternehmer nahmen selbstverständlich wahr, dass ihre Unternehmensgeschichte(n) zunehmend auch zu in Romanen verarbeiteten Erzählungen für eine Massenleserschaft geworden waren. Besonders die IG Farben und Krupp gingen dabei überaus positiv gezeichnet aus der NS-Zeit hervor: Technik, Modernisierung und ein soziales Unternehmertum waren fest narrativierte Bestandteile der meistgelesenen Veröffentlichungen in der NS-Zeit. Zudem: Diese Erzählungen waren deutlich erfolgreicher als die ideologische NS-Romanliteratur, die den Nationalsozialismus, den Krieg,

---

17 Es wurde 1937 veröffentlicht: Wilhelm BERDROW: Alfred Krupp und sein Geschlecht. Geschichte eines deutschen Familienunternehmens, Berlin 1937. [Übersetzung: DERS.: The Krupps. 150 years Krupp History 1787–1937. Based on Documents from the Family and Works Archives, Berlin 1937.]
18 Fritz Kraft, Aktennotiz, 20.06.1936, betr. Besuch des Herrn Verlegers Paul Schmidt, 19.06.1936 betr. Eine volkstümliche Alfred-Krupp-Biographie, in: Historisches Archiv Krupp, Essen (HA Krupp), WA 56 [Geschichtliche Abteilung/Archiv]/163.

die Ideologie von »Blut und Boden« und den Rassismus und Antisemitismus »weltanschaulich« feierten und propagierten.[19] In jedem Fall, und darauf kommt es hier an, war ein differenziertes Bild der großen und einschlägigen Unternehmen in den Köpfen der Menschen verankert.[20] Und dieses Bild wurde dominiert von einer Technikbegeisterung und auch einer bereits schon längere Zeit erzählerisch etablierten Sozialromantisierung. Schon hier, also vor 1945, war der »unpolitische« Unternehmer erzählerisch tragend. Die Erfindung des unpolitischen Unternehmers erfolgte also keineswegs erst unter dem Druck des »Umgangs« mit der NS-Zeit.

Umdeuten und Aufschultern: Nach 1945

Bekanntermaßen war das Interesse der deutschen Bevölkerung an den Nürnberger Nachfolge-Prozessen nicht überwältigend.[21] Der Großteil der von Anklägern und Verteidigern gleichermaßen in diesen Prozessen ausgetragenen Material- und Dokumentenschlachten und damit die vorgebrachten Details der »Verstrickung« und der aktiven Beteiligung der angeklagten Unternehmer an den Verbrechen ging klar an der Mehrheit der deutschen Bevölkerung vorbei. Aber nicht nur das. Für die weitergehende Thematisierung im öffentlichen Raum fiel ins Gewicht, dass die sog. Green Series, die 15 Bände umfassende Dokumentation der Prozesse,[22] in Deutschland lange Zeit nicht verfügbar war und auch nicht übersetzt wurde. Besonders die in der Öffentlichkeit stehenden Industriellen wussten das, und nutzten diese Lücke für die Re-Aktivierung ihres öffentlichen und unpolitischen Images.

---

19 Tobias SCHNEIDER: Bestseller im Dritten Reich. Ermittlung und Analyse der meistverkauften Romane in Deutschland 1933–1944, in: Vierteljahreshefte für Zeitgeschichte 1, 2004, S. 77–98.

20 Auch der in der DDR abgedrehte Spielfilm »Der Rat der Götter« von Kurt Maetzig, Drehbuch von Friedrich Wolf, von 1950, fußt auf dem in »Anilin« ausgebreiteten Narrativ. Es wird in dem Film aber mit dem Material des Nachfolgeprozesses in eine Verbrechensgeschichte umgedeutet. Die »gute« Verbindung von Chemiker und Unternehmer wird zu einer verhängnisvollen Indienstnahme der Chemiker durch das Unternehmen und das Regime.

21 Fall VI: IG-Farben, Fall X: Krupp, die Dokumentationen: Law Reports of Trials of War Criminals, selected and prepared by the United Nations War Crimes Commission, Vol. X: The I.G. Farben and Krupp Trials, London 1949.

22 Für die IG-Farben: The I.G. Farben Case. Trials of War Criminals before Nuernberg Military Tribunals under Control Council Law No. 10, Nuernberg October 1946–April 1949, Vol. VIII, Washington 1952 [Green Series, Bd. VIII]. Für Krupp: The Krupp Case. Trials of War Criminals before the Nuernberg Military Tribunals under Control Council Law No. 10, Nuernberg October 1946–April 1949, Vol. IX, Washington 1950 [Green Series, Bd. IX]. Online und inzwischen voll verfügbar: https://www.loc.gov/rr/frd/Military_Law/NTs_war-criminals.html (zuletzt aufgerufen am 14.05.2021). Ausführlich zum Verfahren und im Besonderen für Krupp Nachfolgeprozess: Kim Christian PRIEMEL: The Betrayal. The Nuremberg Trials and German Divergence, Oxford 2016; für den Nachfolgeprozess gegen die IG-Farben: Stephan H. LINDNER: Aufrüstung – Ausbeutung – Auschwitz. Eine Geschichte des I.G.-Farben-Prozesses, Göttingen 2020.

Hier scheint dann ein wesentlicher Unterschied zwischen den IG Farben und Krupp durch: Während die *IG Farben i.L.,* die nach der von den Allliierten verfügten Auflösung die Liquidierung der IG Farben vorzunehmen hatte, die NS-Zeit, das für das Buna-Werk in Auschwitz errichtete KZ Monowitz (Auschwitz III), sowie die Herstellung von Zyklon B durch die Degesch narrativ schulterte,[23] hatten auf diese Weise die Nachfolgegesellschaften die Möglichkeit an ihr altes Image, das sie vor der Gründung der IG Farben geschichtspolitisch erarbeitet hatten, anzuknüpfen.[24] Während sie also an ihre vormalige Entwicklungsgeschichte narrativ anschließen konnten – und damit offensiv ans Werk gehen konnten – hatten die Liquidatoren der IG Farben i.L. sich mit der NS-Geschichte zu befassen.[25] Im Fall von Krupp war das ganz anders: Der Nachfolgeprozess nahm das Format einer »angewandten Geschichte« an: Die überdauernde Existenz der Krupp-Dynastie wurde hierbei zum Argument für die Herleitung einer weit in die Vergangenheit zurückreichenden Kriegstreiberei durch Familie und familiengelenktes Unternehmen.[26] Während die IG Farben i.L. insbesondere die NS-Geschichte übernahm, konnten die 1951/52 ausgegründeten Nachfolgeunternehmen (Agfa, BASF, Cassella, Huels, Bayer, Hoechst, Wacker, Dynamit, Wasag usw.) ihre Erfolgsgeschichten von vor 1926 aktivieren. Das war für Krupp nicht möglich. Der Erlass Hitlers von 1943, die Lex Krupp,[27] hatte es ermöglicht, den Krupp-Konzern wieder von einer Aktiengesell-

---

23 Ausführlich vor allem mit Blick auf Fritz ter Meer und die IG Farben Nachfolgerin Bayer: BRÜNGER: Geschichte und Gewinn, S. 57–119, vor allem S. 98–101 und 103; BRÜNGER: Der Vergangenheit eine Form geben. Mentale Kontinuitäten nach 1945 am Beispiel des IG-Farben-Prozesses und Fritz ter Meers, in: Jörg OSTERLOH, Harald WIXFORTH (Hg.): Unternehmer und NS-Verbrechen. Wirtschaftseliten im »Dritten Reich« und in der Bundesrepublik Deutschland, Frankfurt/M. 2014, S. 183–216. Das zeigte sich auch bei der Diskussion über die 1956 schließlich im Econ-Verlag veröffentlichten »Das Erbe der IG-Farben« von Werner-Otto REICHELT: Zunächst sollte es unter dem Titel »Die Nachfolgewerke der IG-Farbenindustrie AG« veröffentlicht werden. Der Titel wurde verhindert und abgeändert, genauso wie die Publikationsdatum herausgezögert wurde, um die Hauptversammlung von Bayer 1955 nicht zu stören, dazu: Walter Bachem an H. Damow (Hoechst), Müller, W.F. Packenius (BASF), 19.02.1955, in: HHStAW, Bestand 2092 Nr. 15308. Reichelt hatte es durchaus mit der Unterstützung einiger – aber nicht aller – der Nachfolgegesellschaften verfasst. Es sollte im »Jargon von ›Anilin‹« verfasst werden; ohne Verfasser, Buch über die IG-Entflechtung im Econ-Verlag, o.D. [Anfang 1955], in: ebd.
24 Wie Kleinschmidt am Beispiel von Bayer und Hüls feststellen konnte: Christian KLEINSCHMIDT: Von der Autarkie zur Weltwirtschaft. »Werbung um öffentliches Vertrauen« am Beispiel von IG-Farben-Nachfolgeunternehmen, in: Werner ABELSHAUSER, Jan-Otmar HESSE, Werner PLUMPE (Hg.): Wirtschaftsordnung, Staat und Unternehmen: Neue Forschungen zur Wirtschaftsgeschichte des Nationalsozialismus, Essen 2003, S. 205–221, vor allem S. 207 und 219 Dort heißt es: *Die PR von Bayer und Hüls war weniger moralisch als pragmatisch, weniger personen- als sachorientiert und versuchte gar nicht erst, die jüngste Vergangenheit zu rechtfertigen oder zu manipulieren. Sie wurde einfach weitgehend übersprungen. Insofern lässt sich in diesen Fällen kaum von einer aggressiven Beziehung zur jüngsten Vergangenheit sprechen.*
25 Tilo von Wilmowsky an Dr. Henze, 31.07.1950, in: HA Krupp, FAH 29/65.
26 Zit. Kim Christian PRIEMEL: Der Sonderweg vor Gericht. Angewandte Geschichte im Nürnberger-Prozess, in: Historische Zeitschrift (HZ) 294 (2012), S. 391–426.
27 Erlaß des Führers über das Familienunternehmen der Firma Fried. Krupp, vom 12.11.1943, in: RGBl. I,

schaft in eine Einzelunternehmung zurückzuführen. Die Lex Krupp blieb als Sondergesetz in Kraft und wurde nach 1945 nicht aufgehoben.[28] Auf diese Weise blieb auch das Bild von »Krupp« an den verurteilten Kriegsverbrecher Alfried Krupp gebunden, und konnte keine substantielle Veränderung erfahren. Die Geschichte, die als verankerte Erzählung in der Gesellschaft vorhanden war, ließ sich nicht einfach neu erfinden und ersetzen. Krupp musste in Konsequenz der Lex Krupp und geführt von Alfried Krupp weiterbestehen und damit auch die NS-Geschichte schultern. An diesem Punkt, nach den Urteilen der Nachfolgeprozesse, kamen Krupp und IG Farben i.L. auch zusammen. Krupp als Unternehmen wurde zwar ebenfalls tiefgehend verändert, die alte Gussstahlfabrik etwa konnte nie wieder errichtet werden, aber der Name und auch der Eigentümerunternehmer blieben. Während es für die IG Farben i.L. also durchaus interessant war, die NS-Zeit als Trust-Zeit zu vernebeln, war der Anspruch bei Krupp ein Anknüpfen an die Geschichte vor 1933 und gleichzeitig eine Umdeutung der NS-Geschichte.

Zunächst hatten die angeklagten Unternehmer und Industriellen ein gemeinsames Vorgehen verfolgt.[29] Für die Verteidigung hatte man das Industrie-Büro in Nürnberg geschaffen und dort Verteidigungsmaterial gesammelt. Die Nürnberger-Nachfolgeprozesse waren von einer schier gigantischen Flut von Dokumenten und Material begleitet; Anklage wie Verteidiger brachten massenhaft Unterlagen ein. Die wichtige Aufgabe des Industriebüros war es hier, alles zusammenzutragen, was der »Reputation« der Unternehmen nützen konnte.[30] Auf der Grundlage des dort eingelagerten und zusammengeführten Materials entstand etwa das bekannte, gleichwohl nicht für die breite Öffentlichkeit, sondern für eine Spezialöffentlichkeit geschriebenes Büchlein »Schwerindustrie und Politik« von August Heinrichsbauer.[31]

Auch nach den Urteilsverkündigungen, so wurde zunächst beschlossen, wollten die Unternehmen weitergehend zusammenzuarbeiten, um »die deutsche Industrie

---

1943, (ausgegeben 20.11.1943), S. 655 f.
28 Zur Umbildung nach der Lex Krupp: Werner ABELSHAUSER: Rüstungsschmiede der Nation? Der Kruppkonzern im Dritten Reich und in der Nachkriegszeit, 1933–1951, in: Lothar GALL (Hg.): Krupp im 20. Jahrhundert. Die Geschichte des Unternehmens vom Ersten Weltkrieg bis zur Gründung der Stiftung, Berlin 2002, S. 267–472, hier vor allem S. 325 f.
29 Volker BERGHAHN: Unternehmer und Politik in der Bundesrepublik, Frankfurt 1985, S. 69–83, WIESEN: Challenge of the Nazi-Past, S. 70 ff.
30 Aufzeichnung über das Büro Dr. Nagel, Stand August 1951, in: HA Krupp, FAH 29 [Tilo von Wilmowsky]/56, Bl. 114 f.
31 August HEINRICHSBAUER: Schwerindustrie und Politik [Essen 1948], ausführlich dazu Jonathan S. WIESEN: Die Verteidigung der deutschen Wirtschaft: Nürnberg, das Industriebüro und die Herausbildung des Neuen Industriellen, in: Kim C. PRIEMEL, Alexa STILLA (Hg.): NMT: die Nürnberger Militärtribunale zwischen Geschichte, Gerechtigkeit und Rechtschöpfung, Hamburg 2013, S. 630–652.

von dem Odium der Kriegsschuldlegende [zu] entlasten«.[32] Eine gemeinsame und rechtfertigende Publikation kam dann aber zunächst nicht zustande. Zu geschockt waren die Industriellen über die von den amerikanischen Militärgerichten gefällten Urteile. Die Urteile trieben die Industriellen also zunächst auseinander. Flick, Krupp und IG-Farben fanden es angebracht, zunächst die eigene – und in ihren Augen ungerechte Behandlung – publizistisch zu verarbeiten. Vor allem Flick wollte seine gute »Conduite« nicht gefährden. Auch der Flick-Konzern war zwar bekannt, aber die Unternehmensgeschichte nicht mit einer Unternehmerdynastie (Krupp) oder einem Produkt (Anilin) massenwirksam verknüpft. Das erklärt, warum Flick keinerlei Interesse an einer narrativen Vergemeinschaftung mit Krupp und IG Farben anstrebte. »Alle drei Beteiligten kamen deshalb zu der Überzeugung, lieber getrennt marschieren zu wollen«, so rekapitulierte Wolfgang Pohle die Situation 1948/49.[33] Die IG Farben (i.L.) arbeiteten schon bald an einer eigenen »summarischen Darstellung« und auch bei Krupp bereitete man die Veröffentlichung »Warum wurde Krupp verurteilt?«[34] vor.

Flick schied also als aktiver Spieler aus dem angedachten gemeinsamen Vorgehen zur Geschichtspolitik der Unternehmen aus, nicht aber Krupp und IG Farben i.L. Für die Geschichtspolitik der kommenden Jahre wurde für Krupp Tilo von Wilmowsky zentral, für die IG Farben i.L. war das der Anwalt Rolf W. Müller.[35] Nachdem die eigens entworfenen und schnell vertexteten Schriften an handverlesene Adressaten versandt worden waren, setzten Müller, Assistent des IG Farben-Liquidators Schmidt, und Krupp-Familienmitglied Wilmowsky ihre Überlegungen für eine Zusammenarbeit fort. Mit dem Korea-Krieg, in dem man eine Veränderung der »Weltlage« identifizierte, schien es angebracht, das Image der Unternehmen im Ausland aufzupolieren. Verschiedene und einschlägige Autoren, darunter auch der zeitgenössisch sehr bekannte Montgomery Belgion, der die »Siegerjustiz« scharf kritisiert hatte,[36] und den insbesondere Müller für überaus »geeignet« hielt,[37] wur-

---

32 Zitiert nach: Wolfgang Pohle an Wilmowsky, 23.10.1950, in: HA Krupp, FAH 29/55, Bl. 161f.
33 Zitiert nach: Wolfgang Pohle an Wilmowsky, 23.10.1950, in: HA Krupp, FAH 29/55, Bl. 161f.
34 Tilo Freiherr von WILMOWSKY: Warum wurde Krupp verurteilt? Legende und Justizirrtum. Frankfurt/M. 1950.
35 Hubert SELIGER: Politische Anwälte? Die Verteidiger der Nürnberger Prozesse, Baden-Baden 2016, hier S. 324f.
36 Montgomery BELGION: Victors' Justice. A Letter intended to have been sent to a Friend recently in Germany, Hinsdale 1949.
37 Belgion kam in Frage, weil er 1949 »Victors' Justice« bei Regnery veröffentlicht hatte. Belgion schrieb dort seinem Freund, »Daniel«, und brandmarkte die »Kriegsschuldthese« als unterkomplex. Belgion lehnte aber ab: *My own feeling is that such a book as you outline would not appeal to the general reading public unless it could be cast in the form of a dramatic story,* Zit., Belgion an Dirksen, 15.09.1950, in: HA Krupp, FAH 29/55, Bl. 173. Zu Müller: Wilmowsky an Dirksen, 18.09.1950, in: ebd., Bl. 170.

den angeschrieben, um »the issue by the publication of a book which would have to deal with the political influence which the German heavy industry did or did not exert in German political life« anzugehen. Dem Briten war das angebotene Thema aber nicht »dramatic« genug, er lehnte ab.[38] Wilmowsky und Müller gaben aber nicht so schnell auf, die »jetzige Weltlage« forderte eine »derartige Publikation« geradezu heraus, fanden sie.[39] Man vereinbarte ein Treffen – Müller, Otto Kranzbühler, Hermann Maschke und Eduard von Dirksen – um die Frage weitergehend zu diskutieren, und Müller und Wilmowsky kamen überein, dass Wilmowsky die Federführung übernehmen sollte.[40]

Über das Treffen ist keine Mitschrift erstellt worden. Wolfgang Pohle aber, der sich auch mit Franz von Papen besprochen hatte, »rekapitulierte«: Es sei zu überlegen, »im Gesamtinteresse der deutschen Industrie eine allgemeingültige Darstellung, die auch für den Vertrieb im Ausland geeignet ist, herauszugeben«. Drei Probleme seien dabei zu lösen: erstens müsse es ein Verfasser mit einem Namen sein, zweitens müsse das Material, das diesem zur Verfügung gestellt werden würde, mit »äußerster Sorgfalt« ausgewählt werden, und drittens müsse das Vorhaben ordentlich finanziert werden.[41] Gesucht war also eine renommierte Feder, ein Autor, der für den wahrhaftigen Geltungsanspruch mit seinem Namen bürgen konnte. Dabei waren sich die Beteiligten darüber sehr im Klaren, dass diese Art der Darstellung nicht umsonst zu haben sein würde. Das Gespann Krupp (Wilmowsky) und IG Farben i.L. (Müller) räumte in den nächsten Monaten alle drei Probleme aus dem Weg, das allerdings nicht ohne weiteres.

Nachdem Belgion abgelehnt hatte, wurde über eine ganze Reihe von hochrangigen Autoren diskutiert: Über Allan Dulles, Arthur Garfield Hays und Sinclair Lewis, aber auch über Fritz T. Epstein und viele mehr wurde zwar gesprochen, Einstimmigkeit wurde aber nicht erzielt. Auch die um Rat angefragte »Gräfin« [Marion Dönhoff] wusste keinen Rat. Belgion, der zwar nicht selbst tätig werden wollte, aber Empfehlungen gab, riet über Eugene Davidson den Kontakt zur Yale-University Press aufzunehmen. Eine Veröffentlichung in den USA sei ohnehin effektvoller als in England.[42]

---

[38] Zit. Herbert von Dirksen an Montgomery Belgion, 07.09.1950, in: HA Krupp, FAH 29/55, Bl. 176. Rolf W. Müller hatte bei Belgion noch einmal selbstinitiativ angefragt, Belgion habe aber – so vermutete Müller – aus »politischen Gründen« abgelehnt, Müller an Wimowsky, 26.10.1950, in: HA Krupp, FAH 29/55, Bl. 160.

[39] Wilmowsky an Dirksen, 18.09.1950, in: HA Krupp, FAH 29/55, Bl. 170; dazu auch: Müller an Wilmowsky, 20.09.1950, in: ebd., Bl. 169.

[40] Müller an Wilmowsky, 04.10.1950, in: HA Krupp, FAH 29/55, Bl. 164R.

[41] Wolfgang Pohle an Wilmowsky, 23.10.1950, in: HA Krupp, FAH 29/55, Bl. 161f.

[42] Belgion an Dirksen, 12.12.1950, in: HA Krupp, FAH 29/55, Bl. 149. Dazu auch: Entwurf, o.V. [Theodor

Die Kontaktaufnahme zu Davidson glückte, sodass die Platzierung der zu schreibenden Veröffentlichung in einer renommierten Reihe der Yale-University Press in trockenen Tüchern schien. Es fand sich aber kein US-amerikanischer Professor, der auf der Grundlage des Materials der »Wirtschaftsprozesse« den Auftrag übernehmen wollte.

Ein alter Bekannter von Wilmowsky, Paul Scheffer, der ohnehin nicht viel am »professoralen« Duktus bei »empfindlichen Themen«[43] fand, empfahl Louis P. Lochner als Autor.[44] Damit verlagerte sich das Vorhaben von einem an eine Spezialöffentlichkeit gerichtetes Vorhaben zu einem Publikationsvorhaben für ein breites internationales Publikum. Scheffer und Lochner waren befreundet und bildeten zu der Zeit ein Arbeitsteam. Gemeinsam arbeiteten sie am »Rebel Prince«, den Memoiren des preußischen Prinzen, die noch 1952 im Regnery Verlag erschienen.[45] Vor dem Hintergrund des nahen Abschlusses dieses geschichtspolitischen Vorhabens konnte Scheffer Wilmowsky bald mitteilen, mit Lochner bereits »unverbindlich« übereingekommen zu sein: für 10.000 Dollar »Royalties«, die der Autor vom Verlag (Regnery) bekommen sollte, während Regnery einen Vertrag mit den Geldgebern schließen würde, würde Lochner den Auftrag übernehmen.[46] Wilmowsky fand an dem Vorschlag Gefallen. Lochner war während der 1920er Jahre und bis 1942 der Korrespondent der Associated Press in Berlin gewesen, hatte auch danach keinen deutschlandfeindlichen Ton angeschlagen und war zudem bekannt dafür, als erster Teile der Goebbels-Tagebücher, »sorgfältig«, wie Scheffer es formulierte, herausgegeben zu haben.[47]

Goldschmidt] an Eugene Davidson, o.D., FAH 29/55, Bl. 128. *Die Kernfragen, die wie ein roter Faden durch die 4 genannten Prozesse* [Krupp, Flick, IG-Farben, Röchling] *gehen, nämlich die Frage der Beteiligung der deutschen Industrie an den Kriegsvorbereitungen wie Kriegen des nationalsozialistischen Regimes, die Frage von Raub und Plünderung durch die deutsche Industrie in den besetzten Ländern und die Frage der Beschäftigung von Zwangsarbeitern werden im Rahmen einer solchen Darstellung – gesehen von dem Thema der Veröffentlichung – nämlich »Die Industrie unter der Diktatur« – auf ihre eigentliche Bedeutung als zwangsläufige Folge einer bestimmten politischen Konstellation zurückgeführt, die kritische Würdigung der vier Gerichts-Urteile unter dem allgemeinen Aspekt wird ergeben, dass die Schuldsprüche nur als Ausdruck einer noch kriegsbedingten psychologischen Einstellung zu werten sind und dass die rechtlichen Voraussetzungen dieser Verurteilungen, weil ad hoc und ad personam geschaffen, kein endgültiger Massstab sein können.* Ebd., Bl. 130 f.

43 Paul Scheffer an Wilmowsky, 15.08.1951, in: HA Krupp, FAH 29/55, Bl. 74.

44 Scheffer an Wilmowsky, 20.09.1951, in: HA Krupp, FAH 29/55, Bl. 58.

45 Es wurde 1952 mit einem Vorwort von Lochner, aber ohne Nennung von Scheffer publiziert: Ferdinand Prinz Louis von PREUSSEN: The Rebel Prince. Memoirs of Prince Louis Ferdinand of Prussia. Introduced by Louis Lochner, Chicago 1952.

46 Scheffer an Wilmowsky, 20.09.1951, in: HA Krupp, FAH 29/55, Bl. 58, 58R.

47 Die Herausgabe der Goebbels-Tagebücher waren Lochners erster Bestseller. Lochner dürfte bei der Herausgabe sehr persönliche Interessen geleitet haben. Er hatte sich beim deutschen Überfall auf Polen von der NS-Propaganda einspannen lassen und wollte wissen, ob Goebbels das in seinem Tagebuch vermerkt hatte; zu Lochners Zeit ausführlich Normann DOMEIER: Weltöffentlichkeit und Diktatur. Die ameri-

Die Frage, welches »Material« dem Verfasser zur Verfügung gestellt werden würde, war schneller gelöst. Für das Industriebüro, das Büro Nagel, gab es nach den Nachfolgeprozessen keine Verwendung mehr. Das Büro siedelte von Nürnberg nach Essen über, wurde dabei unter die Schirmherrschaft von Theo Goldschmidt, dem damaligen Präsidenten der Industrie- und Handelskammer (IHK) Essen, genommen und sollte die Unterlagen, die für die Nürnberger-Nachfolgeprozesse zusammengestellt worden waren, und damit ausschließlich entschuldendes Material bereithielten, verfügbar machen. Nagel selbst sollte allerdings nur als »Mittler« fungieren, die Unterlagen also nur herausgeben.[48] Die Materialfrage verkoppelte sich dann aber mit der Frage nach Finanzierung des Vorhabens.

Ein Problem war, dass das Büro Nagel zwar nun bei der IHK Essen angesiedelt war,[49] seine Unterhaltung aber vom BDI finanziert wurde.[50] Dort regte sich erheblicher Widerstand gegen das Vorhaben. Der BDI lehnte, ohne auf ein von Wilmowsky unterbreitetes Gesprächsangebot einzugehen, die Weiterführung der Finanzierung des Büros schließlich ab. Das war für die Initiatoren ärgerlich, aber vor dem Hintergrund der Veränderungen in der Verbandslandschaft kein Grund, den Rückzug anzutreten. Als Notbehelf, aber auch um sich dem Präsidenten des BDI, Fritz Berg, nicht zu beugen, wurde das Büro Nagel für die Dauer des Publikationsvorhabens vom Chemieverband zwischenfinanziert.[51] Es war dabei weniger der Name »Lochner« der zog, als vielmehr die anvisierte und durch Scheffer vorstrukturierte Realisierung (Sicherung der »Unabhängigkeit« durch den Verlag) und der in Aussicht genommene und im Vergleich zu einer wissenschaftlichen Studie durch einen Professor aus Yale kostengünstige Finanzierungsaufwand von 10.000 Dollar, der am Ende für Lochner sprach. Denn das große Problem, zumal nachdem der BDI seine Ablehnung des Vorhabens deutlich gemacht hatte, war die Finanzierung. Die Gutehoffnungshütte (GHH) etwa sprang ab. Am Ende beteiligten sich neben Krupp und – stellvertretend für die IG Farben i.L.: Bayer, die Vereinigte Stahlwerke AG (VSt), Flick, Mannesmann, Hoesch und Klöckner an der Finanzierung.[52]

---

kanischen Auslandskorrespondenten im »Dritten Reich«, Göttingen 2021 [im Erscheinen]; Scheffer an Wilmowsky, 20.09.1951, in: HA Krupp, FAH 29/55, Bl. 58 u. 58R. Louis P. LOCHNER (Hg.): Joseph Goebbels. Tagebücher aus den Jahren 1942–43. Mit anderen Dokumenten und einer Einleitung von Louis P. Lochner, Zürich 1948, Übersetzung DERS.: The Goebbels Diaries, 1942–1943, New York 1948.

48 Wilmowsky an Hermann Maschke, 30.05.1951, in: HA Krupp, FAH 29/55, Bl. 94.
49 Aufzeichnung über das Büro Dr. Nagel, Stand August 1951, in: HA Krupp, FAH 29/56, Bl. 114 f.
50 Zur Verbindung von BDI und Deutschem Industrieinstitut (DI) 1950: WIESEN: Challenge of the Nazi-Past, S. 102–106.
51 Goldschmidt an Wilmowsky, 02.10.1952, in: HA Krupp, FAH 29/56, Bl. 54.
52 Die Schlussrechnung des so genannten »Lochner-Fonds« wies Einnahmen von 98.000 DM aus; davon hatten eingezahlt: 40.000 DM Krupp, 12.000 DM Bayer, je 10.000 DM VSt, Flick, Mannesmann, Ho-

Lochner und die Industrie schlossen keinen direkten Vertrag ab, sondern Lochner wurde vom Regnery-Verlag vertraglich gebunden, um das Buch als »unabhängig« vermarkten zu können und jeden Anschein zu vermeiden, dass es sich »um ein von deutscher Seite finanziertes Plädoyer« handelte. Man vermied also direkt einen Vertrag zwischen der deutschen Industriegruppe und Lochner. Lochner wurde, wie geplant, vertraglich durch den Regnery-Verlag gebunden.[53] Dennoch blieb vor allem Wilmowsky mit Lochner in Kontakt; als Vertreter der IG Farben i.L., die ja in diesem Projekt nicht direkt und offen beteiligt war, hielt sich Müller dagegen weitgehend zurück.[54]

Das am Ende von Lochner vorgelegte Manuskript war derart entschuldend, dass es in Deutschland schwierig wurde, einen Verlag zu finden.[55] Tatsächlich floppte es, in den USA genauso wie in der BRD.[56] Der Flop war nicht nur für Lochner, sondern auch für Wilmowsky und die anderen Auftraggeber bitter. Da man das Vorhaben gegen den erklärten Willen des BDI realisiert hatte, wurde das ausbleibende und positive Echo beschönigt: Die Verkaufszahlen, so Otto Kranzbühler, seien nicht entscheidend. Die »beabsichtigte Wirkung« sei es vielmehr gewesen, »daß ein solches Buch von einem Autor mit Namen Lochner überhaupt in Amerika herausgebracht worden ist und man jeden wohl oder übel gesinnten Interessenten englischer Sprache darauf verweisen kann«.[57]

Für Krupp wurde in der Ausarbeitung Lochners, wie auch von Wilmowsky gewünscht, der vom Unternehmen seit Jahrzehnten kultivierte »Sonderstatus« von

---

esch und 6.000 DM Klöckner. Gut 50.000 DM waren dem Verlag Regnery transferiert worden, Lochner hatte persönlich (also nicht über den Verlagsvertrag) 18.000 DM erhalten (zzgl. Ausgaben für zwei Veranstaltungen für Lochner (355 DM), die Aufwendungen für das Büro Nagel bezifferten sich auf 12.000 DM; Wolfgang Küster an Otto Kranzbühler, 15.12.1952, in: HA Krupp, FAH 29/56. Bl. 11.

53 (Kopie) Vertragsentwurf, übermittelt von Kranzbühler an Henry Regnery, o.D., in: HA Krupp, FAH 29/56, Bl. 127 f.; Zit. Wilmowsky an Scheffer, 03.11.1951, in: HA Krupp, FAH 29/55, Bl. 14.

54 So enthält der Nachlass Lochners weitergehenden Schriftwechsel zu der Publikation mit Wilmowsky, aber kaum mit Müller; Wisconsin Historical Society, Division of Library, Archives, and Museum Collections, University of Wisconsin, USA, Coll. 37: Louis P. Lochner Papers. Das wohl nicht zuletzt, weil mit DuBois Veröffentlichung nicht mehr viel am Ruf der »IG-Farben« zu retten war: Josiah E. DuBois Jr.: The Devil's Chemists. 24 Conspirators of the International Farben Cartel who manufacture Wars, Boston 1952.

55 1955 erschien Lochners »Tycoons and Tyrant«, unter dem deutschen Titel »Die Mächtigen und der Tyrann«, im sehr kleinen und eher unbekannten Verlag Franz Schneekluth.

56 Weder in den USA noch in England noch in der BRD wurde Lochners Veröffentlichung weitergehend zur Kenntnis genommen. Lochner hatte das nicht erwartet, im Gegenteil: Lochner und auch Scheffer waren davon ausgegangen, dass eine »gewisse Clique von ›book reviewers‹« über die Veröffentlichung regelrecht herfallen werde. Und weil »der amerikanische Leser« die Kontroverse liebte, hätte das einen stark werbenden Effekt gehabt. Statt Kritik aber erntete man Desinteresse; Lochner an Wilmowsky, 02.02.1954, in: HA Krupp, FAH 29/66, Bl. 37-39, das Zitat auf Bl. 38.

57 Kranzbühler an Wilmowsky, 04.01.1955, in: HA Krupp, FAH 29/57, Zit. Bl. 48.

Krupp festgeschrieben und die NS-Zeit eng auf Gustav Krupp von Bohlen und Halbach bezogen. Alfried Krupp, der das Unternehmen seit 1943 führte, wurde dagegen zum »Lernenden« und auf diese Weise von jedweder Verstrickung erzählerisch befreit.[58] Für die IG Farben wurde indes herausgestellt, dass der Trust an einem Krieg kein Interesse gehabt habe, da die Chemieindustrie in der Welt zu vernetzt gewesen sei.[59] Verstrickungen in die Nutzung von »Sklavenarbeit« lastete Lochner beinahe ausschließlich der IG Farben an, auch indem sie nur verhalten thematisiert wurde. Dazu paraphrasierte Lochner z. B. das Urteil des IG Farben Prozesses dieserart: »Es kann kaum einem Zweifel unterliegen, daß die Weigerung eines leitenden Angestellten der IG, die vom Reich festgesetzten Produktionsprogramme zu erfüllen oder für die Erfüllung Sklavenarbeiter zu verwenden, eine Herausforderung bedeutet hätte, die als hochverräterische Sabotage behandelt worden wäre und sofort harte Vergeltungsmaßnahmen im Gefolge gehabt hätte.«[60] Natürlich war das verkleidet in das breit verwendete »Opfernarrativ«, und doch zeigt die vergleichende Betrachtung, dass dies vor allem an den IG Farben festgemacht wurde, nicht aber an den nach 1945 tätigen Nachfolgeunternehmen des Chemietrusts, auch wenn auch sie für Nutzung von »Sklavenarbeit« angeklagt worden waren.[61]

Resümee

Die Geschichte war für die Unternehmen nach 1945 relevant. Folgt man Brünger und Wiesen, war es vor allem der erzwungene Umgang mit der eigenen Gesichte, der von zentral Bedeutung war, und auf den publizistisch reagiert wurde. Die »Altlasten« der Vergangenheit[62] mussten verortet werden. Daraus ergab sich im Detail aber ein erheblicher Unterschied zwischen Krupp und IG Farben. Krupps Kontinuität blieb erhalten. Obschon Alfried Krupp verurteilt worden war, gab es im Krupp'schen Rumpfkonzern keinen Zweifel darüber, dass Krupp auf der bestehenden Grundlage als eigentümergeführtes Unternehmen weitergeführt werden sollte.

---

58 Etwa: Louis P. LOCHNER: Die Mächtigen und der Tyrann. Die deutsche Industrie von Hitler bis Adenauer, München 1955, S. 231 f.
59 LOCHNER: Die Mächtigen und der Tyrann, S. 220.
60 LOCHNER: Die Mächtigen und der Tyrann, S. 275.
61 Dazu weiterhin und grundlegend: Ulrich HERBERT: Fremdarbeiter. Politik und Praxis des »Ausländer-Einsatzes« in der Kriegswirtschaft des Dritten Reiches, Bonn 1999; Mark SPOERER: Zwangsarbeit unter dem Hakenkreuz. Ausländische Zivilarbeiter, Kriegsgefangene und Häftlinge im Dritten Reich und im besetzten Europa 1939–1945, Stuttgart u. a. 2001; zur Zwangsarbeit bei Krupp: Werner ABELSHAUSER: Rüstungsschmiede der Nation?; zur Zwangsarbeit bei den IG-Farben: Peter HAYES: Industry and Ideology: IG Farben in the Nazi Era, Cambridge u. a. 1987.
62 BRÜNGER: Geschichte und Gewinn, S. 103.

Bei Krupp musste die NS-Geschichte deshalb mit der Geschichte vor 1933 verbunden werden und in eine neue Erzählung überführt werden. Krupp musste die »Altlasten« schultern und in die eigene Geschichtserzählung einbauen. Hier ging es also nicht in erster Linie um ein »Beschweigen«, sondern um narrative Umdeutung. Das war bei dem zweiten Industriegiganten, den IG Farben ganz anders: Die Entflechtung und Dekartellierung schuf mit Bayer, Hoechst und BASF drei große Nachfolger, die weitgehend ohne »Altlasten« agieren konnten. Das zeigt sich besonders im Wollheim-Prozess. Nobert Wollheim, der die Zeit, als er als Zwangsarbeiter in Auschwitz-Monowitz in der Buna-Fabrik der IG Farben schuften musste, überlebte, reichte im November 1951 Klage gegen die IG Farben i.L. ein. Am Ende der Verhandlungen (nachdem Wollheim in erster Instanz ein Schmerzensgeld zugestanden worden war, ging die IG Farben i.L. in Revision) stand das Vergleichsabkommen zwischen IG Farben i.L. und Wollheim bzw. der Jewish Claim Conference, die Wollheim beigesprungen war.[63] Die IG Farben i.L. wehrte sich, natürlich. Dennoch schloss sie, ohne den Ruf oder Image der großen Nachfolgegesellschaften zu beschädigen, das Vergleichsabkommen mit einer Entschädigungssumme von 30 Millionen DM. Die Jewish Claim Conference ihrerseits hatte aus strategischen Gründen bei der IG Farben i.L. angesetzt, gerade weil der IG Farben i.L. die narrative Verantwortung aufgeschultert worden war.[64] Erst nachdem also die Türöffnung über die IG Farben i.L. gelungen war und das Abkommen im Februar 1957 unterzeichnet war, wurde in einem nächsten und wohl überlegten Schritt, andere Unternehmen angeschrieben und vor allem bezüglich der Imagefrage Krupp gezielt zu einem Abkommen bewegt.[65]

Tatsächlich gelang es einigen Unternehmen, nicht zuletzt den Nachfolgegesellschaften der IG Farben, an ihr öffentliches Bild vor 1933 anzuknüpfen, während andere Unternehmen, wie etwa Krupp, die narrative Umdeutung ihrer Geschichte vor 1933 und seit 1933 betrieben. Krupp war damit erstaunlich erfolgreich. Eine Kritik, die zur echten Herausforderung für das umgedeutete Geschichtsbild Krupps wurde, wurde erst Ende der 1960er Jahre veröffentlicht.[66] Die Unternehmen ver-

---

63 Benjamin B. FERENCZ: Lohn des Grauens. Entschädigung jüdischer Zwangsarbeiter. Ein offenes Kapitel deutscher Nachkriegsgeschichte, Frankfurt/M. u. a., 2. Aufl. 1986, S. 59–93, vgl. dazu: Henning BORGGRÄFE: Zwangsarbeiterentschädigung. Vom Streit um »vergessene Opfer« zur Selbstaussöhnung der Deutschen, Göttingen 2014, vor allem S. 39–55. Vgl. dazu auch die Beiträge von Katharina Stengel und Thomas Pierson in diesem Band.
64 Vgl. dazu Dok. 23–26, in: Constantin GOSCHLER, Markus BÖICK, Julia REUS (Hg.): Kriegsverbrechen, Restitution, Prävention. Aus dem Vorlass von Benjamin B. Ferencz, Göttingen 2019, S. 247–258.
65 Vgl. Dok. 18, in: GOSCHLER/BÖICK/REUS: Kriegsverbrechen, Restitution, Prävention, S. 259–265; FERENCZ: Lohn des Grauens, S. 113–130.
66 William MANCHESTER: The Arms of Krupp. 1587–1968, Boston 1968.

schwiegen also nicht einfach, sie hatten vielmehr ein höchst unterschiedliches Interesse am »Umgang« mit der eigenen Geschichte, das zeigt sich gerade auch an dem Beispiel der Lochner Publikation. Ohne jeden Zweifel schrieb Lochner im Interesse seiner Finanziers: Für Krupp bedeutete sein Manuskript eine Schuldzuschreibung zu Lasten von Gustav »Krupp«. Im Fall der IG Farben wurde beschönigt, aber die Zwangsarbeit thematisiert. Als Geschichte der »IG« schien das allerdings mit den Nachfolgegesellschaften nicht viel zu tun haben. Dafür sorgte nicht zuletzt die zeitgleich in Gang gesetzte Public Relations-Aktivität des etwa für Bayer in den USA tätigen PR-Agenten Julius Klein.[67]

---

[67] Dazu: Christian KLEINSCHMIDT: Der produktive Blick. Wahrnehmung amerikanischer und japanischer Management- und Produktionsmethoden durch deutsche Unternehmer 1950–1985, Berlin 2002, S. 204–220.

Kurzreferate

Albrecht Kirschner: **Entwicklung und Struktur der IG Farbenindustrie AG (i.A.)**
Steht am Beginn der Konzerngeschichte 1925 die nationale wie internationale Marktmacht des Konzerns mit komplexen, teils verdeckten, Beteiligungen im Zentrum, ist die weitere Entwicklung eng mit dem NS-Regime verbunden. Eine massive Unterstützung der NS-Autarkiepolitik substituierte die im Zweiten Weltkrieg teils wegfallenden internationalen Märkte. Zur Erreichung dieser Firmenziele nutzte der Konzern die Möglichkeit der Zwangsarbeit massiv, in Auschwitz / Monowitz sogar mit einem eigenen Konzentrationslager.

Mit der alliierten Besatzung wurde der Konzern beschlagnahmt. Nach der 1952 erfolgten Ausgründung einiger ehemaliger Gründungsfirmen als Nachfolgegesellschaften war die Auflösung der nicht-produzierenden Liquidationsgesellschaft, die sich um die Pensions- und Rentenverpflichtungen ehemaliger IG Farben-Beschäftigter, um die Entschädigung ehemaliger Zwangsarbeiterinnen und Zwangsarbeiter und die Abwicklung und Veräußerung von Konzerngesellschaften und Beteiligungen zu kümmern hatte, von vielen, teils umfangreichen und bedeutenden juristischen Auseinandersetzungen begleitet. Die durch die Wiedervereinigung Deutschlands möglich gewordenen Versuche, die in der Sowjetischen Besatzungszone enteigneten Immobilien wieder unter Kontrolle zu bekommen, gingen dem am 4. Juni 2012 abgeschlossenen Insolvenzverfahren voraus, das nach 87 Jahren die Geschichte der I.G. Farbenindustrie AG beendete.

Raymond G. Stokes: **Entwicklungen und Bedeutung der IG Farben i.A. in der Nachkriegswirtschaft**
Die Entflechtung des gigantischen Chemie-Konzerns IG Farbenindustrie AG in der Nachkriegszeit war eine langwierige und komplizierte Aufgabe, die von den Wechselwirkungen diverser politischer und wirtschaftlicher Interessen und vor allem vom Kalten Krieg bestimmt wurde. Ein besonders heikles Problem bestand darin, dass die IG Farben und seine Top-Manager in Verbrechen der NS-Zeit involviert waren, nicht zuletzt mit ihren Tätigkeiten bezüglich der IG-Auschwitz Fabrik, die neben dem Vernichtungslager stand. Während die ehemaligen Fabriken der IG in der DDR schließlich verstaatlicht wurden, entstanden in der Bundesrepublik Deutschland bis 1952 im Gegensatz dazu u. a. drei große Nachfolgegesell-

schaften, die erhebliches wirtschaftliches und technologisches Potenzial hatten. Gleichzeitig wurde die IG Farben in Liquidation als weitere Nachfolgefirma gegründet, die kurz danach in »IG Farben in Abwicklung« umbenannt wurde.

Die Hauptaufgabe der IG Farben i.A. bestand, neben der Verwaltung der Pensionen einer begrenzten Anzahl von ehemaligen IG-Angestellten, darin, beschlagnahmtes Vermögen der IG u. a. in der DDR, in Polen, der Schweiz und den USA für IG-Aktionäre zurückzugewinnen und die Hauptverantwortung für die Untaten der IG Farben in der NS-Zeit zu übernehmen. Die Erfolge der IG Farben i.A. bei der Rückgewinnung des ehemaligen Vermögens für Aktionäre waren begrenzt, auch nach der deutschen Wiedervereinigung von 1990. Erfolgreicher war die IG Farben i.A. als Stellvertreterin der IG in den Rechtsstreiten mit ehemaligen Zwangsarbeitern. In dieser Hinsicht funktionierte die Firma als Blitzableiter: Sie schützte die großen Nachfolgegesellschaften – BASF, Bayer und Hoechst – in den kritischen Jahrzehnten nach 1952, als diese wieder erfolgreich aktiv auf den Weltmärkten tätig wurden. Insofern haben die Aktivitäten der IG Farben i.A., die nichts produzierte und die 2003 in die Insolvenz ging, eine wichtige, wenn auch indirekte Auswirkung auf die Entwicklung der Nachkriegswirtschaft.

Sara Berger: **Die Ausstellung »Die IG Farben und das Konzentrationslager Buna-Monowitz. Wirtschaft und Politik im Nationalsozialismus«**
Die Anfänge der vom Fritz Bauer Institut konzipierten und 2018 neu kuratierten Ausstellung liegen im Jahr 1998, als in Frankfurt 90 Buna-Überlebende zu einem Treffen zusammenkamen. Im ersten von drei Teilen werden zunächst die historischen Entwicklungen, die zur Errichtung des Konzentrationslagers Buna-Monowitz geführt haben, dokumentiert und ein kurzer Einblick in die Geschichte der IG Farben und des Konzentrations- und Vernichtungslagers Auschwitz gegeben. Der zweite längere Teil beschäftigt sich mit den Häftlingen im Konzentrationslager Buna-Monowitz, mit ihrer Deportation, den Bedingungen der Zwangsarbeit, den Häftlingshierarchien, den katastrophalen Lebensbedingungen, die von Gewalt, Krankheiten und Selektionen geprägt waren, mit den Widerstandsaktivitäten unter den Häftlingen, den Bombenangriffen, den »Todesmärschen« und der Befreiung. Der letzte Teil der Ausstellung behandelt Aspekte zur IG Farben nach 1945 und zur juristischen Aufarbeitung der Verbrechen. Ein online zugänglicher Begleitband dient der Vor- und Nachbereitung der Ausstellung. Eng mit der Ausstellung ist auch das Wollheim Memorial verbunden, das zum einen durch einen Pavillon und Fototafeln im Park des IG Farben-Hauses, zum anderen virtuell ein Ort des Gedenkens an die Opfer von Buna-Monowitz ist und Informationen über die Beteiligung der IG Farben an den NS-Verbrechen, zu den Prozessen und zur Entschädigung bereitstellt.

Carl Christian Wahrmann: **Abwicklung eines Weltkonzerns. Übernahme, Erschließung und Inhalte des Bestands »Stiftung I. G. Farbenindustrie« am Hessischen Hauptstaatsarchiv Wiesbaden**

Das Hessische Hauptstaatsarchiv Wiesbaden übernahm in den Jahren 2015 und 2016 die Unterlagen der Stiftung I.G. Farbenindustrie. Die mehr als 800 Meter Ordner, Karteien und Mappen geben einen detaillierten Einblick in Strukturen und Arbeitsweisen des früheren Weltkonzerns IG Farben. Einen quantitativen Schwerpunkt des Bestands bilden die Unterlagen des Konzerns in Abwicklung seit seiner Entlassung aus alliierter Kontrolle in den frühen 1950er Jahren. Dokumentiert sind vor allem die jahrzehntelange Abwicklung des Industriekonzerns sowie der Umgang mit den Ansprüchen ehemaliger Zwangsarbeiter. In den Akten mit einer Laufzeit von rund 160 Jahren finden sich Unterlagen sowohl zu den Anfängen des Konzerns, zur Hochzeit in den 1920er- bis 1940er-Jahren und zur langwierigen Abwicklung seit 1945. Für die Forschung ist diese Überlieferung besonders wertvoll, da sie die Unterlagen der zentralen Abteilungen, nachgeordneter Organisationseinheiten und zahlreicher mit der IG Farben verflochtener Firmen enthält.

Alle Unterlagen wurden am Hauptstaatsarchiv in einem mehrjährigen Projekt erschlossen und sind seitdem für die Öffentlichkeit zugänglich. Der Beitrag thematisiert die Hintergründe und die Umsetzung des Projekts. Hierzu zählen unter anderem der Ablauf der Übernahme, die archivfachliche Bewertung, die Planung und Kontrolle der Verzeichnung, technischen Bearbeitung und Digitalisierung, die konservatorischen Maßnahmen sowie die Öffentlichkeitsarbeit. Daneben gibt der Beitrag einen Überblick über qualitativ und quantitativ bedeutsame Inhalte des Bestands.

Karola Wagner: **Der Bestand IG-Farbenindustrie AG im Bundesarchiv**

Der heute im Bundesarchiv verwahrte Bestand R 8128 IG Farbenindustrie AG hat einen Umfang von 536 lfm. und umfasst ca. 19.500 Akteneinheiten. Die Unterlagen gelangten im Rahmen umfangreicher Aktenübernahmen v. a. aus der Sowjetunion zwischen 1956 und 1960 in das damalige Deutsche Zentralarchiv in Potsdam. Dabei handelte es sich um Akten verschiedener Zentralstellen des Konzerns und überbetrieblicher Vereinigungen innerhalb der IG Farben sowie um Akten von Vorgängerbetrieben, einzelnen Produktionsstätten (Zweigbetrieben), Tochtergesellschaften und Beteiligungsfirmen mit Schwerpunkt Mittel- und Ostdeutschland. Die Überlieferung besteht heute zu etwa zwei Dritteln aus Akten der Volkswirtschaftlichen Abteilung, der Verkaufsgemeinschaft Agfa Berlin SO 36 und den geographisch strukturierten Verkaufsgemeinschaften Farben. Akten der Spitzengremien des Konzerns wie Vorstand, Aufsichtsrat, Verwaltungsrat sowie Akten der nicht in Berlin beheimateten Zentralverwaltungsstellen fehlen in der Regel. Der Bestand ist ohne Einschränkungen benutzbar.

Jana Lehmann: **Überlieferung von Unterlagen der IG Farbenindustrie im Landesarchiv Sachsen-Anhalt**
Im Landesarchiv Sachsen-Anhalt wird eine umfangreiche Überlieferung ehemaliger IG-Betriebe der chemischen Industrie und des Bergbaus verwahrt. Den Schwerpunkt bilden die am Standort Merseburg archivierten Bestände der IG Farben Chemische Werke Bitterfeld sowie Farbenfabrik Wolfen und der Buna-Werke GmbH Schkopau, die alle der Betriebsgemeinschaft Mitteldeutschland angehörten, sowie des Ammoniakwerkes Merseburg (Leuna-Werke). Der Beitrag skizziert die Entwicklung der chemischen Industrie der Region, in die sich vor dem Hintergrund der Rolle der Großsynthesen für die Kriegswirtschaft der Schwerpunkt des IG-Konzerns seit Ende der 1930er Jahre verlagerte. Das Schicksal der Werke im und nach dem Krieg, archivgesetzliche und -fachliche Vorgaben sowie die Veränderungen durch die politische Wende haben die Überlieferungsbildung sowie die heute vorliegende Struktur der Bestände geprägt. An ausgewählten Beispielen werden Schwerpunkte der Überlieferung und Auswertungsmöglichkeiten vorgestellt.

Rüdiger Borstel: **Die Überlieferung von Unterlagen der I.G. Farbenindustrie AG im Unternehmensarchiv der Bayer AG in Leverkusen**
Die Quellenlage zur I.G. Farbenindustrie AG und ihrer Vorgänger im Bayer Archiv ist in ihrer Gesamtheit als außerordentlich gut zu bezeichnen. Das Bayer Archiv in Leverkusen gehört zu den ältesten Wirtschaftsarchiven in Deutschland. Als zentrales Unternehmensarchiv der Bayer AG dokumentiert es die Geschichte des gesamten Konzerns seit 1907. Gesammelt werden Schriftdokumente, Fotografien, Filme, Werbemittel, Publikationen und andere Zeugnisse der Unternehmensentwicklung, die ausgewertet und auf Dauer aufbewahrt werden. Die vorgestellten Bestände zur IG Farben und ihrer Vorläufer zeigen auf, wie umfangreich, aber auch wie aussagefähig die zahlreichen Unterlagen sind, in denen die Geschichte der IG Farben von der Vorgeschichte über die Gründung im Jahr 1925 bis zu ihrer Auflösung und der Neugründung von Bayer im Dezember 1951 dokumentiert ist.

Die Überlieferung im Bayer Archiv geht weit über die vorgestellten Bestände hinaus. Zu nennen wären hier die Bestände der Werksverwaltungen, der Direktionsabteilungen, der Personalstellen, der Forschungsabteilungen und die der Produktionsbetriebe der Niederrheinwerke. Für die Beschäftigung mit dem I.G.-Farben-Prozess sind die Bestände des Unternehmensarchivs speziell bezüglich der Verteidigung der angeklagten IG-Manager ein wahrer Fundus, besonders der Bestand BAL 207, in dem zahlreiche Dokumente die Verteidigungsstrategie detailliert aufzeigen und Einzelmotive der Angeklagten offenlegen. Hervorragend dokumentiert sind im Bestand BAL 004-C die Auflösungs- und Entflechtungsmodalitäten der IG-Farben wie auch die Diskussion um die Schaffung leistungsfähiger IG-Nachfolgeunternehmen zwischen alliierten und deutschen Stellen. Festzuhalten bleibt, dass das Bayer Archiv in Leverkusen ein wichtiger Anlaufpunkt für jede Auseinandersetzung mit der Geschichte der IG Farben ist, was auch an zahlreichen Publikationen zu unterschiedlichen Aspekten der IG-Farbengeschichte erkennbar ist.

Ingo Köhler: **Überlieferung von Unterlagen der IG Farbenindustrie im Hessischen Wirtschaftsarchiv**
Den Kern der Überlieferung bildet der Bestand Leopold Cassella & Co. Cassella war Teil des Dreiverbandes, der sich 1916/17 mit dem Dreibund zur »kleinen IG« zusammenschloss und dann 1925 in die IG Farbenindustrie AG einging. Die Firma weist die Besonderheit auf, dass sie lediglich indirekt einbezogen wurde, da sich die Geschäftsanteile der GmbH bereits vor 1925 mehrheitlich in Händen der übrigen IG-Gesellschaften befanden. Das Werk in Fechenheim wurde an die IG Farbenindustrie AG verpachtet. Mehrere Mitglieder der jüdischen Inhaberfamilie Gans/von Weinberg waren jedoch aktiv in alle Fusionsschritte involviert und nahmen Plätze im Verwaltungs- und Aufsichtsrat ein, aus denen sie nach 1933 verdrängt wurden.

Der Bestand umfasst rund 10.000 Archivalieneinheiten und ist zu mehr als zwei Drittel erschlossen. Er enthält umfangreiche Unterlagen zum Entstehungs- und Entwicklungsprozess der IG aus firmeninterner Sicht, etwa Protokolle zahlreicher IG Gremien und Kommissionen (u. a. Export, Kaufmännische und Coloristische Kommission; 1917–1939), Produktions- und Rationalisierungspläne, Pacht- und Patentverträge sowie Unterlagen zur Entflechtung nach 1945. Interessante Unterlagen bietet auch der Bestand Teerfarbenwerk Oehler/Naphtol-Chemie, die als Tochter der Griesheim-Elektron in die IG Farben eingebunden war. Für die Zeit vor 1945 sind hauptsächlich Produktionsstatistiken, Kundeninformationen und Patentunterlagen zu Farbstoffen überliefert.

Christian Marx: **Die IG Farben und ihre Nachfolgegesellschaften. Neubeginn und Kontinuität am Beispiel der Farbwerke Hoechst AG und ihrer Auslandstätigkeit**
Der Zusammenbruch 1945 bedeutete auch das Ende der IG Farben, doch schon bald sahen sich die westlichen Alliierten genötigt, wieder eine begrenzte chemische Produktion zuzulassen, um die Versorgung der Bevölkerung sicherzustellen. Infol-

gedessen konnten die Chemieunternehmen ihre Produktion wieder in Gang bringen. Trotz des Verlusts ihres Auslandsvermögens sowie ihrer Warenzeichen und Patentrechte im Ausland gelang ihnen ein fulminanter Wiederaufstieg. Dabei entwickelte sich der Export im Wirtschaftswunder zum Motor der Auslandsexpansion. Am Beispiel der Farbwerke Hoechst wird gezeigt, inwiefern personelle Kontinuitäten die Nachkriegsentwicklung bestimmten und mit welchen Maßnahmen das Unternehmen wieder auf die Auslandsmärkte vorstieß. Hoechst stellte Kontakte zu früheren Händlern und IG-Angehörigen im Ausland her, kaufte verloren gegangenes Auslandsvermögen zurück, übernahm unternehmensfremde Agenturen und beteiligte sich an mehreren Joint Ventures im Ausland. Auf diese Weise entstand bis in die 1960er Jahre ein weitverzweigtes Vertriebsnetz, über das der Konzern schließlich den gesamten Weltmarkt bediente.

Christoph Franke: **Die Entflechtung der I.G. Farbenindustrie AG am Beispiel der Behringwerke. Staatliche Einflussnahme zum Wohle der Allgemeinheit?**
Die Geschichte der Behringwerke wurde durch die Eingliederung des Unternehmens in die I.G. Farbenindustrie AG seit August 1929 bis Anfang der 1950er Jahre erheblich beeinflusst. Die Behringwerke wurden als Beteiligungsgesellschaft durch die I.G. Farben AG fortgeführt, und der Name »Behringwerke« wurde aufgrund der Bekanntheit und des Vertrauens in die Produkte beibehalten. Die Produktion der Seren und Impfstoffe wurde in Marburg konzentriert und der Verkauf in das weltweite Verkaufsnetz der IG Farben mit der Zentrale in Leverkusen eingegliedert.

Die Behringwerke, deren Werksanlagen den Zweiten Weltkrieg ohne große Schäden überstanden hatten, standen seit Anfang Juli 1945 unter US-amerikanischer Verwaltung. Sie konnten ihr eigenes Streben nach Neuaufbau und Neuorientierung von Produktion und Forschung nur im engen Rahmen der alliierten Besatzungspolitik durchführen. Dabei war es ein zentrales Anliegen der USA, die deutsche Industrie möglichst zu entflechten. Mit der unternehmerischen Konsolidierung der chemischen Industrie Deutschlands, hier besonders der Bayer AG und der Farbwerke Hoechst, gewannen beide Unternehmen wesentlichen Einfluss auf die Frage der Entflechtung der Behringwerke. Auch die junge Bundesregierung, die hessische Landesregierung und kommunale Akteure versuchten, das Schicksal der Behringwerke zu beeinflussen. Diese recht verwickelte Gemengelage ist das zentrale Thema der vorliegenden Abhandlung.

Rainer Karlsch: **Die Auseinandersetzung mit dem Erbe der I.G. Farbenindustrie AG in der DDR**
Alle großen Werke der IG Farben in der sowjetischen Besatzungszone (SBZ) wurden von der Besatzungsmacht beschlagnahmt, teilweise demontiert, als Reparationsleistung in sowjetisches Eigentum überführt und Ende 1953 der DDR übergeben. In Personalfragen verfuhr die Besatzungsmacht pragmatisch und beließ viele IG-Chemiker und Ingenieure unabhängig von ihrer Mitgliedschaft in der NSDAP in Führungspositionen. Eine Auseinandersetzung mit den Verbrechen des Konzerns wurde in der DDR frühzeitig geführt, allerdings nur insoweit dies ehemalige IG-Direktoren im Westen betraf. Lange prägend blieb der DEFA-Film »Der Rat der Götter«, der bereits 1950 in die Kinos kam und von mehr als 5,3 Millionen Besuchern gesehen wurde.

Im Frühjahr 1957 begann eine Kampagne gegen die »IG-Ideologie«, die sich gegen die alte Elite in den Werken der Großchemie und ihre Kritik an der Planwirtschaft richtete. Im Ergebnis festigte die SED ihre Macht in den Betrieben. Erst in den 2010er Jahren wurde anlässlich einer Namensgebung für eine Straße auf dem Campus der Technischen Hochschule Leuna-Merseburg auch über die Rolle von Mitarbeitern der mitteldeutschen Werke am Aufbau des IG-Werks Auschwitz und ihre Mitverantwortung am mörderischen Zwangsarbeitsregime diskutiert.

Axel Fischer, Rebecca Weiß: **Nuremberg Military Tribunal, Case VI, The United States of America against Carl Krauch and others**
Mit zunehmender Klarheit darüber, dass nach dem einen »Hauptkriegsverbrecherprozess« die Arbeit des Internationalen Militärgerichtshofs in Nürnberg keine Fortsetzung finden würde, stellte sich die Frage, wie mit den hunderten weiteren hochrangigen Vertretern der nationalsozialistischen »Elite« zu verfahren sei. Viele davon befanden sich bereits in Haft. Das Kontrollratsgesetz Nr. 10 von Ende 1945 stellte eine für die vier Besatzungszonen vereinheitlichte Rechtsgrundlage für alliierte Verfahren gegen Kriegs- und Humanitätsverbrecher zur Verfügung. Im Rahmen der sogenannten Nürnberger Nachfolgeprozesse wurden auf dieser Rechtsgrundlage auch hochrangige Vertreter des IG Farbenkonzerns vor ein US-Gericht gestellt.

Der Beitrag ordnet diesen sechsten Prozess in die Verfahrensserie der Nürnberger Prozesse ein und kommentiert sowohl den Verlauf wie die Ergebnisse des Verfahrens. Das offenbart erheblich gegensätzliche Rechtsauffassungen nicht nur zwischen Anklage und Verteidigung, wie man vermuten würde, sondern bemerkenswerterweise auch zwischen der amerikanischen Anklagebehörde und den amerikanischen Richtern. Es soll deshalb auch der Versuch unternommen werden, diejenigen Momente zu benennen, die den Prozess so unbefriedigend für die Anklage enden ließen.

Thomas Pierson: **Kein gerechter Lohn, aber Schmerzensgeld. Zwangsarbeiterentschädigung als Zivilrechtsproblem am Beispiel Wollheim gegen IG Farben i.L.**
Der Beitrag untersucht die Zwangsarbeiterentschädigungsverfahren aus Klägerperspektive am Beispiel Norbert Wollheims. Entlang des Prozessverlaufs werden die rechtlichen und tatsächlichen Schwierigkeiten, vor welchen die Parteien standen, dargestellt. Der vergleichende Blick anhand der konkreten Rechtsprobleme zeigt Gemeinsamkeiten und Unterschiede zu späteren Verfahren. Deutlich werden die aus Klägersicht noch günstigeren Bedingungen, die zu Wollheims Erfolg in erster Instanz beitrugen. Der Verlauf des Berufungsverfahrens verdeutlicht die Funktion des Prozesses als Anlass und Ort für Vergleichsverhandlungen. Abschließend werden Chancen und Grenzen der zivilprozessualen Lösung von Wiedergutmachungsfragen rechtshistorisch eingeordnet.

Florian Schmaltz: **»Ostvermögen« und Häftlingsproteste: Die Hauptversammlung der IG Farben in Liquidation seit den 1990er Jahren**
Eine wesentliche Aufgabe der IG Farbenindustrie in Liquidation war es, Bayer, BASF, Hoechst und weitere Nachfolgegesellschaften des 1952 von den Alliierten Siegermächten entflochtenen Chemiekonzerns von Gläubigerforderungen freizuhalten. Die Gläubiger sollte IG Farben i.L. stattdessen mit dem auch im Ausland zurückgeforderten Altvermögen abfinden. Die Hauptversammlungen der IG Farben i.L. avancierten in den 1990er Jahren zu einem Schauplatz von Interessenkonflikten, die international Aufmerksamkeit erregten. Als die Unternehmensleitung im Sommer 1990 ankündigte, angesichts der bevorstehenden Vereinigung der beiden deutschen Staaten millionenschwere Ausgleichszahlungen für das in der Sowjetischen Besatzungszone und in der DDR bis 1949 enteignete Firmenvermögen einzufordern, erhob sich dagegen Protest. Unterstützt von einem politischen Bündnis, dem Organisationen NS-Verfolgter, Kritische Aktionärinnen und Aktionäre, Gewerkschaften und die Grünen angehörten, forderten überlebende Sklavenarbeiter auf den Hauptversammlungen der IG Farben i.L. die sofortige Auflösung des Unternehmens und eine Entschädigung für die Häftlingsarbeit in Auschwitz und anderen Werken während des Zweiten Weltkrieges.

Anhand neuer Quellen werden die Dimensionen der jahrelangen Auseinandersetzungen analysiert: Die Rückerstattungsforderungen des »Ostvermögens« der IG Farben i.L. und die damit zusammenhängenden Gerichtsprozesse bis zum Bundesverfassungsgericht, die kommunalpolitischen Konflikte um die Vermietung von Tagungsräumen, die Sammelklagen in den USA und in der Bundesrepublik im Kontext einer breiteren gesellschaftlichen Debatte um eine Entschädigung für NS-Zwangsarbeit Ende der 1990er Jahre, die Gründung der Stiftung I.G. Farbenindustrie vor dem Hintergrund der Bundesstiftung Erinnerung Verantwortung und Zukunft, die Liquiditätsengpässe des Unternehmens, die 2003 zur Insolvenz führten, und die gescheiterten Versuche der IG Farben i.L., noch Auslandsvermögen von der schweizerischen Großbank UBS zu erhalten.

Katharina Stengel: **Offene und verdeckte Konflikte. Auschwitz-Monowitz und die Entschädigung der Zwangsarbeiter in den Augen ehemaliger Häftlinge**
Die Geschichte des großen IG Farben Werkes in Auschwitz-Monowitz war in der Nachkriegszeit Gegenstand verschiedener Straf- und Zivilverfahren, in denen die Darstellungen der ehemaligen Häftlinge und die der Manager der IG-Farben in schroffem Gegensatz aufeinanderprallten. In dem von Norbert Wollheim und seinem Rechtsanwalt Henry Ormond angestrengten Zivilverfahren gegen die IG Farben überzeugten die Überlebenden mit ihren Darstellungen das Gericht. Die IG Farben i.A. wurde zu Entschädigungszahlungen für die in Auschwitz geleistete Zwangsarbeit verurteilt. Auf der Basis dieses Urteils entstand nach schwierigen Verhandlungen mit der Jewish Claims Conference das sogenannte Wollheim-Abkommen, das einigen tausend Überlebenden auf beiden Seiten des Eisernen Vorhangs Entschädigungszahlungen sicherte. Während die Konflikte zwischen den ehemaligen Zwangsarbeitern und den IG-Farben-Vertretern auf der Hand lagen, wurden hinter den Kulissen kaum minder heftige Auseinandersetzungen zwischen verschiedenen Gruppen ehemaliger Häftlinge und ihren Sprechern geführt. Es ging um politische Zugehörigkeit, um Häftlingshierarchien, Kollaboration und um etwas, das man 30 Jahre später die singuläre Erfahrung des Holocaust genannt hätte, für das es Mitte der 1950er Jahre aber noch kaum Worte gab.

Albrecht Kirschner: **Die Liquidatoren und die Aufsichtsratsvorsitzenden der I.G. Farbenindustrie AG i.A.**
Der Beitrag nähert sich den Persönlichkeiten der insgesamt 15 Liquidatoren der IG Farben i.A an, wobei er sich auf die ersten sieben Liquidatoren konzentriert. Im Ergebnis ist für die frühen Liquidatoren festzuhalten, dass sie bezüglich der NS-Zeit insgesamt ambivalente Vergangenheiten aufweisen: Dr. Franz Reuter übernahm in den frühen 1930er Jahren eine Wirtschaftszeitung von einem jüdischen Vorbesitzer, war im Zweiten Weltkrieg Informant des SD mit guten Kontakten in das unmittelbare Umfeld des Reichsführers SS Heinrich Himmler und wurde

wegen seiner Verwicklungen in den Widerstand vom 20. Juli 1944 verhaftet und in das KZ Sachsenhausen verbracht. Dr. Fritz Brinckmann, verheiratet mit einer nach NS-Kriterien halbjüdischen Frau, wurde 1936 zum staatlich geprüften Wirtschaftsprüfer ernannt, während Dr. Walter Schmidt ins britische Exil ging. Dr. Otto Wirmer, Bruder des infolge seiner zentralen Beteiligung am 20. Juli hingerichteten Widerstandskämpfers Josef Wirmer, war einige Zeit in Sippenhaft, während Dr. Fritz Gajewski, Vorstandsmitglied der IG Farbenindustrie von 1931 bis 1945 und Wehrwirtschaftsführer, im I.G.-Farben-Prozess angeklagt, aber freigesprochen wurde. Die ab den 1970er-Jahren amtierenden Liquidatoren waren zu jung, um eine ernsthaft belastende NS-Vergangenheit aufzuweisen; sie kamen meist aus der Wirtschaft, besonders dem Immobiliensektor, und/oder der Politik. Ergänzend werden die Vorsitzenden des Aufsichtsrats kurz vorgestellt.

Karl Heinz Roth: Hans Deichmann – Italien-Experte der IG Farben und ihrer Nachfolger

Italien war für die IG Farben kein vorrangiger Auslandsmarkt. Auch der IG Farben-Prokurist Hans Deichmann, ihr Italien-Experte, agierte nicht in den zentralen Entscheidungsgremien. Gleichwohl verhilft der Blick aus der Peripherie zu einigen ungewohnten Einsichten und Erkenntnissen. Im vorliegenden Beitrag wird nachgezeichnet, wie Deichmann als Leiter der Italien-Abteilung der Verkaufsgemeinschaft Farben agierte, in den Kriegsjahren zusätzlich behördliche Funktionen bei der Rekrutierung von Zwangsarbeitern für die oberschlesischen Hydrierwerke (darunter I.G. Auschwitz) übernahm und gleichzeitig die italienische Resistenza unterstützte. Dieses Doppelspiel erwies sich in den Nachkriegsjahren als günstige Voraussetzung für seine Unternehmerlaufbahn in Italien. Davon ausgehend engagierte er sich bei der Debatte um die Entflechtung der IG Farben und als Italien-Berater der IG Farben i.L. Auf diese Weise überbrückte er wie kaum ein anderer die historischen Zäsuren der Vorkriegs-, Kriegs- und Nachkriegsjahre in der Geschichte der I.G. Farbenindustrie AG.

Eva-Maria Roelevink: Getrennter Wege? Krupp, IG-Farben und die Vergangenheit

Die Geschichtspolitik von Unternehmen ist eine komplexe Angelegenheit. Bisher standen weitergehende Forschungen zum spezifischen und unternehmensindividuellen Umgang der Unternehmen mit ihrer Geschichte hinter der Frage nach der Mentalität von Unternehmern nach 1945 zurück. In dem Beitrag wird der Versuch unternommen, die Geschichtspolitik von Krupp und IG-Farben fallspezifisch anhand eines gemeinsam verfolgten Publikationsvorhabens zu verfolgen.

Geschichtspolitisch haben sich IG Farben (i.L.) und Krupp nach dem Krieg vor allem mit der Beauftragung für eine entschuldende Veröffentlichung von Louis P. Lochner getroffen. Die Entstehung dieser Veröffentlichung, die 1954 unter dem Titel »Tycoons and Tyrant« und 1955 in der BRD unter dem Titel »Die Mächtigen und der Tyrann« erschien, wird in dem Beitrag weitergehend untersucht. Zentral ist dabei, was die Unternehmer von Lochner erwarteten und auch, wie die Veröffentlichung als unabhängige Veröffentlichung vermarktet wurde. Es geht damit um die Motive und die von den geschichtspolitischen Spielern gewünschte Narrativierung von Krupp und IG Farben i.L. Anfang und Mitte der 1950er Jahre.

Verzeichnis der Autorinnen und Autoren

Dr. Sara Berger
Jg. 1978, Studium der Geschichte, Sozialpsychologie und Italienischen Literaturwissenschaft, Wissenschaftliche Mitarbeiterin am Fritz Bauer Institut, Bereich Ausstellungen. Das Fritz Bauer Institut verleiht die Wanderausstellung »Die IG Farben und das Konzentrationslager Buna-Monowitz. Wirtschaft und Politik im Nationalsozialismus«.

Rüdiger Borstel, M.A.
Jg. 1958, Studium der Neueren Geschichte, Ur- und frühgeschichtlichen Archäologie und Kunstgeschichte. Leiter des International Archives Projects bei der Bayer AG, Abteilung Corporate Positioning/Heritage Communications (Bayer Unternehmensarchiv). 1989–1999 Referent im Bayer Kommunikationszentrum Leverkusen, 2000–2005 Projektleiter auf Seiten des Bayer Archivs für die Entschädigung von Zwangsarbeitern und Zwangsarbeiterinnen, 2006–2021 Leiter des Bayer International Archives Projects, Experte für Fragen zur Unternehmensgeschichte, insbesondere zur I.G.-Geschichte und zum Ersten Weltkrieg.

Axel Fischer, M.A.
Jg. 1973, Studium der Medien- und Literaturwissenschaft und der Völkerkunde, 2009 bis 2016 Forschungsprojekt zur Filmkampagne der USA zum Nürnberger »Hauptkriegsverbrecherprozess«. Seit 2018 als wissenschaftlicher Mitarbeiter Kurator am Memorium Nürnberger Prozesse, Museen der Stadt Nürnberg.

Dr. Christoph Franke
Jg. 1962, Studium der Wirtschafts- und Sozialgeschichte und der Politikwissenschaft, Leiter des Historischen Archivs der Stadt Wetzlar. Zuvor Erschließung und Verzeichnung des Archivs der Behringwerke im Universitätsarchiv der Philipps-Universität Marburg.

Dr. Rainer Karlsch
Jg. 1957, Studium der Wirtschaftsgeschichte an der Humboldt-Universität zu Berlin, seit 2017 Mitarbeiter am Institut für Zeitgeschichte München-Berlin, zahlreiche unternehmensgeschichtliche Publikationen, u. a. zur Mineralölwirtschaft in Deutschland 1859–1974, zur Agfa Filmfabrik Wolfen und zur Ammoniakwerke Merseburg GmbH (Leuna-Werke).

Dr. Albrecht Kirschner
Jg. 1965, Studium der Sozial- und Wirtschaftsgeschichte und der Politikwissenschaft. 2017 bis 2020 Mitarbeit im Projekt zur Erschließung des Bestandes 2092 (Stiftung I.G. Farbenindustrie) im Hessischen Hauptstaatsarchiv Wiesbaden.

Dr. Ingo Köhler
Jg. 1971, Studium der Geschichte und Literaturwissenschaft, seit 2021 Geschäftsführer des Hessischen Wirtschaftsarchivs e.V., Privatdozent für Wirtschafts- und Sozialgeschichte an der Universität Göttingen, zahlreiche Publikationen zur Unternehmensgeschichte im Nationalsozialismus, zuletzt zur Wintershall AG.

Dr. Jana Lehmann
Jg. 1963, Studium der Geschichte und Archivwissenschaft, Abteilungsleiterin im Landesarchiv Sachsen-Anhalt, Abteilung Merseburg. Das Landesarchiv Sachsen-Anhalt verwahrt die Bestände mehrerer IG-Betriebe der mitteldeutschen Region (v. a. I 506 IG Farben, Chemische Werke Bitterfeld, I 532 IG Farben, Farbenfabrik Wolfen, I 525 Leuna-Werke, I 528 Buna-Werke GmbH Schkopau).

PD Dr. Christian Marx
Jg. 1977, Studium der Mathematik, Politikwissenschaft und Geschichte, Wissenschaftlicher Mitarbeiter am Institut für Zeitgeschichte in München. Im Jahr 2020 Abschluss der Habilitationsschrift über die Multinationalisierung westeuropäischer Chemieunternehmen ab den 1960er Jahren.

PD Dr. Thomas Pierson
Jg. 1980, Studium der Rechtswissenschaft, Mittleren und Neueren Geschichte, Politikwissenschaft und Alten Geschichte, DFG-Projekt »Lohngerechtigkeit in der Europäischen Rechtsgeschichte«.

Jun.-Prof. Dr. Eva-Maria Roelevink
Jg. 1984, 2004–2009 Studium der Geschichte und Sozialpsychologie an der Ruhr-Universität Bochum und University of Glasgow. 2009–2014 Wissenschaftliche Mitarbeiterin im DFG-Projekt »Die deutsche Kohle und der niederländische Markt« an der Ruhr-Universität Bochum; 2014 Promotion ebendort; 2014 Gastforscherin an der University of Bergen; 2014–2017 Akademische Rätin auf Zeit an der Ruhr-Universität Bochum; seit 2017 Junior-Professorin für Wirtschaftsgeschichte an der Johannes Gutenberg-Universität Mainz. Forschungsschwerpunkte: Unternehmensgeschichte, Montangeschichte, Kartellgeschichte, Geschichte der Public Relations und des Wirtschaftsjournalismus.

Dr. Dr. Karl Heinz Roth
Jg. 1942, Studium der Medizin und der Geschichtswissenschaft, Mitarbeiter der Stiftung für Sozialgeschichte des 20. Jahrhunderts. Bearbeiter der deutschen Edition des OMGUS-Reports über die IG Farben (1986), Mitarbeiter eines Forschungsprojekts zur Geschichte des IG Farben Werks Auschwitz. Aktuell Arbeit an einer Biographie über Hans Deichmann.

Dr. Florian Schmaltz
Jg. 1968, Studium der Geschichte, Literaturwissenschaften, Philosophie; Forschungsschwerpunkte: NS-Geschichte, Unternehmensgeschichte, Wissenschaftsgeschichte. Projektleiter des Forschungsprogramms »Geschichte der Max-Planck-Gesellschaft« am Max-Planck-Institut für Wissenschaftsgeschichte (Berlin). Forschungen zur Geschichte des IG Farben-Werks in Auschwitz und des Konzentrationslagers Auschwitz-Monowitz.

Dr. Katharina Stengel
Jg. 1965, Studium der Neueren Geschichte, Soziologie und Politischen Wissenschaften in Frankfurt/M., zahlreiche Forschungsarbeiten und Ausstellungsprojekte im Bereich der Geschichte und Nachgeschichte des NS, insbesondere der Wiedergutmachung, der NS-Prozesse und der Aktivitäten von NS-Verfolgten in der Nachkriegszeit. Aktuell wissenschaftliche Mitarbeiterin am Fritz Bauer Institut.

Professor Raymond G. Stokes
Jg. 1956, Studium am New College der University of South Florida, MA und PhD an The Ohio State University. Derzeit Professor of Business History und Director des Centre for Business History in Scotland an der University of Glasgow. Autor von zahlreichen Büchern und Aufsätzen über die IG Farbenindustrie AG und ihre Nachfolgegesellschaften, u. a. Divide and Prosper (Berkeley, 1988); Opting for Oil (Cambridge, 1994) und (als Mitautor) Die BASF. Eine Unternehmensgeschichte (München, 2002).

Karola Wagner
Jg. 1960, Studium der Archivwissenschaften, Referatsleiterin im Bundesarchiv. Das Bundesarchiv verwahrt als Bestand R 8128 Unterlagen der IG-Farbenindustrie AG.

Dr. Carl Christian Wahrmann
Jg. 1981, Studium der Allgemeinen Geschichte und Deutschen Sprache und Literatur, Leiter des Referats Überlieferungsbildung im Hauptstaatsarchiv Wiesbaden, 2016–2020 Leiter des Erschließungsprojekts »IG Farben-Archiv«.

Rebecca Weiß, M.A.
Jg. 1991, Studium der Soziologie, Politikwissenschaft und der Amerikanistik, wissenschaftliche Mitarbeiterin am Memorium Nürnberger Prozesse.

Nachweis der Abbildungen

Titel: Hessisches Hauptstaatsarchiv Wiesbaden (HHStAW), Best. 2092, Nr. 14136, Fotograf: Max Göllner (ca. 1930). Der Rechteinhaber konnte trotz umfänglicher Recherchen nicht ermittelt werden und wird gebeten, sich an die Herausgeber zu wenden.

Seite 16: de.wikipedia.org/wiki/I.G._Farben#/media/Datei:IG_Farben_Logo_001.svg

Seite 17: commons.wikimedia.org/wiki/File:IG-Farben100RM-12-1925.jpg

Seite 40: commons.wikimedia.org/wiki/File:IG_Farben_0002.jpg

Seite 45: HHStAW, Best. 2092, Nr. 13743

Seite 48/49: HHStAW, Best. 2092, Nr. 10856

Seite 60: Newsletter. Informationen des Fritz Bauer Instituts Nr. 16 (1999), Titelblatt

Seite 62: HHStAW, Fotograf: Frederic Fox

Seite 64: Fritz Bauer Institut, Fotografin: Sara Berger

Seite 73: HHStAW, Fotograf: Carl Christian Wahrmann

Seite 78: Ersteller der Grafik: Carl Christian Wahrmann

Seite 98/99: Landesarchiv Sachsen-Anhalt, Best. I 506, Nr. 336

Seite 100: Landesarchiv Sachsen-Anhalt, Best. I 525, FS Nr. G 10402

Seite 113: Bayer AG, Bayer Archiv Leverkusen, Sign. 0-5677

Seite 121: Bayer AG, Bayer Archiv Leverkusen, Sign. 0-10088

Seite 130: Hessisches Wirtschaftsarchiv, Best. 214, Nr. 52821 / Allessa GmbH

Seite 133: Hessisches Wirtschaftsarchiv, Best. 214, Nr. 41295 / Allessa GmbH

Seite 142: Hoechst GmbH, Firmenarchiv

Seite 148: Hoechst GmbH, Firmenarchiv

Seite 154: Hoechst GmbH, Firmenarchiv

Seite 199: wikimedia.org/wiki/Datei:Leuna,_Leuna-Werke_-_1980_-_21.jpg, Fotograf: Dietmar Rabich

Seite 215: NARA Record Group 238, Local Identifier: 238-OMT-VI-D-39, National Archives Identifier 169156794

Seite 221: NARA Record Group 238, Local Identifier: 238-OMT-VI-D-71, National Archives Identifier 169156858

Seite 223: NARA Record Group 238, Local Identifier: 238-OMT-VI-E-5, National Archives Identifier 167824714

Seite 231: HHStAW, Best. 2092, Nr. 15254
Seite 247: HHStAW, Best. 2092, Nr. 12570
Seite 285: Deutsche Presseagentur, PIC#: 2268542, Fotografin: Stefanie Pilick
Seite 286: Deutsche Presseagentur, PIC#: 2202328, Fotografin: Katja Lenz
Seite 312: Archiv des Fritz Bauer Instituts, Sign. NL Ormond-355
Seite 315: Archiv des Fritz Bauer Instituts, Sign. NL Ormond-371
Seite 335: HHStAW, Best. 520/11 Nr. 14512
Seite 346: de.wikipedia.org/wiki/Datei:Hermann_Josef_Abs_-_mit_Adenauer_und_Nehru_1956.jpg
Seite 354: Archiv der Stiftung für Sozialgeschichte des 20. Jahrhunderts, Best. I.02.1, Foto-Datenbank, Fotografin: Maria Lauper
Seite 356: Archiv der Stiftung für Sozialgeschichte des 20. Jahrhunderts, Best. I.02.1, Nr. 98 (Kopie des Originals)
Seite 358: Archiv der Stiftung für Sozialgeschichte des 20. Jahrhunderts, Best. I.02.1, Nr. 99 (Vorder- und Rückseite, Kopie des Originals)